V&R

HANS HÜBNER

Vetus Testamentum in Novo

BAND 2

Corpus Paulinum

VANDENHOECK & RUPRECHT
IN GÖTTINGEN

Die Deutsche Bibliothek – CIP-Einheitsaufnahme

Hübner, Hans:
Vetus Testamentum in novo / Hans Hübner. –
Göttingen: Vandenhoeck und Ruprecht
Bd. 2. Corpus Paulinum. – 1997
ISBN 3-525-50108-0

© 1997 Vandenhoeck & Ruprecht, Göttingen
Printed in Germany. – Das Werk einschließlich aller seiner Teile ist urheberrechtlich geschützt. Jede Verwertung außerhalb der engen Grenzen des Urheberrechtsgesetzes ist ohne Zustimmung des Verlages unzulässig und strafbar. Das gilt insbesondere für Vervielfältigungen, Übersetzungen, Mikroverfilmungen und die Einspeicherung und Verarbeitung in elektronischen Systemen.
Druck und Bindung: Hubert & Co., Göttingen

Inhalt

Praefatio

Nonnulos ante annos cum e domo editoria Vandenhoeck & Ruprecht quaesitum est a me, nonne illud „Vetus Testamentum in Novo“[1] a *Guilielmo Dittmar* olim conscriptum funditus vellem revisere – quem laborem facile coniungere possem cum „Theologia biblica Novi Testamenti“[2] iam animo meo suscepta –, paulisper cunctatus tamen consensi.

Quamquam autem me laborem magnum suscepturum non ignorabam, tamen tunc suspicatus nun sum, quam ingens mihi esset suscipiendus labor. *Dittmar* opere suo quasi lapidem miliarium posuit in itinere, quo ventum est ad quaestiones, quae postea plurimum ad studia et historiae rerum gestarum et historiae litterarum et praecipue theologicae attribuerunt. Cuius rei quidem homines docti non prius quam posteriore parte saeculi nostri conscii facti sunt. Attamen, quod et ad formam et ad sensum attinet, opus tunc divulgatum nunc obsolevit magna ex parte propterea, quod studia recentiora versionis LXX (sc. septuaginta virorum) longius sunt progressa. Quod editione critica versionis LXX auctoritate Academiae Scientiarum Gottingensis curata demonstratur.[3] Nempe versio illa LXX maxima ex parte biblia sacra fuerunt Novi Testamenti auctorum! Ideo qui accedit ad Novi Testamenti scripta via theologiae et historiae religionis interpretanda, parum intellegit, nisi plurimos Novi Testamenti auctores in argumentatione theologica usos esse recordatur Scriptura illa, quam hodie iure theologico Vetus Testamentum appellamus, eademque lingua graeca conscripta!

Ceterum visum est mihi textus Novi Testamenti ita collocare cum textibus Veteris Testamenti parallelis, ut synopsis quattuor in columnis efficeretur. Novi Testamenti textus, de quo agitur, sinistra in columna ponitur, quem sequitur textus versionis LXX (respective textus Theodotionis, imprimis quoad librum

---

[1] *W. Dittmar*, Vetus Testamentum in Novo. Die alttestamentlichen Parallelen des Neuen Testaments im Wortlaut der Urtexte und der Septuaginta, I und II, Göttingen 1899/1903.

[2] *H. Hübner*, Biblische Theologie des Neuen Testaments. I–III, Göttingen 1990–1995.

[3] Septuaginta. Vetus Testamentum Graecum. Auctoritate Academiae Scientiarum Gottingensis editum, Göttingen 1931ff.

Daniel), deinde textus Bibliorum Hebraicorum Stuttgartensium[4]. Dextra autem columna spatium praebet amplioribus adnotationibus, explicationibus etc. Qua in columna ii quoque textus Veteris Testamenti afferuntur, qui aliquid possint attribuere ad datum Novi Testamenti textum interpretandum aut qui, quamvis in litteris exegeticis inveniantur, a me minoris aestimentur quam a ceteris interpretibus. Interdum locum quendam affero, quem non praetereundum arbitratus tamen non ita magni aestimo, quod sensu quidem paulum vel parum ad Vetus Testamentum in Novo interpretandum contribuat.

Textus versionis LXX secundum volumina editionis Septuaginta Gottingensis, quoad iam exstant, affertur, ceteroqui secundum *Alfredum Rahlfs*.[5] Nequaquam autem editionem illam Gottingensem „textum receptum", eundemque sacrosanctum, iudicaverim. Nam singulos versionis LXX libros et temporibus praechristianis et temporibus Novi Testamenti iterum ac saepius esse recensos *Robertus Hanhart*, Facultatis nostrae collega, satis probabiliter docuit.[6] Qua de causa non est veri simile, ut omnes Novi Testamenti auctores, ubicumque versabantur, eundem textum graecum legerint. Quae cum ita sint, certe liceret aliquem capere fructum ad historiam textuum versionis LXX illustrandam e ratione, qua textus versionis LXX in Novi Testamenti scriptis adhibentur. Cui tentationi equidem restiti, ne diutius differem inceptum illud „Veteris Testamenti in Novo". Hoc ergo mihi proposui, ut in synopsi mea eos Veteris Testamenti textus praeberem, qui textui a Novi Testamenti auctore adhibito simillimi esse videntur. Quod quidem multis in locis accidit. Hic aliquis dixerit me mihi ipsi non constare, cum modo textum editionis Gottingensis modo textum Alfredi Rahlfs imprimendum curavi. Sed cum ne editores Gottingenses quidem se „textum receptum" praebere contendant, vitium illud non multum refert.

Quod ad formam attinet, nulla facta est distinctio inter locos, qui afferuntur et ad quos alluditur. Nam cum textus saepius inter hos et illos commutentur, praemonendum est, ne praecipiter distribuantur in ordinem nimis strictum. Sine dubio permultos textus e Vetere Testamento ad verba allatos esse distincte apparet, eo magis, si anteposita est „formula quotationis". Sed interdum certe licet disputare, utrum Novi Testamenti auctor ille textum quendam revera ad litteras afferre voluerit necne. Neque enim in „Vetere Testamento in Novo" scribendo id egi neque id agere licet, ut lector semper idem, quod ego sentio, sentire cogatur, sed ita textus ei paravi, ut iudicaret ipse. Item non facile interdum decernitur, utrum auctor revera alludit ad textum Veteris Testamenti an tantum utatur verbis sen-

---

[4] Textus hebraicus libri Iesus Sirach affertur secundum *F. Vattioni*, Ecclesiastico. Testo ebraico con apparato critico e versioni greca, latina e siriaca, Napoli 1968.

[5] Septuaginta. Id est Vetus Testamentum graece iuxta LXX interpretes, edidit *Alfred Rahlfs*, Vol. I et II, Stuttgart 1982 (= 1935).

[6] *R. Hanhart*, Die Bedeutung der Septuaginta in neutestamentlicher Zeit, ZThK 81, 1984, 395–416.

tentiisque versionis LXX propiis.[7] Et his de locis quid sentiat, lector ipse iudicet. Denique quarta in columna lector ad locutiones versiones LXX proprias identidem delegatur.

Quicumque vel paulum novit, quanta et qualia sint problemata in textibus a posterioribus receptis, certe non ignorat – imprimis cum Veteris Testamenti amplitudinem respicit – me in afferendo locos parallelos Veteris Testamenti nonnullos tantem eligere potuisse. Eligens autem locos tanta ex abundantia diiudicare cogebar videlicet arbitrio meo. Inest vero omnibus in iudiciis arbitrariis aliquid licentiae. Equidem spero me tot locos parallelos e Vetere Testamento dedisse, quot res ipsa exigit. Hos locos afferens nullo modo contendo auctorem Novi Testamenti textum suum conscribentem eosdem omnes ante oculos habuisse! Eos do locos, qui a nobis probari possunt, neque solum eos, ad quos Novi Testamenti auctor ipse intendit. Is enim ad fontem rediens unum solum locum affere voluit. Sed considerare debemus nostros Novi Testamenti auctores quasi versatos esse in Sacra Scriptura populi Israel, id est in Vetere Testamento, cuius lingua magna ex parte ipsi utebantur ut lingua sua paterna. Porro est considerandum eos in rebus theologicis et religiosis mentem suam direxisse ad cogitationes imaginationesque Veteris Testamenti. Ergo, ubicumque ante oculos habebant aliquem locum e Vetero Testamento excerptum, ea, quae de rebus theologicis sentiebant, multis aliis locis consentaneis erant constituta. Qua de causa minime sunt neglegenda Veteris Testamenti dicta – eademque creberrima –, quae sive consulto sive fortuito plurimum attulerunt momentum ad theologiam; qua in re etiam contextus loci allati considerari debet. Quod semper recte monebat defunctus ille *Antonius T. Hanson* Britannicus, Novi Testamenti professor.[8]

Iam hoc unum velim adnotare ad formam exteriorem, qua omnia sunt impressa. Nonnumquam duobus vel tribus versibus unam inesse sententiam indicamus, cum omittimus spatium usitatum. Qui textus Veteris Testamenti cum textibus Novi Testamenti congruunt sensu, lineis subter ductis notati sunt; qui autem congruunt ad verba (sc. graeca), notati sunt typis crassioribus et lineis subter ductis. Utrum congruant textus sensu necne, interdum pendet ex arbitrio, quoniam multorum dictorum sensum dubium controversum esse inter interpretes constat, ita ut illae notae quoque nonnumquam sint hypotheticae. Itaque quicumque utetur „Vetere Testamento in Novo", adhibeat in legendo proprium iudicium suum. Necesse est ideo, ut tali opere admittantur interpretationes variae, quin etiam controversae. Quod ad proprium iudicium meum theologicum pertinet, delegare mihi liceat lectorem ad rationes, quas exhibui in libero meo „Theologia biblica Novi Testamenti".

[7] Cf. ad *Hübner*, Biblische Theologie des Neuen Testaments. II, 17ff.
[8] E.g. *A.T. Hanson*, The New Testament Interpretation of Scripture, London 1980, 7.

Permultas gratiae sunt agendae! Imprimis mihi cordi est gratias agere quam maximas omnibus sive studiosis sive doctis, qui in sectione studiorum „Theologia biblica", cui praesum, me adiuverunt, ut inceptum illud „Veteris Testamenti in Novo" conficeretur. Nisi hi mecum essent cooperati, hic liber talis, qualis nunc exstat, proponi non potuisset universo orbi litterato. Operis mei socii sociaeque, qui libros perscrutabantur concordantia et machina computatoria usi, textus conferebant, saepe etiam consiliis suis perutilibus opus promovebant, optime meruerunt multumque effecerunt; praeter cetera autem totum opus in formam bonam redigendum optime curaverunt. Quos et quas nunc dicam nominatim ordine alphbetico: Cora Bartels, Elke Carl, Martin Conrad, Michael Ebener, Hagen Faust, Gabriele Gottschalk, Katharina Jung, Thilo Krüger, Antje Labahn, Michael Labahn, Beate Marwede, Bettina Pinks-Hasselmann, Cornelia Ressler, Birgitt Riedel, Birgit Rosemeyer, Ingo Schurig, Burkhard Straeck, Marc Wischnowski et Thilo Walz. Ex quibus potissimum dico Burkhard Straeck, Marc Wischnowski et Antje Labahn, qui praecipue in rebus technicis ac dispositoriis maximo mihi fuerunt auxilio. Insuper gratus sum Operi Fundato Calenbergensi-Grubenhagensi, quod opibus suis incepto meo conduxit; pariter gratus sum Consociationi Studiorum Germanicae pro opibus non mediocribus. Denique gratias ago praesidibus Universitatis litterarum Georgii Augusti atque domui editoriae Vandenhoeck & Ruprecht, quod sumptu supplementario multum attribuerunt ad inceptum meum „Veteris Testamenti in Novo" conficiendum.

Dabam Gottingae, In Festo Pentecostes A.D. MCMXCVI — Hans Hübner

Vorwort

Als vor einer Reihe von Jahren der Verlag Vandenhoeck & Ruprecht mit der Bitte an mich herantrat, ob ich nicht *Wilhelms Dittmar*s „Vetus Testamentum in Novo“[1] in Verbindung mit der von mir damals geplanten und inzwischen erschienenen „Biblischen Theologie des Neuen Testaments“[2] neu bearbeiten wollte, habe ich nach einigem Zögern zugestimmt – wohl wissend, daß viel Arbeit auf mich zukommen würde. Und doch habe ich damals das Ausmaß dieser Arbeit erheblich unterschätzt. *Dittmars* Werk war ein Meilenstein auf dem Wege zu Fragestellungen, deren historische, literaturgeschichtliche und vor allem theologische Relevanz erst in der zweiten Hälfte unseres Jahrhunderts recht bewußt wurde. Aber sowohl die optische Gestaltung des damals publizierten Werkes als auch seine inhaltlichen Aussagen sind überholt, zum großen Teil durch die neuere Septuaginta-Forschung. Deren Fortschritt ist an der kritischen Septuaginta-Ausgabe der Göttinger Akademie der Wissenschaften ablesbar.[3] Aber auch das Bewußtsein, daß für das Verständnis des Neuen Testaments eine gute Kenntnis der Septuaginta erforderlich ist, da ja diese griechische Übersetzung der Heiligen Schrift für die griechisch schreibenden Autoren des Neuen Testaments von erheblich größerem Gewicht als die Biblia Hebraica war, hat im Verlauf der letzten Jahre erfreulicherweise zugenommen. Die Bibel der neutestamentlichen Autoren war nun einmal *a parte fortiori* die Septuaginta! Ein theologisches und religionsgeschichtliches Verstehen neutestamentlicher Schriften bleibt überaus fragmentarisch, wenn man nicht mitvollzieht, wie für die theologische Argumentation der meisten neutestamentlichen Autoren der Umgang mit der Schrift, also dem, was wir heute mit theologischem Recht Altes Testament

---

[1] *W. Dittmar*, Vetus Testamentum in Novo. Die alttestamentlichen Parallelen des Neuen Testaments im Wortlaut der Urtexte und der Septuaginta, I und II, Göttingen 1899/1903.

[2] *H. Hübner*, Biblische Theologie des Neuen Testaments. I–III, Göttingen 1990–1995.

[3] Septuaginta. Vetus Testamentum Graecum. Auctoritate Academiae Scientiarum Gottingensis editum, Göttingen 1931ff.

nennen, konstitutiv ist – aber eben mit dem Alten Testament in griechischer Sprache!

Es zeigte sich auch, daß eine übersichtliche Zusammenstellung der neutestamentlichen Texte mit den entsprechenden alttestamentlichen Parallelen am besten in Form einer vierteiligen Synopse zu verwirklichen ist. Der jeweils in Frage kommende neutestamentliche Text steht in der linken Spalte, es folgt der Septuaginta-Text (bzw. der des Theodotion, vor allem für das Buch Daniel) und dann der Text der Biblia Hebraica Stuttgartensia[4]. Die rechte Spalte dient weiteren Hinweisen, Erklärungen und dergleichen. In ihr werden auch solche alttestamentlichen Texte zitiert, die möglicherweise zum Verständnis des jeweiligen neutestamentlichen Textes beitragen könnten oder die sich in der exegetischen Literatur finden, ohne daß ich ihnen jedoch das gleiche Gewicht wie andere Exegeten beimessen könnte. Zuweilen erfolgt auch nur eine Stellenangabe als Indiz dafür, daß ich meinte, die betreffende Stelle zwar nicht unterschlagen zu dürfen, aber ihre inhaltliche Aussage für das Vetus Testamentum in Novo nicht sonderlich hoch einschätze oder sie sogar für irrelevant halte.

Der Septuaginta-Text ist, soweit die Bände der Göttinger Septuaginta vorliegen, nach diesen zitiert, sonst nach *Alfred Rahlfs*.[5] Die Zitierung der Göttinger Septuaginta bedeutet jedoch keinesfalls, daß ich diesen Text als sakrosankten „textus receptus" ansähe. Daß die einzelnen Bücher der Septuaginta in vorchristlicher und neutestamentlicher Zeit in immer neuen Rezensionen erschienen, hat mein Fakultätskollege *Robert Hanhart* wahrscheinlich gemacht.[6] Schon allein dieser Sachverhalt macht es unwahrscheinlich, daß alle neutestamentlichen Autoren – an immerhin unterschiedlichen Orten! – den gleichen griechischen Schrifttext lasen. Man könnte natürlich im Zusammenhang mit dieser Problematik die Verwendung von Septuaginta-Texten in neutestamentlichen Schriften auch für die Textgeschichte der Septuaginta fruchtbar machen. Dieser Versuchung habe ich aber widerstanden, um nicht die Verwirklichung des Projektes „Vetus Testamentum in Novo" in allzu ferne Zeiten zu verschieben. So war es dann mein Ziel, mit meiner Synopse diejenigen alttestamentlichen Texte zu bieten, die dem vom jeweiligen neutestamentlichen Autor herangezogenen Text wahrscheinlich am nächsten kommen. Mehr als textliche Annäherung wird man in vielen Fällen nicht bieten können. Sicherlich liegt ein Bruch allein schon dadurch vor, daß einmal der Text der Göttinger Septuaginta und dann wieder der von A. Rahlfs gedruckt ist. Da aber auch die Göttinger Septuaginta nicht den

---

[4] Der hebräische Text des Buches Jesus Sirach ist zitiert nach *F. Vattioni*, Ecclesiastico. Testo ebraico con apparato critico e versioni greca, latina e siriaca, Napoli 1968.

[5] Septuaginta. Id est Vetus Testamentum graece iuxta LXX interpretes, edidit *Alfred Rahlfs*, Vol. I et II, Stuttgart 1982 (= 1935).

[6] *R. Hanhart*, Die Bedeutung der Septuaginta in neutestamentlicher Zeit, ZThK 81, 1984, 395–416.

Anspruch erhebt, den *textus receptus* zu bieten, besagt die genannte Unausgeglichenheit wenig.

Nicht unterschieden wurde im äußeren Bild zwischen Zitat und Anspielung. Schon allein der Tatbestand, daß es zwischen beiden immer wieder eine Grauzone gibt, sollte vor allzu voreiliger Klassifizierung warnen. Natürlich, bei sehr vielen alttestamentlichen Texten ist es eindeutig, daß ein Zitat vorliegt, vor allem dann, wenn eine formula quotationis voransteht. Aber zuweilen kann man durchaus darüber streiten, ob der neutestamentliche Autor wirklich ein formelles Zitat bringen wollte oder nicht. Aufgabe des Vetus Testamentum in Novo sollte und darf es ja nicht sein, den Leser auf meine jeweilige Auffassung festzulegen, sondern ihm die Texte so zu bereiten, daß er selbst urteilt. Doch auch die Entscheidung, ob eine bewußte Anspielung oder nur ein bloßes Sichbewegen in Septuaginta-Idiomatik vorliegt, ist zuweilen schwer.[7] Auch hier darf das Urteil des Benutzers nicht präjudiziert werden. Öfters wird in der vierten Spalte auf idiomatische Septuaginta-Wendungen verwiesen.

Wer auch nur ein wenig von den Problemen der Rezeption von Texten weiß, dem ist bewußt, daß angesichts des Umfangs des Alten Testaments bei der Zitierung alttestamentlicher Parallelen nur eine Auswahl möglich ist. Aus der übergroßen Fülle auszuwählen bedeutet natürlich den Zwang zu Ermessensurteilen. Und allen Ermessensurteilen eignet ein unvermeidbares Quantum an Willkür. Ich hoffe jedoch, daß ein vertretbares Ausmaß an alttestamentlichen Parallelen genannt wurde. Mit ihnen – das sei ausdrücklich hervorgehoben – ist keinesfalls gesagt, daß der neutestamentliche Autor bei der Niederschrift seines jeweiligen Textes alle genannten alttestamentlichen Stellen vor Augen hatte! Ich nenne also von uns verifizierbare, nicht nur vom neutestamentlichen Autor intendierte Stellen. Beim Zitat wollte dieser eine und nur eine Stelle bringen. Aber es ist zu berücksichtigen, daß unsere neutestamentlichen Autoren aus der Heiligen Schrift Israels des Alten Testaments lebten, daß die Sprache dieser Schrift weithin die ihre war. Es war ihre sprachliche Heimat. Des weiteren ist zu berücksichtigen, daß alttestamentliche Gedanken und Vorstellungen ihr eigenes theologisches und religiöses Denken in einem erheblichen Ausmaß bestimmten und daß folglich da, wo sie eine alttestamentliche Stelle vor Augen hatten, ihr theologischer Horizont von vielen anderen Stellen, die mit dieser einen Stelle innerlich verwandt sind, mitbestimmt war. Eben deshalb ist es wichtig, ja unverzichtbar, das breite Spektrum alttestamentlicher Aussagen mitzubedenken, die bewußt oder auch unbewußt eine theologisch entscheidende Rolle spielen mochten. Daß dabei auch der Kontext einer zitierten Stelle mit ausschlaggebend sein könnte, sollte man auf

---

[7] Vgl. *Hübner*, Biblische Theologie des Neuen Testaments. II, 17ff.

jeden Fall bedenken. Der verstorbene englische Neutestamentler *Anthony T. Hanson* hat darauf immer wieder mit Recht aufmerksam gemacht.[8]

Eine Anmerkung noch zum optischen Bild: Zuweilen sind zwei oder mehr Verse des neutestamentlichen Textes durch Auslassen der sonst üblichen Zwischenzeile als Sinneinheit zusammengefaßt. Inhaltliche Übereinstimmungen von neutestamentlichen und alttestamentlichen Texten werden durch Unterstreichung kenntlich gemacht. Wörtliche Übereinstimmung (von griechischen Worten) ist durch Fettdruck und Unterstreichung gekennzeichnet. Bei inhaltlichen Übereinstimmungen handelt es sich zuweilen wiederum um Ermessensurteile, da bekanntlich der Inhalt vieler Aussagen exegetisch umstritten ist. Insofern sind auch diese optischen Kenntlichmachungen manchmal hypothetischen Charakters. Der Benutzer des Vetus Testamentum in Novo ist daher zur kritischen Lektüre aufgefordert. Ein Werk wie dieses ist somit notwendig offen zur Interpretation und auch immer wieder offen zum Widerspruch. Für mein eigenes theologisches Urteil erlaube ich mir, auf die betreffenden Begründungen in meiner „Biblischen Theologie des Neuen Testaments" hinzuweisen.

Zu danken ist vielen! Vor allem ist es mir ein Anliegen, denen meinen sehr herzlichen Dank zu sagen, die in meiner Forschungsabteilung „Biblische Theologie" am Projekt Vetus Testamentum in Novo als studentische oder Wissenschaftliche Hilfskräfte mitgearbeitet haben. Ohne ihr Mitwirken hätte das Buch nicht so, wie es nun vorliegt, der wissenschaftlichen Welt vorgelegt werden können. Meine Mitarbeiter haben in anerkennenswerter Weise Literatur gesichtet, Konkordanz- und Computerarbeit geleistet, Texte kollationiert und oft durch wertvolle eigene Vorschläge die Arbeit gefördert. Ich denke da vor allem auch an die Gestaltung des Ganzen. In alphabetischer Reihenfolge nenne ich: Cora Bartels, Elke Carl, Martin Conrad, Michael Ebener, Hagen Faust, Gabriele Gottschalk, Katharina Jung, Thilo Krüger, Antje Labahn, Michael Labahn, Beate Marwede, Bettina Pinks-Hasselmann, Cornelia Ressler, Birgitt Riedel, Birgit Rosemeyer, Ingo Schurig, Burkhard Straeck, Marc Wischnowski und Thilo Walz. Besonders nenne ich von diesen Burkhard Straeck, Marc Wischnowski und Antje Labahn, die mir gerade in technischen und organisatorischen Fragen eine große Hilfe waren. Mein Dank gilt des weiteren der Calenberg-Grubenhagenschen Stiftung, die als erste mit Drittmitteln das Projekt förderte, ebenso der Deutschen Forschungsgemeinschaft für erhebliche finanzielle Mittel. Dank sei auch den Präsidenten der Georg-August-Universität für weitere Mittel zur Förderung des Projektes Vetus Testamentum in Novo.

Göttingen, Pfingsten 1996 Hans Hübner

[8] Z.B. *A.T. Hanson*, The New Testament Interpretation of Scripture, London 1980, 7.

Preface

A number of years ago, the publishers Vandenhoeck & Ruprecht invited me to produce a new edition of *Wilhelm Dittmar*'s „Vetus Testamentum in Novo“[1] in connection with the „Biblische Theologie des Neuen Testaments“[2] which I was planning at the time (it has since appeared). I accepted, but after some hesitation, since I knew that a great deal of work would be involved. In fact I underestimated just how much work there would be. Dittmar's work was a milestone on the way to questions of which the historical, literary and above all theological relevance would truly be appreciated only in the second half of this century. However, both the visual layout of this old work and its content have been superseded, to a considerable extent by more recent Septuagint research. Progress in this field can be seen from the critical edition of the Septuagint being produced by the Göttingen Academy of Sciences.[3] Furthermore, the awareness that a good knowledge of the Septuagint is necessary in order to understand the New Testament has also happily increased in recent years. After all, this Greek translation of Holy Scripture was considerably more important than the Hebrew Bible for the authors of the New Testament, who wrote in Greek. Indeed it was their Bible! Our theological and historical understanding of New Testament writings will remain quite fragmentary unless we realize how essential for the theological argument of most New Testament authors was their treatment of scripture, i.e. of what with theological justification we now call the Old Testament. But this was the Old Testament in Greek!

It also proved that the best way of looking at the New Testament texts in conjunction with their Old Testament parallels is a synopsis in four columns. The New Testament text in question stands in the left-hand column, followed by

---

[1] *W. Dittmar*, Vetus Testamentum in Novo. Die alttestamentlichen Parallelen des Neuen Testaments im Wortlaut der Urtexte und der Septuaginta, I und II, Göttingen 1899/1903.

[2] *H. Hübner*, Biblische Theologie des Neuen Testaments. I–III, Göttingen 1990–1995.

[3] Septuaginta. Vetus Testamentum Graecum. Auctoritate Academiae Scientiarum Gottingensis editum, Göttingen 1931ff.

the Septuagint text (or that of Theodotion, above all for the Book of Daniel) and then the text of the Biblia Hebraica Stuttgartensia.[4] The right-hand column largely contains references, explanations and the like. In it are also quotations of Old Testament texts which might contribute to the understanding of the New Testament text in question or which appear in exegetical literature, but to which I could not attach as much importance as other exegetes have done. Sometimes there is merely a biblical reference, to indicate that I felt that I could not suppress the passage in question, but that I did not think its content particularly important for the „Vetus Testamentum in Novo", or even regarded it as irrelevant.

Where the Septuagint text has already appeared in the volumes of the Göttingen Septuagint I have quoted from that; otherwise from the edition of *Alfred Rahlfs*.[5] However, the fact that I have quoted the Göttingen Septuagint by no means indicates that I regard this text as a sacrosanct „textus receptus". My colleague in the faculty, *Robert Hanhart*, has shown how probable it is that the individual books of the Septuagint kept appearing in new recensions in the pre-Christian and New Testament period.[6] This fact alone makes it improbable that all the New Testament authors – who after all lived in very different places! – read the same Greek text of scripture. In this connection, fruitful use could of course also be made of the Septuagint texts quoted in New Testament writings for the textual history of the Septuagint. However, I have resisted this temptation, in order not to postpone the completion of the „Vetus Testamentum in Novo" project to an all too distant future. Moreover, the aim of my synopsis was to present those Old Testament texts which probably came closest to the text cited by the particular New Testament author. In many cases no more than textual approximation can be offered. Certainly the mere fact that sometimes the Göttingen Septuagint text and sometimes that of Rahlfs is printed already marks a break. But as even the Göttingen Septuagint does not claim to offer the *textus receptus*, this discrepancy is not very important.

No outward distinction has been made between quotation and allusion. The mere fact that there is time and again a grey zone between the two should warn us against over-hasty classification. Of course it is often clear where Old Testament texts are actually quoted, above all where they are preceded by a quotation formula. Sometimes, however, it is arguable whether the New Testament author really wanted to make a formal quotation or not. It should not and must not be the task of Vetus Testament in Novo to tie readers to my particular view; they

---

[4] The Hebrew text of the book of Jesus Sirach is quoted from *F. Vattioni*, Ecclesiastico. Testo ebraico con apparato critico e versioni greca, latina e siriaca, Napoli 1968.

[5] Septuaginta. Id est Vetus Testamentum graece iuxta LXX interpretes, edidit *Alfred Rahlfs*, Vol. I et II, Stuttgart 1982 (= 1935).

[6] *R. Hanhart*, Die Bedeutung der Septuaginta in neutestamentlicher Zeit, ZThK 81, 1984, 395–416.

should be presented with the texts in such a way that they can make their own judgment. It is also sometimes difficult to decide whether we have a deliberate allusion to the Septuagint or a mere use of its idioms.[7] Here, too, the judgment of the user must not be prejudiced. Idiomatic Septuagint phrases are often pointed out in the fourth column.

Anyone who knows even a little about the problem of the reception of texts will be aware that because of the extent of the Old Testament, only a selection of Old Testament parallels can be quoted. To make a selection from such abundant wealth of course puts pressure on one's judgment, and all judgments must inevitably be in some way arbitrary. However, I hope that I have mentioned a justifiable number of Old Testament parallels. Let me make it quite clear that this in no way means that when he wrote his text the New Testament author had in view all the Old Testament passages mentioned! So I mention only passages which were not only intended by the New Testament author but which we can verify. When the author quoted a passage he wanted to bring out this one passage, and it alone. But we should remember that our New Testament authors lived by Israel's Holy Scripture, the Old Testament, and that the language of this scripture was largely their own. This was the language in which they were at home. Furthermore it should be noted that their own theological and religious thought was to a very considerable degree governed by Old Testament ideas and conceptions, and that as a result, where they had an Old Testament passage in view, their theological horizon was also governed by many other passages which are intrinsically related to this one. For that very reason it is important, indeed indispensable, to keep in mind the broad spectrum of Old Testament statements which might have played a theologically decisive role, consciously or unconsciously. In any case we must reflect that the context of a quotation could also be decisive. *Anthony T. Hanson*, the late English New Testament scholar, rightly kept drawing attention to this.[8]

One further comment on the visual layout. Occasionally, the usual space between two or more NT verses has been reduced to indicate their coherence. Agreements in content between New Testament and Old Testament texts are indicated by underlining. Verbal agreement (of Greek words) is marked by bold type and underlining. Agreements in content are sometimes again matters of judgment, since of course exegetes argue over the content of many statements. To this extent these visual indications are also sometimes hypothetical. Users of Vetus Testamentum in Novo are therefore asked to read it critically. A work like this is necessarily open to interpretation and also time and again open to con-

---

[7] Cf. ad *Hübner*, Biblische Theologie des Neuen Testaments. II, 17ff.

[8] E.g. *A.T. Hanson*, The New Testament Interpretation of Scripture, London 1980, 7.

tradiction. For my own theological judgment I would ask readers to refer to the reasons given in my „Biblische Theologie des Neuen Testaments".

I have many people to thank. Above all I want to express my heartfelt gratitude to those who have worked as student or academic assistants in my „Biblical Theology" research division on the Vetus Testamentum in Novo project. Without their collaboration the book could not have been presented in this form to the academic world. My collaborators have nobly reviewed literature, worked with concordances and computers, collated texts and often furthered the work with valuable suggestions of their own. Above all I am also grateful to them for helping to shape the work as a whole. In alphabetical order they are: Cora Bartels, Elke Carl, Martin Conrad, Michael Ebener, Hagen Faust, Gabriele Gottschalk, Katharina Jung, Thilo Krüger, Antje Labahn, Michael Labahn, Beate Marwede, Bettina Pinks-Hasselmann, Corenlia Ressler, Birgitt Riedel, Birgit Rosemeyer, Ingo Schurig, Burkhard Straeck, Marc Wischnowski and Thilo Walz. Of these special mention must be made of Burkhard Straeck, Marc Wischnowski and Antje Labahn, who were a great help, particularly in technical questions and matters of organization. I am also grateful to the Calenberg-Grubenhagen Foundation, which was the first to back the project, and to the Deutsche Forschungsgemeinschaft for considerable financial resources. My thanks are also due to the President of the Georg August University for further resources for the Vetus Testamentum in Novo project.

Göttingen, Whit-Sunday 1996 Hans Hübner

Legende

Index abbreviationum

Signis utimur eisdem, quae in apparatu critico Novi Testamenti Graece (edd. Nestle/Aland, impr. 27ma) inveniuntur exceptis litteris P (pro: papyro) et M (pro: textu, quem maior pars praebet codicum). In designandis libris mss. versionis Septuaginta virorum quae dicitur adhibemus notas editionis Gottingensis. Quae discrepant lectiones libri Ecclesiastici Hebraice conscripti indicamus secuti editionem, quam confecit *F. Vattioni*, Ecclesiastico. Testo ebraico con apparato critico e versioni greca, latina e siriaca, Napoli 1968.

Abkürzungen

Verwendet werden die im kritischen Apparat des Novum Testamentum Graece, Nestle/Aland, 27. Auflage, benutzten Abkürzungen (Ausnahmen: P = Papyrus, M = Mehrheitstext). Für die LXX-Handschriften sind die Sigel der Göttinger Septuaginta übernommen. Abweichende Lesarten der Handschriften des hebräischen Jesus Sirach sind entsprechend der Ausgabe von *F. Vattioni*, Ecclesiastico. Testo ebraico con apparato critico e versioni greca, latina e siriaca, Napoli 1968, wiedergegeben.

Abbreviations

In this book we use the abbreviations which are used in the critical apparatus of Novum Testamentum Graece, Nestle/Aland, 27th edition. For the LXX-manuscripts the logograms of the Göttingen Septuagint habe been taken over. Variants in the manuscripts of the Hebrew Ben Sira are marked in accordance with the edition of *F. Vattioni*, Ecclesiastico. Testo ebraico con apparato critico e versioni greca, latina e siriaca, Napoli 1968.

Index abbreviationum

1. Libri biblici

1.1. Vetus Testamentum et Apocryphes (LXX)

Gen	Genesis	Sap	Sapientia Salomonis
Ex	Exodus	Sir	Jesus Sirach
Lev	Leviticus	PsSal	Psalmi Salomonis
Num	Numeri	Os	Osee
Dtn	Deuteronomium	Am	Amos
Ios	Iosue	Mich	Michaeas
Idc	Iudicum	Ioel	Ioel
Ru	Ruth	Abd	Abdias
1Bas/1Sam	1. Samuelis	Ion	Ionas
2Bas/2Sam	2. Samuelis	Nah	Nahum
3Bas/1Reg	1. Regum	Soph	Sophonias
4Bas/2Reg	2. Regum	Agg	Aggaeus
1/2Par	1./2. Paralipomenon	Zach	Zacharias
1Esdr	1. Esra	Mal	Malachias
2Esdr	2. Esra (LXX) = Ezra/ Nehemia (MT)	Is	Isaias
		Ier	Ieremias
Est	Esther	Bar	Baruch
Idt	Judith	Thr	Threni
Tob	Tobias	EpIer	Epistula Ieremias
1–4Mac	1.–4. Machabaeorum	Ez	Ezechiel
ψ(ψ)/Ps(s)	Psalmus(i)	Sus	Susanna
Od	Odae Salomonis	Dan	Daniel
Prov	Proverbia	BelDr	Bel et Draco
Eccl	Ecclesiastes	ApocMos	Apocalypsis Moïsis
Cant	Canticum	aethHen	Henoch aethiopice
Iob	Iob		

1.2. Novum Testamentum

Mt	Evangelium secundum Matthaeum	Gal	Ad Galatas
		Eph	Ad Ephesios
Mc	Ev. sec. Marcum	Phil	Ad Philippenses
Lc	Ev. sec. Lucam	Col	Ad Colossenses
Ioh	Ev. sec. Iohannem	1/2Thess	Ad Thessalonicenses I./ II.
Act	Acta Apostolorum		
Rom	Ad Romanos	1/2Tim	Ad Timotheum I./II.
1/2Cor	Ad Corinthios I./II.	Tit	Ad Titum

Phlm	Ad Philemonem
Hebr	Ad Hebraeos
Iac	Iacobi epistula
1/2Ptr	Petri epistulae I./II.
1–3Ioh	Iohannis epistulae I.–III.
Iud	Judae epitstula
Apc	Apocalypsis

2. *Scripta non biblica*

CD	Cairo documentum
Philo	Philonis Alexandrini Opera quae supersunt, vol. I–VII, ed. L. Cohn et alii, Berlin 1896–1930

3. *Librorum editiones*

Ca	Catenen – Hauptgruppe
Lcn	Lucian
LXXGö	Göttinger Septuaginta
NA^{25}	Nestle/Aland, 25. Aufl.
NA^{26}	Nestle/Aland, 26. Aufl.
NA^{27}	Nestle/Aland, 27. Aufl.
Ra	*A. Rahlfs* (ed.), Septuaginta, Id est Vetus Testamentum graece iuxta LXX interpres, Stuttgart 1935ss
BHS	*K. Elliger/W. Rudolf* (ed.), Biblia Hebraica Stuttgartensia, Stuttgart 1967ss

4. *Verborum abbreviationes*

al	alii
app crit	apparatus criticus
cf	confer
cod	codex
codd	codices
cont	contextus
eisd vbs	eiusdem verbis
ex gr	exempli gratia
fem	femininum
fort	fortasse
fq	formula quotationis
i e	id est
k	k^{e}tib
lg	legendum
masc	macsulinum
min	codices litteris minusculis scripti
mod dic	modus dicendi
nn	nonnulli
om	omittitur (omittuntur)
par(r)	parallele
pl	plures
plm	plurimi
plur	pluraliter
pr	praemittit (praemittunt)
q	q^{e}re
rel	reliqui
s	sequens
sc	scilicet

sec	secundum	v	versus
ss	sequentes	vd	vide
sim	similiter	VT	Vetus Testamentum
txt	textus	vv	versus (pl)

Abkürzungen

1. Biblische Bücher

1.1. Altes Testament und Apokryphen (LXX)

Gen	Genesis	Sap	Sapientia Salomonis
Ex	Exodus	Sir	Jesus Sirach
Lev	Leviticus	PsSal	Psalmen Salomos
Num	Numeri	Os	Hosea
Dtn	Deuteronomium	Am	Amos
Ios	Josua	Mich	Micha
Idc	Richter	Ioel	Joel
Ru	Ruth	Abd	Obadja
1Bas/1Sam	1. Samuel	Ion	Jona
2Bas/2Sam	2. Samuel	Nah	Nahum
3Bas/1Reg	1. Könige	Soph	Zephania
4Bas/2Reg	2. Könige	Agg	Haggai
1/2Par	1./2. Chronik	Zach	Sacharja
1Esdr	1. Esra	Mal	Maleachi
2Esdr	2. Esra (LXX) = Esra/ Nehemia (MT)	Is	Jesaja
		Ier	Jeremia
Est	Esther	Bar	Baruch
Idt	Judith	Thr	Klagelieder
Tob	Tobit	EpIer	Brief des Jeremia
1–4Mac	1.–4. Makkabäer	Ez	Ezechiel
ψ(ψ)/Ps(s)	Psalm(en)	Sus	Susanna
Od	Oden Salomos	Dan	Daniel
Prov	Proverbia	BelDr	Bel und Draco
Eccl	Kohelet	ApocMos	Apokalypse des Mose
Cant	Hoheslied	aethHen	äthiopischer Henoch
Iob	Hiob		

1.2. Neues Testament

Mt	Matthäusevangelium	1/2Thess	1./2. Thessalonicher-brief
Mc	Markusevangelium		
Lc	Lukasevangelium	1/2Tim	1./2. Timotheusbrief
Ioh	Johannesevangelium	Tit	Titusbrief
Act	Apostelgeschichte	Phlm	Philemonbrief
Rom	Römerbrief	Hebr	Hebräerbrief
1/2Cor	1./2. Korintherbrief	Iac	Jakobusbrief
Gal	Galaterbrief	1/2Ptr	1./2. Petrusbrief
Eph	Epheserbrief	1–3Ioh	1.–3. Johannesbrief
Phil	Philipperbrief	Iud	Judasbrief
Col	Kolosserbrief	Apc	Apokalypse des Johannes

2. Außerbiblische Schriften

CD	Kairo Documentum
Philo	Philonis Alexandrini Opera quae supersunt, vol. I–VII, ed. L. Cohn et alii, Berlin 1896–1930

Abbreviations

1. Abbreviations of Biblical Books

1.1. Old Testament and Apocrypha (LXX)

Gen	Genesis	1/2Par	1./2. Chronicles
Ex	Exodus	1Esdr	1. Ezra
Lev	Leviticus	2Esdr	2. Ezra (LXX) = Ezra/ Nehemiah (MT)
Num	Numbers		
Dtn	Deuteronomy	Est	Esther
Ios	Joshua	Idt	Judith
Idc	Judges	Tob	Tobit
Ru	Ruth	1–4Mac	1.–4. Maccabees
1Bas/1Sam	1. Samuel	ψ(ψ)/Ps(s)	Psalm(s)
2Bas/2Sam	2. Samuel	Od	Odes of Salomon
3Bas/1Reg	1. Kings	Prov	Proverbs
4Bas/2Reg	2. Kings	Eccl	Ecclesiastes

Cant	Song of Songs	Zach	Zechariah
Iob	Job	Mal	Malachi
Sap	Wisdom of Salomon	Is	Isaiah
Sir	Ben Sira	Ier	Jeremiah
PsSal	Psalms of Salomon	Bar	Baruch
Os	Hosea	Thr	Lamentations
Am	Amos	EpIer	Epistle of Jeremiah
Mich	Micah	Ez	Ezekiel
Ioel	Joel	Sus	Susanna
Abd	Obadiah	Dan	Daniel
Ion	Jonah	BelDr	Bel and Draco
Nah	Nahum	ApocMos	Revelation of Moses
Soph	Zephaniah	aethHen	Ethiopian Enoch
Agg	Haggai		

1.2. New Testament

Mt	Gospel of Matthew	1/2Thess	1./2. Thessalonians
Mc	Gospel of Mark	1/2Tim	1./2. Timotheus
Lc	Gospel of Luke	Tit	Titus
Ioh	Gospel of John	Phlm	Philemon
Act	Acts of the Apostles	Hebr	Hebrews
Rom	Romans	Iac	James
1/2Cor	1./2. Corinthians	1/2Ptr	1./2. Peter
Gal	Galatians	1–3Ioh	1.–3. John
Eph	Ephesians	Iud	Jude
Phil	Philippians	Apc	Revelation of John
Col	Colossians		

2. Non Biblical Scriptures

CD	Cairo document
Philo	Philonis Alexandrini Opera quae supersunt, vol. I–VII, ed. L. Cohn et alii, Berlin 1896–1930

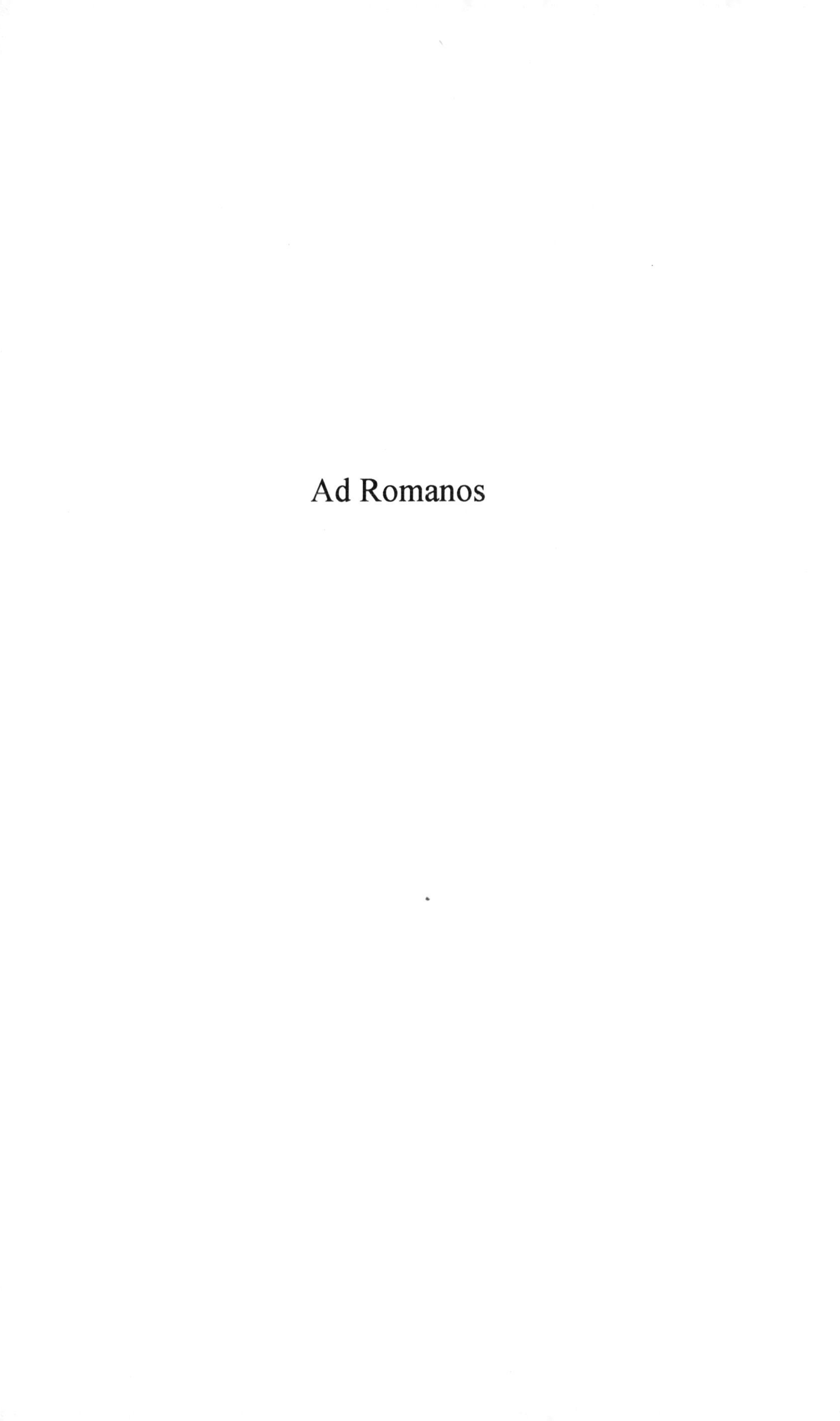

Ad Romanos

NT	LXX
1,1 Παῦλος δοῦλος Χριστοῦ Ἰησοῦ, κλητὸς ἀπόστολος ἀφωρισμένος εἰς εὐαγγέλιον θεοῦ,	ψ **104,26** ἐξαπέστειλεν Μωυσῆν τὸν δοῦλον αὐτοῦ, ψ **77,70** καὶ ἐξελέξατο Δαυὶδ τὸν δοῦλον αὐτοῦ **Lev 20,26** καὶ ἔσεσθέ μοι ἅγιοι, ὅτι ἐγὼ ἅγιος, κύριος ὁ θεὸς ὑμῶν, ὁ ἀφορίσας ὑμᾶς ἀπὸ πάντων τῶν ἐθνῶν εἶναι ἐμοί. **Num 8,11** καὶ ἀφοριεῖ Ἀαρὼν τοὺς Λευίτας ἀπόδομα ἔναντι κυρίου παρὰ τῶν υἱῶν Ἰσραήλ, καὶ ἔσονται ὥστε ἐργάζεσθαι τὰ ἔργα κυρίου. **Is 29,22** διὰ τοῦτο τάδε λέγει κύριος ἐπὶ τὸν οἶκον Ἰακὼβ, ὃν ἀφώρισεν ἐξ Ἀβραάμ ψ **39,10** εὐηγγελισάμην δικαιοσύνην ἐν ἐκκλησίᾳ μεγάλῃ· ψ **95,2** εὐαγγελίζεσθε ἡμέραν ἐξ ἡμέρας τὸ σωτήριον αὐτοῦ· **95,3** ἀναγγείλατε ἐν τοῖς ἔθνεσιν τὴν δόξαν αὐτοῦ, ἐν πᾶσι τοῖς λαοῖς τὰ θαυμάσια αὐτοῦ. **Is 40,9** ἐπ᾽ ὄρος ὑψηλὸν ἀνάβηθι, ὁ εὐαγγελιζόμενος Σιών· ὕψωσον τῇ ἰσχύι τὴν φωνήν σου ὁ εὐαγγελιζόμενος Ἰερουσαλήμ·

MT		ALIA
שלח משה עבדו	**Ps 105,26**	vd ad Gal 1,10.15 *ἀφορίζειν* in LXX saepe dicit separare
ויבחר בדוד עבדו	**Ps 78,70**	homines (aut res), ut Dei sint. servus Dei in Is 40-55:
והייתם לי קדשים כי קדוש אני יהוה ואבדל אתכם מן־העמים להיות לי:	**Lev 20,26**	(ὁ) *παῖς μου*, sed Is 48,20: *ἐρρύσατο κύριος τὸν δοῦλον αὐτοῦ Ἰακώβ* (= populus Israel)
והניף אהרן את־הלוים תנופה לפני יהוה מאת בני ישראל והיו לעבד את־עבדת יהוה:	**Num 8,11**	cf et ψ 67,12 ad Rom 1,16 cf et Is 57,2 ad Rom 10,15
לכן כה־אמר יהוה אל־בית יעקב אשר פדה את־אברהם	**Is 29,22**	
בשרתי צדק בקהל רב	**Ps 40,10**	
בשרו מיום־ליום ישועתו:	**Ps 96,2**	
ספרו בגוים כבודו בכל־העמים נפלאותיו:	**96,3**	
על הר־גבה עלי־לך מבשרת ציון הרימי בכח קולך מבשרת ירושלם	**Is 40,9**	vd et Is 40,9s et 52,7 ad 2Cor 5,18s

NT

1,3 **περὶ** τοῦ υἱοῦ αὐτοῦ τοῦ γενομένου ἐκ
σπέρματος **Δαυὶδ** κατὰ σάρκα,
1,4 τοῦ ὁρισθέντος υἱοῦ θεοῦ ἐν **δυνά**μει
κατὰ **πνεῦμα** **ἁγι**οσύνης ἐξ **ἀναστάσ**εως
νεκρῶν Ἰησοῦ **Χρισ**τοῦ τοῦ κυρίου ἡμῶν,

LXX

2Bas 7,8 καὶ νῦν τάδε ἐρεῖς τῷ δούλῳ
μου Δαυίδ Τάδε λέγει κύριος παντοκρά-
τωρ Ἔλαβόν σε ἐκ τῆς μάνδρας τῶν προ-
βάτων τοῦ εἶναί σε εἰς ἡγούμενον ἐπὶ τὸν
λαόν μου ἐπὶ τὸν Ἰσραήλ
7,9 καὶ ἤμην μετὰ σοῦ ἐν πᾶσιν, οἷς
ἐπορεύου, καὶ ἐξωλέθρευσα πάντας τοὺς
ἐχθρούς σου ἀπὸ προσώπου σου καὶ ἐποί-
ησά σε ὀνομαστὸν κατὰ τὸ ὄνομα τῶν με-
γάλων τῶν ἐπὶ τῆς γῆς.
...
7,12 καὶ ἔσται ἐὰν πληρωθῶσιν αἱ ἡμέ-
ραι σου καὶ κοιμηθήσῃ μετὰ τῶν πατέρων
σου, καὶ **ἀναστ**ήσω τὸ **σπέρμα σου** μετὰ
σέ, ὃς ἔσται ἐκ τῆς κοιλίας σου, καὶ ἑτοι-
μάσω τὴν βασιλείαν αὐτοῦ·
7,13 αὐτὸς οἰκοδομήσει μοι οἶκον τῷ
ὀνόματί μου, καὶ ἀνορθώσω τὸν θρόνον
αὐτοῦ ἕως εἰς τὸν αἰῶνα.
7,14 ἐγὼ ἔσομαι αὐτῷ εἰς πατέρα, καὶ
αὐτὸς ἔσται μοι εἰς υἱόν· καὶ ἐὰν ἔλθῃ ἡ
ἀδικία αὐτοῦ, καὶ ἐλέγξω αὐτὸν ἐν ῥαβ-
δῷ ἀνδρῶν καὶ ἐν ἁφαῖς υἱῶν ἀνθρώπων·
PsSal 17,4 Σύ, κύριε ᾑρετίσω τὸν **Δαυὶδ**
βασιλέα ἐπὶ Ἰσραήλ,
καὶ σὺ ὤμοσας αὐτῷ **περὶ** τοῦ **σπέρματος**
αὐτοῦ εἰς τὸν αἰῶνα

MT

2Sam 7,8 ועתה כה־תאמר לעבדי לדוד כה אמר יהוה צבאות אני לקחתיך מן־הנוה מאחר הצאן להיות נגיד על־עמי על־ישׂראל:

7,9 ואהיה עמך בכל אשר הלכת ואכרתה את־כל־איביך מפניך ועשׂתי לך שׁם גדול כשׁם הגדלים אשר בארץ:

...

7,12 כי ימלאו ימיך ושׁכבת את־אבתיך והקימתי את־זרעך אחריך אשר יצא ממעיך והכינתי את־ממלכתו:

7,13 הוא יבנה־בית לשמי וכננתי את־כסא ממלכתו עד־עולם:

7,14 אני אהיה־לו לאב והוא יהיה־לי לבן אשר בהעותו והכחתיו בשׁבט אנשׁים ובנגעי בני אדם:

ALIA

3Bas 2,33 *καὶ ἐπεστράφη τὰ αἵματα αὐτῶν εἰς κεφαλὴν αὐτοῦ καὶ εἰς κεφαλὴν τοῦ σπέρματος αὐτοῦ εἰς τὸν αἰῶνα, καὶ τῷ Δαυὶδ καὶ τῷ σπέρματι αὐτοῦ καὶ τῷ οἴκῳ αὐτοῦ καὶ τῷ θρόνῳ αὐτοῦ γένοιτο εἰρήνη ἕως αἰῶνος παρὰ κυρίου.*

ad *πνεῦμα κυρίου/θεοῦ* vd ad 2Cor 3,17 et ad 1Thess 4,8

NT	LXX
	τοῦ μὴ ἐκλείπειν ἀπέναντί σου βασίλειον αὐτοῦ.
	…
	17,21 Ἰδέ, κύριε, καὶ ἀνάστησον αὐτοῖς τὸν βασιλέα αὐτῶν υἱὸν Δαυὶδ εἰς τὸν καιρόν, ὃν εἵλου σύ, ὁ θεός, τοῦ βασιλεῦσαι ἐπὶ Ἰσραὴλ παῖδά σου·
	…
	17,37 καὶ οὐκ ἀσθενήσει ἐν ταῖς ἡμέραις αὐτοῦ ἐπὶ θεῷ αὐτοῦ· ὅτι ὁ θεὸς κατειργάσατο αὐτὸν δυνατὸν ἐν πνεύματι ἁγίῳ καὶ σοφὸν ἐν βουλῇ συνέσεως μετὰ ἰσχύος καὶ δικαιοσύνης.
	Ier 23,5 Ἰδοὺ ἡμέραι ἔρχονται, λέγει κύριος, καὶ ἀναστήσω τῷ Δαυὶδ ἀνατολὴν δικαίαν, καὶ βασιλεύσει βασιλεὺς καὶ συνήσει καὶ ποιήσει κρίμα καὶ δικαιοσύνην ἐπὶ τῆς γῆς.
	Is 11,1 Καὶ ἐξελεύσεται ῥάβδος ἐκ τῆς ῥίζης Ἰεσσαί, καὶ ἄνθος ἐκ τῆς ῥίζης ἀναβήσεται.
	11,2 καὶ ἀναπαύσεται ἐπ᾽ αὐτὸν πνεῦμα τοῦ θεοῦ, πνεῦμα σοφίας καὶ συνέσεως, πνεῦμα βουλῆς καὶ ἰσχύος, πνεῦμα γνώσεως καὶ εὐσεβείας·
	11,3 ἐμπλήσει αὐτὸν πνεῦμα φόβου θεοῦ.

MT		ALIA
		ad *πνεῦμα* et *ἀνάστασις νεκρῶν* cf Ez 37
הנה ימים באים נאם־יהוה והקמתי לדוד צמח צדיק ומלך מלך והשׂכיל ועשׂה משפט וצדקה בארץ:	**Ier 23,5**	
ויצא חטר מגזע ישי ונצר משרשיו יפרה:	**Is 11,1**	
ונחה עליו רוח יהוה רוח חכמה ובינה רוח עצה וגבורה רוח דעת ויראת יהוה:	**11,2**	
והריחו ביראת יהוה	**11,3**	

NT	LXX
	Is 61,1 Πνεῦμα κυρίου ἐπ' ἐμέ, οὗ εἵνεκεν ἔχρισέ με· εὐαγγελίσασθαι πτωχοῖς ἀπέσταλκέ με, ἰάσασθαι τοὺς συντετριμμένους τῇ καρδίᾳ, κηρύξαι αἰχμαλώτοις ἄφεσιν καὶ τυφλοῖς ἀνάβλεψιν,
	61,2 καλέσαι ἐνιαυτὸν κυρίου δεκτὸν καὶ ἡμέραν ἀνταποδόσεως, παρακαλέσαι πάντας τοὺς πενθοῦντας, **61,3** δοθῆναι τοῖς πενθοῦσι Σιὼν δόξαν ἀντὶ σποδοῦ, ἄλειμμα εὐφροσύνης ἀντὶ πένθους, καταστολὴν δόξης ἀντὶ πνεύματος ἀκηδίας· καὶ κληθήσονται Γενεαὶ δικαιοσύνης, Φύτευμα κυρίου εἰς δόξαν.
1,5 δι' οὗ ἐλάβομεν χάριν καὶ ἀποστολὴν εἰς ὑπακοὴν πίστεως ἐν πᾶσιν τοῖς ἔθνεσιν ὑπὲρ τοῦ ὀνόματος αὐτοῦ,	**3Bas 1,46** καὶ ἐκάθισεν Σαλωμὼν ἐπὶ θρόνον τῆς βασιλείας, **1,47** καὶ εἰσῆλθον οἱ δοῦλοι τοῦ βασιλέως εὐλογῆσαι τὸν κύριον ἡμῶν τὸν βασιλέα Δαυὶδ λέγοντες Ἀγαθύναι ὁ θεὸς τὸ ὄνομα Σαλωμὼν τοῦ υἱοῦ σου ὑπὲρ τὸ ὄνομά σου καὶ μεγαλύναι τὸν θρόνον αὐτοῦ ὑπὲρ τὸν θρόνον σου· καὶ προσεκύνησεν ὁ βασιλεὺς ἐπὶ τὴν κοίτην αὐτοῦ,

MT		ALIA
רוח ארני יהוה עלי יען משח יהוה אתי לבשׂר ענוים שׁלחני לחבשׁ לנשׁברי־לב לקרא לשׁבוים דרור ולאסורים פקח־קוח:	**Is 61,1**	
לקרא שׁנת־רצון ליהוה ויום נקם לאלהינו לנחם כל־אבלים:	**61,2**	
לשׂום לאבלי ציון לתת להם פאר תחת אפר שׁמן שׂשׂון תחת אבל מעטה תהלה תחת רוח כהה וקרא להם אילי הצדק מטע יהוה להתפאר:	**61,3**	ad *γενεαὶ δικαιοσὺνης* cf ad Rom 1,17
וגם ישׁב שׁלמה על כסא המלוכה:	**1Reg 1,46**	mod dic *ἐν πᾶσιν τοῖς ἔθνεσιν* aut sim saepius in LXX ex gr Dtn 4,27; 28,37; *ψ* 81,8; Jer 51,8
וגם־באו עבדי המלך לברך את־ארנינו המלך דוד לאמר ייטב אלהיך את־שׁם שׁלמה משׁמך ויגדל את־כסאו מכסאך וישׁתחו המלך על־המשׁכב:	**1,47**	

NT

1,6 *ἐν οἷς ἐστε καὶ* ***ὑμεῖς*** *κλητοὶ Ἰησοῦ Χριστοῦ,*

1,7 *πᾶσιν τοῖς οὖσιν ἐν Ῥώμῃ ἀγαπητοῖς θεοῦ,* ***κλητοῖς ἁγίοις****, χάρις ὑμῖν καὶ εἰρήνη* ***ἀπὸ θεοῦ*** *πατρὸς ἡμῶν καὶ* ***κυρίου*** *Ἰησοῦ Χριστοῦ.*

LXX

Ex 19,6 ***ὑμεῖς*** *δὲ ἔσεσθέ μοι βασίλειον ἱεράτευμα καὶ ἔθνος* ***ἅγιον****.*

Lev 11,44 *ὅτι ἐγώ εἰμι* ***κύριος*** *ὁ* ***θεὸς*** *ὑμῶν· καὶ ἁγιασθήσεσθε καὶ ἅγιοι ἔσεσθε, ὅτι ἅγιός εἰμι ἐγὼ κύριος ὁ θεὸς ὑμῶν·*

Lev 19,2 *Λάλησον τῇ συναγωγῇ τῶν υἱῶν Ἰσραὴλ καὶ ἐρεῖς πρὸς αὐτούς* ***Ἅγι****οι ἔσεσθε, ὅτι ἐγὼ ἅγιος, κύριος ὁ θεὸς ὑμῶν.*

Soph 1,7 *Εὐλαβεῖσθε* ***ἀπὸ*** *προσώπου* ***κυρίου*** *τοῦ* ***θεοῦ****, δίοτι ἐγγὺς ἡ ἡμέρα τοῦ κυρίου, ὅτι ἡτοίμακεν* ***κύριος*** *τὴν θυσίαν αὐτοῦ,* ***ἡγί****ακεν τοὺς* ***κλητ****οὺς αὐτοῦ.*

Is 4,3 *καὶ ἔσται τὸ ὑπολειφθὲν ἐν Σιὼν καὶ τὸ καταλειφθὲν ἐν Ἰερουσαλὴμ ἅγιοι* ***κλη****θήσονται,* ***πά****ντες οἱ γραφέντες εἰς ζωὴν* ***ἐν*** *Ἰερουσαλήμ·*

Is 43,1 *Καὶ νῦν οὕτως λέγει κύριος ὁ θεὸς ὁ ποιήσας σε, Ἰακώβ, ὁ πλάσας σε, Ἰσραήλ Μὴ φοβοῦ, ὅτι ἐλυτρωσάμην σε· ἐκάλεσά σε τὸ ὄνομά σου, ἐμὸς εἶ σύ.*

Is 62,12 *Καὶ καλέσει αὐτὸν λαὸν ἅγιον λελυτρωμένον ὑπὸ* ***κυρίου****, σὺ δὲ* ***κλη****θήσῃ ἐπιζητουμένη πόλις, καὶ οὐκ ἐγκαταλελειμμένη.*

Dan 7,18θ' *καὶ παραλήμψονται τὴν*

MT		ALIA
ואתם תהיו־לי ממלכת כהנים וגוי קדוש	**Ex 19,6**	*θεός* est *πατήρ* ex gr 3Mac 5,7; ψ 88,27; Tob 13,4; Sir 23,1.4; Sap 2,16; Ier 3,4.19
כי אני יהוה אלהיכם והתקדשתם והייתם קדשים כי קדוש אני	**Lev 11,44**	vd et **Sap 3,9** *ὅτι χάρις καὶ ἔλεος ἐν τοῖς ὁσίοις αὐτοῦ* *καὶ ἐπισκοπὴ ἐν τοῖς ἐκλεκτοῖς αὐτοῦ.*
דבר אל־כל־עדת בני־ישראל ואמרת אלהם קדשים תהיו כי קדוש אני יהוה אלהיכם:	**Lev 19,2**	vd et ad Col 1,1s
הס מפני אדני יהוה כי קרוב יום יהוה כי־הכין יהוה זבח הקדיש קראיו:	**Soph 1,7**	
והיה הנשאר בציון והנותר בירושלם קדוש יאמר לו כל־הכתוב לחיים בירושלם:	**Is 4,3**	
ועתה כה־אמר יהוה בראך יעקב ויצרך ישראל אל־תירא כי גאלתיך קראתי בשמך לי־אתה:	**Is 43,1**	cf et Is 48,1.12-15; 61,3.6 cf et Os 1,10 ad Rom 9,26
וקראו להם עם־הקדש גאולי יהוה ולך יקרא דרושה עיר לא נעזבה:	**Is 62,12**	
ויקבלון מלכותא קדישי עליונין	**Dan 7,18**	

NT	LXX
	βασιλείαν ἅγιοι ὑψίστου καὶ καθέξουσιν αὐτὴν ἕως αἰῶνος τῶν αἰώνων.
1,8 Πρῶτον μὲν **εὐχαριστ**ῶ **τῷ θεῷ** μου διὰ Ἰησοῦ Χριστοῦ περὶ **πάντ**ων ὑμῶν ὅτι ἡ πίστις ὑμῶν καταγγέλλεται ἐν ὅλῳ τῷ **κόσμ**ῳ.	**Idt 8,25** παρὰ ταῦτα **πάντ**α **εὐχαριστ**ήσωμεν κυρίῳ **τῷ θεῷ** ἡμῶν, **2Mac 1,11** ἐκ μεγάλων κινδύνων ὑπὸ τοῦ θεοῦ σεσῳσμένοι μεγάλως **εὐχαριστ**οῦμεν αὐτῷ **2Mac 8,18** ἡμεῖς δὲ ἐπὶ τῷ παντοκράτορι θεῷ δυναμένῳ καὶ τοὺς ἐρχονένους ἐφ' ἡμᾶς καὶ τὸν ὅλον **κόσμ**ον ἑνὶ νεύματι καταβαλεῖν πεποίθαμεν. **3Mac 7,16** καὶ παμμελέσιν ὕμνοις **εὐχαριστ**οῦντες **τῷ θεῷ** τῶν πατέρων αὐτῶν αἰωνίῳ σωτῆρι τοῦ Ἰσραήλ.
1,9 μάρτυς γάρ μού ἐστιν ὁ θεός, ᾧ **λατρεύ**ω ἐν τῷ πνεύματί μου ἐν τῷ εὐαγγελίῳ **τοῦ υἱοῦ αὐτοῦ**, ὡς ἀδιαλείπτως μνείαν ὑμῶν ποιοῦμαι	**1Bas 12,5** καὶ εἶπεν Σαμουὴλ πρὸς τὸν λαόν **Μάρτυς** κύριος ἐν ὑμῖν καὶ μάρτυς χριστὸς **αὐτοῦ** σήμερον ἐν ταύτῃ τῇ ἡμέρᾳ ὅτι οὐχ εὑρήκατε ἐν χειρί μου οὐθέν· καὶ εἶπαν **Μάρτυς**. **1Esdr 1,4** καὶ νῦν **λατρεύ**ετε τῷ κυρίῳ θεῷ ὑμῶν καὶ θεραπεύετε τὸ ἔθνος αὐτοῦ Ἰσραὴλ καὶ ἑτοιμάσατε κατὰ τὰς πατριὰς καὶ τὰς φυλὰς ὑμῶν κατὰ τὴν γραφὴν Δαυὶδ βασιλέως Ἰσραὴλ καὶ κατὰ τὴν μεγαλειότητα Σαλωμὼν **τοῦ υἱοῦ αὐτοῦ**

MT		ALIA
ויחסנון מלכותא עד־עלמא ועד עלם עלמיא:		
		vd et ad 1Thess 3,9 cf et **Sap 17,20** *ὅλος γὰρ ὁ κόσμος* *λαμπρῷ κατελάμπετο φωτὶ* *καὶ ἀνεμποδίστοις συνείχετο ἔργοις·* **Sap 18,24** *ἐπὶ γὰρ ποδήρους ἐνδύματος ἦν ὅλος ὁ κόσμος,*
ויאמר אליהם עד יהוה בכם ועד משיחו היום הזה כי לא מצאתם בידי מאומה ויאמר עד:	**1Sam 12,5**	mod dic *λατρεύειν τῷ θεῷ/τῷ κυρίῳ* Ex 3,12; 10,7.8.11.24.26; 12,31; 23,25; Dtn 10,12; 11,13; Jos 22,5.27; 24,14. 15.18.19.22.24; Idc 10,16(A); 2Bas 15,8
עתה עבדו את־יהוה אלהיכם ואת עמו ישראל:	**2Par 35,3**	1Esdr 1,1-20.23-55 est translatio 2Par 35,1-36,21; 2,1-11.
יהכונו לבית־אבותיכם כמחלקותיכם בכתב דויד מלך ישראל ובמכתב שלמה בנו:	**35,4**	2Par 35,3LXX: *νῦν οὖν λειτουργήσατε τῷ κυρίῳ θεῷ ὑμῶν …*

NT	LXX
1,10 *πάντοτε ἐπὶ τῶν προσευχῶν μου δεόμενος εἴ πως ἤδη ποτὲ εὐοδωθήσομαι ἐν τῷ θελήματι τοῦ θεοῦ ἐλθεῖν πρὸς ὑμᾶς.*	
1,13 *ἵνα τινὰ καρπὸν σχῶ καὶ ἐν ὑμῖν καθὼς καὶ ἐν τοῖς λοιποῖς ἔθνεσιν.*	
1,16 *Οὐ γὰρ ἐπαισχύνομαι τὸ εὐαγγέλιον, δύναμις γὰρ θεοῦ ἐστιν εἰς σωτηρίαν παντὶ τῷ πιστεύοντι, Ἰουδαίῳ τε πρῶτον καὶ Ἕλληνι.* **1,17** *δικαιοσύνη γὰρ θεοῦ ἐν αὐτῷ ἀποκαλύπτεται ἐκ πίστεως εἰς πίστιν, καθὼς γέγραπται·* *ὁ δὲ δίκαιος ἐκ πίστεως ζήσεται.*	**3Mac 6,13** *πτηξάτω δὲ ἔθνη τὴν δύναμιν ἀνίκητον σήμερον, ἔντιμε δύναμιν ἔχων ἐπὶ σωτηρίᾳ Ἰακὼβ γένους.* *ψ* **20,2** *Κύριε, ἐν τῇ δυνάμει σου εὐφρανθήσεται ὁ βασιλεὺς* *καὶ ἐπὶ τῷ σωτηρίῳ σου ἀγαλλιάσεται σφόδρα.* *ψ* **53,3** *Ὁ θεός, ἐν τῷ ὀνόματί σου σῶσόν με* *καὶ ἐν τῇ δυνάμει σου κρῖνόν με.* *ψ* **67,4** *καὶ οἱ δίκαιοι εὐφρανθήτωσαν* … **67,12** *κύριος δώσει ῥῆμα τοῖς εὐαγγελιζομένοις δυνάμει πολλῇ,* **67,13** *ὁ βασιλεὺς τῶν δυνάμεων τοῦ ἀγαπητοῦ,* *τοῦ ἀγαπητοῦ, καὶ ὡραιότητι τοῦ οἴκου διελέσθαι σκῦλα.* …

MT		ALIA
		saepe *θέλημα τοῦ θεοῦ* aut sim in LXX, ex gr 1Esdr 8,16; 9,9; ψ 29,6.8
		mod dic *τὰ λοιπὰ ἔθνη* cf Dtn 8,20; 17,14; 1Bas 8,5; Ez 36,5
		ad *δύναμις/ἰσχὺς* (*τοῦ*) *θεοῦ/κυρίου* cf ex gr Dtn 3,24; Ios 4,24; ψ 45,2; 62,3; 76,15s; Sap 7,25
יהוה בעזך ישמח־מלך	**Ps 21,2**	cf et ψ **24,2** *ἐπὶ σοὶ πέποιθα· μὴ καταισχυνθείην,*
ובישועתך מה־יגיל מאד:		*μηδὲ καταγελασάτωσάν μου οἱ ἐχθροί μου.*
אלהים בשמך הושיענו	**Ps 54,3**	**Is 50,7** *καὶ κύριος βοηθός μου ἐγενήθη, διὰ τοῦτο οὐκ ἐνετράπην, ἀλλὰ ἔθηκα*
ובגבורתך תדינני:		*τὸ πρόσωπόν μου ὡς στερεὰν πέτραν*
וצדיקים ישמחו יעלצו	**Ps 68,4**	*καὶ ἔγνων ὅτι οὐ μὴ αἰσχυνθῶ.*
...		**50,8** *ὅτι ἐγγίζει ὁ δικαιώσας με· τίς ὁ*
אדני יתן־אמר	**68,12**	*κρινόμενός μοι; ἀντιστήτω μοι ἅμα· καὶ*
המבשרות צבא רב:		*τίς ὁ κρινόμενός μοι; ἐγγισάτω μοι.*
מלכי צבאות	**68,13**	
ידדון ידדון		
ונות בית		
תחלק שלל:		
...		

NT	LXX
	67,21 *ὁ θεὸς ἡμῶν θεὸς τοῦ σῴζειν,*
	…
	67,29 *ἔντειλαι, ὁ θεός, τῇ δυνάμει σου, δυνάμωσον, ὁ θεός, τοῦτο, ὃ κατειργάσω ἡμῖν.*
	67,30 *ἀπὸ τοῦ ναοῦ σου ἐπὶ Ἰερουσαλὴμ σοὶ οἴσουσιν βασιλεῖς δῶρα.*
	ψ **97,2** *ἐγνώρισεν κύριος τὸ σωτήριον αὐτοῦ,*
	ἐναντίον τῶν ἐθνῶν ἀπεκάλυψεν τὴν δικαιοσύνην αὐτοῦ.
	97,3 *ἐμνήσθη τοῦ ἐλέους αὐτοῦ τῷ Ἰακὼβ*
	καὶ τῆς ἀληθείας αὐτοῦ τῷ οἴκῳ Ἰσραήλ·
	εἴδοσαν πάντα τὰ πέρατα τῆς γῆς τὸ σωτήριον τοῦ θεοῦ ἡμῶν.
	ψ **118,46** *καὶ ἐλάλουν ἐν τοῖς μαρτυρίοις σου*
	ἐναντίον βασιλέων καὶ οὐκ ᾐσχυνόμην.
	ψ **139,8** *κύριε κύριε, δύναμις τῆς σωτηρίας μου,*
	Hab 2,4 *ἐὰν ὑποστείληται, οὐκ εὐδοκεῖ ἡ ψυχή μου ἐν αὐτῷ· ὁ δὲ δίκαιος ἐκ πίστεώς μου ζήσεται.*
	Is 28,16 *καὶ ὁ πιστεύων ἐπ' αὐτῷ οὐ μὴ καταισχυνθῇ.*
	Sir 2,10 *ἐμβλέψατε εἰς ἀρχαίας γενεὰς καὶ ἴδετε·*

MT		ALIA
האל לנו אל למושעות	**68,21**	
...		
צוה אלהיך עזך	**68,29**	
עוזה אלהים זו פעלת לנו:		
מהיכלך על־ירושלם	**68,30**	ad *δῶρα* cf Rom 15,15.26-28.31
לך יובילו מלכים שי:		
הודיע יהוה ישועתו	**Ps 98,2**	
לעיני הגוים		
גלה צדקתו:		
זכר חסדו ואמונתו	**98,3**	
לבית ישׂראל		
ראו כל־אפסי־ארץ		
את ישועת אלהינו:		
ואדברה בעדתיך	**Ps 119,46**	
נגד מלכים		
ולא אבוש:		
יהוה אדני עז ישועתי	**Ps 140,8**	
הנה עפלה לא־ישרה נפשו בו	**Hab 2,4**	cont **Hab** 2,4:
וצדיק באמונתו יחיה:		**2,14** *ὅτι ἐμπλησθήσεται ἡ γῆ τοῦ γνῶναι τὴν δόξαν κυρίου,*
המאמין לא יחיש:	**Is 28,16**	**3,3** *ὁ θεὸς ἐκ Θαιμὰν ἥξει,*
		3,5 *πρὸ προσώπου αὐτοῦ πορεύσεται λόγος* (sed MT: דֶּבֶר),
		3,8 *καὶ ἡ ἱππασία σου σωτηρία,*

NT	LXX
	τίς ἐνεπίστευσεν κυρίῳ καὶ κατῃσχύνθη; **Sir 24,22** ὁ ὑπακούων μου οὐκ αἰσχυνθήσεται, καὶ οἱ ἐργαζόμενοι ἐν ἐμοὶ οὐχ ἁμαρτήσουσιν. **Is 49,5** καὶ ὁ θεός μου ἔσται μου ἰσχύς. **49,6** … ἰδοὺ τέθεικά σε εἰς φῶς ἐθνῶν τοῦ εἶναί σε εἰς σωτηρίαν ἕως ἐσχάτου τῆς γῆς. **49,7** Οὕτως λέγει κύριος ὁ ῥυσάμενός σε ὁ θεὸς Ἰσραὴλ **Is 49,23** κύριος, καὶ οὐκ αἰσχυνθήσῃ. … **49,26** ὅτι ἐγὼ ὁ ῥυσάμενός σε καὶ ἀντιλαμβανόμενος ἰσχύος Ἰακώβ. **Is 51,4** ἀκούσατέ μου ἀκούσατε, λαός μου, καὶ οἱ βασιλεῖς, πρός με ἐνωτίσασθε· ὅτι νόμος παρ᾽ἐμοῦ ἐξελεύσεται καὶ ἡ κρίσις μου εἰς φῶς ἐθνῶν. **51,5** ἐγγίζει ταχὺ ἡ δικαιοσύνη μου, καὶ ἐξελεύσεται τὸ σωτήριόν μου, καὶ εἰς τὸν βραχίονά μου ἔθνη ἐλπιοῦσιν· ἐμὲ νῆσοι ὑπομενοῦσι καὶ εἰς τὸν βραχίονά μου ἐλπιοῦσιν. **51,6** … τὸ δὲ σωτήριόν μου εἰς τὸν αἰῶνα ἔσται, ἡ δὲ δικαιοσύνη μου οὐ μὴ ἐκλίπῃ.

MT

Is 49,5 ואלהי היה עזי:

49,6 ... ונתתיך לאור גוים
להיות ישועתי עד־קצה הארץ:

49,7 כה אמר־יהוה
גאל ישראל קדושו

49,23 יהוה אשר לא־יבשו קוי:
...

49,26 כי אני יהוה מושיעך
וגאלך אביר יעקב:

Is 51,4 הקשיבו אלי עמי
ולאומי אלי האזינו
כי תורה מאתי תצא
ומשפטי לאור עמים ארגיע:

51,5 קרוב צדקי יצא ישעי
וזרעי עמים ישפטו
אלי איים יקוו
ואל־זרעי ייחלון:

51,6 ... וישועתי לעולם תהיה
וצדקתי לא תחת:

ALIA

3,19 *κύριος ὁ θεὸς δύναμίς μου*

NT	LXX
	…
	51,8 *ἡ δὲ* ***δικαιοσύνη*** *μου εἰς τὸν αἰῶνα ἔσται, τὸ δὲ* ***σωτήρι****όν μου εἰς γενεὰς γενεῶν.*
	Is 52,10 *καὶ* ***ἀποκαλύψ****ει κύριος τὸν βραχίονα αὐτοῦ τὸν ἅγιον ἐνώπιον* ***πάν-των τῶν ἐθνῶν****, καὶ ὄψονται* ***πάντ****α τὰ ἄκ-ρα τῆς γῆς τὴν* ***σωτηρίαν*** *τὴν παρὰ τοῦ* ***θεοῦ****.*
	Is 56,1 Τάδε λέγει *κύριος* Φυλάσσεσθε *κρίσιν, ποιήσατε* ***δικαιοσύνην****· ἤγγισε* ***γὰρ*** *τὸ* ***σωτήρι****όν μου παραγίνεσθαι καὶ τὸ ἔλεός μου* ***ἀποκαλυφ****θῆναι.*
1,18 *Ἀποκαλύπτεται* ***γὰρ ὀργὴ θεοῦ*** *ἀπ'* ***οὐρανοῦ ἐπὶ πᾶσαν*** *ἀ****σέβ****ειαν καὶ ἀδικίαν* ***ἀνθρώπων*** *τῶν τὴν ἀλήθειαν ἐν ἀδικίᾳ κατεχόντων,*	**2Par 28,9** *Ἰδοὺ* ***ὀργὴ κυρίου θεοῦ*** *τῶν πατέρων ὑμῶν* ***ἐπὶ*** *τὸν Ἰούδαν, καὶ παρ-έδωκεν αὐτοὺς εἰς τὰς χεῖρας ὑμῶν, καὶ ἀπεκτείνατε ἐν αὐτοῖς ἐν ὀργῇ· ἕως τῶν* ***οὐραν****ῶν ἔφθακεν.*
	ψ 52,3 *ὁ* ***θε****ὸς* ***ἐκ*** *τοῦ* ***οὐρανοῦ*** *διέκυψεν* ***ἐπὶ*** *τοὺς υἱοὺς τῶν* ***ἀνθρώπων*** *τοῦ ἰδεῖν εἰ ἔστιν συνίων ἢ ἐκζητῶν τὸν θεόν.*
	52,4 *πάντες ἐξέκλιναν, ἅμα ἠχρεώθη-σαν,* *οὐκ ἔστιν ποιῶν ἀγαθόν, οὐκ ἔστιν ἕως ἑνός.*

MT		ALIA
…		
וצדקתי לעולם תהיה וישועתי לדור דורים׃	**51,8**	
חשף יהוה את־זרוע קדשו לעיני כל־הגוים וראו כל־אפסי־ארץ את ישועת אלהינו׃	**Is 52,10**	
כה אמר יהוה שמרו משפט ועשו צדקה כי־קרובה ישועתי לבוא וצדקתי להגלות׃	**Is 56,1**	
הנה בחמת יהוה אלהי־אבותיכם על־יהודה נתנם בידכם ותהרגו־בם בזעף עד לשמים הגיע׃	**2Par 28,9**	ad 2Par 28,9 *παρέδωκεν αὐτοὺς ὁ θεός* cf Rom 1,24.26.28 ad ψ 53,3s: sim ψ 13,25, cf ad Rom 3,10-12 vd et **Num 16,22** *καὶ εἶπαν Θεός, θεὸς τῶν πνευμάτων καὶ πάσης σαρκός, εἰ ἄνθρωπος εἷς ἥμαρτεν, ἐπὶ πᾶσαν τὴν συναγωγὴν ὀργὴ κυρίου;* *ὀργὴ θεοῦ/κυρίου* aut sim in fere omnibus libris LXX, sed non in Gen! Deus puniens de caelo cf ex gr et **Gen 11,5** *καὶ κατέβη κύριος ἰδεῖν τὴν πόλιν καὶ τὸν πύργον,*
אלהים משמים השקיף על־בני אדם לראות היש משכיל דרש את־אלהים׃	**Ps 53,3**	
כלו סג יחדו נאלחו אין עשה־טוב אין גם־אחד׃	**53,4**	

NT	LXX
	ψ **75,8** *σὺ φοβερὸς εἶ, καὶ τίς ἀντιστήσεταί σοι;* *ἀπὸ τότε ἡ* ***ὀργή σου***. **75,9** *ἐκ τοῦ* ***οὐρανοῦ*** *ἠκούτισας κρίσιν,* ψ **77,31** *καὶ* ***ὀργὴ*** *τοῦ* ***θεοῦ*** *ἀνέβη ἐπ' αὐτοὺς* ψ **89,7** *ὅτι ἐξελίπομεν ἐν τῇ* ***ὀργῇ*** *σου* *καὶ ἐν τῷ θυμῷ σου ἐταράχθημεν.* … **89,11** *τίς γινώσκει τὸ κράτος τῆς* ***ὀργῆς*** *σου* **Iob 9,18** *οὐκ ἐᾷ γάρ με ἀναπνεῦσαι, ἐνέπλησεν δέ με πικρίας.* **Is 13,13** *ὁ γὰρ* ***οὐρανὸς*** *θυμωθήσεται καὶ ἡ γῆ σεισθήσεται ἐκ τῶν θεμελίων αὐτῆς διὰ θυμὸν* ***ὀργῆς*** *κυρίου σαβαώθ τῇ ἡμέρᾳ, ᾗ ἂν ἐπέλθῃ ὁ θυμὸς αὐτοῦ.* **Ier 37,23** *ὅτι* ***ὀργὴ*** *κυρίου ἐξῆλθεν θυμώδης, ἐξῆλθεν* ***ὀργὴ*** *στρεφομένη,* ***ἐπ' ἀσεβ****εῖς ἥξει.* **Dan 4,31**θ' ***φωνὴ ἀπ' οὐρανοῦ*** *ἐγένετο* Σοὶ λέγουσι, Ναβουχοδονοσορ βασιλεῦ, ἡ βασιλεία παρῆλθεν ἀπὸ σοῦ, **4,32**θ' *καὶ ἀπὸ τῶν ἀνθρώπων σε ἐκδιώξουσι, καὶ μετὰ θηρίων ἀγρίων ἡ κατοικία σου, καὶ χόρτον ὡς βοῦν ψωμιοῦσί σε,*

MT		ALIA
אתה נורא אתה ומי־יעמד לפניך מאז אפך:	**Ps 76,8**	**Gen 19,24** *καὶ κύριος ἔβρεξεν ἐπὶ Σόδομα καὶ Γόμορρα θεῖον καὶ πῦρ παρὰ κυρίου ἐκ τοῦ οὐρανοῦ,*
משמים השמעת דין	**76,9**	
ואף אלהים עלה בהם	**Ps 78,31**	
כי־כלינו באפך ובחמתך נבהלנו: ...	**Ps 90,7**	
מי־יודע עז אפך	**90,11**	
לא־יתנני השב רוחי כי ישבעני ממררים:	**Iob 9,18**	multa verba in Rom 1,18-2,5 eadem sicut in Sap 11-15: *ἀδικία*, *νοεῖν*, *δύναμις*, *ματαιόω/μάταιος*, (*δια-*)*λογισμοί*, *ἀσύνετος*, *φθαρτός*, *εἰκὼν ἀνθρώπου*, *ἕρπετα*, *πλάνης*, *τὸ γνωστὸν τοῦ θεοῦ/θεοῦ ἀγνωσία*, *χρηστότης/χρηστός*, *μακροθυμία/μακρόθυμος*, *εἰς μετάνοιαν*
על־כן שמים ארגיז ותרעש הארץ ממקומה בעברת יהוה צבאות וביום חרון אפו:	**Is 13,13**	
הנה סערת יהוה חמה יצאה סער מתגורר על־ראש רשעים יחול:	**Ier 30,23**	
קל מן שמיא נפל לך אמרין נבוכדנצר מלכא מלכותה עדת מנך:	**Dan 4,28**	
ומן־אנשא לך טרדין ועם־חיות ברא מדרך עשבא כתורין לך יטעמון	**4,29**	

NT

1,19 *διότι τὸ γνωστὸν τοῦ θεοῦ φανερόν ἐστιν ἐν αὐτοῖς· ὁ θεὸς γὰρ αὐτοῖς ἐφανέρωσεν.*

1,20 *τὰ γὰρ ἀόρατα αὐτοῦ ἀπὸ κτίσεως κόσμου τοῖς ποιήμασιν νοούμενα καθορᾶται, ἥ τε ἀΐδιος αὐτοῦ δύναμις καὶ θειότης, εἰς τὸ εἶναι αὐτοὺς ἀναπολογήτους,*

1,21 *διότι γνόντες τὸν θεὸν οὐχ ὡς θεὸν ἐδόξασαν ἢ ηὐχαρίστησαν, ἀλλ' ἐματαιώθησαν ἐν τοῖς διαλογισμοῖς αὐτῶν καὶ ἐσκοτίσθη ἡ ἀσύνετος αὐτῶν καρδία.*

1,22 *φάσκοντες εἶναι σοφοὶ ἐμωράνθησαν*

LXX

Sap 13,1 *Μάταιοι μὲν γὰρ πάντες ἄνθρωποι φύσει, οἷς παρῆν θεοῦ ἀγνωσία καὶ ἐκ τῶν ὁρωμένων ἀγαθῶν οὐκ ἴσχυσαν εἰδέναι τὸν ὄντα*
οὔτε τοῖς ἔργοις προσέχοντες ἐπέγνωσαν τὸν τεχνίτην,

Iob 12,7 *ἀλλὰ δὴ ἐπερώτησον τετράποδα ἐάν σοι εἴπωσιν, πετεινὰ δὲ οὐρανοῦ ἐάν σοι ἀπαγγείλωσιν·*

12,8 *ἐκδιήγησαι δὲ γῇ ἐάν σοι φράσῃ, καὶ ἐξηγήσονταί σοι οἱ ἰχθύες τῆς θαλάσσης.*

12,9 *τίς οὐκ ἔγνω ἐν πᾶσιν τούτοις ὅτι χεὶρ κυρίου ἐποίησεν ταῦτα;*

ψ 75,6 *ἐταράχθησαν πάντες οἱ ἀσύνετοι τῇ καρδίᾳ,*

ψ 93,11 *κύριος γινώσκει τοὺς διαλογισμοὺς τῶν ἀνθρώπων ὅτι εἰσὶν μάταιοι.*

Is 40,26 *ἀναβλέψατε εἰς ὕψος τοὺς ὀφθαλμοὺς ὑμῶν καὶ ἴδετε· τίς κατέδειξε πάντα ταῦτα; ὁ ἐκφέρων κατὰ ἀριθμὸν τὸν κόσμον αὐτοῦ, πάντας ἐπ' ὀνόματι καλέσει· ἀπὸ πολλῆς δόξης καὶ ἐν κράτει ἰσχύος οὐδέν σε ἔλαθεν.*

Ier 10,14 *ἐμωράνθη πᾶς ἄνθρωπος ἀπὸ γνώσεως, κατῃσχύνθη πᾶς χρυσοχόος ἐπὶ τοῖς γλυπτοῖς αὐτοῦ,*

MT

ALIA

cf et **Ier 2,5** *τάδε λέγει κύριος Τί εὕροσαν οἱ πατέρες ὑμῶν ἐν ἐμοὶ πλημμέλημα, ὅτι ἀπέστησαν μακρὰν ἀπ᾽ ἐμοῦ καὶ ἐπορεύθησαν ὀπίσω τῶν ματαίων καὶ ἐματαιώθησαν;*

Iob 12,7 ואולם שאל־נא בהמות ותרך
ועוף השמים ויגד־לך:

12,8 או שיח לארץ ותרך
ויספרו לך דגי הים:

12,9 מי לא־ידע בכל־אלה
כי יד־יהוה עשתה זאת:

Ps 76,6 אשתוללו אבירי לב

Ps 94,11 יהוה ידע
מחשבות אדם
כי־המה הבל:

Is 40,26 שאו־מרום עיניכם
וראו מי־ברא אלה
המוציא במספר צבאם
לכלם בשם יקרא
מרב אונים ואמיץ כח
איש לא נעדר:

Ier 10,14 נבער כל־אדם מדעת
הביש כל־צורף מפסל

NT	LXX
1,23 ***καὶ ἤλλαξαν τὴν δόξαν*** τοῦ ἀφθάρτου ***θεοῦ ἐν ὁμοιώματι*** εἰκόνος φθαρτοῦ ἀνθρώπου καὶ πετεινῶν καὶ τετραπόδων καὶ ἑρπετῶν. **1,24** Διὸ παρέδωκεν αὐτοὺς ὁ θεὸς ἐν ταῖς ἐπιθυμίαις τῶν καρδιῶν αὐτῶν εἰς ἀκαθαρσίαν τοῦ ἀτιμάζεσθαι τὰ σώματα αὐτῶν ἐν αὐτοῖς.	ψ **105,20** καὶ ἠλλάξαντο τὴν δόξαν αὐτῶν ***ἐν ὁμοιώματι*** μόσχου ἔσθοντος χόρτον. **Ier 2,11** ἐι ἀλλάξονται ἔθνη θεοὺς αὐτῶν; καὶ οὗτοι οὐκ εἰσιν θεοί. ὁ δὲ λαός μου ***ἠλλάξ***ατο ***τὴν δόξαν*** αὐτοῦ, ἐξ ἧς οὐκ ὠφεληθήσονται. **Sap 11,15** ἀντὶ δὲ λογισμῶν ἀσυνέτων ἀδικίας αὐτῶν, ἐν οἷς πλανηθέντες ἐθρήσκευον ἄλογα ἑρπετὰ καὶ κνώδαλα εὐτελῆ, ἐπαπέστειλας αὐτοῖς πλῆθος ἀλόγων ζῴων εἰς ἐκδίκησιν, **11,16** ἵνα γνῶσιν ὅτι, δι᾽ ὧν τις ἁμαρτάνει, διὰ τούτων κολάζεται. **Sap 14,12** Ἀρχὴ γὰρ πορνείας ἐπίνοια εἰδώλων, εὕρεσις δὲ αὐτῶν φθορὰ ζωῆς.
1,25 οἵτινες μετήλλαξαν τὴν ἀλήθειαν τοῦ θεοῦ ἐν τῷ ψεύδει καὶ ἐσεβάσθησαν καὶ ἐλάτρευσαν τῇ κτίσει παρὰ τὸν κτίσαντα, ὅς ἐστιν εὐλογητὸς εἰς τοὺς αἰῶνας, ἀμήν.	**1Esdr 4,40** καὶ αὐτῇ ἡ ἰσχὺς καὶ τὸ βασίλειον καὶ ἡ ἐξουσία καὶ ἡ μεγαλειότης τῶν πάντων αἰώνων. εὐλογητὸς ὁ θεὸς τῆς ἀληθείας. ψ **71,18** **Εὐλογητὸς** κύριος ὁ θεὸς ὁ θεὸς Ἰσραὴλ ὁ ποιῶν θαυμάσια μόνος **71,19** καὶ εὐλογητὸν τὸ ὄνομα τῆς δόξης αὐτοῦ εἰς τὸν αἰῶνα καὶ εἰς τὸν αἰῶνα τοῦ αἰῶνος.

MT		ALIA
וימירו את־כבודם	**Ps 106,20**	cf et **Sap 13,12** *τὰ δὲ ἀποβλήματα τῆς ἐργασίας*
בתבנית שור אכל עשב:		*εἰς ἑτοιμασίαν τροφῆς ἀναλώσας ἐνεπλήσθη,*
ההימיר גוי אלהים	**Ier 2,11**	
והמה לא אלהים		**13,13** *τὸ δὲ ἐξ αὐτῶν ἀπόβλημα εἰς οὐθὲν εὔχρηστον,*
ועמי המיר כבודו		
בלוא יועיל:		*ξύλον σκολιὸν καὶ ὄζοις συμπεφυκός,*
		λαβὼν ἔγλυψεν ἐν ἐπιμελείᾳ ἀργίας αὐτοῦ
		καὶ ἐμπειρίᾳ ἀνέσεως ἐτύπωσεν αὐτό,
		ἀπείκασεν αὐτὸ εἰκόνι ἀνθρώπου
		13,14 *ἢ ζῴῳ τινὶ εὐτελεῖ ὡμοίωσεν αὐτό.*
		vd et Sap 12,24
		ad *εὐλογητὸς θεός/ κύριος* cf et gr Gen 9,26; 14,20; Ex 18,10; Ruth 4,14; 1Bas 25,32.39; 2Bas 18,28; 3Bas 8,15; 2Mac 1,17; *ψ* 17,47; Zach 11,5.
ברוך יהוה אלהים אלהי ישראל עשה נפלאות לבדו:	**Ps 72,18**	cf ad *εἰς τοὺς αἰῶνας, ἀμήν* ad Gal 1,5
וברוך שם כבודו לעולם וימלא כבודו את־כל הארץ אמן ואמן:	**72,19**	

NT	LXX
	Dan 3,26o' Εὐλογητὸς εἶ, κύριε ὁ θεὸς τῶν πατέρων ἡμῶν, καὶ αἰνετὸν, καὶ δεδοξασμένον τὸ ὄνομά σου εἰς τοὺς αἰῶνας, **3,27o'** ὅτι δίκαιος εἶ ἐπὶ πᾶσιν, οἷς ἐποίησας ἡμῖν, καὶ πάντα τὰ ἔργα σου ἀληθινά, καὶ αἱ ὁδοί σου εὐθεῖαι, καὶ πᾶσαι αἱ κρίσεις σου ἀληθιναί, **3,28o'** καὶ κρίματα ἀληθείας ἐποίησας κατὰ πάντα, ἃ ἐπήγαγες ἡμῖν καὶ ἐπὶ τὴν πόλιν σου τὴν ἁγίαν τὴν τῶν πατέρων ἡμῶν Ἰερουσαλήμ, διότι ἐν ἀληθείᾳ καὶ κρίσει ἐποίησας πάντα ταῦτα διὰ τὰς ἁμαρτίας ἡμῶν.
1,27 ὁμοίως τε καὶ οἱ ἄρσενες ἀφέντες τὴν φυσικὴν χρῆσιν τῆς θηλείας ἐξεκαύθησαν ἐν τῇ ὀρέξει αὐτῶν εἰς ἀλλήλους, ἄρσενες ἐν ἄρσεσιν τὴν ἀσχημοσύνην κατεργαζόμενοι καὶ τὴν ἀντιμισθίαν ἣν ἔδει τῆς πλάνης αὐτῶν ἐν ἑαυτοῖς ἀπολαμβάνοντες.	**Lev 18,22** καὶ μετὰ ἄρσενος οὐ κοιμηθήσῃ κοίτην γυναικός· βδέλυγμα γάρ ἐστιν. **Lev 20,13** καὶ ὃς ἂν κοιμηθῇ μετὰ ἄρσενος κοίτην γυναικός, βδέλυγμα ἐποίησαν ἀμφότεροι· θανάτῳ θανατούσθωσαν, ἔνοχοί εἰσιν.
2,2 οἴδαμεν δὲ ὅτι τὸ κρίμα τοῦ θεοῦ ἐστιν κατὰ ἀλήθειαν ἐπὶ τοὺς τὰ τοιαῦτα πράσσοντας.	

MT		ALIA
		alia verba in MT
וַאת־זָכָר לֹא תִשְׁכַּב מִשְׁכְּבֵי אִשָּׁה תוֹעֵבָה הוא׃	**Lev 18,22**	
וְאִישׁ אֲשֶׁר יִשְׁכַּב אֶת־זָכָר מִשְׁכְּבֵי אִשָּׁה תוֹעֵבָה עָשׂוּ שְׁנֵיהֶם מוֹת יוּמָתוּ דְּמֵיהֶם בָּם׃	**Lev 20,13**	
		cf **Tob 3,2** *Δίκαιος εἶ, κύριε, καὶ πάντα τὰ ἔργα σου καὶ πᾶσαι αἱ ὁδοί σου ἐλεημοσύναι καὶ ἀλήθεια, καὶ κρίσιν*

NT	LXX
2,3 *λογίζῃ δὲ τοῦτο, ὦ ἄνθρωπε ὁ κρίνων τοὺς τὰ τοιαῦτα πράσσονας καὶ* ***ποιῶν*** *αὐτά, ὅτι σὺ* ***ἐκφεύξ****ῃ* ***τὸ κρίμα*** *τοῦ θεοῦ;*	**PsSal 15,8** *καταδιώξονται δὲ ἁμαρτωλοὺς καὶ καταλήμψονται,* *καὶ οὐκ* ***ἐκφεύξ****ονται* ***οἱ ποιοῦντες*** *ἀνομίαν* ***τὸ κρίμα*** *κυρίου.*
2,5 *κατὰ δὲ τὴν σκληρότητά σου καὶ ἀμετανόητον καρδίαν θησαυρίζεις σεαυτῷ ὀργὴν ἐν ἡμέρᾳ ὀργῆς καὶ ἀποκαλύψεως δικαιοκρισίας τοῦ θεοῦ*	**Soph 1,14** *Ὅτι ἐγγὺς ἡμέρα κυρίου ἡ μεγάλη, ἐγγὺς καὶ ταχεῖα σφόδρα· …* **1,15** ***ἡμέρα ὀργῆς*** *ἡ ἡμέρα ἐκείνη, ἡμέρα θλίψεως καὶ ἀνάνκης,* … **1,18** *καὶ τὸ ἀργύριον αὐτῶν καὶ τὸ χρυσίον αὐτῶν οὐ μὴ δύνηται ἐξελέσθαι αὐτοὺς* ***ἐν ἡμέρᾳ ὀργῆς*** *κυρίου,* **ψ 109,5** *κύριος ἐκ δεξιῶν σου συνέθλασεν* ***ἐν ἡμέρᾳ ὀργῆς*** *αὐτοῦ βασιλεῖς·* **PsSal 9,5** *ὁ ποιῶν δικαιοσύνην θησαυρίζει ζωὴν αὐτῷ παρὰ κυρίῳ,* *καὶ ὁ ποιῶν ἀδικίαν αὐτὸς αἴτιος τῆς ψυχῆς ἐν ἀπωλείᾳ·* *τὰ γὰρ κρίματα κυρίου ἐν δικαιοσύνῃ κατ᾽ ἄνδρα καὶ οἶκον.*
2,6 *ὅς ἀποδώσει ἑκάστῳ κατὰ τὰ ἔργα αὐτοῦ.*	**Prov 24,12** *ὅς ἀποδίδωσιν ἑκάστῳ κατὰ τὰ ἔργα αὐτοῦ.*

MT		ALIA
		ἀληθινὴν καὶ δικαίαν σὺ κρίνεις εἰς τὸν αἰῶνα.
קרוב יום־יהוה הגדול	**Soph 1,14**	cf et **Dtn 9,27** *μὴ ἐπιβλέψῃς ἐπὶ τὴν*
קרוב ומהר מאד ...		*σκληρότητα τοῦ λαοῦ τούτου καὶ τὰ*
יום עברה היום ההוא	**1,15**	*ἀσεβήματα καὶ τὰ ἁμαρτήματα αὐτῶν,*
יום צרה ומצוקה		**Iob 20,27** *ἀνακαλύψαι δὲ αὐτοῦ ὁ*
...		*οὐρανὸς τὰς ἀνομίας,*
גם־כספם גם־זהבם	**1,18**	*γῆ δὲ ἐπανασταίη αὐτῷ.*
לא־יוכל להצילם		**20,28** *ἑλκύσαι τὸν οἶκον αὐτοῦ ἀπώ-*
ביום עברת יהוה		*λεια εἰς τέλος,*
אדני על־ימינך	**Ps 110,5**	*ἡμέρα ὀργῆς ἐπέλθοι αὐτῷ.*
מחץ ביום־אפו מלכים:		vd et ad 2Cor 6,4
והשיב לאדם כפעלו:	**Prov 24,12**	vd et *ψ* **27,4** *δὸς αὐτοῖς κατὰ τὰ ἔργα αὐτῶν*

NT	LXX
	ψ **61,13** *ὅτι σὺ ἀποδώσεις ἑκάστῳ κατὰ τὰ ἔργα αὐτοῦ.*
2,7 *τοῖς μὲν καθ' ὑπομονὴν ἔργου ἀγαθοῦ δόξαν καὶ τιμὴν καὶ ἀφθαρσίαν ζητοῦσιν ζωὴν αἰώνιον,*	**4Mac 15,3** *τὴν εὐσέβειαν μᾶλλον ἠγάπησεν τὴν σῴζουσαν εἰς αἰωνίαν ζωὴν κατὰ θεόν.* **Dan 12,2**θ' *καὶ πολλοὶ τῶν καθευδόντων ἐν γῆς χώματι ἐξεγερθήσονται, οὗτοι εἰς ζωὴν αἰώνιον καὶ οὗτοι εἰς ὀνειδισμὸν καὶ εἰς αἰσχύνην αἰώνιον.* **2Mac 7,9** *ἐν ἐσχάτῃ δὲ πνοῇ γενόμενος εἶπε Σὺ μέν, ἀλάστωρ, ἐκ τοῦ παρόντος ἡμᾶς ζῆν ἀπολύεις, ὁ δὲ τοῦ κόσμου*

MT		ALIA
כי־אתה תשלם לאיש כמעשהו:	**Ps 62,13**	*καὶ κατὰ τὴν πονηρίαν τῶν ἐπιτηδευμάτων αὐτῶν·* *κατὰ τὰ ἔργα τῶν χειρῶν αὐτῶν δὸς αὐτοῖς,* *ἀπόδος τὸ ἀνταπόδομα αὐτῶν αὐτοῖς.* **Iob 34,11** *ἀλλὰ ἀποδιδοῖ ἀνθρώπῳ καθὰ ποιεῖ ἕκαστος αὐτῶν,* **Ier 17,10** *ἐγὼ κύριος ἐτάζων καρδίας καὶ δοκιμάζων νεφροὺς τοῦ δοῦναι ἑκάστῳ κατὰ τὰς ὁδοὺς αὐτοῦ καὶ κατὰ τοὺς καρποὺς τῶν ἐπιτηδευμάτων αὐτοῦ.* **Ier 39,19** *οἱ ὀφθαλμοί σου εἰς τὰς ὁδοὺς τῶν υἱῶν τῶν ἀνθρώπων δοῦναι ἑκάστῳ κατὰ τὴν ὁδὸν αὐτοῦ·* cf et ad 2Cor 11,15
		Is 45,17 *Ἰσραὴλ σῴζεται ὑπὸ κυρίου σωτηρίαν αἰώνιον· οὐκ αἰσχυνθήσονται οὐδὲ μὴ ἐντραπῶσιν ἕως τοῦ αἰῶνος.*
ורבים מישני אדמת־עפר יקיצו אלה לחיי עולם ואלה לחרפות לדראון עולם:	**Dan 12,2**	**Sap 2,23** *ὅτι ὁ θεὸς ἔκτισεν τὸν ἄνθρωπον ἐπ᾽ ἀφθαρσίᾳ* *καὶ εἰκόνα τῆς ἰδίας ἀϊδιότητος ἐποίησεν αὐτόν·* **Sap 6,18** *ἀγάπη δὲ τήρησις νόμων αὐτῆς,* *προσοχὴ δὲ νόμων βεβαίωσις ἀφθαρ-*

NT	LXX
	βασιλεὺς ἀποθανόντας ἡμᾶς ὑπὲρ τῶν αὐτοῦ νόμων εἰς αἰωνιον ἀναβίωσιν ζωῆς ἡμᾶς ἀναστήσει. **4Mac 17,12** *τὸ νῖκος ἀφθαρσία ἐν ζωῇ πολυχρονίῳ.*
2,8 *τοῖς δὲ ἐξ ἐριθείαν καὶ ἀπειθοῦσι τῇ ἀληθείᾳ πειθομένοις δὲ τῇ ἀδικίᾳ ὀργὴ καὶ θυμός.*	**Tob 3,5** LXX I *οὐ γὰρ ἐπορεύθημεν ἐν ἀληθείᾳ ἐνώπιόν σου.* **Sir 4,25** *μὴ ἀντίλεγε τῇ ἀληθείᾳ*
2,9 *θλῖψις καὶ στενοχωρία ἐπὶ πᾶσαν ψυχὴν ἀνθρώπου τοῦ κατεργαζομένου τὸ κακόν.*	**Prov 10,29** *ὀχύρωμα ὁσίον φόβος κυρίου, συντριβὴ δὲ τοῖς ἐργαζομένοις κακά.* **Mich 2,1** Ἐγένοντο λογιζόμενοι κόπους καὶ ἐργαζόμενοι κακὰ ἐν ταῖς κοίταις αὐτῶν·

MT		ALIA
		σίας, cf et ad Rom 6,4 et 2Cor 9,25
אל תסרב עם האל		cf et **Dtn 29,28(27)** *καὶ ἐξῆρεν αὐτοὺς κύριος ἀπὸ τῆς γῆς αὐτῶν ἐν θυμῷ καὶ ὀργῇ* **ψ 77,49** *ἐξαπέστειλεν εἰς αὐτοὺς ὀργὴν θυμοῦ αὐτοῦ,* *θυμὸν καὶ ὀργὴν καὶ θλῖψιν,* **Ier 7,20** *διὰ τοῦτο τάδε λέγει κύριος Ἰδοὺ ὀργὴ καὶ θυμός μου χεῖται ἐπὶ τὸν τόπον τοῦτον* **Ier 51,6** *καὶ ἔσταξεν ἡ ὀργή μου καὶ ὁ θυμός μου καὶ ἐξεκαύθη ἐν πόλεσιν Ἰούδα καὶ ἔξωθεν Ἰερουσαλήμ,* vd et Dan 3,13θ'
מעוז לתם דרך יהוה ומחתה <u>לפעלי און</u>:	**Prov 10,29**	vd et Dtn 28,53.55.57; Is 8,22; 30,6.
הוי חשבי־און <u>ופעלי רע</u> על־משכבותם	**Mich 2,1**	

NT	LXX
2,10 *δόξα δὲ καὶ τιμὴ καὶ εἰρήνη παντὶ τῷ ἐργαζομένῳ τὸ ἀγαθόν, Ἰουδαίῳ τε πρῶτον καὶ Ἕλληνι·*	**Ex 28,2** *καὶ ποιήσεις στολὴν ἁγίαν Ἀαρὼν τῷ ἀδελφῷ σου εἰς τιμὴν καὶ δόξαν.* **ψ 8,6** *ἠλάττωσας αὐτὸν βραχύ τι παρ᾽ ἀγγέλους,* *δοξῃ και τιμῇ ἐστεφάνωσας αὐτόν·*
2,11 *οὐ γάρ ἐστιν προσωπολημψία παρὰ τῷ θεῷ.*	**2Par 19,7** *ὅτι οὐκ ἔστιν μετὰ κυρίου θεοῦ ἡμῶν ἀδικία οὐδὲ θαυμάσαι πρόσωπον οὐδὲ λαβεῖν δῶρα.* **Dtn 10,17** *ὁ γὰρ κύριος ὁ θεὸς ὑμῶν, οὗτος θεὸς τῶν θεῶν καὶ κύριος τῶν κυρίων, ὁ θεὸς ὁ μέγας καὶ ἰσχυρὸς καὶ ὁ φοβερός, ὅστις οὐ θαυμάζει πρόσωπον οὐδ᾽ οὐ μὴ λαβῃ δῶρον,* **Sir 32,15(35,12)** *ὅτι κύριος κριτής ἐστιν, καὶ οὐκ ἔστιν παρ᾽ αὐτῷ δόξα προσώπου.* **32,16(35,13)** *οὐ λήμψεται πρόσωπον ἐπὶ πτωχοῦ* *καὶ δέησιν ἠδικημένου εἰσακούσεται·*
2,12 *Ὅσοι γὰρ ἀνόμως ἥμαρτον, ἀνόμως καὶ ἀπολοῦνται, καὶ ὅσοι ἐν νόμῳ ἥμαρτον, διὰ νόμου κριθήσονται·*	
2,13 *οὐ γὰρ οἱ ἀκροαταὶ νόμου δίκαιοι παρὰ [τῷ] θεῷ, ἀλλ᾽ οἱ ποιηταὶ νόμου*	**Ex 15,26** *καὶ εἶπεν Ἐὰν ἀκοῇ ἀκούσῃς τῆς φωνῆς κυρίου τοῦ θεοῦ σου, καὶ τὰ*

MT		ALIA
ועשית בגדי־קדש לאהרן אחיך לכבוד ולתפארת:	**Ex 28,2**	cf et Ex 7,22; 40,10.
ותחסרהו מעט מאלהים	**Ps 8,6**	
וכבוד והדר תעטרהו:		
כי־אין עם־יהוה אלהינו עולה ומשא פנים ומקח־שחד:	**2Par 19,7**	vd et ad Gal 2,6
כי יהוה אלהיכם הוא אלהי האלהים ואדני האדנים האל הגדל הגבר והנורא אשר לא־ישא פנים ולא יקח שחד:	**Dtn 10,17**	
כי אלהי משפט הוא ואין עמו משוא פנים:	**Sir 35,12**	
לא ישא פנים אל דל	**35,13**	
ותחנוני מצוק ישמע		
		ad *διὰ νόμου κριθήσονται* cf praesertim Dtn passim
ויאמר אם־שמוע תשמע לקול יהוה אלהיך והישר בעיניו תעשה	**Ex 15,26**	

NT	LXX
δικαιωθήσονται.	ἀρεστὰ ἐναντίον αὐτοῦ ποιήσῃς, καὶ ἐνωτίσῃ ταῖς ἐντολαῖς αὐτοῦ, καὶ φυλάξῃς πάντα τὰ δικαιώματα αὐτοῦ, πᾶσαν νόσον, ἣν ἐπήγαγον τοῖς Αἰγυπτίοις, οὐκ ἐπάξω ἐπὶ σέ· ἐγὼ γάρ εἰμι κύριος ὁ ἰώμενός σε. **1Mac 2,67** καὶ ὑμεῖς προσάξετε πρὸς ὑμᾶς πάντας τοὺς ποιητὰς τοῦ νόμου καὶ ἐκδικήσατε ἐκδίκησιν τοῦ λαοῦ ὑμῶν.
2,14 ὅταν γὰρ ἔθνη τὰ μὴ νόμον ἔχοντα φύσει τὰ **τοῦ νόμου ποι**ῶσιν, οὗτοι νόμον μὴ ἔχοντες ἑαυτοῖς εἰσιν νόμος. **2,15** οἵτινες ἐνδείκνυνται τὸ ἔργον τοῦ **νόμ**ου **γραπ**τὸν **ἐν** ταῖς **καρδί**αις **αὐτῶν**, συμμαρτυρούσης αὐτῶν τῆς συνειδήσεως καὶ μεταξὺ ἀλλήλων τῶν λογισμῶν κατηγορούντων ἢ καὶ ἀπολογουμένων, **2,16** ἐν ἡμέρᾳ ὅτε **κρίν**ει **ὁ θεὸς** τὰ κρυπτὰ τῶν **ἀνθρώπ**ων **κατὰ** τὸ εὐαγγέλιόν μου διὰ Χριστοῦ Ἰησοῦ.	**Dtn 32,46** καὶ **ποι**εῖν πάντας τοὺς λόγους **τοῦ νόμου** τούτου· **ψ 36,31** ὁ **νόμ**ος τοῦ θεοῦ αὐτοῦ **ἐν καρδί**ᾳ **αὐτ**οῦ, **Prov 24,12** ἐὰν δὲ εἴπῃς Οὐκ οἶδα τοῦτον, γίνωσκε ὅτι κύριος **καρδί**ας πάντων γινώσκει, καὶ ὁ πλάσας πνοὴν πᾶσιν αὐτὸς οἶδεν πάντα, ὃς ἀποδίδωσιν ἑκάστῳ **κατὰ** τὰ ἔργα αὐτοῦ. **Is 51,7** ἀκούσατέ μου, οἱ εἰδότες κρίσιν, λαός μου, οὗ ὁ **νόμ**ος μου **ἐν τῇ καρδί**ᾳ ὑμῶν· **Ier 38,33** φησὶ κύριος Διδοὺς δώσω **νόμ**ους μου εἰς τὴν διάνοιαν αὐτῶν καὶ ἐπὶ **καρδί**ας **αὐτῶν γράψ**ω αὐτούς·

MT		ALIA
והאזנת למצותיו ושמרת כל־חקיו כל־המחלה אשר־שמתי במצרים לא־אשים עליך כי אני יהוה רפאך:		
לעשית את־כל־דברי התורה הזאת:	**Dtn 32,46**	vd et ad *νόμον ποιεῖν* ex gr 1Par 22,12; 2Par 14,3; 2Esdr 19,34 (Neh 9,34)
תורת אלהיו בלבו	**Ps 37,31**	opinio Platonis *νόμος ἄγραφος* in 4Mac 5,25?: *πιστεύοντες γὰρ θεοῦ καθεστάναι τὸν νόμον οἴδαμεν ὅτι κατὰ φύσιν ἡμῶν συμπαθεῖ νομοθετῶν ὁ τοῦ κόσμου κτίστης·*
כי־תאמר הן לא־ידענו זה הלא־תכן לבות הוא־יבין ונצר נפשך הוא ידע והשיב לאדם כפעלו:	**Prov 24,12**	cf et **Sap 17,11(10)** *δειλὸν γὰρ ἰδίως πονηρία μαρτυρεῖ καταδικαζομένη,* *ἀεὶ δὲ προσείληφεν τὰ χαλεπὰ συνεχομένη τῇ συνειδήσει·* cf ad *κρίνει ὁ θεός* ad Rom 3,6; vd et ad Rom 2,6
שמעו אלי ידעי צדק עם תורתי בלבם	**Is 51,7**	ad Ier 38,33LXX cf Ez 36,26 (cf ad Rom 8,4-11; 11,26b.27; 2Cor 3,3)
נאם־יהוה נתתי את־תורתי בקרבם ועל־לבם אכתבנה	**Ier 31,33**	

NT	LXX
2,17 Εἰ δὲ σὺ Ἰουδαῖος ἐπονομάζῃ καὶ ἐπαναπαύῃ νόμῳ καὶ καυχᾶσαι ἐν θεῷ	**Mich 3,11** οἱ ἡγούμενοι αὐτῆς μετὰ δώρων ἔκρινον, καὶ οἱ ἱερεῖς αὐτῆς μετὰ μισθοῦ ἀπεκρίνοντο, καὶ οἱ προφῆται αὐτῆς μετὰ ἀργυρίου ἐμαντεύοντο, καὶ ἐπὶ τὸν κύριον ἐπανεπαύοντο λέγοντες Οὐχὶ κύριος ἐν ἡμῖν ἐστιν; οὐ μὴ ἐπέλθῃ ἐφ᾽ ἡμᾶς κακά.
2,18 καὶ γινώσκεις τὸ θέλημα καὶ δοκιμάζεις τὰ διαφέροντα κατηχούμενος ἐκ τοῦ νόμου,	**ψ 102,7** ἐγνώρισεν τὰς ὁδοὺς αὐτοῦ τῷ Μωυσῇ, τοῖς υἱοῖς Ἰσραὴλ τὰ θελήματα αὐτοῦ.
2,19 πεποιθάς τε σεαυτὸν ὁδηγὸν εἶναι τυφλῶν, φῶς τῶν ἐν σκότει,	**Is 42,6** ἐγὼ κύριος ὁ θεὸς ἐκάλεσά σε ἐν δικαιοσύνῃ καὶ κρατήσω τῆς χειρός σου καὶ ἐνισχύσω σε καὶ ἔδωκά σε εἰς διαθήκην γένους, εἰς φῶς ἐθνῶν, **42,7** ἀνοῖξαι ὀφθαλμοὺς τυφλῶν, ἐξαγαγεῖν ἐκ δεσμῶν δεδεμένους καὶ ἐξ οἴκου φυλακῆς καθημένους ἐν σκότει. **Is 42,18** Οἱ κωφοί, ἀκούσατε, καὶ οἱ τυφλοί, ἀναβλέψατε ἰδεῖν. **42,19** καὶ τίς τυφλὸς ἀλλ᾽ ἢ οἱ παῖδές μου καὶ κωφοὶ ἀλλ᾽ ἢ οἱ κυριεύοντες αὐτῶν; καὶ ἐτυφλώθησαν οἱ δοῦλοι τοῦ θεοῦ. **42,20** εἴδετε πλεονάκις, καὶ οὐκ ἐφυλάξασθε· ἠνοιγμένα τὰ ὦτα, καὶ οὐκ ἠκούσατε.

MT		ALIA
ראשיה בשחד ישפטו	**Mich 3,11**	ad *καυχᾶσαι ἐν θεῷ* cf ad 1Cor 1,31
וכהניה במחיר יורו		
ונביאיה בכסף יקסמו		
ועל־יהוה ישענו לאמר		
הלוא יהוה בקרבנו		
לא־תבוא עלינו רעה:		
יודיע דרכיו למשה	**Ps 103,7**	
לבני ישראל עלילותיו:		
אני יהוה קראתיך בצדק	**Is 42,6**	cf et **Is 49,6** *ἰδοὺ τέθεικά σε εἰς φῶς ἐθνῶν τοῦ εἶναί σε εἰς σωτηρίαν ἕως ἐσχάτου τῆς γῆς.*
ואחזק בידך		
ואצרך ואתנך		
לברית עם לאור גוים:		vd et ad 2Cor 4,4-6; Col 1,12s
לפקח עינים עורות	**42,7**	
להוציא ממסגר אסיר		
מבית כלא ישבי חשך:		
החרשים שמעו	**Is 42,18**	
והעורים הביטו לראות:		
מי עור כי אם־עבדי	**42,19**	
וחרש כמלאכי אשלח		
מי עור כמשלם		
ועור כעבד יהוה:		
ראית רבות ולא תשמר	**42,20**	
פקוח אזנים ולא ישמע:		

NT	LXX
2,20 *παιδευτὴν ἀφρόνων, διδάσκαλον νηπίων, ἔχοντα τὴν μόρφωσιν τῆς γνώσεως καὶ τῆς ἀληθείας ἐν τῷ νόμῳ·* **2,21** *ὁ οὖν διδάσκων ἕτερον σεαυτὸν οὐ διδάσκεις; ὁ κηρύσσων μὴ* ***κλέπτ****ειν κλέπτεις;* **2,22** *ὁ λέγων μὴ* ***μοιχ****εύειν* ***μοιχ****εύεις; ὁ βδελυσσόμενος τὰ εἴδωλα ἱεροσυλεῖς;*	*ψ* **49,16** *τῷ δὲ ἁμαρτωλῷ εἶπεν ὁ θεός* *Ἵνα τί σὺ διηγῇ τὰ δικαιώματά μου* *καὶ ἀναλαμβάνεις τὴν διαθήκην μου διὰ στόματός σου;* **49,17** *σὺ δὲ ἐμίσησας παιδείαν* *καὶ ἐξέβαλες τοὺς λόγους μου εἰς τὰ ὀπίσω.* **49,18** *εἰ ἐθεώρεις* ***κλέπτ****ην, συνέτρεχες αὐτῷ,* *καὶ μετὰ* ***μοιχ****ῶν τὴν μερίδα σου ἐτίθεις·* **49,19** *τὸ στόμα σου ἐπλεόνασεν κακίαν,* *καὶ ἡ γλῶσσά σου περιέπλεκεν δολιότητα·* **49,20** *καθήμενος κατὰ τοῦ ἀδελφοῦ σου κατελάλεις* *καὶ κατὰ τοῦ υἱοῦ τῆς μητρός σου ἐτιθεις σκάνδαλον.* **49,21** *ταῦτα ἐποίησας, καὶ εσίγησα·* *ὑπέλαβες ἀνομίαν ὅτι ἔσομαί σοι ὅμοιος·* *ἐλέγξω σε καὶ παραστήσω κατὰ πρόσωπόν σου.*
2,23 *ὃς ἐν νόμῳ καυχᾶσαι, διὰ τῆς παραβάσεως τοῦ νόμου τὸν θεὸν ἀτιμάζεις·*	**1Esdr 8,24** *καὶ πάντες, ὅσοι ἐὰν παραβαίνωσιν τὸν νόμον τοῦ θεοῦ σου καὶ τὸν βασιλικόν, ἐπιμελῶ κολασθήσονται,* **3Mac 7,12** *ὅπως τοὺς παραβεβηκότας τοῦ θεοῦ τὸν νόμον ἐξολεθρεύσωσι*

MT		ALIA
ולרשע אמר אלהים מה־לך לספר חקי ותשא בריתי עלי־פיך:	**Ps 50,16**	vd et Dtn 7,25s
ואתה שנאת מוסר ותשלך דברי אחריך:	**50,17**	
אם־ראית גנב ותרץ עמו	**50,18**	
ועם מנאפים חלקך:		
פיך שלחת ברעה ולשונך תצמיד מרמה:	**50,19**	
תשב באחיך תדבר	**50,20**	
בבן־אמך תתן־דפי:		
אלה עשית והחרשתי דמית היות־אהיה כמוך אוכיחך ואערכה לעיניך:	**50,21**	

NT	LXX
	Sir 39,8 *αὐτὸς ἐκφανεῖ παιδείαν διδασκαλίας αὐτοῦ καὶ ἐν νόμῳ διαθήκης κυρίου καυχήσεται.* **Is 24,5** *ἡ δὲ γῆ ἠνόμησε διὰ τοὺς κατοικοῦντας αὐτήν, διότι παρέβησαν τὸν νόμον καὶ ἤλλαξαν τὰ προστάγματα, διαθήκην αἰώνιον.* **Dan 9,11θ'** *καὶ πᾶς Ἰσραὴλ παρέβησαν τὸν νόμον σου καὶ ἐξέκλιναν τοῦ μὴ ἀκοῦσαι τῆς φηνῆς σου, καὶ ἐπῆλθεν ἐφ' ἡμᾶς ἡ κατάρα καὶ ὁ ὅρκος ὁ γεγραμμένος ἐν νόμῳ* Μωυσῆ *δούλου τοῦ θεοῦ,*
2,24 *τὸ γὰρ ὄνομα τοῦ θεοῦ δι' ὑμᾶς βλασφημεῖται ἐν τοῖς ἔθνεσιν, καθὼς γέγραπται.*	**Is 52,5** *τάδε λέγει κύριος. δι' ὑμας διὰ παντὸς τὸ ὄνομά μου βλασφημεῖται ἐν τοῖς ἔθνεσι.* **Ez 36,20** *καὶ εἰσήλθοσαν εἰς τὰ ἔθνη, οὗ εἰσήλθοσαν ἐκεῖ, καὶ ἐβεβήλωσαν τὸ ὄνομά μου τὸ ἅγιον ἐν τῷ λέγεσθαι αὐτούς* Λαὸς *κυρίου οὗτοι καὶ ἐκ τῆς γῆς αὐτοῦ ἐξεληλύθασιν.*
2,25 Περιτομὴ *μὲν γὰρ ὠφελεῖ ἐὰν νόμον πράσσῃς· ἐὰν δὲ παραβάτης νόμου ᾖς, ἡ περιτομή σου ἀκροβυστία γέγονεν.* **2,26** *ἐὰν οὖν ἡ ἀκροβυστία τὰ δικαιώματα τοῦ νόμου φυλάσσῃ, οὐχ ἡ ἀκροβυστία*	**Dtn 30,16** *φυλάσσεσθαι τὰ δικαιώματα αὐτοῦ καὶ τὰς ... κρίσεις αὐτοῦ,* **Dtn 10,16** *καὶ περιτεμεῖσθε τὴν σκληροκαρδίαν ὑμῶν* **Dtn 30,6** *καὶ περικαθαριεῖ κύριος τὴν*

MT		ALIA
והארץ חנפה תחת ישביה כי־עברו תורת חלפו חק הפרו ברית עולם:	**Is 24,5**	
וכל־ישראל עברו את־תורתך וסור לבלתי שמוע בקול ותתך עלינו האלה והשבעה אשר כתובה בתורת משה עבד־האלהים	**Dan 9,11**	
נאם־יהוה ותמיד כל־היום שמי מנאץ:	**Is 52,5**	
ויבוא אל־הגוים אשר־באו שם ויחללו את־שם קדשי באמר להם עם־יהוה אלה ומארצו יצאו:	**Ez 36,20**	
ולשמר מצותיו וחקתיו ומשפטיו	**Dtn 30,16**	cf et **Lev 18,4** *τὰ κρίματά μου ποιήσετε καὶ τὰ προστάγματά μου φυλάξεσθε πορεύεσθαι ἐν αὐτοῖς· ἐγὼ κύριος ὁ θεὸς ὑμῶν.*
ומלתם את ערלת לבבכם	**Dtn 10,16**	
ומל יהוה אלהיך את־לבבך ואת־	**Dtn 30,6**	**18,5** *καὶ φυλάξεσθε πάντα τὰ προσ-*

NT

αὐτοῦ εἰς περιτομὴν λογισθήσεται;

2,27 καὶ κρινεῖ ἡ ἐκ φύσεως ἀκροβυστία τὸν νόμον τελοῦσα σὲ τὸν διὰ γράμματος καὶ περιτομῆς παραβάτην νόμου.

2,28 οὐ γὰρ ὁ ἐν τῷ φανερῷ Ἰουδαῖός ἐστιν οὐδὲ ἡ ἐν τῷ φανερῷ ἐν σαρκὶ περιτομή,

2,29 ἀλλʼ ὁ ἐν τῷ κρυπτῷ Ἰουδαῖος, καὶ περιτομὴ καρδίας ἐν πνεύματι οὐ γράμματι, οὗ ὁ ἔπαινος οὐκ ἐξ ἀνθρώπων ἀλλʼ ἐκ τοῦ θεοῦ.

LXX

καρδίαν σου καὶ τὴν καρδίαν τοῦ σπέρματός σου ἀγαπᾶν κύριον τὸν θεόν σου ἐξ ὅλης τῆς καρδίας σου καὶ ἐξ ὅλης τῆς ψυχῆς σου, ἵνα ζῇς σύ.

Ier 4,4 περιτμήθητε τῷ θεῷ ὑμῶν καὶ περιέλεσθε τὴν ἀκροβυστίαν τῆς καρδίας ὑμῶν, ἄνδρες Ἰούδα καὶ οἱ κατοικοῦντες Ἰερουσαλήμ, μὴ ἐξέλθῃ ὡς πῦρ ὁ θυμός μου καὶ ἐκκανθήσεται, καὶ οὐκ ἔσται ὁ σβέσων ἀπὸ προσώπου πονηρίας ἐπιτηδευμάτων ὑμῶν.

Ier 9,25(24) ἰδοὺ ἡμέραι ἔρχονται, λέγει κύριος, καὶ ἐπισκέψομαι ἐπὶ πάντας περιτετμημένους ἀκροβυστίας αὐτῶν,

9,26(25) ἐπʼ Αἴγυπτον καὶ ἐπὶ Ἰουδαίαν καὶ ἐπὶ Ἐδὼμ καὶ ἐπὶ υἱοὺς Ἀμμὼν καὶ ἐπὶ υἱοὺς Μωὰβ καὶ ἐπὶ πάντα περικειρόμενον τὰ κατὰ πρόσωπον αὐτοῦ τοὺς κατοικοῦντας ἐν τῇ ἐρήμῳ· ὅτι πάντα τὰ ἔθνη ἀπερίτμητα σαρκί, καὶ πᾶς οἶκος Ἰσραὴλ ἀπερίτμητοι καρδίας αὐτῶν.

Ez 44,7 τοῦ εἰσαγαγεῖν ὑμᾶς υἱοὺς ἀλλογενεῖς ἀπεριτμήτους καρδίᾳ καὶ ἀπεριτμήτους σαρκὶ τοῦ γίνεσθαι ἐν τοῖς ἁγίοις μου,

…

MT

לבב זרעך לאהבה את־יהוה אלהיך
בכל־לבבך ובכל־נפשך למע
חייך:

Ier 4,4 המלו ליהוה והסרו
ערלות לבבכם
איש יהודה וישבי ירושלם
פן־תצא כאש חמתי
ובערה ואין מכבה
מפני רע מעלליכם:

Ier 9,24 הנה ימים באים נאם־יהוה ופקדתי
על־כל־מול בערלה:

9,25 על־מצרים ועל־יהודה ועל־אדום
ועל־בני עמון ועל־מואב ועל כל־
קצוצי פאה הישבים במדבר כי
כל־הגוים ערלים וכל־בית ישראל
ערלי־לב:

Ez 44,7 בהביאכם בני־נכר ערלי־לב
וערלי בשר להיות במקדשי

...

ALIA

τάγματά μου καὶ πάντα τὰ κρίματά μου καὶ ποιήσετε αὐτά, ἃ ποιήσας ἄνθρωπος ζήσεται ἐν αὐτοῖς· ἐγὼ κύριος ὁ θεὸς ὑμῶν.

Ier 38,33LXX cf ad Rom 8,4; 11,26b. 27; 2Cor 3,3

NT	LXX
	44,9 Πᾶς υἱὸς ἀλλογενὴς ἀ**περίτμ**ητος **καρδίᾳ** καὶ ἀ**περίτμ**ητος **σαρκὶ** οὐκ εἰσελεύσεται εἰς τὰ ἅγιά μου
3,1 Τί οὖν τὸ περισσὸν τοῦ Ἰουδαίου ἢ τίς ἡ ὠφέλεια τῆς περιτομῆς; **3,2** πολὺ κατὰ πάντα τρόπον. πρῶτον μὲν [γὰρ] ὅτι ἐπιστεύθησαν τὰ **λόγια** τοῦ θεοῦ.	ψ **147,8** ἀπαγγέλλων τὸν λόγον αὐτοῦ τῷ Ἰακώβ, δικαιώματα καὶ κρίματα αὐτοῦ τῷ Ἰσραήλ. **147,9** οὐκ ἐποίησεν οὕτως παντὶ ἔθνει καὶ τὰ κρίματα αὐτοῦ οὐκ ἐδήλωσεν αὐτοῖς. **Dtn 4,8** καὶ ποῖον ἔθνος μέγα, ᾧ ἐστιν αὐτῷ δικαιώματα καὶ κρίματα δίκαια κατὰ πάντα τὸν νόμον τοῦτον, ὃν ἐγὼ δίδωμι ἐνώπιον ὑμῶν σήμερον;
3,3 εἰ ἠπίστησάν τινες, μὴ ἡ ἀπιστία αὐτῶν τὴν πίστιν τοῦ θεοῦ καταργήσει;	**Os 2,19(21)** καὶ μνηστεύσομαί σε ἐμαυτῷ εἰς τὸν αἰῶνα καὶ μνηστεύσομαί σε ἐμαυτῷ ἐν δικαιοσύνῃ καὶ ἐν κρίματι καὶ ἐν ἐλέει καὶ ἐν οἰκτιρμοῖς

MT		ALIA
כל־בן־נכר ערל לב וערל בשר לא יבוא אל־מקדשי	**44,9**	
מגיד דברו ליעקב חקיו ומשפטיו לישראל:	**Ps 147,19**	**ψ 102,7** *ἐγνώρισεν τὰς ὁδοὺς αὐτοῦ τῷ* Μωϋσῇ, *τοῖς υἱοῖς* Ἰσραὴλ *τὰ θελήματα αὐτοῦ*. *τὰ λόγια τοῦ θεοῦ* aut sim saepe in
לא עשה כן לכל־גוי ומשפטים בל־ידעום	**147,20**	ψ 118, ex gr **ψ 118,11** *ἐν τῇ καρδίᾳ μου ἔκρυψα τὰ* *λόγια σου,*
ומי גוי גדול אשר־לו חקים ומשפטים צדיקם ככל התורה הזאת אשר אנכי נתן לפניכם היום:	**Dtn 4,8**	*ὅπως ἂν μὴ ἁμάρτω σοι.* *τὰ λόγια τοῦ θεοῦ* in ψ 118, synonyma: *τὰ δικαιώματα, τὰ κρίματα, τὰ κρίματα τῆς δικαιοσύνης σου* (!, v 106), *αἱ ἐντολαί* cf imprimis ψ 118,160 *ἀρχὴ τῶν λόγων σου ἀλήθεια* cum Rom 3,7 *ἡ ἀλήθεια τοῦ θεοῦ* cf et Num 24,4.16; Dtn 33,9
וארשתיך לי לעולם וארשתיך לי בצדק ובמשפט ובחסד וברחמים:	**Os 2,21**	**Num 23,19** *οὐχ ὡς ἄνθρωπος ὁ θεὸς* *διαρτηθῆναι,* *οὐδὲ ὡς υἱὸς ἀνθρώπων ἀπειληθῆναι·* *αὐτὸς εἴπας οὐχὶ ποιήσει;*

NT	LXX
	2,20(22) *καὶ μνηστεύσομαί σε ἐμαυτῷ ἐν πίστει, καὶ ἐπιγνώσῃ τὸν κύριον.*
3,4 *γινέσθω δὲ ὁ θεὸς ἀληθής, πᾶς δὲ ἄνθρωπος ψεύστης,* καθὼς γέγραπτει· *ὅπως ἂν δικαιωθῇς ἐν τοῖς λόγοις σου* *καὶ νικήσῃς ἐν τῷ κρινεσθαί σε.*	**Sap 12,27** ὃν πάλαι ἠννοῦντο εἰδένει, *θεὸν ἐπέγνωσαν ἀληθῆ·* *ψ* **115,2** **Πᾶς ἄνθρωπος ψεύστης·** *ψ* **50,6** *ὅπως ἂν δικαιωθῇς ἐν τοῖς λόγοις σου* *καὶ νικήσῃς ἐν τῷ κρίνεσθαί σε.* *ψ* **61,10** πλὴν μάταιοι οἱ υἱοὶ τῶν ἀνθρώπων, ψευδεῖς οἱ υἱοὶ τῶν ἀνθρώπων ἐν ζυγοῖς τοῦ ἀδικῆσαι, αὐτοὶ ἐκ ματαιότητος ἐπὶ τὸ αὐτό.
3,6 *ἐπεὶ πῶς κρινεῖ ὁ θεὸς τὸν κόσμον;*	**Gen 18,25** ὁ κρίνων πᾶσαν τὴν γῆν οὐ ποιήσεις κρίσιν; *ψ* **9,9** κρινεῖ λαοὺς ἐν εὐθύτητι.

MT		ALIA
וארשתיך לי באמונה	**2,22**	*λαλήσει, καὶ οὐχὶ ἐμμενεῖ;*
וידעת את־יהוה:		**PsSal 8,28** *συνάγαγε τὴν διασπορὰν Ἰσραὴλ μετὰ ἐλέους καὶ χρηστότητος, ὅτι ἡ πίστις σου μεθ᾽ ἡμῶν.*
כל־האדם כזב:	**Ps 116,11**	cont *ψ* 115,2: 115,1 *Ἐπίστευσα, διὸ ἐλάλησα·*
למען תצדק בדברך	**Ps 51,6**	cf et **Sir 18,2** *κύριος μόνος δικαιωθήσεται,*
תזכה בשפטך:		
אך הבל בני־אדם	**Ps 62,10**	ad *ψ* 61,10 *ἐκ ματαιότητος* cf Rom 1,21, hic v est in initio eiusdem argumentationis quae est usque ad Rom 3,9ss.
כזב בני איש		
במאזנים לעלות המה		
מהבל יחד:		
השפט כל־הארץ לא יעשה משפט:	**Gen 18,25**	*ὁ θεὸς κρίνει (κρινεῖ) Ἰσραήλ, τὸν λαὸν αὐτοῦ* aut sim, ex gr Dtn 32,36; 3Bas 8,32; sed vis verbi *κρίνειν* etiam iudicare sicut alicui iustitiam facere
ידין לאמים במישרים:	**Ps 9,9**	*ὁ θεὸς κρίνει (κρινεῖ) τὴν γῆν, τὴν οἰκουμένην, τοὺς λαούς* aut sim, ex gr 1Par 16,33; *ψ* 7,9a (sed 7,9b: *κρῖνόν με, κύριε, κατὰ τὴν δικαιοσύνην μου!*); *ψ* 95,13

NT	LXX
3,8 *καὶ καθὼς φασίν τινες ἡμᾶς λέγειν ὅτι ποιήσωμεν τὰ κακά, ἵνα ἔλθῃ τὰ ἀγαθά;*	
3,9 *πάντας ὑφ' ἁμαρτίαν εἶναι,*	**Gen 6,5** *Ἰδὼν δὲ κύριος ὁ θεὸς ὅτι ἐπληθύνθησαν αἱ κακίαι τῶν ἀνθρώπων ἐπὶ τῆς γῆς καὶ πᾶς τις διανοεῖται ἐν τῇ καρδίᾳ αὐτοῦ ἐπιμελῶς ἐπὶ τὰ πονηρὰ πάσας τὰς ἡμέρας,*
3,10 *καθὼς γέγραπται* ***ὅτι*** ***οὐκ ἔστιν δίκαιος*** *οὐδὲ εἷς,*	**Eccl 7,20** ***ὅτι*** *ἄνθρωπος* ***οὐκ ἔστιν δίκαιος*** *ἐν τῇ γῇ,* *ὃς ποιήσει ἀγαθὸν καὶ οὐχ ἁμαρτήσεται.*
3,11 ***οὐκ ἔστιν*** *ὁ* ***συνίων,*** ***οὐκ ἔστιν*** *ὁ* ***ἐκζητῶν τὸν θεόν.***	**ψ 13,1** ***οὐκ ἔστιν*** *ποιῶν χρηστότητα, οὐκ ἔστιν ἕως ἑνός.* **13,2** *κύριος ἐκ τοῦ οὐρανοῦ διέκυψεν ἐπὶ τοὺς υἱοὺς τῶν ἀνθρώπων* *τοῦ ἰδεῖν εἰ ἔστιν* ***συνίων*** *ἢ* ***ἐκζητῶν τὸν θεόν.***
3,12 ***πάντες ἐξέκλιναν ἅμα ἠχρεώθησαν·*** ***οὐκ ἔστιν*** *ὁ* ***ποιῶν χρηστότητα,*** [***οὐκ ἔστιν***] ***ἕως ἑνός.***	**ψ 13,3** ***πάντες ἐξέκλιναν, ἅμα ἠχρεώθησαν,*** ***οὐκ ἔστιν ποιῶν χρηστότητα, οὐκ ἔστιν ἕως ἑνός.***

MT		ALIA
		Gen 50,20 *ὑμεῖς ἐβουλεύσασθε κατ᾽ ἐμοῦ εἰς πονηρά, ὁ δὲ θεὸς ἐβουλεύσατο περὶ ἐμοῦ εἰς ἀγαθά, ὅπως ἂν γενηθῇ ὡς σήμερον, ἵνα διατραφῇ λαὸς πολύς.*
וירא יהוה כי רבה רעת האדם בארץ וכל־יצר מחשבת לבו רק רע כל־היום:	**Gen 6,5**	
כי אדם אין צדיק בארץ אשר יעשה־טוב ולא יחטא:	**Eccl 7,20**	
אין עשה־טוב:	**Ps 14,1**	vd et ψ 52,3s
יהוה משמים השקיף על־בני־אדם לראות היש משכיל דרש את־אלהים:	**14,2**	
הכל סר יחדו נאלחו אין עשה־טוב אין גם־אחד:	**Ps 14,3**	

NT	LXX
3,13 τάφος ἀνεῳγμένος ὁ λάρυγξ αὐτῶν, ταῖς γλώσσαις αὐτῶν ἐδολιοῦσαν, ἰὸς ἀσπίδων ὑπὸ τὰ χείλη αὐτῶν·	**ψ 5,10** τάφος ἀνεῳγμένος ὁ λάρυγξ αὐτῶν, ταῖς γλώσσαις αὐτῶν ἐδολιοῦσαν. **ψ 139,4** ἰὸς ἀσπίδων ὑπὸ τὰ χείλη αὐτῶν.
3,14 ὧν τὸ στόμα ἀφᾶς καὶ πικρίας γέμει,	**ψ 9,28** οὗ ἀρᾶς τὸ στόμα αὐτοῦ γέμει καὶ πικρίας καὶ δόλου,
3,15 ὀξεῖς οἱ πόδες αὐτῶν ἐκχέαι αἷμα,	**Is 59,7** οἱ δὲ πόδες αὐτῶν ἐπὶ πονηρίαν τρέχουσι ταχινοὶ ἐκχέαι αἷμα· …
3,16 σύντριμμα καὶ ταλαιπωρία ἐν ταῖς ὁδοῖς αὐτῶν, **3,17** καὶ ὁδὸν εἰρήνης οὐκ ἔγνωσαν.	σύντριμμα καὶ ταλαιπωρία ἐν ταῖς ὁδοῖς αὐτῶν, **59,8** καὶ ὁδὸν εἰρήνης οὐκ οἴδασι, **Prov 1,16** οἱ γὰρ πόδες αὐτῶν εἰς κακίαν τρέχουσιν καὶ ταχινοὶ τοῦ ἐκχέαι αἷμα.
3,18 οὐκ ἔστιν φόβος θεοῦ ἀπέναντι τῶν ὀφθαλμῶν αὐτῶν.	**ψ 35,2** οὐκ ἔστιν φόβος θεοῦ ἀπέναντι τῶν ὀφθαλμῶν αὐτοῦ. **Gen 20,11** οὐκ ἔστιν θεοσέβεια ἐν τῷ τόπῳ τούτῳ,
3,19 ἵνα πᾶν στόμα φραγῇ	**ψ 62,12** ὅτι ἐνεφράγη στόμα λαλούντων ἄδικα.

MT		ALIA
קבר־פתוח גרונם לשונם יחליקון:	**Ps 5,10**	verba ψ 5,10 sunt etiam in ψ 13,3, sed hic originaliter non sunt; sunt ex Rom 3,13-18.
חמת עכשוב תחת שפתימו	**Ps 140,4**	
אלה פיהו מלא ומרמות ותך	**Ps 10,7**	
רגליהם לרע ירצו וימהרו לשפך דם נקי ... שד ושבר במסלותם:	**Is 59,7**	
דרך שלום לא ידעו	**59,8**	
כי רגליהם לרע ירוצו וימהרו לשפך־דם:	**Prov 1,16**	
אין־פחד אלהים לנגד עיניו:	**Ps 36,2**	
רק אין־יראת אלהים במקום הזה	**Gen 20,11**	
כי יסכר פי דוברי־שקר:	**Ps 63,12**	

NT	LXX
3,20 *διότι ἐξ ἔργων νόμου* ***οὐ δικαιωθήσεται πᾶσα σάρξ ἐνώπιον*** *αὐτοῦ,*	**ψ 142,2** *ὅτι* ***οὐ δικαιωθήσεται ἐνώπιόν*** *σου* ***πᾶς*** *ζῶν.*
3,21 *Νυνὶ δὲ χωρὶς νόμου δικαιοσύνη θεοῦ πεφανέρωται*	
3,23 *πάντες γὰρ ἥμαρτον καὶ ὑστεροῦνται τῆς δόξης τοῦ θεοῦ*	
3,24 *δικαιούμενοι δωρεὰν τῇ αὐτοῦ χάριτι διὰ τῆς ἀπο****λυτρώσ****εως τῆς ἐν Χριστῷ Ἰησοῦ·*	**ψ 110,9** ***λύτρωσ****ιν ἀπέστειλεν τῷ λαῷ αὐτοῦ,* *ἐνετείλατο εἰς τὸν αἰῶνα διαθήκην αὐτοῦ·* **ψ 129,7** *ὅτι παρὰ τῷ κυρίῳ τὸ ἔλεος,* *καὶ πολλὴ παρ᾽ αὐτῷ* ***λύτρωσ****ις,* **129,8** *καὶ αὐτὸς* ***λυτρώσ****εται τὸν Ἰσραηλ ἐκ πασῶν τῶν ἀνομιῶν αὐτοῦ.* **Is 63,1** *ἐγὼ διαλέγομαι δικαιοσύνην καὶ κρίσιν σωτηρίου.* … **63,4** *ἡμέρα γὰρ ἀνταποδόσεως ἐπῆλθεν αὐτοῖς, καὶ ἐνιαυτὸς* ***λυτρώσ****εως πάρεστι.*

MT		ALIA
כי לא־יצדק לפניך כל־חי:	**Ps 143,2**	ad *πᾶσα σάρξ* cf et Gen 6,12 ad Gal 2,16
		ad *δικαιοσύνη θεοῦ* cf ad Rom 1,17
		ad *δόξα τοῦ θεοῦ* cf ad 2Cor 3,18, etiam ad gloriam hominibus a Deo datam; notio autem gloriae abs Adam Hevaque amissae non est in VT, sed ApocMos 21,6: notio restitutionis huius gloriae in libris tantum apocryphis inveniri potest.
פדות שלח לעמו צוה־לעולם בריתו	**Ps 111,9**	ad ψ 110,9 *διαθήκην αὐτοῦ*: *διαθήκη* in Rom tantum Rom 9,4 et 11,27 (=Ier 38,33LXX)
כי־עם־יהוה החסד והרבה עמו פדות:	**Ps 130,7**	*δικαιούμενοι δωρεάν* non verbatim in LXX, sed sensu; sensus contrarius **Iob**
והוא יפדה את־ישראל מכל עונתיו:	**130,8**	**1,9**: Μὴ *δωρεὰν σέβεται* Ἰὼβ *τὸν κύριον*; cf et Is 52,3!
אני מדבר בצדקה רב להושיע: …	**Is 63,1**	*λύτρωσις*/*λυτροῦν* sensu redemptionis de manu iniusticorum ex gr **Ex 6,6**
כי יום נקם בלבי ושנת גאולי באה:	**63,4**	Ἐγὼ *κύριος, καὶ ἐξάξω ὑμᾶς ἀπὸ τῆς δυναστείας τῶν* Αἰγυπτίων, *καὶ ῥύσομαι ὑμᾶς ἐκ τῆς δουλείας, καὶ λυτρώσομαι ὑμᾶς ἐν βραχίονι ὑψηλῷ καὶ κρί-*

NT

3,25 *ὃν προέθετο ὁ θεὸς* ***ἱλαστήριον*** *διὰ [τῆς] πίστεως ἐν τῷ αὐτοῦ αἵματι εἰς ἔνδειξιν τῆς δικαιοσύνης αὐτοῦ διὰ τὴν πάρεσιν τῶν προγεγονότων ἁμαρτημάτων*

LXX

Lev 16,13 *καὶ ἐπιθήσει τὸ θυμίαμα ἐπὶ τὸ πῦρ ἔναντι κυρίου· καὶ καλύψει ἡ ἀτμὶς τοῦ θυμιάματος τὸ* ***ἱλαστήριον*** *τὸ ἐπὶ τῶν μαρτυρίων, καὶ οὐκ ἀποθανεῖται.*

16,14 *καὶ λήμψεται ἀπὸ τοῦ αἵματος τοῦ μόσχου καὶ ῥανεῖ τῷ δακτύλῳ ἐπὶ τὸ* ***ἱλαστήριον*** *κατὰ ἀνατολάς· κατὰ πρόσωπον τοῦ* ***ἱλαστηρί****ου ῥανεῖ ἑπτάκις ἀπὸ τοῦ αἵματος τῷ δακτύλῳ.*

16,15 *καὶ σφάξει τὸν χίμαρον τὸν περὶ τῆς ἁμαρτίας τὸν περὶ τοῦ λαοῦ ἔναντι κυρίου, καὶ εἰσοίσει τοῦ αἵματος αὐτοῦ ἐσώτερον τοῦ καταπετάσματος, καὶ ποιήσει τὸ αἷμα αὐτοῦ ὃν τρόπον ἐποίησεν τὸ αἷμα τοῦ μόσχου, καὶ ῥανεῖ τὸ αἷμα αὐτοῦ ἐπὶ τὸ* ***ἱλαστήριον*** *κατὰ πρόσωπον τοῦ* ***ἱλαστηρί****ου,*

Lev 17,11 *ἡ γὰρ ψυχὴ πάσης σαρκὸς αἷμα αὐτοῦ ἐστιν, καὶ ἐγὼ δέδωκα αὐτὸ ὑμῖν ἐπὶ τοῦ θυσιαστηρίου ἐξιλάσκεσθαι περὶ τῶν ψυχῶν ὑμῶν· τὸ γὰρ αἷμα αὐτοῦ ἀντὶ τῆς ψυχῆς ἐξιλάσεται.*

MT		ALIA
		σει μεγάλῃ, *λύτρωσις* non saepe in LXX, sed *λυτροῦν*
ונתן את־הקטרת על־האש לפני יהוה וכסה ענן הקטרת את־הכפרת אשר על־העדות ולא ימות:	**Lev 16,13**	disputatur num *ἱλαστήριον* in Rom 3,25 significet *τὸ* (!) *ἱλαστήριον* (MT: כפרת) sicut ex gr Ex 25,17ss an non. cf et Ez 43,13-27
ולקח מדם הפר והזה באצבעו על־פני הכפרת קדמה ולפני הכפרת יזה שבע־פעמים מן־הדם באצבעו:	**16,14**	
ושחט את־שׂעיר החטאת אשר לעם והביא את־דמו אל־מבית לפרכת ועשׂה את־דמו כאשר עשׂה לדם הפר והזה אתו על־הכפרת ולפני הכפרת:	**16,15**	
כי נפש הבשׂר בדם הוא ואני נתתיו לכם על־המזבח לכפר על־נפשתיכם כי־הדם הוא בנפש יכפר:	**Lev 17,11**	

NT	LXX
	Is 53,4 *οὗτος τὰς ἁμαρτίας ἡμῶν φέρει καὶ περὶ ἡμῶν ὀδυνᾶται, καὶ ἡμεῖς ἐλογισάμεθα αὐτὸν εἶναι ἐν πόνῳ καὶ ἐν πληγῇ καὶ ἐν κακώσει.* **53,5** *αὐτὸς δὲ ἐτραυματίσθη διὰ τὰς ἀνομίας ἡμῶν καὶ μεμαλάκισται διὰ τὰς ἁμαρτίας ἡμῶν· παιδεία εἰρήνης ἡμῶν ἐπ' αὐτόν, τῷ μώλωπι αὐτοῦ ἡμεῖς ἰάθημεν.* **4Mac 17,22** *καὶ διὰ τοῦ αἵματος τῶν εὐσεβῶν ἐκείνων καὶ τοῦ* ***<u>ἱλαστηρίου</u>*** *τοῦ θανάτου αὐτῶν ἡ θεία πρόνοια τὸν Ἰσραὴλ προκακωθέντα διέσωσεν.*
3,26 *ἐν τῇ ἀνοχῇ τοῦ θεοῦ, πρὸς τὴν ἔνδειξιν τῆς δικαιοσύνης αὐτοῦ ἐν τῷ νῦν καιρῷ, εἰς τὸ εἶναι αὐτὸν δίκαιον καὶ δικαιοῦντα τὸν ἐκ πίστεως Ἰησοῦ.*	**Ex 34,6** *καὶ παρῆλθεν κύριος πρὸ προσώπου αὐτοῦ καὶ ἐκάλεσεν Κύριος κύριος ὁ θεὸς οἰκτίρμων καὶ ἐλεήμων, μακρόθυμος καὶ πολυέλεος καὶ ἀληθινὸς,* **34,7** *καὶ δικαιοσύνην διατηρῶν καὶ ποιῶν ἔλεος εἰς χιλιάδας, ἀφαιρῶν ἀνομίας καὶ ἀδικίας καὶ ἁμαρτίας, καὶ οὐ καθαριεῖ τὸν ἔνοχον, ἐπάγων ἀνομίας πατέρων ἐπὶ τέκνα καὶ ἐπὶ τέκνα τέκνων ἐπὶ τρίτην καὶ τετάρτην γενεάν.*
3,27 *ποῦ οὖν ἡ καύχησις;*	

ALIA		MT
	Is 53,4	אכן חלינו הוא נשׂא ומכאבינו סבלם ואנחנו חשבנהו נגוע מכה אלהים ומענה׃
	53,5	והוא מחלל מפשענו מדכא מעונתינו מוסר שלומנו עליו ובחברתו נרפא־לנו׃
cf et ψ 102,8-18; 144,7-9	**Ex 34,6**	ויעבר יהוה על־פניו ויקרא יהוה יהוה אל רחום וחנון ארך אפים ורב־חסד ואמת׃
	34,7	נצר חסד לאלפים נשׂא עון ופשׁע וחטאה ונקה לא ינקה פקד עון אבות על־בנים ועל־בני בנים על־שׁלשׁים ועל־רבעים׃
cf ad 1Cor 1,29-31		

NT	LXX
3,29 ἢ Ἰουδαίων ὁ θεὸς μόνον;	**Gen 12,1** Καὶ εἶπεν κύριος τῷ Ἀβράμ Ἔξελθε ἐκ τῆς γῆς σου καὶ ἐκ τῆς συγγενείας σου καὶ ἐκ τοῦ οἴκου τοῦ πατρός σου εἰς τὴν γῆν, ἣν ἄν σοι δείξω· **12,2** καὶ ποιήσω σε εἰς ἔθνος μέγα καὶ εὐλογήσω σε καὶ μεγαλυνῶ τὸ ὄνομά σου, καὶ ἔσῃ εὐλογητός· **12,3** καὶ εὐλογήσω τοὺς εὐλογοῦντάς σε, καὶ τοὺς καταρωμένους σε καταράσομαι· καὶ ἐνευλογηθήσονται ἐν σοὶ πᾶσαι αἱ φυλαὶ τῆς γῆς. **Is 66,18** ἔρχομαι συναγαγεῖν πάντα τὰ ἔθνη καὶ τὰς γλώσσας, καὶ ἥξουσι καὶ ὄψονται τὴν δόξαν μου. … **66,21** καὶ ἀπ' αὐτῶν (sc τῶν ἐθνῶν) λήμψομαι ἐμοὶ ἱερεῖς καὶ Λευίτας, εἶπε κύριος.
3,30 εἷς ὁ θεός	
3,31 νόμον ἱστάνομεν	
4,1 Τί οὖν ἐροῦμεν εὑρεκέναι Ἀβραὰμ τὸν προπάτορα ἡμῶν κατὰ σάρκα;	

MT		ALIA
ויאמר יהוה אל־אברם לך־לך מארצך וממולדתך ומבית אביך אל־הארץ אשר אראך:	**Gen 12,1**	saepe in VT haec notio; sed cf et notio universalis propter Israel ex gr ψ **46,3** *ὅτι κύριος ὕψιστος φοβερός,*
ואעשך לגוי גדול ואברכך ואגדלה שמך והיה ברכה:	**12,2**	*βασιλεὺς μέγας ἐπὶ πᾶσαν τὴν γῆν.* **46,4** *ὑπέταξεν λαοὺς ἡμῖν* *καὶ ἔθνη ὑπὸ τοὺς πόδας ἡμῶν·*
ואברכה מברכיך ומקללך אאר ונברכו בך כל משפחת האדמה:	**12,3**	ad Gen 12,2 vd et ad Gal 4,23; ad Gen 12,3 vd et ad Gal 3,8 cf et Rom 15,8
באה לקבץ את־כל־הגוים והלשנות ובאו וראו את־כבודי:	**Is 66,18**	ad Is 66,18-22 vd et ad Rom 9,23
...		
וגם־מהם אקח לכהנים ללוים אמר יהוה:	**66,21**	
		cf ad 1Cor 8,4
		cf ex gr 4Bas 23 et aestimatio legis in cogitatione Deuteronomica et Deuteronomistica
		Sir 44,19 *᾽Αβραὰμ μέγας πατὴρ πλήθους ἐθνῶν,*

NT	LXX
4,2 εἰ γὰρ Ἀβραὰμ ἐξ ἔργων ἐδικαιώθη, ἔχει καύχημα, ἀλλ' οὐ πρὸς θεόν.	
4,3 τί γὰρ ἡ γραφὴ λέγει; <u>ἐπίστευσεν</u> δὲ <u>Ἀβραὰμ τῷ θεῷ καὶ ἐλογίσθη αὐτῷ εἰς δικαιοσύνην</u>.	**Gen 15,6** καὶ <u>ἐπίστευσεν Ἀβρὰμ τῷ θεῷ</u>, <u>καὶ ἐλογίσθη αὐτῷ εἰς δικαιοσύνην</u>. **Dan 6,24**θ' τότε ὁ βασιλεὺς πολὺ ἠγαθύνθη ἐπ' αὐτῷ καὶ τὸν Δανιὴλ εἶπεν ἀνενέγκαι ἐκ τοῦ λάκκου· καὶ ἀνηνέχθη Δανιὴλ ἐκ τοῦ λάκκου, καὶ πᾶσα διαφθορὰ οὐχ εὑρέθη ἐν αὐτῷ, ὅτι <u>ἐπίστευσεν ἐν τῷ θεῷ</u> αὐτοῦ. **ψ 105,30** καὶ ἔστη Φινεὲς καὶ ἐξιλάσατο, καὶ ἐκόπασεν ἡ θραῦσις· **105,31** καὶ <u>ἐλογίσθη αὐτῷ εἰς δικαιοσύνην</u> εἰς γενεὰν καὶ γενεὰν ἕως τοῦ αἰῶνος.

MT		ALIA
		καὶ οὐχ εὑρέθη μῶμος ἐν τῷ δόξῃ· **44,20** *ὃς συνετήρησεν νόμον ὑψίστου* *καὶ ἐγένετο ἐν διαθήκῃ μετ᾽ αὐτοῦ·* *ἐν σαρκὶ αὐτοῦ ἔστησεν διαθήκην* *καὶ ἐν πειρασμῷ εὑρέθη πιστός·* **44,21** *διὰ τοῦτο ἐν ὅρκῳ ἔστησεν αὐτῷ* *ἐνευλογηθῆναι ἔθνη ἐν σπέρματι αὐτοῦ,* *πληθῦναι αὐτὸν ὡς χοῦν τῆς γῆς* *καὶ ὡς ἄστρα ἀνυψῶσαι τὸ σπέρμα αὐτοῦ* *καὶ κατακληρονομῆσαι αὐτοὺς* *ἀπὸ θαλάσσης ἕως θαλάσσης* *καὶ ἀπὸ ποταμοῦ ἕως ἄκρου τῆς γῆς.*
והאמן ביהוה ויחשבה לו צדקה:	**Gen 15,6**	cf autem **1Mac 2,52** *Ἀβραὰμ οὐχὶ ἐν πειρασμῷ εὑρέθη πιστός, καὶ ἐλογίσθη αὐτῷ εἰς δικαιοσύνην;*
באדין מלכא שׂגיא טאב עלוהי ולדניאל אמר להנסקה מן־גבא והסק דניאל מן־גבא וכל־חבל לא־השתכח בה די הימן באלההּ:	**Dan 6,24**	cf et Sir 44,20 ad Rom 4,1s vd et **Ex 14,31** *εἶδεν δὲ Ἰσραηλ τὴν χεῖρα τὴν μεγάλην, ἃ ἐποίησεν κύριος τοῖς Αἰγυπτίοις· ἐφοβήθη δὲ ὁ λαὸς τὸν κύριον καὶ ἐπίστευσαν τῷ θεῷ καὶ Μωϋσῇ τῷ θεράποντι αὐτοῦ.*
ויעמד פינחס ויפלל ותעצר המגפה:	**Ps 106,30**	ad Phinees *ψ* 105,30 cf Num 25,10ss vd et Gal 3,6
ותחשב לו לצדקה לדר ודר עד־עולם:	**106,31**	

NT	LXX
4,5 τῷ δὲ μὴ ἐργαζομένῳ πιστεύοντι δὲ ἐπὶ τὸν δικαιοῦντα **τὸν ἀσεβῆ** λογίζεται ἡ πίστις αὐτοῦ εἰς **δικαι**οσύνην·	**Ex 23,7** οὐ **δικαι**ώσεις **τὸν ἀσεβῆ** ἕνεκεν δώρων **Is 5,23** οἱ **δικαι**οῦντες **τὸν ἀσεβῆ** ἕνεκεν δώρων καὶ τὸ **δίκαι**ον τοῦ **δικαί**ου αἴροντες. **Prov 17,15** ὃς **δίκαι**ον κρίνει τὸν ἄ**δικ**ον, ἄ**δικ**ον δὲ τὸν **δίκαι**ον, ἀκάθαρτος καὶ βδελυκτὸς παρὰ θεῷ. **Prov 24,24** ὁ εἰπὼν **τὸν ἀσεβῆ** **Δίκαι**ός ἐστιν, ἐπικατάρατος λαοῖς ἔσται καὶ μισητὸς εἰς ἔθνη·
4,6 καθάπερ καὶ Δαυὶδ λέγει τὸν μακαρισμὸν τοῦ ἀνθρώπου ᾧ ὁ θεὸς λογίζεται δικαιοσύνην χωρὶς ἔργων·	
4,7 **μακάριοι ὧν ἀφέθησαν αἱ ἀνομίαι καὶ ὧν ἐπεκαλύφθησαν αἱ ἁμαρτίαι·** **4,8** **μακάριος ἀνὴρ οὗ οὐ μὴ λογίσηται κύριος ἁμαρτίαν**.	**ψ 31,1** **μακάριοι ὧν ἀφέθησαν αἱ ἀνομίαι**, **καὶ ὧν ἐπεκαλύφθησαν αἱ ἁμαρτίαι·** **31,2** **μακάριος ἀνὴρ οὗ οὐ μὴ λογίσηται κύριος ἁμαρτίαν**,
4,9 ἐλογίσθη τῷ Ἀβραὰμ ἡ πίστις εἰς δικαιοσύνην.	

MT		ALIA
כי לא־אצדיק רשע:	**Ex 23,7**	in Sir 42,2 *δικαιῶσαι τὸν ἀσεβῆ* significare videtur "damnare iniustum"
מצדיקי רשע עקב שחד וצדקת צדיקים יסירו ממנו:	**Is 5,23**	
מצדיק רשע ומרשיע צדיק תועבת יהוה גם־שניהם:	**Prov 17,15**	
אמר לרשע צדיק אתה יקבהו עמים יזעמוהו לאמים:	**Prov 24,24**	
		vd ad Rom 4,3.7s
אשרי נשוי־פשע כסוי חטאה:	**Ps 32,1**	
אשרי אדם לא יחשב יהוה לו עון	**32,2**	
		cf ad Rom 4,3

NT	LXX
4,11 *καὶ* ***σημεῖ**ον ἔλαβεν* ***περιτομ**ῆς σφραγῖδα τῆς δικαιοσύνης τῆς πίστεως τῆς ἐν* ***τῇ ἀκροβυστίᾳ**, εἰς τὸ εἶναι αὐτὸν* ***πατέρα** πάντων τῶν πιστευόντων δι᾽* ***ἀκροβυστίας**, εἰς τὸ λογισθῆναι [καὶ] αὐτοῖς [τὴν] δικαιοσύνην,*	**Gen 17,4** *Καὶ ἐγώ, ἰδοὺ ἡ διαθήκη μου μετὰ σοῦ, καὶ ἔσῃ* ***πατὴρ** πλήθους ἐθνῶν.* **17,5** *καὶ οὐ κληθήσεται ἔτι τὸ ὄνομά σου Ἀβράμ, ἀλλ᾽ ἔσται τὸ ὄνομά σου Ἀβραάμ, ὅτι* ***πατέρα** πολλῶν ἐθνῶν τέθεικά σε.* … **17,9** *καὶ εἶπεν ὁ θεὸς πρὸς Ἀβραάμ Σὺ δὲ τὴν διαθήκην μου διατηρήσεις, σὺ καὶ τὸ σπέρμα σου μετὰ σὲ εἰς τὰς γενεὰς αὐτῶν.* **17,10** *καὶ αὕτη ἡ διαθήκη, ἣν διατηρήσεις, ἀνὰ μέσον ἐμοῦ καὶ ὑμῶν καὶ ἀνὰ μέσον τοῦ σπέρματός σου μετὰ σὲ εἰς τὰς γενεὰς αὐτῶν·* ***περιτμ**ηθήσεται ὑμῶν πᾶν ἀρσενικόν,* **17,11** *καὶ* ***περιτμ**ηθήσεσθε τὴν σάρκα τῆς* ***ἀκροβυστίας** ὑμῶν, καὶ ἔσται ἐν* ***σημεί**ῳ διαθήκης ἀνὰ μέσον ἐμοῦ καὶ ὑμῶν.*
4,13 *Οὐ γὰρ διὰ νόμου ἡ ἐπαγγελία τῷ Ἀβραὰμ ἢ τῷ σπέρματι αὐτοῦ, τὸ κληρονόμον αὐτὸν εἶναι κόσμου, ἀλλὰ διὰ δικαιοσύνης πίστεως.*	**Gen 18,18** *Ἀβραὰμ δὲ γινόμενος ἔσται εἰς ἔθνος μέγα καὶ πόλυ, καὶ ἐνευλογηθήσονται ἐν αὐτῷ πάντα τὰ ἔθνη τῆς γῆς.* **Gen 22,17** *ἦ μὴν εὐλογῶν εὐλογήσω σε καὶ πληθύνων πληθυνῶ τὸ σπέρμα σου ὡς*

MT		ALIA
אני הנה בריתי אתך והיית לאב המון גוים:	**Gen 17,4**	Paulus Gen 15,6 et Gen 17 coniuncta esse vidit; aliter Gal 3, ubi Gen 17 nec citatur nec ad hoc caput alluditur. In Gal 3 Paulus de *διαθήκη* loquitur, non autem in Rom 4. ad *περιτομή* et *ἀκροβυστία* cf et ad Rom 2,26
ולא־יקרא עוד את־שמך אברם והיה שמך אברהם כי אב־המון גוים נתתיך:	**17,5**	
...		
ויאמר אלהים אל־אברהם ואתה את־בריתי תשמר אתה וזרעך אחריך לדרתם:	**17,9**	
זאת בריתי אשר תשמרו ביני וביניכם ובין זרעך אחריך המול לכם כל־זכר:	**17,10**	
ונמלתם את בשר ערלתכם והיה לאות ברית ביני וביניכם:	**17,11**	
ואברהם היו יהיה לגוי גדול ועצום ונברכו בו כל גויי הארץ:	**Gen 18,18**	vd et Gen 12,3 ad Rom 3,29 Paulus etiam benedictionem Abrahae una cum benedictione omnium populorum et eius iustificationem per fidem Gen 15,6 coniunctas esse vidit; cf ad Rom 4,3ss
כי־ברך אברכך והרבה ארבה את־זרעך ככוכבי השמים וכחול אשר	**Gen 22,17**	

NT	LXX
	τοὺς ἀστέρας τοῦ οὐρανοῦ καὶ ὡς τὴν ἄμμον τὴν παρὰ τὸ χεῖλος τῆς θαλάσσης, καὶ κληρονομήσει τὸ σπέρμα σου τὰς πόλεις τῶν ὑπεναντίων·
4,16 Ἀβραάμ, ὅς ἐστιν πατὴρ πάντων ἡμῶν	
4,17 *καθὼς γέγραπται ὅτι πατέρα πολλῶν ἐθνῶν τέθεικά σε, κατέναντι οὗ ἐπίστευσεν θεοῦ τοῦ ζῳοποιοῦντος τοὺς νεκροὺς καὶ καλοῦντος τὰ μὴ ὄντα ὡς ὄντα·*	**Gen 17,5** *ἔσται τὸ ὄνομά σου Ἀβραάμ, ὅτι πατέρα πολλῶν ἐθνῶν τέθεικά σε.* **1Bas 2,6** *κύριος θανατοῖ καὶ ζωογονεῖ, κατάγει εἰς ᾅδου καὶ ἀνάγει·* *ψ* **70,19** *ὁ θεός, ἕως ὑψίστων ἃ ἐποίησας μεγαλεῖα·* *ὁ θεός, τίς ὅμοιός σοι;* **70,20** *ὅσας ἔδειξάς μοι θλίψεις πολλὰς καὶ κακάς,* *καὶ ἐπιστρέψας ἐζωοποιησάς με* *καὶ ἐκ τῶν ἀβύσσων τῆς γῆς πάλιν ἀνήγαγές με.* **2Mac 7,28** *ἀξιῶ σε, τέκνον, ἀναβλέψαντα εἰς τὸν οὐρανὸν καὶ τὴν γῆν καὶ τὰ ἐν αὐτοῖς πάντα ἰδόντα γνῶναι, ὅτι οὐκ ἐξ ὄντων ἐποίησεν αὐτὰ ὁ θεὸς καὶ τὸ τῶν ἀνθρώπων γένος οὕτω γίνεται.* **Tob 13,1** LXX[I] Εὐλογητὸς ὁ θεὸς ὁ ζῶν εἰς τοὺς αἰῶνας καὶ ἡ βασιλεία αὐτοῦ,

MT		ALIA
על־שׂפת הים וירשׁ זרעך את שׁער איביו:		cf et Sir 44,21 ad Rom 4,1 *ἐπαγγελία* non est in Pentateucho
		cf ad Rom 4,11
והיה שׁמך אברהם כי אב־המון גוים נתתיך:	**Gen 17,5**	vd et **Sap 11,25(26)** *πῶς δὲ διέμεινεν ἄν τι, εἰ μὴ σὺ ἠθέλησας, ἢ τὸ μὴ κληθὲν ὑπὸ σοῦ διετηρήθη;*
יהוה ממית ומחיה מוריד שׁאול ויעל:	**1Sam 2,6**	ad *καλοῦντος τὰ μὴ ὄντα ὡς ὄντα* cf Gen 1
וצדקתך אשׁר־עשׂית גדלות אלהים מי כמוך:	**Ps 71,19**	
אשׁר הראיתני צרות רבות ורעות תשׁוב תחיינו ומתהמות הארץ תשׁוב תעלני:	**71,20**	
		sim LXX^{II}

NT	LXX
	13,2 *ὅτι αὐτὸς μαστιγοῖ καὶ ἐλεᾷ, κατάγει εἰς ᾅδην καὶ ἀνάγει, καὶ οὐκ ἔστιν ὃς ἐκφεύξεται τὴν χεῖρα αὐτοῦ.*
	Sap 16,13 *σὺ γὰρ ζωῆς καὶ θανάτου ἐξουσίαν ἔχεις καὶ κατάγεις εἰς πύλας ᾅδου καὶ ἀνάγεις·*
	Is 26,19 *ἀναστήσονται οἱ νεκροί, καὶ ἐγερθήσονται οἱ ἐν τοῖς μνημείοις, καὶ εὐφρανθήσονται οἱ ἐν τῇ γῇ·*
	Dan 12,2θ' *καὶ πολλοὶ τῶν καθευδόντων ἐν γῆς χώματι ἐξεγερθήσονται οὗτοι εἰς ζωὴν αἰώνιον καὶ οὗτοι εἰς ὀνειδισμὸν καὶ εἰς αἰσχύνην αἰώνιον.*
	Is 48,13 *καὶ ἡ χείρ μου ἐθεμλίωσε τὴν γῆν, καὶ ἡ δεξιά μου ἐστερέωσε τὸν οὐρανόν· καλέσω αὐτούς, καὶ στήσονται ἅμα*
	Is 41,4 *ἐκάλεσεν αὐτὴν ὁ καλῶν αὐτὴν ἀπὸ γενεῶν ἀρχῆς, ἐγὼ θεὸς πρῶτος, καὶ εἰς τὰ ἐπερχόμενα ἐγώ εἰμι.*
4,18 *Ὃς παρ' ἐλπίδα ἐπ' ἐλπίδι ἐπίστευσεν εἰς τὸ γενέσθαι αὐτὸν πατέρα πολλῶν ἐθνῶν κατὰ τὸ εἰρημένον· οὕτως ἔσται τὸ σπέρμα σου,*	**Gen 15,5** *καὶ εἶπεν Οὕτως ἔσται τὸ σπέρμα σου.*

MT		ALIA
יחיו מתיך נבלתי יקומון הקיצו ורננו שכני עפר	**Is 26,19**	
ורבים מישני אדמת־עפר יקיצו אלה לחיי עולם ואלה לחרפות לדראון עולם:	**Dan 12,2**	sim Dan 12,21 LXX *ἀναστήσονται* pro *ἐξεγερθήσονται*
אף־ידי יסדה ארץ וימיני טפחה שמים קרא אני אליהם יעמדו יחדו:	**Is 48,13**	
קרא הדרות מראש אני יהוה ראשון ואת־אחרנים אני־הוא:	**Is 41,4**	
		ad Rom 4,18 *πατέρα πολλῶν ἐθνῶν* cf ad Rom 4,11ss
ויאמר לו כה יהיה זרעך:	**Gen 15,5**	

NT	LXX
4,19 *καὶ μὴ ἀσθενήσας τῇ πίστει κατενόησεν τὸ ἑαυτοῦ σῶμα [ἤδη] νενεκρωμένον, ἑκατονταετής που ὑπάρχων, καὶ τὴν νέκρωσιν τῆς μήτρας Σάρρας·*	**Gen 17,1** Ἐγένετο δὲ Ἀβραμ ἐτῶν ἐνενήκοντα ἐννέα, καὶ ὤφθη κύριος τῷ Ἀβραμ καὶ εἶπεν αὐτῷ Ἐγώ εἰμι ὁ θεός σου· εὐαρέστει ἐναντίον ἐμοῦ καὶ γίνου ἄμεμπτος, … **17,17** καὶ ἔπεσεν Ἀβραὰμ ἐπὶ πρόσωπον καὶ ἐγέλασεν καὶ εἶπεν ἐν τῇ διανοίᾳ λέγων Εἰ τῷ ἑκατόντα ἐτεῖ γενήσεται, καὶ εἰ Σάρρα ἐνενήκοντα ἐτῶν οὖσα τέξεται; **Gen 18,11** ἐξέλειπεν δὲ Σάρρα γίνεσθαι τὰ γυναικεῖα.
4,20 δοὺς δόξαν τῷ θεῷ	
4,22 διὸ [καὶ] ἐλογίσθη αὐτῷ εἰς δικαιοσύνην.	
4,25 ὃς παρεδόθη διὰ τὰ παραπτώματα ἡμῶν καὶ ἠγέρθη διὰ τὴν δικαίωσιν ἡμῶν.	**Is 53,5** αὐτὸς δὲ ἐτραυματίσθη διὰ τὰς ἀνομίας ἡμῶν καὶ μεμαλάκισται διὰ τὰς ἁμαρτίας ἡμῶν· παιδεία εἰρήνης ἡμῶν ἐπ' αὐτόν, τῷ μώλωπι αὐτοῦ ἡμεῖς ἰάθημεν.

MT		ALIA
ויהי אברם בן־תשעים שנה ותש שנים וירא יהוה אל־אברם ויאמ אליו אני־אל שדי התהלך לפנ והיה תמים:	**Gen 17,1**	
…		
ויפל אברהם על־פניו ויצחק ויאמ בלבו הלבן מאה־שנה יולד ואמ שרה הבת־תשעים שנה תלד:	**17,17**	
להיות לשרה ארח כנשים:	**Gen 18,11**	
		διδόναι δόξαν τῷ θεῷ/κυρίῳ vd et Jos 7,19; 1Par 16,28.29; 2Par 30,8; ψ 67,35; Is 42,12; Ier 13,16; Bar 2,17; 4Mac 1,12
		cf ad Rom 4,3
והוא מחלל מפשענו מדכא מעונתינו מוסר שלומנו עליו ובחברתו נרפא־לנו:	**Is 53,5**	cf et ad Rom 3,24 et Gal 1,4 et 1Cor 15,3

NT	LXX
	53,6 πάντες ὡς πρόβατα ἐπλανήθημεν, ἄνθρωπος τῇ ὁδῷ αὐτοῦ ἐπλανήθη· καὶ κύριος παρέδωκεν αὐτὸν ταῖς ἁμαρτίαις ἡμῶν.
	53,7 καὶ αὐτὸς διὰ τὸ κεκακῶσθαι οὐκ ἀνοίγει τὸ στόμα· ὡς πρόβατον ἐπὶ σφαγὴν ἤχθη καὶ ὡς ἀμνὸς ἐναντίον τοῦ κείροντος αὐτὸν ἄφωνος οὕτως οὐκ ἀνοίγει τὸ στόμα αὐτοῦ.
	53,8 ἐν τῇ ταπεινώσει ἡ κρίσις αὐτοῦ ἤρθη· τὴν γενεὰν αὐτοῦ τίς διηγήσεται; ὅτι αἴρεται ἀπὸ τῆς γῆς ἡ ζωὴ αὐτοῦ, ἀπὸ τῶν ἀνομιῶν τοῦ λαοῦ μου ἤχθη εἰς θάνατον.
	53,9 καὶ δώσω τοὺς πονηροὺς ἀντὶ τῆς ταφῆς αὐτοῦ καὶ τοὺς πλουσίους ἀντὶ τοῦ θανάτου αὐτοῦ· ὅτι ἀνομίαν οὐκ ἐποίησεν, οὐδὲ εὑρέθη δόλος ἐν τῷ στόματι αὐτοῦ.
	53,10 καὶ κύριος βούλεται καθαρίσαι αὐτὸν τῆς πληγῆς· ἐὰν δῶτε περὶ ἁμαρτίας, ἡ ψυχὴ ὑμῶν ὄψεται σπέρμα μακρόβιον· καὶ βούλεται κύριος ἀφελεῖν ἀπὸ τοῦ πόνου τῆς ψυχῆς αὐτοῦ,
	53,11 δεῖξαι αὐτῷ φῶς καὶ πλάσαι τῇ συνέσει, δικαιῶσαι δίκαιον εὖ δουλεύοντα πολλοῖς, καὶ τὰς ἁμαρτίας αὐτῶν αὐτὸς ἀνοίσει.

MT		ALIA
כלנו כצאן תעינו איש לדרכו פנינו ויהוה הפגיע בו את עון כלנו:	**53,6**	
נגש והוא נענה ולא יפתח־פיו כשה לטבח יובל וכרחל לפני גזזיה נאלמה ולא יפתח פיו:	**53,7**	
מעצר וממשפט לקח ואת־דורו מי ישוחח כי נגזר מארץ חיים מפשע עמי נגע למו:	**53,8**	
ויתן את־רשעים קברו ואת־עשיר במתיו על לא־חמס עשה ולא מרמה בפיו:	**53,9**	
ויהוה חפץ דכאו החלי אם־תשים אשם נפשו יראה זרע יאריך ימים וחפץ יהוה בידו יצלח:	**53,10**	
מעמל נפשו יראה ישבע בדעתו יצדיק צדיק עבדי לרבים ועונתם הוא יסבל:	**53,11**	Diciturne in Is 53,11MT servus Dei e morte iam facta ereptus esse - textu originali restituto?

NT	LXX
	53,12 *διὰ τοῦτο αὐτὸς κληρονομήσει πολλοὺς καὶ τῶν ἰσχυρῶν μεριεῖ σκῦλα, ἀνθ᾽ ὧν* ***παρεδόθη*** *εἰς θάνατον ἡ ψυχὴ αὐτοῦ, καὶ ἐν τοῖς ἀνόμοις ἐλογίσθη· καὶ αὐτὸς ἁμαρτίας πολλῶν ἀνήνεγκε καὶ* ***διὰ*** *τὰς ἁμαρτίας αὐτῶν* ***παρεδόθη****.*
5,1 *Δικαιωθέντες οὖν ἐκ πίστεως* ***εἰρήνην*** *ἔχομεν πρὸς τὸν θεὸν διὰ τοῦ κυρίου ἡμῶν Ἰησοῦ Χριστοῦ,*	*ψ* **71,3** *ἀναλαβέτω τὰ ὄρη* ***εἰρήνην*** *τῷ λαῷ σου* *καὶ οἱ βουνοὶ ἐν δικαιοσύνῃ.* **Is 32,17** *καὶ ἔσται τὰ ἔργα τῆς δικαιοσύνης* ***εἰρήνη****, καὶ κρατήσει ἡ δικαιοσύνη ἀνάπαυσιν, καὶ πεποιθότες ἕως τοῦ αἰῶνος·* **32,18** *καὶ κατοικήσει ὁ λαὸς αὐτοῦ ἐν πόλει* ***εἰρήνης*** *καὶ ἐνοικήσει πεποιθώς, καὶ ἀναπαύσονται μετὰ πλούτου.*
5,2 *δι᾽ οὗ καὶ τὴν προσαγωγὴν ἐσχήκαμεν [τῇ πίστει] εἰς τὴν χάριν ταύτην ἐν ᾗ ἑστήκαμεν, καὶ καυχώμεθα ἐπ᾽ ἐλπίδι τῆς δόξης τοῦ θεοῦ.*	*ψ* **5,12** *καὶ εὐφρανθήτωσαν πάντες οἱ ἐλπίζοντες ἐπὶ σέ·* *εἰς αἰῶνα ἀγαλλιάσονται, καὶ κατασκηνώσεις ἐν αὐτοῖς,* *καὶ καυχήσονται ἐν σοὶ πάντες οἱ ἀγαπῶντες τὸ ὄνομά σου.*

MT		ALIA
לכן אחלק־לו ברבים ואת־עצומים יחלק שלל תחת אשר הערה למות נפשו ואת־פשעים נמנה והוא חטא־רבים נשא ולפשעים יפגיע:	**53,12**	
ישאו הרים שלום לעם וגבעות בצדקה:	**Ps 72,3**	vd et ψ 84,10
והיה מעשה הצדקה שלום ועבדת הצדקה השקט ובטח עד־עולם:	**Is 32,17**	vd et Is 54,10 cum in Rom 8 Paulus ad Ez 36s alludat, citatur hic **Ez 37,26**: *καὶ διαθήσομαι αὐτοῖς διαθήκην εἰρήνης, διαθήκη αἰωνία ἔσται μετ᾽ αὐτῶν· καὶ θήσω τὰ ἅγιά μου ἐν μέσῳ αὐτῶν εἰς τὸν αἰῶνα.* cf et **Ez 34,25**: *καὶ διαθήσομαι τῷ Δαυὶδ* (!) *διαθήκην εἰρήνης* vd et Num 25,12
וישב עמי בנוה שלום ובמשכנות מבטחים ובמנוחת שאננות:	**32,18**	
וישמחו כל־חוסי בך לעולם ירננו ותסך עלימו ויעלצו בך אהבי שמך:	**Ps 5,12**	Ier 9,22s cf ad 1 Cor 1,31

NT	LXX
5,3 *οὐ μόνον δέ, ἀλλὰ καὶ καυχώμεθα ἐν ταῖς θλίψεσιν, εἰδότες ὅτι ἡ θλῖψις* **<u>ὑπομονὴν</u>** *κατεργάζεται,*	**2Mac 6,12** *Παρακαλῶ οὖν τοὺς ἐντυγχάνοντας τῇδε τῇ βίβλῳ μὴ συστέλλεσθαι διὰ τὰς συμφοράς, λογίζεσθαι δὲ τὰς τιμωρίας μὴ πρὸς ὄλεθρον, ἀλλὰ πρὸς παιδείαν τοῦ γένους ἡμῶν εἶναι.*
5,4 *ἡ δὲ* **<u>ὑπομονὴ</u>** **<u>δοκιμ</u>***ήν, ἡ δὲ* **<u>δοκιμὴ</u>** **<u>ἐλπίδα</u>**·	**6,13** *καὶ γὰρ τὸ μὴ πολὺν χρόνον ἐᾶσθαι τοὺς δυσσεβοῦντας, ἀλλ' εὐθέως περιπίπτειν ἐπιτιμίοις μεγάλης εὐεργεσίας σημεῖόν ἐστιν.*
	6,14 *οὐ γὰρ καθάπερ καὶ ἐπὶ τῶν ἄλλων ἐθνῶν ἀναμένει μακροθυμῶν ὁ δεσπότης μέχρι τοῦ καταντήσαντας αὐτοὺς πρὸς ἐκπλήρωσιν ἁμαρτιῶν κολάσαι, οὕτως καὶ ἐφ' ἡμῶν ἔκρινεν εἶναι,*
	6,15 *ἵνα μὴ πρὸς τέλος ἀφικομένων ἡμῶν τῶν ἁμαρτιῶν ὕστερον ἡμᾶς ἐκδικᾷ.*
	6,16 *διόπερ οὐδέποτε μὲν τὸν ἔλεον ἀφ' ἡμῶν ἀφίστησι, παιδεύων δὲ μετὰ συμφορᾶς οὐκ ἐγκαταλείπει τὸν ἑαυτοῦ λαόν.*
	ψ **9,19** *ὅτι οὐκ εἰς τέλος ἐπιλησθήσεται ὁ πτωχός,* *ἡ* **<u>ὑπομονὴ</u>** *τῶν πενήτων οὐκ ἀπολεῖται εἰς τὸν αἰῶνα.*
	ψ **70,5** *ὅτι σὺ εἶ* **<u>ὑπομονή</u>** *μου, κύριε·* *κύριος ἡ* **<u>ἐλπίς</u>** *μου ἐκ νεότητός μου.*
	Sap 3,4 *καὶ γὰρ ἐν ὄψει ἀνθρώπων ἐὰν κολασθῶσιν,*

MT	ALIA
	cf et **Prov 3,11** *Υἱέ, μὴ ὀλιγώρει παιδείας κυρίου* *μηδὲ ἐκλύου ὑπ᾽ αὐτοῦ ἐλεγχόμενος·* **3,12** *ὃν γὰρ ἀγαπᾷ κύριος παιδεύει,* *μαστιγοῖ δὲ πάντα υἱὸν ὃν παραδέχεται.* vd et **PsSal 2,36** *ὅτι χρηστὸς ὁ κύριος τοῖς ἐπικαλουμένοις αὐτὸν ἐν ὑπομονῇ* *ποιῆσαι κατὰ τὸ ἔλεος αὐτοῦ τοῖς ὁσίοις αὐτοῦ* *παρεστάναι διὰ παντὸς ἐνώπιον αὐτοῦ ἐν ἰσχύι.*
Ps 9,19 כי לא לנצח ישכח אביון תקות ענוים תאבד לעד:	
Ps 71,5 כי־אתה תקותי ארני יהוה מבטחי מנעורי:	

NT	LXX
	ἡ ἐλπὶς αὐτῶν ἀθανασίας πλήρης· **3,5** καὶ ὀλίγα παιδευθέντες μεγάλα εὐεργετηθήσονται, ὅτι ὁ θεὸς ἐπείρασεν αὐτοὺς καὶ εὗρεν αὐτοὺς ἀξίους ἑαυτοῦ· **3,6** ὡς χρυσὸν ἐν χωνευτηρίῳ ἐδοκίμασεν αὐτοὺς καὶ ὡς ὁλοκάρπωμα θυσίας προσεδέξατο αὐτούς. **3,7** καὶ ἐν καιρῷ ἐπισκοπῆς αὐτῶν ἀναλάμψουσιν καὶ ὡς σπινθῆρες ἐν καλάμῃ διαδραμοῦνται·
5,5 ἡ δὲ ἐλπὶς οὐ καταισχύνει, ὅτι ἡ ἀγάπη τοῦ θεοῦ ἐκκέχυται ἐν ταῖς καρδίαις ἡμῶν διὰ πνεύματος ἁγίου τοῦ δοθέντος ἡμῖν.	**ψ 21,5** ἐπὶ σοὶ ἤλπισαν οἱ πατέρες ἡμῶν, ἤλπισαν, καὶ ἐρρύσω αὐτούς· **ψ 70,1** Ὁ θεός, ἐπὶ σοὶ ἤλπισα, μὴ καταισχυνθείην εἰς τὸν αἰῶνα. **Sir 18,11** διὰ τοῦτο ἐμακροθύμησεν κύριος ἐπ' αὐτοῖς καὶ ἐξέχεεν ἐπ' αὐτοὺς τὸ ἔλεος αὐτοῦ. **Ioel 2,28(3,1)** Καὶ ἔσται μετὰ ταῦτα ἐκχεῶ ἀπὸ τοῦ πνεύματός μου ἐπὶ πᾶσαν σάρκα, καὶ προφητεύσουσιν οἱ υἱοὶ ὑμῶν καὶ αἱ θυγατέρες ὑμῶν, καὶ οἱ πρεσβύτεροι ὑμῶν ἐνύπνια ἐνυπνιασθήσονται, καὶ οἱ νεανίσκοι ὑμῶν ὁράσεις ὄψονται·

MT

Ps 22,5 בך בטחו אבתינו

בטחו ותפלטמו:

Ps 71,1 בך־יהוה חסיתי

אל־אבושה לעולם:

Ioel 3,1 והיה אחרי־כן

אשפוך את־רוחי על־כל־בשר

ונבאו בניכם ובנותיכם

זקניכם חלמות יחלמון

בחוריכם חזינות יראו:

ALIA

cf et ad Rom 1,16

cf et ψ **24,2** *ἐπὶ σοὶ πέποιθα· μὴ καταισχυνθείην,*

μηδὲ καταγελασάτωσάν μου οἱ ἐχθροί μου.

24,3 *καὶ γὰρ πάντες οἱ ὑπομένοντές σε οὐ μὴ καταισχυνθῶσιν·*

αἰσχυνθήτωσαν οἱ ἀνομοῦντες διὰ κενῆς.

ψ **118,116** *ἀντιλαβοῦ μου κατὰ τὸ λόγιόν σου, καὶ ζήσομαι,*

καὶ μὴ καταισχύνῃς με ἀπὸ τῆς προσδοκίας μου.

vd et ψ 118,31

NT	LXX
	2,29(3,2) *καὶ ἐπὶ τοὺς δούλους καὶ ἐπὶ τὰς δούλας ἐν ταῖς ἡμέραις ἐκείναις ἐκχεῶ ἀπὸ τοῦ* ***πνεύματός*** *μου.* **Is 32,15** *ἕως ἂν ἐπέλθῃ ἐφ' ὑμᾶς πνεῦμα ἀφ' ὑψηλοῦ. καὶ ἔσται ἔρημος ὁ Χερμέλ, καὶ ὁ Χερμὲλ εἰς δρυμὸν λογισθήσεται.* **32,16** *καὶ ἀναπαύσεται ἐν τῇ ἐρήμῳ κρίμα, καὶ δικαιοσύνη ἐν τῷ Καρμήλῳ κατοικήσει·* **32,17** *καὶ ἔσται τὰ ἔργα τῆς δικαιοσύνης εἰρήνη, καὶ κρατήσει ἡ δικαιοσύνη ἀνάπαυσιν, καὶ πεποιθότες ἕως τοῦ αἰῶνος·*
5,8 *συνίστησιν δὲ τὴν ἑαυτοῦ ἀγάπην εἰς ἡμᾶς* ***ὁ θεός***, *ὅτι ἔτι ἁμαρτωλῶν ὄντων ἡμῶν Χριστὸς ὑπὲρ ἡμῶν ἀπέθανεν.*	**Os 3,1** *Καὶ εἶπε κύριος πρός με Ἔτι πορεύθητι καὶ ἀγάπησον γυναῖκα ἀγαπῶσαι πονηρὰ καὶ μοιχαλίν, καθὼς ἀγαπᾷ* ***ὁ θεὸς*** *τοὺς υἱοὺς Ἰσραὴλ καὶ αὐτοὶ ἀποβλέπουσιν ἐπὶ θεοὺς ἀλλοτρίους καὶ φιλοῦσι πέμματα μετὰ σταφίδων.* **Os 11,1** *Διότι νήπιος Ἰσραήλ, καὶ ἐγὼ ἠγάπησα αὐτὸν καὶ ἐξ Αἰγύπτου μετεκάλεσα τὰ τέκνα αὐτοῦ.* **11,2** *καθὼς μετεκάλεσα αὐτούς, οὕτως ἀπῴχοντο ἐκ προσώπου μου· αὐτοὶ τοῖς Βααλὶμ ἔθυον καὶ τοῖς γλυπτοῖς ἐθυμίων.*

MT		ALIA
וגם על־העבדים ועל־השפחות בימים ההמה אשפוך את־רוחי׃	**3,2**	ad *διὰ πνεύματος ἁγίου τοῦ δοθέντος ἡμῖν* cf ad Rom 8,4ss et ad 1Thess 1,5
עד־יערה עלינו רוח ממרום והיה מדבר לכרמל וכרמל ליער יחשב׃	**Is 32,15**	
ושכן במדבר משפט וצדקה בכרמל תשב׃	**32,16**	
והיה מעשה הצדקה שלום ועבדת הצדקה השקט ובטח עד־ עולם׃	**32,17**	
ויאמר יהוה אלי עוד לך אהב־אשה אהבת רע ומנאפת כאהבת יהוה את־בני ישראל והם פנים אל־ אלהים אחרים ואהבי אשישי ענבים׃	**Os 3,1**	cf et Is 54,5-10; Ier 31,1-3MT = Ier 38,1-3LXX
כי נער ישראל ואהבהו וממצרים קראתי לבני׃	**Os 11,1**	
קראו להם כן הלכו מפניהם לבעלים יזבחו ולפסלים יקטרון׃	**11,2**	

NT	LXX
	11,3 *καὶ ἐγὼ συνεπόδισα τὸν Ἐφράιμ, ἀνέλαβον αὐτὸν ἐπὶ τὸν βραχίονά μου, καὶ οὐκ ἔγνωσαν ὅτι ἴαμαι αὐτούς.*
	11,4 *ἐν διαφθορᾷ ἀνθρώπων ἐξέτεινα αὐτοὺς ἐν δεσμοῖς ἀγαπήσεώς μου καὶ ἔσομαι αὐτοῖς ὡς ῥαπίζων ἄνθρωπος ἐπὶ τὰς σιαγόνας αὐτοῦ· καὶ ἐπιβλέψομαι πρὸς αὐτόν, δυνήσομαι αὐτῷ.*
	11,5 *κατῴκησεν Ἐφράιμ ἐν Αἰγύπτῳ, καὶ Ἀσσοὺρ αὐτὸς βασιλεὺς αὐτοῦ, ὅτι οὐκ ἠθέλησαν ἐπιστρέψαι.*
	11,6 *καὶ ἠσθένησε ῥομφαία ἐν ταῖς πόλεσιν αὐτοῦ καὶ κατέπαυσεν ἐν ταῖς χερσὶν αὐτοῦ, καὶ φάγονται ἐκ τῶν διαβουλίων αὐτῶν.*
	11,7 *καὶ ὁ λαὸς αὐτοῦ ἐπικρεμάμενος ἐκ τῆς κατοικίας αὐτοῦ, καὶ ὁ θεὸς ἐπὶ τὰ τίμια αὐτοῦ θυμωθήσεται, καὶ οὐ μὴ ὑψώσῃ αὐτόν.*
	11,8 *τί σε διαθῶ, Ἐφράιμ; ὑπερασπιῶ σου, Ἰσραήλ; τί σε διαθῶ; ὡς Ἀδαμὰ θήσομαί σε καὶ ὡς Σεβωίμ; μετεστράφη ἡ καρδία μου ἐν τῷ αὐτῷ, συνεταράχθη ἡ μεταμέλειά μου.*
	11,9 *οὐ μὴ ποιήσω κατὰ τὴν ὀργὴν τοῦ*

ALIA

MT

11,3 ואנכי תרגלתי לאפרים
קחם על־זרועתיו
ולא ידעו כי רפאתים׃

11,4 בחבלי אדם אמשכם
בעבתות אהבה
ואהיה להם
כמרימי על
על לחיהם
ואט אליו אוכיל׃

11,5 לא ישוב אל־ארץ מצרים
ואשור הוא מלכו
כי מאנו לשוב׃

11,6 וחלה חרב בעריו
וכלתה בריו
ואכלה ממעצותיהם׃

11,7 ועמי תלואים למשובתי
ואל־על יקראהו
יחד לא ירומם׃

11,8 איך אתנך אפרים
אמגנך ישראל
איך אתנך כאדמה
אשימך כצבאים
נהפך עלי לבי
יחד נכמרו נחומי׃

11,9 לא אעשה חרון אפי

NT	LXX
	θυμοῦ μου, οὐ μὴ ἐγκαταλίπω τοῦ ἐξαλειφθῆναι τὸν Ἐφράιμ· διότι θεὸς ἐγώ εἰμι καὶ οὐκ ἄνθρωπος· ἐν σοὶ ἅγιος, καὶ οὐκ εἰσελεύσομαι εἰς πόλιν.
5,9 πολλῷ οὖν μᾶλλον δικαιωθέντες νῦν ἐν τῷ αἵματι αὐτοῦ σωθησόμεθα δι᾽ αὐτοῦ ἀπὸ τῆς ὀργῆς.	
5,12 Διὰ τοῦτο ὥσπερ δι᾽ ἑνὸς ἀνθρώπου ἡ ἁμαρτία **εἰς τὸν κόσμον εἰσῆλθεν** καὶ διὰ τῆς ἁμαρτίας ὁ θάνατος, καὶ οὕτως εἰς πάντας ἀνθρώπους ὁ θάνατος διῆλθεν, ἐφ᾽ ᾧ πάντες ἥμαρτον·	**Gen 2,17** ἀπὸ δὲ τοῦ ξύλου τοῦ γινώσκειν καλὸν καὶ πονηρόν, οὐ φάγεσθε ἀπ᾽ αὐτοῦ· ᾗ δ᾽ ἂν ἡμέρᾳ φάγητε ἀπ᾽ αὐτοῦ, θανάτῳ ἀποθανεῖσθε. **Gen 3,19** ἐν ἱδρῶτι τοῦ προσώπου σου φάγῃ τὸν ἄρτον σου ἕως τοῦ ἀποστρέψαι σε εἰς τὴν γῆν, ἐξ ἧς ἐλήμφθης· ὅτι γῆ εἶ καὶ εἰς γῆν ἀπελεύσῃ.
	Sap 2,24 φθόνῳ δὲ διαβόλου **θάνατος εἰσῆλθεν εἰς τὸν κόσμον**, πειράζουσιν δὲ αὐτὸν οἱ τῆς ἐκείνου μερίδος ὄντες. **Sir 25,24** ἀπὸ γυναικὸς ἀρχὴ ἁμαρτίας, καὶ δι᾽ αὐτὴν ἀποθνήσκομεν πάντες. **Os 6,7** αὐτοὶ δέ εἰσιν ὡς ἄνθρωπος

MT		ALIA
לא אשוב לשחת אפרים כי אל אנכי ולא איש בקרבך קדוש ולא אבוא בעיר:		
		ad *ἐν τῷ αἵματι αὐτοῦ* cf ad Rom 3,25 ad *ἀπὸ τῆς ὀργῆς* cf ad Rom 1,18
ומעץ הדעת טוב ורע לא תאכל ממנו כי ביום אכלך ממנו מות תמות:	**Gen 2,17**	ad *πάντες ἥμαρτον* cf ad Rom 3,9ss cf et **Sap 1,13** *ὅτι ὁ θεὸς θάνατον οὐκ ἐποίησεν* *οὐδὲ τέρπεται ἐπ᾽ ἀπωλείᾳ ζώντων.*
בזעת אפיך תאכל לחם עד שובך אל־האדמה כי ממנה לקחת כי־עפר אתה ואל־עפר תשוב:	**Gen 3,19**	**1,14** *ἔκτισεν γὰρ εἰς τὸ εἶναι τὰ πάντα,*
מאשה תחלת עון ובגללה גוענו יחד:	**Sir 25,23**	
והמה כאדם עברו ברית	**Os 6,7**	

NT	LXX
	παραβαίνων διαθήκην· ἐκεῖ κατεφρόνησέ μου.
5,14 ἀλλὰ ἐβασίλευσεν ὁ θάνατος ἀπὸ Ἀδὰμ μέχρι Μωϋσέως καὶ ἐπὶ τοὺς μὴ ἁμαρτήσαντας ἐπὶ τῷ ὁμοιώματι τῆς παραβάσεως Ἀδάμ ὅς ἐστιν τύπος τοῦ μέλλοντος.	
5,17 εἰ γὰρ τῷ τοῦ ἑνὸς παραπτώματι ὁ θάνατος ἐβασίλευσεν διὰ τοῦ ἑνός, πολλῷ μᾶλλον οἱ τὴν περισσείαν τῆς χάριτος καὶ τῆς δωρεᾶς τῆς δικαιοσύνης λαμβάνοντες ἐν ζωῇ βασιλεύσουσιν διὰ τοῦ ἑνὸς Ἰησοῦ Χριστοῦ.	**Dan 7,22**θ' ἕως οὗ ἦλθεν ὁ παλαιὸς τῶν ἡμερῶν καὶ τὸ κρίμα ἔδωκεν ἁγίοις ὑψίστου, καὶ ὁ καιρὸς ἔφθασε καὶ τὴν βασιλείαν κατέσχον οἱ ἅγιοι. … **7,27**θ' καὶ ἡ βασιλεία καὶ ἡ ἐξουσία καὶ ἡ μεγαλωσύνη τῶν βασιλέων τῶν ὑποκάτω παντὸς τοῦ οὐρανοῦ ἐδόθη ἁγίοις ὑψίστου, καὶ ἡ βασιλεία αὐτοῦ βασιλεία αἰώνιος, καὶ πᾶσαι αἱ ἀρχαὶ αὐτῷ δουλεύσουσι καὶ ὑπακούσονται.
5,19 ὥσπερ γὰρ διὰ τῆς παρακοῆς τοῦ ἑνὸς ἀνθρώπου ἁμαρτωλοὶ κατεστάθησαν οἱ πολλοί, οὕτως καὶ διὰ τῆς ὑπακοῆς τοῦ ἑνὸς δίκαιοι κατασταθήσονται οἱ πολλοί.	

MT		ALIA
שם בגדו בי:		
		cf ad Rom 5,12
עד די אתה עתיק יומיה ודינא יהב לקדישי עליונין וזמנא מטה ומלכותא החסנו קדישין:	**Dan 7,22**	cf **Sap 5,15** *Δίκαιοι δὲ εἰς τὸν αἰῶνα ζῶσιν,* *καὶ ἐν κυρίῳ ὁ μισθὸς αὐτῶν,* *καὶ ἡ φροντὶς αὐτῶν παρὰ ὑψίστῳ.*
…		**5,16** *διὰ τοῦτο λήμψονται τὸ βασίλειον*
ומלכותה ושלטנא ורבותא די מלכות תחות כל־שמיא יהיבת לעם קדישי עליונין מלכותה מלכות עלם וכל שלטניא לה יפלחון וישתמעון:	**7,27**	*τῆς εὐπρεπείας* *καὶ τὸ διάδημα τοῦ κάλλους ἐκ χειρὸς κυρίου,* *ὅτι τῇ δεξιᾷ σκεπάσει αὐτοὺς* *καὶ τῷ βραχίονι ὑπερασπιεῖ αὐτῶν.*
		cf ad Rom 5,12 et 3,25

NT	LXX
6,1 Τί οὖν ἐροῦμεν; ἐπιμένωμεν τῇ ἁμαρτίᾳ, ἵνα ἡ χάρις πλεονάσῃ;	**4Bas 3,3** πλὴν ἐν τῇ ἁμαρτίᾳ Ἰεροβοὰμ υἱοῦ Ναβάτ, ὃς ἐξήμαρτεν τὸν Ἰσραήλ, ἐκολλήθη, οὐκ ἀπέστη ἀπ᾽ αὐτῆς. **4Bas 10,31** καὶ Ἰοὺ οὐκ ἐφύλαξεν πορεύεσθαι ἐν νόμῳ κυρίου θεοῦ Ἰσραὴλ ἐν ὅλῃ καρδίᾳ αὐτοῦ, οὐκ ἀπέστη ἐπάνωθεν ἁμαρτιῶν Ἰεροβοὰμ υἱοῦ Ναβάτ, ὃς ἐξήμαρτεν τὸν Ἰσραήλ. **Os 10,9** Ἀφ᾽ οὗ οἱ βουνοί, ἥμαρτεν Ἰσραήλ, ἐκεῖ ἔστησαν·
6,4 συνετάφημεν οὖν αὐτῷ διὰ τοῦ βαπτίσματος εἰς τὸν θάνατον, ἵνα ὥσπερ ἠγέρθη Χριστὸς ἐκ νεκρῶν διὰ τῆς δόξης τοῦ πατρός, οὕτως καὶ ἡμεῖς ἐν καινότητι ζωῆς περιπατήσωμεν.	**Dan 12,2θ᾽** καὶ πολλοὶ τῶν καθευδόντων ἐν γῆς χώματι ἐξεγερθήσονται, οὗτοι εἰς ζωὴν αἰώνιον καὶ οὗτοι εἰς ὀνειδισμὸν καὶ εἰς αἰσχύνην αἰώνιον.
6,6 τοῦτο γινώσκοντες ὅτι ὁ παλαιὸς ἡμῶν ἄνθρωπος συνεσταυρώθη, ἵνα καταργηθῇ τὸ σῶμα τῆς ἁμαρτίας, τοῦ μηκέτι δουλεύειν ἡμᾶς τῇ ἁμαρτίᾳ· **6,7** ὁ γὰρ ἀποθανὼν δεδικαίωται ἀπὸ τῆς ἁμαρτίας.	**Sap 1,4** ὅτι εἰς κακότεχνον ψυχὴν οὐκ εἰσελεύσεται σοφία οὐδὲ κατοικήσει ἐν σώματι κατάχρεῳ ἁμαρτίας.

MT		ALIA
רק בחטאות ירבעם בן־נבט אשר־החטיא את־ישׂראל דבק לא־סר ממנה:	**2Reg 3,3**	cf et ex gr 3Bas 15,3.26; 16,26; 4Bas 13,2.6.11
ויהוא לא שׁמר ללכת בתורת־יהוה אלהי־ישׂראל בכל־לבבו לא סר מעל חטאות ירבעם אשר החטיא את־ישׂראל:	**2Reg 10,31**	
מימי הגבעה חטאת ישׂראל שׁם עמדו	**Os 10,9**	
ורבים מישׁני אדמת־עפר יקיצו אלה לחיי עולם ואלה לחרפות לדראון עולם:	**Dan 12,2**	cf et **Dtn 28,9** *ἀναστήσαι σε κύριος ἑαυτῷ λαὸν ἅγιον ..., ἐὰν εἰσακούσῃς τῆς φωνῆς κυρίου τοῦ θεοῦ σου καὶ πορευθῇς ἐν ταῖς ὁδοῖς αὐτοῦ·* **ψ 85,11** *ὁδήγησόν με, κύριε, τῇ ὁδῷ σου,* *καὶ πορεύσομαι ἐν τῇ ἀληθείᾳ σου·*

NT	LXX
6,9 *εἰδότες ὅτι* Χριστὸς *ἐγερθεὶς ἐκ νεκρῶν οὐκέτι ἀποθνῄσκει, θάνατος αὐτοῦ οὐκέτι κυριεύει.*	
6,10 *ὃ γὰρ ἀπέθανεν, τῇ ἁμαρτίᾳ ἀπέθανεν ἐφάπαξ· ὃ δὲ ζῇ, ζῇ τῷ θεῷ.*	**ψ 21,30** *καὶ ἡ ψυχή μου αὐτῷ* (sc. *τῷ κυρίῳ*) *ζῇ.*
6,11 *οὕτως καὶ ὑμεῖς* λογίζεσθε *ἑαυτοὺς* [*εἶναι*] *νεκροὺς μὲν τῇ ἁμαρτίᾳ ζῶντας δὲ τῷ θεῷ ἐν* Χριστῷ Ἰησοῦ.	**4Mac 7,19** *πιστεύοντες ὅτι θεῷ οὐκ ἀποθνῄσκουσιν, ὥσπερ οὐδὲ οἱ πατριάρχαι ἡμῶν* Ἀβραὰμ *καὶ* Ἰσαὰκ *καὶ* Ἰακώβ, *ἀλλὰ ζῶσιν τῷ θεῷ.* **4Mac 16,25** *οἱ διὰ τὸν θεὸν ἀποθνῄσκοντες ζῶσιν τῷ θεῷ ὥσπερ* Ἀβραὰμ *καὶ* Ἰσαὰκ *καὶ* Ἰακὼβ *καὶ πάντες οἱ πατριάρχαι.*
6,12 Μὴ *οὖν βασιλευέτω ἡ ἁμαρτία ἐν τῷ θνητῷ ὑμῶν σώματι εἰς τὸ ὑπακούειν ταῖς ἐπιθυμίαις* αὐτου,	**ψ 111,10** *ἐπιθυμία ἁμαρτωλῶν ἀπολεῖται.*
6,13 *μηδὲ παριστάνετε τὰ μέλη ὑμῶν* ὅπλα *ἀδικίας τῇ ἁμαρτίᾳ, ἀλλὰ παραστήσατε ἑαυτοὺς τῷ θεῷ ὡσεὶ ἐκ νεκρῶν ζῶντας καὶ τὰ μέλη ὑμῶν* ὅπλα *δικαιοσύνης τῷ θεῷ.*	
6,16 *οὐκ οἴδατε ὅτι ᾧ παριστάνετε ἑαυτοὺς δούλους εἰς ὑπακοήν, δοῦλοί ἐστε ᾧ*	**Ios 22,20** *μὴ μόνος οὗτος ἀπέθανεν τῇ ἑαυτοῦ ἁμαρτίᾳ;*

MT		ALIA
		cf ad Rom 6,4
ונפשו לא חיה:	**Ps 22,30**	Ps 22,30 pro נפשו lg נפשי ? pro לא lg לו ?
תאות רשעים תאבד:	**Ps 112,10**	
		cf ψ **90,4** *ὅπλῳ κυκλώσει σε ἡ ἀλήθεια αὐτοῦ.*
והוא איש אחד לא גוע בעונו:	**Ios 22,20**	

NT	LXX
ὑπακούετε, ἤτοι <u>ἁμαρτί</u>ας <u>εἰς</u> <u>θάνατον</u> ὑπακοῆς εἰς δικαιοσύνην;	**4Bas 14,6** Οὐκ ἀπο<u>θαν</u>οῦνται πατέρες ὑπὲρ υἱῶν, καὶ υἱοὶ οὐκ ἀπο<u>θαν</u>οῦνται ὑπὲρ πατέρων, ὅτι ἀλλ᾽ ἢ ἕκαστος ἐν ταῖς <u>ἁμαρτί</u>αις αὐτοῦ ἀπο<u>θαν</u>εῖται. **2Par 25,4** Οὐκ ἀπο<u>θαν</u>οῦνται πατέρες ὑπὲρ τέκνων, καὶ υἱοὶ οὐκ ἀπο<u>θαν</u>οῦνται ὑπὲρ πατέρων, ἀλλ᾽ ἢ ἕκαστος τῇ ἑαυτοῦ <u>ἁμαρτί</u>ᾳ ἀπο<u>θαν</u>οῦνται. **Prov 24,9** ἀπο<u>θν</u>ήσκει δὲ ἄφρων ἐν <u>ἁμαρτί</u>αις· **Ier 38,30** ἀλλ᾽ ἢ ἕκαστος ἐν τῇ <u>ἁμαρτί</u>ᾳ αὐτοῦ ἀπο<u>θαν</u>εῖται, **Ez 3,20** καὶ ἐν ταῖς <u>ἁμαρτί</u>αις αὐτοῦ ἀπο<u>θαν</u>εῖται.
6,19 Ἀνθρώπινον λέγω διὰ τὴν ἀσθένειαν τῆς σαρκὸς ὑμῶν. ὥσπερ γὰρ παρεστήσατε τὰ μέλη ὑμῶν δοῦλα τῇ ἀκαθαρσίᾳ καὶ τῇ ἀνομίᾳ εἰς τὴν ἀνομίαν, οὕτως νῦν παραστήσατε τὰ μέλη ὑμῶν δοῦλα τῇ δικαιοσύνῃ εἰς <u>ἁγιασμόν</u>.	**Lev 11,44** ὅτι ἐγώ εἰμι κύριος ὁ θεὸς ὑμῶν· καὶ <u>ἁγιασθήσεσθε</u> καὶ <u>ἅγιοι</u> ἔσεσθε, ὅτι <u>ἅγι</u>ός εἰμι ἐγὼ κύριος ὁ θεὸς ὑμῶν· καὶ οὐ μιανεῖτε τὰς ψυχὰς ὑμῶν ἐν πᾶσιν τοῖς ἑρπετοῖς τοῖς κινουμένοις ἐπὶ τῆς γῆς· **11,45** ὅτι ἐγώ εἰμι κύριος ὁ ἀναγαγὼν ὑμᾶς ἐκ γῆς Αἰγύπτου εἶναι ὑμῶν θεός· καὶ ἔσεσθε <u>ἅγιοι</u>, ὅτι <u>ἅγιός</u> εἰμι ἐγὼ κύριος. **Lev 19,2** <u>Ἅγιοι</u> ἔσεστε, ὅτι ἐγὼ <u>ἅγιος</u>, κύριος ὁ θεὸς ὑμῶν.

MT		ALIA
לא־יומתו אבות על־בנים ובנים לא־יומתו על־אבות כי אם־איש בחטאו ימות:	**2Reg 14,6**	cf et Dtn 24,16
לא־ימותו אבות על־בנים ובנים לא־ימותו על־אבות כי איש בחטאו ימותו:	**2Par 25,4**	
זמת אולת חטאת	**Prov 24,9**	
כי אם־איש בעונו ימות	**Ier 31,30**	
כי לא הזהרתו בחטאתו ימות	**Ez 3,20**	
כי אני יהוה אלהיכם והתקדשתם והייתם קדשים כי קדוש אני ולא תטמאו את־נפשתיכם בכל־השרץ הרמש על־הארץ:	**Lev 11,44**	cf et **Dtn 28,9** *ἀναστήσαι σε κύριος ἑαυτῷ λαὸν ἅγιον, ὃν τρόπον ὤμοσεν τοῖς πατράσιν σου, ἐὰν εἰσακούσῃς τῆς φωνῆς κυρίου τοῦ θεοῦ σου καὶ πορευθῇς ἐν ταῖς ὁδοῖς αὐτοῦ·* cf et Lev 20,26
כי אני יהוה המעלה אתכם מארץ מצרים להית לכם לאלהים והייתם קדשים כי קדוש אני:	**11,45**	vd et ad Rom 1,6s
קדשים תהיו כי קדוש אני יהוה אלהיכם:	**Lev 19,2**	

NT	LXX
6,21 τίνα οὖν καρπὸν εἴχετε τότε; ἐφ' οἷς νῦν ἐπαισχύνεσθε, τὸ γὰρ τέλος ἐκείνων θάνατος.	
6,22 νυνὶ δὲ ἐλευθερωθέντες ἀπὸ τῆς ἁμαρτίας δουλωθέντες δὲ τῷ θεῷ ἔχετε τὸν καρπὸν ὑμῶν εἰς ἁγιασμόν, τὸ δὲ τέλος ζωὴν αἰώνιον.	
7,1 Ἢ ἀγνοεῖτε, ἀδελφοί, γινώσκουσιν γὰρ νόμον **λαλ**ῶ, ὅτι ὁ νόμος κυριεύει τοῦ ἀνθρώπου ἐφ' ὅσον χρόνον ζῇ;	**Dtn 6,6** καὶ ἔσται τὰ ῥήματα ταῦτα, ὅσα ἐγὼ ἐντέλλομαί σοι σήμερον, ἐν τῇ καρδίᾳ σου καὶ ἐν τῇ ψυχῇ σου· **6,7** καὶ προβιβάσεις αὐτὰ τοὺς υἱούς σου καὶ **λαλ**ήσεις ἐν αὐτοῖς καθήμενος ἐν οἴκῳ καὶ πορευόμενος ἐν ὁδῷ καὶ κοιταζόμενος καὶ διανιστάμενος· **6,8** καὶ ἀφάψεις αὐτὰ εἰς σημεῖον ἐπὶ τῆς χειρός σου, καὶ ἔσται ἀσάλευτα πρὸ ὀφθαλμῶν σου· **6,9** καὶ γράψετε αὐτὰ ἐπὶ τὰς φλιὰς τῶν οἰκιῶν ὑμῶν καὶ τῶν πυλῶν ὑμῶν.
7,2 ἡ γὰρ **ὕπανδρος** **γυν**ὴ τῷ ζῶντι ἀνδρὶ δέδεται νόμῳ· ἐὰν δὲ ἀποθάνῃ ὁ ἀνήρ, κατήργηται ἀπὸ τοῦ **νόμου** τοῦ ἀνδρός. **7,3** ἄρα οὖν ζῶντος τοῦ ἀνδρὸς **μοιχαλὶ**ς χρηματίσει ἐὰν γένηται ἀνδρὶ ἑτέρῳ· ἐὰν δὲ ἀποθάνῃ ὁ ἀνήρ, ἐλευθέρα ἐστὶν ἀπὸ	**Ex 20,13** Οὐ **μοιχ**εύσεις. **Dtn 5,17** οὐ **μοιχ**εύσεις. **Prov 6,23** ὅτι λύχνος ἐντολὴ **νόμου** καὶ φῶς, καὶ ὁδὸς ζωῆς ἔλεγχος καὶ παιδεία **6,24** τοῦ διαφυλάσσειν σε ἀπὸ **γυν**αικὸς

MT		ALIA
		cf ex gr Dtn 30,15-20 (ad Dtn 30,15-18 cf ad Rom 7,8-12)
והיו הדברים האלה אשר אנכי מצוך היום על־לבבך:	**Dtn 6,6**	cf et ex gr ψ 1,2; 119
ושננתם לבניך ודברת בם בשבתך בתיתך ובלכתך בדרך ובשכבך ובקומך:	**6,7**	
וקשרתם לאות על־ידך והיו לטטפת בין עיניך:	**6,8**	
וכתבתם על־מזוזת ביתך ובשעריך:	**6,9**	
לא תרצח:	**Ex 20,13**	cf et Dtn 24,1-4; Num 5,20-31; Sir 41,17.21
לא תרצח:	**Dtn 5,17**	
כי נר מצוה ותורה אור ודרך חיים תוכחות מוסר:	**Prov 6,23**	cf et ad Rom 13,9s
לשמרך מאשת רע	**6,24**	

NT	LXX
τοῦ ***νόμου****, τοῦ μὴ εἶναι αὐτὴν* ***μοιχαλί****δα γενομένην ἀνδρὶ ἑτέρῳ.*	***ὑπάνδρ****ου* *καὶ ἀπὸ διαβολῆς γλώσσης ἀλλοτρίας.* … **6,29** *οὕτως ὁ εἰσελθὼν πρὸς* ***γυν****αῖκα* ***ὕπανδρ****ον,* *οὐκ ἀθῳωθήσεται οὐδὲ πᾶς ὁ ἁπτόμενος αὐτῆς.* **Sir 9,9** *μετὰ* ***ὑπάνδρ****ου* ***γυν****αικὸς μὴ κάθου τὸ σύνολον* *καὶ μὴ συμβολοκοπήσῃς μετ᾽ αὐτῆς ἐν οἴνῳ,* *μήποτε ἐκκλίνῃ ἡ ψυχή σου ἐπ᾽ αὐτὴν* *καὶ τῷ αἵματί σου ὀλίσθῃς εἰς ἀπώλειαν.* **Os 3,1** *Καὶ εἶπε κύριος πρός με Ἔτι πορεύθητι καὶ ἀγάπησον* ***γυν****αῖκα ἀγαπῶσαν πονηρὰ καὶ* ***μοιχαλί****ν, καθὼς ἀγαπᾷ ὁ θεὸς τοὺς υἱοὺς Ἰσραὴλ καὶ αὐτοὶ ἀποβλέπουσιν ἐπὶ θεοὺς ἀλλοτρίους καὶ φιλοῦσι πέμματα μετὰ σταφίδων.* … **3,3** *καὶ εἶπα πρὸς αὐτήν Ἡμέρας πολλὰς καθήσῃ ἐπ᾽ ἐμοὶ καὶ οὐ μὴ* ***πορνεύ****σῃς οὐδὲ μὴ γένῃ ἀνδρὶ, καὶ ἐγὼ ἐπὶ σοί.*
7,5 *ὅτε γὰρ ἦμεν ἐν τῇ σαρκί, τὰ παθήματα τῶν ἁμαρτιῶν τὰ διὰ τοῦ νόμου ἐνηργεῖτο ἐν τοῖς μέλεσιν ἡμῶν, εἰς τὸ καρ-*	

MT | **ALIA**

מחלקת לשון נכריה:

...

6,29 כן הבא אל־אשת רעהו

לא ינקה כל־הנגע בה:

Sir 9,9 עם בעלה אל תטעם

ואל [ת]סב עמו שכור:

פן תטה [א]ליה לב

ובדמים תטה אל שחת:

Os 3,1 ויאמר יהוה אלי עוד לך אהב־אשה
אהבת רע ומנאפת כאהבת יהוה
את־בני ישראל והם פנים אל־
אלהים אחרים ואהבי אשישי
ענבים:

...

3,3 ואמר אליה ימים רבים תשבי לי
לא תזני ולא תהיי לאיש וגם־אני
אליך:

Gen 3,3 *ἀπὸ δὲ καρποῦ τοῦ ξύλου, ὅ ἐστιν ἐν μέσῳ τοῦ παραδείσου, εἶπεν ὁ θεός Οὐ φάγεσθε ἀπ᾽ αὐτοῦ οὐδὲ μὴ*

NT

ποφορῆσαι τῷ θανάτῳ·

7,6 *νυνὶ δὲ κατηργήθημεν ἀπὸ τοῦ νόμου
ἀποθανόντες ἐν ᾧ κατειχόμεθα, ὥσθε
δουλεύειν ἡμᾶς ἐν καινότητι πνεύματος
καὶ οὐ παλαιότητι γράμματος.*

7,7 *Τί οὖν ἐροῦμεν; ὁ νόμος ἁμαρτία; μὴ
γένοιτο· ἀλλὰ τὴν ἁμαρτίαν οὐκ ἔγνων εἰ
μὴ διὰ νόμου· τήν τε γὰρ **ἐπιθυμί**αν οὐκ
ᾔδειν εἰ μὴ ὁ νόμος ἔλεγεν· **οὐκ ἐπιθυμή-
σεις**.*
7,8 *ἀφορμὴν δὲ λαβοῦσα ἡ ἁμαρτία διὰ
τῆς ἐντολῆς κατειργάσατο ἐν ἐμοὶ πᾶσαν
ἐπιθυμίαν· χωρὶς γὰρ νόμου ἁμαρτία
νεκρά.*
7,9 *ἐγὼ δὲ ἔζων χωρὶς νόμου ποτέ, ἐλ-
θούσης δὲ τῆς ἐντολῆς ἡ ἁμαρτία ἀνέζη-
σεν,*
7,10 *ἐγὼ δὲ ἀπέθανον καὶ εὑρέθη μοι ἡ
ἐντολὴ ἡ **εἰς ζωήν**, αὕτη εἰς **θάνατον**·*
7,11 *ἡ γὰρ ἁμαρτία ἀφορμὴν λαβοῦσα
διὰ τῆς **ἐντολ**ῆς ἐξ**ηπάτησέν με** καὶ δι'
αὐτῆς ἀπέκτεινεν.*
7,12 *ὥστε ὁ μὲν νόμος ἅγιος καὶ ἡ ἐντο-*

LXX

Ex 20,17 ***Οὐκ ἐπιθυμήσεις** τὴν γυναῖκα
τοῦ πλησίον σου. **οὐκ ἐπιθυμήσεις** τὴν
οἰκίαν τοῦ πλησίον σου οὔτε τὸν ἀγρὸν
αὐτοῦ οὔτε τὸν παῖδα αὐτοῦ οὔτε τὴν παι-
δίσκην αὐτοῦ οὔτε τοῦ βοὸς αὐτοῦ οὔτε τοῦ
ὑποζυγίου αὐτοῦ οὔτε παντὸς κτήνους
αὐτοῦ οὔτε ὅσα τῷ πλησίον σού ἐστιν.*
Gen 2,16 *καὶ ἐνετείλατο κύριος ὁ θεὸς
τῷ Ἀδὰμ λέγων Ἀπὸ παντὸς ξύλου τοῦ
ἐν τῷ παραδείσῳ βρώσει φάγῃ.*
2,17 *ἀπὸ δὲ τοῦ ξύλου τοῦ γινώσκειν κα-
λὸν καὶ πονηρόν, οὐ φάγεσθε ἀπ' αὐτοῦ·
ᾗ δ' ἂν ἡμέρᾳ φάγητε ἀπ' αὐτοῦ, θανάτῳ
ἀποθανεῖσθε.*
Gen 3,5 *ᾔδει γὰρ ὁ θεὸς ὅτι ἐν ᾗ ἂν
ἡμέρᾳ φάγητε ἀπ' αὐτοῦ, διανοιχθήσον-
ται ὑμῶν οἱ ὀφθαλμοί, καὶ ἔσεσθε ὡς θεοὶ
γινώσκοντες καλὸν καὶ πονηρόν.*

MT

ALIA

ἅψησθε αὐτοῦ, ἵνα μὴ ἀποθάνητε.
3,4 *καὶ εἶπεν ὁ ὄφις τῇ γυναικί* Οὐ *θανάτῳ ἀποθανεῖσθε·*

ad *ἐν καινότητι πνεύματος* cf ad Rom 8,4ss

Ex 20,17 לא תחמד בית רעך לא־תחמד אשת רעך ועבדו ואמתו ושורו וחמרו וכל אשר לרעך:

Gen 2,16 ויצו יהוה אלהים על־האדם לאמר מכל עץ־הגן אכל תאכל:

2,17 ומעץ הדעת טוב ורע לא תאכל ממנו כי ביום אכלך ממנו מות תמות:

Gen 3,5 כי ידע אלהים כי ביום אכלכם ממנו ונפקחו עיניכם והייתם כאלהים ידעי טוב ורע:

NT	LXX
λὴ ἁγία καὶ δικαία καὶ ἀγαθή.	**3,6** καὶ εἶδεν ἡ γυνὴ ὅτι καλὸν τὸ ξύλον εἰς βρῶσιν, καὶ ὅτι ἀρεστὸν τοῖς ὀφθαλμοῖς ἰδεῖν καὶ ὡραῖόν ἐστιν τοῦ κατανοῆσαι, καὶ λαβοῦσα τοῦ καρποῦ αὐτοῦ ἔφαγεν· καὶ ἔδωκεν καὶ τῷ ἀνδρὶ αὐτῆς μετ' αὐτῆς, καὶ ἔφαγον.
	3,7 καὶ διηνοίχθησαν οἱ ὀφθαλμοὶ τῶν δύο, καὶ ἔγνωσαν ὅτι γυμνοὶ ἦσαν, καὶ ἔρραψαν φύλλα συκῆς καὶ ἐποίησαν ἑαυτοῖς περιζώματα.
	…
	3,13 καὶ εἶπεν ὁ θεὸς τῇ γυναικί Τί τοῦτο ἐποίησας; καὶ εἶπεν ἡ γυνή Ὁ ὄφις ἠπάτησέν με, καὶ ἔφαγον.
	…
	3,22 καὶ εἶπεν ὁ θεός Ἰδοὺ Ἀδὰμ γέγονεν ὡς εἷς ἐξ ἡμῶν τοῦ γινώσκειν καλὸν καὶ πονηρόν, καὶ νῦν μήποτε ἐκτείνῃ τὴν χεῖρα καὶ λάβῃ τοῦ ξύλου τῆς ζωῆς καὶ φάγῃ καὶ ζήσεται εἰς τὸν αἰῶνα.
	Lev 18,5 καὶ φυλάξεσθε πάντα τὰ προστάγματά μου καὶ πάντα τὰ κρίματά μου καὶ ποιήσετε αὐτά, ἃ ποιήσας ἄνθρωπος ζήσεται ἐν αὐτοῖς· ἐγὼ κύριος ὁ θεὸς ὑμῶν.
	Dtn 6,24 καὶ ἐνετείλατο ἡμῖν κύριος ποιεῖν πάντα τὰ δικαιώματα ταῦτα φο-

MT		ALIA
ותרא האשה כי טוב העץ למאכ וכי תאוה־הוא לעינים ונחמד הע להשׂכיל ותקח מפריו ותאכל ותו גם־לאישה עמה ויאכל:	**3,6**	
		vd et **4Mac 18,8** *ἀπάτης ὄφις*
ותפקחנה עיני שׁניהם וידעו כ עירמם הם ויתפרו עלה תאנ ויעשׂו להם חגרת:	**3,7**	
…		
ויאמר יהוה אלהים לאשה מה־זא עשׂית ותאמר האשה הנחשׁ השׁיא ואכל:	**3,13**	
…		
ויאמר יהוה אלהים הן האדם הי כאחד ממנו לדעת טוב ורע ועת פן־ישׁלח ידו ולקח גם מעץ החיי ואכל וחי לעלם:	**3,22**	
ושׁמרתם את־חקתי ואת־משׁפט אשׁר יעשׂה אתם האדם וחי בה אני יהוה:	**Lev 18,5**	idem txt Dtn 5,21 vd et ad Rom 13,9s cf et **Sir 45,5** *ἠκούτισεν αὐτὸν τῆς φωνῆς αὐτοῦ* *καὶ εἰσήγαγεν αὐτὸν εἰς τὸν γνόφον* *καὶ ἔδωκεν αὐτῷ κατὰ πρόσωπον ἐντολάς,*
ויצונו יהוה לעשׂות את־כל־החקי האלה ליראה את־יהוה אלהינ	**Dtn 6,24**	

NT	LXX
	βεῖσθαι κύριον τὸν θεὸν ἡμῶν, ἵνα εὖ ἡμιν ᾖ πάσας τὰς ἡμέρας, ἵνα ζῶμεν ὥσπερ καὶ σήμερον.
	PsSal 14,2 *τοῖς πορευομένοις ἐν δικαιοσύνῃ προσταγμάτων αὐτοῦ, ἐν νόμῳ, ᾧ ἐνετείλατο ἡμῖν εἰς ζωὴν ἡμῶν.*
	Bar 3,9 *Ἄκουε, Ἰσραήλ, **ἐντολὰς** ζωῆς, ἐνωτίσασθε γνῶναι φρόνησιν.*
	Bar 4,1 *αὕτη ἡ βίβλος τῶν προσταγμάτων τοῦ θεοῦ καὶ ὁ νόμος ὁ ὑπάρχων εἰς τὸν αἰῶνα· πάντες οἱ κρατοῦντες αὐτὴν εἰς ζωήν, οἱ δὲ καταλείποντες αὐτὴν ἀποθανοῦνται.*
	Dtn 30,15 *Ἰδοὺ δέδωκα πρὸ προσώπου σου σήμερον τὴν ζωὴν καὶ τὸν **θάνατον**, τὸ ἀγαθὸν καὶ τὸ κακόν.*
	30,16 *ἐὰν σε εἰσακούσῃς τὰς **ἐντολ**ὰς κυρίου τοῦ θεοῦ σου, ἐγὼ ἐντέλλομαί σοι σήμερον, ἀγαπᾶν κύριον τὸν θεόν σου, πορεύεσθαι ἐν ταῖς ὁδοῖς αὐτοῦ, φυλάσσεσθαι τὰ δικαιώματα αὐτοῦ καὶ τὰς **ἐντολ**ὰς αὐτοῦ καὶ τὰς κρίσεις αὐτοῦ, καὶ ζήσεσθε καὶ πολλοὶ ἔσεσθε, καὶ εὐλογήσει σε κύριος ὁ θεός σου ἐν πάσῃ τῇ γῇ, εἰς ἣν εἰσπορεύῃ ἐκεῖ κληρονομῆσαι αὐτήν.*

MT

לטוב לנו כל־הימים לחיתנו כהיו
הזה:

ALIA

νόμον ζωῆς καὶ ἐπιστήμης,
διδάξαι τὸν Ἰακὼβ διαθήκην
καὶ κρίματα αὐτοῦ τὸν Ἰσραήλ.
Prov 6,23 *ὅτι λύχνος ἐντολὴ νόμου καὶ φῶς,*
καὶ ὁδὸς ζωῆς ἔλεγχος καὶ παιδεία
populo Israel praecepta legis facienda sunt, quia Deus sanctus est (ex gr Lev 11,45).
ergo lex ipsa secundum intentionem suam sancta est.
cf et ad Gal 3,12 et Rom 2,25-29

Dtn 30,15

ראה נתתי לפניך היום את־החיי
ואת־הטוב ואת־המות ואת־הרע:

vd et Rom 8,13

30,16

אשר אנכי מצוך היום לאהבה את
יהוה אלהיך ללכת בדרכיו ולשמ
מצותיו וחקתיו ומשפטיו וחיי
ורבית וברכך יהוה אלהיך באר
אשר־אתה בא־שמה לרשתה:

NT	LXX
	30,17 *καὶ ἐὰν μεταστῇ ἡ καρδία σου καὶ μὴ εἰσακούσῃς καὶ πλανηθεὶς προσκυνήσῃς θεοῖς ἑτέροις καὶ λατρεύσῃς αὐτοῖς,* **30,18** *ἀναγγέλλω σοι σήμερον ὅτι ἀπωλείᾳ ἀπολεῖσθε καὶ οὐ μὴ πολυήμεροι γένησθε ἐπὶ τῆς γῆς, εἰς ἣν ὑμεῖς διαβαίνετε τὸν Ἰορδάνην ἐκεῖ κληρονομῆσαι αὐτήν.*
7,14 *Οἴδαμεν γὰρ ὅτι ὁ νόμος πνευματικός ἐστιν, ἐγὼ δὲ σάρκινός εἰμι πεπραμένος ὑπὸ τὴν ἁμαρτίαν.*	**Is 50,1** *Οὕτως λέγει κύριος Ποῖον τὸ βιβλίον τοῦ ἀποστασίου τῆς μητρὸς ὑμῶν, ᾧ ἐξαπέστειλα αὐτήν; ἢ τίνι ὑπόχρεῳ πέπρακα ὑμᾶς; ἰδοὺ ταῖς ἁμαρτίαις ὑμῶν ἐπράθητε, καὶ ταῖς ἀνομίαις ὑμῶν ἐξαπέστειλα τὴν μητέρα ὑμῶν.*
7,15 *ὃ γὰρ κατεργάζομαι οὐ γινώσκω· οὐ γὰρ ὃ θέλω τοῦτο πράσσω, ἀλλ' ὃ μισῶ τοῦτο ποιῶ.* **7,16** *εἰ δὲ ὃ οὐ θέλω τοῦτο ποιῶ, σύμφημι τῷ νόμῳ ὅτι καλός.*	*ψ* **13,3** *οὐκ ἔστιν ποιῶν χρηστότητα, οὐκ ἔστιν ἕως ἑνός,* **13,4** *οὐχι γνώσονται πάντες οἱ ἐργαζόμενοι τὴν ἀνομίαν;*

MT		ALIA
ואם־יפנה לבבך ולא תשמע ונדחת והשתחוית לאלהים אחרים ועבדתם:	**30,17**	
הגדתי לכם היום כי אבד תאבדון לא־תאריכן ימים על־האדמה אשר אתה עבר את־הירדן לבא שמה לרשתה:	**30,18**	
כה אמר יהוה אי זה ספר כריתות אמכם אשר שלחתיה או מי מנושי אשר־מכרתי אתכם לו הן בעונתיכם נמכרתם ובפשעיכם שלחה אמכם:	**Is 50,1**	cf et **ψ 50,7** *ἰδοὺ γὰρ ἐν ἀνομίαις συνελήμφθην,* *καὶ ἐν ἁμαρτίαις ἐκίσσησέν με ἡ μήτηρ μου.*
אין עשה־טוב אין גם־אחד:	**Ps 14,3**	cf et **Is 5,24** *οὐ γὰρ ἠθέλησαιν τὸν νόμον κυρίου σαβαώθ,*
הלא ידעו כל־פעלי און	**14,4**	vd et **ψ 77,10** *καὶ ἐν τῷ νόμῳ αὐτοῦ οὐκ ἤθελον πορεύεσθαι* **Sir 15,15** *ἐὰν θέλῃς, συντηρήσεις ἐντολὰς* *καὶ πίστιν ποιῆσαι εὐδοκίας.* cf et Ier 5,4

NT	LXX
7,17 νυνὶ δὲ οὐκέτι ἐγὼ κατεργάζομαι αὐτὸ ἀλλὰ ἡ ἐνοικοῦσα ἐν ἐμοὶ ἁμαρτία. **7,18** Οἶδα γὰρ ὅτι οὐκ οἰκεῖ ἐν ἐμοί, τοῦτ᾽ ἔστιν ἐν τῇ σαρκί μου, ἀγαθόν· τὸ γὰρ θέλειν παράκειταί μοι, τὸ δὲ κατεργάζεσθαι τὸ καλὸν οὔ. **7,19** οὐ γὰρ ὃ θέλω ποιῶ ἀγαθόν, ἀλλὰ ὃ οὐ θέλω κακὸν τοῦτο πράσσω. **7,20** εἰ δὲ ὃ οὐ θέλω [ἐγὼ] τοῦτο ποιῶ, οὐκέτι ἐγὼ κατεργάζομαι αὐτὸ ἀλλὰ ἡ οἰκοῦσα ἐν ἐμοὶ ἁμαρτία.	**ψ 34,25** μὴ εἴπαισαν ἐν καρδίαις αὐτῶν Εὖγε εὖγε τῇ ψυχῇ ἡμῶν· μηδὲ εἴπαισαν Κατεπίομεν αὐτόν. **ψ 57,3** καὶ γὰρ ἐν καρδίᾳ ἀνομίας ἐργάζεσθε ἐν τῇ γῇ, ἀδικίαν αἱ χεῖρες ὑμῶν συμπλέκουσιν. **Prov 12,20** δόλος ἐν καρδίᾳ τεκταινομένου κακά, οἱ δὲ βουλόμενοι εἰρήνην εὐφρανθήσονται. **Sir 38,10** καὶ ἀπὸ πάσης ἁμαρτίας καθάρισον καρδίαν· **Ez 36,26** καὶ ἀφελῶ τὴν καρδίαν τὴν λιθίνην ἐκ τῆς σαρκὸς ὑμῶν
7,22 συνήδομαι γὰρ τῷ νόμῳ τοῦ θεοῦ κατὰ τὸν ἔσω ἄνθρωπον,	**ψ 1,2** ἀλλ᾽ ἢ ἐν τῷ νόμῳ κυρίου τὸ θέλημα αὐτοῦ, καὶ ἐν τῷ νόμῳ αὐτοῦ μελετήσει ἡμέρας καὶ νυκτός. **ψ 118,16** ἐν τοῖς δικαιώμασίν σου μελετήσω, οὐκ ἐπιλήσομαι τῶν λόγων σου.
7,23 βλέπω δὲ ἕτερον νόμον ἐν τοῖς μέλεσίν μου ἀντιστρατευόμενον τῷ νόμῳ τοῦ νοός μου καὶ αἰχμαλωτίζοντά με ἐν τῷ νόμῳ τῆς ἁμαρτίας τῷ ὄντι ἐν τοῖς μέλεσίν μου.	

MT		ALIA
אל־יאמרו בלבם	**Ps 35,25**	*ἐνοικοῦσα* sec NA^{25}, NA^{26}: *οἰκοῦσα*
האח נפשנו		vd et ψ **30,13** *ἐπελήσθην ὡσεὶ νεκρὸς*
אל־יאמרו בלענוהו:		*ἀπὸ καρδίας,*
אף־בלב עולת תפעלון בארץ	**Ps 58,3**	*ἐγενήθην ὡσεὶ σκεῦος ἀπολωλός.*
חמס ידיכם תפלסון:		ψ **65,18** *Ἀδικίαν εἰ ἐθεώρουν ἐν καρ-*
		δίᾳ μου,
מרמה בלב־חרשי רע	**Prov 12,20**	*μὴ εἰσακουσάτω κύριος.*
וליעצי שלום שמחה:		
ומכל פשעים טהר לב:	**Sir 38,10**	
והסרתי את־לב האבן מבשרכם	**Ez 36,26**	
כי אם בתורת יהוה חפצו	**Ps 1,2**	
ובתורתו יהגה יומם ולילה:		
בחקתיך אשתעשע	**Ps 119,16**	gaudium legis saepe in ψ 118
לא אשכח דברך:		
		cf 1Bas 19,9

NT	LXX
8,2 *ὁ γὰρ νόμος τοῦ πνεύματος τῆς ζωῆς ἐν Χριστῷ Ἰησοῦ ἠλευθέρωσέν σε ἀπὸ τοῦ νόμου τῆς ἁμαρτίας καὶ τοῦ θανάτου.*	
8,3 *Τὸ γὰρ ἀδύνατον τοῦ νόμου ἐν ᾧ ἠσθένει διὰ τῆς σαρκός, ὁ θεὸς τὸν ἑαυτοῦ υἱὸν πέμψας ἐν ὁμοιώματι σαρκὸς ἁμαρτίας καὶ* ***περὶ ἁμαρτίας*** *κατέκρινεν τὴν ἁμαρτίαν ἐν τῇ σαρκί,*	**Lev 5,6** *καὶ οἴσει περὶ ὧν ἐπλημμέλησεν κυρίῳ, περὶ τῆς ἁμαρτίας, ἧς ἥμαρτεν, θῆλυ ἀπὸ τῶν προβάτων, ἀμνάδα ἢ χίμαιραν ἐξ αἰγῶν* ***περὶ ἁμαρτίας****·* **Lev 16,3** *οὕτως εἰσελεύσεται Ἀαρὼν εἰς τὸ ἅγιον· ἐν μόσχῳ ἐκ βοῶν* ***περὶ ἁμαρτίας*** *καὶ κριὸν εἰς ὁλοκαύτωμα·*
8,4 *ἵνα τὸ δικαίωμα τοῦ* ***νόμ****ου πληρωθῇ ἐν ἡμῖν τοῖς μὴ κατὰ σάρκα περιπατοῦσιν ἀλλὰ κατὰ πνεῦμα.* **8,5** *οἱ γὰρ κατὰ σάρκα ὄντες τὰ τῆς σαρκὸς φρονοῦσιν, οἱ δὲ κατὰ* ***πνεῦμα*** *τὰ τοῦ πνεύματος.* **8,6** *τὸ γὰρ φρόνημα τῆς σαρκὸς θάνατος, τὸ δὲ φρόνημα τοῦ* ***πνεύμα****τος ζωὴ καὶ εἰρήνη·* **8,7** *διότι τὸ φρόνημα τῆς σαρκὸς ἔχθρα εἰς θεόν, τῷ γὰρ νόμῳ τοῦ θεοῦ οὐχ ὑποτάσσεται, οὐδὲ γὰρ δύναται·* **8,8** *οἱ δὲ ἐν σαρκὶ ὄντες θεῷ ἀρέσαι οὐ δύνανται.* **8,9** *Ὑμεῖς δὲ οὐκ ἐστὲ ἐν σαρκὶ ἀλλὰ ἐν*	**Ier 38,33** *ὅτι αὕτη ἡ διαθήκη, ἣν διαθήσομαι τῷ οἴκῳ Ἰσραὴλ μετὰ τὰς ἡμέρας ἐκείνας, φησὶ κύριος Διδοὺς δώσω* ***νόμ****ους μου εἰς τὴν διάνοιαν αὐτῶν καὶ ἐπὶ καρδίας αὐτῶν γράψω αὐτούς· καὶ ἔσομαι αὐτοῖς εἰς θεόν, καὶ αὐτοὶ ἔσονταί μοι εἰς λαόν·* **Ez 36,25** *καὶ ῥανῶ ἐφ᾽ ὑμᾶς ὕδωρ καθαρόν, καὶ καθαρισθήσεσθε ἀπὸ πασῶν τῶν ἀκαθαρσιῶν ὑμῶν καὶ ἀπὸ πάντων τῶν εἰδώλων ὑμῶν, καὶ καθαριῶ ὑμᾶς.* **36,26** *καὶ δώσω ὑμῖν καρδίαν καινὴν καὶ* ***πνεῦμα καινὸν*** *δώσω* ***ἐν ὑμῖν*** *καὶ ἀφελῶ τὴν καρδίαν τὴν λιθίνην ἐκ τῆς σαρκὸς ὑμῶν καὶ δώσω ὑμῖν καρδίαν σαρκίνην.*

MT		ALIA
		cf ad Rom 8,6ss et 2Cor 3,17
והביא את־אשמו ליהוה על חטאת אשר חטא נקבה מן־הצאן כשב או־שעירת עזים לחטאת	**Lev 5,6**	nonnulli interpretantur *περὶ ἁμαρτίας* Rom 8,3 sicut *περὶ ἁμαρτίας* in Lev, ex gr 5,6; 9,2s; 12,6.8; 16,3.5: (sacrificium) "pro peccato" (vulg)
בזאת יבא אהרן אל־הקדש בפ בן־בקר לחטאת ואיל לעלה:	**Lev 16,3**	cf et ex gr 2Par 29,23s; 2Esdr 6,17
כי זאת הברית אשר אכרת את־בי ישראל אחרי הימים ההם נאם יהוה נתתי את־תורתי בקרבם ועל לבם אכתבנה והייתי להם לאלהי והמה יהיו־לי לעם:	**Ier 31,33**	ad *νόμος ἐν ὑμῖν* vd et ad Rom 2,14-16; 2 Cor 3,2s
וזרקתי עליכם מים טהורי וטהרתם מכל טמאותיכם ומכל גלוליכם אטהר אתכם:	**Ez 36,25**	
ונתתי לכם לב חדש ורוח חדש אתן בקרבכם והסרתי את־לב האב מבשרכם ונתתי לכם לב בשר:	**36,26**	*ἀρέσκειν τῷ θεῷ* aut sim ex gr Num 23,27; 3Bas 3,10; ψ 68,32; Mal 3,4

NT

πνεύματι, εἴπερ πνεῦμα θεοῦ οἰκεῖ ἐν ὑμῖν. εἰ δέ τις πνεῦμα Χριστοῦ οὐκ ἔχει, οὗτος οὐκ ἔστιν αὐτοῦ.

8,10 εἰ δὲ Χριστὸς ἐν ὑμῖν, τὸ μὲν σῶμα νεκρὸν διὰ ἁμαρτίαν τὸ δὲ πνεῦμα ζωὴ διὰ δικαιοσύνην.

8,11 εἰ δὲ τὸ πνεῦμα τοῦ ἐγείραντος τὸν Ἰησοῦν ἐκ νεκρῶν οἰκεῖ ἐν ὑμῖν, ὁ ἐγείρας Χριστὸν ἐκ νεκρῶν ζῳοποιήσει καὶ τὰ θνητὰ σώματα ὑμῶν διὰ τοῦ ἐνοικοῦντος αὐτοῦ πνεύματος ἐν ὑμῖν.

LXX

36,27 καὶ τὸ πνεῦμά μου δώσω ἐν ὑμῖν καὶ ποιήσω ἵνα ἐν τοῖς δικαιώμασί μου πορεύησθε καὶ τὰ κρίματά μου φυλάξησθε καὶ ποιήσητε.

Ez 37,5 Τάδε λέγει κύριος τοῖς ὀστέοις τούτοις Ἰδοὺ ἐγὼ φέρω εἰς ὑμᾶς πνεῦμα ζωῆς

37,6 καὶ δώσω ἐφ᾽ ὑμᾶς νεῦρα καὶ ἀνάξω ἐφ᾽ ὑμᾶς σάρκας καὶ ἐκτενῶ ἐφ᾽ ὑμᾶς δέρμα καὶ δώσω πνεῦμά μου εἰς ὑμᾶς, καὶ ζήσεσθε· καὶ γνώσεσθε ὅτι ἐγώ εἰμι κύριος.

37,7 καὶ ἐπροφήτευσα καθὼς ἐνετείλατό μοι. καὶ ἐγένετο ἐν τῷ ἐμὲ προφητεῦσαι καὶ ἰδοὺ σεισμός, καὶ προσήγαγε τὰ ὀστᾶ ἑκάτερον πρὸς τὴν ἁρμονίαν αὐτοῦ.

37,8 καὶ εἶδον καὶ ἰδοὺ ἐπ᾽ αὐτὰ νεῦρα καὶ σάρκες ἐφύοντο, καὶ ἀνέβαινεν ἐπ᾽ αὐτὰ δέρμα ἐπάνω, καὶ πνεῦμα οὐκ ἦν ἐν αὐτοῖς.

37,9 καὶ εἶπε πρός με Προφήτευσον ἐπὶ τὸ πνεῦμα, προφήτευσον, υἱὲ ἀνθρώπου, καὶ εἶπον τῷ πνεύματι Τάδε λέγει κύριος Ἐκ τῶν τεσσάρων πνευμάτων ἐλθὲ καὶ ἐμφύσησον εἰς τοὺς νεκροὺς τούτους, καὶ ζησάτωσαν.

37,10 καὶ ἐπροφήτευσα καθότι ἐνετείλα-

MT

36,27 ואת־רוחי אתן בקרבכם ועשיתי
את אשר־בחקי תלכו ומשפטי
תשמרו ועשיתם:

Ez 37,5 כה אמר אדני יהוה לעצמות האלה
הנה אני מביא בכם רוח וחייתם:

37,6 ונתתי עליכם גדים והעלתי עליכם
בשר וקרמתי עליכם עור ונתתי
בכם רוח וחייתם וידעתם כי־אני
יהוה:

37,7 ונבאתי כאשר צויתי ויהי־קול
כהנבאי והנה־רעש ותקרבו עצמות
עצם אל־עצמו:

37,8 וראיתי והנה־עליהם גדים ובשר
עלה ויקרם עליהם עור מלמעלה
ורוח אין בהם:

37,9 ויאמר אלי הנבא אל־הרוח הנבא
בן־אדם ואמרת אל־הרוח כה־אמר
אדני יהוה מארבע רוחות באי
הרוח ופחי בהרוגים האלה ויחיו:

37,10 והנבאתי כאשר צוני ותבוא בהם

ALIA

Gen 2,7 *καὶ ἔπλασεν ὁ θεὸς τὸν ἄνθρωπον χοῦν ἀπὸ τῆς γῆς καὶ ἐνεφύσησεν εἰς τὸ πρόσωπον αὐτοῦ πνοὴν ζωῆς, καὶ ἐγένετο ὁ ἄνθρωπος εἰς ψυχὴν ζῶσαν.*

ψ **103,30** *ἐξαποστελεῖς τὸ πνεῦμά σου, καὶ κτισθήσονται,*
καὶ ἀνακαινιεῖς τὸ πρόσωπον τῆς γῆς.

cf et **Iob 33,4** *πνεῦμα θεῖον τὸ ποιῆσάν με,*
πνοὴ δὲ παντοκράτορος ἡ διδάσκουσά με.

ad *πνεῦμα κυρίου* cf et ad 2Cor 3,17; 1Cor 15,45 et ad 1Thess 4,8

ad *πνεῦμα ἅγιον* cf ad 1Thess 1,5

NT	LXX
	τό μοι· καὶ εἰσῆλθεν εἰς αὐτοὺς τὸ πνεῦμα, καὶ ἔζησαν καὶ ἔστησαν ἐπὶ τῶν ποδῶν αὐτῶν, συναγωγὴ πολλὴ σφόδρα. … **37,13** καὶ γνώσεσθε ὅτι ἐγώ εἰμι κύριος ἐν τῷ ἀνοῖξαί με τοὺς τάφους ὑμῶν τοῦ ἀναγαγεῖν με ἐκ τῶν τάφων τὸν λαόν μου. **37,14** καὶ δώσω πνεῦμά μου εἰς ὑμᾶς, καὶ ζήσεσθε, καὶ θήσομαι ὑμᾶς ἐπὶ τὴν γὴν ὑμῶν, καὶ γνώσεσθε ὅτι ἐγὼ κύριος λελάληκα καὶ ποιήσω, λέγει κύριος.
8,13 εἰ γὰρ κατὰ σάρκα ζῆτε, μέλλετε ἀποθνήσκειν. εἰ δὲ πνεύματι τὰς πράξεις τοῦ σώματος θανατοῦτε, ζήσεσθε.	**Dtn 30,15** Ἰδοὺ δέδωκα πρὸ προσώπου σου σήμερον τὴν ζωὴν καὶ τὸν θάνατον, τὸ ἀγαθὸν καὶ τὸ κακόν. **30,16** ἐὰν δὲ εἰσακούσῃς τὰς ἐντολὰς κυρίου τοῦ θεοῦ σου, ὅσας ἐγὼ ἐντέλλομαί σοι σήμερον, ἀγαπᾶν κύριον τὸν θεόν σου, πορεύεσθαι ἐν ταῖς ὁδοῖς αὐτοῦ, φυλάσσεσθαι τὰ δικαιώματα αὐτοῦ καὶ τὰς ἐντολὰς αὐτοῦ καὶ τὰς κρίσεις αὐτοῦ, καὶ ζήσεσθε καὶ πολλοὶ ἔσεσθε, καὶ εὐλογήσει σε κύριος ὁ θεός σου ἐν πάσῃ τῇ γῇ, εἰς ἣν εἰσπορεύῃ ἐκεῖ κληρονομῆσαι αὐτήν. **30,17** καὶ ἐὰν μεταστῇ ἡ καρδία σου καὶ

MT		ALIA
הרוח ויחיו ויעמדו על־רגליה חיל גדול מאד־מאד:		
...		
וידעתם כי־אני יהוה בפתח את־קברותיכם ובהעלותי אתכ מקברותיכם עמי:	**37,13**	
ונתתי רוחי בכם וחייתם והנחת אתכם על־אדמתכם וידעתם כי־א יהוה דברתי ועשיתי נאם־יהוה:	**37,14**	
ראה נתתי לפניך היום את־החיי ואת־הטוב ואת־המות ואת־הרע:	**Dtn 30,15**	vd et ad Rom 7,10-12
אשר אנכי מצוך היום לאהבה את יהוה אלהיך ללכת בדרכיו ולשמ מצותיו וחקתיו ומשפטיו וחיי ורבית וברכך יהוה אלהיך באר אשר־אתה בא־שמה לרשתה:	**30,16**	
ואם־יפנה לבבך ולא תשמע ונדח	**30,17**	

NT	LXX
	μὴ εἰσακούσῃς καὶ πλανηθεὶς προσκυνήσῃς θεοῖς ἑτέροις καὶ λατρεύσῃς αὐτοῖς, **30,18** ἀναγγέλλω σοι σήμερον ὅτι ἀπωλείᾳ ἀπολεῖσθε
8,14 *ὅσοι γὰρ πνεύματι θεοῦ ἄγονται, οὗτοι **υἱοὶ θεοῦ** εἰσιν.* **8,15** *οὐ γὰρ ἐλάβετε πνεῦμα δουλείας πάλιν εἰς φόβον ἀλλὰ ἐλάβετε πνεῦμα υἱοθεσίας ἐν ᾧ κράζομεν· αββα ὁ πατήρ.*	**Dtn 14,1** ***Υἱοί*** *ἐστε κυρίου τοῦ **θεοῦ** ὑμῶν·* **Os 1,10(2,1)** *καὶ ἔσται ἐν τῷ τόπῳ, οὗ ἐρρέθη αὐτοῖς Οὐ λαός μου ὑμεῖς, κληθήσονται καὶ αὐτοὶ **υἱοὶ θεοῦ** ζῶντος.*
	Os 11,1 *Διότι νήπιος Ἰσραήλ, καὶ ἐγὼ ἠγάπησα αὐτὸν καὶ ἐξ Αἰγύπτου μετεκάλεσα τὰ τέκνα αὐτοῦ.*

MT		ALIA
והשׁתחוית לאלהים אחרים		
ועבדתם:		
הגדתי לכם היום כי אבד תאבדון	**30,18**	
בנים אתם ליהוה אלהיכם	**Dtn 14,1**	**Tob 13,4**LXX^{I} *ἐκεῖ ὑποδείξατε τὴν μεγαλωσύνην αὐτοῦ,*
והיה במקום	**Os 2,1**	*ὑψοῦτε αὐτὸν ἐνώπιον παντὸς ζῶντος,*
אשׁר־יאמר להם		*καθότι αὐτὸς κύριος ἡμῶν,*
לא־עמי אתם		*καὶ ὁ θεὸς αὐτὸς πατὴρ ἡμῶν εἰς πάντας τοὺς αἰῶνας.*
יאמר להם		
בני אל־חי:		
כי נער ישׂראל ואהבהו	**Os 11,1**	cf et **Ex 4,22** *σὺ δὲ ἐρεῖς τῷ Φαραώ Τάδε λέγει κύριος Υἱὸς πρωτότοκός μου Ἰσραήλ·*
וממצרים קראתי לבני:		cf et **1Bas 16,14** *Καὶ πνεῦμα κυρίου ἀπέστη ἀπὸ Σαούλ, καὶ ἔπνιγεν αὐτὸν πνεῦμα πονηρὸν παρὰ κυρίου.*
		cf et **Is 11,2** *καὶ ἀναπαύσεται ἐπ' αὐτὸν πνεῦμα τοῦ θεοῦ, πνεῦμα σοφίας καὶ συνέσεως, πνεῦμα βουλῆς καὶ ἰσχύος, πνεῦμα γνώσεως καὶ εὐσεβείας·*
		11,3 *ἐμπλήσει αὐτὸν πνεῦμα φόβου θεοῦ.*
		cf et Ier 3,19 MT
		vd et ad Rom 9,4

NT	LXX
8,17 *εἰ δὲ τέκνα, καὶ* ***κληρονόμ****οι·* ***κληρονόμ****οι μὲν θεοῦ, συγκληρονόμοι δὲ Χριστοῦ, εἴπερ συμπάσχομεν ἵνα καὶ συνδοξασθῶμεν.*	**Dtn 32,9** *καὶ ἐγενήθη μερὶς κυρίου λαὸς αὐτοῦ Ἰακώβ,* *σχοίνισμα* ***κληρονομ****ίας αὐτοῦ Ἰσραήλ.* **Dtn 4,20** *ὑμᾶς δὲ ἔλαβεν ὁ θεὸς καὶ ἐξήγαγεν ὑμᾶς ἐκ τῆς καμίνου τῆς σιδηρᾶς, ἐξ Αἰγύπτου, εἶναι αὐτῷ λαὸν ἔγ****κληρον*** **Dtn 9,26** *καὶ ηὐξάμην πρὸς τὸν θεὸν καὶ εἶπα Κύριε κύριε βασιλεῦ τῶν θεῶν, μὴ ἐξολεθρεύσῃς τὸν λαόν σου καὶ τὴν* ***κληρονομ****ίαν σου, ἣν ἐλυτρώσω ἐν τῇ ἰσχύι σου τῇ μεγάλῃ, οὓς ἐξήγαγες ἐκ γῆς Αἰγύπτου ἐν τῇ ἰσχύι σου τῇ μεγάλῃ καὶ ἐν τῇ χειρί σου τῇ κραταιᾷ καὶ ἐν τῷ βραχίονί σου τῷ ὑψηλῷ·* **ψ 32,12** *μακάριον τὸ ἔθνος, οὗ ἐστιν κύριος ὁ θεὸς αὐτοῦ,* *λαός, ὃν ἐξελέξατο εἰς* ***κληρονομ****ίαν ἑαυτῷ.*
8,18 *Λογίζομαι γὰρ ὅτι οὐκ ἄξια τὰ παθήματα τοῦ νῦν καιροῦ πρὸς τὴν μέλλουσαν δόξαν ἀποκαλυφθῆναι εἰς ἡμᾶς.*	**Dan 7,21θ'** *ἐθεώρουν καὶ τὸ κέρας ἐκεῖνο ἐποίει πόλεμον μετὰ τῶν ἁγίων καὶ ἴσχυσε πρὸς αὐτούς,* **7,22θ'** *ἕως οὗ ἦλθεν ὁ παλαιὸς τῶν ἡμερῶν καὶ τὸ κρίμα ἔδωκεν ἁγίοις ὑψίστου, καὶ ὁ καιρὸς ἔφθασε καὶ τὴν βασιλείαν κατέσχον οἱ ἅγιοι.*

MT		ALIA
כי חלק יהוה עמו יעקב חבל נחלתו:	**Dtn 32,9**	
ואתכם לקח יהוה ויוצא אתכם מכור הברזל ממצרים להיות לו לעם נחלה	**Dtn 4,20**	sim ex gr Dtn 9,29; 3Bas 8,51.53; 4Bas 21,14
ואתפלל אל־יהוה ואמר אדני יהוה אל־תשחת עמך ונחלתך אשר פדית בגדלך אשר־הוצאת ממצרים ביד חזקה:	**Dtn 9,26**	
אשרי הגוי אשר־יהוה אלהיו העם בחר לנחלה לו:	**Ps 33,12**	
חזה הוית וקרנא דכן עבדה קרב עם־קדישין ויכלה להון:	**Dan 7,21**	cf et **2Mac 7,36** *οἱ μὲν γὰρ νῦν ἡμέτεροι ἀδελφοὶ βραχὺν ὑπενέγκαντες πόνον ἀενάζου ζωῆς ὑπὸ διαθήκην θεοῦ πεπτώκασι, σὺ δὲ τῇ τοῦ θεοῦ κρίσει δίκαια τὰ πρόστιμα τῆς ὑπερηφανίας ἀποίσῃ.*
עד די אתה עתיק יומיא ודינא יהב לקדישי עליונין וזמנא מטה ומלכותא החסנו קדישין:	**7,22**	**7,37** *ἐγὼ δέ καθάπερ οἱ ἀδελφοὶ καὶ*

NT	LXX
	7,23θ' καὶ εἶπε Τὸ θηρίον τὸ τέταρτον, βασιλεία τετάρτη ἔσται ἐν τῇ γῇ, ἥτις ὑπερέξει πάσας τὰς βασιλείας καὶ καταφάγεται πᾶσαν τὴν γῆν καὶ συμπατήσει αὐτὴν καὶ κατακόψει.
	7,24θ' καὶ τὰ δέκα κέρατα αὐτοῦ, δέκα βασιλεῖς ἀναστήσονται, καὶ ὀπίσω αὐτῶν ἀναστήσεται ἕτερος, ὃς ὑπεροίσει κακοῖς πάντας τοὺς ἔμπροσθεν, καὶ τρεῖς βασιλεῖς ταπεινώσει·
	7,25θ' καὶ λόγους πρὸς τὸν ὕψιστον λαλήσει καὶ τοὺς ἁγίους ὑψίστου παλαιώσει καὶ ὑπονοήσει τοῦ ἀλλοιῶσαι καιροὺς καὶ νόμον, καὶ δοθήσεται ἐν χειρὶ αὐτοῦ ἕως καιροῦ καὶ καιρῶν καὶ ἥμισυ καιροῦ.
	7,26θ' καὶ τὸ κριτήριον ἐκάθισε καὶ τὴν ἀρχὴν μεταστήσουσι τοῦ ἀφανίσαι καὶ τοῦ ἀπολέσαι ἕως τέλους.
	7,27θ' καὶ ἡ βασιλεία καὶ ἡ ἐξουσία καὶ ἡ μεγαλωσύνη τῶν βασιλέων τῶν ὑποκάτω παντὸς τοῦ οὐρανοῦ ἐδόθη ἁγίοις ὑψίστου, καὶ ἡ βασιλεία αὐτοῦ βασιλεία αἰώνιος, καὶ πᾶσαι αἱ ἀρχαὶ αὐτῷ δουλεύσουσι καὶ ὑπακούσονται.

MT

7,23 כן אמר חיותא רביעיתא
מלכו רביעיא
תהוא בארעא
די תשׁנא מן־כל־מלכותא
ותאכל כל־ארעא
ותדושׁנה ותדקנה:
7,24 וקרניא עשׂר
מנה מלכותה
עשׂרה מלכין יקמון
ואחרן יקום אחריהון
והוא ישׁנא מן־קדמיא
ותלתה מלכין יהשׁפל:
7,25 ומלין לצד עליא ימלל
ולקדישׁי עליונין יבלא
ויסבר להשׁניה
זמנין ודת
ויתיהבון בידה
עד־עדן ועדנין
ופלג עדן:
7,26 ודינא יתב ושׁלטנה יהעדון
להשׁמדה ולהובדה עד־סופא:

7,27 ומלכותה ושׁלטנא
ורבותא די מלכות תחות כל־שׁמיא
יהיבת לעם קדישׁי עליונין
מלכותה מלכות עלם
וכל שׁלטניא לה יפלחון וישׁתמעון:

ALIA

σῶμα καὶ ψυχὴν προδίδωμι περὶ τῶν πατρίων νόμων ἐπικαλούμενος τὸν θεὸν ἵλεως ταχὺ τῷ ἔθνει γενέσθαι καὶ σὲ μετὰ ἐτασμῶν καὶ μαστίγων ἐξομολογήσασθαι, διότι μόνος αὐτὸς θεός ἐστιν,

7,38 *ἐν ἐμοὶ δὲ καὶ τοῖς ἀδελφοῖς μου στῆσαι τὴν τοῦ παντοκράτορος ὀργὴν τὴν ἐπὶ τὸ σύμπαν ἡμῶν γένος δικαίως ἐπηγμένην.*

cf et Sap 2-5

NT	LXX
	Dan 12,1θ' καὶ ἔσται καιρὸς θλίψεως, οἵα οὐ γέγονεν ἀφ' οὗ γεγένηται ἔθνος ἕως τοῦ καιροῦ ἐκείνου· καὶ ἐν τῷ καιρῷ ἐκείνῳ σωθήσεται ὁ λαός σου, πᾶς ὁ γεγραμμένος ἐν τῇ βίβλῳ. … **12,3θ'** καὶ οἱ συνιέντες ἐκλάμψουσιν ὡς ἡ λαμπρότης τοῦ στερεώματος καὶ ἀπὸ τῶν δικαίων τῶν πολλῶν ὡς οἱ ἀστέρες εἰς τοὺς αἰῶνας καὶ ἔτι.
8,19 ἡ γὰρ ἀποκαραδοκία τῆς κτίσεως τὴν ἀποκάλυψιν τῶν υἱῶν τοῦ θεοῦ ἀπεκδέχεται· **8,20** τῇ γὰρ <u>ματαιότη</u>τι ἡ κτίσις ὑπετάγη, οὐχ ἑκοῦσα ἀλλὰ διὰ τὸν ὑποτάξαντα, ἐφ' ἐλπίδι	**Gen 3,17** τῷ δὲ Ἀδὰμ εἶπεν Ὅτι ἤκουσας τῆς φωνῆς τῆς γυναικός σου καὶ ἔφαγες ἀπὸ τοῦ ξύλου, οὗ ἐνετειλάμην σοι τούτου μόνου μὴ φαγεῖν ἀπ' αὐτοῦ, ἐπικατάρατος ἡ γῆ ἐν τοῖς ἔργοις σου· ἐν λύπαις φάγῃ αὐτὴν πάσας τὰς ἡμέρας τῆς ζωῆς σου· **3,18** ἀκάνθας καὶ τριβόλους ἀνατελεῖ σοι, καὶ φάγῃ τὸν χόρτον τοῦ ἀγροῦ. **3,19** ἐν ἱδρῶτι τοῦ προσώπου σου φάγῃ τὸν ἄρτον σου ἕως τοῦ ἀποστρέψαι σε εἰς τὴν γῆν, ἐξ ἧς ἐλήμφθης· ὅτι γῆ εἶ καὶ εἰς γῆν ἀπελεύσῃ.
	Eccl 1,2 <u>Ματαιότη</u>ς <u>ματαιοτή</u>των, εἶπεν ὁ Ἐκκλησιαστής,

MT		ALIA
והיתה עת צרה	**Dan 12,1**	
אשר לא־נהיתה		
מהיות גוי עד העת ההיא		
ובעת ההיא ימלט עמך		
כל־הנמצא כתוב בספר:		
…		
והמשׂכלים יזהרו	**12,3**	
כזהר הרקיע		
ומצדיקי הרבים		
ככוכבים לעולם ועד:		
ולאדם אמר כי שמעת לקול אשתך	**Gen 3,17**	estne Gen 3,15 futurae salutis significa-
ותאכל מן־העץ אשר צויתיך לאמר		tio?
לא תאכל ממנו		ad *ματαιότητι* cf ad Rom 1,19-22
ארורה האדמה בעבורך		cf et ψ **61,10** *πλὴν μάταιοι οἱ υἱοὶ τῶν*
בעצבון תאכלנה		*ἀνθρώπων,*
כל ימי חייך:		*ψευδεῖς οἱ υἱοὶ τῶν ἀνθρώπων ἐν ζυγοῖς*
		τοῦ ἀδικῆσαι,
וקוץ ודרדר תצמיח לך	**3,18**	*αὐτοὶ ἐκ ματαιότητος ἐπὶ τὸ αὐτό.*
ואכלת את־עשׂב השׂדה:		cont: salus hominum!
בזעת אפיך	**3,19**	
תאכל לחם		
עד שובך אל־האדמה		
כי ממנה לקחת		
כי־עפר אתה		
ואל־עפר תשוב:		
הבל הבלים אמר קהלת	**Eccl 1,2**	*ματαιότης* saepe in Eccl

NT	LXX
	ματαιότης ματαιοτήτων, τὰ πάντα ματαιότης.
8,21 ὅτι καὶ αὐτὴ ἡ κτίσις ἐλευθερωθήσεται ἀπὸ τῆς δουλείας τῆς φθορᾶς εἰς τὴν ἐλευθερίαν τῆς δόξης τῶν τέκνων τοῦ θεοῦ.	
8,22 οἴδαμεν γὰρ ὅτι πᾶσα ἡ κτίσις συστενάζει καὶ συνωδίνει ἄχρι τοῦ νῦν.	**Is 26,16** κύριε, ἐν θλίψει ἐμνήσθην σου, ἐν θλίψει μικρᾷ ἡ παιδεία σου ἡμῖν. **26,17** καὶ ὡς ἡ ὠδίνουσα ἐγγίζει τοῦ τεκεῖν καὶ ἐπὶ τῇ ὠδῖνι αὐτῆς ἐκέκραξεν, οὕτως ἐγενήθημεν τῷ ἀγαπητῷ σου **26,18** διὰ τὸν φόβον σου, κύριε. ἐν γαστρὶ ἐλάβομεν καὶ ὠδινήσαμεν καὶ ἐτέκομεν· πνεῦμα σωτηρίας οὐκ ἐποιήσαμεν ἐπὶ τῆς γῆς, ἀλλὰ πεσοῦνται οἱ ἐνοικοῦντες ἐπὶ τῆς γῆς.
8,23 οὐ μόνον δέ, ἀλλὰ καὶ αὐτοὶ τὴν ἀπαρχὴν τοῦ πνεύματος ἔχοντες ἡμεῖς καὶ αὐτοὶ ἐν ἑαυτοῖς στενάζομεν υἱοθεσίαν ἀπεκδεχόμενοι, τὴν ἀπολύτρωσιν τοῦ σώματος ἡμῶν.	
8,26 Ὡσαύτως δὲ καὶ τὸ πνεῦμα συναντιλαμβάνεται τῇ ἀσθενείᾳ ἡμῶν· τὸ γὰρ	**Num 11,17** καὶ καταβήσομαι καὶ λαλήσω ἐκεῖ μετὰ σοῦ, καὶ ἀφελῶ ἀπὸ τοῦ

MT		ALIA
הבל הבלים הכל הבל:		
		nn tempus eschatologicum sicut tempus ante hominis lapsum esse putant, cf et ex gr Is 11,6ss
יהוה בצר פקדוך צקון לחש מוסרך למו:	**Is 26,16**	ubi auctores VT de hominis gloria (*δόξα*) loquuntur, non de participatione gloriae Dei loqui videntur;
כמו הרה תקריב ללדת תחיל תזעק בחבליה כן היינו מפניך יהוה:	**26,17**	sed vd ψ **8,6** *ἠλάττωσας αὐτὸν βραχύ τι παρ᾽ ἀγγέλους,*
הרינו חלנו כמו ילדנו רוח ישועת בל־נעשה ארץ ובל־יפלו ישבי תבל:	**26,18**	*δόξῃ καὶ τιμῇ ἐστεφάνωσας αὐτόν·* vd et **Is 21,3** *καὶ ὠδῖνες ἔλαβόν με ὡς τὴν τίκτουσαν·* vd et ex gr Ier 4,27-29; 12,4
		ἀπαρχή: in LXX praesertim dicta de primitiis frugum terrae et pecoris, ex gr Ex 22,29s; 23,19; Lev 2,12; 23,10; Dtn 26,2; cf et 2Esdr 20,37; pentecoste erat festum primitiarum et spiritus.
וירדתי ודברתי עמך שם ואצלת מן־הרוח אשר עליך ושמתי עליה	**Num 11,17**	

NT	LXX
τί προσευξώμεθα καθὸ δεῖ οὐκ οἴδαμεν, ἀλλὰ αὐτὸ τὸ πνεῦμα ὑπερεντυγχάνει στεναγμοῖς ἀλαλήτοις.	***πνεύμα**τος τοῦ ἐπὶ σοὶ καὶ ἐπιθήσω ἐπ' αὐτούς, καὶ συναντιλήψονται μετὰ σοῦ τὴν ὁρμὴν τοῦ λαοῦ, καὶ οὐκ οἴσεις αὐτοὺς σὺ μόνος.*
8,27 *ὁ δὲ ἐραυνῶν τὰς **καρδίας οἶδ**εν τί τὸ φρόνημα τοῦ πνεύματος, ὅτι κατὰ θεὸν ἐντυγχάνει ὑπὲρ ἁγίων.*	**1Bas 16,7** *καὶ εἶπεν κύριος πρὸς Σαμουήλ Μὴ ἐπιβλέψῃς ἐπὶ τὴν ὄψιν αὐτοῦ μηδὲ εἰς τὴν ἕξιν μεγέθους αὐτοῦ, ὅτι ἐξουδένωκα αὐτόν· ὅτι οὐχ ὡς ἐμβλέψεται ἄνθρωπος, ὄψεται ὁ θεός, ὅτι ἄνθρωπος ὄψεται εἰς πρόσωπον, ὁ δὲ θεὸς ὄψεται εἰς **καρδίαν**.* **3Bas 8,39** *καὶ σὺ εἰσακούσῃ ἐκ τοῦ οὐρανοῦ ἐξ ἑτοίμου κατοικητηρίου σου καὶ ἵλεως ἔσῃ καὶ ποιήσεις καὶ δώσεις ἀνδρὶ κατὰ τὰς ὁδοὺς αὐτοῦ, καθὼς ἂν γνῷς τὴν **καρδίαν** αὐτοῦ, ὅτι σὺ μονώτατος **οἶδ**ας τὴν **καρδίαν** πάντων υἱῶν ἀνθρώπων,* *ψ* **43,22** *αὐτὸς* (sc *ὁ θεός*) *γὰρ γινώσκει τὰ κρύφια **τῆς καρδίας**.* *ψ* **138,1** *Κύριε, ἐδοκίμασάς με καὶ ἔγνως με·* **138,2** *σὺ ἔγνως τὴν καθέδραν μου καὶ τὴν ἔγερσίν μου,* *σὺ συνῆκας τοὺς διαλογισμούς μου ἀπὸ μακρόθεν·* **138,3** *τὴν τρίβον μου καὶ τὴν σχοῖνόν μου σὺ ἐξιχνίασας*

MT		ALIA
ונשאו אתך במשא העם ולא־תש אתה לבדך:		
ויאמר יהוה אל־שמואל אל־תב אל־מראהו ואל־גבה קומתו כ מאסתיהו כי לא אשר יראה האד כי האדם יראה לעינים ויהוה יראו ללבב:	**1Sam 16,7**	cf et 2Cor 5,12
ואתה תשמע השמים מכון שבת וסלחת ועשית ונתת לאיש ככל דרכיו אשר תדע את־לבבו כי־את ידעת לבדך את־לבב כל־בנ האדם:	**1Reg 8,39**	
כי־הוא ידע תעלמות לב:	**Ps 44,22**	
יהוה הקרתני ותדע:	**Ps 139,1**	cf et ψ **16,3** *ἐδοκίμασας τὴν καρδίαν μου, ἐπεσκέψω νυκτός·*
אתה ידעת שבתי וקומי בנתה לרעי מרחוק:	**139,2**	*ἐπύρωσάς με, καὶ οὐχ εὑρέθη ἐν ἐμοὶ ἀδικία.*
ארחי ורבעי זרית	**139,3**	

NT	LXX
	καὶ πάσας τὰς ὁδούς μου προεῖδες. **138,4** ὅτι οὐκ ἔστιν λόγος ἐν γλώσσῃ μου, **138,5** ἰδού, κύριε, σὺ ἔγνως πάντα, τὰ ἔσχατα καὶ τὰ ἀρχαῖα· **Ier 12,3** καὶ σύ, κύριε, γινώσκεις με, δεδοκίμακας **τὴν καρδίαν** μου ἐναντίον σου· ἅγνισον αὐτοὺς εἰς ἡμέραν σφαγῆς αὐτῶν. **Ier 17,10** ἐγὼ κύριος ἐτάζων **καρδίας** καὶ δοκιμάζων νεφροὺς τοῦ δοῦναι ἑκάστῳ κατὰ τὰς ὁδοὺς αὐτοῦ καὶ κατὰ τοὺς καρποὺς τῶν ἐπιτηδευμάτων αὐτοῦ.
8,28 Οἴδαμεν δὲ ὅτι τοῖς ἀγαπῶσιν **τὸν θεὸν** πάντα συνεργεῖ εἰς ἀγαθόν, τοῖς κατὰ πρόθεσιν κλητοῖς οὖσιν.	**Ex 20,6** καὶ ποιῶν ἔλεος εἰς χιλιάδας τοῖς ἀγαπῶσίν με καὶ τοῖς φυλάσσουσιν τὰ προστάγματά μου. **Dtn 5,10** καὶ ποιῶν ἔλεος εἰς χιλιάδας τοῖς ἀγαπῶσίν με καὶ τοῖς φυλάσσουσιν τὰ προστάγματά μου. **Dtn 6,5** καὶ ἀγαπήσεις κύριον τὸν θεόν σου ἐξ ὅλης τῆς διανοίας σου καὶ ἐξ ὅλης τῆς ψυχῆς σου καὶ ἐξ ὅλης τῆς δυνάμεώς σου. **Dtn 7,9** καὶ γνώσῃ ὅτι κύριος ὁ θεός σου, οὗτος θεός, ὁ θεὸς ὁ πιστός, ὁ φυλάσσων

	MT	ALIA
	וכל־דרכי הסכנתה:	
139,4	כי אין מלה בלשוני	
139,5	הן יהוה ידעת כלה: אחור וקדם צרתני	
Ier 12,3	ואתה יהוה ידעתני תראני ובחנת לבי אתך התקם כצאן לטבחה והקדשם ליום הרגה:	cf et Prov 15,11; Ier 11,20
Ier 17,10	אני יהוה חקר לב בחן כליות ולתת לאיש כדרכו כפרי מעלליו:	
Ex 20,6	ועשה חסד לאלפים לאהבי ולשמרי מצותי:	cf et **Sir 39,27** *ταῦτα πάντα τοῖς εὐσεβέσιν εἰς ἀγαθά,* *οὕτως τοῖς ἁμαρτωλοῖς τραπήσεται εἰς κακά.*
Dtn 5,10	ועשה חסד לאלפים לאהבי ולשמרי מצותי:	
Dtn 6,5	ואהבת את יהוה אלהיך בכל־לבבך ובכל־נפשך ובכל־מאדך:	
Dtn 7,9	וידעת כי־יהוה אלהיך הוא האלהים האל הנאמן שמר הברית	

NT	LXX
	τὴν διαθήκην καὶ τὸ ἔλεος τοῖς ἀγαπῶσιν αὐτὸν καὶ τοῖς φυλάσσουσιν τὰς ἐντολὰς αὐτοῦ εἰς χιλίας γενεάς,
	Sir 2,15 Οἱ φοβούμενοι κύριον οὐκ ἀπειθήσουσιν ῥημάτων αὐτοῦ, καὶ οἱ ἀγαπῶντες αὐτὸν συντηρήσουσιν τὰς ὁδοὺς αὐτοῦ.
	PsSal 4,25 γένοιτο, κύριε, τὸ ἔλεός σου ἐπὶ πάντας τοὺς ἀγαπῶντάς σε.
	PsSal 6,6 καὶ πᾶν αἴτημα ψυχῆς ἐλπιζούσης πρὸς αὐτὸν ἐπιτελεῖ ὁ κύριος· εὐλογητὸς κύριος ὁ ποιῶν ἔλεος τοῖς ἀγαπῶσιν αὐτὸν ἐν ἀληθείᾳ.
	PsSal 10,3 ὀρθώσει γὰρ ὁδοὺς δικαίων καὶ οὐ διαστρέψει ἐν παιδείᾳ, καὶ τὸ ἔλεος κυρίου ἐπὶ τοὺς ἀγαπῶντας αὐτὸν ἐν ἀληθείᾳ.
	PsSal 14,1 Πιστὸς κύριος τοῖς ἀγαπῶσιν αὐτὸν ἐν ἀληθείᾳ, τοῖς ὑπομένουσιν παιδείαν αὐτοῦ,
	14,2 τοῖς πορευομένοις ἐν δικαιοσύνῃ προσταγμάτων αὐτοῦ, ἐν νόμῳ, ᾧ ἐνετείλατο ἡμῖν εἰς ζωὴν ἡμῶν.
	14,3 ὅσιοι κυρίου ζήσονται ἐν αὐτῷ εἰς τὸν αἰῶνα·

MT

והחסד לאהביו ולשמרי מצות
לאלף דור:

ALIA

NT	LXX
8,29 *ὅτι οὓς προέγνω, καὶ προώρισεν συμμόρφους τῆς εἰκόνος τοῦ υἱοῦ αὐτοῦ, εἰς τὸ εἶναι αὐτὸν πρωτότοκον ἐν πολλοῖς ἀδελφοῖς·*	**Gen 1,26** *καὶ εἶπεν ὁ θεός* Ποιήσωμεν *ἄνθρωπον κατ' εἰκόνα ἡμετέραν καὶ καθ' ὁμοίωσιν, …* **1,27** *καὶ ἐποίησεν ὁ θεὸς τὸν ἄνθρωπον, κατ' εἰκόνα θεοῦ ἐποίησεν αὐτόν, ἄρσεν καὶ θῆλυ ἐποίησεν αὐτούς.*

MT		ALIA
ויאמר אלהים נעשׂה אדם בצלמנו כדמותנו ...	**Gen 1,26**	cf et **Ier 1,5** Πρὸ *τοῦ με πλάσαι σε ἐν κοιλίᾳ ἐπίσταμαί σε καὶ πρὸ τοῦ σε ἐξελθεῖν ἐκ μήτρας ἡγίακά σε, προφήτην εἰς ἔθνη τέθεικά σε.*
ויברא אלהים את־האדם בצלמו בצלם אלהים ברא אתו זכר ונקבה ברא אתם:	**1,27**	cf et Ier 38,9 Ἐφραίμ = *πρωτοτοκός τοῦ θεοῦ* cf et **Sap 2,23** *ὅτι ὁ θεὸς ἔκτισεν τὸν ἄνθρωπον ἐπ' ἀφθαρσίᾳ* *καὶ εἰκόνα τῆς ἰδίας ἰδιότητος* (O etc *αἰδιότητος*) *ἐποίησεν αὐτόν·* cf et **Sir 17,1** Κύριος *ἔκτισεν ἐκ γῆς ἄνθρωπον* *καὶ πάλιν ἀπέστρεψεν αὐτὸν εἰς αὐτήν.* **17,2** *ἡμέρας ἀριθμοῦ καὶ καιρὸν ἔδωκεν αὐτοῖς* *καὶ ἔδωκεν αὐτοῖς ἐξουσίαν τῶν ἐπ' αὐτῆς.* **17,3** *καθ' ἑαυτὸν ἐνέδυσεν αὐτοὺς ἰσχὺν* *καὶ κατ' εἰκόνα αὐτοῦ ἐποίησεν αὐτούς.* cf et **PsSal 18,4** *ἡ παιδεία σου ἐφ' ἡμᾶς ὡς υἱὸν πρωτότοκον μονογενῆ ἀποστρέψαι ψυχὴν εὐήκοον ἀπὸ ἀμαθίας ἐν ἀγνοίᾳ.* nn in Rom 8,29 primogenitum filium Dei mediatorem creationis a Paulo haberi putant, cf Prov 8,22ss; Sir 24,9; cf Sap 7,26 cum Sap 9,9

NT	LXX
8,30 *οὓς δὲ προώρισεν, τούτους καὶ ἐκάλεσεν· καὶ οὓς ἐκάλεσεν, τούτους καὶ ἐδικαίωσεν· οὓς δὲ ἐδικαίωσεν, τούτους καὶ ἐδόξασεν.*	*ψ* **90,15** *καὶ ἐξελοῦμαι καὶ δοξάσω αὐτόν.* **90,16** *μακρότητα ἡμερῶν ἐμπλήσω αὐτόν* *καὶ δείξω αὐτῷ τὸ σωτήριόν μου.*
8,31 Τί *οὖν ἐροῦμεν πρὸς ταῦτα; εἰ ὁ θεὸς ὑπὲρ ἡμῶν, τίς καθ' ἡμῶν;*	*ψ* **55,12** *ἐπὶ τῷ θεῷ ἤλπισα· οὐ φοβηθήσομαι, τί ποιήσει μοι ἄνθρωπος.* *ψ* **117,6** *κύριος ἐμοὶ βοηθός,* *οὐ φοβηθήσομαι, τί ποιήσει μοι ἄνθρωπος.* **117,7** *κύριος ἐμοὶ βοηθός,* *κἀγὼ ἐπόψομαι τοὺς ἐχθρούς μου.*
8,32 *ὅς γε* ***τοῦ ἰδίου υἱοῦ οὐκ ἐφείσ****ατο, ἀλλὰ ὑπὲρ ἡμῶν πάντων* ***παρέδωκεν αὐτόν****, πῶς οὐχὶ καὶ σὺν αὐτῷ τὰ πάντα ἡμῖν χαρίσεται;*	**Gen 22,12** *καὶ εἶπεν* Μὴ *ἐπιβάλῃς τὴν χεῖρά σου ἐπὶ τὸ παιδάριον μηδὲ ποιήσῃς αὐτῷ μηδέν· νῦν γὰρ ἔγνων ὅτι φοβῇ τὸν θεὸν σύ, καὶ* ***οὐκ ἐφείσ****ω* ***τοῦ υἱοῦ σου*** *τοῦ ἀγαπητοῦ δι' ἐμέ.*

MT		ALIA
		ad *εἰκὼν θεοῦ* vd et ad 1Cor 11,7; 2Cor 3,18; 4,4-6; Col 1, 15-17
אחלצהו ואכבדהו:	**Ps 91,15**	cf et **Sap 3,9** *οἱ πεποιθότες ἐπ᾽ αὐτῷ συνήσουσιν ἀλήθειαν,*
ארך ימים אשׂביעהו	**91,16**	*καὶ οἱ πιστοὶ ἐν ἀγάπῃ προσμενοῦσιν αὐτῷ·*
ואראהו בישועתי:		*ὅτι χάρις καὶ ἔλεος ἐν τοῖς ὁσίοις αὐτοῦ,* *καὶ ἐπισκοπὴ ἐν τοῖς ἐκλεκτοῖς αὐτοῦ.* **Sap 4,15** *ὅτι χάρις καὶ ἔλεος ἐν τοῖς ἐκλεκτοῖς αὐτοῦ* *καὶ ἐπισκοπὴ ἐν τοῖς ὁσίοις αὐτοῦ.* cf et ad Rom 3,23
באלהים בטחתי לא אירא מה־יעשׂה אדם לי:	**Ps 56,12**	cf et **ψ 22,4** *ἐὰν γὰρ καὶ πορευθῶ ἐν μέσῳ σκιᾶς θανάτου,*
יהוה לי לא אירא מה־יעשׂה לי אדם:	**Ps 118,6**	*οὐ φοβηθήσομαι κακά, ὅτι σὺ μετ᾽ ἐμοῦ εἶ·* *ἡ ῥάβδος σου καὶ ἡ βακτηρία σου,*
יהוה לי בעזרי ואני אראה בשׂנאי:	**118,7**	*αὐταί με παρεκάλεσαν.*
ויאמר אל־תשלח ידך אל־הנ ואל־תעשׂ לו מאומה כי ע ידעתי כי־ירא אלהים אתה ו <u>חשׂכת את־בנך</u> את־יחידך ממני:	**Gen 22,12**	cf et ad Rom 4,25 et ad Gal 1,4

NT	LXX
	… **22,16** *κατ' ἐμαυτοῦ ὤμοσα, λέγει κύριος, οὗ εἵνεκεν ἐποίησας τὸ ῥῆμα τοῦτο καὶ* ***οὐκ ἐφείσ****ω* ***τοῦ υἱοῦ σου*** *τοῦ ἀγαπητοῦ δι' ἐμέ,* **Is 53,6** *καὶ κύριος* ***παρέδωκεν αὐτὸν*** *ταῖς ἁμαρτίαις ἡμῶν.* … **53,12** *διὰ τοῦτο αὐτὸς κληρονομήσει πολλοὺς καὶ τῶν ἰσχυρῶν μεριεῖ σκῦλα, ἀνθ' ὧν* ***παρεδόθη*** *εἰς θάνατον ἡ ψυχὴ αὐτοῦ, καὶ ἐν τοῖς ἀνόμοις ἐλογίσθη· καὶ αὐτὸς ἁμαρτίας πολλῶν ἀνήνεγκε καὶ διὰ τὰς ἁμαρτίας αὐτῶν* ***παρεδόθη****.*
8,33 *τίς ἐγκαλέσει κατὰ* ***ἐκλεκτ****ῶν θεοῦ; θεὸς ὁ δικαιῶν·* **8,34** *τίς ὁ κατακρινῶν;* Χριστὸς ['Ιησοῦς] *ὁ ἀποθανών, μᾶλλον δὲ ἐγερθείς, ὃς καί ἐστιν ἐν δεξιᾷ τοῦ θεοῦ, ὃς καὶ ἐντυγχάνει ὑπὲρ ἡμῶν.*	**Ex 32,30** Καὶ *ἐγένετο μετὰ τὴν αὔριον εἶπεν* Μωυσῆς *πρὸς τὸν λαόν* Ὑμεῖς *ἡμαρτήκατε ἁμαρτίαν μεγάλην· καὶ νῦν ἀναβήσομαι πρὸς τὸν θεόν, ἵνα ἐξιλάσωμαι περὶ τῆς ἁμαρτίας ὑμῶν.* **32,31** *ἐπέστρεψεν δὲ* Μωυσῆς *πρὸς κύριον καὶ εἶπεν* Δέομαι, *κύριε· ἡμάρτηκεν ὁ λαὸς οὗτος ἁμαρτίαν μεγάλην, καὶ ἐποίησαν ἑαυτοῖς θεοὺς χρυσοῦς.* **32,32** *καὶ νῦν εἰ μὲν ἀφεῖς αὐτοῖς τὴν ἁμαρτίαν, ἄφες· εἰ δὲ μή, ἐξάλειψόν με ἐκ τῆς βίβλου σου, ἧς ἔγραψας.*

MT		ALIA
...		
ויאמר בי נשבעתי נאם־יהוה יען אשר עשית את־הדבר הזה ו חשכת את־בנך את־יחידך:	**22,16**	
ויהוה הפגיע בו את עון כלנו: ...	**Is 53,6**	
לכן אחלק־לו ברבים ואת־עצומים יחלק שלל תחת אשר הערה למות נפשו ואת־פשעים נמנה והוא חטא־רבים נשא ולפשעים יפגיע:	**53,12**	
ויהי ממחרת ויאמר משה אל־הע אתם חטאתם חטאה גדלה ועת אעלה אל־יהוה אולי אכפרה בע חטאתכם:	**Ex 32,30**	cf et ex gr Ex 5,22; 32,11-14; Num 11,2; 14,13-19; Dtn 9,25-29; ψ 98,6 ad Rom 8,34 *ὁ ἀποθανών* cf ad 1Cor 15,3 vd et ad Rom 1,6s et Rom 8,30
וישב משה אל־יהוה ויאמר א חטא העם הזה חטאה גדלה ויע להם אלהי זהב:	**32,31**	
ועתה אם־תשא חטאתם ואם־א מחני נא מספרך אשר כתבת:	**32,32**	

NT	**LXX**

1Par 16,13 *σπέρμα Ἰσραὴλ παῖδες αὐτοῦ,*
υἱοὶ Ἰακὼβ ***ἐκλεκτ****οὶ αὐτοῦ.*
ψ **88,4** *Διεθέμην διαθήκην τοῖς* ***ἐκλεκτ****οῖς μου,*
ὤμοσα Δαυὶδ τῷ δούλῳ μου.
88,5 *Ἕως τοῦ αἰῶνος ἑτοιμάσω τὸ σπέρμα σου*
καὶ οἰκοδομήσω εἰς γενεὰν καὶ γενεὰν τὸν θρόνον σου.
ψ **104,6** *σπέρμα Ἀβραὰμ δοῦλοι αὐτοῦ,*
υἱοὶ Ἰακὼβ ***ἐκλεκτ****οὶ αὐτοῦ.*
ψ **105,23** *καὶ εἶπεν τοῦ ἐξολεθρεῦσαι αὐτούς,*
εἰ μὴ Μωυσῆς ὁ ***ἐκλεκτ****ὸς αὐτοῦ*
ἔστη ἐν τῇ θραύσει ἐνώπιον αὐτοῦ
τοῦ ἀποστρέψαι τὴν ὀργὴν αὐτοῦ τοῦ μὴ ἐξολεθρεῦσαι.
ψ **109,1** *Εἶπεν ὁ κύριος τῷ κυρίῳ μου Κάθου ἐκ δεξιῶν μου,*
ἕως ἂν θῶ τοὺς ἐχθρούς σου ὑποπόδιον τῶν ποδῶν σου.
Sap 3,9 *οἱ πεποιθότες ἐπ᾽ αὐτῷ συνήσουσιν ἀλήθειαν,*
καὶ οἱ πιστοὶ ἐν ἀγάπῃ προσμενοῦσιν αὐτῷ·
ὅτι χάρις καὶ ἔλεος ἐν τοῖς ὁσίοις αὐτοῦ
καὶ ἐπισκοπὴ ἐν τοῖς ***ἐκλεκτ****οῖς αὐτοῦ.*

MT		ALIA
זרע ישׂראל עבדו	**1Par 16,13**	
בני יעקב בחיריו׃		
כרתי ברית לבחירי	**Ps 89,4**	
נשׁבעתי לדוד עבדי׃		
עד־עולם אכין זרעך	**89,5**	
ובניתי לדר־ודור כסאך סלה׃		
זרע אברהם עבדו	**Ps 105,6**	
בני יעקב בחיריו׃		
ויאמר להשׁמידם	**Ps 106,23**	
לולי משׁה בחירו		
עמד בפרץ לפניו		
להשׁיב חמתו מהשׁחית׃		
נאם יהוה לאדני	**Ps 110,1**	cf et **Iob 42,8** *Ἰὼβ δὲ ὁ θεράπων μου*
שׁב לימיני		*εὔξεται περὶ ὑμῶν·*
עד־אשׁית איביך		
הדם לרגליך׃		

NT	LXX
	Is 42,1 Ἰακὼβ ὁ παῖς μου, ἀντιλήμψομαι αὐτοῦ· Ἰσραὴλ ὁ ἐκλεκτός μου, προσεδέξατο αὐτὸν ἡ ψυχή μου· ἔδωκα τὸ πνεῦμά μου ἐπ᾽ αὐτόν, κρίσιν τοῖς ἔθνεσιν ἐξοίσει.
	Is 50,8 ὅτι ἐγγίζει ὁ δικαιώσας με· τίς ὁ κρινόμενός μοι; ἀντιστήτω μοι ἅμα· καὶ τίς ὁ κρινόμενός μοι; ἐγγισάτω μοι.
	50,9 ἰδοὺ κύριος βοηθεῖ μοι· τίς κακώσει με; ἰδοὺ πάντες ὑμεῖς ὡς ἱμάτιον παλαιωθήσεσθε, καὶ ὡς σὴς καταφάγεται ὑμᾶς.
	Is 65,9 καὶ ἐξάξω τὸ ἐξ Ἰακὼβ σπέρμα καὶ τὸ ἐξ Ἰούδα, καὶ κληρονομήσει τὸ ὄρος τὸ ἅγιόν μου, καὶ κληρονομήσουσιν οἱ ἐκλεκτοί μου καὶ οἱ δοῦλοί μου καὶ κατοικήσουσιν ἐκεῖ.
	Is 65,23 οἱ δὲ ἐκλεκτοί μου οὐ κοπιάσουσιν εἰς κενὸν οὐδὲ τεκνοποιήσουσιν εἰς κατάραν, ὅτι σπέρμα ηὐλογημένον ὑπὸ θεοῦ ἐστι.
8,36 καθὼς γέγραπται ὅτι ἕνεκεν σοῦ θανατούμεθα ὅλην τὴν ἡμέραν, ἐλογίσθημεν ὡς πρόβατα σφαγῆς.	**ψ 43,23** ὅτι ἕνεκεν σοῦ θανατούμεθα ὅλην τὴν ἡμέραν, ἐλογίσθημεν ὡς πρόβατα σφαγῆς.

MT		ALIA
הן עבדי אתמך־בו בחירי רצתה נפשי נתתי רוחי עליו משפט לגוים יוציא:	**Is 42,1**	cf et Is 43,20s; 45,4; 65,15; Sir 47,22
קרוב מצדיקי מי־יריב אתי נעמדה יחד מי־בעל משפטי יגש אלי:	**Is 50,8**	
הן אדני יהוה יעזר־לי מי־הוא ירשיעני הן כלם כבגד יבלו עש יאכלם:	**50,9**	
והוצאתי מיעקב זרע ומיהודה יורש הרי וירשוה בחירי ועבדי ישכנו־שמה:	**Is 65,9**	
לא ייגעו לריק ולא ילדו לבהלה כי זרע ברוכי יהוה המה וצאצאיהם אתם:	**Is 65,23**	
כי־עליך הרגנו כל־היום נחשבנו כצאן טבחה:	**Ps 44,23**	cf et Zach 11,4.7: *τὰ πρόβατα τῆς σφαγῆς* Is 53,7: *ὡς πρόβατον ἐπὶ σφαγὴν ἤχθη* vd et Sap 5 passim

NT	LXX
8,38 *πέπεισμαι γὰρ ὅτι οὔτε θάνατος οὔτε ζωὴ οὔτε ἄγγελοι οὔτε ἀρχαὶ οὔτε ἐνεστῶτα οὔτε μέλλοντα ούτε δυνάμεις*	
8,39 *οὔτε ὕψωμα οὔτε βάθος οὔτε τις κτίσις ἑτέρα δυνήσεται ἡμᾶς χωρίσαι ἀπὸ τῆς ἀγάπης τοῦ θεοῦ τῆς ἐν* Χριστῷ Ἰησοῦ *τῷ κυρίῳ ἡμῶν.*	*ψ* **138,7** *ποῦ πορευθῶ ἀπὸ τοῦ πνεύματός σου,* *καὶ ἀπὸ τοῦ προσώπου σου ποῦ φύγω;* **138,8** *ἐὰν ἀναβῶ εἰς τὸν οὐρανόν, σὺ εἶ ἐκεῖ·* *ἐὰν καταβῶ εἰς τὸν ᾅδην, πάρει·*
9,3 *ηὐχόμην γὰρ ἀνάθεμα εἶναι αὐτὸς ἐγὼ ἀπὸ τοῦ* Χριστοῦ *ὑπὲρ τῶν ἀδελφῶν μου τῶν συγγενῶν μου κατὰ σάρκα,*	**Ex 32,31** *ἐπέστρεψεν δὲ* Μωυσῆς *πρὸς κύριον καὶ εἶπεν* Δέομαι, *κύριε· ἡμάρτηκεν ὁ λαὸς οὗτος ἁμαρτίαν μεγάλην, καὶ ἐποίησαν ἑαυτοῖς θεοὺς χρυσοῦς.* **32,32** *καὶ νῦν εἰ μὲν ἀφεῖς αὐτοῖς τὴν ἁμαρτίαν, ἄφες· εἰ δὲ μή, ἐξάλειψόν με ἐκ τῆς βίβλου σου, ἧς ἔγραψας.*
9,4 *οἵτινές εἰσιν* **Ἰσραηλ**ῖ*ται, ὧν ἡ* ***υἱο****θεσία*	**Gen 32,29** Οὐ *κληθήσεται ἔτι τὸ ὄνομά σου* Ἰακώβ, *ἀλλὰ* **Ἰσραὴλ** *ἔσται τὸ ὄνομά σου,* **Ex 4,22** Τάδε λέγει *κύριος* **Υἱὸς** *πρωτότοκός* *μου* **Ἰσραήλ**· **Dtn 14,1** ***Υἱοί*** *ἐστε κυρίου τοῦ θεοῦ ὑμῶν·* …

MT		ALIA
		cf ad Eph 1,21 mali angeli: Gen 6,1-4; 3Bas 22,20ss; Iob 1s
אנה אלך מרוחך	**Ps 139,7**	
ואנה מפניך אברח:		
אם־אסק שמים שם אתה	**139,8**	
ואציעה שאול הנך:		
וישב משה אל־יהוה ויאמר אנ חטא העם הזה חטאה גדלה ויעש להם אלהי זהב:	**Ex 32,31**	in LXX *ἀνάθεμα* (MT: חרם) maximam partem consecratum Deo significat, ex gr Lev 27,28; homo eo usus moriendus est
ועתה אם־תשא חטאתם ואם־א מחני נא מספרך אשר כתבת:	**32,32**	
לא יעקב יאמר עוד שמך כי אם ישראל	**Gen 32,29**	ad Deum patrem Israel (filiorum Israel) esse cf ex gr Dtn 1,31; 8,5; Is 1,2; Sap 2,16
כה אמר יהוה בני בכרי ישראל:	**Ex 4,22**	
בנים אתם ליהוה אלהיכם ...	**Dtn 14,1**	ad Deum patrem esse cf et ad Rom 8,14s

NT	LXX
	14,2 ὅτι λαὸς ἅγιος εἶ κυρίῳ τῷ θεῷ σου, **Os 11,1** Διότι νήπιος **Ἰσραήλ**, καὶ ἐγὼ ἠγάπησα αὐτὸν καὶ ἐξ Αἰγύπτου μετεκάλεσα τὰ τέκνα αὐτοῦ. **Sap 16,26** ἵνα μάθωσιν οἱ **υἱοί** σου, οὓς ἠγάπησας, κύριε, ὅτι οὐχ αἱ γενέσεις τῶν καρπῶν τρέφουσιν ἄνθρωπον, ἀλλὰ τὸ ῥῆμά σου τοὺς σοὶ πιστεύοντας διατηρεῖ.
καὶ ἡ δόξα	**Ex 16,10** ἡνίκα δὲ ἐλάλει Ἀαρὼν πάσῃ συναγωγῇ **υἱῶν Ἰσραήλ**, καὶ ἐπεστράφησαν εἰς τὴν ἔρημον, **καὶ ἡ δόξα** κυρίου ὤφθη ἐν νεφέλῃ.
καὶ αἱ **διαθῆκαι**	**Gen 15,18** ἐν τῇ ἡμέρᾳ ἐκείνῃ διέθετο κύριος τῷ Ἀβρὰμ **διαθήκ**ην λέγων Τῷ σπέρματί σου δώσω τὴν γῆν ταύτην ἀπὸ τοῦ ποταμοῦ Αἰγύπτου ἕως τοῦ ποταμοῦ τοῦ μεγάλου, ποταμοῦ Εὐφράτου, **Ex 19,3** καὶ Μωυσῆς ἀνέβη εἰς τὸ ὄρος τοῦ θεοῦ· καὶ ἐκάλεσεν αὐτὸν ὁ θεὸς ἐκ τοῦ ὄρους λέγων Τάδε ἐρεῖς τῷ οἴκῳ Ἰακὼβ καὶ ἀναγγελεῖς τοῖς υἱοῖς Ἰσραήλ **19,4** Αὐτοὶ ἑωράκατε ὅσα πεποίηκα τοῖς Αἰγυπτίοις, καὶ ἀνέλαβον ὑμᾶς ὡσεὶ ἐπὶ

MT		ALIA
כי עם קדוש אתה ליהוה אלהיך	**14,2**	
כי נער ישׂראל ואהבהו וממצרים קראתי לבני:	**Os 11,1**	
ויהי כדבר אהרן אל־כל־עדת בני־ ישׂראל ויפנו אל־המדבר והנ כבוד יהוה נראה בענן:	**Ex 16,10**	cf et Ex 15,6.11; 40,28(34); 3Bas 8,11
ביום ההוא כרת יהוה את־אברם ברית לאמר לזרעך נתתי את־ הארץ הזאת מנהר מצרים עד־ הנהר הגדל נהר־פרת:	**Gen 15,18**	cf ex gr et Gen 26,3-5 (Isaac); Ex 2,24 (Abraham, Isaac et Jacob) cf et tota capita Ex 19 et 24; 2Bas 23,5 (David) cf et ad Rom 4,11, ubi e capite Gen 17 citatum est
ומשה עלה אל־האלהים ויקרא אליו יהוה מן־ההר לאמר כה תאמר לבית יעקב ותגיד לבני ישׂראל:	**Ex 19,3**	
אתם ראיתם אשר עשׂיתי למצרים ואשׂא אתכם על־כנפי נשׂרים ואבא	**19,4**	

NT	LXX
	πτερύγων ἀετῶν, καὶ προσηγαγόμην ὑμᾶς πρὸς ἐμαυτόν.
	19,5 *καὶ νῦν ἐὰν ἀκοῇ ἀκούσητε τῆς ἐμῆς φωνῆς καὶ φυλάξητε τὴν **διαθήκ**ην μου, ἔσεσθέ μοι λαὸς περιούσιος ἀπὸ πάντων τῶν ἐθνῶν· ἐμὴ γάρ ἐστιν πᾶσα ἡ γῆ·*
	19,6 *ὑμεῖς δὲ ἔσεσθέ μοι βασίλειον ἱεράτευμα καὶ ἔθνος ἅγιον.*
	Ex 24,6 *λαβὼν δὲ Μωυσῆς τὸ ἥμισυ τοῦ αἵματος ἐνέχεεν εἰς κρατῆρας, τὸ δὲ ἥμισυ τοῦ αἵματος προσέχεεν πρὸς τὸ θυσιαστήριον.*
	24,7 *καὶ λαβὼν τὸ βιβλίον τῆς **διαθήκ**ης ἀνέγνω εἰς τὰ ὦτα τοῦ λαοῦ, καὶ εἶπαν Πάντα, ὅσα ἐλάλησεν κύριος, ποιήσομεν καὶ ἀκουσόμεθα.*
	24,8 *λαβὼν δὲ Μωυσῆς τὸ αἷμα κατεσκέδασεν τοῦ λαοῦ καὶ εἶπεν Ἰδοὺ τὸ αἷμα τῆς **διαθήκ**ης, ἧς διέθετο κύριος πρὸς ὑμᾶς περὶ πάντων τῶν λόγων τούτων.*
	Sir 44,11 *ἐν ταῖς **διαθήκαι**ς*
	44,12 *ἔστη σπέρμα αὐτῶν* *καὶ τὰ τέκνα αὐτῶν δι' αὐτούς·* ...
	44,18 ***διαθῆκαι*** *αἰῶνος ἐτέθησαν πρὸς αὐτόν* (sc Νῶε),

	MT	ALIA
	אתכם אלי:	
19,5	ועתה אם־שמוע תשמעו בקל ושמרתם את־בריתי והייתם ל סגלה מכל־העמים כי־לי כל הארץ:	
19,6	ואתם תהיו־לי ממלכת כהנים וגו קדוש	
Ex 24,6	ויקח משה חצי הדם וישם באגנו וחצי הדם זרק על־המזבח:	
24,7	ויקח ספר הברית ויקרא באזנ העם ויאמרו כל אשר־דבר יהו נעשה ונשמע:	
24,8	ויקח משה את־הדם ויזרק על־העו ויאמר הנה דם־הברית אשר כרו יהוה עמכם על כל־הדברים האלה	
Sir 44,12	בברית עמד זרעם	
	וצאצאיהם [ ]	
	...	
44,18	באות עולם נכרת עמו	

NT	LXX
	ἵνα μὴ ἐξαλειφθῇ κατακλυσμῷ πᾶσα σάρξ.
καὶ ἡ νομοθεσία	
καὶ ἡ ***λατρεία*** *καὶ αἱ ἐπαγγελίαι*	**Ex 12,26** *καὶ ἔσται ἐὰν λέγωσιν πρὸς ὑμᾶς οἱ υἱοὶ ὑμῶν Τίς ἡ* ***λατρεία*** *αὕτη;* **12,27** *καὶ ἐρεῖτε αὐτοῖς Θυσία τὸ πάσχα τοῦτο κυρίῳ, ὃς ἐσκέπασεν τοὺς οἴκους τῶν υἱῶν Ἰσραὴλ ἐν Αἰγύπτῳ, ἡνίκα ἐπάταξεν τοὺς Αἰγυπτίους, τοὺς δὲ οἴκους ἡμῶν ἐρρύσατο. καὶ κύψας ὁ λαὸς προσεκύνησεν.* **12,28** *καὶ ἀπελθόντες ἐποίησαν οἱ υἱοὶ Ἰσραὴλ καθὰ ἐνετείλατο κύριος τῷ Μωυσῇ καὶ Ἀαρών, οὕτως ἐποίησαν.* **Ex 13,5** *καὶ ἔσται ἡνίκα ἂν εἰσαγάγῃ σε κύριος ὁ θεός σου εἰς τὴν γῆν …, ἣν ὤμοσεν τοῖς πατράσιν σου δοῦναί σοι, γῆν ῥέουσαν γάλα καὶ μέλι, καὶ ποιήσεις τὴν* ***λατρείαν*** *ταύτην ἐν τῷ μηνὶ τούτῳ.*
9,5 *θεὸς εὐλογητὸς εἰς τοὺς αἰῶνας, ἀμήν.*	**ψ 40,14** ***Εὐλογητὸς*** *κύριος, ὁ θεὸς Ἰσραὴλ ἀπὸ τοῦ αἰῶνος καὶ εἰς τὸν αἰῶνα. γένοιτο, γένοιτο.*

MT		ALIA
לבלתי השחית כל בשׂר:		
		cf et 2Mac 6,23; 4Mac 5,35; 17,16
והיה כי־יאמרו אליכם בניכם מה העבדה הזאת לכם:	**Ex 12,26**	cf imprimis Ex 25-31; vd et 1Mac 2,22 *λατρεύω* in LXX tantum pro Dei cultu
ואמרתם זבח־פסח הוא ליהוה אשר פסח על־בתי בני־ישׂראל במצרים בנגפו את־מצרים ואת־בתינו הציל ויקד העם וישׁתחוו:	**12,27**	
וילכו ויעשׂו בני ישׂראל כאשר צוה יהוה את־משׁה ואהרן כן עשׂו:	**12,28**	
והיה כי־יביאך יהוה אל־ארץ ... אשׁר נשׁבע לאבתיך לתת לך ארץ זבת חלב ודבשׁ ועבדת את־העבדה הזאת בחדשׁ הזה:	**Ex 13,5**	
ברוך יהוה אלהי ישׂראל מהעולם ועד העולם אמן ואמן:	**Ps 41,14**	

NT	LXX
9,6 Οὐχ οἷον δὲ ὅτι ἐκπέπτωκεν ὁ λόγος τοῦ θεοῦ.	**Is 40,8** τὸ δὲ ῥῆμα τοῦ θεοῦ ἡμῶν μένει εἰς τὸν αἰῶνα.
οὐ γὰρ πάντες οἱ ἐξ Ἰσραὴλ οὗτοι Ἰσραήλ·	
9,7 ἐν Ἰσαὰκ κληθήσεταί σοι σπέρμα.	**Gen 21,12** ἐν Ἰσαὰκ κληθήσεταί σοι σπέρμα.
9,9 ἐπαγγελίας γὰρ ὁ λόγος οὗτος· κατὰ τὸν καιρὸν τοῦτον ἐλεύσομαι καὶ ἔσται τῇ Σάρρᾳ υἱός.	**Gen 18,10** ἥξω πρὸς σὲ κατὰ τὸν καιρὸν τοῦτον εἰς ὥρας, καὶ ἕξει υἱὸν Σάρρα ἡ γυνή σου. … **18,14** εἰς τὸν καιρὸν τοῦτον ἀναστρέψω πρὸς σὲ εἰς ὥρας, καὶ ἔσται τῇ Σάρρᾳ υἱός.
9,10 καὶ Ῥεβέκκα ἐξ ἑνὸς κοίτην ἔχουσα, Ἰσαὰκ τοῦ πατρὸς ἡμῶν·	
9,12 ἐρρέθη αὐτῇ ὅτι ὁ μείζων δουλεύσει τῷ ἐλάσσονι,	**Gen 25,23** καὶ εἶπεν κύριος αὐτῇ· … καὶ ὁ μείζων δουλεύσει τῷ ἐλάσσονι.
9,13 καθὼς γέγραπται· τὸν Ἰακὼβ ἠγάπησα, τὸν δὲ Ἠσαῦ ἐμίσησα.	**Mal 1,2** λέγει κύριος· καὶ ἠγάπησα τὸν Ἰακώβ, **1,3** τὸν δὲ Ἠσαῦ ἐμίσησα

MT		ALIA
ודבר־אלהינו יקום לעולם:	**Is 40,8**	
		cf ex gr Os 1,9
ביצחק יקרא לך זרע:	**Gen 21,12**	
שוב אשוב אליך כעת חיה והנה־ בן לשרה אשתך	**Gen 18,10**	
...		
אשוב אליך כעת חיה ולשרה בן:	**18,14**	
		cf Gen 25,21ss
ויאמר יהוה לה ... ורב יעבד צעיר:	**Gen 25,23**	
נאם־יהוה ואהב את־יעקב:	**Mal 1,2**	
ואת־עשו שנאתי	**1,3**	

NT	LXX
9,14 μὴ ἀδικία παρὰ τῷ θεῷ; μὴ γένοιτο.	**Dtn 32,4** θεὸς πιστός, καὶ οὐκ ἔστιν ἀδικία·
9,15 τῷ Μωϋσεῖ γὰρ λέγει· ἐλεήσω ὃν ἂν ἐλεῶ καὶ οἰκτιρήσω ὃν ἂν οἰκτίρω.	**Ex 33,19** καὶ εἶπεν … καὶ ἐλεήσω ὃν ἂν ἐλεῶ, καὶ οἰκτιρήσω ὃν ἂν οἰκτίρω.
9,16 ἄρα οὖν οὐ τοῦ θέλοντος οὐδὲ τοῦ τρέχοντος ἀλλὰ τοῦ ἐλεῶντος θεοῦ.	
9,17 λέγει γὰρ ἡ γραφὴ τῷ Φαραὼ ὅτι εἰς αὐτὸ τοῦτο ἐξήγειρά σε ὅπως ἐνδείξωμαι ἐν σοι τὴν δύναμίν μου καὶ ὅπως διαγγελῇ τὸ ὄνομά μου ἐν πάσῃ τῇ γῇ.	**Ex 9,16** καὶ ἕνεκεν τούτου διετηρήθης, ἵνα ἐνδείξωμαι ἐν σοὶ τὴν ἰσχύν μου, καὶ ὅπως διαγγελλῇ τὸ ὄνομά μου ἐν πάσῃ τῇ γῇ.
9,18 ὃν δὲ θέλει σκληρύνει.	**Ex 7,3** ἐγὼ δὲ σκληρυνῶ τὴν καρδίαν Φαραώ, **Ex 10,20** καὶ ἐσκλήρυνεν κύριος τὴν καρδίαν Φαραῶ,
9,19 τί [οὖν] ἔτι μέμφεται; τῷ γὰρ βουλήματι αὐτοῦ τίς ἀνθέστηκεν;	**Iob 9,19** τίς οὖν κρίματι αὐτοῦ ἀντιστήσεται; **Sap 12,12** ἢ τίς ἀντιστήσεται τῷ κρίματί σου;

MT		ALIA
אל אמונה ואין עול	**Dtn 32,4**	
ויאמר ... וחנתי את־אשר אח ורחמתי את־אשר ארחם:	**Ex 33,19**	
		Is 49,10 *ἀλλὰ ὁ ἐλεῶν αὐτοὺς παρακαλέσει*
ואולם בעבור זאת העמדתיך בעבור הראתך את־כחי ולמען ספר שמי בכל־הארץ:	**Ex 9,16**	
ואני אקשה את־לב פרעה	**Ex 7,3**	*ἐγὼ δὲ σκληρύνω* aut *καὶ ἐσκλήρυνεν τὴν καρδίαν Φαραώ* aut sim saepe in Ex 4-14
ויחזק יהוה את־לב פרעה	**Ex 10,20**	
ואם־למשפט מי יועידני:	**Iob 9,19**	

NT	LXX
9,20 ***μὴ ἐρεῖ τὸ πλάσμα τῷ πλάσαντι· τί με ἐποίησας*** *οὕτως;*	**Is 29,16** *οὐχ ὡς ὁ* ***πηλ****ὸς* ***τοῦ κεραμέως*** *λογισθήσεσθε;* ***μὴ ἐρεῖ τὸ πλάσμα τῷ πλάσαντι*** *Οὐ σύ με ἔπλασας; ἢ* ***τὸ ποίημα τῷ ποιήσαντι*** *Οὐ συνετῶς* ***με ἐποίησας****;*
9,21 *ἢ* ***οὐ****κ* ***ἔ****χει ἐξουσίαν* ***ὁ κεραμεὺς το****ῦ* ***πηλο****ῦ* ***ἐκ τοῦ αὐτοῦ*** *φυράματος* ***ποιῆσαι*** *ὁ μὲν εἰς τιμὴν* ***σκεῦ****ος ὃ δὲ εἰς ἀτιμίαν;*	**Is 45,9** ***μὴ ἐρεῖ*** *ὁ* ***πηλ****ὸς* ***τῷ κεραμεῖ Τί ποιεῖς****, ὅτι οὐκ ἐργάζῃ οὐδὲ ἔχεις χεῖρας;*
	Iob 9,12 *ἢ τίς* ***ἐρεῖ*** *αὐτῷ* ***Τί ἐποίησας****;*
	Sap 12,12 *τίς γὰρ* ***ἐρεῖ Τί ἐποίησας****;*
	Is 41,25 *ἐρχέσθωσαν ἄρχοντες, καὶ ὡς* ***πηλ****ὸς* ***κεραμέως*** *καὶ ὡς* ***κεραμεὺς*** *καταπατῶν* ***τ****ὸν* ***πηλ****όν, οὕτως καταπατηθήσεσθε.*
	Is 64,8(7) *καὶ νῦν, κύριε, πατὴρ ἡμῶν σύ, ἡμεῖς δὲ* ***πηλὸ****ς ἔργον τῶν χειρῶν σου πάντες·*
	Ier 18,6 *Εἰ καθὼς* ***ὁ κεραμεὺς*** *οὗτος* ***οὐ*** *δυνήσομαι* ***τοῦ ποιῆσαι*** *ὑμᾶς, οἶκος Ἰσραήλ; ἰδοὺ ὡς ὁ* ***πηλὸ****ς τοῦ* ***κεραμέως*** *ὑμεῖς ἐστε ἐν χερσί μου.*
	Sap 15,7 *Καὶ γὰρ* ***κεραμεὺς*** *ἁπαλὴν γῆν θλίβων ἐπίμοχθον* ***πλάσ****σει πρὸς ὑπηρεσίαν ἡμῶν ἓν ἕκαστον·* *ἀλλ᾽* ***ἐκ τοῦ αὐτοῦ πηλοῦ*** *ἀνε****πλάσ****ατο* *τά τε τῶν καθαρῶν ἔργων δοῦλα* ***σκεύη***

	MT	ALIA
Is 29,16	הפככם אם־כחמר היצר יחשב כי־יאמר מעשה לעשהו לא עשני ויצר אמר ליוצרו לא הבין:	
Is 45,9	היאמר חמר ליצרו מה־תעשה ופעלך אין־ידים לו:	
Iob 9,12	מי־יאמר אליו מה־תעשה:	
Is 41,25	ויבא סגנים כמו־חמר וכמו יוצר ירמס־טיט:	
Is 64,7	ועתה יהוה אבינו אתה אנחנו החמר ואתה יצרנו ומעשה ידך כלנו:	
Ier 18,6	הכיוצר הזה לא־אוכל לעשות לכם בית ישראל נאם־יהוה הנה כחמר ביד היוצר כן־אתם בידי בית ישראל:	

NT	LXX
	τά τε ἐναντία, πάντα ὁμοίως **Sir 36(33),13** *ὡς πηλὸς κεραμέως ἐν χειρὶ αὐτοῦ* **(14)** *πλάσαι αὐτὸ κατὰ τὴν εὐδοκίαν αὐτοῦ,* *οὕτως ἄνθρωποι ἐν χειρὶ τοῦ ποιήσαντος αὐτοὺς*
9,22 *εἰ δὲ θέλων ὁ θεὸς ἐνδείξασθαι τὴν ὀργὴν καὶ γνωρίσαι τὸ δυνατὸν αὐτοῦ ἤνεγκεν ἐν πολλῇ μακροθυμίᾳ σκεύη ὀργῆς κατηρτισμένα εἰς ἀπώλειαν,*	**Ier 27,25** *ἤνοιξε κύριος τὸν θησαυρὸν αὐτοῦ καὶ ἐξήνεγκε τὰ σκεύη ὀργῆς αὐτοῦ, ὅτι ἔργον τῷ κυρίῳ θεῷ ἐν γῇ Χαλδαίων,*
9,23 *καὶ ἵνα γνωρίσῃ τὸν πλοῦτον τῆς δόξης αὐτοῦ ἐπὶ σκεύη ἐλέους ἃ προητοίμασεν εἰς δόξαν;* **9,24** *Οὓς καὶ ἐκάλεσεν ἡμᾶς οὐ μόνον ἐξ Ἰουδαίων ἀλλὰ καὶ ἐξ ἐθνῶν;*	**Is 66,18** *κἀγὼ τὰ ἔργα αὐτῶν καὶ τὸν λογισμὸν αὐτῶν ἐπίσταμαι. ἔρχομαι συναγαγεῖν πάντα τὰ ἔθνη καὶ τὰς γλώσσας, καὶ ἥξουσι καὶ ὄψονται τὴν δόξαν μου.* … **66,20** *καὶ ἄξουσι τοὺς ἀδελφοὺς ὑμῶν ἐκ πάντων τῶν ἐθνῶν δῶρον κυρίῳ μεθ' ἵππων καὶ ἁρμάτων ἐν λαμπήναις ἡμιόνων μετὰ σκιαδίων εἰς τὴν ἁγίαν πόλιν Ἰερουσαλήμ, εἶπε κύριος, ὡς ἂν ἐνέγκαισαν οἱ υἱοὶ Ἰσραὴλ ἐμοὶ τὰς θυσίας αὐτῶν μετὰ ψαλμῶν εἰς τὸν οἶκον κυρίου.* **66,21** *καὶ ἀπ' αὐτῶν λήμψομαι ἐμοὶ ἱερεῖς καὶ Λευίτας, εἶπε κύριος.*

MT		ALIA
[כחומר ביד ה]יוצר לאחוז כרצון [כן האדם ביד] עושהו	**Sir 33,13**	
פתח יהוה את־אוצרו ויוצא את־כלי זעמו כי־מלאכה היא לאדני יהוה צבאו בארץ כשדים:	**Ier 50,25**	cf et Is 13,5 *α'* (*α' σ'* sec 710) *κυριος και σκευη οργης αυτου*, sed LXX *κύριος καὶ οἱ ὁπλομάχοι αὐτοῦ*, vd et Sap 12,10.20-22
ואנכי מעשיהם ומחשבתיהם באו לקבץ את־כל־הגוים והלשנות ובא וראו את־כבודי:	**Is 66,18**	Rom 9,23s interpunctatio sicut in NA^{25}!
…	…	
והביאו את־כל־אחיכם מכל־הגוי מנחה ליהוה בסוסים וברכ ובצבים ובפרדים ובכרכרות ע הר קדשי ירושלם אמר יהוה כאש יביאו בני ישראל את־המנחה בכל טהור בית יהוה:	**66,20**	
וגם־מהם אקח לכהנים ללוים אמ יהוה:	**66,21**	

NT	LXX
9,25 ὡς καὶ ἐν τῷ Ὡσηὲ λέγει· καλέσω τὸν οὐ λαόν μου λαόν μου καὶ τὴν οὐκ ἠγαπημένην ἠγαπημένην·	**Os 2,23(25)** καὶ ἐλεήσω τὴν Οὐκ ἠλεημένην καὶ ἐρῶ τῷ Οὐ λαῷ μου Λαός μου εἶ σύ,
9,26 καὶ ἔσται ἐν τῷ τόπῳ οὗ ἐρρέθη αὐτοῖς· οὐ λαός μου ὑμεῖς, ἐκεῖ κληθήσονται υἱοὶ θεοῦ ζῶντος.	**Os 1,10(2,1)** καὶ ἔσται ἐν τῷ τόπῳ, οὗ ἐρρέθη αὐτοῖς Οὐ λαός μου ὑμεῖς, κληθήσονται καὶ αὐτοὶ υἱοὶ θεοῦ ζῶντος.
9,27 Ἠσαΐας δὲ κράζει ὑπὲρ τοῦ Ἰσραήλ· ἐὰν ᾖ ὁ ἀριθμὸς τῶν υἱῶν Ἰσραὴλ ὡς ἡ ἄμμος τῆς θαλάσσης, τὸ ὑπόλειμμα σωθήσεται· **9,28** λόγον γὰρ συντελῶν καὶ συντέμνων ποιήσει κύριος ἐπὶ τῆς γῆς.	**Is 10,22** καὶ ἐὰν γένηται ὁ λαὸς Ἰσραὴλ ὡς ἡ ἄμμος τῆς θαλάσσης, τὸ κατάλειμμα σωθήσεται· λόγον γὰρ συντελῶν καὶ συντέμνων ἐν δικαιοσύνῃ, **10,23** ὅτι λόγον συντετμημένον ποιήσει ὁ θεὸς ἐν τῇ οἰκουμένῃ ὅλῃ. **Is 28,22** διότι συντετελεσμένα καὶ συντετμημένα πράγματα ἤκουσα παρὰ κυρίου σαβαώθ, ἃ ποιήσει ἐπὶ πᾶσαν τὴν γῆν. **Os 1,10(2,1)** Καὶ ἦν ὁ ἀριθμὸς τῶν υἱῶν Ἰσραὴλ ὡς ἡ ἄμμος τῆς θαλάσσης,
	4Bas 19,31 ὅτι ἐξ Ἰερουσαλὴμ ἐξελεύσεται κατάλειμμα καὶ ἀνασῳζόμενος ἐξ

MT		ALIA
ורחמתי את־לא רחמה ואמרתי ללא־עמי עמי־אתה	**Os 2,25**	vd Os 1,9
והיה במקום אשר־יאמר להם לא־עמי אתם יאמר להם בני אל־חי:	**Os 2,1**	cf Os 2,10 V-239 (et al codd) *εκει κληθησονται* ad *υἱοὶ θεοῦ* vd et ad Rom 8,14s et Gal 3,26
כי אם־יהיה עמך ישראל כחול הי שאר ישוב בו כליון חרוץ שוט צדקה:	**Is 10,22**	cf et **Dan 5,26**θ' *τοῦτο τὸ σύγκριμα τοῦ ῥήματος· μανη, ἐμέτρησεν ὁ θεὸς τὴν βασιλείαν σου καὶ ἐπλήρωσεν αὐτήν·* **5,27**θ' *θεκελ, ἐστάθη ἐν ζυγῷ καὶ εὑρέθη ὑστεροῦσα·* **5,28**θ' *φαρες, διῄρηται ἡ βασιλεία σου καὶ ἐδόθη* Μήδοις *καὶ* Πέραις.
כי כלה ונחרצה אדני יהוה צבאו עשה בקרב כל־הארץ:	**10,23**	
כי־כלה ונחרצה שמעתי מאת אדני יהוה צבאו על־כל־הארץ:	**Is 28,22**	
והיה מספר בני־ישראל כחול הים	**Os 2,1**	
כי מירושלם תצא שארית ופליט מהר ציון קנאת יהוה תעשה־זאת:	**2Reg 19,31**	

NT	LXX
	ὄρους Σιών· ὁ ζῆλος κυρίου τῶν δυνάμεων ποιήσει τοῦτο.
9,29 καὶ καθὼς προείρηκεν Ἠσαΐας· εἰ μὴ κύριος σαβαὼθ ἐγκατέλιπεν ἡμῖν σπέρμα, ὡς Σόδομα ἂν ἐγενήθημεν καὶ ὡς Γόμορρα ἂν ὡμοιώθημεν.	**Is 1,9** καὶ εἰ μὴ κύριος σαβαὼθ ἐγκατέλιπεν ἡμῖν σπέρμα, ὡς Σόδομα ἂν ἐγενήθημεν καὶ ὡς Γόμορρα ἂν ὡμοιώθημεν.
9,30 Τί οὖν ἐροῦμεν; ὅτι ἔθνη τὰ μὴ διώκοντα δικαιοσύνην κατέλαβεν δικαιοσύνην, δικαιοσύνην δὲ τὴν ἐκ πίστεως, **9,31** Ἰσραὴλ δὲ διώκων νόμον δικαιοσύνης εἰς νόμον οὐκ ἔφθασεν.	**Is 51,1** Ἀκούσατέ μου, οἱ διώκοντες τὸ δίκαιον καὶ ζητοῦντες τὸν κύριον, **Dtn 16,20** δικαίως τὸ δίκαιον διώξῃ, ἵνα ζῆτε καὶ εἰσελθόντες κληρονομήσητε τὴν γῆν, **Prov 15,9** διώκοντας δὲ δικαιοσύνην ἀγαπᾷ **Sir 27,8** Ἐὰν διώκῃς τὸ δίκαιον, καταλήμψῃ καὶ ἐνδύσῃ αὐτὸ ὡς ποδήρη δόξης. **Sap 2,11** ἔστω δὲ ἡμῶν ἡ ἰσχὺς νόμος τῆς δικαιοσύνης, τὸ γὰρ ἀσθενὲς ἄχρηστον ἐλέγχεται.

MT		ALIA
לולי יהוה צבאות הותיר לנו שׂריד כמעט כסדם היינו לעמרה דמינו:	**Is 1,9**	
שׁמעו אלי רדפי צדק מבקשׁי יהוה	**Is 51,1**	cont Is 51,1: **51,2** *ἐκάλεσα αὐτὸν* (= Ἀβραάμ) *καὶ εὐλόγησα αὐτὸν καὶ ἠγάπησα αὐτὸν καὶ ἐπλήθυνα αὐτόν.* …
צדק צדק תרדף למען תחיה וירש את־הארץ	**Dtn 16,20**	
ומרדף צדקה יאהב:	**Prov 15,9**	**51,4** … *ὅτι νόμος παρ᾽ ἐμοῦ ἐξελεύσεται καὶ ἡ κρίσις μου εἰς φῶς ἐθνῶν.* **51,5** *ἐγγίζει ταχὺ ἡ δικαιοσύνη μου, καὶ ἐξελεύσεται τὸ σωτήριόν μου, καὶ εἰς τὸν βραχίονά μου ἔθνη ἐλπιοῦσιν·* … **51,6** … *τὸ δὲ σωτήριόν μου εἰς τὸν αἰῶνα ἔσται, ἡ δὲ δικαιοσύνη μου οὐ μὴ ἐκλίπῃ.* **51,7** *ἀκούσατέ μου, οἱ εἰδότες κρίσιν, λαός μου, οὗ ὁ νόμος μου ἐν τῇ καρδίᾳ ὑμῶν·* …

NT

9,32 *διὰ τί; ὅτι οὐκ ἐκ πίστεως ἀλλ' ὡς*
ἐξ ἔργων· προσέκοψαν τῷ λίθῳ τοῦ προσ-
κόμματος,
9,33 *καθὼς γέγραπται·*
ἰδοὺ τίθημι ἐν Σιὼν λίθον προσκόμματος
καὶ πέτραν σκανδάλου,
καὶ ὁ πιστεύων ἐπ' αὐτῷ οὐ καταισχυν-
θήσεται.

LXX

ψ 90,12 *ἐπὶ χειρῶν ἀροῦσίν σε,*
μήποτε προσκόψῃς πρὸς λίθον τὸν πόδα
σου·
Is 8,14 *καὶ ἐὰν ἐπ' αὐτῷ πεποιθὼς ᾖς,*
ἔσται σοι εἰς ἁγίασμα, καὶ οὐχ ὡς λίθου
προσκόμματι συναντήσεσθε αὐτῷ οὐδὲ ὡς
πέτρας πτώματι·
Is 28,16 *διὰ τοῦτο οὕτως λέγει κύριος*
Ἰδοὺ ἐγὼ ἐμβαλῶ εἰς τὰ θεμέλια Σιὼν
λίθον πολυτελῆ ἐκλεκτὸν ἀκρογωνιαῖον
ἔντιμον εἰς τὰ θεμέλια αὐτῆς, καὶ ὁ πι-
στεύων ἐπ' αὐτῷ οὐ μὴ καταισχυνθῇ.

Prov 3,21 *Υἱέ, μὴ παραρρυῇς,*
τήρησον δὲ ἐμὴν βουλὴν καὶ ἔννοιαν,
3,22 *ἵνα ζήσῃ ἡ ψυχή σου,*
…

MT		ALIA
		51,8 … *ἡ δὲ δικαιοσύνη μου εἰς τὸν αἰῶνα ἔσται, τὸ δὲ σωτήριόν μου εἰς γενεὰς γενεῶν.*
		Ex 15,9 *εἶπεν ὁ ἐχθρός Διώξας καταλήμψομαι,* *μεριῶ σκῦλα, ἐμπλήσω ψυχήν μου,* *ἀνελῶ τῇ μαχαίρᾳ μου, κυριεύσει ἡ χείρ μου.* vd et Sir 11,10; 27,8
עַל־כַּפַּיִם יִשָּׂאוּנְךָ פֶּן־תִּגֹּף בָּאֶבֶן רַגְלֶךָ׃	**Ps 91,12**	
והיה למקדש ולאבן נגף ולצור מכשול	**Is 8,14**	vd et Is 8,14σ' *εις δε λιθον προσκομματος*
לכן כה אמר ארני יהוה הנני יסד בציון אבן אבן בחן פנת יקרת מוסד מוסד המאמין לא יחיש׃	**Is 28,16**	
בני אל־ילזו מעיניך נצר תשיה ומזמה׃	**Prov 3,21**	
ויהיו חיים לנפשך …	**3,22**	

NT	LXX
	3,23 ἵνα πορεύῃ πεποιθὼς ἐν εἰρήνῃ πάσας τὰς ὁδούς σου, ὁ δὲ πούς σου οὐ μὴ **προσκόψῃ**.
	ψ **117,22** **λίθον**, ὃν ἀπεδοκίμασαν οἱ οἰκοδομοῦντες, οὗτος ἐγενήθη εἰς κεφαλὴν γωνίας·
	Ier 13,16 δότε τῷ κυρίῳ θεῷ ὑμῶν δόξαν πρὸ τοῦ συσκοτάσαι καὶ πρὸ τοῦ **προσκόψαι** πόδας ὑμῶν ἐπ᾿ ὄρη σκοτεινὰ καὶ ἀναμενεῖτε εἰς φῶς καὶ ἐκεῖ σκιὰ θανάτου καὶ τεθήσονται εἰς σκότος.
10,2 μαρτυρῶ γὰρ αὐτοῖς ὅτι ζῆλον θεοῦ ἔχουσιν ἀλλ᾿ οὐ κατ᾿ ἐπίγνωσιν·	**1Mac 2,26** καὶ ἐζήλωσε τῷ νόμῳ, καθὼς ἐποίησε Φινεὲς τῷ Ζαμβρὶ υἱῷ Σαλώμ. **2,27** καὶ ἀνέκραξε Ματταθίας ἐν τῇ πόλει φωνῇ μεγάλῃ λέγων Πᾶς ὁ ζηλῶν τῷ νόμῳ ἱστῶν διαθήκην ἐξελθέτω ὀπίσω μου. **1Mac 2,58** Ἠλίας ἐν τῷ ζηλῶσαι ζῆλον νόμου ἀνελήμφθη ὡς εἰς τὸν οὐρανόν.
10,3 τῇ δικαιοσύνῃ τοῦ θεοῦ οὐχ **ὑπετάγησαν**.	ψ **107,10** ἐμοὶ ἀλλόφυλοι **ὑπετάγησαν**.
10,5 Μωϋσῆς γὰρ γράφει τὴν **δικαιοσύνην** τὴν ἐκ [τοῦ] νόμου ὅτι	**Lev 18,5** καὶ φυλάξεσθε πάντα τὰ προστάγματά μου καὶ πάντα τὰ κρίματά

MT		ALIA
אז תלך לבטח דרכך	**3,23**	
ורגלך לא תגוף:		
אבן מאסו הבונים	**Ps 118,22**	
היתה לראש פנה:		
תנו ליהוה אלהיכם כבוד	**Ier 13,16**	
בטרם יחשך		
ובטרם יתנגפו רגליכם		
על־הרי נשף		
וקויתם לאור ושמה לצלמות		
ישית לערפל:		
		ad 1Mac 2,26s cf Num 25,6ss cf et ψ **68,10** *ὅτι ὁ ζῆλος τοῦ οἴκου σου κατέφαγέν με,* **Idt 2,4** *καὶ ἐγένετο ὡς συνετέλεσεν τὴν βουλὴν αὐτοῦ, ἐκάλεσεν* Ναβουχοδονοσὸρ *βασιλεὺς* Ἀσσυρίων *τὸν* Ὀλοφέρνην *ἀρχιστράτηγον τῆς δυνάμεως αὐτοῦ δεύτερον ὄντα μετ᾿ αὐτὸν*
עלי־פלשת אתרועע:	**Ps 108,10**	eisd vbs ψ 59,10
ושמרתם את־חקתי ואת־משפטי אשר יעשה אתם האדם וחי בהם	**Lev 18,5**	ad *πάντα* (bis) in Lev 18,5 cf Dtn 27,26LXX in Gal 3,10, ubi *πᾶς* et *πᾶ-*

NT	LXX
ὁ ποιήσας αὐτὰ ἄνθρωπος ζήσεται ἐν αὐτῇ.	μου καὶ ποιήσετε αὐτά, ἃ ποιήσας ἄνθρωπος ζήσεται ἐν αὐτοῖς· ἐγὼ κύριος ὁ θεὸς ὑμῶν.
	Dtn 4,1 καὶ νῦν, Ἰσραήλ, ἄκουε τῶν δικαιωμάτων καὶ τῶν κριμάτων, ὅσα ἐγὼ διδάσκω ὑμᾶς σήμερον ποιεῖν, ἵνα ζῆτε
	Dtn 8,1 Πάσας τὰς ἐντολάς, ἃς ἐγὼ ἐντέλλομαι ὑμῖν σήμερον, φυλάξεσθε ποιεῖν, ἵνα ζῆτε καὶ πολυπλασιασθῆτε καὶ εἰσέλθητε καὶ κληρονομήσητε τὴν γῆν, ἣν ὤμοσεν κύριος τοῖς πατράσιν ὑμῶν.
	2Esdr 19,29 καὶ ἐπεμαρτύρω αὐτοῖς ἐπιστρέψαι αὐτοὺς εἰς τὸν νόμον σου, καὶ οὐκ ἤκουσαν, ἀλλὰ ἐν ταῖς ἐντολαῖς σου καὶ τοῖς κρίμασιν ἡμάρτοσαν, ἃ ποιήσας αὐτὰ ἄνθρωπος ζήσεται ἐν αὐτοῖς·
	Ez 18,21 καὶ ὁ ἄνομος ἐὰν ἀποστρέψῃ ἐκ πασῶν τῶν ἀνομιῶν αὐτοῦ, ὧν ἐποίησε, καὶ φυλάξηται πάσας τὰς ἐντολάς μου καὶ ποιήσῃ δικαιοσύνην καὶ ἔλεος, ζωῇ ζήσεται, οὐ μὴ ἀποθάνῃ.
	18,22 πάντα τὰ παραπτώματα αὐτοῦ, ὅσα ἐποίησεν, οὐ μνησθήσεται· ἐν τῇ δικαιοσύνῃ αὐτοῦ, ᾗ ἐποίησε, ζήσεται.
	Ez 20,11 καὶ ἔδωκα αὐτοῖς τὰ προστάγματά μου καὶ τὰ δικαιώματά μου ἐγνώρι-

MT		ALIA
אני יהוה:		σιν (non in MT!) ad essentiam argumentationis pertinent cf et Dtn 30,15-20
ועתה ישראל שמע אל־החק ואל־המשפטים אשר אנכי מל אתכם לעשות למען תחיו	**Dtn 4,1**	in Rom 10,5 lg cum א* A B et al (cum NA^{25}, contra NA^{26} et NA^{27}: *αὐτοῖς*) sed vd *αὐτῇ*
כל־המצוה אשר אנכי מצוך הי תשמרון לעשות למען תחי ורביתם ובאתם וירשתם את־האר אשר־נשבע יהוה לאבתיכם:	**Dtn 8,1**	ad *ἐντολὴ ἡ εἰς ζωήν* vd et ad Rom 7,10-12
ותעד בהם להשיבם אל־תורתך והמה הזידו ולא־שמעו למצותיך ובמשפטיך חטאו־בם אשר־יעשה אדם וחיה בהם	**Neh 9,29**	
והרשע כי ישוב מכל־חטאתו אש עשה ושמר את־כל־חקותי וע משפט וצדקה חיה יחיה לא ימות	**Ez 18,21**	
כל־פשעיו אשר עשה לא יזכרו בצדקתו אשר־עשה יחיה:	**18,22**	
ואתן להם את־חקותי ואת־משפ הודעתי אותם אשר יעשה אות	**Ez 20,11**	cf ex gr Ez 20,13.21

NT	LXX
	*σα αὐτοῖς, ὅσα **ποιήσει αὐτὰ ἄνθρωπος** καὶ **ζήσεται ἐν αὐτ**οῖς.*
10,6 *ἡ δὲ ἐκ πίστεως δικαιοσύνη οὕτως λέγει· **μὴ εἴπῃς ἐν τῇ καρδίᾳ σου· τίς ἀναβήσεται εἰς τὸν οὐρανόν**; τοῦτ᾽ ἔστιν Χριστὸν καταγαγεῖν·*	**Dtn 9,4** ***μὴ εἴπῃς ἐν τῇ καρδίᾳ σου*** **Dtn 30,12** ***Τίς ἀναβήσεται*** *ἡμῖν* ***εἰς τὸν οὐρανὸν*** *καὶ λήμψεται ἡμῖν αὐτήν;* **Bar 3,29** ***τίς ἀνέβη εἰς τὸν οὐρανὸν*** *καὶ ἔλαβεν αὐτὴν καὶ κατεβίβασεν αὐτὴν ἐκ τῶν νεφελῶν;*
10,7 *ἤ· τίς **καταβήσεται εἰς** τὴν **ἄβυσσον**; τοῦτ᾽ ἔστιν Χριστὸν ἐκ νεκρῶν **ἀναγαγεῖν**.*	**ψ 138,8** *ἐὰν **ἀναβ**ῶ **εἰς τὸν οὐρανόν**, σὺ εἶ ἐκεῖ·* *ἐὰν **καταβ**ῶ **εἰς τὸν ᾅδην**, πάρει·* **Prov 30,2** *ἀφρονέστατος γάρ εἰμι πάντων ἀνθρώπων,* *καὶ φρόνησις ἀνθρώπων οὐκ ἔστιν ἐν ἐμοί·* **30,3** *θεὸς δεδίδαχέν με σοφίαν,* *καὶ γνῶσιν ἁγίων ἔγνωκα.* **30,4** ***τίς ἀνέβη εἰς τὸν οὐρανὸν*** *καὶ* ***κατέβη****;* *τίς συνήγαγεν ἀνέμους ἐν κόλπῳ;* **Sap 16,12** *καὶ γὰρ οὔτε βοτάνη οὔτε μάλαγμα ἐθεράπευσεν αὐτούς,* *ἀλλὰ ὁ σός, κύριε, λόγος ὁ πάντα ἰώμενος.* **16,13** *σὺ γὰρ ζωῆς καὶ θανάτου ἐξουσίαν ἔχεις*

MT		ALIA
האדם וחי בהם:		
אל־תאמר בלבבך	**Dtn 9,4**	
מי יעלה־לנו השמימה ויקחה לנו	**Dtn 30,12**	in Dtn 30,12 *αὐτὴν* = *τὴν ἐντολὴν τοῦ νόμου*!
		cf et ad Eph 4,8ss
		cf et *ψ* **70,20** *ὅσας ἔδειξάς μοι θλίψεις πολλὰς καὶ κακάς,*
אם־אסק שמים שם אתה	**Ps 139,8**	*καὶ ἐπιστρέψας ἐζῳποίησάς με*
ואציעה שאול הנך:		*καὶ ἐκ τῶν ἀβύσσων τῆς γῆς πάλιν ἀνήγαγές με.*
כי בער אנכי מאיש	**Prov 30,2**	*ψ* **106,23** *οἱ καταβαίνοντες εἰς τὴν θάλασσαν ἐν πλοίοις*
ולא־בינת אדם לי:		*ποιοῦντες ἐργασίαν ἐν ὕδασι πολλοῖς,*
		106,24 *αὐτοὶ εἴδοσαν τὰ ἔργα κυρίου*
ולא־למדתי חכמה	**30,3**	*καὶ τὰ θαυμάσια αὐτοῦ ἐν τῷ βυθῷ·*
ודעת קדשים אדע:		**106,25** *εἶπεν, καὶ ἔστη πνεῦμα καταιγίδος,*
מי עלה־שמים וירד	**30,4**	*καὶ ὑψώθη τὰ κύματα αὐτῆς·*
מי אסף־רוח בחפניו		**106,26** *ἀναβαίνουσιν ἕως τῶν οὐρανῶν*
		καὶ καταβαίνουσιν ἕως τῶν ἀβύσσων,
		ἡ ψυχὴ αὐτῶν ἐν κακοῖς ἐτήκετο,

NT	LXX
	καὶ κατάγεις εἰς πύλας ᾅδου καὶ ἀνάγεις·
10,8 ἀλλὰ τί λέγει; ἐγγύς σου τὸ ῥῆμά ἐστιν ἐν τῷ στόματί σου καὶ ἐν τῇ καρδίᾳ σου,	**Dtn 30,14** ἐγγὺς σοῦ ἐστιν τὸ ῥῆμα σφόδρα ἐν τῷ στόματί σου καὶ ἐν τῇ καρδίᾳ σου καὶ ἐν ταῖς χερσίν σου αὐτὸ ποιεῖν.
10,11 λέγει γάρ ἡ γραφή· πᾶς ὁ πιστεύων ἐπ᾽ αὐτῷ οὐ καταισχυνθήσεται.	**Is 28,16** καὶ ὁ πιστεύων ἐπ᾽ αὐτῷ οὐ μὴ καταισχυνθῇ.
10,12 ὁ γὰρ αὐτὸς κύριος πάντων, πλουτῶν εἰς πάντας τοὺς ἐπικαλουμένους αὐτόν·	
10,13 πᾶς γὰρ ὃς ἂν ἐπικαλέσηται τὸ ὄνομα κυρίου σωθήσεται.	**Ioel 2,32(3,5)** καὶ ἔσται πᾶς, ὃς ἂν ἐπικαλέσηται τὸ ὄνομα κυρίου, σωθήσεται·
10,15 καθὼς γέγραπται· ὡς ὡραῖοι οἱ πόδες τῶν εὐαγγελιζομένων [τὰ] ἀγαθά.	**Is 52,7** ὡς ὥρα ἐπὶ τῶν ὀρέων, ὡς πόδες εὐαγγελιζομένου ἀκοὴν εἰρήνης, ὡς εὐαγγελιζόμενος ἀγαθά, **Nah 1,15(2,1)** Ἰδοὺ ἐπὶ τὰ ὄρη οἱ πόδες εὐαγγελιζομένου καὶ ἀπαγγέλλοντος εἰρήνην·

MT		ALIA
כי־קרוב אליך הדבר מאד בפי ובלבבך לעשתו:	**Dtn 30,14**	
המאמין לא יחיש:	**Is 28,16**	cf et ad Rom 9,32s et ad Rom 1,16s
		mod dic *ἐπικαλεῖσθαι τὸν κύριον* aut sim saepe in LXX ex gr Gen 4,26; 1Bas 12,17s; 2Bas 22,7; ψ 17,7; Is 43,7
והיה כל אשר־יקרא בשם יהוה ימלט	**Ioel 3,5**	cf et Rom 1,7
מה־נאוו על־ההרים רגלי מבשר משמיע שלום מבשר טוב	**Is 52,7**	cf et Is 40,9; cf ad 2Cor 5,18s; vd et Eph 2,17; 6,15
הנה על־ההרים רגלי מבשר משמיע שלום	**Nah 2,1**	

NT	LXX
10,16 Ἠσαΐας γὰρ λέγει· κύριε, τίς ἐπίστευσεν τῇ ἀκοῇ ἡμῶν;	**Is 53,1** κύριε, τίς ἐπίστευσε τῇ ἀκοῇ ἡμῶν;
10,18 εἰς πᾶσαν τὴν γῆν ἐξῆλθεν ὁ φθόγγος αὐτῶν καὶ εἰς τὰ πέρατα τῆς οἰκουμένης τὰ ῥήματα αὐτῶν.	**ψ 18,5** εἰς πᾶσαν τὴν γῆν ἐξῆλθεν ὁ φθόγγος αὐτῶν καὶ εἰς τὰ πέρατα τῆς οἰκουμένης τὰ ῥήματα αὐτῶν.
10,19 πρῶτος Μωϋσῆς λέγει· ἐγὼ παραζηλώσω ὑμᾶς ἐπ᾽ οὐκ ἔθνει, ἐπ᾽ ἔθνει ἀσυνέτῳ παροργιῶ ὑμᾶς.	**Dtn 32,21** κἀγὼ παραζηλώσω αὐτοὺς ἐπ᾽ οὐκ ἔθνει, ἐπ᾽ ἔθνει ἀσυνέτῳ παροργιῶ αὐτούς.
10,20 Ἠσαΐας δὲ ἀποτολμᾷ καὶ λέγει· εὑρέθην [ἐν] τοῖς ἐμὲ μὴ ζητοῦσιν, ἐμφανὴς ἐγενόμην τοῖς ἐμὲ μὴ ἐπερωτῶσιν.	**Is 65,1ab** Ἐμφανὴς ἐγενόμην τοῖς ἐμὲ μὴ ζητοῦσιν, εὑρέθην τοῖς ἐμὲ μὴ ἐπερωτῶσιν
10,21 πρὸς δὲ τὸν Ἰσραὴλ λέγει· ὅλην τὴν ἡμέραν ἐξεπέτασα τὰς χεῖράς μου πρὸς λαὸν ἀπειθοῦντα καὶ ἀντιλέγοντα.	**Is 65,2** ἐξεπέτασα τὰς χεῖράς μου ὅλην τὴν ἡμέραν πρὸς λαὸν ἀπειθοῦντα καὶ ἀντιλέγοντα,
11,1 Λέγω οὖν, μὴ ἀπώσατο ὁ θεὸς τὸν λαὸν αὐτοῦ; μὴ γένοιτο· καὶ γὰρ ἐγὼ Ἰσραηλίτης εἰμί, ἐκ σπέρματος Ἀβραάμ, φυλῆς Βενιαμίν.	**1Bas 12,22** ὅτι οὐκ ἀπώσεται κύριος τὸν λαὸν αὐτοῦ διὰ τὸ ὄνομα αὐτοῦ τὸ μέγα, **ψ 76,8** μὴ εἰς τοὺς αἰῶνας ἀπώσεται κύριος

MT		ALIA
מי האמין לשמעתנו	**Is 53,1**	
בכל־הארץ יצא קום ובקצה תבל מליהם	**Ps 19,5**	Paulus dicit *οἰκουμένη* nn txt sed hic
ואני אקניאם בלא־עם בגוי נבל אכעיסם:	**Dtn 32,21**	cf cont **Dtn 32,21**cd: v21ab: *αὐτοὶ παρεζήλωσάν με ἐπ᾽ οὐ θεῷ,* *παρώργισάν με ἐν τοῖς εἰδώλοις αὐτῶν·*
נדרשתי ללוא שאלו נמצאתי ללא בקשני	**Is 65,1**	cf cont **Is 65,1**ab: v1cd: *εἶπα Ἰδού εἰμι, τῷ ἔθνει οἳ οὐκ ἐκάλεσαν τὸ ὄνομά μου.*
פרשתי ידי כל־היום אל־עם סורר	**Is 65,2**	
כי לא־יטש יהוה את־עמו בעבו שמו הגדול	**1Sam 12,22**	cf et **Ier 38,37** *Ἐὰν παύσωνται οἱ νόμοι οὗτοι ἀπὸ προσώπου μου, φησὶ κύριος, καὶ τὸ γένος Ἰσραὴλ παύσεται γενέσθαι ἔθνος κατὰ πρόσωπόν μου*
הלעולמים יזנח אדני	**Ps 77,8**	

NT	LXX
11,2a <u>οὐκ ἀπώσατο ὁ θεὸς τὸν λαὸν αὐτοῦ</u> ὃν προέγνω.	καὶ οὐ προσθήσει τοῦ εὐδοκῆσαι ἔτι; **76,9** ἢ εἰς τέλος τὸ ἔλεος αὐτοῦ ἀποκόψει ἀπὸ γενεᾶς εἰς γενεάν; ψ **93,14** ὅτι <u>οὐκ ἀπώσεται κύριος τὸν λαὸν αὐτοῦ</u>
11,2b ἢ οὐκ οἴδατε ἐν Ἠλίᾳ τί λέγει ἡ γραφή, ὡς ἐντυγχάνει τῷ θεῷ κατὰ τοῦ Ἰσραήλ; **11,3** κύριε, <u>τοὺς προφήτας σου ἀπέκτειναν</u>, <u>τὰ θυσιαστήριά σου κατέσκαψαν</u>, <u>κἀγὼ ὑπελείφθην μόνος καὶ ζητοῦσιν τὴν ψυχήν μου</u>.	**3Bas 19,10** καὶ εἶπεν Ἠλίου Ζηλῶν ἐζήλωκα τῷ κυρίῳ παντοκράτορι, ὅτι ἐγκατέλιπόν σε οἱ υἱοὶ Ἰσραήλ· <u>τὰ θυσιαστήριά σου κατέσκαψαν</u> καὶ <u>τοὺς προφήτας σου ἀπέκτειναν</u> ἐν ῥομφαίᾳ, <u>καὶ ὑπολέλειμμαι ἐγὼ μονώτατος, καὶ ζητοῦσι τὴν ψυχήν μου</u> λαβεῖν αὐτήν.
11,4 ἀλλὰ τί λέγει αὐτῷ ὁ χρηματισμός; <u>κατέλιπ</u>ον ἐμαυτῷ <u>ἑπτα</u>κισ<u>χιλίους ἄνδρας</u>, οἵτινες <u>οὐκ ἔκαμψαν γόνυ</u> τῇ <u>Βάαλ</u>.	**3Bas 19,18** καὶ <u>καταλείψ</u>εις ἐν Ἰσραὴλ <u>ἑπτὰ χιλιάδας ἀνδρῶν</u>, πάντα γόνατα, ἃ <u>οὐκ ὤκλασαν γόνυ</u> τῷ <u>Βάαλ</u>,
11,8 καθὼς γέγραπται· <u>ἔδωκεν</u> αὐτοῖς <u>ὁ θεὸς</u> <u>πνεῦμα κατανύξεως</u>, <u>ὀφθαλμοὺς</u> τοῦ μὴ <u>βλέπειν καὶ ὦτα</u> τοῦ μὴ <u>ἀκούειν</u>, <u>ἕως τῆς</u> σήμερον <u>ἡμέρας</u>.	**Dtn 29,3** καὶ οὐκ <u>ἔδωκεν</u> κύριος <u>ὁ θεὸς</u> ὑμῖν καρδίαν εἰδέναι καὶ <u>ὀφθαλμοὺς βλέπειν καὶ ὦτα ἀκούειν ἕως τῆς ἡμέρας</u> ταύτης. **Is 29,10** ὅτι πεπότικεν ὑμᾶς <u>κύριος πνεύματι κατανύξεως</u> καὶ καμμύσει <u>τοὺς ὀφθαλμοὺς</u> αυτῶν

MT		ALIA
ולא־יסיף לרצות עוד:		*πάσας τὰς ἡμέρας.*
האפס לנצח הסדו גמר אמר לדר ודר:	**77,9**	
כי לא־יטש יהוה עמו	**Ps 94,14**	
ויאמר קנא קנאתי ליהוה אל צבאות כי־עזבו בריתך בני ישרא את־מזבחתיך הרסו ואת־נביאי הרגו בחרב ואותר אני לב ויבקשו את־נפשי לקחתה:	**1Reg 19,10**	vd et 3Bas 19,14 cf et ad 1Thess 2,14s
והשארתי בישראל שבעת אלפי כל־הברכים אשר לא־כרעו לבעל	**1Reg 19,18**	*χρηματισμός* sicut dictum Dei tantum in 2Mac 2,4 ad Rom 11,4 *τῇ* Βάαλ (fem.) vd 4Bas 21,3; Ier 2,8; 12,16
ולא־נתן יהוה לכם לב לדע ועינים לראות ואזנים לשמע ע היום הזה:	**Dtn 29,3**	
כי־נסך עליכם יהוה רוח תרדמה ויעצם את־עיניכם	**Is 29,10**	

NT	LXX
11,9 καὶ Δαυὶδ λέγει·	
γενηθήτω ἡ τράπεζα αὐτῶν εἰς παγίδα καὶ εἰς θήραν καὶ εἰς σκάνδαλον καὶ εἰς ἀνταπόδομα αὐτοῖς,	ψ **68,23** γενηθήτω ἡ τράπεζα αὐτῶν ἐνώπιον αὐτῶν εἰς παγίδα καὶ εἰς ἀνταπόδοσιν καὶ εἰς σκάνδαλον·
11,10 σκοτισθήτωσαν οἱ ὀφθαλμοὶ αὐτῶν τοῦ μὴ βλέπειν καὶ τὸν νῶτον αὐτῶν διὰ παντὸς σύγκαμψον.	**68,24** σκοτισθήτωσαν οἱ ὀφθαλμοὶ αὐτῶν τοῦ μὴ βλέπειν, καὶ τὸν νῶτον αὐτῶν διὰ παντὸς σύγκαμψον·
11,11 ἀλλὰ τῷ αὐτῶν παραπτώματι ἡ σωτηρία τοῖς ἔθνεσιν εἰς τὸ παραζηλῶσαι αὐτούς.	
…	
11,14 εἴ πως παραζηλώσω μου τὴν σάρκα καὶ σώσω τινὰς ἐξ αὐτῶν.	
11,15 εἰ γὰρ ἡ ἀποβολὴ αὐτῶν καταλλαγὴ κόσμου, τίς ἡ πρόσλημψις εἰ μὴ ζωὴ ἐκ νεκρῶν;	
11,16 εἰ δὲ ἡ ἀπαρχὴ ἁγία, καὶ τὸ φύραμα· καὶ εἰ ἡ ῥίζα ἁγία, καὶ οἱ κλάδοι.	

MT		ALIA
יהי־שלחנם לפניהם לפח	**Ps 69,23**	
ולשלומים למוקש:		
תחשכנה עיניהם מראות	**69,24**	
ומתניהם תמיד המעד:		
		vd Dtn 32,21 ad Rom 10,19
		vd Sir 10,21
		vd **Num 15,20** *ἀπαρχὴν φυράματος ὑμῶν ἄρτον ἀφαίρεμα ἀφοριεῖτε αὐτό· ὡς ἀφαίρεμα ἀπὸ ἅλωνος, οὕτως ἀφελεῖτε αὐτόν,* **15,21** *ἀπαρχὴν φυράματος ὑμῶν· καὶ δώσετε κυρίῳ ἀφαίρεμα εἰς τὰς γενεὰς ὑμῶν.*

NT

11,17 Εἰ δέ τινες τῶν κλάδων ἐξεκλάσθησαν, σὺ δὲ ἀγριέλαιος ὢν ἐνεκεντρίσθης ἐν αὐτοῖς καὶ συγκοινωνὸς τῆς ῥίζης τῆς πιότητος τῆς ἐλαίας ἐγένου,

11,25 Οὐ γὰρ θέλω ὑμᾶς ἀγνοεῖν, ἀδελφοί, τὸ μυστήριον τοῦτο, ἵνα μὴ ἦτε [παρ'] ἑαυτοῖς φρόνιμοι, ὅτι πώρωσις ἀπὸ μέρους τῷ Ἰσραὴλ γέγονεν ἄχρι οὗ τὸ πλήρωμα τῶν ἐθνῶν εἰσέλθῃ

LXX

Zach 4,3 καὶ δύο ἐλαῖαι ἐπάνω αὐτῆς …

4,14 Οὗτοι οἱ δύο υἱοὶ τῆς πιότητος παρεστήκασι τῷ κυρίῳ πάσης τῆς γῆς.

Prov 3,7 μὴ ἴσθι φρόνιμος παρὰ σεαυτῷ,

Is 5,21 οὐαὶ οἱ συνετοὶ ἐν ἑαυτοῖς καὶ ἐνώπιον ἑαυτῶν ἐπιστήμονες.

Is 45,20 συνάχθητε καὶ ἥκετε, βουλεύσασθε ἅμα, οἱ σῳζόμενοι ἀπὸ τῶν ἐθνῶν.

Is 66,18 ἔρχομαι συναγαγεῖν πάντα τὰ ἔθνη καὶ τὰς γλώσσας, καὶ ἥξουσι καὶ ὄψονται τὴν δόξαν μου.

MT		ALIA
		vd et **Ier 11,16** *ἐλαίαν ὡραίαν εὔσκιον τῷ εἴδει ἐκάλεσε κύριος τὸ ὄνομά σου· εἰς φωνὴν περιτομῆς αὐτῆς μεγάλη ἡ θλῖψις ἐπὶ σέ, ἠχρεώθησαν οἱ κλάδοι αὐτῆς.* **11,17** *καὶ κύριος ὁ καταφυτεύσας σε ἐλάλησεν ἐπὶ σὲ κακὰ ἀντὶ τῆς κακίας οἴκου Ἰσραὴλ καὶ οἴκου Ἰουδά, ὅτι ἐποίησαν ἑαυτοῖς τοῦ παροργίσαι με ἐν τῷ θυμιᾶν αὐτοὺς τῇ Βάαλ.*
ושנים זיתים עליה ...	**Zach 4,3**	cf Idc 9,9
אלה שני בני־היצהר העמדים על אדון כל־הארץ:	**4,14**	
אל־תהי חכם בעיניך	**Prov 3,7**	*μυστήριον* in visione apocalyptica Dan 2,18ss
הוי חכמים בעיניהם ונגד פניהם נבנים:	**Is 5,21**	vd et ad Rom 12,16
הקבצו ובאו התנגשו יחדו פליטי הגוים	**Is 45,20**	
באה לקבץ את־כל־הגוים והלשנו ובאו וראו את־כבודי:	**Is 66,18**	

NT	LXX
11,26a *καὶ οὕτως πᾶς Ἰσραὴλ σωθήσεται,*	**Is 44,23** *ὅτι ἐλυτρώσατο ὁ θεὸς τὸν Ἰακώβ, καὶ Ἰσραὴλ δοξασθήσεται.* **Is 45,17** *Ἰσραὴλ σῴζεται ὑπὸ κυρίου σωτηρίαν αἰώνιον·* **Is 45,25** *ἀπὸ κυρίου δικαιωθήσονται καὶ ἐν τῷ θεῷ ἐνδοξασθήσονται πᾶν τὸ σπέρμα τῶν υἱῶν Ἰσραήλ.*
11,26bc *καθως γέγραπται·*	
ἥξει ἐκ Σιὼν ὁ ῥυόμενος, *ἀποστρέψει ἀσεβείας ἀπὸ Ἰακώβ.*	**Is 59,20** *καὶ ἥξει ἕνεκεν Σιὼν ὁ ῥυόμενος* *καὶ ἀποστρέψει ἀσεβείας ἀπὸ Ἰακώβ.*
11,27 *καὶ αὕτη αὐτοῖς ἡ παρ' ἐμοῦ διαθήκη.*	**Is 59,21** *καὶ αὕτη αὐτοῖς ἡ παρ' ἐμοῦ διαθήκη, εἶπε κύριος·*
ὅταν ἀφέλωμαι τὰς ἁμαρτίας αὐτῶν.	**Is 27,9** *ὅταν ἀφέλωμαι αὐτοῦ τὴν ἁμαρτίαν,* *ψ* **13,7** *τίς δώσει ἐκ Σιὼν τὸ σωτήριον τοῦ Ἰσραήλ;* *ψ* **49,2** *ἐκ Σιὼν ἡ εὐπρέπεια τῆς ὡραιότητος αὐτοῦ,* *ὁ θεὸς ἐμφανῶς ἥξει,* **49,3** *ὁ θεὸς ἡμῶν, καὶ οὐ παρασιωπήσεται·* *πῦρ ἐναντίον αὐτοῦ καυθήσεται,* *καὶ κύκλῳ αὐτοῦ καταιγὶς σφόδρα.* **Ier 38,31** *Ἰδοὺ ἡμέραι ἔρχονται, φησὶ κύριος, καὶ διαθήσομαι τῷ οἴκῳ Ἰσραὴλ καὶ τῷ οἴκῳ Ἰουδὰ διαθήκην καινήν,*

MT		ALIA
כי־גאל יהוה יעקב ובישראל יתפאר:	**Is 44,23**	
ישראל נושע ביהוה תשועת עולמים	**Is 45,17**	ad *σωτηρία* cf ad Rom 1,16s
ביהוה יצדקו ויתהללו כל־זרע ישראל:	**Is 45,25**	
		cf et **Is 49,25** *οὕτως λέγει κύριος Ἐάν τις αἰχμαλωτεύσῃ γίγαντα, λήμψεται σκῦλα· λαμβάνων δὲ παρὰ ἰσχύοντος σωθήσεται· ἐγὼ δὲ τὴν κρίσιν σου κρινῶ, καὶ ἐγὼ τοὺς υἱούς σου ῥύσομαι·* **49,26** *καὶ φάγονται οἱ θλίψαντές σε τὰς σάρκας αὐτῶν καὶ πίονται ὡς οἶνον νέον τὸ αἷμα αὐτῶν καὶ μεθυσθήσονται, καὶ αἰσθανθήσεται πᾶσα σὰρξ ὅτι ἐγὼ ὁ ῥυσάμενός σε καὶ ἀντιλαμβανόμενος ἰσχύος Ἰακώβ.*
ובא לציון גואל ולשבי פשע ביעקב	**Is 59,20**	
ואני זאת בריתי אותם אמר יהוה	**Is 59,21**	
הסר חטאתו	**Is 27,9**	
מי יתן מציון ישועת ישראל	**Ps 14,7**	
מציון מכלל־יפי	**Ps 50,2**	
אלהים הופיע: יבא אלהינו ואל־יחרש	**50,3**	
אש־לפניו תאכל וסביביו נשערה מאד:		
הנה ימים באים נאם־יהוה וכרתי את־בית ישראל ואת־בית יהודה ברית חדשה:	**Ier 31,31**	cf ad Ier 38,31-33 et ad 2Cor 3,6 et ad Ier 38,33 ad Rom 8,4-11

NT	LXX
	… **38,33** <u>ὅτι</u> <u>**αὕτη ἡ διαθήκη**</u>, ἣν <u>διαθήσομαι</u> <u>τῷ οἴκῳ Ἰσραήλ</u> μετὰ τὰς ἡμέρας ἐκείνας, φησὶ κύριος Διδοὺς δώσω νόμους μου εἰς τὴν διάνοιαν αὐτῶν καὶ ἐπὶ καρδίας αὐτῶν γράψω αὐτούς· καὶ ἔσομαι αὐτοῖς εἰς θεόν, καὶ αὐτοὶ ἔσονταί μοι εἰς λαόν· **38,34** … <u>ὅτι</u> … τῶν <u>**ἁμαρτιῶν αυτῶν**</u> οὐ <u>μὴ μνησθῶ ἔτι</u>.
11,29 <u>**ἀμεταμέλη**</u>τα γὰρ τὰ χαρίσματα καὶ ἡ κλῆσις τοῦ <u>θεοῦ</u>.	ψ **109,4** ὤμοσεν <u>κύριος</u> καὶ <u>οὐ</u> <u>**μεταμελη**</u>θήσεται **Gen 12,1** Καὶ εἶπεν κύριος τῷ Ἀβράμ Ἔξελθε ἐκ τῆς γῆς σου καὶ ἐκ τῆς συγγενείας σου καὶ ἐκ τοῦ οἴκου τοῦ πατρός σου εἰς τὴν γῆν, ἣν ἄν σοι δείξω· **12,2** καὶ ποιήσω σε εἰς ἔθνος μέγα καὶ εὐλογήσω σε καὶ μεγαλυνῶ τὸ ὄνομά σου, καὶ ἔσῃ εὐλογητός· **12,3** καὶ εὐλογήσω τοὺς εὐλογοῦντάς σε, καὶ τοὺς καταρωμένους σε καταράσομαι· καὶ ἐνευλογηθήσονται ἐν σοὶ πᾶσαι αἱ φυλαὶ τῆς γῆς.
11,32 συνέκλεισεν γὰρ ὁ θεὸς τοὺς πάντας εἰς ἀπείθειαν, ἵνα τοὺς <u>**πάντας**</u> <u>**ἐλε-**</u>	**Sap 11,23(24)** <u>**ἐλεεῖς**</u> δὲ <u>**πάντας**</u>, ὅτι πάντα δύνασαι,

MT		ALIA
…		
כי זאת הברית אשר אכרת את־בית ישׂראל אחרי הימים ההם נאם־ יהוה נתתי את־תורתי בקרבם ועל־ לבם אכתבנה והייתי להם לאלהים והמה יהיו־לי לעם:	**31,33**	
… כי אסלח לעונם ולחטאתם לא אזכר־עוד:	**31,34**	
נשבע יהוה ולא ינחם	**Ps 110,4**	cf et ex gr Dtn 7,6s; Ez 20,5: Deus Israel vocavit
ויאמר יהוה אל־אברם לך־לך מארצך וממולדתך ומבית אביך אל־הארץ אשר אראך:	**Gen 12,1**	ad Gen 12,1-3 cf ad Rom 3,29
ואעשׂך לגוי גדול ואברכך ואגדלה שמך והיה ברכה:	**12,2**	
ואברכה מברכיך ומקללך אאר ונברכו בך כל משפחת האדמה:	**12,3**	

NT	LXX
<u>ήσῃ</u>.	καὶ παρορᾷς ἁμαρτήματα ἀνθρώπων εἰς μετάνοιαν.
11,33 Ὦ βάθος πλούτου καὶ σοφίας καὶ <u>γνώσε</u>ως θεοῦ·	**Dtn 9,24** ἀπειθοῦντες ἦτε τὰ πρὸς κύριον ἀπὸ τῆς ἡμέρας, ἧς ἐ<u>γνώσ</u>θη ὑμῖν. **Am 3,2** Πλὴν ὑμᾶς ἔ<u>γνων</u> ἐκ πασῶν τῶν φυλῶν τῆς γῆς· διὰ τοῦτο ἐκδικήσω ἐφ' ὑμᾶς πάσας τὰς ἁμαρτίας ὑμῶν.
ὡς ἀνεξεραύνητα τὰ <u>κρίματα</u> <u>αὐτοῦ</u> καὶ <u>ἀνεξιχνίαστ</u>οι <u>αἱ ὁδοὶ αὐτοῦ</u>.	**Dtn 32,4** θεός, ἀληθινὰ τὰ ἔργα <u>αὐτοῦ</u>, καὶ πᾶσαι <u>αἱ ὁδοὶ αὐτοῦ</u> <u>κρίσις</u>· θεὸς πιστός, καὶ οὐκ ἔστιν ἀδικία· δίκαιος καὶ ὅσιος κύριος. **Is 55,8** οὐ γάρ εἰσιν αἱ <u>βουλαί μου</u> ὥσπερ αἱ βουλαὶ ὑμῶν οὐδὲ ὥσπερ αἱ ὁδοὶ ὑμῶν <u>αἱ ὁδοί μου</u>, λέγει κύριος· **55,9** ἀλλ' ὡς ἀπέχει ὁ οὐρανὸς ἀπὸ τῆς γῆς οὕτως ἀπέχει <u>ἡ ὁδός μου</u> ἀπὸ τῶν ὁδῶν ὑμῶν καὶ τὰ διανοήματα ὑμῶν ἀπὸ τῆς <u>διανοίας μου</u>. **Sap 17,1** Μεγάλαι γάρ σου αἱ <u>κρίσεις</u> καὶ <u>δυσδιήγητοι</u>· διὰ τοῦτο ἀπαίδευτοι ψυχαὶ ἐπλανήθησαν. **ψ 76,20** ἐν τῇ θαλάσσῃ ἡ <u>ὁδός σου</u>, καὶ αἱ τρίβοι σου ἐν ὕδασι πολλοῖς, καὶ τὰ <u>ἴχνη</u> σου οὐ γνωσθήσονται.

MT		ALIA
ממרים הייתם עם־יהוה מיום דעתי אתכם:	**Dtn 9,24**	
רק אתכם ידעתי מכל משפחות האדמה על־כן אפקד עליכם את כל־עונתיכם:	**Am 3,2**	
הצור תמים פעלו כי כל־דרכיו משפט אל אמונה ואין עול צדיק וישר הוא:	**Dtn 32,4**	cf et ψ **94,10** *τεσσαράκοντα ἔτη προσώχθισα τῇ γενεᾷ ἐκείνῃ* *καὶ εἶπα Ἀεὶ πλανῶνται τῇ καρδίᾳ* *καὶ αὐτοὶ οὐκ ἔγνωσαν τὰς ὁδούς μου,*
כי לא מחשבותי מחשבותיכם ולא דרכיכם דרכי נאם יהוה:	**Is 55,8**	
כי־גבהו שמים מארץ כן גבהו דרכי מדרכיכם ומחשבתי ממחשבתיכם:	**55,9**	
בים דרכך ושביליך במים רבים ועקבותיך לא נדעו:	**Ps 77,20**	

NT	LXX
	Iob 5,8 *κύριον δὲ τὸν πάντων δεσπότην ἐπικαλέσομαι* **5,9** *τὸν ποιοῦντα μεγάλα καὶ ἀνεξιχνίαστα, ἔνδοξά τε καὶ ἐξαίσια, ὧν οὐκ ἔστιν ἀριθμός·* **Dan 2,20θ'** *καὶ εἶπεν Εἴη τὸ ὄνομα τοῦ θεοῦ εὐλογημένον ἀπὸ τοῦ αἰῶνος καὶ ἕως τοῦ αἰῶνος, ὅτι ἡ σοφία καὶ ἡ δύναμις αὐτοῦ ἐστι·* **2,21θ'** *καὶ αὐτὸς ἀλλοιοῖ καιροὺς καὶ χρόνους, καθιστᾷ βασιλεῖς καὶ μεθιστᾷ, διδοὺς σοφίαν τοῖς σοφοῖς καὶ φρόνησιν τοῖς εἰδόσι σύνεσιν·*
	2,22θ' *αὐτὸς ἀποκαλύπτει βαθέα καὶ ἀπόκρυφα, γινώσκων τὰ ἐν τῷ σκότει, καὶ τὸ φῶς μετ' αὐτοῦ ἐστι·*
11,34 *τίς γὰρ ἔγνω νοῦν κυρίου; ἢ τίς σύμβουλος αὐτοῦ ἐγένετο;*	**Is 40,13** *τίς ἔγνω νοῦν κυρίου, καὶ τίς σύμβουλος αὐτοῦ ἐγένετο, ὃς συμβιβᾷ αὐτόν;* **Iob 15,8** *ἦ σύνταγμα κυρίου ἀκήκοας, εἰς δὲ σὲ ἀφίκετο σοφία;* **Sap 9,13** *τίς γὰρ ἄνθρωπος γνώσεται βουλὴν θεοῦ;*

MT		ALIA
ואל־אלהים אשים דברתי:	**Iob 5,8**	sim Iob 9,10
עשה גדלות ואין חקר	**5,9**	
נפלאות עד־אין מספר:		
ענה דניאל ואמר להוא שמה די־אלהא מברך מן־עלמא ועד־עלמא די חכמתא וגבורתא די לה־היא:	**Dan 2,20**	
והוא מהשנא עדניא וזמניא מהעדה מלכין ומהקים מלכין יהב חכמתא לחכימין ומנדעא לידעי בינה:	**2,21**	
הוא גלא עמיקתא ומסתרתא ידע מה בחשוכא ונהירא עמה שרא:	**2,22**	
מי־תכן את־רוח יהוה ואיש עצתו יודיענו:	**Is 40,13**	vd et 1Cor 2,16
הבסוד אלוה תשמע ותגרע אליך חכמה:	**Iob 15,8**	

NT	LXX
	ἢ τίς ἐνθυμηθήσεται τί θέλει ὁ κύριος;
	Ier 23,18 ὅτι τίς ἔστη ἐν ὑποστήματι **κυρίου** καὶ εἶδε τὸν λόγον αὐτοῦ; τίς ἐνωτίσατο καὶ ἤκουσεν;
11,35 ἢ τίς προέδωκεν αὐτῷ, καὶ ἀνταποδοθήσεται αὐτῷ;	
12,1 Παρακαλῶ οὖν ὑμᾶς, ἀδελφοί, διὰ **τῶν οἰκτιρμῶν τοῦ θεοῦ** παραστῆσαι τὰ σώματα ὑμῶν θυσίαν ζῶσαν ἁγίαν εὐάρεστον τῷ θεῷ, τὴν λογικὴν λατρείαν ὑμῶν.	**ψ 24,6** μνήσθητι **τῶν οἰκτιρμῶν** σου, κύριε, **Dan 2,18**θ' καὶ **οἰκτιρμ**οὺς ἐζήτουν παρὰ **τοῦ θεοῦ** **Ex 34,6** καὶ παρῆλθεν κύριος πρὸ προσώπου αὐτοῦ καὶ ἐκάλεσεν Κύριος κύριος ὁ θεὸς **οἰκτίρμων** καὶ ἐλεήμων, μακρόθυμος καὶ πολυέλεος καὶ ἀληθινός,
12,9 Ἡ ἀγάπη ἀνυπόκριτος. ἀποστυγοῦντες τὸ **πονηρόν**, κολλώμενοι τῷ ἀγαθῷ,	**Am 5,15** Μεμισθήκαμεν τὰ **πονηρὰ** καὶ ἠγαπήκαμεν τὰ καλά· **ψ 36,27** ἔκκλινον ἀπὸ κακοῦ καὶ ποίησον ἀγαθὸν **ψ 96,10** οἱ ἀγαπῶντες τὸν κύριον, μισεῖτε **πονηρόν**· **Prov 3,7** φοβοῦ δὲ τὸν θεὸν καὶ ἔκκλινε ἀπὸ παντὸς κακοῦ·

MT		ALIA
כי מי עמד בסוד יהוה וירא וישמ את־דברו מי הקשיב דברי וישמע:	**Ier 23,18**	
		Iob 41,3 *ἢ τίς ἀντιστήσεταί μοι καὶ ὑπο-μενεῖ,* *εἰ πᾶσα ἡ ὑπ᾽ οὐρανὸν ἐμή ἐστιν;*
זכר־רחמיך יהוה	**Ps 25,6**	cf et ψ **49,14** *θῦσον τῷ θεῷ θυσίαν αἰνέσεως*
ורחמיך למבעא מן־קדם אלה שמיא	**Dan 2,18**	*καὶ ἀπόδος τῷ ὑψίστῳ τὰς εὐχάς σου·* …
ויעבר יהוה על־פניו ויקרא יהוה יהוה אל רחום וחנון ארך אפים ורב־חסד ואמת:	**Ex 34,6**	**49,23** *θυσία αἰνέσεως δοξάσει με,* *καὶ ἐκεῖ ὁδός, ᾗ δείξω αὐτῷ τὸ σωτήριον τοῦ θεοῦ.*
שנאו־רע ואהבו טוב	**Am 5,15**	vd et ψ 100,2-4
סור מרע ועשה־טוב	**Ps 37,27**	
אהבי יהוה שנאו רע	**Ps 97,10**	
ירא את־יהוה וסור מרע:	**Prov 3,7**	

NT	LXX
12,14 *εὐλογεῖτε τοὺς διώκοντας [ὑμᾶς], εὐλογεῖτε καὶ μὴ καταρᾶσθε.*	**ψ 108,28** *καταράσονται αὐτοί, καὶ σὺ εὐλογήσεις·* *οἱ ἐπανιστανόμενοί μοι αἰσχυνθήτωσαν,* *ὁ δὲ δοῦλός σου εὐφρανθήσεται.*
12,15 *χαίρειν μετὰ χαιρόντων, κλαίειν μετὰ κλαιόντων.*	**Sir 7,34** *μὴ ὑστέρει ἀπὸ κλαιόντων* *καὶ μετὰ πενθούντων πένθησον.*
12,16 *τὸ αὐτὸ εἰς ἀλλήλους φρονοῦντες, μὴ τὰ ὑψηλὰ φρονοῦντες ἀλλὰ τοῖς ταπεινοῖς συναπαγόμενοι. μὴ γίνεσθε φρόνιμοι παρ' ἑαυτοῖς.*	**Prov 3,5** *ἴσθι πεποιθὼς ἐν ὅλῃ καρδίᾳ ἐπὶ θεῷ,* *ἐπὶ δὲ σῇ σοφίᾳ μὴ ἐπαίρου·* … **3,7** *μὴ ἴσθι φρόνιμος παρὰ σεαυτῷ,* *φοβοῦ δὲ τὸν θεὸν καὶ ἔκκλινε ἀπὸ παντὸς κακοῦ·* **Is 5,21** *οὐαὶ οἱ συνετοὶ ἐν ἑαυτοῖς καὶ ἐνώπιον ἑαυτῶν ἐπιστήμονες·* **Ier 51,35** *καὶ σὺ ζητήσεις σεαυτῷ μεγάλα· μὴ ζητήσῃς,*
12,17 *μηδενὶ κακὸν ἀντὶ κακοῦ ἀποδιδόντες, προνοούμενοι καλὰ ἐνώπιον πάντων ἀνθρώπων·*	**Prov 3,4** *καὶ προνοοῦ καλὰ ἐνώπιον κυρίου καὶ ἀνθρώπων.*

MT		ALIA
יקללו־המה ואתה תברך קמו ויבשו ועבדך ישמח:	**Ps 109,28**	vd et ad 1Cor 4,12s
אל תתאחר מבוכים ועם אבלים התאבל:	**Sir 7,34**	
בטח אל־יהוה בכל־לבך ואל־בינתך אל־תשען: …	**Prov 3,5**	vd et ad Rom 12,9 et Rom 11,25
אל־תהי חכם בעיניך ירא את־יהוה וסור מרע:	**3,7**	
הוי חכמים בעיניהם ונגד פניהם נבנים:	**Is 5,21**	
ואתה תבקש־לך גדלות אל־תבקש	**Ier 45,5**	
ומצא־חן ושכל־טוב בעיני אלהים ואדם:	**Prov 3,4**	cf et **Prov 17,13** *ὃς ἀποδίδωσιν κακὰ ἀντὶ ἀγαθῶν,* *οὐ κινηθήσεται κακὰ ἐκ τοῦ οἴκου αὐτοῦ.* cf et **Ier 18,20** *εἰ ἀνταποδίδοται ἀντὶ ἀγαθῶν κακά; ὅτι συνελάλησαν ῥήματα κατὰ τῆς ψυχῆς μου καὶ τὴν κόλασιν*

NT	LXX
12,19 *μὴ ἑαυτοὺς* ***ἐκδικοῦντες***, *ἀγαπητοί, ἀλλὰ δότε τόπον τῇ ὀργῇ, γέγραπται γάρ·* *ἐμοὶ* ***ἐκδίκησις***, *ἐγὼ* ***ἀνταποδώσω***, λέγει ***κύριος***. **12,20** *ἀλλὰ* ***ἐὰν πεινᾷ ὁ ἐχθρός σου***, *ψώμιζε* ***αὐτόν***. ***ἐὰν διψᾷ***, ***πότιζε αὐτόν***· ***τοῦτο γὰρ ποιῶν ἄνθρακας πυρὸς σωρεύσεις ἐπὶ τὴν κεφαλὴν αὐτοῦ***.	**Dtn 32,35** *ἐν ἡμέρᾳ* ***ἐκδικήσεως ἀνταποδώσω***, *ἐν καιρῷ, ὅταν σφαλῇ ὁ πoὺς αὐτῶν·* *ὅτι ἐγγὺς ἡμέρα ἀπωλείας αὐτῶν,* *καὶ πάρεστιν ἕτοιμα ὑμῖν* **Lev 19,18** *καὶ οὐκ* ***ἐκδικ***ᾶ*ταί σου ἡ χείρ,* *καὶ οὐ μηνιεῖς τοῖς υἱοῖς τοῦ λαοῦ σου·* *καὶ ἀγαπήσεις τὸν πλησίον σου ὡς σεαυτόν· ἐγώ εἰμι κύριος.* **Nah 1,2** *Θεὸς ζηλωτὴς καὶ* ***ἐκδικῶν κύριος***, ***ἐκδικῶν κύριος*** *μετὰ θυμοῦ*, ***ἐκδικῶν κύριος*** *τοὺς ὑπεναντίους αὐτοῦ καὶ ἐξαίρων αὐτὸς τοὺς ἐχθροὺς αὐτοῦ.* **Prov 24,29** *μὴ εἴπῃς Ὃν τρόπον ἐχρήσατό μοι χρήσομαι αὐτῷ,* *τείσομαι δὲ αὐτὸν ἅ με ἠδίκησεν.* **Prov 25,21** ***ἐὰν πεινᾷ ὁ ἐχθρός σου***, *τρέφε* ***αὐτόν***, ***ἐὰν διψᾷ***, ***πότιζε αὐτόν***· **25,22** ***τοῦτο γὰρ ποιῶν ἄνθρακας πυρὸς σωρεύσεις ἐπὶ τὴν κεφαλὴν αὐτοῦ***,

MT		ALIA
		αὐτῶν ἔκρυψάν μοι· μνήσθητι ἑστηκότος
		μου κατὰ πρόσωπόν σου τοῦ λαλῆσαι
		ὑπὲρ αὐτῶν ἀγαθά, τοῦ ἀποστρέψαι
		τὸν θυμόν σου ἀπ᾽ αὐτῶν.
		cf et 2Cor 8,21
לי נקם ושלם	**Dtn 32,35**	vd et Ioel 3(4),21; Prov 20,22 MT;
		Sir 28,1-7
לעת תמוט רגלם		cf et ψ **139,10** *ἡ κεφαλὴ τοῦ κυκλώμα-*
כי קרוב יום אידם		*τος αὐτῶν,*
וחש עתדת למו:		*κόπος τῶν χειλέων αὐτῶν καλύψει*
לא־תקם ולא־תטר את־בני עמך	**Lev 19,18**	*αὐτούς.*
ואהבת לרעך כמוך אני יהוה:		**139,11** *πεσοῦνται ἐπ᾽ αὐτοὺς ἄνθρα-*
		κες,
		ἐν πυρὶ καταβαλεῖς αὐτούς,
אל קנוא ונקם יהוה	**Nah 1,2**	*ἐν ταλαιπωρίαις οὐ μὴ ὑποστῶσιν.*
נקם יהוה ובעל חמה		**139,12** *ἀνὴρ γλωσσώδης οὐ κατευθυν-*
נקם יהוה לצריו		*θήσεται ἐπὶ τῆς γῆς,*
ונוטר הוא לאיביו:		*ἄνδρα ἄδικον κακὰ θηρεύσει εἰς δια-*
אל־תאמר כאשר עשה־לי	**Prov 24,29**	*φθοράν.*
כן אעשה־לו		**139,13** *ἔγνων ὅτι ποιήσει κύριος τὴν*
אשיב לאיש כפעלו:		*κρίσιν τοῦ πτωχοῦ*
אם־רעב שנאך האכלהו לחם	**Prov 25,21**	*καὶ τὴν δίκην τῶν πενήτων.*
ואם־צמא השקהו מים:		
כי גחלים אתה חתה על־ראשו	**25,22**	

NT	LXX
	ὁ δὲ κύριος ἀνταποδώσει σοι ἀγαθά. **4Bas 6,21** καὶ εἶπεν ὁ βασιλεὺς Ἰσραήλ, ὡς εἶδεν αὐτούς Εἰ πατάξας πατάξω, πάτερ; **6,22** καὶ εἶπεν Οὐ πατάξεις, εἰ μὴ οὓς ᾐχμαλώτευσας ἐν ῥομφαίᾳ σου καὶ τόξῳ σου, σὺ τύπτεις· παράθες ἄρτους καὶ ὕδωρ ἐνώπιον αὐτῶν, καὶ φαγέτωσαν καὶ πιέτωσαν καὶ ἀπελθέτωσαν πρὸς τὸν κύριον αὐτῶν.
13,1 Πᾶσα ψυχὴ ἐξουσίαις ὑπερεχούσαις ὑποτασσέσθω. οὐ γὰρ ἔστιν ἐξουσία εἰ μὴ ὑπὸ θεοῦ, αἱ δὲ οὖσαι ὑπὸ θεοῦ τεταγμέναι εἰσίν.	**Prov 8,15** δι᾽ ἐμοῦ βασιλεῖς βασιλεύουσιν, καὶ οἱ δυνάσται γράφουσιν δικαιοσύνην· **8,16** δι᾽ ἐμοῦ μεγιστᾶνες μεγαλύνονται, καὶ τύραννοι δι᾽ ἐμοῦ κρατοῦσι γῆς. **Sap 6,1** Ἀκούσατε οὖν, βασιλεῖς, καὶ σύνετε· μάθετε, δικασταὶ περάτων γῆς· **6,2** ἐνωτίσασθε, οἱ κρατοῦντες πλήθους καὶ γεγαυρωμένοι ἐπὶ ὄχλοις ἐθνῶν· **6,3** ὅτι ἐδόθη παρὰ κυρίου ἡ κράτησις ὑμῖν καὶ ἡ δυναστεία παρὰ ὑψίστου, ὃς ἐξετάσει ὑμῶν τὰ ἔργα καὶ τὰς βουλὰς διερευνήσει·

ALIA		MT
		ויהוה ישלם־לך:
	2Reg 6,21	ויאמר מלך־ישׂראל אל־אליש כראתו אותם האכה אכה אבי:
	6,22	ויאמר לא תכה האשר שבי בחרבך ובקשׁתך אתה מכה שׂי לחם ומים לפניהם ויאכלו וישׁת וילכו אל־אדניהם:
vd et Is 41,1-5; 45,1-7; 27,5-7MT (34,4-6LXX)	**Prov 8,15**	כי מלכים ימלכו ורוזנים יחקקו צדק:
	8,16	כי שׂרים ישׂרו ונדיבים כל־שׁפטי צדק:

NT	LXX
	Sir 10,4 *ἐν χειρὶ κυρίου ἡ ἐξουσία τῆς γῆς, καὶ τὸν χρήσιμον ἐγερεῖ εἰς καιρὸν ἐπ᾽ αὐτῆς.* **Sir 17,17** *ἑκάστῳ ἔθνει κατέστησεν ἡγούμενον, καὶ μερὶς κυρίου Ἰσραὴλ ἐστίν.* **Dan 2,21θ᾽** *καὶ αὐτὸς ἀλλοιοῖ καιροὺς καὶ χρόνους, καθιστᾷ βασιλεῖς καὶ μεθιστᾷ, διδοὺς σοφίαν τοῖς σοφοῖς καὶ φρόνησιν τοῖς εἰδόσι σύνεσιν·*
	Dan 2,37θ᾽ *σύ, βασιλεῦ βασιλεὺς βασιλέων, ᾧ ὁ θεὸς τοῦ οὐρανοῦ βασιλείαν ἰσχυρὰν καὶ κραταιὰν καὶ ἔντιμον ἔδωκεν,* **Dan 5,21θ᾽** *ἕως οὗ ἔγνω ὅτι κυριεύει ὁ θεὸς ὁ ὕψιστος τῆς βασιλείας τῶν ἀνθρώπων, και ᾧ ἐὰν δόξῃ, δώσει αὐτήν.*
13,9 *τὸ γὰρ* **οὐ μοιχεύσεις**, **οὐ φονεύσεις**, **οὐ κλέψεις**, **οὐκ ἐπιθυμήσεις**, *καὶ εἴ τις ἑτέρα ἐντολή, ἐν τῷ λόγῳ τούτῳ ἀνακεφαλαιοῦται [ἐν τῷ]·* **ἀγαπήσεις τόν πλησίον σου ὡς σεαυτόν**.	**Dtn 5,17** **οὐ μοιχεύσεις**. **5,18** **οὐ φονεύσεις**. **5,19** **οὐ κλέψεις**. **5,20** *οὐ ψευδομαρτυρήσεις κατὰ τοῦ* **πλησίον** *σου μαρτυρίαν ψευδῆ.* **5,21** **οὐκ ἐπιθυμήσεις** *τὴν γυναῖκα τοῦ* **πλησίον** *σου.* **οὐκ ἐπιθυμήσεις** *τὴν οἰκίαν*

MT		ALIA
ביד אלהים ממשלת תבל ואיש לעת יעמד עליה:	**Sir 10,4**	sed cf **Sir 4,27** (*καὶ*) *μὴ ὑποστρώσῃς ἀνθρώπῳ μωρῷ σεαυτὸν* *καὶ μὴ λάβῃς πρόσωπον δυνάστου.*
והוא מהשנא עדניא וזמניא מהעדה מלכין ומהקים מלכין יהב חכמתא לחכימין ומנדעא לידעי בינה:	**Dan 2,21**	ad Dan 2,20-22 cf ad Rom 11,33
אנתה מלכא מלך מלכיא די אל שמיא מלכותא חסנא ותקפא ויקר יהב־לך:	**Dan 2,37**	
עד די־ידע די־שליט אלהא עלי במלכות אנשא ולמן־די יצב יהקים עליה:	**Dan 5,21**	
לא תרצח:	**Dtn 5,17**	vd et **4Mac 2,6** *καίτοι ὅτε μὴ ἐπιθυμεῖν εἴρηκεν ἡμᾶς ὁ νόμος, πολὺ πλέον πείσαιμ᾽ ἂν ὑμᾶς ὅτι τῶν ἐπιθυμιῶν κρατεῖν δύναται ὁ λογισμός.*
ולא תנאף:	**5,18**	
ולא תגנב:	**5,19**	
ולא־תענה ברעך עד שוא:	**5,20**	
ולא תחמד אשת רעך ולא תתאוה בית רעך ...	**5,21(18)**	

NT	LXX
13,10 *ἡ ἀγάπη τῷ* **πλησίον** *κακὸν οὐκ ἐργάζεται· πλήρωμα οὖν* **νόμ***ου ἡ ἀγάπη.*	*τοῦ* **πλησίον** *σου* **Ex 20,13** **οὐ μοιχεύσεις**. **20,14** **οὐ κλέψεις**. **20,15** **οὐ φονεύσεις**. **20,16** *οὐ ψευδομαρτυρήσεις κατὰ τοῦ* **πλησίον** *σου μαρτυρίαν ψευδῆ.* **20,17** **Οὐκ ἐπιθυμήσεις** *τὴν γυναῖκα τοῦ* **πλησίον** *σου.* **οὐκ ἐπιθυμήσεις** *τὴν οἰκίαν τοῦ* **πλησίον** *σου* **Sap 6,18(19)** *ἀγάπη δὲ τήρησις* **νόμ***ων αὐτῆς* (sc *παιδείας*), **Lev 19,18** *καὶ* ***ἀγαπήσεις τὸν πλησίον σου ὡς σεαυτόν****· ἐγώ εἰμι κύριος.* **Lev 19,34** *καὶ* ***ἀγαπήσεις αὐτὸν*** (sc *τὸν προσήλυτον*) ***ὡς σεαυτόν***
13,11 *καὶ τοῦτο εἰδότες τὸν καιρόν, ὅτι ὥρα ἤδη ὑμᾶς ἐξ ὕπνου ἐγερθῆναι, νῦν γὰρ ἐγγύτερον ἡμῶν ἡ σωτηρία ἢ ὅτε ἐπιστεύσαμεν.*	
13,12 *ἡ νὺξ προέκοψεν, ἡ δὲ ἡμέρα ἤγγικεν. ἀποθώμεθα οὖν τὰ ἔργα τοῦ σκότους, ἐνδυσώμεθα [δὲ] τὰ ὅπλα τοῦ φωτός.*	

MT		ALIA
לא תרצח:	**Ex 20,13**	
לא תנאף:	**20,14**	
לא תגנב:	**20,15**	
לא־תענה ברעך עד שקר:	**20,16**	
לא תחמד בית רעך ולא תחמד אשת רעך ...	**20,17**	
ואהבת לרעך כמוך אני יהוה:	**Lev 19,18**	cf et ad Gal 5,14
ואהבת לו כמוך	**Lev 19,34**	
		ad *ὥρα* sensu apocalyptica cf **Dan 8,17*o'***: *εἰς ὥραν καιροῦ* [*συντελείας*], ***θ'***: *εἰς καιροῦ πέρας*, **Dan 11,35*o'***: *καιρὸς εἰς ὥρας*, **11,40*o'***: *καθ' ὥραν συντελείας*,
		cf Is 59,17 ad 1Thess 5,8; Eph 6,14 et 2Cor 6,5-7

NT	LXX
14,1 *Τὸν δὲ ἀσθενοῦντα τῇ πίστει προσλαμβάνεσθε, μὴ εἰς διακρίσεις διαλογισμῶν.*	
14,2 *ὃς μὲν πιστεύει φαγεῖν πάντα, ὁ δὲ ἀσθενῶν λάχανα ἐσθίει.*	
14,3 *ὁ ἐσθίων τὸν μὴ ἐσθίοντα μὴ ἐξουθενείτω, ὁ δὲ μὴ ἐσθίων τὸν ἐσθίοντα μὴ κρινέτω, ὁ θεὸς γὰρ αὐτὸν προσελάβετο.*	
14,5 *Ὃς μὲν [γὰρ] κρίνει ἡμέραν παρ' ἡμέραν, ὃς δὲ κρίνει πᾶσαν ἡμέραν· ἕκαστος ἐν τῷ ἰδίῳ νοῒ πληροφορείσθω.*	
14,8 *ἐάν τε γὰρ ζῶμεν, τῷ κυρίῳ ζῶμεν, ἐάν τε ἀποθνῄσκωμεν, τῷ κυρίῳ ἀποθνῄσκομεν. ἐάν τε οὖν ζῶμεν ἐάν τε ἀποθνῄσκωμεν, τοῦ κυρίου ἐσμέν.*	**4Mac 7,19** *πιστεύοντες ὅτι θεῷ οὐκ ἀποθνῄσκουσιν, ὥσπερ οὐδὲ οἱ πατριάρχαι ἡμῶν Ἀβραὰμ καὶ Ἰσαὰκ καὶ Ἰακὼβ, ἀλλὰ ζῶσιν τῷ θεῷ.* **4Mac 16,25** *ἔτι δὲ καὶ ταῦτα εἰδότες ὅτι οἱ διὰ τὸν θεὸν ἀποθνῄσκοντες ζῶσιν τῷ θεῷ ὥσπερ Ἀβραὰμ καὶ Ἰσαὰκ καὶ Ἰακὼβ καὶ πάντες οἱ πατριάρχαι.*
14,11 *γέγραπται γάρ·* *ζῶ ἐγώ, λέγει κύριος, ὅτι ἐμοὶ κάμψει πᾶν γόνυ* *καὶ πᾶσα γλῶσσα ἐξομολογήσεται τῷ θεῷ.*	**Is 49,18** *ζῶ ἐγώ, λέγει κύριος,* **Is 45,23** *ὅτι ἐμοὶ κάμψει πᾶν γόνυ καὶ ἐξομολογήσεται πᾶσα γλῶσσα τῷ θεῷ*

MT		ALIA
		disputatur de fidei infirmatione, qua infirmus tantum olus manducat; estne legi Mosiacae oboediens (Lev 11/ Dtn 14)?
		ad sabbatum ex gr Gen 2,2s; Ex 20,8-11; 31,12-17; Dtn 5,12-15; 1Mac 1,43; Is 56,6; 58,13-14 cf ad Gal 4,10
		vd et ad Rom 6,10s
חי־אני נאם־יהוה	**Is 49,18**	sic etiam **Ier 22,24** ζῶ ἐγώ, λέγει κύριος,
כי־לי תכרע כל־ברך תשבע כל־לשון:	**Is 45,23**	ad seriem verborum vd Phil 2,10!

NT	LXX
14,14 *ὅτι οὐδὲν κοινὸν δι' ἑαυτοῦ, εἰ μὴ τῷ λογιζομένῳ τι κοινὸν εἶναι, ἐκείνῳ κοινόν.*	
14,17 *οὐ γάρ ἐστιν **ἡ βασιλεία** τοῦ **θεοῦ** βρῶσις καὶ πόσις ἀλλὰ **δικαιοσύνη** καὶ εἰρήνη καὶ χαρὰ ἐν πνεύματι ἁγίῳ·*	ψ **44,5** *καὶ ἔντεινον καὶ κατευοδοῦ καὶ βασίλευε* *ἕνεκεν ἀληθείας καὶ πραΰτητος καὶ **δικαιοσύν**ης,* … **44,7** *ὁ θρόνος σου, ὁ **θε**ός, εἰς τὸν αἰῶνα τοῦ αἰῶνος,* *ῥάβδος εὐθύτητος ἡ ῥάβδος τῆς **βασιλεί**ας σου.* **44,8** *ἠγάπησας **δικαιοσύν**ην καὶ ἐμίσησας ἀνομίαν·* ψ **102,17** *τὸ δὲ ἔλεος τοῦ κυρίου ἀπὸ τοῦ αἰῶνος καὶ ἕως τοῦ αἰῶνος ἐπὶ τοὺς φοβουμένους αὐτόν,* *καὶ ἡ **δικαιοσύνη** αὐτοῦ ἐπὶ υἱοὺς υἱῶν* **102,18** *τοῖς φυλάσσουσιν τὴν διαθήκην αὐτοῦ* *καὶ μεμνημένοις τῶν ἐντολῶν αὐτοῦ τοῦ ποιῆσαι αὐτάς.* **102,19** *κύριος ἐν τῷ οὐρανῷ ἡτοίμασεν τὸν θρόνον αὐτοῦ,* *καὶ **ἡ βασιλεία αὐτοῦ** πάντων δεσπόζει.* ψ **144,7** *μνήμην τοῦ πλήθους τῆς χρηστότητός σου ἐξερεύξονται*

MT		ALIA
		cf **1Mac 1,47** *θύειν ὕεια καὶ κτήνη κοινά.*
		1Mac 1,62 *μὴ φαγεῖν κοινά*
והדרך צלח	**Ps 45,5**	cf et **PsSal 17,3** *καὶ ἡ βασιλεία τοῦ θεοῦ ἡμῶν εἰς τὸν αἰῶνα ἐπὶ τὰ ἔθνη ἐν*
רכב על־דבר־אמת		*κρίσει.*
וענוה־צדק		…
…		**17,23** *ἐν σοφίᾳ δικαιοσύνης ἐξῶσαι*
כסאך אלהים עולם ועד	**45,7**	*ἁμαρτωλοὺς ἀπὸ κληρονομίας,*
		…
שׁבט מישׁר שׁבט מלכותך:		**17,34** Κύριος *αὐτὸς βασιλεὺς αὐτοῦ*
		[sc *βασιλεύς, ὁ υἱὸς τοῦ* Δαυίδ] …
אהבת צדק ותשׂנא רשׁע	**45,8**	…
		17,40 *ἰσχυρὸς ἐν ἔργοις αὐτοῦ καὶ*
וחסד יהוה מעולם	**Ps 103,17**	*κραταιὸς ἐν φόβῳ θεοῦ*
ועד־עולם על־יראיו		*ποιμαίνων τὸ ποίμνιον κυρίου ἐν πίστει*
		καὶ δικαιοσύνῃ
וצדקתו לבני בנים:		
לשׁמרי בריתו	**103,18**	
ולזכרי פקדיו לעשׂותם:		
יהוה בשׁמים הכין כסאו	**103,19**	
ומלכותו בכל משׁלה:		
זכר רב־טובך יביעו	**Ps 145,7**	

NT	LXX
	καὶ τῇ **δικαιοσύν**η σου ἀγαλλιάσονται. … **144,11** δόξαν τῆς **βασιλεί**ας σου ἐροῦσιν καὶ τὴν δυναστείαν σου λαλήσουσιν **144,12** τοῦ γνωρίσαι τοῖς υἱοῖς τῶν ἀν- θρώπων τὴν δυναστείαν σου καὶ τὴν δόξαν τῆς μεγαλοπρεπείας τῆς **βασιλεί**ας σου. **144,13** ἡ βασιλεία σου βασιλεία πάντων τῶν αἰώνων, καὶ ἡ δεσποτεία σου ἐν πάσῃ γενεᾷ καὶ γενεᾷ. **Is 9,7(6)** μεγάλη ἡ ἀρχὴ αὐτοῦ, καὶ τῆς εἰρήνης αὐτοῦ οὐκ ἔστιν ὅριον ἐπὶ τὸν θρόνον Δαυὶδ καὶ τὴν **βασιλεί**αν αὐτοῦ κατορθῶσαι αὐτὴν καὶ ἀντιλαβέσθαι αὐτῆς ἐν **δικαιοσύν**ῃ καὶ ἐν κρίματι ἀπὸ τοῦ νῦν καὶ εἰς τὸν αἰῶνα χρόνον· ὁ ζῆλος κυρίου σαβαώθ ποιήσει ταῦτα.
	Is 56,1 Τάδε λέγει κύριος Φυλάσσεσθε κρίσιν, ποιήσατε **δικαιοσύν**ην· ἤγγισε γὰρ τὸ σωτήριόν μου παραγίνεσθαι καὶ τὸ ἔλεός μου ἀποκαλυφθῆναι. **Is 62,1** Διὰ Σιὼν οὐ σιωπήσομαι καὶ διὰ

MT		ALIA
וצדקתך ירננו:		
…		
כבוד מלכותך יאמרו	**145,11**	
וגבורתך ידברו:		
להודיע לבני האדם גבורתיו	**145,12**	
וכבוד הדר מלכותו:		
מלכותך מלכות כל־עלמים	**145,13**	
וממשלתך בכל־דור ודור:		
לסרבה המשׂרה	**Is 9,6**	
ולשלום אין־קץ		
על־כסא דוד		
ועל־ממלכתו		
להכין אתה		
ולסעדה		
במשפט ובצדקה		
מעתה ועד־עולם		
קנאת יהוה צבאות		
תעשׂה־זאת:		
כה אמר יהוה	**Is 56,1**	sed cont **Is** 56,1: **56,2** *μακάριος ἀνὴρ*
שׁמרו משפט ועשׂו צדקה		*ὁ ποιῶν ταῦτα καὶ ἄνθρωπος ὁ ἀντεχό-*
כי־קרובה ישועתי לבוא		*μενος αὐτῶν καὶ φυλάσσων τὰ σάββα-*
וצדקתי להגלות:		*τα μὴ βεβηλοῦν καὶ διατηρῶν τὰς χεῖ-*
למען ציון לא אחשׁה	**Is 62,1**	*ρας αὐτοῦ μὴ ποιεῖν ἀδίκημα.*

NT	LXX
	Ἰερουσαλὴμ οὐκ ἀνήσω, ἕως ἂν ἐξέλθῃ ὡς φῶς ἡ **δικαιοσύνη** μου, τὸ δὲ σωτήριόν μου ὡς λαμπὰς καυθήσεται. **62,2** καὶ ὄψονται ἔθνη τὴν **δικαιοσύν**ην σου καὶ βασιλεῖς τὴν δόξαν σου, καὶ καλέσει σε τὸ ὄνομά σου τὸ καινόν, ὃ ὁ κύριος ὀνομάσει αὐτό. **62,3** καὶ ἔσῃ στέφανος κάλλους ἐν χειρὶ κυρίου καὶ διάδημα βασιλείας ἐν χειρὶ θεοῦ σου.
14,19 Ἄρα οὖν τὰ τῆς εἰρήνης διώκωμεν καὶ τὰ τῆς οἰκοδομῆς τῆς εἰς ἀλλήλους.	ψ **33,15** ἔκκλινον ἀπὸ κακοῦ καὶ ποίησον ἀγαθόν, ζήτησον εἰρήνην καὶ δίωξον αὐτήν.
15,1 Ὀφείλομεν δὲ ἡμεῖς οἱ δυνατοὶ τὰ ἀσθενήματα τῶν ἀδυνάτων βαστάζειν καὶ μὴ ἑαυτοῖς ἀρέσκειν.	
15,3 καὶ γὰρ ὁ Χριστὸς οὐχ ἑαυτῷ ἤρεσεν, ἀλλὰ καθὼς γέγραπται· οἱ ὀνειδισμοὶ τῶν ὀνειδιζόντων σε ἐπέπεσαν ἐπ' ἐμέ.	ψ **68,10** καὶ οἱ ὀνειδισμοὶ τῶν ὀνειδιζόντων σε ἐπέπεσαν ἐπ' ἐμέ.
15,4 ὅσα γὰρ προεγράφη, εἰς τὴν ἡμετέραν διδασκαλίαν ἐγράφη, ἵνα διὰ τῆς ὑπομονῆς καὶ διὰ τῆς παρακλήσεως τῶν γραφῶν τὴν ἐλπίδα ἔχωμεν.	**1Mac 12,9** καὶ ἡμεῖς οὖν ἀπροσδεεῖς τούτων ὄντες παράκλησιν ἔχοντες τὰ βιβλία τὰ ἅγια τὰ ἐν ταῖς χερσὶν ἡμῶν

	MT	ALIA
	ולמען ירושלם לא אשקוט	
	עד־יצא כנגה צדקה	
	וישועתה כלפיד יבער:	
62,2	וראו גוים צדקך	
	וכל־מלכים כבודך	
	וקרא לך שם חדש	
	אשר פי יהוה יקבנו:	
62,3	והיית עטרת תפארת ביד־יהוה	
	וצנוף מלוכה בכף־אלהיך:	
Ps 34,15	סור מרע ועשה־טוב	
	בקש שלום ורדפהו:	
		cf **Is 53,4** *οὗτος τὰς ἁμαρτίας ἡμῶν φέρει καὶ περὶ ἡμῶν ὀδυνᾶται,* cf et ad Gal 1,4
Ps 69,10	וחרפות חורפיך נפלו עלי:	
		cf et ψ **118,50** *αὕτη με παρεκάλεσεν* *ἐν τῇ ταπεινώσει μου,* *ὅτι τὸ λόγιόν σου ἔζησέν με.*

NT	LXX
15,8 λέγω γὰρ Χριστὸν διάκονον γεγενῆσθαι περιτομῆς ὑπὲρ ἀληθείας θεοῦ, εἰς τὸ βεβαιῶσαι τὰς ἐπαγγελίας τῶν πατέρων,	**Mich 7,20** δώσεις ἀλήθειαν τῷ Ἰακώβ, ἔλεος τῷ Ἀβραάμ, καθότι ὤμοσας τοῖς πατράσιν ἡμῶν κατὰ τὰς ἡμέρας τὰς ἔμπροσθεν.
15,9 καθὼς γέγραπται· διὰ τοῦτο ἐξομολογήσομαί σοι ἐν ἔθνεσιν καὶ τῷ ὀνόματί σου ψαλῶ.	**ψ 17,50** διὰ τοῦτο ἐξομολογήσομαί σοι ἐν ἔθνεσιν, κύριε, καὶ τῷ ὀνόματί σου ψαλῶ,

MT		ALIA
תתן אמת ליעקב חסד לאברהם אשר־נשבעת לאבתינו מימי קדם:	**Mich 7,20**	cf et **Gen 12,1** *Καὶ εἶπεν κύριος τῷ Ἀβράμ Ἔξελθε ἐκ τῆς γῆς σου καὶ ἐκ τῆς συγγενείας σου καὶ ἐκ τοῦ οἴκου τοῦ πατρός σου εἰς τὴν γῆν, ἣν ἄν σοι δείξω·* **12,2** *καὶ ποιήσω σε εἰς ἔθνος μέγα καὶ εὐλογήσω σε καὶ μεγαλυνῶ τὸ ὄνομά σου, καὶ ἔσῃ εὐλογητός·* **12,3** *καὶ εὐλογήσω τοὺς εὐλογοῦντάς σε, καὶ τοὺς καταρωμένους σε καταράσομαι· καὶ ἐνευλογηθήσονται ἐν σοὶ πᾶσαι αἱ φυλαὶ τῆς γῆς.* cf et **Gen 17,6** *καὶ αὐξανῶ σε σφόδρα σφόδρα, καὶ θήσω σε εἰς ἔθνη, καὶ βασιλεῖς ἐκ σοῦ ἐξελεύσονται.* **17,7** *καὶ στήσω τὴν διαθήκην μου ἀνὰ μέσον ἐμοῦ καὶ ἀνὰ μέσον σοῦ καὶ ἀνὰ μέσον τοῦ σπέρματός σου μετὰ σὲ εἰς γενεὰς αὐτῶν εἰς διαθήκην αἰώνιον, εἶναί σου θεὸς καὶ τοῦ σπέρματός σου μετὰ σέ.*
על־כן אודך בגוים יהוה ולשמך אזמרה:	**Ps 18,50**	2Bas 22,50 fere eadem verba sicut *ψ* 17,50

NT	LXX
15,10 *καὶ πάλιν λέγει·* *εὐφράνθητε, ἔθνη, μετὰ τοῦ λαοῦ αὐτοῦ.*	**Dtn 32,43** *εὐφράνθητε, ἔθνη, μετὰ τοῦ λαοῦ αὐτοῦ,*
15,11 *καὶ πάλιν·* *αἰνεῖτε, πάντα τὰ ἔθνη, τὸν κύριον καὶ ἐπαινεσάτωσαν αὐτὸν πάντες οἱ λαοί.*	*ψ* **116,1** *Αἰνεῖτε τὸν κύριον πάντα τὰ ἔθνη, ἐπαινεσάτωσαν αὐτόν, πάντες οἱ λαοί,*
15,12 *καὶ πάλιν* Ἠσαΐας *λέγει·* *ἔσται ἡ ῥίζα τοῦ Ἰεσσαὶ καὶ ὁ ἀνιστάμενος ἄρχειν ἐθνῶν, ἐπ' αὐτῷ ἔθνη ἐλπιοῦσιν.*	**Is 11,10** *καὶ ἔσται ἐν τῇ ἡμέρᾳ ἐκείνῃ ἡ ῥίζα τοῦ Ἰεσσαὶ καὶ ὁ ἀνιστάμενος ἄρχειν ἐθνῶν, ἐπ' αὐτῷ ἔθνη ἐλπιοῦσι,*
15,16 *εἰς τὸ εἶναί με λειτουργὸν Χριστοῦ* Ἰησοῦ *εἰς τὰ ἔθνη, ἱερουργοῦντα τὸ εὐ-*	**Is 61,5** *καὶ ἥξουσιν ἀλλογενεῖς ποιμαίνοντες τὰ πρόβατά σου, καὶ ἀλλόφυλοι*

MT		ALIA
הרנינו גוים עמו	**Dtn 32,43**	cf et ψ **95,11** *εὐφραινέσθωσαν οἱ οὐρανοί, καὶ ἀγαλλιάσθω ἡ γῆ, σαλευθήτω ἡ θάλασσα καὶ τὸ πλήρωμα αὐτῆς·* vd et Is 44,23, 49,13
הללו את־יהוה כל־גוים	**Ps 117,1**	
שבחוהו כל־האמים:		
והיה ביום ההוא שרש ישי אשר עמד לנס עמים אליו גוים ידרשו והיתה	**Is 11,10**	cf et **Is 11,1** *Καὶ ἐξελεύσεται ῥάβδος ἐκ τῆς ῥίζης Ἰεσσαί, καὶ ἄνθος ἐκ τῆς ῥίζης ἀναβήσεται.* **Is 42,4** *ἀναλάμψει καὶ οὐ θραυσθήσεται, ἕως ἂν θῇ ἐπὶ τῆς γῆς κρίσιν· καὶ ἐπὶ τῷ νόμῳ αὐτοῦ ἔθνη ἐλπιοῦσιν.* cf et **Ier 23,5** *Ἰδοὺ ἡμέραι ἔρχονται, λέγει κύριος, καὶ ἀναστήσω τῷ Δαυὶδ ἀνατολὴν δικαίαν, καὶ βασιλεύσει βασιλεὺς καὶ συνήσει καὶ ποιήσει κρίμα καὶ δικαιοσύνην ἐπὶ τῆς γῆς.* vd et Sir 47,22
ועמדו זרים ורעו צאנכם ובני נכר אכריכם וכרמיכם:	**Is 61,5**	ad *λειτουργεῖν* cf et Ex 28,31(35). 39(43); 29,30 (*Ἀαρών*)

NT	LXX
αγγέλιον τοῦ θεοῦ, ἵνα γένηται ἡ προσφορὰ τῶν ἐθνῶν εὐπρόσδεκτος, ἡγιασμένη ἐν πνεύματι ἁγίῳ.	*ἀροτῆρες καὶ ἀμπελουργοί·* **61,6** *ὑμεῖς δὲ ἱερεῖς κυρίου κληθήσεσθε, λειτουργοὶ θεοῦ· ἰσχὺν ἐθνῶν κατέδεσθε καὶ ἐν τῷ πλούτῳ αὐτῶν θαυμασθήσεσθε.*
	Is 66,20 *καὶ ἄξουσι τοὺς ἀδελφοὺς ὑμῶν ἐκ πάντων τῶν ἐθνῶν δῶρον κυρίῳ μεθ' ἵππων καὶ ἁρμάτων ἐν λαμπήναις ἡμιόνων μετὰ σκιαδίων εἰς τὴν ἁγίαν πόλιν Ἰερουσαλήμ, εἶπε κύριος, ὡς ἂν ἐνέγκαισαν οἱ υἱοὶ Ἰσραὴλ ἐμοὶ τὰς θυσίας αὐτῶν μετὰ ψαλμῶν εἰς τὸν οἶκον κυρίου.*
15,19 *ἐν δυνάμει σημείων καὶ τεράτων*	**Ex 7,3** *καὶ πληθυνῶ τὰ σημεῖά μου καὶ τὰ τέρατα ἐν γῇ Αἰγύπτῳ.* **Dtn 6,22** *καὶ ἔδωκεν κύριος σημεῖα καὶ τέρατα μεγάλα* **2Esdr 19,10** *καὶ ἔδωκας σημεῖα ἐν Αἰγύπτῳ,* **ψ 134,9** *ἐξαπέστειλεν σημεῖα καὶ τέρατα ἐν μέσῳ σου, Αἴγυπτε,* **Ier 39,20** *ὃς ἐποίησας σημεῖα καὶ τέρατα ἐν γῇ Αἰγύπτῳ ἕως τῆς ἡμέρας ταύτης …* **39,21** *καὶ ἐξήγαγες τὸν λαόν σου Ἰσραὴλ ἐκ γῆς Αἰγύπτου ἐν σημείοις καὶ ἐν τέρασι καὶ ἐν χειρὶ κραταιᾷ …*

MT		ALIA
ואתם כהני יהוה תקראו משרתי אלהינו יאמר לכם חיל גוים תאכלו ובכבודם תתימרו:	**61,6**	
והביאו את־כל־אחיכם מכל־הגוים מנחה ליהוה בסוסים וברכב ובצבים ובפרדים ובכרכרות על הר קדשי ירושלם אמר יהוה כאשר יביאו בני ישראל את־המנחה בכלי טהור בית יהוה:	**Is 66,20**	
והרביתי את־אתתי ואת־מופתי בארץ מצרים:	**Ex 7,3**	cf ex gr et Sap 8,8; 10,16; Bar 2,11 vd et ad 2Cor 12,12
ויתן יהוה אותת ומפתים גדלים	**Dtn 6,22**	
ותתן אתת ומפתים בפרעה	**Neh 9,10**	
שלח אתות ומפתים בתוככי מצרים	**Ps 135,9**	
אשר־שמת אתות ומפתים בארץ־ מצרים עד־היום הזה ...	**Ier 32,20**	
ותצא את־עמך את־ישראל מארץ מצרים באתות ובמופתים וביד חזקה ...	**32,21**	

NT	LXX
	Dan 6,28θ' ἀντιλαμβάνεται καὶ ῥύεται καὶ ποιεῖ σημεῖα καὶ τέρατα ἐν οὐρανῷ καὶ ἐπὶ τῆς γῆς, ὅστις ἐξείλατο τὸν Δανιὴλ ἐκ χειρὸς τῶν λεόντων,
15,21 ἀλλὰ καθὼς γέγραπται· οἷς οὐκ ἀνηγγέλη περὶ αὐτοῦ ὄψονται, καὶ οἳ οὐκ ἀκηκόασιν συνήσουσιν.	**Is 52,15** ὅτι οἷς οὐκ ἀνηγγέλη περὶ αὐτοῦ, ὄψονται, καὶ οἳ οὐκ ἀκηκόασι συνήσουσι.
15,30 Παρακαλῶ δὲ ὑμᾶς … συναγωνίσασθαί μοι ἐν ταῖς προσευχαῖς ὑπὲρ ἐμοῦ πρὸς τὸν θεόν, **15,31** ἵνα ῥυσθῶ ἀπὸ τῶν ἀπειθούντων	**ψ 7,2** Κύριε ὁ θεός μου, ἐπὶ σοὶ ἤλπισα· σῶσόν με ἐκ πάντων τῶν διωκόντων με καὶ ῥῦσαί με, **ψ 70,4** ὁ θεός μου, ῥῦσαί με ἐκ χειρὸς ἁμαρτωλοῦ, ἐκ χειρὸς παρανομοῦντος καὶ ἀδικοῦντος· **Sap 2,18** εἰ γάρ ἐστιν ὁ δίκαιος υἱὸς θεοῦ, ἀντιλήμψεται αὐτοῦ καὶ ῥύσεται αὐτὸν ἐκ χειρὸς ἀνθεστηκότων.
15,33 Ὁ δὲ θεὸς τῆς εἰρήνης μετὰ πάντων ὑμῶν, ἀμήν.	**Lev 26,5(6)** καὶ πόλεμος οὐ διελεύσεται διὰ τῆς γῆς ὑμῶν, **26,6** καὶ δώσω εἰρήνην ἐν τῇ γῇ ὑμῶν, καὶ κοιμηθήσεσθε, καὶ οὐκ ἔσται ὑμᾶς ὁ ἐκφοβῶν,

MT		ALIA
משיזב ומצל ועבד אתין ותמהין בשמיא ובארעא די שיזיב לדניאל מן־יד אריותא:	**Dan 6,28**	
כי אשר לא־ספר להם ראו ואשר לא־שמעו התבוננו:	**Is 52,15**	
יהוה אלהי בך חסיתי הושיעני מכל־רדפי והצילני:	**Ps 7,2**	Deus ut *ῥυόμενος* saepe in LXX, etiam oratio, ut Deus sit *ὁ ῥυόμενος*
אלהי פלטני מיד רשע מכף מעול וחומץ:	**Ps 71,4**	
ונתתי שלום בארץ ושכבתם ואין מחריד ... והחרב לא־תעבר בארצכם:	**Lev 26,6**	cf et 2Thess 3,16

NT	LXX
	Is 26,12 *κύριε <u>ὁ θεὸς</u> ἡμῶν, <u>εἰρήν</u>ην δὸς ἡμῖν, πάντα γὰρ ἀπέδωκας ἡμῖν.*
16,17 *σκοπεῖν τοὺς τὰς διχοστασίας καὶ τὰ σκάνδαλα παρὰ τὴν διδαχὴν ἣν ὑμεῖς ἐμάθετε ποιοῦντας, καὶ ἐκκλίνετε ἀπ' αὐτῶν·*	
16,20 *ὁ δὲ θεὸς τῆς εἰρήνης συντρίψει τὸν σατανᾶν ὑπὸ τοὺς πόδας ὑμῶν ἐν τάχει.*	
16,26 *κατ' ἐπιταγὴν τοῦ <u>αἰωνί</u>ου <u>θε</u>οῦ εἰς ὑπακοὴν πίστεως*	**Gen 21,33** *καὶ ἐπεκαλέσατο ἐκεῖ τὸ ὄνομα κυρίου <u>Θε</u>ὸς <u>αἰώνι</u>ος.* **Is 26,3** *ὅτι ἐπὶ σοὶ* **26,4** *ἤλπισαν, κύριε, ἕως τοῦ αἰῶνος, ὁ <u>θε</u>ὸς ὁ μέγας ὁ <u>αἰώνι</u>ος,* **Is 40,28** *<u>Θε</u>ὸς <u>αἰώνι</u>ος θεὸς ὁ κατασκευάσας τὰ ἄκρα τῆς γῆς, οὐ πεινάσει οὐδὲ κοπιάσει, οὐδὲ ἔστιν ἐξεύρεσις τῆς φρονήσεως αὐτοῦ·*

MT		ALIA
יהוה תשפת <u>שלום</u> לנו כי גם כל־מעשׂינו פעלת לנו:	**Is 26,12**	
		ad *ἐκκλίνω* vd ex gr **Prov 1,15** *ἔκκλινον δὲ τὸν πόδα σου ἐκ τῶν τρίβων αὐτῶν·* **Sir 22,13** *ἔκκλινον ἀπ᾽ αὐτοῦ καὶ εὑρήσεις ἀνάπαυσιν*
		estne allusio ad **Gen 3,15**? *καὶ ἔχθραν θήσω ἀνὰ μέσον σου καὶ ἀνὰ μέσον τῆς γυναικὸς καὶ ἀνὰ μέσον τοῦ σπέρματός σου καὶ ἀνὰ μέσον τοῦ σπέρματος αὐτῆς· αὐτός σου τηρήσει κεφαλήν, καὶ σὺ τηρήσεις αὐτοῦ πτέρναν.*
ויקרא־שם בשם יהוה <u>אל עולם</u>:	**Gen 21,33**	
כי בך בטוח:	**Is 26,3**	
בטחו ביהוה עדי־עד כי <u>ביה יהוה</u> צור <u>עולמים</u>:	**26,4**	
<u>אלהי עולם יהוה</u> בורא קצות הארץ לא ייעף ולא ייגע אין חקר לתבונתו:	**Is 40,28**	

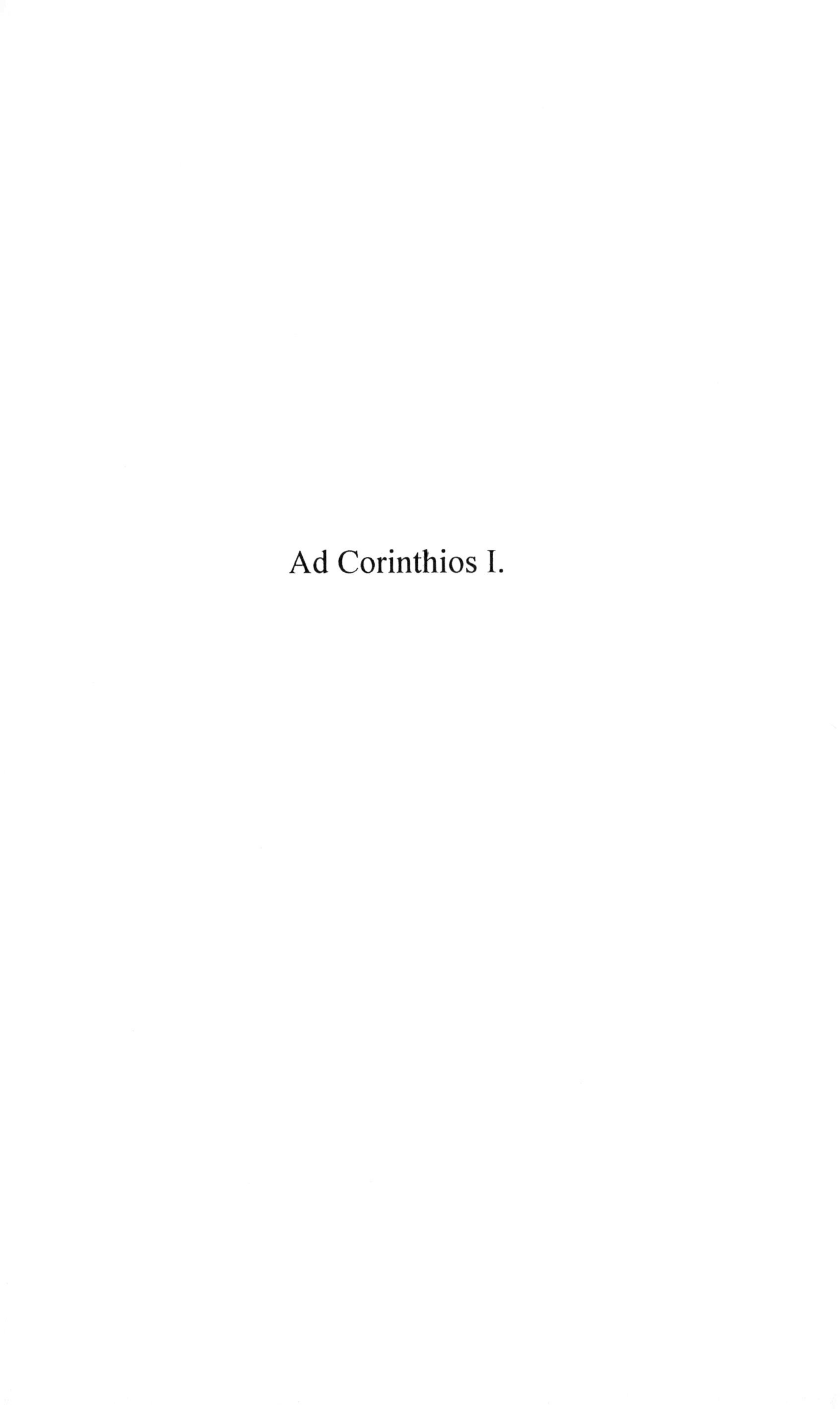

Ad Corinthios I.

NT	LXX
1,2 *κλητοῖς ἁγίοις, σὺν πᾶσιν τοῖς ἐπικαλουμένοις τὸ ὄνομα τοῦ κυρίου ἡμῶν* Ἰησοῦ Χριστοῦ	
1,4 *εὐχαριστῶ τῷ θεῷ … ἐπὶ τῇ χάριτι τοῦ θεοῦ τῇ δοθείσῃ ὑμῖν*	
1,5 *ὅτι ἐν παντὶ ἐπλουτίσθητε ἐν αὐτῷ, ἐν παντὶ λόγῳ καὶ πάσῃ γνώσει,*	**Prov 22,21** *διδάσκω οὖν σε ἀληθῆ λόγον καὶ γνῶσιν ἀγαθὴν ὑπακούειν*
1,8 *ἐν τῇ ἡμέρᾳ τοῦ κυρίου ἡμῶν* Ἰησοῦ [Χριστοῦ].	
1,9 *πιστός ὁ θεός*	**Dtn 7,9** *ὁ θεὸς ὁ πιστός, ὁ φυλάσσων τὴν διαθήκην* **Dtn 32,4** *θεός, ἀληθινὰ τὰ ἔργα αὐτοῦ, καὶ πᾶσαι αἱ ὁδοὶ αὐτοῦ κρίσις· θεὸς πιστός, καὶ οὐκ ἔστιν ἀδικία·* **ψ 144,13a** *πιστὸς κύριος ἐν τοῖς λόγοις αὐτοῦ* **Is 49,7** *ὅτι πιστός ἐστιν ὁ ἅγιος Ἰσραήλ, καὶ ἐξελεξάμην σε.*

MT		ALIA
		vd ad Eph 1,2 et Rom 10,13
		vd ad Rom 1,8
להודיעך קשט אמרי אמת	**Prov 22,21**	קשט cum BHS fort delendum?
		(ἡ) *ἡμέρα κυρίου* in LXX tantum in libris prophetarum, persaepe eadem notione *ἡ ἡμέρα ἐκείνη, τῇ ἡμέρᾳ ἐκείνῃ* aut sim, ex gr Am 5,18; Ioel 1,15; vd et ad Rom 2,5
האל הנאמן שמר הברית	**Dtn 7,9**	vd et **3Mac 1,9** A: *καὶ θύσας τῷ πιστῷ θεῷ* (V et min: *τω μεγιστω θεω*)
הצור תמים פעלו כי כל־דרכיו משפט אל אמונה ואין עול	**Dtn 32,4**	cf et ad 2Cor 1,18 et 2Thess 3,3
אשר נאמן קדש ישראל ויבחרך:	**Is 49,7**	ad *ἐξελεξάμην* vd ad 1Cor 1,27

NT	LXX
1,14 *εὐχαριστῶ [τῷ θεῷ]*	
1,18 *ὁ λόγος γὰρ ὁ τοῦ σταυροῦ τοῖς μὲν ἀπολλυμένοις μωρία ἐστίν, τοῖς δὲ σῳζομένοις ἡμῖν δύναμις θεοῦ ἐστιν.*	**Bar 3,28** *καὶ ἀπώλοντο παρὰ τὸ μὴ ἔχειν φρόνησιν, ἀπώλοντο διὰ τὴν ἀβουλίαν αὐτῶν.*
1,19 *γέγραπται γάρ·* *ἀπολῶ τὴν σοφίαν τῶν σοφῶν* *καὶ τὴν σύνεσιν τῶν συνετῶν ἀθετήσω.*	**Is 29,14** *καὶ ἀπολῶ τὴν σοφίαν τῶν σοφῶν καὶ τὴν σύνεσιν τῶν συνετῶν κρύψω.*
1,20 *ποῦ σοφός; ποῦ γραμματεύς; ποῦ συζητητὴς τοῦ αἰῶνος τούτου; οὐχὶ ἐμώρανεν ὁ θεὸς τὴν σοφίαν τοῦ κόσμου;*	**Is 19,11** *καὶ μωροὶ ἔσονται οἱ ἄρχοντες Τάνεως· οἱ σοφοὶ σύμβουλοι τοῦ βασιλέως, ἡ βουλὴ αὐτῶν μωρανθήσεται. πῶς ἐρεῖτε τῷ βασιλεῖ Υἱοὶ συνετῶν ἡμεῖς, υἱοὶ βασιλέων τῶν ἐξ ἀρχῆς;* **19,12** *ποῦ εἰσι νῦν οἱ σοφοί σου;* **Is 33,18** *ποῦ εἰσιν οἱ γραμματικοί;* **Is 44,25** *τίς ἕτερος … ἀποστρέφων φρονίμους εἰς τὰ ὀπίσω καὶ τὴν βουλὴν αὐτῶν μωρεύων …;*

MT		ALIA
		vd ad Rom 1,8
		ἀπολλύεσθαι et *σῴζεσθαι* opponuntur et Tob 14,10 AV (B: *εσωσεν*); aliter א. *ἀπολλύεσθαι* Bar 3,3.28; huius verbi cont: *σοφία*, *σύνεσις*, *πρόνησις*, *ἐκλέγεσθαι*, *ἰσχύς*, *ἄρχοντες* (= huius verbi cont in 1Cor 1!); vd ad 1Cor 1,27, ubi Bar 3,27 citatum est. In 1Cor 1,18-31 Paulus capitulo Bar 3 usus esse videtur.
		ad *δύναμις θεοῦ* vd ad Rom 1,16
ואבדה חכמת חכמיו ובינת נבניו תסתתר:	**Is 29,14**	vd et ψ **32,10** *κύριος διασκεδάζει βουλὰς ἐθνῶν, ἀθετεῖ δὲ λογισμοὺς λαῶν καὶ ἀθετεῖ βουλὰς ἀρχόντων.*
אך־אולים שׂרי צען חכמי יעצי פרעה עצה נבערה איך תאמרו אל־פרעה בן־חכמים אני בן־מלכי־קדם:	**Is 19,11**	complures interrogationes eiusmodi et **Bar 3,14** *μάθε ποῦ ἐστι φρόνησις, ποῦ ἐστιν ἰσχύς, ποῦ ἐστι σύνεσις τοῦ γνῶναι ἅμα, ποῦ ἐστι μακροβίωσις καὶ ζωή, ποῦ ἐστι φῶς ὀφθαλμῶν καὶ εἰρήνη* …
אים אפוא חכמיך	**19,12**	**3,16** *ποῦ εἰσιν οἱ ἄρχοντες τῶν ἐθνῶν καὶ οἱ κυριεύοντες τῶν θηρίων τῶν ἐπὶ τῆς γῆς …;*
איה ספר	**Is 33,18**	
משיב חכמים אחור ודעתם ישׂכל:	**Is 44,25**	

NT	LXX
1,21 *ἐπειδὴ γὰρ ἐν τῇ σοφίᾳ τοῦ θεοῦ οὐκ ἔγνω ὁ κόσμος διὰ τῆς σοφίας τὸν θεόν, εὐδόκησεν ὁ θεὸς διὰ τῆς μωρίας τοῦ κηρύγματος σῶσαι τοὺς* ***πιστεύ****οντας·*	**1Mac 2,59** Ἀνανίας, Ἀζαρίας, Μισαὴλ **πιστεύ**σαντες ἐσώθησαν ἐκ φλογός.

MT	ALIA
	vd Bar 3,27 (ad 1Cor 1,27); et in Is 33,18 tres interrogationes incipientes cum *ποῦ* Is 33,18 α' σ': *που εστιν ο γραμματευς* vd et Iob 12,17
	ἡ σοφία sicut *ἡ σοφία τοῦ θεοῦ* saepe in libris sapientialibus Veteris Testamenti, ex gr Prov 8: hymnus quem sapientia de seipsa dicit **Sir 15,17** *ἔναντι ἀνθρώπων ἡ ζωὴ καὶ ὁ θάνατος,* *καὶ ὃ ἐὰν εὐδοκήσῃ, δοθήσεται αὐτῷ.* **15,18** *ὅτι πολλὴ ἡ σοφία τοῦ κυρίου·* *ἰσχυρὸς* (cf 1Cor 1,25.27!) *ἐν δυναστείᾳ καὶ βλέπων τὰ πάντα,* **Sap 9,1** *Θεὲ πατέρων καὶ κύριε τοῦ ἐλέους* *ὁ ποιήσας τὰ πάντα ἐν λόγῳ σου* **9,2** *καὶ τῇ σοφίᾳ σου κατασκευάσας ἄνθρωπον,* … **9,4** *δός μοι τὴν τῶν σῶν θρόνων πάρεδρον σοφίαν* … **9,18** … *καὶ τῇ σοφίᾳ ἐσώθησαν* (!).

NT	LXX
1,22 ἐπειδὴ καὶ Ἰουδαῖοι σημεῖα αἰτοῦσιν καὶ Ἕλληνες σοφίαν ζητοῦσιν,	
1,24 θεοῦ δύναμιν καὶ θεοῦ σοφίαν·	**Iob 12,13** παρ᾽ αὐτῷ (sc κυρίῳ) σοφία καὶ δύναμις, αὐτῷ βουλὴ καὶ σύνεσις.

MT	ALIA
	Dan 2,20θ' Εἴη τὸ ὄνομα τοῦ θεοῦ εὐλογημένον ..., ὅτι ἡ σοφία καὶ ἡ σύνεσις αὐτοῦ ἐστι· (Dan 2,20ο' sim) cf autem **2Esdr 7,25** καὶ σύ, Ἔσδρα, ὡς ἡ σοφία τοῦ θεοῦ ἐν χειρί σου κατάστησον γραμματεῖς (!) καὶ κριτάς, ἵνα ὦσιν κρίνοντες παντὶ τῷ λαῷ ... vd et 1Esdr 8,23 ad γιγνώσκειν τὸν θεόν vd ad Gal 4,9
	sed **Is 7,11** Αἴτησαι σεαυτῷ σημεῖον παρὰ κυρίου θεοῦ σου mod dic ζητεῖν σοφίαν Prov 14,6; Eccl 7,25; Sir 4,11; 51,13 vd et **Sap 6,12** σοφία ... εὑρίσκεται ὑπὸ τῶν ζητούντων αὐτήν, cf et **Bar 3,23** οὔτε υἱοὶ Ἁγὰρ (cf Gal 4,21ss!) οἱ ἐκζητοῦντες τὴν σύνεσιν ἐπὶ τῆς γῆς, οἱ ἔμποροι τῆς Μερρὰν καὶ Θαιμὰν καὶ οἱ μυθολόγοι καὶ οἱ ἐκζητηταὶ τῆς συνέσεως, ὁδὸν δὲ σοφίας οὐκ ἔγνωσαν οὐδὲ ἐμνήσθησαν τὰς τρίβους αὐτῆς.
Iob 12,13 עמו חכמה וגבורה לו עצה ותבונה:	

NT	LXX
	Dan 2,23θ' *σοί, ὁ θεὸς τῶν πατέρων μου, ἐξομολογοῦμαι καὶ αἰνῶ, ὅτι* ***σοφίαν καὶ δύναμιν*** *δέδωκάς μοι*
	Ier 10,12 *κύριος ὁ ποιήσας τὴν γῆν ἐν τῇ ἰσχύι αὐτοῦ, ὁ ἀνορθώσας τὴν οἰκουμένην ἐν τῇ* ***σοφίᾳ*** *αὐτοῦ καὶ ἐν τῇ φρονήσει αὐτοῦ ἐξέτεινε τὸν οὐρανόν*
1,25 *τὸ μωρὸν τοῦ θεοῦ*	
1,27 *ἀλλὰ τὰ μωρὰ τοῦ κόσμου* ***ἐξελέξατο ὁ θεός****, ἵνα καταισχύνῃ τοὺς σοφούς, καὶ τὰ ἀσθενῆ τοῦ κόσμου ἐξελέξατο ὁ θεός, ἵνα καταισχύνῃ τὰ ἰσχυρά,*	**Bar 3,26** *ἐκεῖ ἐγεννήθησαν οἱ γίγαντες οἱ ὀνομαστοὶ οἱ ἀπ' ἀρχῆς, γενόμενοι εὐμεγέθεις, ἐπιστάμενοι πόλεμον.*
1,28 *καὶ τὰ ἀγενῆ τοῦ κόσμου καὶ τὰ* ***ἐξουθενημένα ἐξελέξατο ὁ θεός****, τὰ μὴ ὄντα, ἵνα τὰ ὄντα καταργήσῃ,*	**3,27** *οὐ τούτους* ***ἐξελέξατο ὁ θεὸς*** *οὐδὲ ὁδὸν ἐπιστήμης ἔδωκεν αὐτοῖς·*
	Dan 4,14θ' *κύριός ἐστιν ὁ ὕψιστος τῆς βασιλείας τῶν ἀνθρώπων, καὶ ᾧ ἐὰν δόξῃ, δώσει αὐτὴν καὶ* ***ἐξουδένημα*** *ἀνθρώπων ἀναστήσει ἐπ' αὐτήν.*
	Is 49,7 *οὕτως λέγει κύριος ὁ ῥυσάμενός σε* ***ὁ θεὸς*** *Ἰσραήλ Ἁγιάσατε τὸν φαυλίζοντα τὴν ψυχὴν αὐτοῦ τὸν βδελυσσόμενον ὑπὸ τῶν ἐθνῶν τὸν δοῦλον τῶν ἀρχόντων· βασιλεῖς ὄψονται αὐτόν, καὶ ἀναστήσονται ἄρχοντες καὶ προσκυνήσουσιν αὐτῷ ἕνεκεν κυρίου· ὅτι πιστός ἐστιν ὁ ἅγιος Ἰσραήλ, καὶ* ***ἐξελεξ****άμην σε.*

MT		ALIA
לך אלה אבהתי מהודא ומשב אנה די חכמתא וגבורתא יהבת לי	**Dan 2,23**	Dan 2,23o': *φρόνησιν* pro *δύναμιν*
עשה ארץ בכחו מכין תבל בחכמתו ובתבונתו נטה שמים:	**Ier 10,12**	sim Ier 28,15
		μωρός in LXX tantum dictum de hominibus
די־שליט עליא במלכות אנוש ולמן־די יצבא יתננה ושפל אנשי יקים עליה:	**Dan 4,14**	cf et **ψ 8,3** *ἐκ στόματος νηπίων καὶ θηλαζόντων κατηρτίσω αἶνον* *ἕνεκα τῶν ἐχθρῶν σου τοῦ καταλῦσαι ἐχθρὸν καὶ ἐκδικητήν.* et **Ez 34,20** *τάδε λέγει κύριος Ἰδοὺ ἐγὼ διακρίνω ἀνὰ μέσον προβάτου ἰσχυροῦ καὶ ἀνὰ μέσον προβάτου ἀσθενοῦς.*
כה אמר־יהוה גאל ישראל קדושו לבזה־נפש למתעב גוי לעבד משלים מלכים יראו וקמו שרים וישתחוו למען יהוה אשר נאמן קדש ישראל ויבחרך:	**Is 49,7**	sed **Sap 11,24** *ἀγαπᾷς γὰρ τὰ ὄντα πάντα* *καὶ οὐδὲν βδελύσσῃ ὧν ἐποίησας.* ad לבזה et למתעב vd BHS, app crit

NT	LXX
1,29 ὅπως <u>μὴ καυχήσηται</u> πᾶσα σὰρξ <u>ἐνώπιον τοῦ θεοῦ</u>.	**Idc 7,2** <u>μή</u>ποτε <u>καυχήσηται</u> Ἰσραὴλ <u>ἐπ᾽ ἐμὲ</u> λέγων Ἡ χείρ μου ἔσωσέν με.
1,31 καθὼς γέγραπται· <u>ὁ καυχώμενος ἐν κυρίῳ καυχάσθω</u>.	**Ier 9,23(22)** τάδε λέγει κύριος Μὴ <u>καυχάσθω</u> ὁ σοφὸς <u>ἐν</u> τῇ σοφίᾳ αὐτοῦ, καὶ μὴ <u>καυχάσθω</u> ὁ ἰσχυρὸς <u>ἐν</u> τῇ ἰσχύι αὐτοῦ, καὶ μὴ <u>καυχάσθω</u> ὁ πλούσιος <u>ἐν</u> τῷ πλούτῳ αὐτοῦ, **9,24(23)** ἀλλ᾽ ἢ <u>ἐν</u> τούτῳ <u>καυχάσθω ὁ καυχώμενος</u>, συνίειν καὶ γινώσκειν ὅτι ἐγώ εἰμι <u>κύρι</u>ος ποιῶν ἔλεος καὶ κρίμα καὶ δικαιοσύνην ἐπὶ τῆς γῆς,
2,1 ἦλθον <u>οὐ</u> καθ᾽ ὑπεροχὴν λόγου ἢ <u>σοφί</u>ας καταγγέλλων ὑμῖν <u>τὸ μυστήριον</u> τοῦ θεοῦ.	**Dan 2,30θ᾽** καὶ ἐμοὶ δὲ <u>οὐκ</u> ἐν <u>σοφί</u>ᾳ τῇ οὔσῃ ἐν ἐμοὶ παρὰ πάντας τοὺς ζῶντας <u>τὸ μυστήριον</u> τοῦτο ἀπεκαλύφθη,

MT		ALIA
פן־יתפאר עלי ישראל לאמר י הושיעה לי:	**Idc 7,2**	ad *πᾶσα σάρξ* vd ad Rom 3,20
כה אמר יהוה אל־יתהלל חכם בחכמתו ואל־יתהלל הגבור בגבורתו אל־יתהלל עשיר בעשרו:	**Ier 9,22**	cf et **1Bas 2,10** *μὴ καυχάσθω ὁ φρόνιμος ἐν τῇ φρονήσει αὐτοῦ,* *καὶ μὴ καυχάσθω ὁ δυνατὸς ἐν τῇ δυνάμει αὐτοῦ,* *καὶ μὴ καυχάσθω ὁ πλούσιος ἐν τῷ πλούτῳ αὐτοῦ,* *ἀλλ' ἢ ἐν τούτῳ καυχάσθω ὁ καυχώμενος,* *συνίειν καὶ γινώσκειν τὸν κύριον* *καὶ ποιεῖν κρίμα καὶ δικαιοσύνην ἐν μέσῳ τῆς γῆς.* et **Sir 10,22** *προσήλυτος καὶ ξένος καὶ πτωχός,* *τὸ καύχημα αὐτῶν φόβος κυρίου.* ad Ier 9,23 *σοφία, ὁ ἰσχυρός, ὁ πλούσιος* vd 1Cor 1,18ss.
כי אם־בזאת יתהלל המתהלל השכל וידע אותי כי אני יהוה עשה חסד משפט וצדקה בארץ	**9,23**	
ואנה לא בחכמה די־איתי בי מ כל־חייא רזא דנה גלי לי	**Dan 2,30**	cf et cont Dan 2,30 vd et Sap 6,22 ad 1Cor 2,7 ad Dan 2,30θ' *ἀπεκαλύφθη* vd 1Cor 2,10, ubi cont verbi *ἀποκαλύπτειν*: *μυστήριον*

NT	LXX
2,3 *καὶ ἐν φόβῳ καὶ ἐν τρόμῳ*	
2,6 σοφίαν δὲ λαλοῦμεν ἐν τοῖς τελείοις,	**Sap 9,6** *κἂν γάρ τις ᾖ τέλειος ἐν υἱοῖς ἀνθρώπων,* *τῆς ἀπὸ σοῦ σοφίας ἀπούσης εἰς οὐδὲν λογισθήσεται.*
2,7 ἀλλὰ λαλοῦμεν θεοῦ σοφίαν ἐν μυστηρίῳ τὴν ἀποκεκρυμμένην, ἣν προώρισεν ὁ θεὸς πρὸ τῶν αἰώνων εἰς δόξαν ἡμῶν,	**Sap 6,22** *τί δέ ἐστιν σοφία καὶ πῶς ἐγένετο, ἀπαγγελῶ* *καὶ οὐκ ἀποκρύψω ὑμῖν μυστήρια,* *ἀλλὰ ἀπ' ἀρχῆς γενέσεως ἐξιχνιάσω* *καὶ θήσω εἰς τὸ ἐμφανὲς τὴν γνῶσιν αὐτῆς* *καὶ οὐ μὴ παροδεύσω τὴν ἀλήθειαν.*
2,8 *ἣν οὐδεὶς τῶν ἀρχόντων τοῦ αἰῶνος τούτου ἔγνωκεν· εἰ γὰρ ἔγνωσαν, οὐκ ἂν τὸν κύριον τῆς δόξης ἐσταύρωσαν.*	**ψ 28,3** *ὁ θεὸς τῆς δόξης ἐβρόντησεν,*
2,9 *καθὼς γέγραπται·* *ἃ ὀφθαλμὸς οὐκ εἶδεν καὶ οὖς οὐκ ἤκουσεν καὶ ἐπὶ καρδίαν ἀνθρώπου οὐκ ἀνέβη,*	**Is 64,4** *ἀπὸ τοῦ αἰῶνος οὐκ ἠκούσαμεν οὐδὲ οἱ ὀφθαλμοὶ ἡμῶν εἶδον θεὸν πλὴν σοῦ καὶ τὰ ἔργα σου, ἃ ποιήσεις τοῖς*

MT		ALIA
		ἐν φόβῳ καὶ ἐν τρόμῳ aut sim 12x in LXX, ex gr ψ **2,11** *δουλεύσατε τῷ κυρίῳ ἐν φόβῳ* *καὶ ἀγαλλιᾶσθε αὐτῷ ἐν τρόμῳ.*
אל־הכבוד הרעים	**Ps 29,3**	fort *τῶν ἀρχόντων* allusio ad **Bar 3,16** *ποῦ εἰσιν οἱ ἄρχοντες τῶν ἐθνῶν*, quia in 1Cor 1,18ss ad Bar 3 alluditur cf et ψ 23,7-10
ומעולם לא־שמעו לא האזינו עין לא־ראתה אלהים זולתך	**Is 64,3**	incertum an apostolus locum Veteris Testamenti citet vd et Prov 20,12

NT	LXX
ἃ ἡτοίμασεν ὁ θεὸς τοῖς ἀγαπῶσιν αὐτόν.	ὑπομένουσιν ἔλεον. **Is 65,16** καὶ οὐκ ἀναβήσεται αὐτῶν ἐπὶ τὴν καρδίαν. **65,17** … οὐ μὴ ἐπέλθῃ αὐτῶν ἐπὶ τὴν καρδίαν, **Sir 1,10** καὶ ἐχορήγησεν (sc κύριος) αὐτὴν (sc σοφίαν) τοῖς ἀγαπῶσιν αὐτόν.
2,10 τὸ γὰρ πνεῦμα πάντα ἐραυνᾷ, καὶ τὰ βάθη τοῦ θεοῦ. **2,11** τίς γὰρ οἶδεν ἀνθρώπων τὰ τοῦ ἀνθρώπου εἰ μὴ τὸ πνεῦμα τοῦ ἀνθρώπου τὸ ἐν αὐτῷ;	**Idt 8,14** ὅτι βάθος καρδίας ἀνθρώπου οὐχ εὑρήσετε …· καὶ πῶς τὸν θεόν, ὃς ἐποίησεν πάντα ταῦτα, ἐρευνήσετε καὶ τὸν νοῦν αὐτοῦ ἐπιγνώσεσθε καὶ τὸν λογισμὸν αὐτοῦ κατανοήσετε; **Zach 12,1** κύριος … πλάσσων πνεῦμα ἀνθρώπου ἐν αὐτῷ
2,16 τίς γὰρ ἔγνω νοῦν κυρίου, ὃς συμβιβάσει αὐτόν;	**Is 40,13** τίς ἔγνω νοῦν κυρίου, καὶ τίς σύμβουλος αὐτοῦ ἐγένετο, ὃς συμβιβᾷ αὐτόν;

MT		ALIA
יעשה למחכה־לו:		cf et **Ier 3,16** *οὐκ ἀναβήσεται ἐπὶ καρδίαν,*
וכי נסתרו מעיני:	**Is 65,16**	
		4Reg 12,5 mod dic *ἀγαπᾶν τὸν θεόν* vd
... ולא תעלינה על־לב:	**65,17**	ad Rom 8,28
		cf et **Prov 20,27** *φῶς κυρίου πνοὴ ἀνθρώπων, ὃς ἐρευνᾷ ταμίεια κοιλίας.* vd et Iob 11,7s; Dan 2,20-22 ad *πνεῦμα ἀνθρώπου* vd et Iob 12,10; **Is 25,4** et **Eccl 3,21** *καὶ τίς οἶδεν*
יהוה ...	**Zach 12,1**	*πνεῦμα υἱῶν τοῦ ἀνθρώπου* ...;
ויצר רוח־אדם בקרבו:		*πνεῦμα τοῦ θεοῦ/κυρίου* saepe in LXX, ex gr Gen 1,2
מי־תכן את־רוח יהוה ואיש עצתו יודיענו:	**Is 40,13**	ad *συμβιβᾷ*: S[ca] A' V Q[mg] et al: *συμβιβασει* cf et **Sap 9,13** *τίς γὰρ ἄνθρωπος γνώσεται βουλὴν θεοῦ;* ... **9,17** *βουλὴν δέ σου τίς ἔγνω, εἰ μὴ σὺ ἔδωκας σοφίαν* *καὶ ἔπεμψας τὸ ἅγιόν σου πνεῦμα ἀπὸ ὑψίστων;*

NT	LXX
3,5 *τί οὖν ἐστιν* Ἀπολλῶς; *τί δέ ἐστιν* Παῦλος;	
3,7 *ὁ αὐξάνων θεός.*	
3,8 *ἕκαστος δὲ τὸν ἴδιον* ***μισθὸν λήμψεται κατὰ*** *τὸν ἴδιον* ***κόπον***·	**ψ 61,13** *ὅτι σὺ ἀποδώσεις* ***ἑκάστῳ κατὰ*** *τὰ ἔργα αὐτοῦ.* **Prov 24,12** *ὃς ἀποδίδωσιν* ***ἑκάστῳ κατὰ*** *τὰ ἔργα αὐτοῦ.* **Prov 11,21** *ὁ δὲ σπείρων δικαιοσύνην* ***λήμψεται μισθὸν*** *πιστόν.* **Sap 10,17** *ἀπέδωκεν* (sc *ἡ σοφία*) *ὁσίοις* ***μισθὸν κόπων*** *αὐτῶν,*
3,9 *θεοῦ γεώργιον, θεοῦ* ***οἰκοδομή*** *ἐστε.*	**Is 61,3** *καὶ κληθήσονται* Γενεαὶ *δικαιοσύνης,* Φύτευμα *κυρίου εἰς δόξαν.* **61,4** *καὶ* ***οἰκοδομή****σουσιν ἐρήμους αἰωνίας,*

MT		ALIA
		Sir 42,21 *καὶ οὐ προσεδεήθη* (sc *ὁ ὕψιστος*) *οὐδενὸς συμβούλου.*
		Ier 23,18 *ὅτι τίς ἔστη ἐν ὑποστήματι κυρίου καὶ εἶδε τὸν λόγον αὐτοῦ; τίς ἐνωτίσατο καὶ ἤκουσεν;*
		vd et Is 55,9; vd et ad Rom 11,34
		ψ 8,5 *τί ἐστιν ἄνθρωπος, ὅτι μιμνῄσκῃ αὐτοῦ,* *ἢ υἱὸς ἀνθρώπου, ὅτι ἐπισκέπτῃ αὐτόν;*
		mod dic *ὁ θεὸς αὐξάνει* ex gr Gen 28,3
כי־אתה תשלם לאיש כמעשהו:	**Ps 62,13**	vd ad Rom 2,6, ubi ψ 61,13 citatum est vd et ad 2Cor 11,15
והשיב לאדם כפעלו:	**Prov 24,12**	cf et ad Rom 2,14-16
וזרע צדיקים נמלט:	**Prov 11,21**	
וקרא להם אילי הצדק מטע יהוה להתפאר:	**Is 61,3**	cf Ier 1,10; 24,6
ובנו חרבות עולם	**61,4**	

NT	LXX
3,10 κατὰ τὴν χάριν τοῦ θεοῦ τὴν δοθεῖσάν μοι ὡς σοφὸς ἀρχιτέκτων	**Is 3,3** καὶ σοφὸν ἀρχιτέκτονα
3,11 θεμέλιον γὰρ ἄλλον οὐδεὶς δύναται θεῖναι παρὰ τὸν κείμενον, ὅς ἐστιν Ἰησοῦς Χριστός.	
3,12 εἰ δέ τις ἐποικοδομεῖ ἐπὶ τὸν θεμέλιον χρυσόν, ἄργυρον, λίθους τιμίους,	
3,13 ἑκάστου τὸ ἔργον φανερὸν γενήσεται, ἡ γὰρ ἡμέρα δηλώσει, ὅτι ἐν πυρὶ ἀποκαλύπτεται· καὶ ἑκάστου τὸ ἔργον ὁποῖόν ἐστιν τὸ πῦρ [αὐτὸ] δοκιμάσει.	**Prov 16,2** πάντα τὰ ἔργα τοῦ ταπεινοῦ φανερὰ παρὰ τῷ θεῷ, **Mal 4,1(3,19)** διότι ἰδοὺ ἡμέρα ἔρχεται καιομένη ὡς κλίβανος καὶ φλέξει αὐτούς, **Is 66,15** Ἰδοὺ γὰρ κύριος ὡς πῦρ ἥξει … ἀποδοῦναι ἐν θυμῷ ἐκδίκησιν καὶ ἀποσκορακισμὸν ἐν φλογὶ πυρός. **66,16** ἐν γὰρ τῷ πυρὶ κυρίου κριθήσεται πᾶσα ἡ γῆ καὶ ἐν τῇ ῥομφαίᾳ αὐτοῦ πᾶσα σάρξ· … **66,18** κἀγὼ τὰ ἔργα αὐτῶν καὶ τὸν λογισμὸν αὐτῶν ἐπίσταμαι. **ψ 65,10** ὅτι ἐδοκίμασας ἡμᾶς, ὁ θεός, ἐπύρωσας ἡμᾶς, ὡς πυροῦται τὸ ἀργύριον·

MT		ALIA
וחכם חרשים	**Is 3,3**	ad *χάριν διδόναι* vd ad Rom 12,3
		vd ad Rom 9,33, ubi Is 28,16 citatum est.
		Dan 11,38*θ'* *ἐν χρυσῷ καὶ ἀργύρῳ καὶ λίθῳ τιμίῳ* (ο': *λίθῳ πολυτελεῖ*)
		vd et 1Mac 15,9 cf ad 1Cor 3,8
כי־הנה היום בא בער כתנור	**Mal 3,19**	ad Mal 4,1LXX *ἡμέρα*: Ra cum A' Q' et al: *ἡμέρα κυρίου* ad *ἡμέρα κυρίου* vd ad 1Cor 1,8
כי־הנה יהוה באש יבוא ... להשיב בחמה אפו וגערתו בלהבי־אש:	**Is 66,15**	cf et Prov 17,3; Sir 2,5
כי באש יהוה נשפט ובחרבו את־כל־בשר ורבו חללי יהוה: ...	**66,16**	
ואנכי מעשיהם ומחשבתיהם	**66,18**	
כי־בחנתנו אלהים צרפתנו כצרף־כסף:	**Ps 66,10**	

NT	LXX
	Zach 13,9 καὶ διάξω τὸ τρίτον διὰ πυρὸς καὶ πυρώσω αὐτούς, ὡς πυροῦται τὸ ἀργύριον, καὶ δοκιμῶ αὐτούς, ὡς δοκιμάζεται τὸ χρυσίον·
3,14 μισθὸν λήμψεται	
3,15 αὐτὸς δὲ σωθήσεται, οὕτως δὲ ὡς διὰ πυρός.	**Is 66,19** καὶ ἐξαποστελῶ ἐξ αὐτῶν σεσωσμένους **Am 4,11** καὶ ἐγένεσθε ὡς δαλὸς ἐξεσπασμένος ἐκ πυρός· **Zach 3,2** οὐκ ἰδοὺ τοῦτο ὡς δαλὸς ἐξεσπασμένος ἐκ πυρός;
3,17 εἴ τις τὸν ναὸν τοῦ θεοῦ φθερεῖ, φθερεῖ τοῦτον ὁ θεός· ὁ γὰρ ναὸς τοῦ θεοῦ ἅγιός ἐστιν,	**Dan 9,26**ο' καὶ βασιλεία ἐθνῶν φθερεῖ τὴν πόλιν καὶ τὸ ἅγιον μετὰ τοῦ χριστοῦ, **Gen 6,13** καὶ εἶπεν ὁ θεός … ἰδοὺ ἐγὼ καταφθείρω αὐτοὺς καὶ τὴν γῆν. **ψ 64,5** ἅγιος ὁ ναός σου, θαυμαστὸς ἐν δικαιοσύνῃ.
3,19 γέγραπται γάρ· ὁ δρασσόμενος τοὺς σοφοὺς ἐν τῇ πανουργίᾳ αὐτῶν·	**Iob 5,12** διαλλάσσοντα (sc κύριος) βουλὰς πανούργων, … **5,13** ὁ καταλαμβάνων σοφοὺς ἐν τῇ φρονήσει,

MT		ALIA
והבאתי את־השלשית באש	**Zach 13,9**	ad Zach 13,9 *ἀργύριον* et *χρυσίον* cf
וצרפתים כצרף את־הכסף		1Cor 3,12!
ובחנתים כבחן את־הזהב		
		vd ad 1Cor 3,8
ושלחתי מהם פליטים	**Is 66,19**	
ותהיו כאוד מצל משרפה	**Am 4,11**	
הלוא זה אוד מצל מאש:	**Zach 3,2**	
והעיר והקדש	**Dan 9,26**	**Dan 9,26θ'** *καὶ τὴν πόλιν καὶ τὸ ἅγιον*
ישחית עם נגיד הבא		*διαφθερεῖ σὺν τῷ ἡγουμένῳ τῷ ἐρχομέ-*
ויאמר אלהים ... והנני משחית[ם]	**Gen 6,13**	*νῳ*,
את־הארץ:		cf et Soph 3,4
קדש היכלך:	**Ps 65,5**	*ναὸς ἅγιος* saepe in LXX
נוראות בצדק תעננו	**65,6**	
מפר מחשבות ערומים	**Iob 5,12**	cf et ad Eph 4,17s
...		
לכד חכמים בערמם	**5,13**	

NT	LXX
3,20 καὶ πάλιν· κύριος γινώσκει τοὺς διαλογισμοὺς τῶν σοφῶν ὅτι εἰσὶν μάταιοι.	**ψ 93,11** κύριος γινώσκει τοὺς διαλογισμοὺς τῶν ἀνθρώπων ὅτι εἰσὶν μάταιοι.
4,1 μυστηρίων θεοῦ	
4,2 ἵνα πιστός τις εὑρεθῇ.	
4,4 οὐδὲν γὰρ ἐμαυτῷ σύνοιδα, ἀλλ᾽ οὐκ ἐν τούτῳ δεδικαίωμαι,	
4,5 ὁ κύριος, ὃς καὶ φωτίσει τὰ κρυπτὰ τοῦ σκότους καὶ φανερώσει τὰς βουλὰς τῶν καρδιῶν· καὶ τότε ὁ ἔπαινος γενήσεται ἑκάστῳ ἀπὸ τοῦ θεοῦ.	**2Mac 12,41** εὐλογήσαντες τὰ τοῦ δικαιοκρίτου κυρίου τοῦ τὰ κεκρυμμένα φανερὰ ποιοῦντος **Sir 37,13** καὶ βουλὴν καρδίας στῆσον,
4,9 ὅτι θέατρον ἐγενήθημεν τῷ κόσμῳ καὶ ἀγγέλοις καὶ ἀνθρώποις.	
4,10 ὑμεῖς δὲ φρόνιμοι ἐν Χριστῷ·	

MT		ALIA
יהוה ידע מחשבות אדם כי־המה הבל:	**Ps 94,11**	vd ad Rom 1,21 *ἐματαιώθησαν ἐν τοῖς διαλογισμοῖς αὐτῶν*
		ad *μυστήριον θεοῦ* cf ad 1Cor 2,1
		Sir 44,20 *καὶ ἐν πειρασμῷ εὑρέθη πιστός* (sc *'Αβραάμ*)· sim 1Mac 2,52 cf et ad Rom 4,1s
		sed vd **Iob 27,6** *δικαιοσύνῃ δὲ προσέχων οὐ μὴ προῶμαι·* *οὐ γὰρ σύνοιδα ἐμαυτῷ ἄτοπα πράξας.*
		vd et Sus 42ss*θ'* vd ad Rom 2,6
וגם עצת לבב הבין	**Sir 37,13**	
		vd **4Mac 17,14** *ὁ δὲ κόσμος καὶ ὁ τῶν ἀνθρώπων βίος ἐθεώρει·*
		cf **Prov 3,7** *μὴ ἴσθι φρόνιμος παρὰ σεαυτῷ,* vd et ad Rom 11,25 et 12,16

NT	LXX
4,12 *λοιδορούμενοι εὐλογοῦμεν,*	
4,13 *ὡς περικαθάρματα τοῦ κόσμου ἐγενήθημεν, πάντων περίψημα ἕως ἄρτι.*	
4,14 *ὡς τέκνα μου ἀγαπητὰ νουθετῶ[ν].*	**Sap 11,10** *ὡς πατὴρ νουθετῶν*
4,19 *ἐὰν ὁ κύριος θελήσῃ,*	**Sir 39,6** *ἐὰν κύριος ὁ μέγας θελήσῃ,*
4,21 *ἐν ῥάβδῳ ἔλθω πρὸς ὑμᾶς*	
5,1 *γυναῖκά τινα τοῦ πατρὸς ἔχειν*	**Lev 18,8** *ἀσχημοσύνην γυναικὸς πατρός σου οὐκ ἀποκαλύψεις· ἀσχημοσύνη πατρός σού ἐστιν.* **Dtn 22,30** *οὐ λήμψεται ἄνθρωπος τὴν γυναῖκα τοῦ πατρὸς αὐτοῦ καὶ οὐκ ἀνακαλύψει συγκάλυμμα τοῦ πατρὸς αὐτοῦ.* **Dtn 27,20** *ἐπικατάρατος ὁ κοιμώμενος μετὰ γυναικὸς τοῦ πατρὸς αὐτοῦ, ὅτι ἀπεκάλυψεν συγκάλυμμα τοῦ πατρὸς αὐτοῦ·*
5,2 *ἵνα ἀρθῇ ἐκ μέσου ὑμῶν ὁ τὸ ἔργον τοῦτο πράξας;*	

MT **ALIA**

vd ψ **108,28** *καταράσονται αὐτοί, καὶ σὺ εὐλογήσεις·*
vd Prov 21,18LXX; Tob 5,19
cf et ad Rom 12,14

vd **1Bas 17,43** *σὺ ἔρχῃ ἐπ' ἐμὲ ἐν ῥάβδῳ καὶ λίθοις;*

Lev 18,8 ערות אשת־אביך לא תגלה ערו
אביך הוא:

Dtn 23,1 לא־יקח איש את־אשת אביו ול
יגלה כנף אביו:

Dtn 27,20 ארור שכב עם־אשת אביו כי גל
כנף אביו

vd ad 1Cor 5,13

NT	LXX
5,4 *τῇ δυνάμει τοῦ κυρίου ἡμῶν* Ἰησοῦ,	
5,5 *ἵνα τὸ πνεῦμα σωθῇ ἐν τῇ ἡμέρᾳ τοῦ κυρίου.*	
5,7 *ἐκκαθάρατε τὴν παλαιὰν ζύμην, ἵνα ἦτε νέον φύραμα, καθώς ἐστε ἄζυμοι· καὶ γὰρ τὸ πάσχα ἡμῶν ἐτύθη* Χριστός. **5,8** *ὥστε ἑορτάζωμεν μὴ ἐν ζύμῃ παλαιᾷ μηδὲ ἐν ζύμῃ κακίας καὶ πονηρίας ἀλλ' ἐν ἀζύμοις εἰλικρινείας καὶ ἀληθείας.*	
5,11 *τῷ τοιούτῳ μηδὲ* ***συνεσθί****ειν.*	*ψ* **100,5** *ὑπερηφάνῳ ὀφθαλμῷ καὶ ἀπλήστῳ καρδίᾳ, τούτῳ οὐ* ***συνήσθι****ον.*
5,13 ***ἐξάρ****ατε* ***τὸν πονηρὸν ἐξ ὑμῶν αὐτῶν****.*	**Dtn 17,7** *καὶ* ***ἐξαρ****εῖς* ***τὸν πονηρὸν ἐξ ὑμῶν αὐτῶν****.*
6,2 *ἢ οὐκ οἴδατε ὅτι* ***οἱ ἅγιοι*** *τὸν κόσμον* ***κρινοῦσιν****;*	**Dan 7,22**o' *καὶ τὴν* ***κρίσιν*** *ἔδωκε τοῖς ἁγίοις τοῦ ὑψίστου, καὶ ὁ καιρὸς ἐδόθη καὶ τὸ βασίλειον κατέσχον* ***ἅγιοι****.* **Sap 3,8** ***κρινοῦσιν*** (sc *οἱ δίκαιοι*) *ἔθνη καὶ κρατήσουσιν λαῶν,*

MT		ALIA
		ad *τῇ δυνάμει τοῦ κυρίου* vd ad Rom 1,16
		Sir 31,14 *πνεῦμα φοβουμένων κύριον ζήσεται·* **31,15** *ἡ γὰρ ἐλπὶς αὐτῶν ἐπὶ τὸν σῴζοντα αὐτούς.* ad *ἡμέρα τοῦ κυρίου* vd ad 1Cor 1,8
		ad *ἄζυμοι* cf Ex 12,15-20; 13,3-7; Dtn 16,3s ad *πάσχα ἡμῶν ἐτύθη* cf Ex 12,21-28. 43-51; Is 53,7
גבה־עינים ורחב לבב אתו לא אוכל:	**Ps 101,5**	LXX legit: אִתּוֹ לֹא אוֹכֵל pro אֹתוֹ לֹא אוּכָל
ובערת הרע מקרבך:	**Dtn 17,7**	eisd vbs Dtn 19,19; 21,21; 22,21; 22,24; 24,7
ודינא יהב לקדישי עליונין וזמנא מטה ומלכותא החסנו קדישין:	**Dan 7,22**	Dan 7,22θ' *τὸ κρίμα* pro *τὴν κρίσιν* in Dan 7,22o'

NT	LXX
6,5 διακρῖναι ἀνὰ μέσον τοῦ ἀδελφοῦ αὐτοῦ;	**Dtn 1,16** Διακούετε ἀνὰ μέσον τῶν ἀδελφῶν ὑμῶν καὶ κρίνετε δικαίως ἀνὰ μέσον ἀνδρὸς καὶ ἀνὰ μέσον ἀδελφοῦ καὶ ἀνὰ μέσον προσηλύτου αὐτοῦ.
6,7 διὰ τί οὐχὶ μᾶλλον ἀδικεῖσθε; διὰ τί οὐχὶ μᾶλλον ἀποστερεῖσθε; **6,8** ἀλλὰ ὑμεῖς ἀδικεῖτε καὶ ἀποστερεῖτε, καὶ τοῦτο ἀδελφούς.	
6,9 ἢ οὐκ οἴδατε ὅτι ἄδικοι θεοῦ βασιλείαν οὐ κληρονομήσουσιν; μὴ πλανᾶσθε· οὔτε πόρνοι οὔτε εἰδωλολάτραι οὔτε μοιχοὶ οὔτε μαλακοὶ οὔτε ἀρσενοκοῖται	**1Mac 2,57** Δαυὶδ ἐν τῷ ἐλέει αὐτοῦ ἐκληρονόμησε θρόνον βασιλείας εἰς αἰῶνας.
6,10 οὔτε κλέπται οὔτε πλεονέκται, οὐ μέθυσοι, οὐ λοίδοροι, οὐχ ἅρπαγες βασιλείαν θεοῦ κληρονομήσουσιν.	
6,12 οὐ πάντα συμφέρει·	**Sir 37,28** οὐ γὰρ πάντα πᾶσιν συμφέρει,
6,13 τὰ βρώματα τῇ κοιλίᾳ καὶ ἡ κοιλία τοῖς βρώμασιν,	**Sir 36,23(20)** Πᾶν βρῶμα φάγεται κοιλία,
6,16 [ἢ] οὐκ οἴδατε ὅτι ὁ κολλώμενος τῇ πόρνῃ ἓν σῶμά ἐστιν; ἔσονται γάρ, φη-	**Sir 19,2** καὶ ὁ κολλώμενος πόρναις τολμηρότερος ἔσται·

MT		ALIA
שמע בין־אחיכם ושפטתם צד בין־איש ובין־אחיו ובין גרו:	**Dtn 1,16**	
		vd **Lev 19,13** *οὐκ ἀδικήσεις τὸν πλησίον καὶ οὐκ ἁρπάσεις*, et Lev 6,4
		vd et **Sap 14,12** *ἀρχὴ γὰρ πορνείας ἐπίνοια εἰδώλων, εὕρεσις δὲ αὐτῶν φθορὰ ζωῆς.* vd et Sap 14,27
כי לא הכל לכל טוב	**Sir 37,28**	cf et ad 1Cor 10,23
כל מאכל אוכל גרגרת	**Sir 36,18(23)**	
ונפש עזה [ת]שחית בעליה:	**Sir 19,2**	

NT	LXX
σίν, οἱ δύο εἰς σάρκα μίαν.	**Gen 2,24** *καὶ προσκολληθήσεται πρὸς τὴν γυναῖκα αὐτοῦ, καὶ ἔσονται οἱ δύο εἰς σάρκα μίαν.*
6,17 *ὁ δὲ κολλώμενος τῷ κυρίῳ ἓν πνεῦμά ἐστιν.*	**4Bas 18,6** *καὶ ἐκολλήθη* (sc *Ἑζεκίας*) *τῷ κυρίῳ, οὐκ ἀπέστη ὄπισθεν αὐτοῦ*
6,18 *πᾶν ἁμάρτημα ὃ ἐὰν ποιήσῃ ἄνθρωπος ἐκτὸς τοῦ σώματός ἐστιν· ὁ δὲ πορνεύων εἰς τὸ ἴδιον σῶμα ἁμαρτάνει.*	**Sir 23,16** *ἄνθρωπος πόρνος ἐν σώματι σαρκὸς αὐτοῦ,*
6,19 *τοῦ ἐν ὑμῖν ἁγίου πνεύματός …, οὗ ἔχετε ἀπὸ θεοῦ,*	**Dan 4,5θ'** *Δανιήλ, … ὃς πνεῦμα θεοῦ ἅγιον ἐν ἑαυτῷ ἔχει,*
6,20 *ἠγοράσθητε γὰρ τιμῆς·*	
7,1 *καλὸν ἀνθρώπῳ γυναικὸς μὴ ἅπτεσθαι·*	
7,4 *ἡ γυνὴ τοῦ ἰδίου σώματος οὐκ ἐξουσιάζει ἀλλὰ ὁ ἀνήρ, ὁμοίως δὲ καὶ ὁ ἀνὴρ τοῦ ἰδίου σώματος οὐκ ἐξουσιάζει ἀλλὰ ἡ γυνή.*	
7,18 *περιτετμημένος τις ἐκλήθη, μὴ ἐπισπάσθω· ἐν ἀκροβυστίᾳ κέκληταί τις, μὴ*	

MT		ALIA
ודבק באשתו והיו לבשר אחד:	**Gen 2,24**	
וידבק ביהוה לא־סר מאחריו	**2Reg 18,6**	cf et Dtn 6,13; 10,20; 11,22; ψ 72,28
		mod dic *ἁμάρτημα/ἁμαρτήματα ποιεῖν* Idt 11,17; 13,16; Ez 18,10
דניאל ... ודי רוח־אלהין קדישי בה	**Dan 4,5**	vd et ad 1Cor 7,40
		vd **EpIer 24** *ἐκ πάσης τιμῆς ἠγορασμένα ἐστίν,*
		mod dic *ἅπτεσθαι γυναικός* Lev 15,19; Prov 6,29; vd et Gen 20,6; 26,11
		vd **2Esdr 19,37** *καὶ ἐπὶ τὰ σώματα ἡμῶν ἐξουσιάζουσιν*
		cf **1Mac 1,15** *καὶ ἐποίησαν ἑαυτοῖς ἀκροβυστίας καὶ ἀπέστησαν ἀπὸ δια-*

NT	LXX
περιτεμνέσθω.	
7,19 *τήρησις ἐντολῶν θεοῦ.*	**Sir 35,23(27)** *ἐν παντὶ ἔργῳ πίστευε τῇ ψυχῇ σου·* *καὶ γὰρ τοῦτό ἐστιν τήρησις ἐντολῶν.* **Sap 6,18** *ἀγάπη δὲ τήρησις νόμων αὐτῆς,*
7,23 *τιμῆς ἠγοράσθητε·*	
7,27 *μὴ ζήτει γυναῖκα.*	
7,31 *παράγει γὰρ τὸ σχῆμα τοῦ κόσμου τούτου.*	*ψ* **143,4** *αἱ ἡμέραι αὐτοῦ* (sc *τοῦ ἀνθρώπου*) *ὡσεὶ σκιὰ παράγουσιν.*
7,32 *πῶς ἀρέσῃ τῷ κυρίῳ·*	
7,40 *δοκῶ δὲ κἀγὼ πνεῦμα θεοῦ ἔχειν.*	**Gen 41,38** *μὴ εὑρήσομεν ἄνθρωπον τοιοῦτον, ὅς ἔχει πνεῦμα θεοῦ ἐν αὐτῷ;*

MT		ALIA
		θήκης ἁγίας καὶ ἐξευγίσθησαν τοῖς ἔθνεσι
נוצר תורה שומר נפשו	**Sir 32,23**	*τηρεῖν ἐντολάς*: Sir 29,1
ובוטח בייי לא יבוש:		E: כי עושה זה שומר מצוה:
		vd ad 1Cor 6,20
		vd **2Bas 11,3** *καὶ ἀπέστειλεν Δαυὶδ καὶ ἐζήτησεν τὴν γυναῖκα,*
ימיו כצל עובר:	**Ps 144,4**	vd et Is 40,6s
		vd **Mal 3,4** *καὶ ἀρέσει τῷ κυρίῳ θυσία* mod dic *ἀρέσκειν τῷ θεῷ* vd Num 23, 27; ψ 68,32; mod dic *ἀρέσκειν ἐνώπιον κυρίου* vd 3Bas 3,10
הנמצא כזה איש אשר רוח אלהי בו:	**Gen 41,38**	vd ad 1Cor 6,19

NT	LXX
8,1 *πάντες γνῶσιν ἔχομεν.*	
8,3 *εἰ δέ τις ἀγαπᾷ τὸν θεόν, οὗτος ἔγνωσται ὑπ᾽ αὐτοῦ.*	*ψ* **138,1** *κύριε, ἐδοκίμασάς με καὶ ἔγνως με·* **138,2** *σὺ ἔγνως τὴν καθέδραν μου καὶ τὴν ἔγερσίν μου,* *σὺ συνῆκας τοὺς διαλογισμούς μου ἀπὸ μακρόθεν·* **Dtn 34,10** *καὶ οὐκ ἀνέστη ἔτι προφήτης ἐν Ἰσραὴλ ὡς Μωυσῆς, ὃν ἔγνω κύριος αὐτὸν πρόσωπον κατὰ πρόσωπον,*
8,4 *περὶ τῆς βρώσεως οὖν τῶν εἰδωλοθύτων, οἴδαμεν* ***ὅτι οὐδὲν*** *εἴδωλον ἐν κόσμῳ καὶ ὅτι* ***οὐδεὶς θεὸς*** *εἰ μὴ* ***εἷς****.*	**1Bas 12,21** *καὶ μὴ παραβῆτε ὀπίσω τῶν μηθὲν ὄντων, οἳ οὐ περανοῦσιν οὐθὲν καὶ οἳ οὐκ ἐξελοῦνται,* ***ὅτι οὐθέν*** *εἰσιν.* **Dtn 6,4** *κύριος ὁ* ***θεὸς*** *ἡμῶν κύριος* ***εἷς*** *ἐστιν·* **Dtn 32,39** *ἴδετε ἴδετε ὅτι ἐγώ εἰμι,* *καὶ* ***οὐκ ἔστιν θεὸς*** *πλὴν ἐμοῦ·* **Dan 3,17***o᾽* *ἔστι γὰρ* ***θεὸς*** *ἐν οὐρανοῖς* ***εἷς*** *κύριος ἡμῶν, ὃν φοβούμεθα,*
8,5 *καὶ γὰρ εἴπερ εἰσὶν λεγόμενοι θεοὶ εἴτε ἐν οὐρανῷ εἴτε ἐπὶ γῆς, ὥσπερ εἰσὶν θεοὶ πολλοὶ καὶ κύριοι πολλοί,*	

MT		ALIA
		mod dic *γνῶσιν ἔχειν* Esth C 25*o*' (4, 17[u]); Sap 1,7; 2,13; Os 4,6; 2Mac 6,30
יהוה חקרתני ותדע:	**Ps 139,1**	ad mod dic *ἀγαπᾶν τὸν θεόν* vd ad Rom 8,28
אתה ידעת שבתי וקומי	**139,2**	ad *ψ* 138,1-5 cf ad Rom 8,27
בנתה לרעי מרחוק:		
ולא־קם נביא עוד בישׂראל כמשׁ אשׁר ידעו יהוה פנים אל־פנים:	**Dtn 34,10**	
ולא תסורו כי אחרי התהו אשׁ לא־יועילו ולא יצילו כי־תהו המ	**1Sam 12,21**	*τὸ εἰδωλόθυτον*: in LXX tantum 4Mac 5,2 (adiect)
יהוה אלהינו יהוה אחד:	**Dtn 6,4**	ad *εἷς θεός* aut sim vd et Zach 14,9: *κύριος εἷς*; Mal 2,10: *θεὸς εἷς*; 3Bas 18,37A; 4Bas 19,15.19; *ψ* 85,10; Is 37, 16.20; Dan 3,45*θ*'; sim 3,45*o*'; 2Mac 7, 37: *θεὸς μόνος*. cf et ad Gal 3,20
ראו עתה כי אני אני הוא ואין אלהים עמדי	**Dtn 32,39**	
הן איתי אלהנא די־אנחנא פלחין	**Dan 3,17**	vd et Is 43,10s; 45,6.21s
		sunt dei praeter deum Israel: *ψ* 49,1: *θεὸς θεῶν*; Idc 11,24 *Χαμὼς ὁ θεός σου*

NT	LXX
8,6 *ἀλλ' ἡμῖν εἷς θεὸς ὁ πατὴρ ἐξ οὗ τὰ πάντα καὶ ἡμεῖς εἰς αὐτόν,*	**Mal 2,10** *οὐχὶ θεὸς εἷς ἔκτισεν ἡμᾶς; οὐχὶ πατὴρ εἷς πάντων ἡμῶν;*
8,8 *βρῶμα δὲ ἡμᾶς οὐ παραστήσει τῷ θεῷ·*	
9,1 *οὐχὶ Ἰησοῦν τὸν κύριον ἡμῶν ἑόρακα;*	**Is 6,1** *εἶδον τὸν κύριον καθήμενον ἐπὶ θρόνου ὑψηλοῦ καὶ ἐπηρμένου,* **Ex 24,10** *καὶ εἶδον τὸν τόπον* (!), *οὗ εἱστήκει ἐκεῖ ὁ θεὸς τοῦ Ἰσραήλ·* **Num 12,8** *καὶ τὴν δόξαν κυρίου εἶδεν·* **3Bas 22,19** *εἶδον τὸν κύριον θεὸν Ἰσραὴλ καθήμενον ἐπὶ θρόνου αὐτοῦ,*
9,7 *τίς φυτεύει ἀμπελῶνα καὶ τὸν καρπὸν αὐτοῦ οὐκ ἐσθίει;*	**Dtn 20,6** *καὶ τίς ὁ ἄνθρωπος, ὅστις ἐφύτευσεν ἀμπελῶνα καὶ οὐκ εὐφράνθη ἐξ αὐτοῦ;*
9,9 *ἐν γὰρ τῷ Μωυσέως νόμῳ γέγραπται· οὐ κημώσεις βοῦν ἀλοῶντα.*	**Dtn 25,4** *οὐ φιμώσεις βοῦν ἀλοῶντα.*
9,10 *δι' ἡμᾶς γὰρ ἐγράφη ὅτι ὀφείλει ἐπ' ἐλπίδι ὁ ἀροτριῶν ἀροτριᾶν καὶ ὁ ἀλοῶν ἐπ' ἐλπίδι τοῦ μετέχειν.*	

MT		ALIA
הלוא אב אחד לכלנו הלוא אל אחד בראנו	**Mal 2,10**	*εἷς θεός*: vd ad 8,4 vd et **Sap 9,1** *θεὲ πατέρων καὶ κύριε τοῦ ἐλέους* *ὁ ποιήσας τὰ πάντα ἐν λόγῳ σου*
		παριστάναι ἔναντι κυρίου aut sim saepe in LXX, plm dictum de sacerdotibus, ex gr Dtn 18,5
ואראה את־אדני ישב על־כסא רם ונשׂא	**Is 6,1**	sed vd **Ex 33,18** *Δεῖξόν μοι τὴν σεαυτοῦ δόξαν* ...
ויראו את אלהי ישׂראל	**Ex 24,10**	**33,20** *Οὐ δυνήσῃ ἰδεῖν μου τὸ πρόσωπον· οὐ γὰρ μὴ ἴδῃ ἄνθρωπος τὸ πρόσωπόν μου καὶ ζήσεται.*
ותמנת יהוה יביט	**Num 12,8**	
ראיתי את־יהוה ישב על־כסאו	**1Reg 22,19**	
ומי־האיש אשר־נטע כרם ולא חללו	**Dtn 20,6**	vd et **Prov 27,18** *ὃς φυτεύει συκῆν, φάγεται τοὺς καρποὺς αὐτῆς·* cf et Is 5
לא־תחסם שׁור בדישׁו:	**Dtn 25,4**	ad *κημώσεις*: P46אA et al: *φιμωσεις*, txt: B*D* et al
		fort citatio est e libro, qui in VT non est, vel haec verba citatio non sunt, sed interpretatio citationis Dtn 25,4 in 1Cor 9,9

NT **LXX**

9,13 *οὐκ οἴδατε ὅτι οἱ τὰ ἱερὰ ἐργαζόμε-
νοι [τὰ] ἐκ τοῦ ἱεροῦ ἐσθίουσιν, οἱ τῷ θυ-
σιαστηρίῳ παρεδρεύοντες τῷ θυσιαστη-
ρίῳ συμμερίζονται;*

9,15 *καλὸν γάρ μοι μᾶλλον ἀποθανεῖν ἤ
- τὸ καύχημά μου οὐδεὶς κενώσει.*

9,16 *ἀνάγκη γάρ μοι ἐπίκειται·*

MT **ALIA**

nonnulli 1Cor 9,10 citationem ex Is 28, 24 vel Is 45,9 esse putant:
Is 28,24 *μὴ ὅλην τὴν ἡμέραν μέλλει ὁ ἀροτριῶν ἀροτριᾶν;*
Is 45,9 *μὴ ὁ ἀροτριῶν ἀροτριάσει τὴν γῆν;*
vd et **Sir 6,19** *ὡς ὁ ἀροτριῶν καὶ ὁ σπείρων πρόσελθε αὐτῇ* (sc *σοφίᾳ*)
καὶ ἀνάμενε τοὺς ἀγαθοὺς καρποὺς αὐτῆς·
ἐν γὰρ τῇ ἐργασίᾳ αὐτῆς ὀλίγον κοπιάσεις
καὶ ταχὺ φάγεσαι τῶν γενημάτων αὐτῆς.

cf Num 18,8.31; Dtn 18,1ss.
οἱ τὰ ἱερὰ ἐργαζόμενοι: cf mod dic *ἐργάζεσθαι τὰ ἔργα τῆς σκηνῆς* Num 3,7; 8,15

cf **Tob 3,6**S[2] *διὸ λυσιτελεῖ μοι ἀποθανεῖν μᾶλλον ἢ ζῆν*, et Ion 4,3
cf et Phil 1,23

vd Ier 20,9; Am 3,8

NT	LXX
9,25 *πᾶς δὲ ὁ ἀγωνιζόμενος πάντα ἐγκρατεύεται, ἐκεῖνοι μὲν οὖν ἵνα φθαρτὸν στέφανον* λάβωσιν, *ἡμεῖς δὲ* ***ἄφθαρ****τον.*	**4Mac 17,12** *ἠθλοθέτει γὰρ τότε ἀρετὴ δι' ὑπομονῆς δοκιμάζουσα. τὸ νῖκος* ***ἀφθαρ****σία ἐν ζωῇ πολυχρονίῳ.*
10,1 *οὐ θέλω γὰρ ὑμᾶς ἀγνοεῖν, ἀδελφοί, ὅτι οἱ πατέρες ἡμῶν πάντες ὑπὸ τὴν νεφέλην ἦσαν καὶ πάντες* ***διὰ τῆς θαλάσσης διῆλθον***	**Ex 13,21** *ὁ δὲ θεὸς ἡγεῖτο αὐτῶν, ἡμέρας μὲν ἐν στύλῳ* ***νεφέλ****ης δεῖξαι αὐτοῖς τὴν ὁδόν, τὴν δὲ νύκτα ἐν στύλῳ πυρός·* **Ex 14,22** *καὶ* ***εἰσῆλθον*** *οἱ υἱοὶ Ἰσραὴλ εἰς μέσον* ***τῆς θαλάσσης*** *κατὰ τὸ ξηρόν, καὶ τὸ ὕδωρ αὐτοῖς τεῖχος ἐξ δεξιῶν καὶ τεῖχος ἐξ εὐωνύμων·* **ψ 77,13** *διέρρηξεν* ***θάλασσ****αν καὶ διήγαγεν αὐτούς,* *ἔστησεν ὕδατα ὡσεὶ ἀσκὸν* **77,14** *καὶ ὡδήγησεν αὐτοὺς ἐν* ***νεφέλ****ῃ ἡμέρας* *καὶ ὅλην τὴν νύκτα ἐν φωτισμῷ πυρός.* **ψ 104,39** *διεπέτασεν* ***νεφέλ****ην εἰς σκέπην αὐτοῖς* *καὶ πῦρ τοῦ φωτίσαι αὐτοῖς τὴν νύκτα.*

MT		ALIA
		cf **Sap 4,2** *παροῦσάν τε μιμοῦνται αὐτὴν* (sc *τὴν ἀρετήν*) *καὶ ποθοῦσιν ἀπελθοῦσαν·* *καὶ ἐν τῷ αἰῶνι στεφανηφοροῦσα πομπεύει* *τὸν τῶν ἀμιάντων ἄθλων ἀγῶνα νικήσασα.* cf et Rom 2,7
ויהוה הלך לפניהם יומם בעמו ענן לנחתם הדרך ולילה בעמו אש	**Ex 13,21**	vd et ψ 105,9
ויבאו בני־ישראל בתוך הי ביבשה והמים להם חמה מימינ ומשמאלם:	**Ex 14,22**	
בקע ים ויעבירם	**Ps 78,13**	
ויצב־מים כמו־נד:		
וינחם בענן יומם	**78,14**	
וכל־הלילה באור אש:		
פרש ענן למסך	**Ps 105,39**	
ואש להאיר לילה:		

NT	LXX
10,3 καὶ πάντες τὸ αὐτὸ πνευματικὸν βρῶμα ἔφαγον	**Ex 16,4** Εἶπεν δὲ κύριος πρὸς Μωυσῆν Ἰδοὺ ἐγὼ ὕω ὑμῖν ἄρτους ἐκ τοῦ οὐρανοῦ, … **16,15** Οὗτος ὁ ἄρτος, ὃν ἔδωκεν κύριος ὑμῖν φαγεῖν· … **16,35** οἱ δὲ υἱοὶ Ἰσραὴλ ἐφάγοσαν τὸ μὰν ἔτη τεσσαράκοντα, ἕως ἦλθον εἰς γῆν οἰκουμένην· τὸ μὰν ἐφάγοσαν, ἕως παρεγένοντο εἰς μέρος τῆς Φοινίκης.
	ψ 77,24 καὶ ἔβρεξεν αὐτοῖς μάννα φαγεῖν καὶ ἄρτον οὐρανοῦ ἔδωκεν αὐτοῖς· **77,25** ἄρτον ἀγγέλων ἔφαγεν ἄνθρωπος, ἐπισιτισμὸν ἀπέστειλεν αὐτοῖς εἰς πλησμονήν.
	ψ 104,40 ᾔτησαν, … καὶ ἄρτον οὐρανοῦ ἐνέπλησεν αὐτούς·
	2Esdr 19,15 καὶ ἄρτον ἐξ οὐρανοῦ ἔδωκας αὐτοῖς εἰς σιτοδείαν αὐτῶν … **19,20** καὶ τὸ πνεῦμά σου τὸ ἀγαθὸν ἔδωκας συνετίσαι αὐτοὺς καὶ τὸ μάννα σου οὐκ ἀφυστέρησας ἀπὸ στόματος αὐτῶν

MT

Ex 16,4	ויאמר יהוה אל־משה הנני ממט
	לכם לחם מן־השמים
	...
16,15	הוא הלחם אשר נתן יהוה ל
	לאכלה:
	...
16,35	ובני ישראל אכלו את־המן ארבע
	שנה עד־באם אל־ארץ נושבת א
	המן אכלו עד־באם אל־קצה א
	כנען:
Ps 78,24	וימטר עליהם מן לאכל
	ודגן־שמים נתן למו:
78,25	לחם אבירים אכל איש
	צידה שלח להם לשבע:
Ps 105,40	שאל ...
	ולחם שמים ישביעם:
Neh 9,15	ולחם משמים נתתה
	להם לרעבם
	...
9,20	ורוחך הטובה נתת להשכילם
	ומנך לא־מנעת מפיהם

ALIA

vd et **Sap 16,20** *ἀνθ᾽ ὧν ἀγγέλων τροφὴν ἐψώμισας τὸν λαόν σου*
καὶ ἕτοιμον ἄρτον ἀπ᾽ οὐρανοῦ παρέσχες αὐτοῖς ἀκοπιάτως
πᾶσαν ἡδονὴν ἰσχύοντα καὶ πρὸς πᾶσαν ἁπμόνιον γεῦσιν·

NT	LXX
10,4 *καὶ πάντες τὸ αὐτὸ πνευματικὸν ἔπιον πόμα· ἔπινον γὰρ* ***ἐκ*** *πνευματικῆς ἀκολουθούσης* ***πέτρας****, ἡ* ***πέτρ****α δὲ ἦν ὁ* Χριστός.	**Ex 17,6** *ὅδε ἐγὼ ἕστηκα πρὸ τοῦ σὲ ἐλθεῖν ἐπὶ τῆς* ***πέτρας*** *ἐν* Χωρήβ· *καὶ πατάξεις τὴν* ***πέτρ****αν, καὶ ἐξελεύσεται* ***ἐξ*** *αὐτῆς ὕδωρ, καὶ πίεται ὁ λαός.* **Dtn 8,15** *τοῦ ἐξαγαγόντος* (sc *κυρίου*) *σοι* ***ἐκ πέτρας*** *ἀκροτόμου πηγὴν ὕδατος,* *ψ* **77,15** *διέρρηξεν* ***πέτρ****αν ἐν ἐρήμῳ* *καὶ ἐπότισεν αὐτοὺς ὡς ἐν ἀβύσσῳ πολλῇ* **77,16** *καὶ ἐξήγαγεν ὕδωρ* ***ἐκ πέτρας*** *καὶ κατήγαγεν ὡς ποταμοὺς ὕδατα.* … **77,20** *ἐπεὶ ἐπάταξεν* ***πέτρ****αν καὶ ἐρρύησαν ὕδατα* *καὶ χείμαρροι κατεκλύσθησαν,*
10,5 *ἀλλ'* ***οὐκ*** *ἐν τοῖς πλείοσιν αὐτῶν* ***εὐδόκησεν*** ***ὁ θεός****,* ***κατεστρώθησαν*** *γὰρ* ***ἐν τῇ ἐρήμῳ****.*	**Num 14,16** Παρὰ τὸ μὴ δύνασθαι κύριον εἰσαγαγεῖν τὸν λαὸν τοῦτον εἰς τὴν γῆν, ἣν ὤμοσεν αὐτοῖς, ***κατέστρωσεν*** αὐτοὺς ***ἐν τῇ ἐρήμῳ***. *ψ* **77,31** *καὶ ὀργὴ τοῦ* ***θε****οῦ ἀνέβη ἐπ' αὐτοὺς*

MT		ALIA
הנני עמד לפניך שם על־הצ בחרב והכית בצור ויצאו ממנו מ ישתה העם המוציא לך מים מצור החלמיש: יבקע צרים במדבר וישק כתהמות רבה: ויוצא נוזלים מסלע ויורד כנהרות מים: ... הן הכה־צור ויזובו מים ונחלים ישטפו	**Ex 17,6** **Dtn 8,15** **Ps 78,15** **78,16** **78,20**	cf et Num 20,7-11, praecipue **Num 20,8** *Λάβε τὴν ῥάβδον καὶ ἐκκλησίασον τὴν συναγωγὴν σὺ καὶ ᾿Ααρὼν ὁ ἀδελφός σου, καὶ λαλήσατε πρὸς τὴν πέτραν ἐναντίον αὐτῶν, καὶ δώσει τὰ ὕδατα αὐτῆς, ἐξοίσετε αὐτοῖς ὕδωρ ἐκ τῆς πέτρας, καὶ ποτιεῖτε τὴν συναγωγὴν καὶ τὰ κτήνη αὐτῶν.* ... **20,11** *καὶ ἐπάρας Μωυσῆς τὴν χεῖρα αὐτοῦ ἐπάταξεν τὴν πέτραν τῇ ῥάβδῳ δίς, καὶ ἐξῆλθεν ὕδωρ πολύ, καὶ ἔπιεν ἡ συναγωγὴ καὶ τὰ κτήνη αὐτῶν.* cf et ψ **104,41** *διέρρηξεν πέτραν, καὶ ἐρρύησαν ὕδατα,* **Sap 11,4** *ἐδίψησαν καὶ ἐπεκαλέσαντό σε,* *καὶ ἐδόθη αὐτοῖς ἐκ πέτρας ἀκροτόμου ὕδωρ* *καὶ ἴαμα δίψης ἐκ λίθου σκληροῦ.*
מבלתי יכלת יהוה להביא את־ה הזה אל־הארץ אשר־נשבע ל וישחטם במדבר: ואף אלהים עלה בהם	**Num 14,16** **Ps 78,31**	cf et Num 14,29.32.35; 26,65, ψ **105,25** *καὶ ἐγόγγυσαν ἐν τοῖς σκηνώμασιν αὐτῶν,* *οὐκ εἰσήκουσαν τῆς φωνῆς κυρίου.* **105,26** *καὶ ἐπῆρεν τὴν χεῖρα αὐτοῦ αὐτοῖς*

NT	LXX
	καὶ ἀπέκτεινεν ἐν τοῖς πίοσιν αὐτῶν **Sir 45,19** εἶδεν κύριος καὶ **οὐκ εὐδόκησεν**, καὶ συνετελέσθησαν ἐν θυμῷ ὀργῆς·
10,6 ταῦτα δὲ τύποι ἡμῶν ἐγενήθησαν, εἰς τὸ μὴ εἶναι ἡμᾶς **ἐπιθυμ**ητὰς κακῶν, καθὼς κἀκεῖνοι **ἐπεθύμησαν**.	**Num 11,4** Καὶ ὁ ἐπίμικτος ὁ ἐν αὐτοῖς **ἐπεθύμησαν ἐπιθυμίαν**, … **11,34** καὶ ἐκλήθη τὸ ὄνομα τοῦ τόπου ἐκείνου Μνήματα τῆς **ἐπιθυμ**ίας, ὅτι ἐκεῖ ἔθαψαν τὸν λαὸν τὸν **ἐπιθυμ**ητήν. ψ **105,14** καὶ **ἐπεθύμησαν ἐπιθυμίαν** ἐν τῇ ἐρήμῳ καὶ ἐπείρασαν τὸν θεὸν ἐν ἀνύδρῳ.
10,7 μηδὲ εἰδωλολάτραι γίνεσθε καθώς τινες αὐτῶν, ὥσπερ γέγραπται· **ἐκάθισεν ὁ λαὸς φαγεῖν καὶ πεῖν καὶ ἀνέστησαν παίζειν**.	**Ex 32,4** καὶ ἐδέξατο (sc Ἀαρὼν τὰ χρυσᾶ) ἐκ τῶν χειρῶν αὐτῶν καὶ ἔπλασεν αὐτὰ ἐν τῇ γραφίδι, καὶ ἐποίησεν αὐτὰ μόσχον χωνευτὸν καὶ εἶπεν Οὗτοι οἱ θεοί σου, Ἰσραήλ, οἵτινες ἀνεβίβασάν σε ἐκ γῆς Αἰγύπτου. **32,5** καὶ ἰδὼν Ἀαρὼν ᾠκοδόμησεν θυσιαστήριον κατέναντι αὐτοῦ, … **32,6** … καὶ **ἐκάθισεν ὁ λαὸς φαγεῖν καὶ πιεῖν, καὶ ἀνέστησαν παίζειν**. ψ **105,19** καὶ ἐποίησαν μόσχον ἐν Χωρὴβ

MT		ALIA
ויהרג במשמניהם		*τοῦ καταβαλεῖν αὐτοὺς ἐν τῇ ἐρήμῳ*
וירא ייי ויתאנף	**Sir 45,19**	cf et ad 1Cor 10,10
ויכלם בחרון אפו:		mod dic *οὐκ εὐδόκησεν ὁ θεὸς ἐν* Ier 14,10; ψ 151,5
והאספסף אשר בקרבו התא תאוה …	**Num 11,4**	
ויקרא את־שם־המקום ההו קברות התאוה כי־שם קברו או העם המתאוים:	**Num 11,34**	
ויתאוו תאוה במדבר	**Ps 106,14**	ad ψ 105,14b cf ad 1Cor 10,9
וינסו־אל בישימון:		
ויקח מידם ויצר אתו בחר ויעשהו עגל מסכה ויאמרו אל אלהיך ישראל אשר העלוך מאר מצרים:	**Ex 32,4**	cf et totum caput Ex 32, ubi adoratio vituli aurei refertur.
וירא אהרן ויבן מזבח לפניו …	**32,5**	
וישב העם לאכל ושתו ויק לצחק:	**32,6**	
יעשו־עגל בחרב	**Ps 106,19**	

NT	LXX
	καὶ προσεκύνησαν τῷ γλυπτῷ· **105,20** *καὶ ἠλλάξαντο τὴν δόξαν αὐτῶν ἐν ὁμοιώματι μόσχου ἐσθόντος χόρτον.*
10,8 *μηδὲ πορνεύωμεν, καθώς τινες αὐτῶν ἐπόρνευσαν καὶ ἔπεσαν μιᾷ ἡμέρᾳ εἴκοσι τρεῖς χιλιάδες.*	**Num 25,1** *καὶ ἐβεβηλώθη ὁ λαὸς ἐκπορνεῦσαι εἰς τὰς θυγατέρας* Μωάβ. … **25,9** *καὶ ἐγένοντο οἱ τεθνηκότες ἐν τῇ πληγῇ τέσσαρες καὶ εἴκοσι χιλιάδες.*
10,9 *μηδὲ ἐκπειράζωμεν τὸν* Χριστόν, *καθώς τινες αὐτῶν ἐπείρασαν καὶ ὑπὸ τῶν ὄφεων ἀπώλλυντο.*	**Ex 17,2** *καὶ ἐλοιδορεῖτο ὁ λαὸς πρὸς* Μωϋσῆν *λέγοντες* Δὸς *ἡμῖν ὕδωρ, ἵνα πίωμεν. καὶ εἶπεν αὐτοῖς* Μωϋσῆς Τί *λοιδορεῖσθέ μοι, καὶ τί πειράζετε κύριον;* **17,3** *ἐδίψησεν δὲ ἐκεῖ ὁ λαὸς ὕδατι, καὶ ἐγόγγυζεν ὁ λαὸς πρὸς* Μωϋσῆν *λέγοντες* Ἵνα *τί τοῦτο ἀνεβίβασας ἡμᾶς ἐξ* Αἰγύπτου *ἀποκτεῖναι ἡμᾶς καὶ τὰ τέκνα ἡμῶν καὶ τὰ κτήνη τῷ δίψει;* … **17,7** *καὶ ἐπωνόμασεν τὸ ὄνομα τοῦ τόπου ἐκείνου* **Πειρα**σμὸς *καὶ* Λοιδόρησις *διὰ τὴν λοιδορίαν τῶν υἱῶν* Ἰσραὴλ *καὶ διὰ τὸ πειράζειν κύριον λέγοντας* Εἰ *ἔστιν κύριος ἐν ἡμῖν ἢ οὔ;* **Num 21,5** *καὶ κατελάλει ὁ λαὸς πρὸς τὸν θεὸν καὶ κατὰ* Μωυσῆ *λέγοντες* Ἵνα

MT		ALIA
וישׁתחוו למסכה:		
וימירו את־כבודם בתבנית שׁור אכל עשׂב:	**106,20**	
ויחל העם לזנות אל־בנות מואב: ...	**Num 25,1**	cf ψ 105,28s; Sap 14,12; **Num 26,62** *τρεῖς καὶ εἴκοσι χιλιάδες*, sed alio sensu
ויהיו המתים במגפה ארבע ועשׂרים אלף:	**25,9**	
וירב העם עם־משׁה ויאמרו תנ לנו מים ונשׁתה ויאמר להם משׁ מה־תריבון עמדי מה־תנסון א יהוה:	**Ex 17,2**	cf **Sap 1,2** *ὅτι εὑρίσκεται* (sc *ὁ κύριος*) *τοῖς μὴ πειράζουσιν αὐτόν, ἐμφανίζεται δὲ τοῖς μὴ ἀπιστοῦσιν αὐτῷ.*
ויצמא שׁם העם למים וילן הע על־משׁה ויאמר למה זה העלית ממצרים להמית אתי ואת־בני וא מקני בצמא: ...	**17,3**	cf et Sap 2,25; 16,5, vd autem Sap 16,6
ויקרא שׁם המקום מסה ומריב על־ריב בני ישׂראל ועל נסתם א יהוה לאמר הישׁ יהוה בקרבנו א אין:	**17,7**	
וידבר העם באלהים ובמשׁה למ העליתנו ממצרים למות במדבר	**Num 21,5**	

NT	LXX
	τί ἐξήγαγες ἡμᾶς ἐξ Αἰγύπτου ἀποκτεῖναι ἡμᾶς ἐν τῇ ἐρήμῳ; ὅτι οὐκ ἔστιν ἄρτος οὐδὲ ὕδωρ, … **21,6** **καὶ** ἀπέστειλεν κύριος εἰς τὸν λαὸν τοὺς ὄφεις τοὺς θανατοῦντας, καὶ ἔδακνον τὸν λαόν, καὶ ἀπέθανεν λαὸς πολὺς τῶν υἱῶν Ἰσραήλ. ψ **77,18** καὶ ἐξ**επείρασαν** τὸν θεὸν ἐν ταῖς καρδίαις αὐτῶν τοῦ αἰτῆσαι βρώματα ταῖς ψυχαῖς αὐτῶν … **77,41** καὶ **ἐπείρασαν** τὸν θεὸν … **77,56** καὶ **ἐπείρασαν** καὶ παρεπίκραναν τὸν θεὸν τὸν ὕψιστον ψ **105,14** καὶ ἐπεθύμησαν ἐπιθυμίαν ἐν τῇ ἐρήμῳ καὶ **ἐπείρασαν** τὸν θεὸν ἐν ἀνύδρῳ.
10,10 μηδὲ γογγύζετε, καθάπερ τινὲς αὐτῶν **ἐγόγγυσαν** **καὶ** ἀπώλοντο ὑπὸ τοῦ ὀλοθρευτοῦ.	**Ex 16,2** δι**εγόγγυ**ζεν πᾶσα συναγωγὴ υἱῶν Ἰσραὴλ ἐπὶ Μωυσῆν καὶ Ἀαρών· ψ **105,25** καὶ **ἐγόγγυσαν** ἐν τοῖς σκηνώμασιν αὐτῶν, οὐκ εἰσήκουσαν τῆς φωνῆς κυρίου. **105,26** καὶ ἐπῆρεν τὴν χεῖρα αὐτοῦ αὐτοῖς τοῦ καταβαλεῖν αὐτοὺς ἐν τῇ ἐρήμῳ

MT		ALIA
אין לחם ואין מים ...		
וישלח יהוה בעם את הנחשי	**21,6**	
השׂרפים וינשׁכו את־העם וימ		
עם־רב מישׂראל:		
וינסו־אל בלבבם	**Ps 78,18**	
לשׁאל־אכל לנפשׁם:		
...		
וינסו אל	**78,41**	
...		
וינסו וימרו	**78,56**	
את־אלהים עליון		
ויתאוו תאוה במדבר	**Ps 106,14**	
וינסו־אל בישׁימון:		
וילינו כל־עדת בני־ישׂראל ע	**Ex 16,2**	vd et **Ex 12,23** *οὐκ ἀφήσει* (sc *κύριος*) *τὸν ὀλεθρεύοντα εἰσελθεῖν εἰς τὰς οἰκίας ὑμῶν πατάξαι.*
משׁה ועל־אהרן במדבר:		
וירגנו באהליהם	**Ps 106,25**	*ἀπώλοντο κτλ*: vd Num 21,5s ad 1Cor 10,9 cf Num 14,2.27.36s; 17,6ssMT; 17,21MT
לא שׁמעו בקול יהוה:		
וישׂא ידו להם	**106,26**	cf et ad 1Cor 10,5
להפיל אותם במדבר:		

NT	LXX
10,11 *ἐγράφη δὲ πρὸς νουθεσιαν ἡμῶν,*	
10,13 *πιστὸς δὲ ὁ θεός,*	
10,16 Τὸ *ποτήριον τῆς εὐλογίας ὃ εὐλογοῦμεν,*	*ψ* **115,4** *ποτήριον σωτηρίου* λήμψομαι *καὶ τὸ ὄνομα κυρίου ἐπικαλέσομαι.*
10,18 *οὐχ οἱ ἐσθίοντες τὰς θυσίας κοινωνοὶ τοῦ θυσιαστηρίου εἰσίν;*	
10,19 *ὅτι εἰδωλόθυτόν τί ἐστιν ἢ ὅτι εἴδωλόν τί ἐστιν;*	
10,20 *ἃ θύουσιν, δαιμονίοις καὶ οὐ θεῷ* [*θύουσιν*]·	**Dtn 32,17** *ἔθυσαν δαιμονίοις καὶ οὐ θεῷ, θεοῖς, οἷς οὐκ ᾔδεισαν·* *ψ* **105,37** *καὶ ἔθυσαν τοὺς υἱοὺς αὐτῶν καὶ τὰς θυγατέρας αὐτῶν τοῖς δαιμονίοις* **Bar 4,7** *παρωξύνατε γὰρ τὸν ποιήσαντα ὑμᾶς θύσαντες δαιμονίοις καὶ οὐ θεῷ.*
10,21 *οὐ δύνασθε τραπέζης κυρίου μετέχειν καὶ τραπέζης δαιμονίων.*	**Is 65,11** *ὑμεῖς δὲ οἱ ἐγκαταλείποντές με … καὶ ἑτοιμάζοντες τῷ δαιμονίῳ τράπεζαν*

MT		ALIA
		εἰς νουθεσίαν cf Sap 16,6, ubi *νόμος* cont est
		vd ad 1Cor 1,9
כוס־ישועות אשׂא ובשׁם יהוה אקרא:	**Ps 116,13**	
		NA26 Lev 7,6.15 margine nominat
		vd ad 1Cor 8,4 et ad Rom 11,11-14
יזבחו לשׁדים לא אלה אלהים לא ידעום	**Dtn 32,17**	
ויזבחו את־בניהם ואת־בנותיהם לשׁדים:	**Ps 106,37**	
ואתם עזבי יהוה ... הערכים לגד שׁלחן	**Is 65,11**	*τράπεζα κυρίου* in cont vituperationis Mal 1,7.12; vd et **Ez 41,22** *ἡ τράπεζα ἡ πρὸ προσώπου κυρίου*; vd et Ez 44,16

NT	LXX
10,22 ἢ παραζηλοῦμεν τὸν κύριον;	**Dtn 32,21** αὐτοὶ παρεζήλωσάν με ἐπ᾽ οὐ θεῷ,
10,23 οὐ πάντα συμφέρει·	**Sir 37,28** οὐ γὰρ πάντα πᾶσιν συμφέρει,
10,26 τοῦ κυρίου γὰρ ἡ γῆ καὶ τὸ πλήρωμα αὐτῆς.	**ψ 23,1** Τοῦ κυρίου ἡ γῆ καὶ τὸ πλήρωμα αὐτῆς,
10,27 εἴ τις καλεῖ ὑμᾶς τῶν ἀπίστων καὶ θέλετε πορεύεσθαι, πᾶν τὸ παρατιθέμενον ὑμῖν ἐσθίετε μηδὲν ἀνακρίνοντες διὰ τὴν συνείδησιν.	
11,3 κεφαλὴ δὲ γυναικὸς ὁ ἀνήρ,	**Gen 3,16** καὶ τῇ γυναικὶ εἶπεν … καὶ πρὸς τὸν ἄνδρα σου ἡ ἀποστροφή σου, καὶ αὐτός σου κυριεύσει.
11,6 εἰ γὰρ οὐ κατακαλύπτεται γυνή, καὶ κειράσθω· εἰ δὲ αἰσχρὸν γυναικὶ τὸ κείρασθαι ἢ ξυρᾶσθαι, κατακαλυπτέσθω.	**Is 3,24** ἀντὶ τοῦ κόσμου τῆς κεφαλῆς τοῦ χρυσίου φαλάκρωμα ἕξεις

MT		ALIA
הם קנאוני בלא־אל	**Dtn 32,21**	
כי לא הכל לכל טוב	**Sir 37,28**	cf et ad 1Cor 6,12
ליהוה הארץ ומלואה	**Ps 24,1**	incertum, an *γὰρ* 1Cor 10,26 fq fungatur. cf et ψ **49,12** *ἐμὴ γάρ ἐστιν ἡ οἰκουμένη καὶ τὸ πλήρωμα αὐτῆς,* cf et ψ 88,12; Ex 19,5; Dtn 10,14 cf et ad Col 1,19 cf autem Ex 34,15!
אל־האשה אמר ... ואל־אישך תשוקתך והוא ימשל־בך:	**Gen 3,16**	*κεφαλή* stat pro *ἄρχων* cf ex gr **Dtn 28,13** *καταστήσαι σε κύριος ὁ θεός σου εἰς κεφαλὴν καὶ μὴ εἰς οὐράν, καὶ ἔσῃ τότε ἐπάνω καὶ οὐκ ἔσῃ ὑποκάτω,* cf et Dtn 28,44; Idc 10,18A; 11,8sA; 11,11; cf et Col 3,18
ותחת מעשה מקשה קרחה	**Is 3,24**	incertum, an Is 3,17MT quoque de cavitio sit

NT	LXX
11,7 Ἀνὴρ μὲν γὰρ οὐκ ὀφείλει κατακαλύπτεσθαι τὴν κεφαλὴν εἰκὼν καὶ δόξα **θεοῦ** ὑπάρχων·	**Gen 1,26** καὶ εἶπεν ὁ θεός Ποιήσωμεν ἄνθρωπον κατ' εἰκόνα ἡμετέραν καὶ καθ' ὁμοίωσιν, καὶ ἀρχέτωσαν τῶν ἰχθύων τῆς θαλάσσης ... **1,27** καὶ ἐποίησεν ὁ θεὸς τὸν ἄνθρωπον, κατ' εἰκόνα **θεοῦ** ἐποίησεν αὐτόν, ἄρσεν καὶ θῆλυ (!) ἐποίησεν αὐτούς. **Gen 5,1** ἐποίησεν ὁ θεὸς τὸν Ἀδάμ, κατ' εἰκόνα **θεοῦ** ἐποίησεν αὐτόν· **5,2** ἄρσεν καὶ θῆλυ ἐποίησεν αὐτοὺς καὶ εὐλόγησεν αὐτούς. καὶ ἐπωνόμασεν τὸ ὄνομα αὐτῶν Ἀδάμ, ᾗ ἡμέρᾳ ἐποίησεν αὐτούς.
ἡ γυνὴ δὲ δόξα ἀνδρός ἐστιν.	**Prov 11,16** γυνὴ εὐχάριστος ἐγείρει ἀνδρὶ δόξαν,
11,8 οὐ γάρ ἐστιν ἀνὴρ ἐκ γυναικὸς ἀλλὰ γυνὴ ἐξ ἀνδρός·	**Gen 2,21** καὶ ἔλαβεν μίαν τῶν πλευρῶν αὐτοῦ καὶ ἀνεπλήρωσεν σάρκα ἀντ' αὐτῆς. **2,22** καὶ ᾠκοδόμησεν κύριος ὁ θεὸς τὴν πλευράν, ἣν ἔλαβεν ἀπὸ τοῦ Ἀδάμ, εἰς γυναῖκα, καὶ ἤγαγεν αὐτὴν πρὸς τὸν Ἀδάμ.

MT		ALIA
ויאמר אלהים נעשה אדם בצלמנ כדמותנו וירדו בדגת הים ... :	**Gen 1,26**	vd et Gen 9,6 cf et **Sir 17,1** *κύριος ἔκτισεν ἐκ γῆς ἄνθρωπον …* **17,2** *… καὶ ἔδωκεν αὐτοῖς ἐξουσίαν*
ויברא אלהים את־האדם בצלמ בצלם אלהים ברא אתו זכר ונקב ברא אתם:	**1,27**	*τῶν ἐπ᾽ αὐτῆς.* **17,3** *… καὶ κατ᾽ εἰκόνα αὐτοῦ ἐποίησεν αὐτούς.*
ברא אלהים אדם בדמות אלהי עשה אתו:	**Gen 5,1**	**Sap 2,23**BSA *ὅτι ὁ θεὸς ἔκτισεν τὸν ἄνθρωπον ἐπ᾽ ἀφθαρσίᾳ*
זכר ונקבה בראם ויברך את ויקרא את־שמם אדם ביום הבראם	**5,2**	*καὶ εἰκόνα τῆς ἰδίας ἰδιότητος ἐποίησεν αὐτόν·* vd et ad Rom 8,29; 2Cor 3,18; 4,4-6; Col 1,15-17
אשת־חן תתמך כבוד	**Prov 11,16**	homini, ergo uxori quoque gloria a Deo data est: **ψ 8,6** *ἠλάττωσας αὐτὸν βραχύ τι παρ᾽ ἀγγέλους,* *δόξῃ καὶ τιμῇ ἐστεφάνωσας αὐτόν·*
ויקח אחת מצלעתיו ויסגר בש תחתנה:	**Gen 2,21**	
ויבן יהוה אלהים את־הצלע אשר לקח מן־האדם לאשה ויבאה אל האדם:	**2,22**	

NT	LXX
	2,23 καὶ εἶπεν Ἀδάμ Τοῦτο νῦν ὀστοῦν ἐκ τῶν ὀστέων μου καὶ σὰρξ ἐκ τῆς σαρκός μου· αὕτη κληθήσεται γυνή, ὅτι ἐκ τοῦ ἀνδρὸς αὐτῆς ἐλήμφθη.
11,9 καὶ γὰρ οὐκ ἐκτίσθη ἀνὴρ διὰ τὴν γυναῖκα ἀλλὰ γυνὴ διὰ τὸν ἄνδρα.	**Gen 2,18** Καὶ εἶπεν κύριος ὁ θεός Οὐ καλὸν εἶναι τὸν ἄνθρωπον μόνον· ποιήσωμεν αὐτῷ βοηθὸν κατ᾽ αὐτόν.
11,10 διὰ τοῦτο ὀφείλει ἡ γυνὴ ἐξουσίαν ἔχειν ἐπὶ τῆς κεφαλῆς διὰ τοὺς ἀγγέλους.	**Gen 6,2** ἰδόντες δὲ οἱ υἱοὶ τοῦ θεοῦ τὰς θυγατέρας τῶν ἀνθρώπων ὅτι καλαί εἰσιν, ἔλαβον ἑαυτοῖς γυναῖκας ἀπὸ πασῶν, ὧν ἐξελέξαντο.
11,12 ὥσπερ γὰρ ἡ γυνὴ ἐκ τοῦ ἀνδρός,	

MT		ALIA
ויאמר האדם זאת הפעם עצם מעצמי ובשׂר מבשׂרי לזאת יקרא אשה כי מאיש לקחה־זאת:	**2,23**	
ויאמר יהוה אלהים לא־טוב היות האדם לבדו אעשׂה־לו עזר כנגדו:	**Gen 2,18**	cf et **Tob 8,6**S[2] *σὺ ἐποίησας τὸν Ἀδὰμ καὶ ἐποίησας αὐτῷ βοηθὸν στήριγμα Εὕαν τὴν γυναῖκα αὐτοῦ, καὶ ἐξ ἀμφοτέρων ἐγενήθη τὸ σπέρμα τῶν ἀνθρώπων· καὶ σὺ εἶπας ὅτι Οὐ καλὸν εἶναι τὸν ἄνθρωπον μόνον, ποιήσωμεν αὐτῷ βοηθὸν ὅμοιον αὐτῷ.*
ויראו בני־האלהים את־בנות האדם כי טבת הנה ויקחו להם נשׁים מכל אשר בחרו:	**Gen 6,2**	sed contra **ψ 137,1** *Ἐξομολογήσομαί σοι, κύριε, ἐν ὅλῃ καρδίᾳ μου,* *ὅτι ἤκουσας τὰ ῥήματα τοῦ στόματός μου,* *καὶ ἐναντίον ἀγγέλων ψαλῶ σοι.* ad ψ 8,6 vd ad 1Cor 11,7 ad *ἐξουσίαν* cf ad 1Cor 11,7, ubi in Sir 17,2s *ἐξουσία* ad *εἰκών* refertur. cf ad 1Cor 11,8

NT	LXX
11,23 ὁ κύριος Ἰησοῦς ἐν τῇ νυκτὶ ᾗ παρεδίδετο ἔλαβεν ἄρτον **11,24** καὶ εὐχαριστήσας ἔκλασεν καὶ εἶπεν· τοῦτό μού ἐστιν τὸ σῶμα τὸ ὑπὲρ ὑμῶν· τοῦτο ποιεῖτε εἰς τὴν ἐμὴν ἀνάμνησιν. **11,25** … τοῦτο τὸ ποτήριον ἡ καινὴ διαθήκη ἐστὶν ἐν τῷ ἐμῷ αἵματι· τοῦτο ποιεῖτε, ὁσακις ἐὰν πίνητε, εἰς τὴν ἐμὴν ἀνάμνησιν.	
11,31 εἰ δὲ ἑαυτοὺς διεκρίνομεν, οὐκ ἂν ἐκρινόμεθα·	
11,32 **κρινόμενοι** δὲ ὑπὸ [τοῦ] κυρίου **παιδευό**μεθα, ἵνα μὴ σὺν τῷ κόσμῳ κατακριθῶμεν.	**Sap 11,9** ὅτε γὰρ ἐπειράσθησαν, καίπερ ἐν ἐλέει **παιδευό**μενοι, ἔγνωσαν πῶς ἐν ὀργῇ **κρινόμενοι** ἀσεβεῖς ἐβασανίζοντο· **Sap 12,22** Ἡμᾶς οὖν **παιδεύ**ων τοὺς ἐχθροὺς ἡμῶν ἐν μυριότητι μαστιγοῖς, ἵνα σου τὴν ἀγαθότητα μεριμνῶμεν **κρίνοντες**, **κρινόμενοι** δὲ προσδοκῶμεν ἔλεος.
12,2 Οἴδατε ὅτι ὅτε ἔθνη ἦτε πρὸς τὰ	**Hab 2,18** εἴδωλα κωφά

MT		ALIA
		cf ad Mc 14,22-24 parr
		cf ad Lc 22,19s
		vd **Prov 28,13** *ὁ ἐπικαλύπτων ἀσέβειαν ἑαυτοῦ οὐκ εὐοδωθήσεται,* *ὁ δὲ ἐξηγούμενος ἐλέγχους ἀγαπηθήσεται.*
		vd et **Sir 18,13** *ἔλεος ἀνθρώπου ἐπὶ τὸν πλησίον αὐτοῦ,* *ἔλεος δὲ κυρίου ἐπὶ πᾶσαν σάρκα·* *ἐλέγχων καὶ παιδεύων καὶ διδάσκων* *καὶ ἐπιστρέφων ὡς ποιμὴν τὸ ποίμνιον αὐτοῦ.* **18,14** *τοὺς ἐκδεχομένους παιδείαν ἐλεᾷ* *καὶ τοὺς κατασπεύδοντας ἐπὶ τὰ κρίματα αὐτοῦ.*
אלילים אלמים	**Hab 2,18**	cf et ψ **113,12** *τὰ εἴδωλα τῶν ἐθνῶν*

NT	LXX
εἴδωλα τὰ ἄφωνα ὡς ἂν ἤγεσθε ἀπαγόμενοι.	
12,3 ᾿Ανάθεμα ᾿Ιησοῦς,	
12,4 *τὸ δὲ αὐτὸ* ***πνεῦμα***· **12,8** … *διὰ* ***τοῦ πνεύματος*** *δίδοται* … **12,10** … *ἄλλῳ* [*δὲ*] ***προφητ****εία*,	**Ioel 2,28(3,1)** Καὶ *ἔσται μετὰ ταῦτα ἐκχεῶ ἀπὸ* ***τοῦ πνεύματός*** *μου ἐπὶ πᾶσαν σάρκα, καὶ* ***προφητ****εύσουσιν οἱ υἱοὶ ὑμῶν καὶ αἱ θυγατέρες ὑμῶν*,
12,31 Καὶ *ἔτι καθ᾿ ὑπερβολὴν ὁδὸν ὑμῖν δείκνυμι*.	**Is 48,17** ᾿Εγώ *εἰμι ὁ θεός σου, δέδειχά σοι τοῦ εὑρεῖν σε τὴν ὁδόν, ἐν ᾗ πορεύσῃ ἐν αὐτῇ*.

MT		ALIA
		113,13 *στόμα ἔχουσιν καὶ οὐ λαλήσουσιν,* et eisd vbs ψ 134,15s; vd et 3Mac 4,16
		cf ad Gal 3,13, ubi Dtn 21,22s citatum est
והיה אחרי־כן אשפוך את־רוחי על־כל־בשׂר ונבאו בניכם ובנותיכם	**Ioel 3,1**	cf Act 2,16-21, ubi Ioel 2,28-32 LXX citatum est cf et **Num 11,25** *καὶ παρείλατο ἀπὸ τοῦ πνεύματος τοῦ ἐπ' αὐτῷ καὶ ἐπέθηκεν ἐπὶ τοὺς ἑβδομήκοντα ἄνδρας τοὺς πρεσβυτέρους· ὡς δὲ ἐπανεπαύσατο τὸ πνεῦμα ἐπ' αὐτούς, καὶ ἐπροφήτευσαν καὶ οὐκέτι προσέθεντο.* **11,26** *καὶ κατελείφθησαν δύο ἄνδρες ἐν τῇ παρεμβολῇ, ὄνομα τῷ ἑνὶ* Ἐλδὰδ *καὶ ὄνομα τῷ δευτέρῳ* Μωδάδ, *καὶ ἐπανεπαύσατο ἐπ' αὐτοὺς τὸ πνεῦμα, … καὶ ἐπροφήτευσαν ἐν τῇ παρεμβολῇ.* vd et 11,27-30
אני יהוה אלהיך מלמדך להועיל מדריכך בדרך תלך:	**Is 48,17**	cf et ψ **49,23** *καὶ ἐκεῖ ὁδός, ᾗ δείξω αὐτῷ τὸ σωτήριον τοῦ θεοῦ.* vd et **Mi 4,2** *Δεῦτε ἀναβῶμεν εἰς τὸ ὄρος κυρίου καὶ εἰς τὸν οἶκον τοῦ θεοῦ* Ἰακώβ, *καὶ δείξουσιν ἡμῖν τὴν ὁδὸν αὐτοῦ,*

NT	LXX
13,1 *κύμβαλον ἀλαλάζον.*	*ψ* **150,5** *αἰνεῖτε αὐτὸν ἐν κυμβάλοις ἀλαλαγμοῦ.*
13,2 *καὶ ἐὰν … εἰδῶ τὰ μυστήρια πάντα καὶ πᾶσαν τὴν γνῶσιν*	
13,3 *καὶ ἐὰν παραδῶ τὸ σῶμά μου ἵνα καυχήσωμαι,*	**Dan 3,95**ο' *παρέδωκαν τὰ σώματα αὐτῶν εἰς ἐμπυρισμόν,*
13,4 Ἡ *ἀγάπη μακροθυμεῖ, χρηστεύεται*	
13,5 *οὐ λογίζεται τὸ κακόν,*	**Zach 8,17** *καὶ ἕκαστος τὴν κακίαν τοῦ πλησίον αὐτοῦ μὴ λογίζεσθε ἐν ταῖς καρδίαις ὑμῶν*

MT		ALIA
הללוהו בצלצלי תרועה:	**Ps 150,5**	
		vd **Sap 6,22** *καὶ οὐκ ἀποκρύψω ὑμῖν μυστήρια, …* *καὶ θήσω εἰς τὸ ἐμφανὲς τὴν γνῶσιν αὐτῆς* (sc *τῆς σοφίας*) vd et 1Cor 2,7, ubi fort ad Sap 6,22 alluditur
ויהבו גשמיהון	**Dan 3,28**	ad 1Cor 13,3 *καυχήσωμαι*: txt sic NA[26] et NA[27] cum P[46] א A B et al, sed NA[25] cum C, D latt et al: *καυθησομαι*, ψ M: *καυθησωμαι*! **Dan 3,21** באדין גבריא אלך... ורמיו לגוא־אתון נורא יקדתא
		vd **Sap 15,1** *Σὺ δέ, ὁ θεὸς ἡμῶν, χρηστὸς καὶ ἀληθής,* *μακρόθυμος καὶ ἐλέει διοικῶν τὰ πάντα.*
ואיש את־רעת רעהו אל־תחשבו בלבבכם	**Zach 8,17**	

NT	LXX
13,7 **πάντ**α στέγει (sc ἡ ἀγάπη), πάντα πιστεύει, πάντα ἐλπίζει, πάντα ὑπομένει.	**Prov 10,12** μῖσος ἐγείρει νεῖκος, **πάντ**ας δὲ τοὺς μὴ φιλονεικοῦντας καλύπτει φιλία. **Prov 17,9** ὃς κρύπτει ἀδικήματα, ζητεῖ φιλίαν·
13,8 Ἡ ἀγάπη οὐδέποτε πίπτει·	
13,12 βλέπομεν γὰρ ἄρτι δι᾽ ἐσόπτρου ἐν **αἰνίγματι**, τότε δὲ **πρόσωπον πρὸς πρόσωπον**· ἄρτι γινώσκω ἐκ μέρους,	**Num 12,8** στόμα κατὰ στόμα λαλήσω αὐτῷ, ἐν εἴδει καὶ οὐ δι᾽ **αἰνιγμάτων**, καὶ τὴν δόξαν κυρίου εἶδεν· **Gen 32,30(31)** εἶδον γὰρ θεὸν **πρόσωπον πρὸς πρόσωπον**,
13,13 Νυνὶ δὲ μένει **πίστις**, ἐλπίς, ἀγάπη, τὰ τρία ταῦτα·	**Sir 40,12** καὶ **πίστις** εἰς τὸν αἰῶνα στήσεται.
14,8 καὶ γὰρ ἐὰν ἄδηλον **σάλπιγξ** φωνὴν δῷ, τίς παρασκευάσεται είς **πόλεμον**;	**Num 10,9** ἐὰν δὲ ἐξέλθητε εἰς **πόλεμον** ..., καὶ σημανεῖτε ταῖς **σάλπιγξ**ιν,
14,16 ἐπεὶ ἐὰν **εὐλογ**ῇς [ἐν] πνεύματι, ὁ ἀναπληρῶν τὸν τόπον τοῦ ἰδιώτου πῶς **ἐρεῖ** τὸ **ἀμὴν** ἐπὶ τῇ σῇ εὐχαριστίᾳ;	**1Par 16,36** **εὐλογ**ημένος κύριος ὁ θεὸς Ἰσραὴλ ἀπὸ τοῦ αἰῶνος καὶ ἕως τοῦ αἰῶνος· καὶ **ἐρεῖ** πᾶς ὁ λαός **Ἀμήν**.

MT		ALIA
שׂנאה תעורר מדנים ועל כל־פשעים תכסה אהבה:	**Prov 10,12**	*πιστεύειν καὶ ἐλπίζειν*: ψ 77,22; Sir 2,6.8s; 1Mac 2,59.61; vd et ad 1Cor 13,13
מכסה־פשע מבקש אהבה	**Prov 17,9**	
		cf **Cant 8,7** *ὕδωρ πολὺ οὐ δυνήσεται σβέσαι τὴν ἀγάπην,* *καὶ ποταμοὶ οὐ συγκλύσουσιν αὐτήν·*
פה אל־פה אדבר־בו ומראה ול בחידת ותמנת יהוה יביט	**Num 12,8**	cf et ad 1Cor 9,1
כי־ראיתי אלהים פנים אל־פנים	**Gen 32,31**	
		vd et 4Mac 17,2.4
וכי־תבאו מלחמה ... והרעת בחצצרות	**Num 10,9**	
ברוך יהוה אלהי ישׂראל מן־העולם ועד העלם ויאמרו כל־העם אמן	**1Par 16,36**	cf et 1Esdr 9,46s; 2Esdr 18,6

NT	LXX
14,18 Εὐχαριστῶ τῷ θεῷ,	
14,20 Ἀδελφοί, μὴ παιδία γίνεσθε ταῖς φρεσίν ἀλλὰ τῇ κακίᾳ νηπιάζετε, ταῖς δὲ φρεσίν τέλειοι γίνεσθε.	
14,21 ἐν τῷ νόμῳ γέγραπται ὅτι· ἐν ἑτερογλώσσοις καὶ ἐν χείλεσιν ἑτέρων λαλήσω τῷ λαῷ τούτῳ καὶ οὐδ' οὕτως εἰσακούσονταί μου, λέγει κύριος.	**Is 28,11** διὰ φαυλισμὸν χειλέων διὰ γλώσσης ἑτέρας, ὅτι λαλήσουσι τῷ λαῷ τούτῳ **28,12** … καὶ οὐκ ἠθέλησαν ἀκούειν.
14,25 καὶ οὕτως πεσὼν ἐπὶ πρόσωπον προσκυνήσει τῷ θεῷ ἀπαγγέλλων ὅτι ὄντως ὁ θεὸς ἐν ὑμῖν ἐστιν.	**3Bas 18,39** καὶ ἔπεσεν πᾶς ὁ λαὸς ἐπὶ πρόσωπον αὐτῶν καὶ εἶπον Ἀληθῶς κύριός ἐστιν ὁ θεός, αὐτὸς ὁ θεός. **Is 45,14** καὶ προσκυνήσουσί σοι καὶ ἐν σοὶ προσεύξονται, ὅτι ἐν σοί ὁ θεός ἐστι, καὶ ἐροῦσιν Οὐκ ἔστι θεὸς πλὴν σοῦ· **Dan 2,47ο'** καὶ ἐκφωνήσας ὁ βασιλεὺς πρὸς τὸν Δανιὴλ εἶπεν Ἐπ' ἀληθείας ἐστὶν ὁ θεὸς ὑμῶν θεὸς τῶν θεῶν **Zach 8,23** ὁ θεὸς μεθ' ὑμῶν ἐστιν.
14,34 αἱ γυναῖκες ἐν ταῖς ἐκκλησίαις σιγάτωσαν· οὐ γὰρ ἐπιτρέπεται αὐταῖς λαλεῖν, ἀλλὰ ὑποτασσέσθωσαν, καθὼς καὶ ὁ νόμος λέγει.	

MT		ALIA
		vd ad Rom 1,8
		vd Prov 7,7
כי בלעגי שפה ובלשון אחרת ידבר אל־העם הזה:	**Is 28,11**	
... ולא אבוא שמוע:	**28,12**	
וירא כל־העם ויפלו על־פניה ויאמרו יהוה הוא האלהים יהו הוא האלהים:	**1Reg 18,39**	cf et Is 49,23; 66,23; ψ 21,28; 85,9 vd et 2Par 6,18
ואליך ישתחוו אליך יתפללו אך בך אל ואין עוד אפס אלהים:	**Is 45,14**	
ענה מלכא לדניאל ואמר מן־קש די אלהכון הוא אלה אלהין	**Dan 2,47**	
אלהים עמכם:	**Zach 8,23**	
		nn auctores Gen 3,16 ad 1Cor 14,34 referunt

NT	LXX
14,36 *ἢ ἀφ᾽ ὑμῶν ὁ λόγος τοῦ θεοῦ ἐξῆλθεν, …;*	
15,3 *ὅτι Χριστὸς ἀπέθανεν ὑπὲρ τῶν ἁμαρτιῶν ἡμῶν κατὰ τὰς γραφάς*	**Is 53,5** *αὐτὸς δὲ ἐτραυματίσθη διὰ τὰς ἀνομίας ἡμῶν καὶ μεμαλάκισται διὰ τὰς ἁμαρτίας ἡμῶν·*
15,4 *καὶ ὅτι ἐτάφη καὶ ὅτι ἐγήγερται τῇ ἡμέρᾳ τῇ τρίτῃ κατὰ τὰς γραφάς*	**Os 6,2** *ἐν τῇ ἡμέρᾳ τῇ τρίτῃ ἀναστησόμεθα καὶ ζησόμεθα ἐνώπιον αὐτοῦ* **4Bas 20,5** *ἰδοὺ ἐγὼ ἰάσομαί σε, τῇ ἡμέρᾳ τῇ τρίτῃ ἀναβήσῃ εἰς οἶκον κυρίου,* … **20,8** *Τί τὸ σημεῖον ὅτι ἰάσεταί με κύριος καὶ ἀναβήσομαι εἰς οἶκον κυρίου τῇ ἡμέρᾳ τῇ τρίτῃ;* **Ion 2,1** *Καὶ προσέταξε κύριος κήτει μεγάλῳ καταπιεῖν τὸν Ἰωνᾶν· καὶ ἦν Ἰωνᾶς ἐν τῇ κοιλίᾳ τοῦ κήτους τρεῖς ἡμέρας καὶ τρεῖς νύκτας.*

MT		ALIA
		cf **Is 2,3** et **Mi 4,2** *ἐκ* (*γὰρ*) *Σιὼν ἐξελεύσεται νόμος καὶ λόγος κυρίου ἐξ Ἰερουσαλήμ.*
והוא מחלל מפשענו מדכא מעונתינו	**Is 53,5**	cf et cont Is 53,5 ad Gal 1,4! cf et **1Mac 7,16** *καὶ ἀπέκτεινεν αὐτοὺς … κατὰ τὸν λόγον, ὃν ἔγραψεν αὐτόν* **7,17** *Κρέας ὁσίων σου καὶ αἷμα αὐτῶν ἐξέχεαν κύκλῳ Ἰερουσαλήμ, καὶ οὐκ ἦν αὐτοῖς ὁ θάπτων.* cf et *ψ* 78,2s cf et ad Rom 4,25
ביום השלישי יקמנו ונחיה לפניו:	**Os 6,2**	vd et **Is 53,9** *καὶ δώσω τοὺς πονηροὺς ἀντὶ τῆς ταφῆς αὐτοῦ* (MT aliter)
הנני רפא לך ביום השלישי תעל בית יהוה: …	**2Reg 20,5**	**Idc 8,32** *καὶ ἀπέθανεν Γεδεὼν … καὶ ἐτάφη ἐν τῷ τάφῳ Ἰωὰς τοῦ πατρὸς αὐτοῦ*
מה אות כי־ירפא יהוה לי ועלי ביום השלישי בית יהוה:	**20,8**	cf et ad 1Cor 15,12
וימן יהוה דג גדול לבלע את־יונ ויהי יונה במעי הדג שלשה ימי ושלשה לילות:	**Ion 2,1**	

NT	LXX
15,5 καὶ ὅτι ὤφθη Κηφᾷ εἶτα τοῖς δώδεκα· **15,6** ἔπειτα ὤφθη ἐπάνω πεντακοσίοις ἀδελφοῖς ἐφάπαξ, … **15,7** ἔπειτα ὤφθη Ἰακώβῳ εἶτα τοῖς ἀποστόλοις πᾶσιν·	**Gen 12,7** καὶ ὤφθη κύριος τῷ Ἀβράμ
15,8 ἔσχατον δὲ πάντων ὡσπερεὶ τῷ ἐκτρώματι ὤφθη κἀμοί.	**Iob 3,16** ἢ ὥσπερ ἔκτρωμα ἐκπορευόμενον ἐκ μήτρας μητρός **Num 12,12** ὡσεὶ ἔκτρωμα ἐκπορευόμενον ἐκ μήτρας μητρός·
15,12 Εἰ δὲ Χριστὸς κηρύσσεται ὅτι ἐκ νεκρῶν ἐγήγερται, πῶς λέγουσιν ἐν ὑμῖν τινες ὅτι ἀνάστασις νεκρῶν οὐκ ἔστιν;	**Is 26,19** ἀναστήσονται οἱ νεκροί, καὶ ἐγερθήσονται οἱ ἐν τοῖς μνημείοις, **Dan 12,2o'** καὶ πολλοὶ τῶν καθευδόντων ἐν τῷ πλάτει τῆς γῆς ἀναστήσονται, οἱ μὲν εἰς ζωὴν αἰώνιον, οἱ δὲ εἰς ὀνειδισμόν,
15,21 ἐπειδὴ γὰρ δι' ἀνθρώπου θάνατος,	**Gen 2,17** ἀπὸ δὲ τοῦ ξύλου τοῦ γινώσκειν καλὸν καὶ πονηρόν, οὐ φάγεσθε ἀπ' αὐτοῦ· ᾗ δ' ἂν ἡμέρᾳ φάγητε ἀπ' αὐτοῦ, θανάτῳ ἀποθανεῖσθε. **Gen 3,17** Ὅτι … ἔφαγες ἀπὸ τοῦ ξύλου, … **3,19** ἕως τοῦ ἀποστρέψαι σε εἰς τὴν

MT		ALIA
וירא יהוה אל־אברם	**Gen 12,7**	*ὤφθη* cum dat saepius in Gen
או כנפל טמון לא אהיה	**Iob 3,16**	
כמת אשר בצאתו מרחם אמו	**Num 12,12**	
יחיו מתיך נבלתי יקומון הקיצו ורננו שכני עפר	**Is 26,19**	cf et ad Rom 2,7; 6,4 et ad Eph 5,14
ורבים מישני אדמת־עפר יקיצו אלה לחיי עולם ואלה לחרפות	**Dan 12,2**	pro *ἀναστήσονται* Dan 12,2Θ': *ἐξ-εγερθήσονται*
ומעץ הדעת טוב ורע לא תאכ ממנו כי ביום אכלך ממנו מו תמות:	**Gen 2,17**	
כי ... ותאכל מן־העץ ... עד שובך אל־האדמה	**Gen 3,17** **3,19**	

NT	LXX
	γῆν, ἐξ ἧς ἐλήμφθης· ὅτι γῆ εἶ καὶ εἰς γῆν ἀπελεύσῃ.
15,24 *εἶτα τὸ τέλος, ὅταν παραδιδῷ τὴν* ***βασιλείαν*** *τῷ* ***θε****ῷ καὶ πατρί, ὅταν καταργήσῃ πᾶσαν ἀρχὴν καὶ πᾶσαν ἐξουσίαν καὶ δύναμιν.*	**Dan 2,44**ο' *καὶ ἐν τοῖς χρόνοις τῶν βασιλέων τούτων στήσει ὁ* ***θε****ὸς τοῦ οὐρανοῦ* ***βασιλείαν*** *ἄλλην, ἥτις ἔσται εἰς τοὺς αἰῶνας καὶ οὐ φθαρήσεται, καὶ αὕτη ἡ* ***βασιλεί****α ἄλλο ἔθνος οὐ μὴ ἐάσῃ, πατάξει δὲ καὶ ἀφανίσει τὰς βασιλείας ταύτας, καὶ αὐτὴ στήσεται εἰς τὸν αἰῶνα,*
15,25 *δεῖ γὰρ αὐτὸν βασιλεύειν ἄχρι οὗ* ***θ****ῇ πάντας* ***τοὺς ἐχθροὺς ὑπὸ τοὺς πόδας*** *αὐτοῦ.*	*ψ* **109,1** *Εἶπεν ὁ κύριος τῷ κυρίῳ μου Κάθου ἐκ δεξιῶν μου,* *ἕως ἂν* ***θ****ῶ* ***τοὺς ἐχθρούς*** *σου* ***ὑπ****οπόδιον* ***τῶν ποδῶν*** *σου.*
15,26 *ἔσχατος ἐχθρὸς καταργεῖται ὁ θάνατος·*	
15,27 ***πάντα*** *γὰρ* ***ὑπέταξ****εν* ***ὑπὸ*** *τοὺς πόδας* ***αὐτοῦ****.*	*ψ* **8,7** ***πάντα ὑπέταξ****ας* ***ὑπ****οκάτω* ***τῶν ποδῶν αὐτοῦ****,*
15,29 *εἰ ὅλως νεκροὶ οὐκ ἐγείρονται, τί καὶ βαπτίζονται ὑπὲρ αὐτῶν;*	

MT		ALIA
כי ממנה לקחת כי־עפר אתה ואל־עפר תשוב:		
וביומיהון די מלכיא אנון יק אלה שמיא מלכו די לעלמין תתחבל ומלכותה לעם אחרן תשתבק תדק ותסיף כל־א מלכותא והיא תקום לעלמיא:	**Dan 2,44**	
נאם יהוה לאדני שב לימיני עד־אשית איביך הדם לרגליך:	**Ps 110,1**	vd et ad Col 3,1
		cf ad 1Cor 15,54s
כל שתה תחת־רגליו:	**Ps 8,7**	cf Dan 7,14
		cf **2Mac** 12,38ss, praecipue **12,44** *εἰ μὴ γὰρ τοὺς προπεπτωκότας ἀναστῆναι προσεδόκα, περισσὸν καὶ ληρῶδες ὑπὲρ νεκρῶν εὔχεσθαι*

NT	LXX
15,31 καθ' ἡμέραν ἀποθνήσκω,	**ψ 43,23** ὅτι ἕνεκα σοῦ θανατούμεθα ὅλην τὴν ἡμέραν,
15,32 εἰ νεκροὶ οὐκ ἐγείρονται, φάγωμεν καὶ πίωμεν, αὔριον γὰρ ἀποθνήσκομεν.	**Is 22,13** Φάγωμεν καὶ πίωμεν, αὔριον γὰρ ἀποθνήσκομεν.
15,34 ἀγνωσίαν γὰρ θεοῦ τινες ἔχουσιν,	**Sap 13,1** Μάταιοι μὲν γὰρ πάντες ἄνθρωποι φύσει, οἷς παρῆν θεοῦ ἀγνωσία
15,38 ὁ δὲ θεὸς δίδωσιν αὐτῷ σῶμα καθὼς ἠθέλησεν, καὶ ἑκάστῳ τῶν σπερμάτων ἴδιον σῶμα.	
15,39 Οὐ πᾶσα σὰρξ ἡ αὐτὴ σὰρξ ἀλλὰ ἄλλη μὲν ἀνθρώπων, ἄλλη δὲ σὰρξ κτηνῶν, ἄλλη δὲ σὰρξ πτηνῶν, ἄλλη δὲ ἰχθύων.	

MT		ALIA
כי־עליך <u>הרגנו כל־היום</u>	**Ps 44,23**	cf Rom 8,36, ubi ψ 43,23 citatum est cf et ad 2Cor 4,11
<u>אכול ושתו כי מחר נמות</u>:	**Is 22,13**	cf **Sap 2,5** *σκιᾶς γὰρ πάροδος ὁ καιρὸς ἡμῶν,* *καὶ οὐκ ἔστιν ἀναποδισμὸς τῆς τελευτῆς ἡμῶν,* *ὅτι κατεσφραγίσθη καὶ οὐδεὶς ἀναστρέφει.* **2,6** *δεῦτε οὖν καὶ ἀπολαύσωμεν τῶν ὄντων ἀγαθῶν* *καὶ χρησώμεθα τῇ κτίσει ὡς νεότητι σπουδαίως·* **2,7** *οἴνου πολυτελοῦς καὶ μύρων πλησθῶμεν,* vd et ad Rom 1,19-22
		vd Gen 1,11s
		vd **Gen 8,17** *πᾶσα σὰρξ ἀπὸ πετεινῶν ἕως κτηνῶν,* vd et Gen 1,20-24

NT	LXX
15,40 καὶ σώματα ἐπουράνια, καὶ σώματα ἐπίγεια· ἀλλὰ ἑτέρα μὲν ἡ τῶν ἐπουρανίων δόξα, ἑτέρα δὲ ἡ τῶν ἐπιγείων. **15,41** ἄλλη δόξα ἡλίου, καὶ ἄλλη δόξα σελήνης, καὶ ἄλλη δόξα ἀστέρων· ἀστὴρ γὰρ ἀστέρος διαφέρει ἐν δόξῃ.	**Sir 43,9** Κάλλος οὐρανοῦ δόξα ἄστρων,
15,45 οὕτως καὶ γέγραπται· ἐγένετο ὁ πρῶτος ἄνθρωπος Ἀδὰμ εἰς ψυχὴν ζῶσαν, ὁ ἔσχατος Ἀδὰμ εἰς πνεῦμα ζῳοποιοῦν.	**Gen 2,7** καὶ ἐγένετο ὁ ἄνθρωπος εἰς ψυχὴν ζῶσαν. **Ez 37,5** Ἰδοὺ ἐγὼ φέρω εἰς ὑμᾶς πνεῦμα ζωῆς **Sap 15,11** ὅτι ἠγνόησεν τὸν πλάσαντα αὐτὸν καὶ τὸν ἐμπνεύσαντα αὐτῷ ψυχὴν ἐνεργοῦσαν καὶ ἐμφυσήσαντα πνεῦμα ζωτικόν,
15,47 ὁ πρῶτος ἄνθρωπος ἐκ γῆς χοϊκός,	**Gen 2,7** καὶ ἔπλασεν ὁ θεὸς τὸν ἄνθρωπον χοῦν ἀπὸ τῆς γῆς **Sir 17,1** Κύριος ἔκτισεν ἐκ γῆς ἄνθρωπον **Sir 36(33),10** καὶ ἄνθρωποι πάντες ἀπὸ ἐδάφους, καὶ ἐκ γῆς ἐκτίσθη Ἀδάμ·
15,48 οἷος ὁ χοϊκός, τοιοῦτοι καὶ οἱ χοϊκοί,	

MT		ALIA
תואר שמים והדר כוכב	**Sir 43,9**	cf cont Sir 43,9: v 2: ἥλιος; v 6: *σελήνη*
ויהי האדם לנפש היה:	**Gen 2,7**	*πνεῦμα ζωῆς* et Gen 6,17; 7,15; Idt 10,13; Ez 1,20s; 10,17; cf et cont Ez 37,5 et ad Rom 8,10
הנה אני מביא בכם רוח וחייתם:	**Ez 37,5**	cf et ad Rom 8,4-11
וייצר יהוה אלהים את־האדם ע מן־האדמה	**Gen 2,7**	cf et 1Cor 15,45
[וכל איש מכ]לי חמר ומן עפר נוצר אדם:	**Sir 33,10**	
		cf **Sap 7,1** *Εἰμὶ μὲν κἀγὼ θνητὸς ἄνθρωπος ἴσος ἅπασιν καὶ γηγενοῦς ἀπόγονος πρωτοπλάστου·*

NT	LXX
15,49 *ἐφορέσαμεν* ***τὴν εἰκόνα*** *τοῦ χοϊκοῦ,*	**Gen 5,3** *καὶ ἐγέννησεν* (sc Ἀδὰμ *τὸν* Σήθ) *κατὰ τὴν ἰδέαν αὐτοῦ καὶ κατὰ* ***τὴν εἰκόνα*** *αὐτοῦ*
15,50 *σὰρξ καὶ αἷμα*	
15,52 *ἐν ἀτόμῳ, ἐν ῥιπῇ ὀφθαλμοῦ, ἐν* ***τῇ ἐσχάτῃ σάλπιγγι·*** ***σαλπί****σει γὰρ καὶ οἱ νεκροὶ ἐγερθήσονται ἄφθαρτοι καὶ ἡμεῖς ἀλλαγησόμεθα.*	**Is 27,13** *καὶ ἔσται ἐν τῇ ἡμέρᾳ ἐκείνῃ* ***σαλπι****οῦσι* ***τῇ σάλπιγγι*** *τῇ μεγάλῃ,*
15,54 *τότε γενήσεται ὁ λόγος ὁ γεγραμμένος·*	
κατεπ*όθη* ***ὁ θάνατος*** *εἰς νῖκος.*	**Is 25,8** ***κατέπ****ιεν* ***ὁ θάνατος*** *ἰσχύσας,*
15,55 ***ποῦ σου, θάνατε,*** *τὸ νῖκος;* ***ποῦ σου, θάνατε, τὸ κέντρον;***	**Os 13,14b** ***ποῦ*** *ἡ δίκη* ***σου, θάνατε;*** ***ποῦ τὸ κέντρον σου, ᾅδη;***
15,58 *ἑδραῖοι γίνεσθε, ἀμετακίνητοι, περισσεύοντες ἐν τῷ ἔργῳ τοῦ κυρίου πάντοτε, εἰδότες ὅτι* ***ὁ κόπος*** *ὑμῶν* ***οὐκ ἔστιν κενὸς*** *ἐν κυρίῳ.*	**Is 65,23** *οἱ δὲ ἐκλεκτοί μου* ***οὐ κοπιάσουσιν εἰς κενόν***
16,8 *ἕως τῆς πεντηκοστῆς·*	

MT		ALIA
ויולד בדמותו כצלמו	**Gen 5,3**	vd et ad 2Cor 3,18
		vd ad Gal 1,16
והיה ביום ההוא יתקע בשופר גדול	**Is 27,13**	cf et Soph 1,16; Zach 9,14 vd et ad 1Thess 4,16
בלע המות לנצח	**Is 25,8**	Is 25,8θ' *κατεποθη ο θανατος εις νικος*
אהי דבריך מות אהי קטבך שאול	**Os 13,14**	ad אהי Os 13,14MT lg **איה** vd et cont Os 13,14: **Os 13,14a** *ἐκ χειρὸς ᾅδου ῥύσομαι αὐτοὺς καὶ ἐκ θανάτου λυτρώσομαι αὐτούς·*
לא ייגעו לריק	**Is 65,23**	vd et **2Par 15,7** *καὶ ὑμεῖς ἰσχύσατε, καὶ μὴ ἐκλυέσθωσαν αἱ χεῖρες ὑμῶν, ὅτι ἔστιν μισθὸς τῇ ἐργασίᾳ ὑμῶν.* ad *εἰς κενόν* vd ad 2Cor 6,1s; Phil 2,16; 1Thess 3,5; Gal 2,2
		vd ad Act 2,1

NT	LXX
16,13 *<u>ἀνδρίζεσθε</u>, <u>κραταιοῦσθε</u>.*	*ψ* **30,25** *<u>ἀνδρίζεσθε</u>, καὶ <u>κραταιούσθω ἡ καρδία ὑμῶν</u>,*
	ψ **26,14** *<u>ἀνδρίζ</u>ου, καὶ <u>κραταιούσθω ἡ καρδία</u> σου,*
	2Bas 10,12 *<u>ἀνδρίζ</u>ου καὶ <u>κραται</u>ωθῶμεν*
	1Bas 4,9 *<u>κραταιοῦσθε</u> καὶ <u>γίνεσθε εἰς ἄνδρας</u>, ἀλλόφυλοι,*
16,22 *εἴ τις οὐ φιλεῖ τὸν κύριον,*	

MT		ALIA
חזקו ויאמץ לבבכם	**Ps 31,25**	
חזק ויאמץ לבך	**Ps 27,14**	
חזק ונתחזק	**2Sam 10,12**	
התחזקו והיו לאנשים פלשתים	**1Sam 4,9**	
		mod dic *φιλεῖν τὸν κύριον/τὸν θεόν* non in LXX, sed cf mod dic *ἀγαπᾶν τὸν κύριον* ad 1Cor 2,9

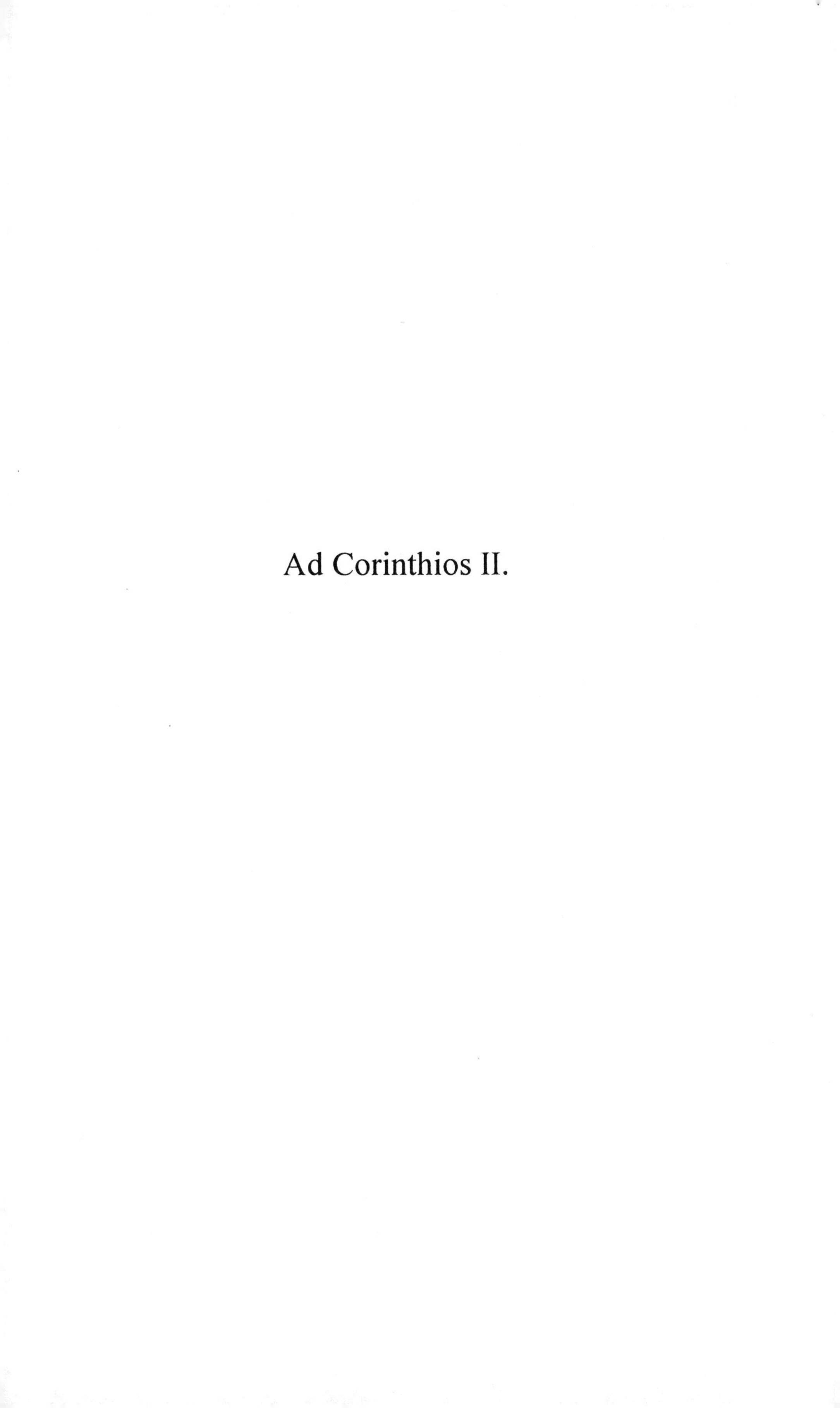

Ad Corinthios II.

NT

1,2 *χάρις ὑμῖν καὶ εἰρήνη ἀπὸ θεοῦ πα-
τρὸς ἡμῶν καὶ κυρίου Ἰησοῦ Χριστοῦ.*

1,3 *Εὐλογητὸς ὁ θεὸς καὶ πατὴρ τοῦ κυρίου ἡμῶν Ἰησοῦ Χριστοῦ, ὁ πατὴρ τῶν οἰκτιρμῶν καὶ θεὸς πάσης παρακλήσεως,*
1,4 *ὁ παρακαλῶν ἡμᾶς ἐπὶ πάσῃ τῇ θλίψει ἡμῶν εἰς τὸ δύνασθαι ἡμᾶς παρακαλεῖν τοὺς ἐν πάσῃ θλίψει διὰ τῆς παρακλήσεως ἧς παρακαλούμεθα αὐτοὶ ὑπὸ τοῦ θεοῦ·*
1,5 *ὅτι καθὼς περισσεύει τὰ παθήματα τοῦ Χριστοῦ εἰς ἡμᾶς, οὕτως διὰ τοῦ Χριστοῦ περισσεύει καὶ ἡ παράκλησις ἡμῶν.*
1,6 *εἴτε δὲ θλιβόμεθα, ὑπὲρ τῆς ὑμῶν παρακλήσεως καὶ σωτηρίας· εἴτε παρακαλούμεθα, ὑπὲρ τῆς ὑμῶν παρακλήσεως τῆς ἐνεργουμένης ἐν ὑπομονῇ τῶν αὐτῶν παθημάτων ὧν καὶ ἡμεῖς πάσχομεν.*
1,7 *καὶ ἡ ἐλπὶς ἡμῶν βεβαία ὑπὲρ ὑμῶν εἰδότες ὅτι ὡς κοινωνοί ἐστε τῶν παθημάτων, οὕτως καὶ τῆς παρακλήσεως.*

LXX

Ex 34,6 *Κύριος κύριος ὁ θεὸς οἰκτίρμων καὶ ἐλεήμων, μακρόθυμος καὶ πολυέλεος καὶ ἀληθινός,*
ψ 68,17 *εἰσάκουσόν μου, κύριε, ὅτι χρηστὸν τὸ ἔλεός σου·*
κατὰ τὸ πλῆθος τῶν οἰκτιρμῶν σου ἐπίβλεψον ἐπ' ἐμέ.
ψ 144,8 *οἰκτίρμων καὶ ἐλεήμων ὁ κύριος,*
μακρόθυμος καὶ πολυέλεος.
144,9 *χρηστὸς κύριος τοῖς σύμπασιν,*
καὶ οἱ οἰκτιρμοὶ αὐτοῦ ἐπὶ πάντα τὰ ἔργα αὐτοῦ.
Zach 1,16 *διὰ τοῦτο τάδε λέγει κύριος Ἐπισρέψω ἐπὶ Ἰερουσαλὴμ ἐν οἰκτιρμῷ,*
ψ 76,3 *ἐν ἡμέρᾳ θλίψεώς μου τὸν θεὸν εξεζήτησα, …*
ἀπηνήνατο παρακληθῆναι ἡ ψυχή μου.
…
76,10 *ἢ ἐπιλήσεται τοῦ οἰκτιρῆσαι ὁ θεὸς*
ἢ συνέξει ἐν τῇ ὀργῇ αὐτοῦ τοὺς οἰκτιρμοὺς αὐτοῦ;
ψ 85,15 *καὶ σύ, κύριε ὁ θεός, οἰκτίρμων*

MT		ALIA
		cf ad Eph 1,2
יהוה יהוה אל רחום וחנון ארך	**Ex 34,6**	ad eulogiam 2Cor 1,3 cf Eph 1,3
אפים ורב־חסד ואמת:		ad verba *παρακαλεῖν/παράκλησις*,
		θλῖψις cf et
ענני יהוה כי־טוב חסדך	**Ps 69,17**	ψ **70,20** *ὅσας ἔδειξάς μοι θλίψεις*
		πολλὰς καὶ κακάς,
כרב רחמיך פנה אלי:		*καὶ ἐπιστρέψας ἐζωοποίησάς με*
		καὶ ἐκ τῶν ἀβύσσων τῆς γῆς πάλιν
חנון ורחום יהוה	**Ps 145,8**	*ἀνήγαγές με.*
ארך אפים וגדל־חסד:		**70,21** *ἐπλεόνασας τὴν μεγαλοσύ-*
טוב־יהוה לכל	**145,9**	*νην σου*
ורחמיו על־כל־מעשׂיו:		*καὶ ἐπιστρέψας παρεκάλεσάς με*
		(*καὶ ἐκ τῶν ἀβύσσων τῆς γῆς πάλιν*
לכן כה־אמר יהוה	**Zach 1,16**	*ἀνήγαγές με.*)
שׁבתי לירושלם ברחמים		**70,22** *καὶ γὰρ ἐγὼ ἐξομολογήσο-*
ביום צרתי אדני דרשׁתי	**Ps 77,3**	*μαί σοι ἐν σκεύει ψαλμοῦ τὴν ἀλή-*
...		*θειάν σου, ὁ θεός·*
מאנה הנחם נפשׁי:		*ψαλῶ σοι ἐν κιθάρᾳ, ὁ ἅγιος τοῦ*
...		*Ἰσραήλ.*
השכח חנות אל	**77,10**	**70,23** *ἀγαλλιάσονται τὰ χείλη*
		μου, ὅταν ψάλω σοι,
אם־קפץ באף רחמיו		*καὶ ἡ ψυχή μου, ἣν ἐλυτρώσω.*
		ψ **118,76** *γενηθήτω δὴ τὸ ἔλεός σου*
ואתה אדני אל־רחום וחנון	**Ps 86,15**	*τοῦ παρακαλέσαι με*

NT	LXX
	καὶ ἐλεήμων,
	μακρόθυμος καὶ πολυέλεος καὶ ἀληθινός.
	…
	85,17 *ὅτι σύ,* ***κύρι****ε, ἐβοήθησάς μοι καὶ*
	παρ*ε****κάλ****εσάς με.*
	ψ 93,19 ***κύρι****ε, κατὰ τὸ πλῆθος τῶν ὀδυ-*
	νῶν μου ἐν τῇ καρδίᾳ μου
	αἱ ***παρακλήσε****ις σου ἠγάπησαν τὴν ψυ-*
	χήν μου.
	Is 51,11 *ἀπέδρα ὀδύνη καὶ λύπη καὶ*
	στεναγμός.
	51,12 *ἐγώ εἰμι ἐγώ εἰμι ὁ* ***παρακαλ****ῶν*
	σε·
1,8 *Οὐ γὰρ θέλομεν ὑμᾶς ἀγνοεῖν,*	**ψ 30,2** *Ἐπὶ σοί, κύριε,* ***ἤλπι****σα, μὴ κατ-*
ἀδελφοί, ὑπὲρ τῆς ***θλίψεως*** *ἡμῶν τῆς*	*αισχυνθείην εἰς τὸν αἰῶνα·*
γενομένης ἐν τῇ Ἀσίᾳ, ὅτι καθ' ὑπερβο-	*ἐν τῇ δικαιοσύνῃ σου* ***ῥῦσ****αί με καὶ ἐξελοῦ*
λὴν ὑπὲρ δύναμιν ἐβαρήθημεν ὥστε ***ἐξ-***	*με.*
*α****πορηθ****ῆναι ἡμᾶς καὶ τοῦ ζῆν·*	**ψ 33,18** *καὶ ἐκ πασῶν τῶν* ***θλίψ****εων*
1,9 *ἀλλὰ αὐτοὶ ἐν ἑαυτοῖς τὸ ἀπόκριμα*	*αὐτῶν* ***ἐρρύσατο*** *αὐτούς.*

MT		ALIA
		κατὰ τὸ λόγιόν σου τῷ δούλῳ σου.
ארך אפים ורב־חסד ואמת:		**118,77** *ἐλθέτωσάν μοι οἱ οἰκτιρμοί*
...		*σου, καὶ ζήσομαι,*
כי־אתה יהוה עזרתני ונחמתני:	**86,17**	*ὅτι ὁ νόμος σου μελέτη μού ἐστιν.*
		vd et ex gr 2Esdr 19,27; ψ 4,2;
ברב שׂרעפי בקרבי	**Ps 94,19**	22,4s; Sir 2,11
		ad *σωτηρία/σωτήρ* et *θλῖψις* cf ex gr
תנחומיך ישׁעשׁעו נפשׁי:		**Sap 5,2** *ἰδόντες ταραχθήσονται φό-*
		βῳ δεινῷ
נסו יגון ואנחה:	**Is 51,11**	*καὶ ἐκστήσονται ἐπὶ τῷ παραδόξῳ*
		τῆς σωτηρίας·
אנכי אנכי הוא מנחמכם	**51,12**	et 1Bas 10,19; ψ 3,2s; 33,2; 36,39
		ad *σωτηρία* et *παράκλησις* cf ex gr
		Bar 4,29 *ὁ γὰρ ἐπαγαγὼν ὑμῖν τὰ*
		κακὰ ἐπάξει ὑμῖν τὴν αἰώνιον εὐ-
		φροσύνην μετὰ τῆς σωτηρίας ὑμῶν.
		4,30 *Θάρσει, Ἰερουσαλήμ, παρα-*
		καλέσει σε ὁ ὀνομάσας σε.
		ad *ἡ ἐλπὶς ἡμῶν* 2Cor 1,7 cf ad
		Rom 5,1ss; 8,25
בך יהוה חסיתי	**Ps 31,2**	vd et ψ 21,5; 53,9; 80,8; 90,14
אל־אבושה לעולם		vd et **Tob 12,9** *ἐλεημοσύνη γὰρ ἐκ*
בצדקתך פלטני:		*θανάτου ῥύεται,* sic et Tob 4,10 AB
		coniunctio *ἐλπίζειν* et *ῥύεσθαι* saepe
ומכל־צרותם הצילם:	**Ps 34,18**	in ψψ
		ad *ῥύ-* et *θλίβεσθαι/θλῖψις* cf et ex

NT

*τοῦ **θανάτου** ἐσχήκαμεν, ἵνα **μὴ** **πεποιθό-***
***τες** ὦμεν ἐφ᾽ ἑαυτοῖς ἀλλ᾽ **ἐπὶ** τῷ **θεῷ** τῷ*
ἐγείροντι τοὺς νεκρούς·
1,10 *ὃς ἐκ τηλικούτου θανάτου **ἐρρύσατο***
*ἡμᾶς καὶ **ῥύσεται**, εἰς ὃν **ἠλπί**καμεν [ὅτι]*
*καὶ ἔτι **ῥύσεται**,*

LXX

…
33,20 *πολλαὶ αἱ **θλίψ**εις τῶν δικαίων,*
*καὶ ἐκ πασῶν αὐτῶν **ῥύσεται** αὐτούς.*
ψ **36,39** *σωτηρία δὲ τῶν δικαίων παρὰ κυρίου,*
*καὶ ὑπερασπιστὴς αὐτῶν ἐστιν ἐν καιρῷ **θλίψ**εως,*
36,40 *καὶ βοηθήσει αὐτοῖς κύριος καὶ **ῥύσεται** αὐτοὺς*
καὶ ἐξελεῖται αὐτοὺς, ἐξ ἁμαρτωλῶν
*καὶ σώσει αὐτούς, ὅτι **ἤλπι**σαν ἐπ᾽ αὐτόν.*
ψ **87,16** *πτωχός εἰμι ἐγὼ καὶ ἐν κόποις ἐκ νεότητός μου,*
*ὑψωθεὶς δὲ ἐταπεινώθην καὶ ἐξη**πορήθ**ην.*
ψ **114,3** *περιέσχον με ὠδῖνες **θανάτου**,*
κίνδυνοι ᾅδου εὕροσάν με·
***θλῖψ**ιν καὶ ὀδύνην εὗρον.*
…
114,8 *ὅτι ἐξείλατο τὴν ψυχήν μου ἐκ **θανάτου**,*
τοὺς ὀφθαλμούς μου ἀπὸ δακρύων
καὶ τοὺς πόδας μου ἀπὸ ὀλισθήματος.
Prov 3,5 *ἴσθι **πεποιθ**ὼς ἐν ὅλῃ καρδίᾳ **ἐπὶ** **θεῷ**,*
ἐπὶ δὲ σῇ σοφίᾳ μὴ ἐπαίρου·
Iob 5,20 *ἐν λιμῷ **ῥύσεταί** σε ἐκ **θανάτου**,*

MT

…

34,20 רבות רעות צדיק

ומכלם יצילנו יהוה:

Ps 37,39 ותשועת צדיקים מיהוה

מעוזם בעת צרה:

37,40 ויעזרם יהוה ויפלטם

יפלטם מרשעים ויושיעם

כי־חסו בו:

Ps 88,16 עני אני וגוע מנער

נשאתי אמיך אפונה:

Ps 116,3 אפפוני חבלי־מות

ומצרי שאול מצאוני

צרה ויגון אמצא:

…

116,8 כי חלצת נפשי ממות

את־עיני מן־דמעה

את־רגלי מדחי:

Prov 3,5 בטח אל־יהוה בכל־לבך

ואל־בינתך אל־תשען:

Iob 5,20 ברעב פדך ממות

ALIA

gr Idc 8,34B; Sir 40,24; ψ 119,1s; Is 49,25s

ad *τῷ ἐγείροντι τοὺς νεκρούς* cf ad Rom 4,17

ad *σωτηρία* cf 2Cor 1,6

NT	LXX
	Iob 33,18 *ἐφείσατο δὲ τῆς ψυχῆς αὐτοῦ ἀπὸ* ***θανάτου*** *καὶ μὴ πεσεῖν αὐτὸν ἐν πολέμῳ.* … **33,30** *ἀλλ' **ἐρρύσατο** τὴν ψυχήν μου ἐκ **θανάτου**, ἵνα ἡ ζωή μου ἐν φωτὶ αἰνῇ αὐτόν.* **Is 25,8** *κατέπιεν ὁ **θάνατος** ἰσχύας,* … **25,9** *καὶ ἐροῦσι τῇ ἡμέρᾳ ἐκείνῃ Ἰδοὺ ὁ **θε**ὸς ἡμῶν, ἐφ' ᾧ **ἠλπί**ζομεν καὶ ἠγαλλιώμεθα ἐπὶ τῇ σωτηρίᾳ ἡμῶν.*
	Is 31,1 *Οὐαὶ οἱ καταβαίνοντες εἰς Αἴγυπτον ἐπὶ βοήθειαν, οἱ ἐφ' ἵπποις **πεποιθότες** καὶ ἐφ' ἅρμασιν, ἔστι γὰρ πολλά, καὶ ἐφ' ἵπποις, πλῆθος σφόδρα, καὶ οὐκ ἦσαν **πεποιθότες** ἐπὶ τὸν ἅγιον τοῦ Ἰσραὴλ καὶ τὸν **θε**ὸν οὐκ ἐξεζήτησαν.* **Ier 17,7** *καὶ εὐλογημένος ὁ ἄνθρωπος, ὃς **πέποιθ**εν ἐπὶ τῷ κυρίῳ, καὶ ἔσται κύριος ἐλπὶς αὐτοῦ·*
1,12 *Ἡ γὰρ καύχησις ἡμῶν αὕτη ἐστίν, τὸ μαρτύριον τῆς συνειδήσεως ἡμῶν, ὅτι ἐν ἁπλότητι καὶ εἰλικρινείᾳ τοῦ θεοῦ, [καὶ] οὐκ ἐν σοφίᾳ σαρκικῇ ἀλλ' ἐν χάρι-*	

MT		ALIA
יחשך נפשו מני־שחת	**Iob 33,18**	
וחיתו מעבר בשלח:		
...		
להשיב נפשו מני־שחת	**33,30**	
לאור באור החיים:		
בלע המות לנצח ...	**Is 25,8**	
ואמר ביום ההוא	**25,9**	
הנה אלהינו זה		
קוינו לו ויושיענו		
זה יהוה קוינו לו		
נגילה ונשמחה בישועתו:		
הוי הירדים מצרים לעזרה	**Is 31,1**	
על־סוסים ישענו		
ויבטחו על־רכב כי רב		
ועל פרשים כי־עצמו מאד		
ולא שעו על־קדוש ישראל		
ואת־יהוה לא דרשו:		
ברוך הגבר אשר יבטח ביהוה	**Ier 17,7**	
והיה יהוה מבטחו:		
		ad Ier 9,24 LXX cf 1Cor 1,31

NT	LXX
τι θεοῦ, ἀνεστράφημεν ἐν τῷ κόσμῳ, περισσοτέρως δὲ πρὸς ὑμᾶς.	
1,14 *καθὼς καὶ ἐπέγνωτε ἡμᾶς ἀπὸ μέρους, ὅτι καύχημα ὑμῶν ἐσμεν καθάπερ καὶ ὑμεῖς ἡμῶν ἐν τῇ ἡμέρᾳ τοῦ κυρίου [ἡμῶν] Ἰησοῦ.*	
1,18 *πιστὸς δὲ ὁ θεὸς ὅτι ὁ λόγος ἡμῶν ὁ πρὸς ὑμᾶς οὐκ ἔστιν ναὶ καὶ οὔ.*	**Is 49,7** *Οὕτως λέγει κύριος ὁ ῥυσάμενός σε ὁ θεὸς Ἰσραὴλ Ἁγιάσατε τὸν φαυλίζοντα τὴν ψυχὴν αὐτοῦ τὸν βδελυσσόμενον ὑπὸ τῶν ἐθνῶν τὸν δοῦλον τῶν ἀρχόντων· βασιλεῖς ὄψονται αὐτόν, καὶ ἀναστήσονται ἄρχοντες καὶ προσκυνήσουσιν αὐτῷ ἕνεκεν κυρίου· ὅτι πιστός ἐστιν ὁ ἅγιος Ἰσραήλ, καὶ ἐξελεξάμην σε.*
1,20 *ὅσαι γὰρ ἐπαγγελίαι θεοῦ, ἐν αὐτῷ τὸ ναί· διὸ καὶ δι' αὐτοῦ τὸ ἀμὴν τῷ θεῷ πρὸς δόξαν δι' ἡμῶν.*	
1,22 *ὁ καὶ σφραγισάμενος ἡμᾶς καὶ δοὺς τὸν ἀρραβῶνα τοῦ πνεύματος ἐν ταῖς καρδίαις ἡμῶν.*	
1,23 *Ἐγὼ δὲ μάρτυρα τὸν θεὸν ἐπικαλοῦμαι ἐπὶ τὴν ἐμὴν ψυχήν, ὅτι φειδόμενος ὑμῶν οὐκέτι ἦλθον εἰς Κόρινθον.*	**Gen 31,44** *ἴδε ὁ θεὸς μάρτυς ἀνὰ μέσον ἐμοῦ καὶ σοῦ.* **Iob 16,19** *καὶ νῦν ἰδοὺ ἐν οὐρανοῖς ὁ*

MT		ALIA
		vd et **Idt 15,9** *Σὺ ὕψωμα Ἰερουσαλήμ, σὺ γαυρίαμα μέγα τοῦ Ἰσραήλ, σὺ καύχημα μέγα τοῦ γένους ἡμῶν·*
כה אמר־יהוה גאל ישראל קדושו לבזה־נפש למתעב גוי לעבד משלים מלכים יראו וקמו שרים וישתחוו למען יהוה אשר נאמן קדש ישראל ויבחרך:	**Is 49,7**	ad *θεὸς πιστός* cf ad 1Cor 1,9 vd et **Prov 14,5** *μάρτυς πιστὸς οὐ ψεύδεται,* *ἐκκαίει δὲ ψεύδη μάρτυς ἄδικος.* … **14,25** *ῥύσεται ἐκ κακῶν ψυχὴν μάρτυς πιστός,* *ἐκκαίει δὲ ψεύδη δόλιος.*
		ad *ἐπαγγελίαι θεοῦ* et fidelitatem Dei in Christo cf ad Rom 15,8 et ad 3,2-4
		cf ad Rom 8,9ss; vd et Gen 38,17 (20)
גם־עתה הנה־בשמים עדי	**Iob 16,19**	cf et **1Bas 12,5** *καὶ εἶπεν Σαμουὴλ πρὸς τὸν λαόν Μάρτυς κύριος ἐν ὑμῖν καὶ μάρτυς χριστὸς αὐτοῦ*

NT	LXX
	__μάρτυ__ς μου, *ὁ δὲ συνίστωρ μου ἐν ὑψίστοις.*
	Sap 1,6 *ὅτι τῶν νεφρῶν αὐτοῦ __μάρτυ__ς ὁ __θε__ὸς* *καὶ τῆς καρδίας αὐτοῦ ἐπίσκοπος ἀληθὴς*
	Is 43,10 *κἀγὼ __μάρτυ__ς, λέγει κύριος ὁ __θε__ός, καὶ ὁ παῖς, ὃν ἐξελεξάμην, ἵνα γνῶτε καὶ πιστεύσητε καὶ συνῆτε ὅτι ἐγώ εἰμι, ἔμπροσθέν μου οὐκ ἐγένετο ἄλλος θεὸς καὶ μετ᾽ ἐμὲ οὐκ ἔσται·*
	Ier 49,5 *Ἔστω __κύριος__ ἐν ἡμῖν εἰς __μάρτυ-ρα__ δίκαιον καὶ πιστόν,*
2,4 *ἐκ γὰρ πολλῆς __θλίψ__εως καὶ συνοχῆς __καρδίας__ ἔγραψα ὑμῖν διὰ πολλῶν δακρύων, οὐχ ἵνα λυπηθῆτε ἀλλὰ τὴν ἀγάπην ἵνα γνῶτε ἣν ἔχω περισσοτέρως εἰς ὑμᾶς.*	**ψ 24,17** *αἱ __θλίψ__εις τῆς __καρδίας__ μου ἐπλατύνθησαν·* *ἐκ τῶν ἀναγκῶν μου ἐξάγαγέ με.*
2,6 *ἱκανὸν τῷ τοιούτῳ ἡ ἐπιτιμία αὕτη ἡ ὑπὸ τῶν πλειόνων,*	
2,14 *Τῷ δὲ θεῷ χάρις τῷ πάντοτε θριαμβεύοντι ἡμᾶς ἐν τῷ Χριστῷ καὶ τὴν __ὀσμ__ὴν*	**Lev 1,9** *καὶ ἐπιθήσουσιν οἱ ἱερεῖς τὰ πάντα ἐπὶ τὸ θυσιαστήριον· κάρπωμά*

MT		ALIA
ושהדי במרומים:		*σήμερον ἐν ταύτῃ τῇ ἡμέρᾳ ὅτι οὐχ εὑρήκατε ἐν χειρί μου οὐθέν· καὶ εἶπαν* Μάρτυς.
		12,6 *καὶ εἶπεν* Σαμουὴλ *πρὸς τὸν λαὸν λέγων* Μάρτυς *κύριος ὁ ποιήσας τὸν* Μωυσῆν *καὶ τὸν* Ααρών, *ὁ ἀναγαγὼν τοὺς πατέρας ἡμῶν ἐξ* Αἰγύπτου.
אתם עדי נאם־יהוה ועבדי אשר בחרתי למען תדעו ותאמינו לי ותבינו כי־אני הוא לפני לא־נוצר אל ואחרי לא יהיה:	**Is 43,10**	cf et ex gr **Ier 36,23** LXX *καὶ ἐγὼ μάρτυς, φησὶ κύριος.*
יהי יהוה בני לעד אמת ונאמן	**Ier 42,5**	
צרות לבבי הרחיבו ממצוקותי הוציאני:	**Ps 25,17**	
		vd **Sir 8,5** *μὴ ὀνείδιζε ἄνθρωπον ἀποστρέφοντα ἀπὸ ἁμαρτίας. μνήσθητι ὅτι πάντες ἐσμὲν ἐν ἐπιτίμοις.*
והקטיר הכהן את־הכל המזבחה עלה אשה ריח־ניחוח ליהוה:	**Lev 1,9**	sim et Lev 1,13.17; 2,2; cf et Ez 20,41

NT

τῆς γνώσεως αὐτοῦ φανεροῦντι δι᾽ ἡμῶν
ἐν παντὶ τόπῳ·
2,15 ὅτι Χριστοῦ εὐωδία ἐσμὲν τῷ θεῷ ἐν
τοῖς σῳζομένοις καὶ ἐν τοῖς ἀπολλυμέ-
νοις,
2,16 οἷς μὲν ὀσμὴ ἐκ θανάτου εἰς θάνα-
τον, οἷς δὲ ὀσμὴ ἐκ ζωῆς εἰς ζωήν. καὶ
πρὸς ταῦτα τίς ἱκανός;

LXX

ἐστιν, θυσία, ὀσμὴ εὐωδίας τῷ κυρίῳ.

Ioel 2,11 καὶ κύριος δώσει φωνὴν αὐτοῦ πρὸ προσώπου δυνάμεως αὐτοῦ, ὅτι πολλή ἐστι σφόδρα ἡ παρεμβολὴ αὐτοῦ, ὅτι ἰσχυρὰ ἔργα λόγων αὐτοῦ· διότι μεγάλη ἡμέρα κυρίου, μεγάλη καὶ ἐπιφανὴς σφόδρα, καὶ τίς ἔσται ἱκανὸς αὐτῇ;

Ez 20,41 ἐν ὀσμῇ εὐωδίας προσδέξομαι ὑμᾶς ἐν τῷ ἐξαγαγεῖν με ὑμᾶς ἐκ τῶν λαῶν καὶ εἰσδέχεσθαι ὑμᾶς ἐκ τῶν χωρῶν, ἐν αἷς διεσκορπίσθητε ἐν αὐταῖς, καὶ ἁγιασθήσομαι ἐν ὑμῖν κατ᾽ ὀφθαλμοὺς τῶν λαῶν.

MT		ALIA
ויהוה נתן קולו לפני חילו כי רב מאד מחנהו כי עצום עשׂה דברו כי־גדול יום־יהוה ונורא מאד ומי יכילנו:	**Ioel 2,11**	cf et ex gr **Gen 8,21** *καὶ ὠσφράνθη κύριος ὁ θεὸς ὀσμὴν εὐωδίας, καὶ εἶπεν κύριος ὁ θεὸς διανοηθείς Οὐ προσθήσω ἔτι τοῦ καταράσασθαι τὴν γῆν διὰ τὰ ἔργα τῶν ἀνθρώπων, ὅτι ἔγκειται ἡ διάνοια τοῦ ἀνθρώπου ἐπιμελῶς ἐπὶ τὰ πονηρὰ ἐκ νεότητος· οὐ προσθήσω οὖν ἔτι πατάξαι πᾶσαν σάρκα ζῶσαν, καθὼς ἐποίησα.*
בריח ניחח ארצה אתכם בהוציאי אתכם מן־העמים וקבצתי אתכם מן־הארצות אשר נפצתם בם ונקדשתי בכם לעיני הגוים:	**Ez 20,41**	**Ex 29,18** *καὶ ἀνοίσεις τὸν κριὸν ὅλον ἐπὶ τὸ θυσιαστήριον ὁλοκαύτωμα κυρίῳ εἰς ὀσμὴν εὐωδίας· θυσίασμα κυρίῳ ἐστίν.*
		Num 15,3 *καὶ ποιήσεις κάρπωμα κυρίῳ, ὁλοκαύτωμα ἢ θυσίαν, μεγαλῦναι εὐχὴν ἢ καθ᾽ ἑκούσιον ἢ ἐν ταῖς ἑορταῖς ὑμῶν ποιῆσαι ὀσμὴν εὐωδίας κυρίῳ,*
		Num 28,2 *Τὰ δῶρά μου δόματά μου καρπώματά μου εἰς ὀσμὴν εὐωδίας διατηρήσετε προσφέρειν ἐμοὶ ἐν ταῖς ἑορταῖς μου.*
		Sir 50,15 *ἐξέτεινεν* (sc *Σίμων Ὀνίου*) *ἐπὶ σπονδείου χεῖρα αὐτοῦ καὶ ἔσπεισεν ἐξ αἵματος σταφυλῆς, ἐξέχεεν εἰς θεμέλια θυσιαστηρίου ὀσμὴν εὐωδίας ὑψίστῳ παμβασιλεῖ.*

NT

2,17 *οὐ γάρ ἐσμεν ὡς οἱ πολλοὶ καπηλεύοντες τὸν λόγον τοῦ θεοῦ, ἀλλ᾽ ὡς ἐξ εἰλικρινείας, ἀλλ᾽ ὡς ἐκ θεοῦ κατέναντι θεοῦ ἐν Χριστῷ λαλοῦμεν.*

3,2 *ἡ ἐπιστολὴ ἡμῶν ὑμεῖς ἐστε, ἐγ**γεγραμμέν**η ἐν ταῖς καρδίαις ἡμῶν, γινωσκομένη καὶ ἀναγινωσκομένη ὑπὸ πάντων ἀνθρώπων,*
3,3 *φανερούμενοι ὅτι ἐστὲ ἐπιστολὴ Χριστοῦ διακονηθεῖσα ὑφ᾽ ἡμῶν, ἐγ**γεγραμμέν**η οὐ μέλανι ἀλλὰ πνεύματι **θεοῦ** ζῶντος, οὐκ **ἐν** **πλαξὶν** **λιθίν**αις ἀλλ᾽ **ἐν** **πλαξὶν** **καρδί**ας **σαρκίν**αις.*

LXX

Ex 24,12 *Καὶ εἶπεν κύριος πρὸς Μωυσῆν Ἀνάβηθι πρός με εἰς τὸ ὄρος καὶ ἴσθι ἐκεῖ· καὶ δώσω σοι τὰ **πυξία** τὰ **λίθιν**α, τὸν νόμον καὶ τὰς ἐντολάς, ἃς ἔγραψα νομοθετῆσαι αὐτοῖς.*
Ex 31,18 *Καὶ ἔδωκεν Μωυσῇ, ἡνίκα κατέπαυσεν λαλῶν αὐτῷ ἐν τῷ ὄρει τῷ Σινά, τὰς δύο **πλάκ**ας τοῦ μαρτυρίου, **πλάκ**ας **λιθίν**ας **γεγραμμέν**ας τῷ δακτύλῳ τοῦ θεοῦ.*
Ex 32,15 *Καὶ ἀποστρέψας Μωυσῆς κατέβη ἀπὸ τοῦ ὄρους, καὶ αἱ δύο **πλάκ**ες τοῦ μαρτυρίου ἐν ταῖς χερσὶν αὐτοῦ, **πλάκ**ες **λίθιν**αι **γεγραμμέν**αι ἐξ ἀμφοτέρων τῶν μερῶν αὐτῶν, ἔνθεν καὶ ἔνθεν ἦσαν **γεγραμμέν**αι·*
32,16 *καὶ αἱ **πλάκ**ες ἔργον **θεοῦ** ἦσαν, καὶ ἡ γραφὴ γραφὴ θεοῦ ἐστιν κεκολαμμένη **ἐν** ταῖς **πλαξίν**.*

MT		ALIA
		ad *τὴν οσμὴν* (*τῆς γνῶσεως*) et (*Χριστοῦ*) *εὐωδία* cf ad Phil 4,18
		nonnulli putant Paulum referre ad **Is 1,22** *τὸ ἀργύριον ὑμῶν ἀδόκιμον· οἱ κάπηλοί σου μίσγουσι τὸν οἶνον ὕδατι·*
ויאמר יהוה אל־משה עלה אלי ההרה והיה־שם ואתנה לך את־לחת האבן והתורה והמצוה אשר כתבתי להורתם:	**Ex 24,12**	ad *θεοῦ ζῶντος* cf ad Rom 9,26
ויתן אל־משה ככלתו לדבר אתו בהר סיני שני לחת העדת לחת אבן כתבים באצבע אלהים:	**Ex 31,18**	
ויפן וירד משה מן־ההר ושני לחת העדת בידו לחת כתבים משני עבריהם מזה ומזה הם כתבים:	**Ex 32,15**	cf et ad 2Cor 3,6
והלחת מעשה אלהים המה והמכתב מכתב אלהים הוא חרות על־הלחת:	**32,16**	

NT	LXX
	Ex 34,1 Καὶ εἶπεν κύριος πρὸς Μωυσῆν Λάξευσον σεαυτῷ δύο **πλάκ**ας **λιθίν**ας καθὼς καὶ αἱ πρῶται, καὶ ἀνάβητι πρός με εἰς τὸ ὄρος, καὶ **γρά**ψω ἐπὶ τῶν **πλακ**ῶν τὰ ῥήματα, ἃ ἦν **ἐν** ταῖς **πλαξὶν** ταῖς πρώταις, ἃς συνέτριψας.
	Dtn 4,13 καὶ ἀνήγγειλεν ὑμῖν τὴν διαθήκην αὐτοῦ, ἣν ἐνετείλατο ὑμῖν ποιεῖν, τὰ δέκα ῥήματα, καὶ ἔγραψεν αὐτὰ ἐπὶ δύο **πλάκ**ας **λιθίν**ας.
	Dtn 10,1 Ἐν ἐκείνῳ τῷ καιρῷ εἶπεν κύριος πρός με Λάξευσον σεαυτῷ δύο **πλάκ**ας **λιθίν**ας ὥσπερ τὰς πρώτας, καὶ ἀνάβητι πρός με εἰς τὸ ὄρος, καὶ ποιήσεις σεαυτῷ κιβωτὸν ξυλίνην·
	10,2 καὶ **γρά**ψω ἐπὶ τὰς **πλάκ**ας τὰ ῥήματα, ὅσα ἦν **ἐν** ταῖς **πλαξὶν** ταῖς πρώταις, ἃς συνέτριψας, καὶ ἐμβαλεῖς αὐτὰς εἰς τὴν κιβωτόν.
	Ez 11,19 καὶ δώσω αὐτοῖς **καρδί**αν ἑτέραν καὶ πνεῦμα καινὸν δώσω ἐν αὐτοῖς καὶ ἐκσπάσω τὴν **καρδί**αν τὴν **λιθίν**ην ἐκ τῆς **σαρκ**ὸς αὐτῶν καὶ δώσω αὐτοῖς **καρδί**αν **σαρκίν**ην,
	Ez 36,26 καὶ δώσω ὑμῖν **καρδί**αν καινὴν καὶ πνεῦμα καινὸν δώσω ἐν ὑμῖν καὶ ἀφελῶ τὴν **καρδί**αν τὴν **λιθίν**ην ἐκ τῆς **σαρκ**ὸς ὑμῶν καὶ δώσω ὑμῖν **καρδί**αν **σαρκίν**ην.

MT		ALIA
ויאמר יהוה אל־משה פסל־לך שני־לחת אבנים כראשנים וכתבתי על־הלחת את־הדברים אשר היו על־הלחת הראשנים אשר שברת׃	**Ex 34,1**	
ויגד לכם את־בריתו אשר צוה אתכם לעשות עשרת הדברים ויכתבם על־שני לחות אבנים׃	**Dtn 4,13**	cf et Dtn 9,10s.17; 10,2s; Prov 7,2s ad *τὴν διαθήκην αὐτοῦ* Dtn 4,13 cf ad 2Cor 3,6
בעת ההוא אמר יהוה אלי פסל־לך שני־לוחת אבנים כראשנים ועלה אלי ההרה ועשית לך ארון עץ׃	**Dtn 10,1**	
ואכתב על־הלחת את־הדברים אשר היו על־הלחת הראשנים אשר שברת ושמתם בארון׃	**10,2**	
ונתתי להם לב אחד ורוח חדשה אתן בקרבכם והסרתי לב האבן מבשרם ונתתי להם לב בשׂ׃	**Ez 11,19**	cf et Ier 38,33LXX ad 2Cor 3,6
ונתתי לכם לב חדש ורוח חדשה אתן בקרבכם והסרתי את־לב האבן מבשרכם ונתתי לכם לב בשר׃	**Ez 36,26**	cf et Ez 37,14 ad Rom 8,4-11 et ad 2Cor 3,6

NT	LXX
	36,27 καὶ τὸ πνεῦμά μου δώσω ἐν ὑμῖν καὶ ποιήσω ἵνα ἐν τοῖς δικαιώμασί μου πορεύησθε καὶ τὰ κρίματά μου φυλάξησθε καὶ ποιήσητε.
3,6 ὅς καὶ ἱκάνωσεν ἡμᾶς διακόνους καινῆς διαθήκης, οὐ γράμματος ἀλλὰ πνεύματος· τὸ γὰρ γράμμα ἀποκτέννει, τὸ δὲ πνεῦμα ζῳοποιεῖ·	**Ex 34,28** καὶ ἦν ἐκεῖ Μωυσῆς ἔναντι κυρίου τεσσαράκοντα ἡμέρας καὶ τεσσαράκοντα νύκτας· ἄρτον οὐκ ἔφαγεν καὶ ὕδωρ οὐκ ἔπιεν· καὶ ἔγραψεν τὰ ῥήματα ταῦτα ἐπὶ τῶν πλακῶν τῆς διαθήκης, τοὺς δέκα λόγους· **2Esdr 19,6** Σὺ εἶ αὐτὸς κύριος μόνος· σὺ ἐποίησας τὸν οὐρανὸν ..., καὶ σὺ ζωοποιεῖς τὰ πάντα, ... **19,8** καὶ εὗρες τὴν καρδίαν αὐτοῦ (sc τοῦ Ἀβραὰμ) πιστὴν ἐνώπιόν σου ...· καὶ ἔστησας τοὺς λόγους σου, ὅτι δίκαιος σύ. **Ier 38,31** Ἰδοὺ ἡμέραι ἔρχονται, φησὶ κύριος, καὶ διαθήσομαι τῷ οἴκῳ Ἰσραὴλ καὶ τῷ οἴκῳ Ἰούδα διαθήκην καινήν, **38,32** οὐ κατὰ τὴν διαθήκην, ἣν διεθέμην τοῖς πατράσιν αὐτῶν ἐν ἡμέρᾳ ἐπιλαβομένου μου τῆς χειρὸς αὐτῶν ἐξαγαγεῖν αὐτοὺς ἐκ γῆς Αἰγύπτου, ὅτι αὐτοὶ οὐκ ἐνέμειναν ἐν τῇ διαθήκῃ μου, καὶ ἐγὼ ἠμέλησα αὐτῶν, φησὶ κύριος·

MT		ALIA
ואת־רוחי אתן בקרבכם ועשׂיתי את אשׁר־בחקי תלכו ומשׁפטי תשׁמרו ועשׂיתם:	**36,27**	
ויהי־שׁם עם־יהוה ארבעים יום וארבעים לילה לחם לא אכל ומים לא שׁתה ויכתב על־הלחת את דברי הברית עשׂרת הדברים:	**Ex 34,28**	cf et ad 2Cor 3,2s et Rom 2,14-16
אתה־הוא יהוה לבדך את עשׂית את־השׁמים ... ואתה מחיה את־כלם	**Neh 9,6**	vd et Col 1,15-17
ומצאת את־לבבו נאמן לפניך ... ותקם את־דבריך כי צדיק אתה:	**9,8**	
הנה ימים באים נאם־יהוה וכרתי את־בית ישׂראל ואת־בית יהודה ברית חדשׁה:	**Ier 31,31**	
לא כברית אשׁר כרתי את־אבותם ביום החזיקי בידם להוציאם מארץ מצרים אשׁר־המה הפרו את־בריתי ואנכי בעלתי בם נאם־יהוה:	**31,32**	

NT	LXX
	38,33 ὅτι αὕτη ἡ **διαθήκη**, ἣν διαθήσομαι τῷ οἴκῳ Ἰσραὴλ μετὰ τὰς ἡμέρας ἐκείνας, φησὶ κύριος Διδοὺς δώσω νόμους μου εἰς τὴν διάνοιαν αὐτῶν καὶ ἐπὶ καρδίας αὐτῶν γράψω αὐτούς· καὶ ἔσομαι αὐτοῖς εἰς θεόν, καὶ αὐτοὶ ἔσονταί μοι εἰς λαόν· **Ier 39,40** καὶ διαθήσομαι αὐτοῖς **διαθήκην** αἰώνιον, ἣν οὐ μὴ ἀποστρέψω ὄπισθεν αὐτῶν· καὶ τὸν φόβον μου δώσω εἰς τὴν καρδίαν αὐτῶν πρὸς τὸ μὴ ἀποστῆναι αὐτοὺς ἀπ' ἐμοῦ. **Ez 37,14** καὶ δώσω **πνεῦμά** μου εἰς ὑμᾶς, καὶ ζήσεσθε,
3,7 Εἰ δὲ ἡ διακονία τοῦ θανάτου ἐν γράμμασιν ἐντετυπωμένη λίθοις ἐγενήθη ἐν δόξῃ, ὥστε μὴ δύνασθαι ἀτενίσαι τοὺς **υἱοὺς Ἰσραὴλ** εἰς τὸ **πρόσωπον Μωϋσέως** διὰ τὴν δόξαν τοῦ **προσώπου αὐτοῦ** τὴν καταργουμένην, **3,8** πῶς οὐχὶ μᾶλλον ἡ διακονία τοῦ πνεύματος ἔσται ἐν δόξῃ; **3,9** εἰ γὰρ τῇ διακονίᾳ τῆς κατακρίσεως δόξα, πολλῷ μᾶλλον περισσεύει ἡ διακονία τῆς δικαιοσύνης δόξῃ. **3,10** καὶ γὰρ οὐ **δεδόξασται** τὸ **δεδοξασμένον** ἐν τούτῳ τῷ μέρει εἵνεκεν τῆς	**Ex 34,29** ὡς δὲ κατέβαινεν **Μωυσῆς** ἐκ τοῦ ὄρους, καὶ αἱ δύο πλάκες ἐπὶ τῶν χειρῶν **Μωυσῆ**· καταβαίνοντος δὲ αὐτοῦ ἐκ τοῦ ὄρους **Μωυσῆς** οὐκ ᾔδει ὅτι **δεδόξασται** ἡ ὄψις τοῦ χρωτὸς τοῦ **προσώπου αὐτοῦ** ἐν τῷ λαλεῖν αὐτὸν αὐτῷ. **34,30** καὶ εἶδεν Ἀαρὼν καὶ πάντες οἱ πρεσβύτεροι **Ἰσραὴλ** τὸν **Μωυσῆν**, καὶ ἦν **δεδοξασμένη** ἡ ὄψις τοῦ χρωτὸς τοῦ **προσώπου αὐτοῦ**, καὶ ἐφοβήθησαν ἐγγίσαι αὐτῷ. … **34,32** καὶ μετὰ ταῦτα προσῆλθον πρὸς

MT		ALIA
כי זאת הברית אשר אכרת את־בית ישׂראל אחרי הימים ההם נאם־יהוה נתתי את־תורתי בקרבם ועל־לבם אכתבנה והייתי להם לאלהים והמה יהיו־לי לעם׃	**31,33**	
וכרתי להם ברית עולם אשר לא־אשוב מאחריהם להיטיבי אותם ואת־יראתי אתן בלבבם לבלתי סור מעלי׃	**Ier 32,40**	
ונתתי רוחי בכם וחייתם	**Ez 37,14**	ad Ez 36,26 vd ad 2Cor 3,2s
ויהי ברדת משה מהר סיני ושני לחת העדת ביד־משה ברדתו מן־ההר ומשה לא־ידע כי קרן עור פניו בדברו אתו׃	**Ex 34,29**	ad Ex 34,28 vd ad 2Cor 3,6 cf autem Ex 40,34ss!
וירא אהרן וכל־בני ישׂראל את־משה והנה קרן עור פניו וייראו מגשת אליו׃	**34,30**	
... ואחרי־כן נגשו כל־בני ישׂראל	**34,32**	

NT	LXX
ὑπερβαλλούσης δόξης. … **3,13** καὶ οὐ καθάπερ **Μωϋσῆς** ἐτίθει **κάλυμμα ἐπὶ τὸ πρόσωπον αὐτοῦ** πρὸς τὸ μὴ ἀτενίσαι τοὺς υἱοὺς **Ἰσραὴλ** εἰς τὸ τέλος τοῦ καταργουμένου.	αὐτὸν πάντες οἱ υἱοὶ **Ἰσραήλ**, καὶ ἐνετείλατο αὐτοῖς πάντα, ὅσα ἐλάλησεν κύριος πρὸς αὐτὸν ἐν τῷ ὄρει τῷ Σινᾶ. **34,33** καὶ ἐπειδὴ κατέπαυσεν λαλῶν πρὸς αὐτούς, ἐπέθηκεν **ἐπὶ τὸ πρόσωπον αὐτοῦ κάλυμμα**. … **34,35** καὶ εἶδον οἱ υἱοὶ **Ἰσραὴλ τὸ πρόσωπον Μωυσῆ** ὅτι δεδόξασται, καὶ περιέθηκεν **Μωυσῆς κάλυμμα ἐπὶ τὸ πρόσωπον ἑαυτοῦ**, ἕως ἂν εἰσέλθῃ συλλαλεῖν αὐτῷ.
3,14 ἀλλὰ ἐπωρώθη τὰ νοήματα αὐτῶν. ἄχρι γὰρ τῆς σήμερον ἡμέρας τὸ αὐτὸ κάλυμμα ἐπὶ τῇ ἀναγνώσει τῆς παλαιᾶς διαθήκης μένει, μὴ ἀνακαλυπτόμενον ὅτι ἐν Χριστῷ καταργεῖται· **3,15** ἀλλ' ἕως σήμερον ἡνίκα ἄν ἀναγινώσκηται Μωυσῆς, κάλυμμα ἐπὶ τὴν καρδίαν αὐτῶν κεῖται·	**Ex 24,7** καὶ λαβὼν τὸ βιβλίον τῆς διαθήκης ἀνέγνω εἰς τὰ ὦτα τοῦ λαοῦ, καὶ εἶπαν Πάντα, ὅσα ἐλάλησεν κύριος, ποιήσομεν καὶ ἀκουσόμεθα. **Dtn 29,4** καὶ οὐκ ἔδωκεν κύριος ὁ θεὸς ὑμῖν καρδίαν εἰδέναι καὶ ὀφθαλμοὺς βλέπειν καὶ ὦτα ἀκούειν ἕως τῆς ἡμέρας ταύτης. **4Bas 23,2** καὶ ἀνέγνω ἐν ὠσὶν αὐτῶν πάντας τοὺς λόγους τοῦ βιβλίου τῆς διαθήκης τοῦ εὑρεθέντος ἐν οἴκῳ κυρίου. **4Bas 23,21** Ποιήσατε τὸ πάσχα τῷ κυρίῳ θεῷ ἡμῶν, καθὼς γέγραπται ἐπὶ βιβλίου τῆς διαθήκης ταύτης·

MT		ALIA
ויצום את כל־אשר דבר יהוה אתו בהר סיני:		
ויכל משה מדבר אתם ויתן על־פניו מסוה:	**34,33**	
…		
וראו בני־ישראל את־פני משה כי קרן עור פני משה והשיב משה את־המסוה על־פניו עד־באו לדבר אתו:	**34,35**	
ויקח ספר הברית ויקרא באזני העם ויאמרו כל אשר־דבר יהוה נעשה ונשמע:	**Ex 24,7**	cf et **2Par 34,30** *καὶ ἀνέγνω ἐν ὠσὶν αὐτῶν τοὺς πάντας λόγους βιβλίου τῆς διαθήκης τοῦ εὑρεθέντος ἐν οἴκῳ κυρίου.*
ולא־נתן יהוה לכם לב לדעת ועינים לראות ואזנים לשמע עד היום הזה:	**Dtn 29,3**	ad ψ 68,23s cf ad Rom 11,9s ad Is 29,10 cf ad Rom 11,8 **ψ 94,7** *σήμερον, ἐὰν τῆς φωνῆς αὐτοῦ ἀκούσητε,*
ויקרא באזניהם את־כל־דברי ספר הברית הנמצא בבית יהוה:	**2Reg 23,2**	**94,8** *μὴ σκληρύνητε τὰς καρδίας ὑμῶν ὡς ἐν τῷ παραπικρασμῷ κατὰ τὴν ἡμέραν τοῦ πειρασμοῦ ἐν τῇ ἐρήμῳ,*
עשו פסח ליהוה אלהיכם ככתוב על ספר הברית הזה:	**2Reg 23,21**	**94,9** *οὗ ἐπείρασαν οἱ πατέρες ὑμῶν,*

NT	LXX
	Is 6,10 ἐπαχύνθη γὰρ ἡ καρδία τοῦ λαοῦ τούτου, καὶ τοῖς ὠσὶν αὐτῶν βαρέως ἤκουσαν καὶ τοὺς ὀφθαλμοὺς αὐτῶν ἐκάμμυσαν, μήποτε ἴδωσι τοῖς ὀφθαλμοῖς καὶ τοῖς ὠσὶν ἀκούσωσι καὶ τῇ καρδίᾳ συνῶσι καὶ ἐπιστρέψωσι καὶ ἰάσομαι αὐτούς.
3,16 ἡνίκα δὲ ἐὰν ἐπιστρέψῃ πρὸς κύριον, περιαιρεῖται τὸ κάλυμμα.	**Ex 34,34** ἡνίκα δ' ἂν εἰσεπορεύετο Μωυσῆς ἔναντι κυρίου λαλεῖν αὐτῷ, περιῃρεῖτο τὸ κάλυμμα ἕως τοῦ ἐκπορεύσθαι. **Is 19,22** καὶ ἐπιστραφήσονται (sc οἱ Αἰγύπτιοι) πρὸς κύριον, καὶ εἰσακούσεται αὐτῶν καὶ ἰάσεται αὐτούς. **Is 45,22** ἐπιστράφητε πρός με καὶ σωθήσεσθε, οἱ ἀπ' ἐσχάτου τῆς γῆς·
3,17 ὁ δὲ κύριος τὸ πνεῦμα ἐστιν· οὗ δὲ τὸ πνεῦμα κυρίου, ἐλευθερία.	**Gen 1,2** ἡ δὲ γῆ ἦν ἀόρατος καὶ ἀκατασκεύαστος, καὶ σκότος ἐπάνω τῆς ἀβύσσου, καὶ πνεῦμα θεοῦ ἐπεφέρετο ἐπάνω τοῦ ὕδατος. **1Bas 11,6** καὶ ἐφήλατο πνεῦμα κυρίου

MT		ALIA
השמן לב־העם הזה ואזניו הכבד ועיניו השע פן־יראה בעיניו ובאזניו ישמע ולבבו יבין ושב ורפא לו:	**Is 6,10**	*ἐδοκίμασαν καὶ εἴδοσαν τὰ ἔργα μου.* **94,10** *τεσσαράκοντα ἔτη προσώχθισα τῇ γενεᾷ ἐκείνῃ* *καὶ εἶπα Ἀεὶ πλανῶνται τῇ καρδίᾳ* *καὶ αὐτοὶ οὐκ ἔγνωσαν τὰς ὁδούς μου,* **94,11** *ὡς ὤμοσα ἐν τῇ ὀργῇ μου* *Εἰ εἰσελεύσονται εἰς τὴν κατάπαυσίν μου.* vd et Sir 24,23
ובבא משה לפני יהוה לדבר אתו יסיר את־המסוה עד־צאתו	**Ex 34,34**	cf et **2Par 24,19** *καὶ ἀπέστειλεν πρὸς αὐτοὺς προφήτας ἐπιστρέψαι πρὸς κύριον, καὶ οὐκ ἤκουσαν· καὶ διεμαρτύραντο αὐτοῖς, καὶ οὐκ ἤκουσαν.*
ושבו עד־יהוה ונעתר להם ורפאם:	**Is 19,22**	Dtn 4,30 cf ad 1Thess 1,9 ex gr vd Sir 5,7; Ier 5,22
פנו־אלי והושעו כל־אפסי־ארץ	**Is 45,22**	
והארץ היתה תהו ובהו וחשך על־ פני תהום ורוח אלהים מרחפת על־ פני המים:	**Gen 1,2**	Dicitne Is 31,3 MT (non LXX) Deum spiritum esse (ThWNT VI, 361s)?
ותצלח רוח־אלהים על־שאול	**1Sam 11,6**	de spiritu Domini sensu protologico Gen 1,2; sensu messianico ex gr Is

NT	LXX
	ἐπὶ Σαούλ, ὡς ἤκουσεν τὰ ῥήματα ταῦτα, καὶ ἐθυμώθη ἐπ᾽ αὐτοὺς ὀργὴ αὐτοῦ σφόδρα.
	1Bas 16,12 καὶ ἀπέστειλεν καὶ εἰσήγαγεν αὐτόν· καὶ οὗτος πυρράκης μετὰ κάλλους ὀφθαλμῶν καὶ ἀγαθὸς ὁράσει κυρίῳ· καὶ εἶπεν κύριος πρὸς Σαμουήλ Ἀνάστα καὶ χρῖσον τὸν Δαυίδ, ὅτι οὗτος ἀγαθός ἐστιν.
	16,13 καὶ ἔλαβεν Σαμουὴλ τὸ κέρας τοῦ ἐλαίου καὶ ἔχρισεν αὐτὸν ἐν μέσῳ τῶν ἀδελφῶν αὐτοῦ, καὶ ἐφήλατο **πνεῦμα κυρίου** ἐπὶ Δαυὶδ ἀπὸ τῆς ἡμέρας ἐκείνης καὶ ἐπάνω.
	Is 11,2 καὶ ἀναπαύσεται ἐπ᾽ αὐτὸν **πνεῦμα** τοῦ θεοῦ, **πνεῦμα** σοφίας καὶ συνέσεως, πνεῦμα βουλης καὶ ἰσχύος, **πνεῦμα** γνώσεως καὶ εὐσεβείας·
	11,3 ἐμπλήσει αὐτὸν **πνεῦμα** φόβου θεοῦ.
	Is 31,3 Αἰγύπτιον, ἄνθρωπον καὶ οὐ θεόν, ἵππων σάρκας, καὶ οὐκ ἔστι βοήθεια·
	Is 61,1 **Πνεῦμα κυρίου** ἐπ᾽ ἐμέ, οὗ εἵνεκεν ἔχρισέ με· εὐαγγελίσασθαι πτωχοῖς ἀπέσταλκέ με, ἰάσασθαι τοὺς συντετριμμένους τῇ καρδίᾳ, κηρύξαι αἰχμαλώτοις ἄφεσιν καὶ τυφλοῖς ἀνάβλεψιν,

MT		ALIA
בשמע את־הדברים האלה ויחר אפו מאד:		11,2s locutum est. spiritus Domini libertatem efficiens ex gr 1Bas 10,6.10ss; 11,6ss (Saul);
וישלח ויביאהו והוא אדמוני עם־יפה עינים וטוב ראי ויאמר יהוה קום משחהו כי־זה הוא:	**1Sam 16,12**	16,12s (David); Is 61,1 effectus spiritus Dei in 1Bas 11,11
ויקח שמואל את־קרן השמן וימשח אתו בקרב אחיו ותצלח רוח־יהוה אל־דוד מהיום ההוא ומעלה	**16,13**	
ונחה עליו רוח יהוה רוח חכמה ובינה רוח עצה וגבורה רוח דעת ויראת יהוה:	**Is 11,2**	
והריחו ביראת יהוה	**11,3**	
ומצרים אדם ולא־אל וסוסיהם בשׂר ולא־רוח	**Is 31,1**	cont **Is** 31,3: 30,1-5 et **31,28** *καὶ τὸ πνεῦμα αὐτοῦ* (sc *κυρίου*) *ὡς ὕδωρ ἐν φάραγγι σῦρον ἥξει ἕως τοῦ τραχήλου*
רוח אדני יהוה עלי יען משח יהוה אתי לבשׂר ענוים שׁלחני לחבשׁ לנשׁברי־לב לקרא לשבוים דרור ולאסורים פקח־קוח:	**Is 61,1**	

NT	LXX
	61,2 *καλέσαι ἐνιαυτὸν κυρίου δεκτὸν καὶ ἡμέραν ἀνταποδόσεως, παρακαλέσαι πάντας τοὺς πενθοῦντας,*
	61,3 *δοθῆναι τοῖς πενθοῦσι Σιὼν δόξαν ἀντὶ σποδοῦ, ἄλειμμα εὐφροσύνης ἀντὶ πένθους, καταστολὴν δόξης ἀντὶ πνεύματος ἀκηδίας· καὶ κληθήσονται Γενεαὶ δικαιοσύνης, Φύτευμα κυρίου εἰς δόξαν.*
	Ez 1,4 *καὶ εἶδον καὶ ἰδοὺ* ***πνεῦμα*** *ἐξαῖρον ἤρχετο ἀπὸ βορρᾶ, καὶ νεφέλη μεγάλη ἐν αὐτῷ, καὶ φέγγος κύκλῳ αὐτοῦ καὶ πῦρ ἐξαστράπτον, καὶ ἐν τῷ μέσῳ αὐτοῦ ὡς ὅρασις ἠλέκτρου ἐν μέσῳ τοῦ πυρὸς καὶ φέγγος ἐν αὐτῷ.*
	Ez 36,27 *καὶ* ***τὸ πνεῦμά μου*** *δώσω ἐν ὑμῖν καὶ ποιήσω ἵνα ἐν τοῖς δικαιώμασί μου πορεύησθε καὶ τὰ κρίματά μου φυλάξησθε καὶ ποιήσητε.*
3,18 *ἡμεῖς δὲ πάντες ἀνακεκαλυμμένῳ* ***προσώπῳ τὴν δόξαν κυρίου*** *κατοπτριζόμενοι τὴν αὐτὴν* ***εἰκόνα*** *μεταμορφούμεθα ἀπὸ δόξης εἰς δόξαν καθάπερ ἀπὸ κυρίου πνεύματος.*	**Gen 1,26** *καὶ εἶπεν ὁ θεός Ποιήσωμεν ἄνθρωπον κατ᾽* ***εἰκόνα*** *ἡμετέραν καὶ καθ᾽ ὁμοίωσιν, …* **1,27** *καὶ ἐποίησεν ὁ θεὸς τὸν ἄνθρωπον, κατ᾽* ***εἰκόνα*** *θεοῦ ἐποίησεν αὐτόν, ἄρσεν καὶ θῆλυ ἐποίησεν αὐτούς.*

MT		ALIA
לקרא שנת־רצון ליהוה ויום נקם לאלהינו לנחם כל־אבלים:	**61,2**	
לשום לאבלי ציון לתת להם פאר תחת אפר שמן ששון תחת אבל מעטה תהלה תחת רוח כהה וקרא להם אילי הצדק מטע יהוה להתפאר:	**61,3**	
וארא והנה רוח סערה באה מן־הצפון ענן גדול ואש מתלקחת ונגה לו סביב ומתוכה כעין החשמל מתוך האש:	**Ez 1,4**	*πνεῦμα κυρίου* tantum in paucis locis librorum prophetarum; sed Ez saepe spiritus sive spiritus Dei habet.
ואת־רוחי אתן בקרבכם ועשיתי את אשר־בחקי תלכו ומשפטי תשמרו ועשיתם:	**Ez 36,27**	cf et ad 2Cor 3,2s et Rom 8,4-11
ויאמר אלהים נעשה אדם בצלמנו כדמותנו...	**Gen 1,26**	cf et mod dic *ἡ δόξα κυρίου ὤφθη* aut sim ex gr Ex 16,10; Lev 9,23; Num 14,10; 16,19.42 (17,7); 20,6; Is 40,5; 60,2. ad *εἰκὼν θεοῦ* cf ad Rom 8,29; 1Cor 11,7; 2Cor 4,4-6; Col 1,15-17
ויברא אלהים את־האדם בצלמו בצלם אלהים ברא אתו זכר ונקבה ברא אתם:	**1,27**	

NT	LXX
	Ex 16,7 *καὶ πρωὶ ὄψεσθε τὴν δόξαν κυρίου ἐν τῷ εἰσακοῦσαι τὸν γογγυσμὸν ὑμῶν ἐπὶ τῷ θεῷ·*
	Ex 24,17 *τὸ δὲ εἶδος τῆς δόξης κυρίου ὡσεὶ πῦρ φλέγον ἐπὶ τῆς κορυφῆς τοῦ ὄρους ἐναντίον τῶν υἱῶν Ἰσραήλ.*
	Num 12,8 *στόμα κατὰ στόμα λαλήσω αὐτῷ* (sc *τῷ* Μωυσῇ), *ἐν ἔδει καὶ οὐ δι' αἰνιγμάτων, καὶ τὴν δόξαν κυρίου εἶδεν·*
	ψ 33,6 *προσέλθατε πρὸς αὐτὸν καὶ φωτίσθητε,* *καὶ τὰ πρόσωπα ὑμῶν οὐ μὴ καταισχυνθῇ.*
	Sap 2,23 *ὅτι ὁ θεὸς ἔκτισεν τὸν ἄνθρωπον ἐπ' ἀφθαρσίᾳ* *καὶ εἰκόνα τῆς ἰδίας ἰδιότητος ἐποίησεν αὐτόν·*
	Is 62,2 *καὶ ὄψονται ἔθνη τὴν δικαιοσύνην σου καὶ βασιλεῖς τὴν δόξαν σου* (sc Ἰερουσαλήμ!),

MT		ALIA
ובקר וראיתם את־כבוד יהוה בשמעו את־תלנתיכם על־יהוה	**Ex 16,7**	cf et **Gen 5,1** *ᾗ ἡμέρᾳ ἐποίησεν ὁ θεὸς τὸν Ἀδάμ, κατ᾽ εἰκόνα θεοῦ ἐποίησεν αὐτόν·* **5,2** *ἄρσεν καὶ θῆλυ ἐποίησεν αὐτοὺς καὶ εὐλόγησεν αὐτούς. καὶ ἐπωνόμασεν τὸ ὄνομα αὐτῶν Ἀδάμ, ᾗ ἡμέρᾳ ἐποίησεν αὐτούς.* **5,3** *ἔζησεν δὲ Ἀδὰμ ἔτη διακόσια τριάκοντα καὶ ἐγέννησεν κατὰ τὴν ἰδέαν αὐτοῦ καὶ κατὰ τὴν εἰκόνα αὐτοῦ καὶ ἐπωνόμασεν τὸ ὄνομα αὐτοῦ Σήθ.* **Gen 9,6** *ὅτι ἐν εἰκόνι θεοῦ ἐποίησα τὸν ἄνθρωπον.* *ιδιοτητος*: OL et al *αιδιοτητος*
ומראה כבוד יהוה כאשׁ אכלת בראשׁ ההר לעיני בני ישׂראל:	**Ex 24,17**	
פה אל־פה אדבר־בו ומראה ולא בחידת ותמנת יהוה יביט	**Num 12,8**	
הביטו אליו ונהרו ופניהם אל־יחפרו:	**Ps 34,6**	
וראו גוים צדקך וכל־מלכים כבודך	**Is 62,2**	cf et Is 62,2 cont: 62,1-12 cf et **Sir 17,12** *καθ᾽ ἑαυτὸν ἐνέδυσεν αὐτοὺς ἰσχὺν καὶ κατ᾽ εἰκόνα αὐτοῦ ἐποίησεν αὐτούς.* gloriae *hominis* in VT rare invenitur; maximam partem gloria regis, sacerdotis: ex gr Is 14,18; Ex 28,2. 40; sed cf et Prov 11,16; 15,33; 20,3

NT	LXX
4,2 ἀλλὰ ἀπειπάμεθα τὰ κρυπτὰ τῆς αἰσχύνης, μὴ περιπατοῦντες ἐν πανουργίᾳ μηδὲ δολοῦντες τὸν λόγον τοῦ θεοῦ ἀλλὰ τῇ φανερώσει τῆς ἀληθείας συνιστάνοντες ἑαυτοὺς πρὸς πᾶσαν συνείδησιν ἀνθρώπων ἐνώπιον τοῦ θεοῦ.	ψ **14,2** λαλῶν ἀλήθειαν ἐν καρδίᾳ αὐτοῦ, **14,3** ὃς οὐκ ἐδόλωσεν ἐν γλώσσῃ αὐτοῦ ψ **39,11** οὐκ ἔκρυψα τὸ ἔλεός σου καὶ τὴν ἀλήθειάν σου ἀπὸ συναγωγῆς πολλῆς.
4,3 εἰ δὲ καὶ ἔστιν κεκαλυμμένον τὸ εὐαγγέλιον ἡμῶν, ἐν τοῖς ἀπολλυμένοις ἐστὶν κεκαλυμμένον,	
4,4 ἐν οἷς ὁ θεὸς τοῦ αἰῶνος τούτου ἐτύφλωσεν τὰ νοήματα τῶν ἀπίστων εἰς τὸ μὴ αὐγάσαι τὸν φωτισμὸν τοῦ εὐαγγελίου τῆς **δόξης** τοῦ Χριστοῦ, ὅς ἐστιν **εἰκὼν** τοῦ **θεοῦ**. **4,5** οὐ γὰρ ἑαυτοὺς κηρύσσομεν ἀλλὰ Ἰησοῦν Χριστὸν **κύριον**, ἑαυτοὺς δὲ δούλους ὑμῶν διὰ Ἰησοῦν. **4,6** ὅτι **ὁ θεὸς** ὁ **εἰπών**· ἐκ **σκότους** **φῶς λάμψει**, ὃς ἔ**λαμψ**εν ἐν ταῖς καρδίαις ἡμῶν πρὸς φωτισμὸν τῆς γνώσεως τῆς **δόξης τοῦ θεοῦ** ἐν προσώπῳ Ἰησοῦ Χριστοῦ.	**Gen 1,26** καὶ **εἶπ**εν **ὁ θεός** Ποιήσωμεν ἄνθρωπον κατ᾽**εἰκόν**α ἡμετέραν καὶ καθ᾽ ὁμοίωσιν, … **1,27** καὶ ἐποίησεν ὁ θεὸς τὸν ἄνθρωπον, κατ᾽**εἰκόν**α **θεοῦ** ἐποίησεν αὐτόν, ἄρσεν καὶ θῆλυ ἐποίησεν αὐτούς. **Gen 1,2** καὶ **σκότ**ος ἐπάνω τῆς ἀβύσσου, … **1,3** καὶ **εἶπ**εν **ὁ θεός** Γενηθήτω **φῶς**. καὶ ἐγένετο **φῶς**. **2Bas 22,29** ὅτι σὺ ὁ λύχνος μου, κύριε, καὶ κύριος ἐκ**λάμψει** μοι τὸ **σκότ**ος μου. ψ **17,29** ὅτι σὺ φωτιεῖς λύχνον μου, κύριε· **ὁ θεός** μου, φωτιεῖς τὸ **σκότ**ος μου. ψ **111,3** **δόξ**α καὶ πλοῦτος ἐν τῷ οἴκῳ

MT		ALIA
ודבר אמת בלבבו:	**Ps 15,2**	cf et ψ **70,22** *καὶ γὰρ ἐγὼ ἐξομολογήσομαί σοι ἐν σκεύει ψαλμοῦ τὴν ἀλήθειάν σου, ὁ θεός·*
לא־רגל על־לשנו	**15,3**	
לא־כחדתי חסדך ואמתך לקהל רב:	**Ps 40,11**	ψ **88,2** *ἀπαγγελῶ τὴν ἀλήθειάν σου ἐν τῷ στόματί μου,*
		cf et ψ 91,3; 137,2
		cf et Is 6,9s et ad 2Cor 3,14
ויאמר אלהים נעשה אדם בצלמנו כדמותנו ...	**Gen 1,26**	cf et Gen 5,1-3; vd ad 2Cor 3,18 cf et ad Rom 8,29; 1Cor 11,7;
ויברא אלהים את־האדם בצלמו בצלם אלהים ברא אתו זכר ונקבה ברא אתם:	**1,27**	
וחשך על־פני תהום ...	**Gen 1,2**	vd et ad Rom 2,19; Col 1,12s
ויאמר אלהים יהי אור ויהי אור:	**1,3**	
כי־אתה נירי יהוה ויהוה יגיה חשכי:	**2Sam 22,29**	
כי־אתה תאיר נרי יהוה	**Ps 18,29**	cf et ψ **26,1** Κύριος *φωτισμός μου καὶ σωτήρ μου·*
אלהי יגיה חשכי:		ψ **42,3** *ἐξαπόστειλον τὸ φῶς σου καὶ τὴν ἀλήθειάν σου·*
הון־ועשר בביתו	**Ps 112,3**	

NT	LXX
	αὐτοῦ, *καὶ ἡ δικαιοσύνη αὐτοῦ μένει εἰς τὸν αἰῶνα τοῦ αἰῶνος.* **111,4** *ἐξανέτειλεν ἐν σκότει φῶς τοῖς εὐθέσιν* *ἐλεήμων καὶ οἰκτίρμων καὶ δίκαιος.* **Sap 7,25** *ἀτμὶς γάρ ἐστιν τῆς τοῦ θεοῦ δυνάμεως* *καὶ ἀπόρροια τῆς τοῦ παντοκράτορος δόξης εἰλικρινής·* *διὰ τοῦτο οὐδὲν μεμιαμμένον εἰς αὐτὴν παρεμπίπτει.* **7,26** *ἀπαύγασμα γάρ ἐστιν φωτὸς αἰδίου* *καὶ ἔσοπτρον ἀκηλίδωτον τῆς **τοῦ θεοῦ** ἐνεργείας* *καὶ **εἰκὼν** τῆς ἀγαθότητος αὐτοῦ.* **Is 60,1** ***Φ**ωτίζου φωτίζου, Ἰερουσαλήμ, ἥκει γάρ σου τὸ φῶς, καὶ ἡ δόξα κυρίου ἐπὶ σὲ ἀνατέταλκεν.* **60,2** *ἰδοὺ **σκότ**ος καὶ γνόφος καλύψει γῆν ἐπ᾽ ἔθνη· ἐπὶ δὲ σὲ φανήσεται κύριος, καὶ ἡ δόξα αὐτοῦ ἐπὶ σὲ ὀφθήσεται.* **60,3** *καὶ πορεύσονται βασιλεῖς τῷ φωτί σου καὶ ἔθνη τῇ **λαμπρ**ότητί σου.*

MT		ALIA
		nonnulli in 2Cor 4,6 vident allusionem ad **Is 9,2** *ὁ λαὸς ὁ πορευόμενος ἐν σκότει, ἴδετε φῶς μέγα· οἱ κατοικοῦντες ἐν χώρᾳ καὶ σκιᾷ θανάτου, φῶς λάμψει ἐφ᾽ ὑμᾶς.*
וצדקתו עמדת לעד:		
זרח בחשך אור לישרים חנון ורחום וצדיק:	**112,4**	vd et **Is 42,6** *ἐγὼ κύριος ὁ θεὸς ἐκάλεσά σε ἐν δικαιοσύνῃ καὶ κρατήσω τῆς χειρός σου καὶ ἐνισχύσω σε, ἔδωκά σε εἰς διαθήκην γένους, εἰς φῶς ἐθνῶν,* **Is 49,6** *ἰδοὺ τέθεικά σε εἰς φῶς ἐθνῶν τοῦ εἶναί σε εἰς σωτηρίαν ἕως ἐσχάτου τῆς γῆς.*
קומי אורי כי בא אורך וכבוד יהוה עליך זרח:	**Is 60,1**	
כי־הנה החשך יכסה־ארץ וערפל לאמים ועליך יזרח יהוה וכבודו עליך יראה:	**60,2**	ad Is 60,2 vd 2Cor 4,3 *ἐν φανερώσει τῆς ἀληθείας* cf et ad Col 1,15
והלכו גוים לאורך ומלכים לנגה זרחך:	**60,3**	

NT	LXX
4,7 *Ἔχομεν δὲ τὸν θησαυρὸν τοῦτον ἐν ὀστρακίνοις σκεύεσιν, ἵνα ἡ ὑπερβολὴ τῆς δυνάμεως ᾖ τοῦ θεοῦ καὶ μὴ ἐξ ἡμῶν·*	**Ier 19,11** Τάδε λέγει *κύριος* Οὕτως *συντρίψω τὸν λαὸν τοῦτον καὶ τὴν πόλιν ταύτην, καθὼς συντρίβεται* ἄγγος *ὀστράκινον, ὃ οὐ δυνήσεται ἰαθῆναι ἔτι.* **Thr 4,2** Υἱοὶ Σιὼν *οἱ τίμιοι οἱ ἐπηρμένοι ἐν χρυσίῳ* *πῶς ἐλογίσθησαν εἰς* ἀγγεῖα *ὀστράκινα, ἔργα χειρῶν κεραμέως.*
4,8 *ἐν παντὶ θλιβόμενοι ἀλλ' οὐ στενοχωρούμενοι, ἀπορούμενοι ἀλλ' οὐκ ἐξαπορούμενοι,*	

MT		ALIA
כה־אמר יהוה צבאות ככה אשבר את־העם הזה ואת־העיר הזאת כאשר ישבר את־כלי היוצר אשר לא־יוכל להרפה עוד	**Ier 19,11**	cf **Sap 7,1** Εἰμὶ *μὲν κἀγὼ θνητὸς ἄνθρωπος ἴσος ἅπασιν καὶ γηγενοῦς ἀπόγονος πρωτοπλάστου·*
בני ציון היקרים המסלאים בפז איכה נחשבו לנבלי־חרשׂ מעשׂה ידי יוצר:	**Thr 4,2**	…
		7,7 … *καὶ ἦλθέν μοι πνεῦμα σοφίας.*
		…
		7,14 *ἀνεκλιπὴς γὰρ θησαυρός ἐστιν* (sc *ἡ σοφία*) *ἀνθρώποις, ὃν οἱ κτησάμενοι πρὸς θεὸν ἐστείλαντο φιλίαν*
		ad *σκεῦος ὀστράκινον* aut sim vd ex gr **Lev 15,12** *καὶ σκεῦος ὀστράκινον, οὗ ἂν ἅψηται ὁ γονορρυής, συντριβήσεται·*
		Ier 39,14 *καὶ θήσεις εἰς ἀγγεῖον ὀστράκινον, ἵνα διαμείνῃ ἡμέρας πλείους.*
		ψ 30,13 *ἐγενήθην ὡσεὶ σκεῦος ἀπολωλός.*
		vd et ad Rom 9,20
		ad *θλιβόμενοι* cf ad 2Cor 1,3ss
		ad 2Cor 4,8ss: apostolus sicut propheta Veteris Testamenti cf ex gr Ier 12,1ss; 15,10ss

NT	LXX
4,9 *διωκόμενοι ἀλλ᾽οὐκ ἐγκαταλειπόμενοι, καταβαλλόμενοι ἀλλ᾽οὐκ ἀπολλύμενοι,*	**Gen 28,15** *καὶ ἰδοὺ ἐγὼ μετὰ σοῦ διαφυλάσσων σε ἐν τῇ ὁδῷ πάσῃ, οὗ ἐὰν πορευθῇς, καὶ ἀποστρέψω σε εἰς τὴν γῆν ταύτην, ὅτι οὐ μή σε* ***ἐγκαταλίπ****ω ἕως τοῦ ποιῆσαί με πάντα, ὅσα ἐλάλησά σοι.* **Dtn 4,31** *ὅτι θεὸς οἰκτίρμων κύριος ὁ θεός σου, οὐκ* ***ἐγκαταλείψ****ει σε οὐδὲ μὴ ἐκτρίψῃ σε,* **Dtn 31,6** *ἀνδρίζου καὶ ἴσχυε, μὴ φοβοῦ μηδὲ δειλία μηδὲ πτοηθῇς ἀπὸ προσώπου αὐτῶν, ὅτι κύριος ὁ θεός σου, οὗτος ὁ προπορευόμενος μεθ᾽ ὑμῶν ἐν ὑμῖν οὐ μή σε ἀνῇ οὔτε μή σε* ***ἐγκαταλίπ****ῃ.* *ψ* **36,25** *νεώτερος ἐγενόμην καὶ γὰρ ἐγήρασα* *καὶ οὐκ εἶδον δίκαιον* ***ἐγκατα****λελειμμένον*
4,10 *πάντοτε τὴν νέκρωσιν τοῦ Ἰησοῦ ἐν τῷ σώματι περιφέροντες, ἵνα καὶ ἡ ζωὴ τοῦ Ἰησοῦ ἐν τῷ σώματι ἡμῶν φανερωθῇ.*	
4,11 *ἀεὶ γὰρ ἡμεῖς οἱ ζῶντες εἰς* ***θάνατ****ον παραδιδόμεθα διὰ Ἰησοῦν, ἵνα καὶ ἡ ζωὴ τοῦ Ἰησοῦ φανερωθῇ ἐν τῇ θνητῇ σαρκὶ ἡμῶν.*	*ψ* **43,23** *ὅτι ἕνεκα σοῦ* ***θανατούμεθα*** *ὅλην τὴν ἡμέραν,* *ἐλογίσθημεν ὡς πρόβατα σφαγῆς.*

MT		ALIA
והנה אנכי עמך ושמרתיך בכל אשר־תלך והשבתיך אל־האדמה הזאת כי לא אעזבך עד אשר אם־עשיתי את אשר־דברתי לך:	**Gen 28,15**	vd et Dtn 31,8; Ios 1,5; Sir 2,10
כי אל רחום יהוה אלהיך לא ירפך ולא ישחיתך	**Dtn 4,31**	
חזקו ואמצו אל־תיראו ואל־תערצו מפניהם כי יהוה אלהיך הוא ההלך עמך לא ירפך ולא יעזבך:	**Dtn 31,6**	
נער הייתי גם־זקנתי	**Ps 37,25**	
ולא־ראיתי צדיק נעזב		
		cf ψ 117,17s cf ad 2Cor 6,10
כי־עליך הרגנו כל־היום	**Ps 44,23**	cf et Rom 8,36
נחשבנו כצאן טבחה:		

NT

4,13 Ἔχοντες δὲ τὸ αὐτὸ πνεῦμα τῆς πίστεως κατὰ τὸ γεγραμμένον·
<u>ἐπίστευσα, διὸ ἐλάλησα</u>,
καὶ ἡμεῖς πιστεύομεν, διὸ καὶ λαλοῦμεν,

4,17 τὸ γὰρ παραυτίκα ἐλαφρὸν τῆς θλίψεως ἡμῶν καθ' ὑπερβολὴν εἰς ὑπερβολὴν αἰώνιον βάρος δόξης κατεργάζεται ἡμῖν,
4,18 μὴ σκοπούντων ἡμῶν τὰ βλεπόμενα ἀλλὰ τὰ μὴ βλεπόμενα· τὰ γὰρ βλεπόμενα πρόσκαιρα, τὰ δὲ μὴ βλεπόμενα αἰώνια.

5,1 Οἴδαμεν γὰρ ὅτι ἐὰν ἡ ἐπίγειος ἡμῶν <u>οἰκία τοῦ σκήν</u>ους καταλυθῇ, οἰκοδομὴν ἐκ θεοῦ ἔχομεν, οἰκίαν ἀχειροποίητον αἰώνιον ἐν τοῖς οὐρανοῖς.
5,2 καὶ γὰρ ἐν τούτῳ στενάζομεν τὸ οἰκητήριον ἡμῶν τὸ ἐξ οὐρανοῦ ἐπ<u>ενδύσ</u>ασθαι ἐπιποθοῦντες,

LXX

ψ 115,1 <u>Ἐπίστευσα, διὸ ἐλάλησα</u>·
ἐγὼ δὲ ἐταπεινώθην σφόδρα.

Sap 3,5 καὶ ὀλίγα παιδευθέντες μεγάλα εὐεργετηθήσονται,
ὅτι ὁ θεὸς ἐπείρασεν αὐτοὺς
καὶ εὗρεν αὐτοὺς ἀξίους ἑαυτοῦ·

Sap 9,15 φθαρτὸν γὰρ σῶμα βαρύνει ψυχήν,
καὶ βρίθει <u>τὸ γεῶδες σκῆν</u>ος νοῦν πολυφρόντιδα.
9,16 καὶ μόλις εἰκάζομεν τὰ ἐπὶ γῆς
καὶ τὰ ἐν χερσὶν εὑρίσκομεν μετὰ πόνου·
τὰ δὲ ἐν οὐρανοῖς τίς ἐξιχνίασεν;
Is 61,10 ἀγαλλιάσθω ἡ ψυχή μου ἐπὶ τῷ κυρίῳ· <u>ἐνέδυσ</u>ε γάρ με ἱμάτιον σωτηρίου καὶ χιτῶνα εὐφροσύνης,

MT		ALIA
האמנתי כי אדבר אני עניתי מאד׃	**Ps 116,10**	
		cf et ad Rom 8,18
		cf et **Iob 4,19** *τοὺς δὲ κατοικοῦντας οἰκίας πηλίνας,* *ἐξ ὧν καὶ αὐτοὶ ἐκ τοῦ αὐτοῦ πηλοῦ ἐσμεν,* *ἔπαισεν αὐτοὺς σητὸς τρόπον·* **Sir 6,31** *στολὴν δόξης ἐνδύσῃ αὐτὴν* (sc *παιδείαν*)
תגל נפשי באלהי כי הלבישני בגדי־ישע מעיל צדקה יעטני	**Is 61,10**	**Is 38,12** *κατέλιπον τὸ λοιπὸν τῆς ζωῆς μου· ἐξῆλθε καὶ ἀπῆλθεν ἀπ᾽ ἐμοῦ ὥσπερ ὁ καταλύων σκηνὴν πήξας, τὸ πνεῦμά μου παρ᾽ ἐμοὶ ἐγένετο ὡς ἱστὸς ἐρίθου ἐγγιζούσης ἐκτεμεῖν.*

NT	LXX
5,4 καὶ γὰρ οἱ ὄντες ἐν τῷ σκήνει στενάζομεν βαρούμενοι, ἐφ᾽ ᾧ οὐ θέλομεν ἐκδύσασθαι ἀλλ᾽ ἐπενδύσασθαι, ἵνα καταποθῇ τὸ θνητὸν ὑπὸ τῆς ζωῆς.	
5,5 ὁ δὲ κατεργασάμενος ἡμᾶς εἰς αὐτὸ τοῦτο θεός, ὁ δοὺς ἡμῖν τὸν ἀρραβῶνα τοῦ πνεύματος.	
5,7 διὰ πίστεως γὰρ περιπατοῦμεν, οὐ διὰ εἴδους·	
5,8 θαρροῦμεν δὲ καὶ εὐδοκοῦμεν μᾶλλον ἐκδημῆσαι ἐκ τοῦ σώματος καὶ ἐνδημῆσαι πρὸς τὸν κύριον.	

MT **ALIA**

ad Sap 9,15 cf ad 2Cor 5,1s

ad Is 25,8 cf ad 1Cor 15,54s

vd ψ **67,29** *ἔντειλαι, ὁ θεός, τῇ δυνάμει σου,*
δυνάμωσον, ὁ θεός, τοῦτο, ὃ κατειργάσω ἡμῖν.

ad *τὸν ἀρραβῶνα τοῦ πνεύματος* cf ad 2Cor 1,22

sed vd **Num 12,8** *στόμα κατὰ στόμα λαλήσω αὐτῷ* (sc Μωυσῇ), *ἐν εἴδει καὶ οὐ δι' αἰνιγμάτων, καὶ τὴν δόξαν κυρίου εἶδεν·*

cf **Sap 3,1** *Δικαίων δὲ ψυχαὶ* (!) *ἐν χειρὶ θεοῦ,*
καὶ οὐ μὴ ἅψηται αὐτῶν βάσανος.
3,2 *ἔδοξαν ἐν ὀφθαλμοῖς ἀφρόνων τεθνάναι,*
καὶ ἐλογίσθη κάκωσις ἡ ἔξοδος αὐτῶν
3,3 *καὶ ἡ ἀφ' ἡμῶν πορεία σύντριμμα,*
οἱ δέ εἰσιν ἐν εἰρήνῃ.

NT	LXX
5,10 τοὺς γὰρ πάντας ἡμᾶς φανερωθῆναι δεῖ ἔμπροσθεν τοῦ βήματος τοῦ Χριστοῦ, ἵνα κομίσηται ἕκαστος τὰ διὰ τοῦ σώματος πρὸς ἃ ἔπραξεν, εἴτε ἀγαθὸν εἴτε φαῦλον.	
5,11 Εἰδότες οὖν τὸν **φόβον** τοῦ **κυρίου** ἀνθρώπους πείθομεν, θεῷ δὲ πεφανερώμεθα· ἐλπίζω δὲ καὶ ἐν ταῖς συνειδήσεσιν ὑμῶν πεφανερῶσθαι.	**2Par 19,7** καὶ νῦν γενέσθω **φόβ**ος **κυρίου** ἐφ' ὑμᾶς, **Prov 1,7** Ἀρχὴ σοφίας **φόβ**ος θεοῦ, **Prov 9,10** ἀρχὴ σοφίας **φόβ**ος **κυρίου**. **ψ 33,12** **φόβον** **κυρίου** διδάξω ὑμᾶς. **Is 11,3** ἐμπλήσει αὐτὸν πνεῦμα **φόβ**ου θεοῦ.
5,12 οὐ πάλιν ἑαυτοὺς συνιστάνομεν ὑμῖν ἀλλὰ ἀφορμὴν διδόντες ὑμῖν καυχήματος ὑπὲρ ἡμῶν, ἵνα ἔχητε πρὸς τοὺς ἐν **προσώπ**ῳ καυχωμένους καὶ μὴ ἐν **καρδί**ᾳ.	**1Bas 16,7** καὶ εἶπεν κύριος πρὸς Σαμουὴλ Μὴ ἐπιβλέψῃς ἐπὶ τὴν ὄψιν αὐτοῦ μηδὲ εἰς τὴν ἕξιν μεγέθους αὐτοῦ, ὅτι ἐξουδένωκα αὐτόν· ὅτι οὐχ ὡς ἐμβλέψεται ἄνθρωπος, ὄψεται ὁ θεός, ὅτι ἄνθρωπος ὄψεται εἰς **πρόσωπον**, ὁ δὲ θεὸς ὄψεται εἰς **καρδίαν**.
5,13 εἴτε γὰρ ἐξέστημεν, θεῷ· εἴτε σωφρονοῦμεν, ὑμῖν.	
5,14 εἷς ὑπὲρ πάντων ἀπέθανεν, ἄρα οἱ πάντες ἀπέθανον·	**Lev 4,13** Ἐαν δὲ πᾶσα συναγωγὴ Ἰσραὴλ ἀγνοήσῃ, καὶ λάθῃ ῥῆμα ἐξ ὀφθαλ-

MT		ALIA
		ad *ἔμπροσθεν τοῦ βήματος τοῦ Χριστοῦ* cf ad Rom 2,5s: ψ 61,13; Prov 24,12 vd et Eccl 12,14; Prov 16,2
ועתה יהי־פחד־יהוה עליכם	**2Par 19,7**	*φόβος κυρίου* (aut *θεοῦ*) saepe in LXX, praesertim in ψψ, Prov, Sir, Is
יראת יהוה ראשית דעת	**Prov 1,7**	
תחלת חכמה יראת יהוה	**Prov 9,10**	vd et Iob 28,28: *θεοσέβεια*
יראת יהוה אלמדכם:	**Ps 34,12**	
והריחו ביראת יהוה	**Is 11,3**	
ויאמר יהוה אל־שמואל אל־תבט אל־מראהו ואל־גבה קומתו כי מאסתיהו כי לא אשר יראה האדם כי האדם יראה לעינים ויהוה יראה ללבב:	**1Sam 16,7**	
		vd Is 28,7
ואם כל־עדת ישׂראל ישגו ונעלם דבר מעיני הקהל ועשו אחת מכל־	**Lev 4,13**	cf imprinis et Is 53 ad Gal 1,4 cf et ad Rom 3,25

NT	LXX
5,15 καὶ ὑπὲρ πάντων ἀπέθανεν, ἵνα οἱ ζῶντες μηκέτι ἑαυτοῖς ζῶσιν ἀλλὰ τῷ ὑπὲρ αὐτῶν ἀποθανόντι καὶ ἐγερθέντι.	μῶν τῆς συναγωγῆς, καὶ ποιήσωσιν μίαν ἀπὸ πασῶν τῶν ἐντολῶν κυρίου, ἣ οὐ ποιηθήσεται, καὶ πλημμελήσωσιν, **4,14** καὶ γνωσθῇ αὐτοῖς ἡ ἁμαρτία, ἣν ἥμαρτον ἐν αὐτῇ, καὶ προσάξει ἡ συναγωγὴ μόσχον ἐκ βοῶν ἄμωμον περὶ τῆς ἁμαρτίας, καὶ προσάξει αὐτὸν παρὰ τὰς θύρας τῆς σκηνῆς τοῦ μαρτυρίου. **Lev 16,15** καὶ σφάξει τὸν χίμαρον τὸν περὶ τῆς ἁμαρτίας τὸν περὶ τοῦ λαοῦ ἔναντι κυρίου, καὶ εἰσοίσει τοῦ αἵματος αὐτοῦ ἐσώτερον τοῦ καταπετάσματος, καὶ ποιήσει τὸ αἷμα αὐτοῦ ὃν τρόπον ἐποίησεν τὸ αἷμα τοῦ μόσχου, καὶ ῥανεῖ τὸ αἷμα αὐτοῦ ἐπὶ τὸ ἱλαστήριον κατὰ πρόσωπον τοῦ ἱλαστηρίου, **16,16** καὶ ἐξιλάσεται τὸ ἅγιον ἀπὸ τῶν ἀκαθαρσιῶν τῶν υἱῶν Ἰσραὴλ καὶ ἀπὸ τῶν ἀδικημάτων αὐτῶν περὶ πασῶν τῶν ἁμαρτιῶν αὐτῶν· **Lev 17,11** ἡ γὰρ ψυχὴ πάσης σαρκὸς αἷμα αὐτοῦ ἐστιν, καὶ ἐγὼ δέδωκα αὐτὸ ὑμῖν ἐπὶ τοῦ θυσιαστηρίου ἐξιλάσκεσθαι περὶ τῶν ψυχῶν ὑμῶν· τὸ γὰρ αἷμα αὐτοῦ ἀντὶ τῆς ψυχῆς ἐξιλάσεται.

ALIA		MT
		מצות יהוה אשר לא־תעשׂינה ואשמו:
	4,14	ונודעה החטאת אשר חטאו עליה והקריבו הקהל פר בן־בקר לחטאת והביאו אתו לפני אהל מועד:
	Lev 16,15	ושחט את־שׂעיר החטאת אשר לעם והביא את־דמו אל־מבית לפרכת ועשׂה את־דמו כאשר עשׂה לדם הפר והזה אתו על־הכפרת ולפני הכפרת:
	16,16	וכפר על־הקדש מטמאת בני ישׂראל ומפשעיהם לכל־חטאתם
	Lev 17,11	כי נפש הבשׂר בדם הוא ואני נתתיו לכם על־המזבח לכפר על־נפשתיכם כי־הדם הוא בנפש יכפר:

NT	LXX
5,16 Ὥστε ἡμεῖς ἀπὸ τοῦ νῦν οὐδένα οἴδαμεν κατὰ σάρκα· εἰ καὶ ἐγνώκαμεν κατὰ σάρκα Χριστόν, ἀλλὰ νῦν οὐκέτι γινώσκομεν.	
5,17 ὥστε εἴ τις ἐν Χριστῷ, <u>καιν</u>ὴ <u>κτίσις</u>· τὰ ἀρχαῖα παρῆλθεν, ἰδοὺ γέγονεν καινά·	**Is 42,9** τὰ ἀπ᾽ ἀρχῆς ἰδοὺ ἥκασι, καὶ <u>καιν</u>ὰ ἃ ἐγὼ ἀναγγελῶ, καὶ πρὸ τοῦ ἀνατεῖλαι ἐδηλώθη ὑμῖν.
	Is 43,18 Μὴ μνημονεύετε τὰ πρῶτα καὶ τὰ ἀρχαῖα μὴ συλλογίζεσθε· **43,19** ἰδοὺ ποιῶ <u>καιν</u>ὰ ἃ νῦν ἀνατελεῖ, καὶ γνώσεσθε αὐτά· καὶ ποιήσω ἐν τῇ ἐρήμῳ ὁδὸν καὶ ἐν τῇ ἀνύδρῳ ποταμούς.
	Is 48,6 ἀλλὰ καὶ ἀκουστά σοι ἐποίησα τὰ <u>καιν</u>ὰ ἀπὸ τοῦ νῦν, ἃ μέλλει γίνεσθαι, καὶ οὐκ εἶπας.
5,18 τὰ δὲ πάντα ἐκ τοῦ θεοῦ τοῦ καταλλάξαντος ἡμᾶς ἑαυτῷ διὰ Χριστοῦ καὶ δόντος ἡμῖν τὴν διακονίαν τῆς καταλλαγῆς, **5,19** ὡς ὅτι θεὸς ἦν ἐν Χριστῷ κόσμον καταλλάσσων ἑαυτῷ, μὴ λογιζόμενος αὐτοῖς τὰ παραπτώματα αὐτῶν καὶ θέμε-	**Is 40,9** ἐπ᾽ ὄρος ὑψηλὸν ανάβηθι, ὁ εὐαγγελιζόμενος Σιών· ὕψωσον τῇ ἰσχύι τὴν φωνήν σου ὁ εὐαγγελιζόμενος Ἰερουσαλήμ· ὑψώσατε, μὴ φοβεῖσθε· εἶπον ταῖς πόλεσιν Ἰουδά Ἰδοὺ ὁ θεὸς ὑμῶν.

MT		ALIA
		estne *εἰδέναι κατὰ σάρκα Χριστὸν* eum cognoscere secundum Dtn 21,23 (cf Gal 3,13!) sensu Iudaico?
הראשנות הנה־באו וחדשות אני מגיד בטרם תצמחנה אשמיע אתכם:	**Is 42,9**	cf et **Is 65,17** *ἔσται γὰρ ὁ οὐρανὸς καινὸς καὶ ἡ γῆ καινή, καὶ οὐ μὴ μνησθῶσι τῶν προτέρων,* **Sap 19,6** *ὅλη γὰρ ἡ κτίσις ἐν ἰδίῳ*
אל־תזכרו ראשנות וקדמניות אל־תתבננו:	**Is 43,18**	*γένει πάλιν ἄνωθεν διετυποῦτο ὑπηρετοῦσα ταῖς σαῖς ἐπιταγαῖς,*
הנני עשה חדשה עתה תצמח הלוא תדעוה אף אשים במדבר דרך בישמון נהרות:	**43,19**	*ἵνα οἱ σοὶ παῖδες φυλαχθῶσιν ἀβλαβεῖς.*
השמעתיך חדשות מעתה ונצרות ולא ידעתם:	**Is 48,6**	
על הר־גבה עלי־לך מבשרת ציון הרימי בכח קולך מבשרת ירושלם הרימי אל־תיראי אמרי לערי יהודה הנה אלהיכם:	**Is 40,9**	ad *μὴ λογιζόμενος αὐτοῖς τὰ παραπτώματα αὐτῶν* cf ad Rom 4,8 vd et **ψ 77,5** *καὶ νόμον ἔθετο ἐν Ἰσραήλ,* vd et ad Rom 10,15 et ad Eph 2,17; vd et Eph 6,15

NT	LXX
νος ἐν ἡμῖν τὸν λόγον τῆς καταλλαγῆς.	**40,10** *ἰδοὺ κύριος μετὰ ἰσχύος ἔρχεται καὶ ὁ βραχίων μετὰ κυριείας, ἰδοὺ ὁ μισθὸς αὐτοῦ μετ' αὐτοῦ καὶ τὸ ἔργον ἐναντίον αὐτοῦ.* **Is 52,7** *ὡς ὥρα ἐπὶ τῶν ὀρέων, ὡς πόδες εὐαγγελιζομένου ἀκοὴν εἰρήνης, ὡς εὐαγγελιζόμενος ἀγαθά, ὅτι ἀκουστὴν ποιήσω τὴν σωτηρίαν σου λέγων Σιών Βασιλεύσει σου ὁ θεός·*
5,20 *Ὑπὲρ Χριστοῦ οὖν πρεσβεύομεν ὡς τοῦ θεοῦ παρακαλοῦντος δι' ἡμῶν· δεόμεθα ὑπὲρ Χριστοῦ, καταλλάγητε τῷ θεῷ.* **5,21** *τὸν μὴ γνόντα ἁμαρτίαν ὑπὲρ ἡμῶν ἁμαρτίαν ἐποίησεν, ἵνα ἡμεῖς γενώμεθα δικαιοσύνη θεοῦ ἐν αὐτῷ.*	
6,1 *Συνεργοῦντες δὲ καὶ παρακαλοῦμεν μὴ εἰς κενὸν τὴν χάριν τοῦ θεοῦ δέξασθαι ὑμᾶς·* **6,2** *λέγει γάρ·* <u>*καιρῷ δεκτῷ ἐπήκουσά σου*</u> <u>*καὶ ἐν ἡμέρα σωτηρίας ἐβοήθησά σοι*</u>.	**Is 49,4** *καὶ ἐγὼ εἶπα Κενῶς ἐκοπίασα καὶ εἰς μάταιον καὶ εἰς οὐθὲν ἔδωκα τὴν ἰσχύν μου· διὰ τοῦτο ἡ κρίσις μου παρὰ κυρίῳ, καὶ ὁ πόνος μου ἐναντίον τοῦ θεοῦ μου.* **Is 49,8** *οὕτως λέγει κύριος* <u>*Καιρῷ δεκτῷ ἐπήκουσά σου καὶ ἐν ἡμέρα σωτηρίας ἐβοήθησά σοι*</u>

MT		ALIA
הנה אדני יהוה בחזק יבוא וזרעו משלה לו הנה שכרו אתו ופעלתו לפניו:	**40,10**	
מה־נאוו על־ההרים רגלי מבשר משמיע שלום מבשר טוב משמיע ישועה אמר לציון מלך אלהיך:	**Is 52,7**	
		Is 53 cf ad Gal 1,4 et ad Rom 3,25
ואני אמרתי לריק יגעתי לתהו והבל כחי כליתי אכן משפטי את־יהוה ופעלתי את־אלהי:	**Is 49,4**	cf Gal 1,15, ubi ad Is 49,5 alluditur; cf et **Is 49,6** *ἰδοὺ τέθεικά σε εἰς φῶς ἐθνῶν τοῦ εἶναί σε εἰς σωτηρίαν ἕως ἐσχάτου τῆς γῆς.*
כה אמר יהיה בעת רצון עניתיך וביום ישועה עזרתיך	**Is 49,8**	vd et **Is 61,2** *καλέσαι ἐνιαυτὸν κυρίου δεκτὸν καὶ ἡμέραν ἀνταποδόσεως, παρακαλέσαι πάντας τοὺς πενθοῦντας,*

NT

6,4 ἀλλ᾽ ἐν παντὶ συνιστάντες ἑαυτοὺς ὡς θεοῦ διάκονοι, ἐν ὑπομονῇ πολλῇ, ἐν θλίψεσιν, ἐν ἀνάγκαις, ἐν στενοχωρίαις.

6,5 ἐν πληγαῖς, ἐν φυλακαῖς, ἐν ἀκαταστασίαις, ἐν κόποις, ἐν ἀγρυπνίαις, ἐν νηστείαις,

6,6 ἐν ἁγνότητι, ἐν γνώσει, ἐν μακροθυμίᾳ, ἐν χρηστότητι, ἐν πνεύματι ἁγίῳ, ἐν ἀγάπῃ **ἀνυποκρίτῳ**,

6,7 ἐν **λόγῳ** **ἀληθείας**, ἐν δυνάμει θεοῦ· διὰ τῶν ὅπλων τῆς **δικαιοσύνης** τῶν δεξιῶν καὶ ἀριστερῶν,

LXX

ψ **24,17** αἱ θλίψεις τῆς καρδίας μου ἐπλατύνθησαν·
ἐκ τῶν ἀναγκῶν μου ἐξάγαγέ με.

24,18 ἴδε τὴν ταπείνωσίν μου καὶ τὸν κόπον μου
καὶ ἄφες πάσας τὰς ἁμαρτίας μου.

…

24,22 λύτρωσαι, ὁ θεός, τὸν Ἰσραὴλ
ἐκ πασῶν τῶν θλίψεων αὐτοῦ.

ψ **106,6** καὶ ἐκέκραξαν πρὸς κύριον ἐν τῷ θλίβεσθαι αὐτούς,
καὶ ἐκ τῶν ἀναγκῶν αὐτῶν ἐρρύσατο αὐτοὺς

…

106,13 καὶ ἐκέκραξαν πρὸς κύριον ἐν τῷ θλίβεσθαι αὐτοὺς,
καὶ ἐκ τῶν ἀναγκῶν αὐτῶν ἔσωσεν αὐτοὺς

ψ **118,43** καὶ μὴ περιέλῃς ἐκ τοῦ στόματός μου **λόγον** **ἀληθείας** ἕως σφόδρα,
ὅτι ἐπὶ τὰ κρίματά σου ἐπήλπισα.

ψ **118,143** θλῖψις καὶ ἀνάγκη εὕροσάν με·

Iob 15,24 ἀνάγκη δὲ καὶ θλῖψις αὐτὸν καθέξει

Soph 1,15 ἡμέρα ὀργῆς ἡ ἡμέρα ἐκείνη,
ἡμέρα θλίψεως καὶ ἀνάγκης,

MT		ALIA
צרות לבבי הרחיבו	**Ps 25,17**	*ἀλήθεια* et *δικαιοσύνη* saepe in LXX, ex gr Gen 24,27; Sap 5,6; Ier 4,2; *ψ* 14,2
ממצוקותי הוציאני:		
ראה עניי ועמלי	**25,18**	
		ad *θλῖψις* vd et ad 2Cor 1,3-7
ושׂא לכל־חטאותי:		
...		
פדה אלהים את־ישׂראל	**25,22**	
מכל צרותיו:		
ויצעקו אל־יהוה בצר להם	**Ps 107,6**	sim *ψ* 106,19.28
		cf et Sap 5,2 ad 2Cor 1,6
ממצוקותיהם יצילם:		cf et ad 1Thess 3,7s
...		
ויזעקו אל־יהוה בצר להם	**107,13**	
ממצקותיהם יושיעם:		
ואל־תצל מפי	**Ps 119,43**	cf et *ψ* **118,160** *ἀρχὴ τῶν λόγων*
דבר־אמת		*σου ἀλήθεια,*
עד־מאד		*καὶ εἰς τὸν αἰῶνα πάντα τὰ κρίμα-*
כי למשפטך יחלתי:		*τα τῆς δικαιοσύνης σου.*
צר־ומצוק מצאוני	**Ps 119,143**	
יבעתהו צר ומצוקה	**Iob 15,24**	
יום עברה היום ההוא	**Soph 1,15**	cont Soph 1,15 cf ad Rom 2,5
יום צרה ומצוקה		

NT	LXX
	Dtn 28,53 *ἐν τῇ στενοχωρίᾳ σου καὶ ἐν τῇ θλίψει σου, ᾗ θλίψει σε ὁ ἐχθρός σου.*
	Esth A 7 (1,1g) *καὶ ἰδοὺ ἡμέρα σκότους καὶ γνόφου, θλῖψις καὶ στενοχωρία, κάκωσις καὶ τάραχος μέγας ἐπὶ τῆς γῆς,*
	Is 8,22 *καὶ ἰδοὺ θλῖψις καὶ στενοχωρία καὶ σκότος, ἀπορία στενὴ καὶ σκότος ὥστε μὴ βλέπειν, καὶ οὐκ ἀπορηθήσεται ὁ ἐν στενοχωρίᾳ ὢν ἕως καιροῦ.*
	Sap 5,17(18) λήμψεται πανοπλίαν τὸν ζῆλον αὐτοῦ καὶ ὁπλοποιήσει τὴν κτίσιν εἰς ἄμυναν ἐχθρῶν·
	5,18(19) *ἐνδύσεται θώρακα δικαιοσύνην* καὶ περιθήσεται κόρυθα κρίσιν ἀνυπόκριτον·
	5,19(20) λήμψεται ἀσπίδα ἀκαταμάχητον ὁσιότητα,
	5,20(21) ὀξυνεῖ δὲ ἀπότομον ὀργὴν εἰς ῥομφαίαν, συνεκπολεμήσει δὲ αὐτῷ ὁ κόσμος ἐπὶ τοὺς παράφρονας.
	Is 59,17 *καὶ ἐνεδύσατο δικαιοσύνην ὡς θώρακα καὶ περιέθετο περικεφαλαίαν σωτηρίου ἐπὶ τῆς κεφαλῆς*

MT		ALIA
במצור ובמצוק אשר־יציק לך איבך:	**Dtn 28,53**	vd et Dtn 28,55.57
		cf cont Esth A 7: **Est A 10** (1,1,k) *φῶς καὶ ὁ ἥλιος ἀνέτειλεν, καὶ οἱ ταπεινοὶ ὑψώθησαν καὶ κατέφαγον τοὺς ἐνδόξους.*
והנה צרה וחשכה מעוף צוקה ואפלה מנדח:	**Is 8,22**	ad Is 8,22 *ἕως καιροῦ* cf 2Cor 6,2
כי לא מועף לאשר מוצק לה	**8,23**	vd et Is 30,6
וילבש צדקה כשרין וכובע ישועה בראשו	**Is 59,17**	ad Is 59,17 *περικεφαλαίαν σωτηρίου* cf ad 2Cor 6,2, ubi Is 49,6 citatum est: *ἐν ἡμέρᾳ σωτηρίας*

NT	LXX
6,8 διὰ δόξης καὶ ἀτιμίας, διὰ δυσφημίας καὶ εὐφημίας· ὡς πλάνοι καὶ ἀληθεῖς,	
6,9 ὡς ἀγνοούμενοι καὶ ἐπιγινωσκόμενοι, ὡς ἀποθνήσκοντες καὶ ἰδοὺ ζῶμεν, ὡς παιδευόμενοι καὶ μὴ θανατούμενοι,	**ψ 117,17** οὐκ ἀποθανοῦμαι, ἀλλὰ ζήσομαι καὶ ἐκδιηγήσομαι τὰ ἔργα κυρίου. **117,18** παιδεύων ἐπαίδευσέν με ὁ κύριος καὶ τῷ θανάτῳ οὐ παρέδωκέν με.
6,10 ὡς λυπούμενοι ἀεὶ δὲ χαίροντες, ὡς πτωχοὶ πολλοὺς δὲ πλουτίζοντες, ὡς μηδὲν ἔχοντες καὶ πάντα κατέχοντες.	**Prov 13,7** εἰσὶν οἱ πλουτίζοντες ἑαυτοὺς μηδὲν ἔχοντες, καὶ εἰσὶν οἱ ταπεινοῦντες ἑαυτοὺς ἐν πολλῷ πλούτῳ.
6,11 Τὸ στόμα ἡμῶν ἀνέῳγεν πρὸς ὑμᾶς, Κορίνθιοι, ἡ καρδία ἡμῶν πεπλάτυνται·	**ψ 118,32** ὁδὸν ἐντολῶν σου ἔδραμον, ὅταν ἐπλάτυνας τὴν καρδίαν μου.
6,14 Μὴ γίνεσθε ἑτεροζυγοῦντες ἀπίστοις· τίς γὰρ μετοχὴ δικαιοσύνῃ καὶ ἀνομίᾳ, ἢ τίς κοινωνία φωτὶ πρὸς σκότος;	

MT		ALIA
		correlatio *δόξα* et *ἀτιμία* in LXX non sicut in 2Cor 6,8, cf ex gr Prov 11,16; Sir 5,13; Os 4,7; Is 10,16; 23,9
לא אמות כי־אחיה	**Ps 118,17**	
ואספר מעשי יה:		
יסר יסרני יה	**118,18**	
ולמות לא נתנני:		
יש מתעשר ואין כל	**Prov 13,7**	vd et Tob 7,17; Prov 14,13
מתרושש והון רב:		
דרך־מצותיך ארוץ כי תרחיב לבי:	**Ps 119,32**	cf et 1Reg 5,9 MT ירחב לב
		vd **Sir 13,17** *τί κοινωνήσει λύκος ἀμνῷ;* *οὕτως ἁμαρτωλὸς πρὸς εὐσεβῆ.* **13,18** *τίς εἰρήνη ὑαίνῃ πρὸς κύνα;* *καὶ τίς εἰρήνη πλουσίῳ πρὸς πένητα;* cf et lex Deuteronomica passim

NT	LXX
6,15 τίς δὲ συμφώνησις Χριστοῦ πρὸς Βελιάρ, ἢ τίς μερὶς πιστῷ μετὰ ἀπίστου;	
6,16 τίς δὲ συγκατάθεσις ναῷ θεοῦ μετὰ εἰδώλων; ἡμεῖς γὰρ ναὸς θεοῦ ἐσμεν ζῶντος, καθὼς εἶπεν ὁ θεὸς ὅτι	**Ex 20,3** οὐκ ἔσονταί σοι θεοὶ ἕτεροι πλὴν ἐμοῦ. **20,4** οὐ ποιήσεις σεαυτῷ εἴδωλον **Ex 23,32** οὐ συγκαταθήσῃ αὐτοῖς καὶ τοῖς θεοῖς αὐτῶν διαθήκην,
ἐνοικήσω ἐν αὐτοῖς καὶ ἐμπεριπατήσω	**Lev 26,11** καὶ θήσω τήν σκηνή μου ἐν ὑμῖν, καὶ οὐ βδελύξεται ἡ ψυχή μου ὑμᾶς.
καὶ ἔσομαι αὐτῶν θεός καὶ αὐτοὶ ἔσονταί μου λαός.	**26,12** καὶ ἐμπεριπατήσω ἐν ὑμῖν καὶ ἔσομαι ὑμῶν θεός, καὶ ὑμεῖς ἔσεσθέ μου λαός. **Ez 37,27** καὶ ἔσται ἡ κατασκήνωσίς μου ἐν αὐτοῖς, καὶ ἔσομαι αὐτοῖς θεός, καὶ αὐτοὶ ἔσονταί μοι λαός.
6,17 διὸ ἐξέλθατε ἐκ μέσου αὐτῶν καὶ ἀφορίσθητε, λέγει κύριος, καὶ ἀκαθάρτου μὴ ἅπτεσθε· κἀγὼ εἰσδέξομαι ὑμᾶς	**Is 52,11** ἀπόστητε ἀπόστητε, ἐξέλθατε ἐκεῖθεν καὶ ἀκαθάρτου μὴ ἅπτεσθε, ἐξέλθατε ἐκ μέσου αὐτῆς, ἀφορίσθητε, οἱ φέροντες τὰ σκεύη κυρίου· **Ez 20,34** καὶ ἐξάξω ὑμᾶς ἐκ τῶν λαῶν καὶ εἰσδέξομαι ὑμᾶς ἐκ τῶν χωρῶν, οὗ

MT		ALIA
		cf **3Bas 18,21** *Ἕως πότε ὑμεῖς χωλανεῖτε ἐπ᾽ ἀμφοτέραις ταῖς ἰγνύαις; εἰ ἔστιν κύριος ὁ θεός, πορεύεσθε ὀπίσω αὐτοῦ· εἰ δὲ ὁ* Βάαλ *αὐτός, πορεύεσθε ὀπίσω αὐτοῦ.*
לא יהיה־לך אלהים אחרים על־פני	**Ex 20,3**	sim Dtn 5,7 cf **3Bas** 11,4-8, imprimis **11,5** *τότε*
לא תעשה־לך פסל	**20,4**	*ᾠκοδόμησεν* Σαλωμὼν *ὑψηλὸν τῷ*
לא־תכרת להם ולאלהיהם ברית:	**Ex 23,32**	Χαμὼς *εἰδώλῳ* Μωὰβ *καὶ τῷ βασιλεῖ αὐτῶν εἰδώλῳ υἱῶν* Ἀμμών
ונתתי משכני בתוככם ולא־תגעל נפשי אתכם:	**Lev 26,11**	cf et 3Bas 18,21 ad 2Cor 6,15 cf et **4Bas** 21,4-9, imprimis **21,4** *καὶ ᾠκοδόμησεν θυσιαστήριον ἐν*
והתהלכתי בתוככם והייתי לכם לאלהים ואתם תהיו־לי לעם:	**26,12**	*οἴκῳ κυρίου, ὡς εἶπεν Ἐν* Ἰερουσαλὴμ *θήσω τὸ ὄνομά μου,* **21,5** *καὶ ᾠκοδόμησεν θυσιαστήριον*
והיה משכני עליהם והייתי להם לאלהים והמה יהיו־לי לעם:	**Ez 37,27**	*πάσῃ τῇ δυνάμει τοῦ οὐρανοῦ ἐν ταῖς δυσὶν αὐλαῖς οἴκου κυρίου*
סורו סורו צאו משם מטא אל־תגעו צאו מתוכה הברו נשאי כלי יהוה:	**Is 52,11**	cf et **Soph 3,20** *καὶ καταισχυνθήσονται ἐν τῷ καιρῷ ἐκείνῳ, ὅταν καλῶς ὑμῖν ποιήσω, καὶ ἐν τῷ καιρῷ, ὅταν εἰσδέχωμαι ὑμᾶς·*
והוצאתי אתכם מן־העמים וקבצתי אתכם מן־הארצות אשר נפוצתם	**Ez 20,34**	sim **Ez 20,41** *ἐν ὀσμῇ εὐωδίας προσδέξομαι ὑμᾶς ἐν τῷ ἐξαγαγεῖν*

NT	LXX
	διεσκορπίσθητε ἐν αὐταῖς, ἐν χειρὶ κραταιᾷ καὶ ἐν βραχίονι ὑψηλῷ καὶ ἐν θυμῷ κεχυμένῳ· **Num 16,26** *καὶ ἐλάλησεν πρὸς τὴν συναγωγὴν λέγων Ἀποσχίσθητε ἀπὸ τῶν σκηνῶν τῶν ἀνθρώπων τῶν σκληρῶν τούτων,* ***καὶ μὴ ἅπτεσθε*** *ἀπὸ πάντων, ὅσα ἐστὶν αὐτοῖς, μὴ συναπόλησθε ἐν πάσῃ τῇ ἁμαρτίᾳ αὐτῶν.*
6,18 *καὶ* ***ἔσομαι*** *ὑμῖν* ***εἰς πατέρα καὶ*** *ὑμεῖς* ***ἔσ****εσθέ* ***μοι εἰς υἱοὺς*** *καὶ* ***θυγατέρας****,* ***λέγει κύριος παντοκράτωρ****.*	**2Bas 7,8** Τάδε ***λέγει κύριος παντοκράτωρ*** … **7,14** *ἐγὼ* ***ἔσομαι*** *αὐτῷ* [sc. Δαυίδ] ***εἰς πατέρα, καὶ*** *αὐτὸς* ***ἔσ****ται* ***μοι εἰς υἱ****όν·* **Ier 38,9** *ὅτι ἐγενόμην τῷ Ἰσραὴλ* ***εἰς πατέρα****, καὶ Ἐφράιμ* ***πρωτότοκός μού*** *ἐστιν.* **Is 43,6** *ἐρῶ τῷ βορρᾷ Ἄγε, καὶ τῷ λιβί Μὴ κώλυε· ἄγε τοὺς* ***υἱούς μου*** *ἀπὸ γῆς πόρρωθεν καὶ τὰς* ***θυγατέρας μου*** *ἀπ' ἄκρων τῆς γῆς,*
7,1 *ταύτας οὖν ἔχοντες τὰς ἐπαγγελίας, ἀγαπητοί, καθαρίσωμεν ἑαυτοὺς ἀπὸ παντὸς* ***μολυσμοῦ*** *σαρκὸς καὶ πνεύματος, ἐπιτελοῦντες ἁγιωσύνην ἐν φόβῳ θεοῦ.*	**Lev 19,2** *Λάλησον τῇ συναγωγῇ τῶν υἱῶν Ἰσραὴλ καὶ ἐρεῖς πρὸς αὐτούς Ἅγιοι ἔσεσθε, ὅτι ἐγὼ ἅγιος, κύριος ὁ θεὸς ὑμῶν.*

MT		ALIA
בם ביד חזקה ובזרוע נטויה ובחמה שפוכה:		*με ὑμᾶς ἐκ τῶν λαῶν καὶ εἰσέχεσθαι ὑμᾶς ἐκ τῶν χωρῶν, ἐν αἷς διεσκορπίσθητε ἐν αὐταῖς, καὶ ἁγιασθήσομαι ἐν ὑμῖν κατ᾽ ὀφθαλμοὺς τῶν λαῶν.*
וידבר אל־העדה לאמר סורו נא מעל אהלי האנשים הרשעים האלה ואל־תגעו בכל־אשר להם פן־תספו בכל־חטאתם:	**Num 16,26**	vd et cont Num 16,26: Num 16,19-27 cf et ad 2Cor 2,14-16 vd et ex gr Ier 23,3; Ez 11,17
כה אמר יהוה צבאות	**2Sam 7,8**	sicut 2Bas 7,8 aut sim Zach 1,3; Am 3,13
...		cf et **Sap 9,7** *καὶ δικαστὴν υἱῶν σου*
אני אהיה־לו לאב והוא יהיה־לי לבן	**7,14**	*καὶ θυγατέρων·*
כי־הייתי לישראל לאב ואפרים בכרי הוא:	**Ier 31,9**	
אמר לצפון תני ולתימן אל־תכלאו הביאי בני מרחוק ובנותי מקצה הארץ:	**Is 43,6**	
דבר אל־כל־עדת בני־ישראל ואמרת אלהם קדשים תהיו כי קדוש אני יהוה אלהיכם:	**Lev 19,2**	cf et 2Mac 5,27

NT	LXX
	1Esdr 8,80 *Ἡ γῆ, εἰς ἣν εἰσέρχεσθε κληρονομῆσαι, ἔστιν γῆ μεμολυμμένη μολυσμῷ τῶν ἀλλογενῶν τῆς γῆς, καὶ τῆς ἀκαθαρσίας αὐτῶν ἐνέπλησαν αὐτήν·*
7,3 *πρὸς κατάκρισιν οὐ λέγω· προείρηκα γὰρ ὅτι ἐν ταῖς καρδίαις ἡμῶν ἐστε εἰς τὸ συναποθανεῖν καὶ συζῆν.*	
7,6 *ἀλλ' ὁ παρακαλῶν τοὺς ταπεινοὺς παρεκάλεσεν ἡμᾶς ὁ θεὸς ἐν τῇ παρουσίᾳ Τίτου,*	**Is 49,13** *ὅτι ἠλέησεν ὁ θεὸς τὸν λαὸν αὐτοῦ καὶ τοὺς ταπεινοὺς τοῦ λαοῦ αὐτοῦ παρεκάλεσεν.*
7,9 *νῦν χαίρω, οὐχ ὅτι ἐλυπήθητε ἀλλ' ὅτι ἐλυπήθητε εἰς μετάνοιαν· ἐλυπήθητε γὰρ κατὰ θεόν, ἵνα ἐν μηδενὶ ζημιωθῆτε ἐξ ἡμῶν.*	**2Bas 12,13** *καὶ εἶπεν Δαυὶδ τῷ Ναθάν Ἡμάρτηκα τῷ κυρίῳ. καὶ εἶπεν Ναθὰν πρὸς Δαυίδ Καὶ κύριος παρεβίβασεν τὸ ἁμάρτημά σου, οὐ μὴ ἀποθάνῃς·*
7,10 *ἡ γὰρ κατὰ θεὸν λύπη μετάνοιαν εἰς σωτηρίαν ἀμεταμέλητον ἐργάζεται· ἡ δὲ τοῦ κόσμου λύπη θάνατον κατεργάζεται.*	*ψ* **37,19** *ὅτι τὴν ἀνομίαν μου ἐγὼ ἀναγγελῶ* *καὶ μεριμνήσω ὑπὲρ τῆς ἁμαρτίας μου.* … **37,23** *πρόσχες εἰς τὴν βοήθειάν μου, κύριε τῆς σωτηρίας μου.*

MT		ALIA
		vd **2Bas 15,21** *ὅτι εἰς τὸν τόπον, οὗ ἐὰν ᾖ ὁ κύριός μου, καὶ ἐὰν εἰς θάνατον καὶ ἐὰν εἰς ζωήν, ὅτι ἐκεῖ ἔσται ὁ δοῦλός σου.*
כי־נחם יהוה עמו ועניו ירחם:	**Is 49,13**	vd et *ψ* **137,6** *ὅτι ὑψηλὸς κύριος καὶ τὰ ταπεινὰ ἐφορᾷ* **Iob 5,11** *τὸν ποιοῦντα ταπεινοὺς εἰς ὕψος* *καὶ ἀπολωλότας ἐξεγείροντα·* cf et *παρακαλεῖν* (MT: **נחם**) saepe in Is
ויאמר דוד אל־נתן חטאתי ליהוה ויאמר נתן אל־דוד גם־יהוה העביר חטאתך לא תמות:	**2Sam 12,13**	sed vd **Prov 17,22** *καρδία εὐφραινομένη εὐεκτεῖν ποιεῖ,* *ἀνδρὸς δὲ λυπηροῦ ξηραίνεται τὰ ὀστᾶ.*
כי־עוני אגיד אדאג מחטאתי: …	**Ps 38,19**	
חושה לעזרתי אדני תשועתי:	**38,23**	

NT	LXX
	Sir 30,23(24) *ἀπάτα τὴν ψυχήν σου καὶ παρακάλει τὴν καρδίαν σου καὶ λύπην μακρὰν ἀπόστησον ἀπὸ σοῦ· *(25)* πολλοὺς γὰρ ἀπώλεσεν ἡ λύπη, καὶ οὐκ ἔστιν ὠφέλεια ἐν αὐτῇ.* **Sir 38,18** *ἀπὸ λύπης γὰρ ἐκβαίνει θάνατος, καὶ λύπη καρδίας κάμψει ἰσχύν.*
7,15 *καὶ τὰ σπλάγχνα αὐτοῦ περισσοτέρως εἰς ὑμᾶς ἐστιν ἀναμιμνησκομένου τὴν πάντων ὑμῶν ὑπακοήν, ὡς <u>μετὰ φόβου</u> **<u>καὶ τρόμ</u>**ου ἐδέξασθε αὐτόν.* **7,16** *χαίρω ὅτι ἐν παντὶ θαρρῶ ἐν ὑμῖν.*	**ψ 2,11** *δουλεύσατε τῷ κυρίῳ <u>ἐν</u> **<u>φόβ</u>**ῳ **<u>καὶ</u>** ἀγαλλιᾶσθε αὐτῷ <u>ἐν</u> **<u>τρόμ</u>**ῳ.* **ψ 54,5** *ἡ καρδία μου ἐταράχθη ἐν ἐμοί, καὶ δειλία θανάτου ἐπέπεσεν ἐπ᾽ ἐμέ·* **54,6** ***<u>φόβ</u>**ος **<u>καὶ τρόμ</u>**ος ἦλθεν ἐπ᾽ ἐμέ, καὶ ἐκάλυψέν με σκότος.*

MT

Sir 30,23 פת נפשך ופייג לבך

וקצפון הרחק ממך:

כי רבים הרג דין

ואין תעלה בקצפון:

Sir 38,18 מדין יוצא אסון

כן רע לבב יבנה עצבה:

Ps 2,11 עבדו את־יהוה ביראה

וגילו ברעדה:

Ps 55,5 לבי יחיל בקרבי

ואימות מות נפלו עלי:

55,6 יראה ורעד יבא בי

ותכסני פלצות:

ALIA

φόβος καὶ τρόμος saepius in LXX, ex gr **Gen 9,2** *καὶ ὁ τρόμος ὑμῶν καὶ ὁ φόβος ἔσται ἐπὶ πᾶσιν τοῖς θηρίοις τῆς γῆς καὶ ἐπὶ πάντα τὰ ὄρνεα τοῦ οὐρανοῦ καὶ ἐπὶ πάντα τὰ κινούμενα ἐπὶ τῆς γῆς καὶ ἐπὶ πάντας τοὺς ἰχθύας τῆς θαλάσσης·*

Ex 15,16 *ἐπιπέσοι ἐπ᾽ αὐτοὺς φόβος καὶ τρόμος,*

μεγέθει βραχίονός σου ἀπολιθωθήτωσαν,

Dtn 2,25 *ἐν τῇ ἡμέρᾳ ταύτῃ ἐνάρχου δοῦναι τὸν τρόμον σου καὶ τὸν φόβον σου ἐπὶ πρόσωπον πάντων τῶν ἐθνῶν τῶν ὑποκάτω τοῦ οὐρανοῦ, οἵτινες ἀκούσαντες τὸ ὄνομά σου ταραχθήσονται, καὶ ὠδῖνας ἕξουσιν ἀπὸ προσώπου σου.*

NT	LXX
8,9 *γινώσκετε γὰρ τὴν χάριν τοῦ κυρίου ἡμῶν Ἰησοῦ Χριστοῦ, ὅτι δι᾽ ὑμᾶς ἐπτώχευσεν πλούσιος ὤν, ἵνα ὑμεῖς τῇ ἐκείνου πτωχείᾳ πλουτήσητε.*	
8,11 *νυνὶ δὲ καὶ τὸ ποιῆσαι ἐπιτελέσατε, ὅπως καθάπερ ἡ προθυμία τοῦ θέλειν, οὕτως καὶ τὸ ἐπιτελέσαι ἐκ τοῦ ἔχειν.*	
8,12 *εἰ γὰρ ἡ προθυμία πρόκειται, καθὸ ἐὰν ἔχῃ εὐπρόσδεκτος, οὐ καθὸ οὐκ ἔχει.*	
8,15 *καθὼς γέγραπται,* ***ὁ τὸ πολὺ οὐκ ἐπλεόνασεν, καὶ ὁ τὸ*** *ὀλίγον* ***οὐκ ἠλαττόνησεν****.*	**Ex 16,18** *καὶ ἐμέτρησαν τῷ γόμορ,* ***οὐκ ἐπλεόνασεν ὁ τὸ πολύ, καὶ ὁ τὸ*** *ἔλαττον* ***οὐκ ἠλαττόνησεν****·*
8,21 ***προνοοῦ****μεν γὰρ* ***καλὰ*** *οὐ μόνον* ***ἐνώπιον κυρίου*** *ἀλλὰ* ***καὶ*** *ἐνώπιον* ***ἀνθρώπων****.*	**Prov 3,3** *ἐλεημοσύναι καὶ πίστεις μὴ ἐκλιπέτωσάν σε,* *ἄφαψαι δὲ αὐτὰς ἐπὶ σῷ τραχήλῳ, καὶ εὑρήσεις χάριν·* **3,4** *καὶ* ***προνοοῦ καλὰ ἐνώπιον κυρίου καὶ ἀνθρώπων****.*
9,5 *ἀναγκαῖον οὖν ἡγησάμην παρακαλέσαι τοὺς ἀδελφούς, ἵνα προέλθωσιν εἰς ὑμᾶς καὶ προκαταρτίσωσιν τὴν προεπηγγελμένην* ***εὐλογίαν*** *ὑμῶν, ταύτην ἑτοίμην*	**Gen 33,11** *λάβε τὰς* ***εὐλογία****ς μου, ἃς ἤνεγκά σοι, ὅτι ἠλέησέν με ὁ θεὸς καὶ ἔστιν μοι πάντα. καὶ ἐβιάσατο αὐτόν, καὶ ἔλαβεν.*

MT		ALIA
		vd autem ψ **33,11** *πλούσιοι ἐπτώχευσαν καὶ ἐπείνασαν, οἱ δὲ ἐκζητοῦντες τὸν κύριον οὐκ ἐλαττωθήσονται παντὸς ἀγαθοῦ.*
		vd et Prov 3,27s
		vd Tob 4,8 ad 2Cor 9,7
וימדו בעמר ולא העדיף המרבה והממעיט לא החסיד	**Ex 16,18**	
חסד ואמת אל־יעזבך קשרם על־גרגרותיך כתבם על־לוח לבך:	**Prov 3,3**	vd et ad Rom 12,17
ומצא־חן ושׂכל־טוב בעיני אלהים ואדם:	**3,4**	
קח־נא את־ברכתי אשר הבאת לך כי־חנני אלהים וכי יש־לי־כל ויצר־בו ויקח:	**Gen 33,11**	sed vd 4Bas 5,15, ubi *εὐλογία* est donum gratias: *καὶ νῦν λαβὲ τὴν εὐλογίαν παρὰ τοῦ δούλου σου.*

NT	LXX
εἶναι οὕτως ὡς ***εὐλογίαν*** *καὶ μὴ ὡς πλεονεξίαν.*	**Ios 15,19** *καὶ εἶπεν αὐτῷ Δός μοι* ***εὐλογίαν****, ὅτι εἰς γῆν* Νάγεβ *δέδωκάς με·* **Idc 1,15** B *καὶ εἶπεν αὐτῷ* Ἄσχα *Δὸς δή μοι* ***εὐλογίαν****, ὅτι εἰς γῆν νότου ἐκδέδοσαί με, καὶ δώσεις μοι λύτρωσιν ὕδατος.*
9,6 Τοῦτο *δέ,* ***ὁ σπείρων*** *φειδομένως φειδομένως καὶ* ***θερίσει****, καὶ ὁ σπείρων ἐπ' εὐλογίαις ἐπ' εὐλογίαις καὶ θερίσει.*	**Prov 11,24** *εἰσὶν οἳ τὰ ἴδια* ***σπείροντες*** *πλείονα ποιοῦσιν,* *εἰσὶν καὶ οἳ συνάγοντες ἐλαττονοῦνται.* **11,25** *ψυχὴ εὐλογουμένη πᾶσα ἁπλῆ,* *ἀνὴρ δὲ θυμώδης οὐκ εὐσχήμων.* **Prov 22,8** *ὁ σπείρων φαῦλα θερίσει κακά,* *πληγὴν δὲ ἔργων αὐτοῦ συντελέσει.* **22,8a** *ἄνδρα ἱλαρὸν καὶ δότην εὐλογεῖ ὁ θεὸς,* *ματαιότητα δὲ ἔργων αὐτοῦ συντελέσει.* **Iob 4,8** *καθ' ὃν τρόπον εἶδον τοὺς ἀροτριῶντας τὰ ἄτοπα,* *οἱ δὲ* ***σπείροντες*** *αὐτὰ ὀδύνας* ***θεριοῦσιν*** *ἑαυτοῖς.* **Sir 7,3** *μὴ σπεῖρε ἐπ' αὔλακας ἀδικίας,* *καὶ οὐ μὴ θερίσῃς αὐτὰ ἑπταπλασίως.* **Os 10,12** *σπείρατε ἑαυτοῖς εἰς δικαιοσύνην, τρυγήσατε εἰς καρπὸν ζωῆς, φωτίσατε ἑαυτοῖς φῶς γνώσεως, ἐκζητήσατε τὸν κύριον ἕως τοῦ ἐλθεῖν γενήματα δικαιοσύνης ὑμῖν.*

MT		ALIA
ותאמר תנה־לי ברכה כי ארץ הנגב נתתני	**Ios 15,19**	
ותאמר לו הבה־לי ברכה כי ארץ הנגב נתתני ונתתה לי גלת מים	**Idc 1,15**	sim Idc 1,15A
יש מפזר ונוסף עוד	**Prov 11,24**	
וחושך מישר אך־למחסור:		
נפש־ברכה תדשן	**11,25**	
ומרוה גם־הוא יורא:		
זורע עולה יקצור־און	**Prov 22,8**	
ושבט עברתו יכלה:		
כאשר ראיתי חרשי און	**Iob 4,8**	
וזרעי עמל יקצרהו:		
אל תדע חדושי על אח פן תקצרהו שבעתים:	**Sir 7,3**	
זרעו לכם לצדקה קצרו לפי־חסד נירו לכם ניר ועת לדרוש את־יהוה עד־יבוא וירה צדק לכם:	**Os 10,12**	

NT	LXX
9,7 *ἕκαστος καθὼς προῄρηται τῇ καρδίᾳ, μὴ ἐκ λύπης ἢ ἐξ ἀνάγκης· ἱλαρὸν γὰρ δότην ἀγαπᾷ ὁ θεός.*	**Prov 22,8a** *ἄνδρα ἱλαρὸν καὶ δότην εὐλογεῖ ὁ θεός,* *ματαιότητα δὲ ἔργων αὐτοῦ συντελέσει.* **Tob 4,8** *ὡς σοὶ ὑπάρχει, κατὰ τὸ πλῆθος ποίησον ἐξ αὐτῶν ἐλεημοσύνην· ἐὰν ὀλίγον σοι ὑπάρχῃ, κατὰ τὸ ὀλίγον μή φοβοῦ ποιεῖν ἐλεημοσύνην·* **4,9** *θέμα γὰρ ἀγαθὸν θησαυρίζεις σεαυτῷ εἰς ἡμέραν ἀνάγκης·*
9,9 *καθὼς γέγραπται·* *ἐσκόρπισεν, ἔδωκεν τοῖς πένησιν,* *ἡ δικαιοσύνη αὐτοῦ μένει εἰς τὸν αἰῶνα.*	**ψ 111,9** *ἐσκόρπισεν, ἔδωκεν τοῖς πένησιν·* *ἡ δικαιοσύνη αὐτοῦ μένει εἰς τὸν αἰῶνα τοῦ αἰῶνος,* *τὸ κέρας αὐτοῦ ὑψωθήσεται ἐν δόξῃ.*

MT		ALIA
		vd et **Dtn 15,10** *διδοὺς δώσεις αὐτῷ καὶ δάνειον δανιεῖς αὐτῷ ὅσον ἂν ἐπιδέηται, καὶ οὐ λυπηθήσῃ τῇ καρδίᾳ σου διδόντος σου αὐτῷ· ὅτι διὰ τὸ ῥῆμα τοῦτο εὐλογήσει σε κύριος ὁ θεός σου ἐν πᾶσιν τοῖς ἔργοις σου καὶ ἐν πᾶσιν, οὗ ἂν ἐπιβάλῃς τὴν χεῖρά σου.*
		cf cont ψ 111,9
פזר נתן לאביונים	**Ps 112,9**	**ψ 111,3** *δόξα καὶ πλοῦτος ἐν τῷ οἴκῳ αὐτοῦ,*
צדקתו עמדת לעד		*καὶ ἡ δικαιοσύνη αὐτοῦ μένει εἰς τὸν αἰῶνα τοῦ αἰῶνος.*
קרנו תרום בכבוד:		**111,4** *ἐξανέτειλεν ἐν σκότει φῶς τοῖς εὐθέσιν* *ἐλεήμων καὶ οἰκτίρμων καὶ δίκαιος.* **111,5** *χρηστὸς ἀνὴρ ὁ οἰκτίρων καὶ κιχρῶν,* *οἰκονομήσει τοὺς λόγους αὐτοῦ ἐν κρίσει·* **111,6** *ὅτι εἰς τὸν αἰῶνα οὐ σαλευθήσεται,* *εἰς μνημόσυνον αἰώνιον ἔσται δίκαιος.*

NT	LXX
9,10 ὁ δὲ **ἐπιχορηγῶν σπόρον τῷ σπείροντι καὶ ἄρτον εἰς βρῶσιν** χορηγήσει καὶ πληθυνεῖ τὸν σπόρον ὑμῶν καὶ **αὐξ**ήσει τὰ γενήματα τῆς **δικαιοσύν**ης ὑμῶν.	**Is 55,10** καὶ **δῷ σπέρμα τῷ σπείροντι καὶ ἄρτον εἰς βρῶσιν**, **Is 61,11** καὶ ὡς γῆν **αὔξ**ουσαν τὸ ἄνθος αὐτῆς καὶ ὡς κῆπον τὰ σπέρματα αὐτοῦ, οὕτως ἀνατελεῖ κύριος **δικαιοσύν**ην καὶ ἀγαλλίαμα ἐναντίον πάντων τῶν ἐθνῶν.
10,1 Αὐτὸς δὲ ἐγὼ Παῦλος παρακαλῶ ὑμᾶς διὰ τῆς πραΰτητος καὶ ἐπιεικείας τοῦ Χριστοῦ, ὃς κατὰ πρόσωπον μὲν ταπεινὸς ἐν ὑμῖν, ἀπὼν δὲ θαρρῶ εἰς ὑμᾶς·	
10,2 δέομαι δὲ τὸ μὴ παρὼν θαρρῆσαι τῇ πεποιθήσει ᾗ λογίζομαι τολμῆσαι ἐπί τινας τοὺς λογιζομένους ἡμᾶς ὡς κατὰ σάρκα περιπατοῦντας. **10,3** Ἐν σαρκὶ γὰρ περιπατοῦντες οὐ κατὰ σάρκα στρατευόμεθα,	
10,4 τὰ γὰρ **ὅπλα** τῆς στρατείας ἡμῶν οὐ σαρκικὰ ἀλλὰ δυνατὰ τῷ θεῷ πρὸς καθαίρεσιν **ὀχυρωμάτ**ων, λογισμοὺς καθαιροῦντες	**Prov 21,21** ὁδὸς δικαιοσύνης καὶ ἐλεημοσύνης εὑρήσει ζωὴν καὶ δόξαν. **21,22** πόλεις **ὀχυρ**ὰς ἐπέβη σοφὸς καὶ καθεῖλεν τὸ **ὀχύρωμα**, ἐφ᾽ ᾧ ἐπεποί-

MT		ALIA
ונתן זרע לזרע ולחם לאכל:	**Is 55,10**	
כי כארץ תוציא צמחה וכגנה זרועיה תצמיח כן ארני יהוה יצמיח צדקה ותהלה נגד כל־הגוים:	**Is 61,11**	
		contrarium vd Sap 2,19
		ad *κατὰ σάρκα* et *ἐν σαρκί* cf ad Rom 8,3ss
רדף צדקה וחסד ימצא חיים צדקה וכבוד:	**Prov 21,21**	vd et Eccl 9,13-16; Iob 24,24s
עיר גברים עלה חכם וירד עז מבטחה:	**21,22**	

NT	LXX
	θεισαν οἱ ἀσεβεῖς.
10,5 καὶ πᾶν ὕψωμα ἐπαιρόμενον κατὰ τῆς γνώσεως τοῦ θεοῦ, καὶ αἰχμαλωτίζοντες πᾶν νόημα εἰς τὴν ὑπακοὴν τοῦ Χριστοῦ,	**Iob 19,6** γνῶτε οὖν ὅτι ὁ κύριός ἐστιν ὁ ταράξας, ὀχύρωμα δὲ αὐτοῦ ἐπ᾽ ἐμὲ ὕψωσεν. **Sap 18,21** σπεύσας γὰρ ἀνὴρ ἄμεμπτος προεμάχησεν τὸ τῆς ἰδίας λειτουργίας ὅπλον προσευχὴν καὶ θυμιάματος ἐξιλασμὸν κομίσας·
10,8 ἐάν [τε] γὰρ περισσότερόν τι καυχήσωμαι περὶ τῆς ἐξουσίας ἡμῶν, ἧς ἔδωκεν ὁ κύριος εἰς **οἰκοδομὴν** καὶ οὐκ εἰς **καθαίρεσιν** ὑμῶν, οὐκ αἰσχυνθήσομαι.	**Ier 1,10** ἰδοὺ κατέστακά σε σήμερον ἐπὶ ἔθνη καὶ ἐπὶ βασιλείας ἐκριζοῦν καὶ κατασκάπτειν καὶ ἀπολλύειν **καὶ** ἀνοικοδομεῖν καὶ καταφυτεύειν.
	Ier 24,6 καὶ στηριῶ τοὺς ὀφθαλμούς μου ἐπ᾽ αὐτοὺς εἰς ἀγαθὰ καὶ ἀποκαταστήσω αὐτοὺς εἰς τὴν γῆν ταύτην καὶ ἀνοικοδομήσω αὐτοὺς καὶ οὐ μὴ καθέλω καὶ καταφυτεύσω αὐτοὺς καὶ οὐ μὴ ἐκτίλω· **Ier 38,28** καὶ ἔσται ὥσπερ ἐγρηγόρουν ἐπ᾽ αὐτοὺς **καθαιρεῖν** καὶ κακοῦν, οὕτως γρηγορήσω ἐπ᾽ αὐτοὺς τοῦ **οἰκοδομεῖν** καὶ καταφυτεύειν, φησὶ κύριος. **Ier 49,10** Ἐὰν καθίσαντες καθίσητε ἐν τῇ γῇ ταύτῃ, **οἰκοδομήσω** ὑμᾶς **καὶ** οὐ μὴ **καθέλω** καὶ φυτεύσω ὑμᾶς καὶ οὐ μὴ ἐκτίλω·

MT		ALIA
דעו־אפו כי־אלוה עותני ומצודו עלי הקיף׃	**Iob 19,6**	
ראה הפקדתיך היום הזה על־ הגוים ועל־הממלכות לנתוש ולנתוץ ולהאביד ולהרוס לבנות ולנטוע׃	**Ier 1,10**	cf et 1Mac 9,62; Sir 31,28 (34,23); Is 49,17
ושמתי עיני עליהם לטובה והשבתים על־הארץ הזאת ובניתים ולא אהרס ונטעתים ולא אתוש׃	**Ier 24,6**	
והיה כאשר שקדתי עליהם לנתוש ולנתוץ ולהרס ולהאביד ולהרע כן אשקד עליהם לבנות ולנטוע נאם־ יהוה׃	**Ier 31,28**	
אם־שוב תשבו בארץ הזאת ובניתי אתכם ולא אהרס ונטעתי אתכם ולא אתוש	**Ier 42,10**	

NT	LXX
	Eccl 3,3 *καιρὸς τοῦ ἀποκτεῖναι καὶ καιρὸς τοῦ ἰάσασθαι,* *καιρὸς τοῦ καθελεῖν καὶ καιρὸς τοῦ οἰκοδομῆσαι,*
10,17 Ὁ *δὲ καυχώμενος ἐν κυρίῳ καυχάσθω·*	
11,2 *ζηλῶ γὰρ ὑμᾶς θεοῦ ζήλῳ, ἡρμοσάμην γὰρ ὑμᾶς ἑνὶ ἀνδρὶ παρθένον ἁγνὴν παραστῆσαι τῷ* Χριστῷ·	**Ex 20,5** *ἐγὼ γάρ εἰμι κύριος ὁ θεός σου, θεὸς ζηλωτὴς ἀποδιδοὺς ἁμαρτίας πατέρων ἐπὶ τέκνα ἕως τρίτης καὶ τετάρτης γενεᾶς τοῖς μισοῦσίν με,* **Ex 34,14** *οὐ γὰρ μὴ προσκυνήσητε θεῷ ἑτέρῳ· ὁ γὰρ κύριος ὁ θεὸς ζηλωτὸν ὄνομα, θεὸς ζηλωτής ἐστιν.* **Dtn 6,15** *ὅτι θεὸς ζηλωτὴς κύριος ὁ θεός σου ἐν σοί, μὴ ὀργισθεὶς θυμῷ κύριος ὁ θεός σου ἐν σοί ἐξολεθρεύσῃ σε ἀπὸ προσώπου τῆς γῆς.* **Sir 42,10** *ἐν παρθενίᾳ, μήποτε βεβηλωθῇ* *καὶ ἐν τοῖς πατρικοῖς αὐτῆς ἔγκυος γένηται·* *μετὰ ἀνδρὸς οὖσα, μήποτε παραβῇ,* *καὶ συνῳκηκυῖα, μήποτε στειρωθῇ.* **Is 62,5** *καὶ ὡς συνοικῶν νεανίσκος παρθένῳ, οὕτως κατοικήσουσιν οἱ υἱοί σου με-*

MT		ALIA
עת להרוג ועת לרפוא עת לפרוץ ועת לבנות:	**Eccl 3,3**	
		ad Ier 9,22s cf ad 1Cor 1,31
כי אנכי יהוה אלהיך אל קנא פקד עון אבת על־בנים על־שלשים ועל־רבעים לשנאי:	**Ex 20,5**	sim Dtn 5,9 cf et Is 63,15; Ez 16,38;23,25
כי לא תשתחוה לאל אחר כי יהוה קנא שמו אל קנא הוא:	**Ex 34,14**	
כי אל קנא יהוה אלהיך בקרבך פן־יחרה אף־יהוה אלהיך בך והשמידך מעל פני האדמה:	**Dtn 6,15**	
בבתוליה פן תפותה ובבית [בע]לה ל[א...]: בבית אביה פן [...] ובבית א[יש]ה ... ר:	**Sir 42,10**	
כי־יבעל בחור בתולה יבעלוך בניך	**Is 62,5**	cf et Dtn 23,13-17; Os 1-3, imprimis 2,19s; Is 50,1; 54,4-6

NT	LXX
	τὰ σοῦ· καὶ ἔσται ὃν τρόπον εὐφρανθήσεται νυμφίος ἐπὶ νύμφῃ, οὕτως εὐφρανθήσεται κύριος ἐπὶ σοί.
11,3 *φοβοῦμαι δὲ μή πως, ὡς* ***ὁ ὄφις*** *ἐξ-* ***ηπάτησεν*** **Εὕαν** *ἐν τῇ πανουργίᾳ αὐτοῦ, φθαρῇ τὰ νοήματα ὑμῶν ἀπὸ τῆς ἁπλότητος [καὶ τῆς ἁγνότητος] τῆς εἰς τὸν* Χριστόν.	**Gen 3,13** *καὶ εἶπεν ὁ θεὸς* ***τῇ γυναικί*** Τί *τοῦτο ἐποίησας; καὶ εἶπεν* ***ἡ γυνή*** **Ὁ ὄφις** ***ἠπάτησέν με****, καὶ ἔφαγον.*
11,13 *οἱ γὰρ τοιοῦτοι ψευδαπόστολοι, ἐργάται δόλιοι, μετασχηματιζόμενοι εἰς ἀποστόλους* Χριστοῦ.	
11,15 *οὐ μέγα οὖν εἰ καὶ οἱ διάκονοι αὐτοῦ* (sc *τοῦ σατανᾶ) μετασχηματίζονται ὡς διάκονοι δικαιοσύνης; ὧν τὸ τέλος ἔσται* ***κατὰ τὰ ἔργα αὐτῶν****.*	*ψ* **27,4** *δὸς αὐτοῖς* ***κατὰ τὰ ἔργα αὐτῶν*** *καὶ κατὰ τὴν πονηρίαν τῶν ἐπιτηδευμάτων αὐτῶν·* ***κατὰ τὰ ἔργα τῶν χειρῶν αὐτῶν*** *δὸς αὐτοῖς,* *ἀπόδος τὸ ἀνταπόδομα αὐτῶν αὐτοῖς.* *ψ* **61,13** *ὅτι σὺ ἀποδώσεις ἑκάστῳ* ***κατὰ τὰ ἔργα αὐτοῦ****.* **PsSal 2,16** *ὅτι ἀπέδωκας τοῖς ἁμαρτωλοῖς* ***κατὰ τὰ ἔργα αὐτῶν*** *καὶ κατὰ τὰς ἁμαρτίας αὐτῶν τὰς πονηρὰς σφόδρα.*

MT		ALIA
ומשׂושׂ חתן על־כלה ישׂישׂ עליך אלהיך:		
ויאמר יהוה אלהים לאשׁה מה־זאת עשׂית ותאמר האשׁה הנחשׁ השׁיאני ואכל:	**Gen 3,13**	ad Gen 3,3f vd et ad Rom 7,5; ad Gen 3,5-7 vd ad Rom 3,22; ad Gen 3,13 vd ad Rom 7,8ss; ad Gen 3,19 vd ad Rom 5,12
		ad *ψευδαπόστολοι* cf Ier 6,13; 33,7s et saepius *ψευδοπροφῆται*
תן־להם כפעלם וכרע מעלליהם כמעשׂה ידיהם תן להם השׁב גמולם להם:	**Ps 28,4**	cf ad Rom 2,6; 1Cor 3,8
כי־אתה תשׁלם לאישׁ כמעשׂהו:	**Ps 62,13**	

NT	LXX
11,18 *ἐπεὶ πολλοὶ καυχῶνται κατὰ σάρκα, κἀγὼ καυχήσομαι.*	
11,20 *ἀνέχεσθε γὰρ εἴ τις ὑμᾶς καταδουλοῖ, εἴ τις κατεσθίει, εἴ τις λαμβάνει, εἴ τις ἐπαίρεται, εἴ τις εἰς πρόσωπον ὑμᾶς δέρει.*	**Prov 30,14** *καὶ κατεσθίειν τοὺς ταπεινοὺς ἀπὸ τῆς γῆς καὶ τοὺς πένητας αὐτῶν ἐξ ἀνθρώπων.* **Is 9,12(11)** *καὶ τοὺς Ἕλληνας ἀφ' ἡλίου δυσμῶν τοὺς κατεσθίοντας τὸν Ἰσραὴλ ὅλῳ τῷ στόματι.*
11,22 *Ἑβραῖοί εἰσιν; κἀγώ. Ἰσραηλῖταί εἰσιν; κἀγώ. σπέρμα Ἀβραάμ εἰσιν; κἀγώ.*	
11,24 *Ὑπὸ Ἰουδαίων πεντάκις τεσσεράκοντα παρὰ μίαν ἔλαβον,*	**Dtn 25,3** *ἀριθμῷ τεσσαράκοντα μαστιγώσουσιν αὐτόν, οὐ προσθήσουσιν· ἐὰν δὲ προσθῶσιν μαστιγῶσαι αὐτὸν ὑπὲρ ταύτας τὰς πληγὰς πλείους, ἀσχημονήσει ὁ ἀδελφός σου ἐναντίον σου.*
11,25 *τρὶς ἐρραβδίσθην, ἅπαξ ἐλιθάσθην, τρὶς ἐναυάγησα, νυχθήμερον ἐν τῷ βυθῷ πεποίηκα·*	**Dtn 13,10(11)** *καὶ λιθοβολήσουσιν αὐτὸν ἐν λίθοις, καὶ ἀποθανεῖται, ὅτι ἐζήτησεν ἀποστῆσαί σε ἀπὸ κυρίου τοῦ θεοῦ σου*
11,27 *κόπῳ καὶ μόχθῳ, ἐν ἀγρυπνίαις πολλάκις, ἐν λιμῷ καὶ δίψει, ἐν νηστείαις πολλάκις, ἐν ψύχει καὶ γυμνότητι·*	

MT		ALIA
		cf ad 1Cor 1,31
לאכל עניים מארץ ואביונים מאדם:	**Prov 30,14**	ψ **13,4** *οἱ κατεσθίοντες τὸν λαόν μου βρώσει ἄρτου τὸν κύριον οὐκ ἐπεκαλέσαντο.*
ופלשתים מאחור ויאכלו את־ישׂראל בכל־פה	**Is 9,11**	
		ad Ἰσραηλῖται cf ad Rom 9,4 ad *σπέρμα* Ἀβραάμ cf ad Gal 3,6ss
ארבעים יכנו לא יסיף פן־יסיף להכתו על־אלה מכה רבה ונקלה אחיך לעיניך:	**Dtn 25,3**	
וסקלתו באבנים ומת כי בקש להדיחך מעל יהוה אלהיך	**Dtn 13,11**	cf ex gr et Lev 24,6.11ss; Num 15,35s; Dtn 17,5; 21,21; 22,21.24
		vd Dtn 28,48

NT	LXX
11,31 *ὁ θεὸς καὶ πατὴρ τοῦ κυρίου Ἰησοῦ οἶδεν, ὁ ὢν εὐλογητὸς εἰς τοὺς αἰῶνας, ὅτι οὐ ψεύδομαι.*	
11,33 *καὶ διὰ θυρίδος ἐν σαργάνῃ ἐχαλάσθην διὰ τοῦ τείχους καὶ ἐξέφυγον τὰς χεῖρας αὐτοῦ.*	
12,1 Καυχᾶσθαι δεῖ, *οὐ συμφέρον μέν, ἐλεύσομαι δὲ εἰς* **ὀπτασί**ας *καὶ ἀποκαλύψεις κυρίου.*	**Dan 10,1**θ' Ἐν ἔτει τρίτῳ Κύρου βασιλέως Περσῶν λόγος ἀπεκαλύφθη τῷ Δανιήλ, οὗ τὸ ὄνομα ἐπεκλήθη Βαλτασάρ, καὶ ἀληθινὸς ὁ λόγος, καὶ δύναμις μεγάλη καὶ σύνεσις ἐδόθη αὐτῷ ἐν τῇ **ὀπτασί**ᾳ. … **10,7**θ' καὶ εἶδον ἐγὼ Δανιὴλ μόνος τὴν **ὀπτασί**αν,
12,2 *οἶδα ἄνθρωπον ἐν* Χριστῷ *πρὸ ἐτῶν δεκατεσσάρων, εἴτε ἐν σώματι οὐκ οἶδα, εἴτε ἐκτὸς τοῦ σώματος οὐκ οἶδα, ὁ θεὸς οἶδεν, ἁρπαγέντα τὸν τοιοῦτον ἕως τρίτου οὐρανοῦ.*	
12,4 *ὅτι ἡρπάγη εἰς τὸν παράδεισον καὶ ἤκουσεν ἄρρητα ῥήματα ἃ οὐκ ἐξὸν ἀνθρώπῳ λαλῆσαι.*	

MT		ALIA
		ad *εὐλογητὸς εἰς τοὺς αἰῶνας* cf ad Rom 9,5
		vd **1Bas 19,12** *καὶ κατάγει ἡ* Μελ-*χὸλ τὸν Δαυὶδ διὰ τῆς θυρίδος, καὶ ἀπῆλθεν καὶ ἔφυγεν καὶ σῴζεται.*
בשנת שלוש לכורש מלך פרס דבר נגלה לדניאל אשר־נקרא שמו בלטשאצר ואמת הדבר וצבא גדול ובין את־הדבר ובינה לו במראה: …	**Dan 10,1**	
וראיתי אני דניאל לבדי את־המראה	**10,7**	
		vd 3Bas 8,27
		ὁ παραδείσος in LXX locus caelestis non est

NT	LXX
12,7 διὸ ἵνα μὴ ὑπεραίρωμαι, ἐδόθη μοι σκόλοψ τῇ σαρκί, ἄγγελος σατανᾶ, ἵνα με κολαφίζῃ, ἵνα μὴ ὑπεραίρωμαι.	**Iob 2,6** εἶπεν δὲ ὁ κύριος τῷ διαβόλῳ Ἰδοὺ παραδίδωμί σοι αὐτόν, μόνον τὴν ψυχὴν αὐτοῦ διαφύλαξον. **2,7** Ἐξῆλθεν δὲ ὁ διάβολος ἀπὸ τοῦ κυρίου καὶ ἔπαισεν τὸν Ἰὼβ ἕλκει πονηρῷ ἀπὸ ποδῶν ἕως κεφαλῆς.
12,9 καὶ εἴρηκέν μοι· ἀρκεῖ σοι ἡ χάρις μου, ἡ γὰρ δύναμις ἐν ἀσθενείᾳ τελεῖται. Ἥδιστα οὖν μᾶλλον καυχήσομαι ἐν ταῖς ἀσθενείαις μου, ἵνα ἐπι**σκηνώ**σῃ ἐπ' ἐμὲ ἡ δύναμις τοῦ Χριστοῦ.	**Lev 26,11** καὶ θήσω τὴν **σκην**ήν μου ἐν ὑμῖν, καὶ οὐ βδελύξεται ἡ ψυχή μου ὑμᾶς. **Ez 37,27** καὶ ἔσται ἡ κατα**σκήνω**σίς μου ἐν αὐτοῖς, καὶ ἔσομαι αὐτοῖς θεός, καὶ αὐτοὶ ἔσονταί μοι λαός.
12,12 τὰ μὲν σημεῖα τοῦ ἀποστόλου κατειργάσθη ἐν ὑμῖν **ἐν** πάσῃ ὑπομονῇ, **σημείοις** τε **καὶ τέρασιν** καὶ δυνάμεσιν.	**Ex 7,3** ἐγὼ δὲ σκληρυνῶ τὴν καρδίαν Φαραώ, καὶ πληθυνῶ τὰ **σημεῖ**ά μου **καὶ** τὰ **τέρα**τα ἐν γῇ Αἰγύπτῳ. **Dtn 4,34** εἰ ἐπείρασεν ὁ θεὸς εἰσελθὼν λαβεῖν ἑαυτῷ ἔθνος ἐκ μέσου ἔθνους ἐν πειρασμῷ καὶ **ἐν σημείοις καὶ** ἐν **τέρασιν** καὶ ἐν πολέμῳ **Sap 10,16** εἰσῆλθεν εἰς ψυχὴν θεράποντος κυρίου καὶ ἀντέστη βασιλεῦσιν φοβεροῖς **ἐν τέρασιν καὶ σημείοις**. **Ier 39,21** καὶ ἐξήγαγες τὸν λαόν σου

MT		ALIA
ויאמר יהוה אל־השׂטן הנו בידך אך את־נפשו שמר:	**Iob 2,6**	
ויצא השׂטן מאת פני יהוה ויך את־איוב בשחין רע מכף רגלו עד קדקדו:	**2,7**	
ונתתי משכני בתוככם ולא־תגעל נפשי אתכם:	**Lev 26,11**	cf **Is 40,29** *διδοὺς τοῖς πεινῶσιν ἰσχὺν καὶ τοῖς μὴ ὀδυνωμένοις λύπην.* vd et Dtn 3,25s
והיה משכני עליהם והייתי להם לאלהים והמה יהיו־לי לעם:	**Ez 37,27**	
ואני אקשה את־לב פרעה והרביתי את־אתתי ואת־מופתי בארץ מצרים:	**Ex 7,3**	vd et ad Rom 15,19
או הנסה אלהים לבוא לקחת לו גוי מקרב גוי במסת באתת ובמופתים ובמלחמה	**Dtn 4,34**	*ἐν σημείους καὶ ἐν τέρασιν* aut sim saepius in Dtn
ותצא את־עמך את־ישראל מארץ	**Ier 32,21**	

NT	LXX
	Ἰσραὴλ ἐκ γῆς Αἰγύπτου ἐν ***σημείοις*** ***καὶ*** ἐν ***τέρασι***
13,1 Τρίτον τοῦτο ἔρχομαι πρὸς ὑμᾶς· ***ἐπὶ στόματος δύο μαρτύρων καὶ*** ***τριῶν*** ***σταθήσεται πᾶν ῥῆμα***.	**Dtn 19,15** ***ἐπὶ στόματος δύο μαρτύρων καὶ*** ἐπὶ στόματος ***τριῶν μαρτύρων σταθήσεται πᾶν ῥῆμα***.
13,11 Λοιπόν, ἀδελφοί, χαίρετε, καταρτίζεσθε, παρακαλεῖσθε, τὸ αὐτὸ φρονεῖτε, εἰρηνεύετε, καὶ ***ὁ θεὸς*** τῆς ἀγάπης καὶ εἰρήνης ***ἔσται μεθ᾽ ὑμῶν***.	**Is 58,11** καὶ ***ἔσται*** ***ὁ θεός*** σου ***μετὰ σοῦ*** διὰ παντός·

MT		ALIA
מצרים באתות ובמופתים		
על־פי שׁני עדים או על־פי שׁלשׁה־עדים יקום דבר:	**Dtn 19,15**	cf et Dtn 17,6
ונחך יהוה תמיד	**Is 58,11**	

Ad Galatas

NT	LXX
1,4 *τοῦ δόντος ἑαυτὸν ὑπὲρ τῶν ἁμαρτιῶν ἡμῶν, ὅπως ἐξέληται ἡμᾶς ἐκ τοῦ αἰῶνος τοῦ ἐνεστῶτος πονηροῦ κατὰ τὸ θέλημα τοῦ θεοῦ καὶ πατρὸς ἡμῶν,*	**Is 53,4** *οὗτος τὰς ἁμαρτίας ἡμῶν φέρει* … **53,5** *αὐτὸς δὲ ἐτραυματίσθη διὰ τὰς ἀνομίας ἡμῶν καὶ μεμαλάκισται διὰ τὰς ἁμαρτίας ἡμῶν·* **53,6** … *καὶ κύριος παρέδωκεν αὐτὸν ταῖς ἁμαρτίαις ἡμῶν·* … **53,11** *καὶ τὰς ἁμαρτίας αὐτῶν αὐτὸς ἀνοίσει.* **53,12** *διὰ τοῦτο αὐτὸς κληρονομήσει πολλοὺς …, ἀνθ' ὧν παρεδόθη εἰς θάνατον ἡ ψυχὴ αὐτοῦ, …· καὶ αὐτὸς ἁμαρτίας πολλῶν ἀνήνεγκε καὶ διὰ τὰς ἁμαρτίας αὐτῶν παρεδόθη.* **Sap 10,1** *καὶ ἐξείλατο* (sc *ἡ σοφία*) *αὐτὸν* (sc *τὸν* Ἀδάμ) *ἐκ παραπτώματος ἰδίου,*
1,5 *ᾧ ἡ δόξα εἰς τοὺς αἰῶνας τῶν αἰώνων, ἀμήν.*	**4Mac 18,24** *ᾧ ἡ δόξα εἰς τοὺς αἰῶνας τῶν αἰώνων· ἀμήν.* **1Esdr 5,58** *καὶ ἡ δόξα εἰς τοὺς αἰῶνας ἐν παντὶ* Ἰσραήλ.

MT		ALIA
אכן חלינו הוא נשׂא	**Is 53,4**	mod dic *ἐξελεῖν ἐκ* saepe in LXX, ex gr
...		**Ex 3,8** *καὶ κατέβην ἐξελέσθαι αὐτοὺς*
והוא מחלל מפשׁענו	**53,5**	*ἐκ χειρὸς Αἰγυπτίων*, cf et Ex 18,8-10
מדכא מעונתינו		*ψ* **114,8** *ἐξείλατο τὴν ψυχήν μου ἐκ θα-*
...		*νάτου*, cf et Ios 2,13
ויהוה הפגיע בו	**53,6**	**Sir 51,12** *καὶ ἐξείλου με ἐκ καιροῦ πο-*
את עון כלנו:		*νηροῦ.*
...		cf et ad Rom 4,25 et 1Cor 15,3
ועונתם הוא יסבל:	**53,11**	
לכן אחלק־לו ברבים ...	**53,12**	
תחת אשׁר הערה למות נפשׁו ...		
והוא חטא־רבים נשׂא		
ולפשׁעים יפגיע:		

εἰς τοὺς αἰῶνας τῶν αἰώνων aut sim ca 44x in LXX (1Esdr, Neh, Tob, Sir, Ez, Dan, 1Mac, 2Mac, 4Mac, 24x in *ψψ*) cf et ad 2Tim 4,18

NT	LXX
1,10 Χριστοῦ δοῦλος	
1,13 *καθ' ὑπερβολὴν ἐδίωκον τὴν ἐκκλησίαν τοῦ θεοῦ καὶ ἐπόρθουν αὐτήν,* **1,14** *περισσοτέρως* ***ζηλωτ****ὴς ὑπάρχων τῶν πατρικῶν μου παραδόσεων.*	**ψ 72,3** *ὅτι ἐζήλωσα ἐπὶ τοῖς ἀνόμοις* **2Mac 4,2** *ζηλωτὴν τῶν νόμων* **1Mac 2,26** *καὶ ἐζήλωσε τῷ νόμῳ, καθὼς ἐποίησε Φινεές …* **2,27** … *Πᾶς ὁ ζηλῶν τῷ νόμῳ* … **2,50** *ζηλώσατε τῷ νόμῳ* … **2,58** *Ἠλίας ἐν τῷ ζηλῶσαι ζῆλον νόμου ἀνελήμφθη ὡς εἰς τὸν οὐρανόν.*
1,15 *Ὅτε δὲ εὐδόκησεν (ὁ θεὸς) ὁ ἀφορίσας με* ***ἐκ κοιλίας μητρός μου*** *καὶ καλέσας διὰ τῆς χάριτος αὐτοῦ* **1,16** *ἀποκαλύψαι τὸν υἱὸν αὐτοῦ ἐν ἐμοί, ἵνα εὐαγγελίζωμαι αὐτὸν ἐν τοῖς* ***ἔθνεσιν,***	**Is 49,1** *λέγει κύριος,* ***ἐκ κοιλίας μητρός μου*** *ἐκάλεσε τὸ ὄνομά μου* **Ier 1,5** *Πρὸ τοῦ με πλάσαι σε ἐν* ***κοιλίᾳ*** *ἐπίσταμαί σε καὶ πρὸ τοῦ σε ἐξελθεῖν* ***ἐκ μήτρ****ας ἡγίακά σε, προφήτην εἰς* ***ἔθνη*** *τέθεικά σε·* **Is 49,6** *Μέγα σοί ἐστι τοῦ κληθῆναί σε παῖδά μου τοῦ στῆσαι τὰς φυλὰς Ἰακὼβ καὶ τὴν διασπορὰν τοῦ Ἰσραὴλ ἐπιστρέψαι· ἰδοὺ τέθεικά σε εἰς φῶς* ***ἐθνῶν*** *τοῦ εἶναί σε εἰς σωτηρίαν ἕως ἐσχάτου τῆς γῆς.*

MT		ALIA
		cf Gal 1,15: Paulus verbis Isaiae, quibus Servus Domini vocatur, apostolus vocatus est.
כי־קנאתי בהוללים	**Ps 73,3**	plur in LXX *ζηλωτής* pro *θεός* ad *Φινεές* 1Mac 2,26 vd et 4Mac 18,12
יהוה מבטן קראני ממעי אמי הזכיר שמי:	**Is 49,1**	cf Gal 1,10 Paulus est servus Christi, et cont Is 49,1: **Is 49,3** *καὶ εἶπέ μοι Δοῦλός μου εἶ σύ, Ἰσραήλ, καὶ ἐν σοὶ δοξασθήσομαι.*
בטרם אצורך בבטן ידעתיך ובטרם תצא מרחם הקדשתיך נביא לגוים נתתיך:	**Ier 1,5**	… **49,5** *κύριος ὁ πλάσας με ἐκ κοιλίας δοῦλον ἑαυτῷ τοῦ συναγαγεῖν τὸν Ἰακὼβ καὶ Ἰσραὴλ πρὸς αὐτόν·*
נקל מהיותך לי עבד להקים את־שבטי יעקב ונצירי ישראל להשיב ונתתיך לאור גוים להיות ישועתי עד־קצה הארץ:	**Is 49,6**	

NT	LXX
1,16 *εὐθέως οὐ προσανεθέμην σαρκὶ καὶ αἵματι*	**Sir 14,18** *οὕτως γενεὰ σαρκὸς καὶ αἵματος,* **Sir 17,31** *καὶ πονηρὸν ἐνθυμηθήσεται σὰρξ καὶ αἷμα*
1,17 *οὐδὲ ἀνῆλθον εἰς Ἱεροσόλυμα*	
1,18 *ἀνῆλθον εἰς Ἱεροσόλυμα*	**1Par 13,6** *καὶ πᾶς Ἰσραὴλ ἀνέβη εἰς πόλιν Δαυίδ* **1Esdr 2,5** *καὶ ἀναβὰς εἰς τὴν Ἰερουσαλὴμ* **3Mac 3,16** *εἰς τὰ Ἱεροσόλυμα ἀναβάντες*
1,20 *ἰδοὺ ἐνώπιον τοῦ θεοῦ ὅτι οὐ ψεύδομαι.*	**Iob 6,28** *νυνὶ δὲ εἰσβλέψας εἰς πρόσωπα ὑμῶν οὐ ψεύσομαι.* **Iob 27,11** *ἅ ἐστιν παρὰ παντοκράτορι, οὐ ψεύσομαι.*
1,24 *καὶ ἐδόξαζον ἐν ἐμοὶ τὸν θεόν.*	**Is 49,3** *καὶ εἶπέ μοι Δοῦλός μου εἶ σύ, Ἰσραήλ, καὶ ἐν σοὶ δοξασθήσομαι.*
2,1 *ἀνέβην εἰς Ἱεροσόλυμα*	
2,2 *τὸ εὐαγγέλιον ὃ κηρύσσω ἐν τοῖς ἔθνεσιν …, μή πως εἰς κενὸν τρέχω ἢ*	**Ioel 3,9(4,9)** *κηρύξατε ταῦτα ἐν τοῖς ἔθνεσιν,*

MT		ALIA
כן דורות בשׂר ודם	**Sir 14,18**	
		vd ad Gal 1,18
וכל־ישׂראל בעלתה אל־קרית יערים	**1Par 13,6**	mod dic *ἀναβαίνειν εἰς* Ἰερουσαλήμ aut sim vd et 2Par 12,2 et alibi cf et *ἀναβαίνειν εἰς* [*τὸ*] *ὄρος Σιών* 1Mac 4,37; 7,33
ועתה הואילו פנו־בי ועל־פניכם אם־אכזב׃	**Iob 6,28**	
אשׁר עם־שׁדי לא אכחד׃	**Iob 27,11**	
ויאמר לי עבדי־אתה ישׂראל אשׁר־בך אתפאר׃	**Is 49,3**	mod dic *δοξάζειν τὸν θεόν* ex gr Ex 15,2; *ψ* 21,24
		vd ad Gal 1,18
קראו־זאת בגוים	**Ioel 4,9**	ad *εἰς κενόν* vd ad 1Cor 15,58; Phil 2,16 et 1Tess 3,5

NT	LXX
ἔδραμον.	**Is 49,4** *καὶ ἐγὼ εἶπα* ***Κενῶς*** *ἐκοπίασα καὶ εἰς μάταιον καὶ εἰς οὐθὲν ἔδωκα τὴν ἰσχύν μου·* **Is 65,23** *οἱ δὲ ἐκλεκτοί μου οὐ κοπιάσουσιν εἰς* ***κενόν***
2,5 *ἵνα* ***ἡ ἀλήθεια*** *τοῦ εὐαγγελίου δια****μείν****ῃ πρὸς ὑμᾶς.*	**ψ 116,2** *ὅτι ἐκραταιώθη τὸ ἔλεος αὐτοῦ ἐφ' ἡμᾶς,* *καὶ* ***ἡ ἀλήθεια*** *τοῦ κυρίου* ***μέν****ει εἰς τὸν αἰῶνα.* **Is 40,8** *τὸ δὲ ῥῆμα τοῦ θεοῦ ἡμῶν* ***μέν****ει εἰς τὸν αἰῶνα.*
2,6 ***πρόσωπον*** *[ὁ] θεὸς* ***ἀνθρώπου οὐ*** *λαμβάνει*	**Dtn 1,17** *οὐκ ἐπιγνώσῃ* ***πρόσωπον*** *ἐν κρίσει, κατὰ τὸν μικρὸν καὶ κατὰ τὸν μέγαν κρινεῖς,* ***οὐ*** *μὴ ὑποστείλῃ* ***πρόσωπον ἀνθρώπου****, ὅτι ἡ κρίσις τοῦ* ***θε****οῦ ἐστιν·* **Dtn 10,17** *ὁ γὰρ κύριος* ***ὁ θεὸς*** *ὑμῶν, …, ὅστις* ***οὐ*** *θαυμάζει* ***πρόσωπον*** *οὐδὲ μὴ λάβῃ δῶρον,* **Sir 32,15(35,15)** *ὅτι κύριος κριτής ἐστιν, καὶ οὐκ ἔστιν παρ' αὐτῷ δόξα* ***προσώπ****ου.* **32,16(35,16)** ***οὐ λήμψ****εται* ***πρόσωπον*** *ἐπὶ πτωχοῦ*
2,9 *καὶ γνόντες τὴν χάριν τὴν δοθεῖσάν μοι … δεξιὰς ἔδωκαν ἐμοὶ καὶ Βαρναβᾷ κοινωνίας,*	

MT		ALIA
ואני אמרתי לריק יגעתי לתהו והבל כחי כליתי	**Is 49,4**	vd et Is 49,6 ad Gal 1,16 ad *εὐαγγέλιον* vd et ad Rom 1,16s
בחירי:	**Is 65,22**	
לא ייגעו לריק	**65,23**	
כי גבר עלינו חסדו	**Ps 117,2**	cf et ψ **110,3** *καὶ ἡ δικαιοσύνη αὐτοῦ μένει εἰς τὸν αἰῶνα τοῦ αἰῶνος.*
ואמת־יהוה לעולם		eisd vbs ψ 111,3.9 **Prov 19,21** *ἡ δὲ βουλὴ τοῦ κυρίου εἰς τὸν αἰῶνα μένει.*
ודבר־אלהינו יקום לעולם:	**Is 40,8**	
לא־תכירו פנים במשפט כק כגדל תשמעון לא תגורו מפני־אי כי המשפט לאלהים הוא	**Dtn 1,17**	vd et ad Rom 2,11
כי יהוה אלהיכם ... אשר לא־יש פנים ולא יקח שחד:	**Dtn 10,17**	Dtn 10,17 apud Philo V 249ap: *λαμβάνει* pro *θαυμάζει*
כי אלהי משפט הוא ואין עמו משוא פנים:	**Sir 35,12**	
לא ישא פנים אל דל	**35,13**	
		mod dic *διδόναι χάριν* ex gr Ex 3,21; 11,3; 12,36; ψ 83,12 mod dic *δεξιάς* (aut *δεξιάν*) *διδόναι* saepe in 1Mac et 2Mac

NT	LXX
2,12 *μετὰ τῶν ἐθνῶν συνήσθιεν·*	**Tob 1,10** *πάντες οἱ ἀδελφοί μου καὶ οἱ ἐκ τοῦ γένους μου ἤσθιον ἐκ τῶν ἄρτων τῶν ἐθνῶν·*
2,16 *εἰδότες [δὲ] ὅτι οὐ δικαιοῦται ἄνθρωπος ἐξ ἔργων νόμου ἐὰν μὴ διὰ πίστεως Ἰησοῦ Χριστοῦ, καὶ ἡμεῖς εἰς Χριστὸν Ἰησοῦν ἐπιστεύσαμεν, ἵνα δικαιωθῶμεν ἐκ πίστεως Χριστοῦ καὶ οὐκ ἐξ ἔργων νόμου, ὅτι ἐξ ἔργων νόμου οὐ δικαιωθήσεται πᾶσα σάρξ.*	**ψ 142,2** *ὅτι οὐ δικαιωθήσεται ἐνώπιόν σου πᾶς ζῶν.*
2,19 *ἵνα θεῷ ζήσω.*	**ψ 21,30** *καὶ ἡ ψυχή μου αὐτῷ* (sc *τῷ κυρίῳ*) *ζῇ,*
2,20 *παραδόντος ἑαυτὸν ὑπὲρ ἐμοῦ.*	
3,6 Καθὼς *Ἀβραὰμ ἐπίστευσεν τῷ θεῷ, καὶ ἐλογίσθη αὐτῷ εἰς δικαιοσύνην·*	**Gen 15,6** *καὶ ἐπίστευσεν Ἀβρὰμ τῷ θεῷ, καὶ ἐλογίσθη αὐτῷ εἰς δικαιοσύνην.*

MT		ALIA
		cf Jdt 12,1ss cf et **Gen 43,32** *οὐ γὰρ ἐδύναντο οἱ Αἰγύπτιοι συνεσθίειν μετὰ τῶν Ἑβραίων ἄρτους, βδέλυγμα γάρ ἐστιν τοῖς Αἰγυπτίοις.*
כי לא־יצדק לפניך כל־חי:	**Ps 143,2**	*πᾶσα σάρξ* ca 46x in LXX, ex gr Gen 6,12
ונפשו לא חיה:	**Ps 22,30**	lg לו pro לא vd et ad Rom 6,10s et 14,8
		vd Is 53,4-12 ad Gal 1,4
והאמן ביהוה ויחשבה לו צדקה:	**Gen 15,6**	sed **1Mac 2,52** *Ἀβραὰμ οὐχὶ ἐν πειρασμῷ εὑρέθη πιστός, καὶ ἐλογίσθη αὐτῷ εἰς δικαιοσύνην;* cf ψ **105,31** *καὶ ἐλογίσθη αὐτῷ* (sc *Φινεές*) *εἰς δικαιοσύνην* cf et Gen 26,4; 28,14; ψ 71,17; Sir 44,21; cf et ad Rom 4,3

NT	LXX
3,8 *ἡ γραφὴ … προευηγγελίσατο τῷ Ἀβραὰμ ὅτι* ***ἐνευλογηθήσονται ἐν σοὶ πάντα τὰ ἔθνη·***	**Gen 12,3** ***ἐνευλογηθήσονται ἐν σοὶ πᾶ****σαι αἱ φυλαὶ τῆς γῆς.* **Gen 18,18** *καὶ* ***ἐνευλογηθήσονται ἐν*** *αὐτῷ* ***πάντα τὰ ἔθνη*** *τῆς γῆς.* **Gen 22,18** *καὶ* ***ἐνευλογηθήσονται ἐν*** *τῷ σπέρματί σου* ***πάντα τὰ ἔθνη*** *τῆς γῆς,*
3,9 *ὥστε οἱ ἐκ πίστεως εὐλογοῦνται σὺν τῷ πιστῷ Ἀβραάμ.*	
3,10 *γέγραπται γὰρ ὅτι* ***ἐπικατάρατος πᾶς ὃς οὐκ ἐμμένει πᾶσιν τοῖς γεγραμμέν****οις* ***ἐν τῷ βιβλίῳ τοῦ νόμου τοῦ ποιῆσαι αὐτ****ά.*	**Dtn 27,26** ***ἐπικατάρατος πᾶς*** *ἄνθρωπος,* ***ὅσ****τις* ***οὐκ ἐμμενεῖ*** (!) *ἐν* ***πᾶσιν τοῖς*** *λόγοις* ***τοῦ νόμου*** *τούτου* ***ποιῆσαι αὐτ****ούς·* **Dtn 28,58** ***ποι****εῖν* ***πά****ντα τὰ ῥήματα* ***τοῦ νόμου*** *τούτου* *τὰ* ***γεγραμμέν****α* ***ἐν τῷ βιβλίῳ*** *τούτῳ* **Dtn 30,10** *καὶ τὰς κρίσεις αὐτοῦ τὰς* ***γεγραμμέν****ας* ***ἐν τῷ βιβλίῳ τοῦ νόμου*** *τούτου,*
3,11 *ὅτι* ***ὁ δίκαιος ἐκ πίστεως ζήσεται·***	**Hab 2,4** ***ὁ*** *δὲ* ***δίκαιος ἐκ πίστεώς*** *μου* ***ζήσεται.***
3,12 *ὁ* ***ποιήσας αὐτὰ ζήσεται ἐν αὐτοῖς.***	**Lev 18,5** *καὶ φυλάξεσθε πάντα (!) τὰ προστάγματά μου καὶ πάντα (!) τὰ κρίματά μου καὶ ποιήσετε* ***αὐτά****, ἃ* ***ποιήσας*** *ἄνθρωπος* ***ζήσεται ἐν αυτοῖς·***

	MT	ALIA
Gen 12,3	ונברכו בך כל משפחת האדמה:	
Gen 18,18	ונברכו בו כל גויי הארץ:	
Gen 22,18	והתברכו בזרעך כל גויי הארץ:	
		cf ad Rom 1,16f
Dtn 27,26	ארור אשר לא־יקים את־דברי התורה־הזאת לעשות אותם	Gal 3,10 א^{2}, A, C, D, F, G, M latt: *εν πασιν* pro *πᾶσιν*; cf et Dtn 28,15
Dtn 28,58	לעשות את־כל־דברי התורה הזא הכתובים בספר הזה	ad *πᾶσιν τοῖς λόγοις τοῦ νόμου* in Dtn 27,26: *πᾶσιν* non est in MT, sed saepe faciendorum iudiciorum Legis omnium
Dtn 30,10	וחקתיו הכתובה בספר התורה הזה	praeceptum, cf ex gr Lev 18,5 ad Gal 3,12!
Hab 2,4	וצדיק באמונתו יחיה:	
Lev 18,5	ושמרתם את־חקתי ואת־משפט אשר יעשה אתם האדם וחי בהם	cf ex gr et **Dtn 11,8** *καὶ φυλάξεσθε πάσας τὰς ἐντολὰς αὐτοῦ, ὅσας ἐγὼ ἐντέλλομαί σοι σήμερον, ἵνα ζῆτε καὶ πολυπλασιασθῆτε καὶ εἰσέλθητε καὶ κλη-*

NT	LXX
	2Esdr 19,29 *καὶ ἐπεμαρτύρω αὐτοῖς ἐπιστρέψαι αὐτοὺς εἰς τὸν νόμον σου, καὶ οὐκ ἤκουσαν, ἀλλὰ ἐν ταῖς ἐντολαῖς σου καὶ τοῖς κρίμασιν ἡμάρτοσαν, ἃ* ***ποιήσας αὐτὰ*** *ἄνθρωπος* ***ζήσεται ἐν αὐτοῖς****·*
3,13 *Χριστὸς ἡμᾶς ἐξηγόρασεν ἐκ τῆς κατάρας τοῦ νόμου γενόμενος ὑπὲρ ἡμῶν κατάρα, ὅτι γέγραπται·* ***ἐπικατάρατος πᾶς*** *ὁ* ***κρεμάμενος ἐπὶ ξύλου****,*	**Dtn 21,22** *ἐὰν δὲ γένηται ἔν τινι ἁμαρτία κρίμα θανάτου, καὶ ἀποθάνῃ, καὶ* ***κρεμά****σητε αὐτὸν* ***ἐπὶ ξύλου****·* **21,23** … ***κεκατηραμένος*** *ὑπὸ θεοῦ* ***πᾶς κρεμάμενος ἐπὶ ξύλου****·*
3,14 *ἵνα* ***εἰς*** *τὰ* ***ἔθν****η ἡ* ***εὐλογί****α τοῦ* ***Ἀβραὰμ*** *γένηται ἐν Χριστῷ Ἰησοῦ,*	**Gen 28,3** *ὁ δὲ θεός μου* ***εὐλογ****ήσαι σε καὶ αὐξήσαι σε καὶ πληθύναι σε, καὶ ἔσῃ* ***εἰς*** *συναγωγὰς* ***ἐθν****ῶν·* **28,4** *καὶ δῴη σοι τὴν* ***εὐλογί****αν* ***Ἀβραὰμ*** *τοῦ πατρός μου, σοὶ καὶ* ***τῷ σπέρματί*** *σου μετὰ σέ, κληρονομῆσαι τὴν γῆν τῆς παροικήσεώς σου,*
3,15 *ὅμως ἀνθρώπου κεκυρωμένην* ***διαθήκην*** *οὐδεὶς ἀθετεῖ ἢ ἐπιδιατάσσεται.* **3,16** *τῷ δὲ Ἀβραὰμ ἐρρέθησαν αἱ ἐπαγγελίαι* ***καὶ τῷ σπέρματι αὐτοῦ****· οὐ λέγει· καὶ τοῖς σπέρμασιν, ὡς ἐπὶ πολλῶν ἀλλ' ὡς ἐφ' ἑνός·* ***καὶ τῷ σπέρματί σου,***	**Gen 17,19** *καὶ στήσω τὴν* ***διαθήκην*** *μου πρὸς αὐτὸν εἰς* ***διαθήκην*** *αἰώνιον* ***καὶ τῷ σπέρματι αὐτοῦ*** *μετ' αὐτόν.* **Gen 13,15** *ὅτι πᾶσαν τὴν γῆν, ἣν σὺ ὁρᾷς, σοὶ δώσω αὐτὴν* ***καὶ τῷ σπέρματί σου*** *ἕως τοῦ αἰῶνος.*

MT		ALIA
ותעד בהם להשיבם אל־תורתך והמה הזידו ולא שמעו למצותיך ובמשפטיך חטאו־בם אשר־יעשה אדם וחיה בהם	**Neh 9,29**	*ρονομήσητε τὴν γῆν, εἰς ἣν ὑμεῖς διαβαίνετε τὸν Ἰορδάνην ἐκεῖ κληρονομῆσαι αὐτήν,* cf et Dtn 4,1; 8,1; 30,15s; Ez 20,11. 13; Bar 4,1; Sir 17,11 cf et ad Rom 10,5
וכי־יהיה באיש חטא משפט־מו והומת ותלית אתו על־עץ:	**Dtn 21,22**	*ἐπικατάρατος πᾶς* in LXX tantum Dtn 27,26 (vd ad Gal 3,10)
... כי־קללת אלהים תלוי	**21,23**	
ואל שדי יברך אתך ויפרך וירב והיית לקהל עמים:	**Gen 28,3**	
ויתן־לך את־ברכת אברהם ל ולזרעך אתך לרשתך את־אר מגריך	**28,4**	ad Gen 28,4 *κληρονομῆσαι* vd ad cont Gal 3,14: 3,18.29; 4,1.7
והקמתי את־בריתי אתו לברי עולם לזרעו אחריו:	**Gen 17,19**	ad Gal 3,15-18 vd et Gen 15,18 et 17,2-14: complura exempla notionum *διαθήκη* et *σπέρμα* (et *περιτέμνειν*!)
כי את־כל־הארץ אשר־אתה רא לך אתננה ולזרעך עד־עולם:	**Gen 13,15**	*τὸ σπέρμα αὐτοῦ/σου* 105x in LXX (33x in Gen) cf et Gen 22,18 ad Gal 3,8 et Gen 28,3

NT	LXX
ὅς ἐστιν Χριστός.	**Gen 17,8** *καὶ δώσω σοι* ***καὶ τῷ σπέρματί σου*** *μετὰ σὲ τὴν γῆν,* **Gen 24,7** *Σοὶ δώσω τὴν γῆν ταύτην* ***καὶ τῷ σπέρματί σου,***
3,17 *διαθήκην προκεκυρωμένην ὑπὸ τοῦ θεοῦ ὁ μετὰ τετρακόσια καὶ τριάκοντα ἔτη γεγονὼς νόμος οὐκ ἀκυροῖ*	
3,19 *τί οὖν* ***ὁ νόμος****; τῶν παραβάσεων χάριν προσετέθη, ἄχρις οὗ ἔλθῃ τὸ σπέρμα ᾧ ἐπήγγελται, διαταγεὶς δι' ἀγγέλων* ***ἐν χειρὶ*** *μεσίτου.*	**Lev 26,46** *καὶ* ***ὁ νόμος****, ὃν ἔδωκεν κύριος ἀνὰ μέσον αὐτοῦ καὶ ἀνὰ μέσον τῶν υἱῶν* Ἰσραὴλ *ἐν τῷ ὄρει Σινὰ* ***ἐν χειρὶ*** Μωϋσῇ. **Dtn 5,5** *κἀγὼ εἱστήκειν ἀνὰ μέσον κυρίου καὶ ὑμῶν ἐν τῷ καιρῷ ἐκείνῳ ἀναγγεῖλαι ὑμῖν τὰ ῥήματα κυρίου,* **Dtn 33,2** Κύριος *ἐκ Σινὰ ἥκει, … ἐκ δεξιῶν αὐτοῦ ἄγγελοι μετ' αὐτοῦ.*
3,20 *ὁ δὲ μεσίτης ἑνὸς οὐκ ἔστιν,* ***ὁ*** *δὲ* ***θεὸς εἷς ἐστιν.***	**Dtn 6,4** Ἄκουε, Ἰσραήλ· *κύριος* ***ὁ θεὸς*** *ἡμῶν κύριος* ***εἷς ἐστιν.*** **Zach 14,9** *ἐν τῇ ἡμέρᾳ ἐκείνῃ ἔσται κύριος εἷς καὶ τὸ ὄνομα αὐτοῦ ἕν.*
3,21 *ὁ οὖν νόμος κατὰ τῶν ἐπαγγελιῶν* [*τοῦ θεοῦ*]; *μὴ γένοιτο. εἰ γὰρ ἐδόθη νόμος ὁ δυνάμενος ζῳοποιῆσαι, ὄντως ἐκ νόμου ἂν ἦν ἡ δικαιοσύνη·*	

MT		ALIA
ונתתי לך ולזרעך אחריך את ארץ	**Gen 17,8**	ad Gal 3,14
לזרעך אתן את־הארץ הזאת	**Gen 24,7**	
		Ex 12,40s: 430 anni pro alio historiae Israel spatio
והתורת אשר נתן יהוה בינו ובי בני ישראל בהר סיני ביד משה:	**Lev 26,46**	mod dic ἐν χειρὶ Μωϋσῆ saepe in LXX, respectu dationis legis ex gr Num 36,13; Idc 3,4; 1Par 16,40; 2Par 33,8; Bar 2,28 (ἐν χειρὶ παιδός σου Μωϋσῆ) vd et Ex 34,29 et Idc 2,4
אנכי עמד בין־יהוה וביניכם בער ההוא להגיד לכם את־דבר יהוה	**Dtn 5,5**	
יהוה מסיני בא ... מימינו אשדר למו:	**Dtn 33,2**	fort lg אֵשׁ דָּת pro אֶשְׁדָּת
שמע ישראל יהוה אלהינו יהוו אחד:	**Dtn 6,4**	vd et mod dic (ὁ) *θεὸς μόνος*, ex gr ψ 85,10; Is 37,16.20
ביום ההוא יהיה יהוה אחד ושמו אחד:	**Zach 14,9**	
		sed contra ex gr Lev 18,5 et Dtn 8,1 (vd ad Gal 3,12)

NT	LXX
3,26 *πάντες γὰρ υἱοὶ θεοῦ ἐστε διὰ τῆς πίστεως ἐν Χριστῷ Ἰησοῦ·*	
4,4 *ὅτε δὲ ἦλθεν τὸ **πλήρω**μα τοῦ **χρό**νου, ἐξαπέστειλεν ὁ θεὸς τὸν υἱὸν αὐτοῦ, γενόμενον ἐκ **γυναικός**, γενόμενον ὑπὸ νόμον,*	**Tob 14,5** *καὶ πάλιν ἐλεήσει αὐτοὺς ὁ θεός, καὶ ἐπιστρέψει αὐτοὺς ὁ θεὸς εἰς τὴν γῆν τοῦ Ἰσραήλ, καὶ πάλιν οἰκοδομήσουσιν τὸν οἶκον, καὶ οὐχ ὡς τὸν πρῶτον, ἕως τοῦ χρόνου, οὗ ἂν **πληρω**θῇ ὁ **χρόν**ος τῶν καιρῶν.* **Iob 14,1** *βροτὸς γὰρ γεννητὸς **γυναικός***
4,6 ***ἐξαπ**έ**στε**ι**λ**εν ὁ θεὸς **τὸ πνεῦμα** τοῦ υἱοῦ αυτοῦ εἰς τὰς καρδίας ἡμῶν*	**ψ 103,30** ***ἐξαπ**ο**στελ**εῖς **τὸ πνεῦμά** σου, καὶ κτισθήσονται,*
4,8 *Ἀλλὰ τότε μὲν οὐκ **εἰδότ**ες θεὸν ἐδουλεύσατε τοῖς φύσει μὴ οὖσιν **θε**οῖς·*	**Ier 10,25** *ἔθνη τὰ μὴ **εἰδότ**α σε* **ψ 78,6** *ἔθνη τὰ μὴ γινώσκοντά σε* **Ier 2,11** *εἰ ἀλλάξονται ἔθνη θεοὺς αὐτῶν; καὶ οὗτοι οὔκ εἰσι θεοί.*

MT		ALIA
		Israel sicut *υἱοὶ θεοῦ* ex gr **Os 1,10** *καὶ ἔσται ἐν τῷ τόπῳ, οὗ ἐρρέθη αὐτοῖς Οὐ λαός μου ὑμεῖς, κληθήσονται καὶ αὐτοὶ υἱοὶ θεοῦ ζῶντος.* vd et ad Rom 9,25
		Tob 14,5 sec א; sed plm codd: *εως πληρωθωσιν καιροι του αιωνος.*
אדם ילוד אשה	**Iob 14,1**	
תשלח רוחך יבראון	**Ps 104,30**	cf et **Sap 9,10** *ἐξαπόστειλον αὐτήν* (sc *τὴν σοφίαν*), sec Sap 1,6 *σοφία* est *φιλάνθρωπον πνεῦμα*, sed Idc 9,23 *καὶ ἐξαπέστειλεν ὁ θεὸς πνεῦμα πονηρόν*, cf et 3Bas 22,22: *πνεῦμα ψευδές*!
הגוים אשר לא־ידעוך	**Ier 10,25**	mod dic *δουλεύειν θεοῖς ἑτέροις* aut sim saepe in LXX, ex gr Dtn 28,64; Idc 10,13B (A: *ἐλατρεύσατε*); Ier 16,13; mod dic *οὐ θεοὶ εἶναι* pro deis manibus factis: Is 37,19; Ier 16,20; Sap 13,10ss vd et ad 1Thess 4,5
הגוים אשר לא־ידעוך	**Ps 79,6**	
ההימיר גוי אלהים והמה לא אלהים	**Ier 2,11**	

NT	LXX
4,9 *νῦν δὲ γνόντες θεόν, μᾶλλον δὲ γνωσθέντες ὑπὸ θεοῦ, πῶς ἐπιστρέφετε πάλιν ἐπὶ τὰ ἀσθενῆ καὶ πτωχὰ στοιχεῖα οἷς πάλιν ἄνωθεν δουλεύειν θέλετε;*	**Os 11,12** *νῦν ἔγνω αὐτοὺς ὁ θεός, καὶ λαὸς ἅγιος κεκλήσεται θεοῦ.* **Dtn 31,18** *ὅτι ἐπέστρεψαν ἐπὶ θεοὺς ἀλλοτρίους.* … **31,20** *καὶ ἐπιστραφήσονται ἐπὶ θεοὺς ἀλλοτρίους καὶ λατρεύσουσιν αὐτοῖς*
4,10 *ἡμέρας παρατηρεῖσθε καὶ μῆνας καὶ καιροὺς καὶ ἐνιαυτούς,* … **4,14** *ἀλλὰ ὡς ἄγγελον θεοῦ ἐδέξασθέ με,*	**1Bas 29,9** *ὅτι ἀγαθὸς σὺ ἐν ὀφθαλμοῖς μου,*
4,21 *τὸν νόμον οὐκ ἀκούετε;*	**Is 30,9** *οἳ οὐκ ἠβούλοντο ἀκούειν τὸν νόμον τοῦ θεοῦ,* **Is 42,24** *οὐκ ἐβούλοντο ἐν ταῖς ὁδοῖς αὐτοῦ πορεύεσθαι οὐδὲ ἀκούειν τοῦ νόμου αὐτοῦ;*
4,22 *γέγραπται γὰρ ὅτι Ἀβραὰμ δύο υἱοὺς ἔσχεν, ἕνα ἐκ τῆς παιδίσκης καὶ ἕνα ἐκ τῆς ἐλευθέρας.*	**Gen 16,15** *καὶ ἔτεκεν Ἁγὰρ τῷ Ἀβραὰμ υἱόν,* **Gen 21,2** *καὶ συλλαβοῦσα ἔτεκεν Σάρρα τῷ Ἀβραὰμ υἱὸν εἰς τὸ γῆρας εἰς τὸν καιρόν, καθὰ ἐλάλησεν αὐτῷ κύριος.*

MT		ALIA
ויהודה עד רד עם־אל ועם־קדושים נאמן:	**Os 12,1**	mod dic *γινώσκειν, ὅτι ἐγώ εἰμι κύριος* aut sim saepe in LXX; sed non saepe mod dic *γινώσκειν τὸν θεόν*, plum in dictis negativis, ex gr Is 1,3: *Ἰσραὴλ δέ με οὐκ ἔγνω*, sed saepe in LXX mod dic *ἐπιστρέφειν πρὸς (ἐπὶ) κύριον*
כי פנה אל־אלהים אחרים	**Dtn 31,18**	
...		
ופנה אל־אלהים אחרים ועבדום	**31,20**	
כי טוב אתה בעיני כמלאך אלהים	**1Sam 29,9**	vd et Ex 12; 23,10-12.14-17; Lev 23; 25,1-31; Dtn 14,21-15,6; 16,1-17; 31,9-13 homo ut angelus dei Idc 13,6; 2Bas 14,17; 19,28; Zach 12,8; Mal 2,7
לא־אבו שמוע תורת יהוה:	**Is 30,9**	mod dic *ἀκούειν τὸν νόμον* in LXX tantum Is 30,9 et 2Esdr 23,3, sed vd et mod dic *ἀκούειν τοῦ νόμου* 1Esdr 9,40. 50
ולא־אבו בדרכיו הלוך ולא שמעו בתורתו:	**Is 42,24**	
ותלד הגר לאברם בן	**Gen 16,15**	cf et Gen 21,9 Agar vocatur *παιδίσκη* Gen 16,1-3.5s. 8; 21,10.12s; 25,12
ותהר ותלד שׂרה לאברהם ב לזקניו למועד אשר־דבר את אלהים:	**Gen 21,2**	

NT	LXX
4,23 ὁ δὲ ἐκ τῆς ἐλευθέρας δι᾽ ἐπαγγελίας·	**Gen 12,2** καὶ ποιήσω σε εἰς ἔθνος μέγα καὶ εὐλογήσω σε καὶ μεγαλυνῶ τὸ ὄνομά σου, καὶ ἔσῃ εὐλογητός· **Gen 13,16** καὶ ποιήσω τὸ σπέρμα σου ὡς τὴν ἄμμον τῆς γῆς· εἰ δύναταί τις ἐξαριθμῆσαι τὴν ἄμμον τῆς γῆς, καὶ τὸ σπέρμα σου ἐξαριθμηθήσεται. **Gen 15,4** ὃς ἐξελεύσεται ἐκ σοῦ, οὗτος κληρονομήσει σε· **Gen 17,16** εὐλογήσω δὲ αὐτὴν (sc Σάρραν) καὶ δώσω σοι ἐξ αὐτῆς τέκνον· καὶ εὐλογήσω αὐτήν, καὶ ἔσται εἰς ἔθνη, … **17,19** Ναί· ἰδοὺ Σάρρα ἡ γυνή σου τέξεταί σοι υἱόν, καὶ καλέσεις τὸ ὄνομα αὐτοῦ Ἰσαάκ, καὶ στήσω τὴν διαθήκην μου πρὸς αὐτὸν εἰς διαθήκην αἰώνιον καὶ τῷ σπέρματι αὐτοῦ μετ᾽ αὐτόν·
4,24 αὗται γάρ εἰσιν δύο **διαθῆκ**αι, μία μὲν ἀπὸ **ὄρους Σινᾶ** εἰς δουλείαν γεννῶσα, ἥτις ἐστὶν Ἁγάρ. **4,25** τὸ δὲ Ἁγὰρ **Σινᾶ ὄρ**ος ἐστὶν ἐν τῇ Ἀραβίᾳ· συστοιχεῖ δὲ τῇ νῦν Ἰερουσαλήμ, δουλεύει γὰρ μετὰ τῶν τέκνων αὐτῆς.	**Ex 19,2** ἦλθον εἰς τὴν ἔρημον τοῦ **Σινά**, καὶ παρενέβαλεν ἐκεῖ Ἰσραὴλ κατέναντι τοῦ **ὄρους**. … **19,5** καὶ νῦν ἐὰν … φυλάξητε τὴν **διαθήκ**ην μου, ἔσεσθέ μοι λαὸς περιούσιος ἀπὸ πάντων τῶν ἐθνῶν·

MT		ALIA
ואעשך לגוי גדול ואברכך ואגדל שמך והיה ברכה:	**Gen 12,2**	vd et ad Gal 3,15s
ושמתי את־זרעך כעפר הארץ אש אם־יוכל איש למנות את־עפ הארץ גם־זרעך ימנה:	**Gen 13,16**	
אשר יצא ממעיך הוא יירשך:	**Gen 15,4**	ad *κληρονομήσει* Gen 15,4 vd ad Gal 3,18.29; 4,30
וברכתי אתה וגם נתתי ממנה לך בן וברכתיה והיתה לגוים …	**Gen 17,16**	sim Gen 21,10)
אבל שרה אשתך ילדת לך ב וקראת את־שמו יצחק והקמתי את־ בריתי אתו לברית עולם לזרע אחריו:	**17,19**	ad *διαθήκη* Gen 17,19 vd ad Gal 4,24
ויבאו מדבר סיני ויחנו במדבר ויחן־שם ישראל נגד ההר: …	**Ex 19,2**	*ἡ δευτέρα διαθήκη* in argumentatione Gal 4,21-31 deest; *ἡ διαθήκη* Dei cum Abraham, quae est *διαθήκη τῆς ἐπαγγελίας*: Gen 15,18; 17,1-22; sed Gen 17,10-14 circumcisio sicut *σημεῖον διαθήκης* praecipitur
ועתה אם־שמוע תשמעו בקל ושמרתם את־בריתי והייתם ל סגלה מכל־העמים	**19,5**	ad *Σινά* cf et Ex 19,11.18.20.23; in Ex 24 tantum *τὸ ὄρος*, sed non *Σινά*

NT	LXX
4,26 ἡ δὲ ἄνω Ἰερουσαλὴμ ἐλευθέρα ἐστίν, ἥτις ἐστὶν ***μήτηρ*** ἡμῶν·	**ψ 86,5** ***μήτηρ*** Σιών, ἐρεῖ ἄνθρωπος, καὶ ἄνθρωπος ἐγενήθη ἐν αὐτῇ, καὶ αὐτὸς ἐθεμελίωσεν αὐτὴν ὁ ὕψιστος·
4,27 γέγραπται γάρ· ***εὐφράνθητι, στεῖρα ἡ οὐ τίκτουσα,*** ***ῥῆξον καὶ βόησον, ἡ οὐκ ὠδίνουσα·*** ***ὅτι πολλὰ τὰ τέκνα τῆς ἐρήμου*** ***μᾶλλον ἢ τῆς ἐχούσης τὸν ἄνδρα.***	**Is 54,1** ***εὐφράνθητι, στεῖρα ἡ οὐ τίκτουσα, ῥῆξον καὶ βόησον, ἡ οὐκ ὠδίνουσα, ὅτι πολλὰ τὰ τέκνα τῆς ἐρήμου μᾶλλον ἢ τῆς ἐχούσης τὸν ἄνδρα,*** εἶπε γὰρ κύριος.
4,28 Ὑμεῖς δέ, ἀδελφοί, κατὰ Ἰσαὰκ ἐπαγγελίας τέκνα ἐστέ.	
4,29 ἀλλ' ὥσπερ τότε ὁ κατὰ σάρκα γεννηθεὶς ἐδίωκεν τὸν κατὰ πνεῦμα, οὕτως καὶ νῦν·	**Gen 21,9** ἰδοῦσα δὲ Σάρρα τὸν υἱὸν Ἁγὰρ τῆς Αἰγυπτίας, ὃς ἐγένετο τῷ Ἀβραάμ, παίζοντα μετὰ Ἰσαὰκ τοῦ υἱοῦ αὐτῆς,
4,30 ἀλλὰ τί λέγει ἡ γραφή; ***ἔκβαλε τὴν παιδίσκην καὶ τὸν υἱὸν αὐτῆς· οὐ γὰρ*** μὴ ***κληρονομήσει ὁ υἱὸς τῆς παιδίσκης μετὰ τοῦ υἱοῦ*** τῆς ἐλευθέρας.	**Gen 21,10** καὶ εἶπεν τῷ Ἀβραάμ ***Ἔκβαλε τὴν παιδίσκην*** ταύτην ***καὶ τὸν υἱὸν αὐτῆς· οὐ γὰρ κληρονομήσει ὁ υἱὸς τῆς παιδίσκης*** ταύτης ***μετὰ τοῦ υἱοῦ*** μου Ἰσαάκ.
5,12 Ὄφελον καὶ ἀποκόψονται οἱ ἀναστατοῦντες ὑμᾶς.	

MT		ALIA
ולציון יאמר איש ואיש ילד־בה והוא יכוננה עליון:	**Ps 87,5**	
רני עקרה לא ילדה פצחי רנה וצהלי לא־חלה כי־רבים בני־שוממה מבני בעולה אמר יהוה:	**Is 54,1**	
		vd ad Gal 3,29 et 4,23
ותרא שרה את־בן־הגר המצרי אשר־ילדה לאברהם מצחק:	**Gen 21,9**	ad *παίζοντα* Gen 21,9 ludere, non illudere ad MT: cum LXX addendum est **עם־יצחק בנה**
ותאמר לאברהם גרש האמה הזאת ואת־בנה כי ל יירש בן־האמה הזאת עם־בנ עם־יצחק:	**Gen 21,10**	ad *ταύτην* in Gen 21,10: om C'' b f et al
		cf **Dtn 23,1** *οὐκ εἰσελεύσεται θλαδίας καὶ ἀποκεκομμένος εἰς ἐκκλησίαν κυρίου.*

NT	LXX
5,14 ***ἀγαπήσεις τὸν πλησίον σου ὡς σεαυτόν***.	**Lev 19,18** *καὶ* ***ἀγαπήσεις τὸν πλησίον σου ὡς σεαυτόν***·
6,7 *ὃ γὰρ ἐὰν* ***σπείρ****η ἄνθρωπος, τοῦτο καὶ* ***θερίσει***·	**Iob 4,8** *οἱ δὲ* ***σπείρ****οντες αὐτὰ ὀδύνας* ***θερι****οῦσιν ἑαυτοῖς.* **Prov 22,8** *ὁ* ***σπείρ****ων φαῦλα* ***θερίσει*** *κακά.*
6,13 ***οὐδὲ*** *… αὐτοὶ* ***νόμον φυλά****σσουσιν*	**Ier 16,11** *καὶ τὸν* ***νόμον*** *μου* ***οὐ****κ ἐ****φυλά****ξαντο,* **Sap 6,4** ***οὐδὲ*** *ἐ****φυλά****ξατε* ***νόμον*** **4Bas 10,31** *καὶ Ἰοὺ* ***οὐ****κ ἐ****φύλα****ξεν πορεύεσθαι ἐν* ***νόμ****ῳ κυρίου θεοῦ Ἰσραὴλ ἐν ὅλῃ καρδίᾳ αὐτοῦ,* **ψ 118,136** ***οὐ****κ ἐ****φύλα****ξαν τὸν* ***νόμον*** *σου.*
6,16 *καὶ ὅσοι τῷ κανόνι τούτῳ στοιχήσουσιν,* ***εἰρήνη*** *ἐπ᾽ αὐτοὺς καὶ ἔλεος καὶ* ***ἐπὶ τὸν Ἰσραὴλ*** *τοῦ θεοῦ.*	**ψ 124,5** ***εἰρήνη ἐπὶ τὸν Ἰσραήλ***. **ψ 127,6** ***εἰρήνη ἐπὶ τὸν Ἰσραήλ***.

MT		ALIA
ואהבת לרעך כמוך	**Lev 19,18**	vd et **Lev 19,34** *καὶ ἀγαπήσεις αὐτὸν* (sc *τὸν προσήλυτον*) *ὡς σεαυτόν*, cf et ad Rom 13,9s
וזרעי עמל יקצרהו:	**Iob 4,8**	vd et ad 2Cor 9,6s
זורע עולה יקצור־און	**Prov 22,8**	
ואת־תורתי לא שמרו:	**Ier 16,11**	saepe in LXX, praesertim in Dtn mod dic *φυλάσσειν/φυλάσσεσθαι τὰς ἐντολάς* aut sim, non saepe *φυλάσσειν (τὸν) νόμον*, ex gr **Dtn 32,46** *φυλάσσειν καὶ ποιεῖν πάντας τοὺς λόγους τοῦ νόμου τούτου·*
ויהוא לא שמר ללכת בתורת־יהוה אלהי־ישראל בכל־לבבו	**2Reg 10,31**	
לא־שמרו תורתך:	**Ps 119,136**	
שלום על־ישראל:	**Ps 125,5**	vd et **Num 6,23** *Οὕτως εὐλογήσετε τοὺς υἱοὺς Ἰσραὴλ λέγοντες αὐτοῖς* … **6,25** *Εὐλογήσαι σε κύριος* … … **6,27** … *καὶ δῴη σοι εἰρήνην*.
שלום על־ישראל:	**Ps 128,6**	

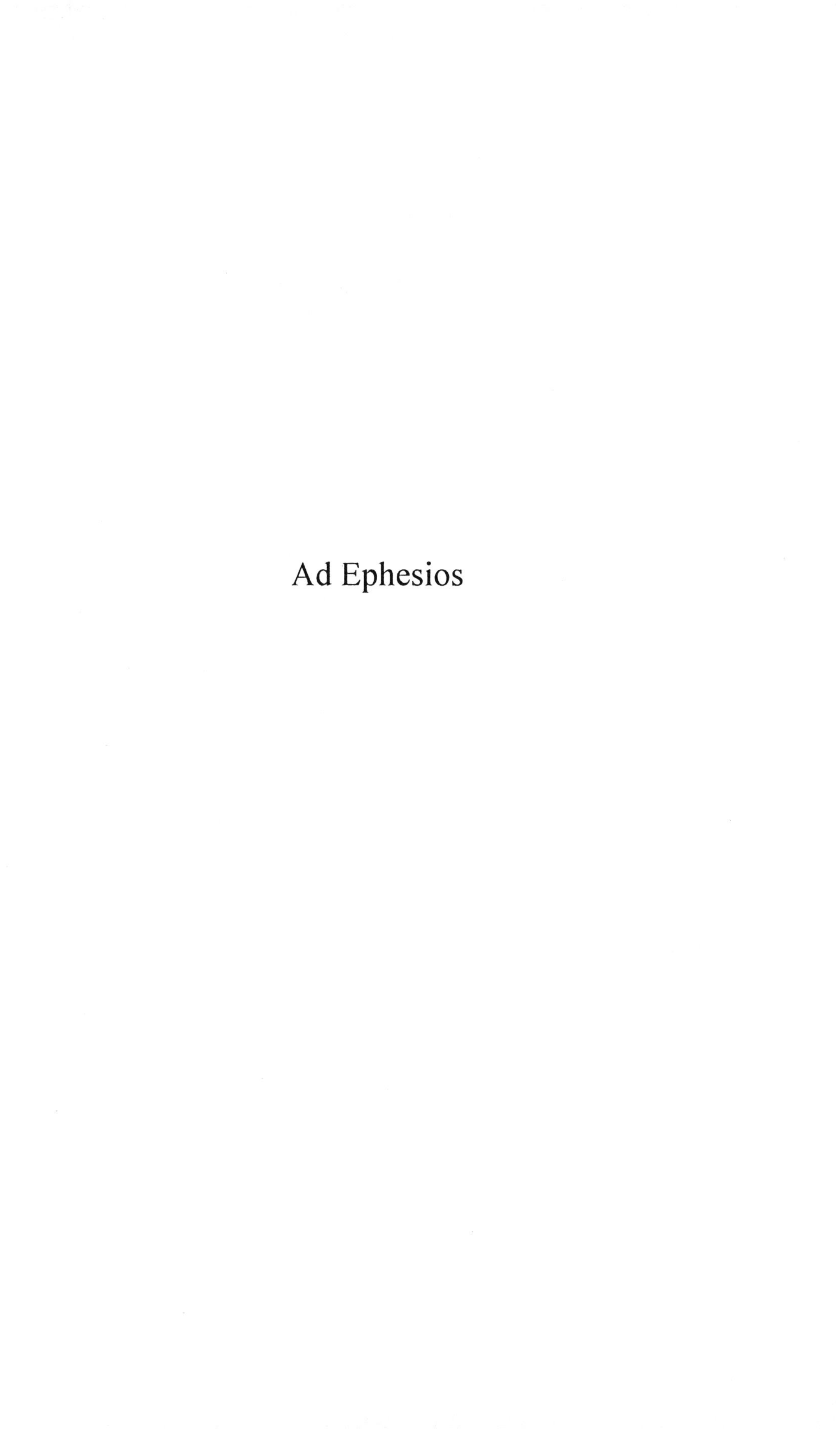

Ad Ephesios

NT	LXX
1,2 ***χαρίς*** *ὑμῖν καὶ* ***εἰρήν****η ἀπὸ θεοῦ πατρὸς ἡμῶν*	**1Bas 20,42** *καὶ λέγει Ἰωνωθάν Πορεύου εἰς* ***εἰρήν****ην*
	Prov 3,2 *μῆκος γὰρ βίου καὶ ἔτη ζωῆς καὶ* ***εἰρήν****ην προσθήσουσίν σοι.*
	3,3 *ἐλεημοσύναι καὶ πίστεις μὴ ἐκλιπέτωσάν σε,* *ἄφαψαι δὲ αὐτὰς ἐπὶ σῷ τραχήλῳ, καὶ εὑρήσεις* ***χάριν****·*
	Prov 3,22 *ἵνα ζήσῃ ἡ ψυχή σου,* *καὶ* ***χάρις*** *ᾖ περὶ σῷ τραχήλῳ.*
	3,22a *ἔσται δὲ ἴασις ταῖς σαρξί σου* *καὶ ἐπιμέλεια τοῖς σοῖς ὀστέοις,*
	3,23 *ἵνα πορεύῃ πεποιθὼς ἐν* ***εἰρήν****ῃ πάσας τὰς ὁδούς σου,* *ὁ δὲ πούς σου οὐ μὴ προσκόψῃ.*
	1Mac 6,58 *νῦν οὖν δῶμεν δεξιὰν τοῖς ἀνθρώποις τούτοις καὶ ποιήσωμεν μετ' αὐτῶν* ***εἰρήν****ην καὶ μετὰ παντὸς ἔθνους αὐτῶν*
	6,59 *καὶ στήσωμεν αὐτοῖς τοῦ πορεύεσθαι τοῖς νομίμοις αὐτῶν ὡς τὸ πρότερον·* ***χάριν*** *γὰρ τῶν νομίμων αὐτῶν, ὧν διεσκεδάσαμεν, ὠργίσθησαν καὶ ἐποίησαν ταῦτα πάντα.*

MT		ALIA
ויאמר יהונתן לדוד לך לשלום	**1Sam 20,42**	cf et **Sap 3,9** *οἱ πεποιθότες ἐπ᾽ αὐτῷ συνήσουσιν ἀλήθειαν,*
כי ארך ימים ושנות חיים ושלום יוסיפו לך:	**Prov 3,2**	*καὶ οἱ πιστοὶ ἐν ἀγάπῃ προσμενοῦσιν αὐτῷ·*
חסד ואמת אל־יעזבך קשרם על־גרגרותיך כתבם על־לוח לבך:	**3,3**	*ὅτι χάρις καὶ ἔλεος ἐν τοῖς ὁσίοις αὐτοῦ καὶ ἐπισκοπὴ ἐν τοῖς ἐκλεκτοῖς αὐτοῦ.*
ויהיו חיים לנפשך וחן לגרגרתיך:	**Prov 3,22**	
אז תלך לבטח דרכך ורגלך לא תגוף:	**3.23**	

NT	LXX
1,3 Εὐλογητὸς ὁ θεὸς … ὁ εὐλογήσας ἡμᾶς **ἐν** πάσῃ **εὐλογίᾳ** πνευματικῇ ἐν τοῖς ἐ**πουρανίοις** ἐν Χριστῷ,	**Gen 49,24(25)** παρὰ θεοῦ τοῦ πατρός σου, **49,25** καὶ ἐβοήθησέν σοι ὁ θεὸς ὁ ἐμός, καὶ **εὐλόγησέν** σε **εὐλογίαν** **οὐρανοῦ** ἄνωθεν καὶ **εὐλογίαν** γῆς ἐχούσης πάντα· ἕνεκεν **εὐλογίας** μαστῶν καὶ μήτρας, **Gen 12,3** καὶ ἐν**ευλογη**θήσονται **ἐν** σοὶ πᾶσαι αἱ φυλαὶ τῆς γῆς.
1,4 καθὼς **ἐξελέξατο** ἡμᾶς … **εἶναι** ἡμᾶς **ἁγί**ους καὶ ἀμώμους κατενώπιον αὐτοῦ ἐν **ἀγάπ**ῃ, **1,5** προορίσας ἡμᾶς εἰς υἱοθεσίαν	**Dtn 4,37** διὰ τὸ ἀγαπῆσαι αὐτὸν τοὺς πατέρας σου καὶ **ἐξελέξατο** τὸ σπέρμα αὐτῶν μετ' αὐτοὺς ὑμᾶς **Dtn 7,6** ὅτι λαὸς ἅγιος εἶ κυρίῳ τῷ θεῷ σου, καὶ σὲ προείλατο κύριος ὁ θεός σου εἶναι αὐτῷ λαὸν περιούσιον παρὰ πάντα τὰ ἔθνη, … **7,7** οὐχ ὅτι πολυπληθεῖτε παρὰ πάντα τὰ ἔθνη, προείλατο κύριος ὑμᾶς καὶ **ἐξελέξατο** ὑμᾶς· … **7,8** ἀλλὰ παρὰ τὸ ἀγαπᾶν κύριον ὑμᾶς **Dtn 14,2** ὅτι λαὸς ἅγιος εἶ κυρίῳ τῷ θεῷ σου, καὶ σὲ **ἐξελέξατο** κύριος ὁ θεός σου γενέσθαι σε αὐτῷ λαὸν περιούσιον **Dtn 26,18** καὶ κύριος εἵλατό σε σήμερον γενέσθαι αὐτῷ λαὸν περιούσιον, … φυλάσσειν πάσας τὰς ἐντολὰς αὐτοῦ·

MT		ALIA
מאל אביך ויעזרך	**Gen 49,25**	cf ad 2Cor 1,3
ואת שׁדי ויברכך ברכת שׁמים מעל		ad ואת שׁדי lg ואֵל שׁדי
ברכת תהום רבצת תחת ברכת שׁדים ורחם:		
ונברכו בך כל משפחת האדמה:	**Gen 12,3**	cf eisd vbs Gen 18,18; 22,18
ותחת כי אהב את־אבתיך ויבחר בזרעו אחריו	**Dtn 4,37**	estne legendum … *αὐτοῦ, ἐν ἀγάπῃ προορίσας ἡμᾶς* …? vd et Bar 3,27 (ad 1Cor 1,27s)
כי עם קדושׁ אתה ליהוה אלהיך בך בחר יהוה אלהיך להיות לו לעם סגלה מכל העמים …	**Dtn 7,6**	cf et Prov 8,22-31 cf et ad Eph 2,4
לא מרבכם מכל־העמים חשׁק יהוה בכם ויבחר בכם …	**7,7**	
כי מאהבת יהוה אתכם	**7,8**	
כי עם קדושׁ אתה ליהוה אלהיך ובך בחר יהוה להיות לו לעם סגלה	**Dtn 14,2**	cf cont **Dtn** 14,2: **14,1** *Υἱοί ἐστε κυρίου τοῦ θεοῦ ὑμῶν·* ad *ἀγάπῃ* et *υἱοθεσία* cf Os 11,1; Ier 38,20 LXX
ויהוה האמירך היום להיות לו לעם סגלה … ולשׁמר כל־מצותיו:	**Dtn 26,18**	

NT	LXX
	26,19 ... *εἶναί σε λαὸν ἅγιον κυρίῳ τῷ θεῷ σου,* **Is 41,8** *Σὺ δέ, Ἰσραήλ, παῖς μου Ἰακώβ, ὃν **ἐξελεξ**άμην, σπέρμα Ἀβραάμ, ὃν **ἠγάπη**σα,* **Gen 17,1** *Ἐγώ εἰμι ὁ θεός σου· εὐαρέστει ἐναντίον ἐμοῦ καὶ γίνου ἄμεμπτος,*
1,6 *εἰς ἔπαινον **δόξης** τῆς χάριτος **αὐτοῦ***	**ψ 65,2** *δότε **δόξαν** αἰνέσει **αὐτοῦ**.*
1,7 *Ἐν ᾧ ἔχομεν τὴν ἀπολύτρωσιν διὰ τοῦ αἵματος αὐτοῦ, τὴν ἄφεσιν τῶν παραπτωμάτων,*	
1,8 ***ἐν** πάσῃ **σοφίᾳ καὶ φρονήσει**,*	**Prov 3,19** *ὁ θεὸς τῇ **σοφίᾳ** ἐθεμελίωσεν τὴν γῆν,* *ἡτοίμασεν δὲ οὐρανοὺς **ἐν φρονήσει**·* **Ier 10,12** *ὁ ἀνορθώσας τὴν οἰκουμένην **ἐν** τῇ **σοφίᾳ** αὐτοῦ **καὶ** ἐν τῇ **φρονήσει** αὐτοῦ ἐξέτεινε τὸν οὐρανόν* **Dan 1,4**θ' *νεανίσκους ... συνιέντας **ἐν** πάσῃ **σοφίᾳ** καὶ γιγνώσκοντας γνῶσιν καὶ διανοουμένους **φρόνησ**ιν*
1,9 *γνωρίσας ἡμῖν **τὸ μυστήριον** τοῦ θελήματος **αὐτοῦ**,*	**Dan 2,29**θ' *καὶ ὁ ἀποκαλύπτων **μυστήρια** ἐ**γνώρισ**έ σοι ἃ δεῖ γενέσθαι.* **Idt 2,2** *καὶ ἔθετο μετ' αὐτῶν **τὸ μυστήριον** τῆς βουλῆς **αὐτοῦ***

MT		ALIA
... ולהיתך עם־קדש ליהוה אלהיך	**26,19**	sim Is 44,2
ואתה ישׂראל עבדי יעקב אשר בחרתיך זרע אברהם אהבי:	**Is 41,8**	
אני־אל שׁדי התהלך לפני והיה תמים:	**Gen 17,1**	
שׂימו כבוד תהלתו:	**Ps 66,2**	
		cf ad Rom 3,24s
יהוה בחכמה יסד־ארץ כונן שמים בתבונה:	**Prov 3,19**	cf ex gr et Ex 31,3; 35,31.35; 36,1s; 1Par 22,12; 2Par 1,10s; Prov 2,6; 8,12.14; Iob 12,13; 28,12; Is 11,2; Ier 28,15 LXX (plm *σοφία* et *σύνεσις*)
מכין תבל בחכמתו ובתבונתו נטה שמים:	**Ier 10,12**	
ילדים ... ומשׂכילים בכל־חכמה וידעי דעת ומביני מדע	**Dan 1,4**	sim Dan 1,17θ'; cf et Dan 2,21θ' et cont
וגלא רזיא הודעך מה־די להוא:	**Dan 2,29**	ad *ἀποκαλύπτειν μυστήρια* aut sim cf cont Dan 2,29 ad Col 1,26s

NT	LXX
1,10 *εἰς οἰκονομίαν τοῦ πληρώματος τῶν καιρῶν, ἀνακεφαλαιώσασθαι τὰ **πάντα** ἐν τῷ* Χριστῷ, *τὰ ἐπὶ τοῖς **οὐρανοῖς** καὶ τὰ ἐπὶ τῆς γῆς*	**Dtn 10,14** *ἰδοὺ κυρίου τοῦ θεοῦ σου ὁ **οὐρανὸς** καὶ ὁ οὐρανὸς τοῦ οὐρανοῦ, ἡ γῆ καὶ **πάντα**, ὅσα ἐστὶν ἐν αὐτῇ·*
1,11 *Ἐν ᾧ καὶ ἐκληρώθημεν προορισθέντες κατὰ πρόθεσιν τοῦ τὰ πάντα ἐνεργοῦντος κατὰ τὴν βουλὴν τοῦ θελήματος αὐτοῦ*	
1,13 *τῷ πνεύματι … τῷ ἁγίῳ,*	
1,16 *ἐπὶ τῶν προσ**ευχ**ῶν μου,* **1,17** *ἵνα ὁ **θε**ὸς … ὁ πατὴρ τῆς δόξης, **δώῃ ὑμῖν πνεῦμα σοφίας** καὶ ἀποκαλύψεως ἐν **ἐπιγνώσ**ει αὐτοῦ,* **1,18** *πε**φωτισ**μένους τοὺς **ὀφθαλμοὺς** τῆς **καρδί**ας [**ὑμῶν**] εἰς τὸ εἰδέναι ὑμᾶς … τίς ὁ πλοῦτος τῆς **δόξ**ης τῆς **κληρονομ**ίας **αὐτοῦ ἐν** τοῖς **ἁγίοις**,*	**Ex 31,3** *καὶ ἐνέπλησα αὐτὸν* (sc *τὸν* Βεσελεήλ) ***πνεῦμα** θεῖον **σοφίας** καὶ συνέσεως καὶ ἐπιστήμης ἐν παντὶ ἔργῳ,* **31,4** *διανοεῖσθαι* **Is 11,2** *καὶ ἀναπαύσεται ἐπ' αὐτὸν πνεῦμα τοῦ **θε**οῦ, **πνεῦμα σοφίας** καὶ συνέσεως, … **πνεῦμα γνώσ**εως καὶ εὐσεβείας·* **Sap 7,7** *διὰ τοῦτο **εὐξ**άμην, καὶ φρόνησις ἐδόθη μοι·* *ἐπεκαλεσάμην, καὶ ἦλθέν μοι **πνεῦμα σοφίας**.* **Sir 45,26** *δῴη ὑμῖν **σοφίαν** ἐν **καρδίᾳ** ὑμῶν* *κρίνειν τὸν λαὸν αὐτοῦ ἐν δικαιοσύνῃ,*

MT		ALIA
הן ליהוה אלהיך השמים ושמי השמים הארץ וכל־אשר־בה:	**Dtn 10,14**	cf ad Gal 4,4
		cf ad Eph 1,4s
		cf ad Rom 5,5
ואמלא אתו רוח אלהים בחכמה ובתבונה ובדעת ובכל־מלאכה:	**Ex 31,3**	ad Ex 31,3: fere eisd vbs Ex 35,31; sim Sir 39,6; Dtn 34,9
		ad *ὁ πατὴρ τῆς δόξης* cf ψ 23,8 *ὁ βασιλεὺς τῆς δόξης*; ψ 28,3 *ὁ θεὸς τῆς δόξης*; ψ 71,19 *τὸ ὄνομα τῆς δόξης αὐτοῦ*
לחשב	**31,4**	
ונחה עליו רוח יהוה רוח חכמה ובינה ... רוח דעת ויראת יהוה:	**Is 11,2**	
		vd et Sap 7,22
ויתן לכם חכמת לב [לשפט עמו בצדק:]	**Sir 45,26**	

NT	LXX
	ἵνα μὴ ἀφανισθῇ τὰ ἀγαθὰ αὐτῶν καὶ **τὴν** **δόξ**αν αὐτῶν εἰς γενεὰς αὐτῶν. **Sir 4,11** Ἡ **σοφί**α υἱοὺς αὐτῆς ἀνύψωσεν … **4,13** ὁ κρατῶν αὐτῆς **κληρονομ**ήσει **δό-ξ**αν, καὶ οὗ εἰσπορεύεται εὐλογεῖ κύριος.
1,19 τοῦ **κράτ**ους τῆς **ἰσχύος** αὐτοῦ.	**Is 40,26** ἀπὸ πολλῆς δόξης καὶ ἐν **κρά-τ**ει **ἰσχύος** **Dan 4,27(30)**θ' ἀπεκρίθη ὁ βασιλεὺς καὶ εἶπεν (sc Ναβουχοδονοσόρ) Οὐχ αὕτη ἐστὶ Βαβυλὼν ἡ μεγάλη, ἣν ἐγὼ ᾠκοδόμησα εἰς οἶκον βασιλείας ἐν τῷ **κράτ**ει **τῆς ἰσχύος** μου εἰς τιμὴν τῆς δόξης μου;
1,20 Ἣν ἐνήργησεν ἐν τῷ Χριστῷ ἐγείρας αὐτὸν ἐκ νεκρῶν καὶ **καθ**ίσας ἐν **δε-ξι**ᾷ αὐτοῦ ἐν τοῖς ἐπουρανίοις … **1,22** **πάντα ὑπέταξ**εν **ὑπὸ τ**οὺς **πόδ**ας **αὐτοῦ** καὶ αὐτὸν ἔδωκεν **κεφαλὴν** ὑπὲρ πάντα τῇ ἐκκλησίᾳ,	**1Bas 2,6** κύριος θανατοῖ καὶ ζωογονεῖ, κατάγει εἰς ᾅδου καὶ ἀνάγει· **ψ 109,1** Εἶπεν ὁ κύριος τῷ κυρίῳ μου **Κάθ**ου ἐκ **δεξι**ῶν μου, ἕως ἂν **θῶ** τοὺς ἐχθρούς σου **ὑποπόδιον τῶν ποδῶν σου**. **ψ 8,7** **πάντα ὑπέταξ**ας **ὑποκάτω τ**ῶν **ποδ**ῶν **αὐτοῦ**, **ψ 17,44** καταστήσεις με εἰς **κεφαλὴν** ἐθνῶν· **2Bas 22,44** φυλάξεις με εἰς **κεφαλὴν** ἐθνῶν·

MT		ALIA
למען לא ישכח טובכם		
[וגב]ורתכם לדורות עולם:		
חכמות למדה בניה	**Sir 4,11**	
...		
ותמכיה ימצאו כבוד מיי/	**4,13**	
ויחנו בברכת יי/		ad *εὐλογεῖ κύριος* cf ad Eph 1,3
מרב אונים ואמיץ כח	**Is 40,26**	collatio verborum *κράτος*, *ἰσχύς*, *δόξα* sicut in Is 40,26; Dan 4,27 θ' et in Eph 1,17-19
ענה מלכא ואמר הלא דא־היא בבל רבתא די־אנה בניתה לבית מלכו בתקף חסני וליקר הדרי:	**Dan 4,27**	pro Dan 4,27θ' *ἐν τῷ κράτει τῆς ἰσχύος μου* in LXX: *ἐν ἰσχύι κράτους μου*
יהוה ממית ומחיה מוריד שאול ויעל:	**1Sam 2,6**	ψ 17 est canticum regis sicut 2Bas 22,44 ex oratione Davidis.
נאם יהוה לאדני שב לימיני עד־אשית איביך הדם לרגליך:	**Ps 110,1**	
כל שתה תחת־רגליו	**Ps 8,7**	
תשימני לראש גוים	**Ps 18,44**	
תשמרני לראש גוים	**2Sam 22,44**	

NT	LXX
1,23 *ἥτις ἐστὶν τὸ σῶμα αὐτοῦ, τὸ πλήρωμα τοῦ τὰ πάντα ἐν πᾶσιν πληρουμένου.*	**ψ 71,19** *καὶ πληρωθήσεται τῆς δόξης αὐτοῦ πᾶσα ἡ γῆ.* **Sap 1,7** *ὅτι πνεῦμα κυρίου πεπλήρωκεν τὴν οἰκουμένην,* **Is 6,3** *πλήρης πᾶσα ἡ γῆ τῆς δόξης αὐτοῦ.*
2,1 *Καὶ ὑμᾶς ὄντας νεκροὺς τοῖς παραπτώμασιν καὶ ταῖς ἁμαρτίαις ὑμῶν,*	
2,2 *ἐν τοῖς υἱοῖς τῆς ἀπειθείας·*	**Dtn 21,18** *Ἐὰν δέ τινι ᾖ υἱὸς ἀπειθὴς καὶ ἐρεθιστὴς οὐχ ὑπακούων φωνὴν πατρὸς καὶ φωνὴν μητρὸς* **Is 30,9** *ὅτι λαὸς ἀπειθής ἐστιν, υἱοὶ ψευδεῖς, οἳ οὐκ ἠβούλοντο ἀκούειν τὸν νόμον τοῦ θεοῦ,*
2,4 *ὁ δὲ θεὸς πλούσιος ὢν ἐν ἐλέει, διὰ τὴν πολλὴν ἀγάπην αὐτοῦ ἣν ἠγάπησεν ἡμᾶς,*	**Ex 34,6** *καὶ ἐκάλεσεν Κύριος κύριος ὁ θεὸς οἰκτίρμων καὶ ἐλεήμων, μακρόθυμος καὶ πολυέλεος καὶ ἀληθινός,* **34,7** *καὶ δικαιοσύνην διατηρῶν καὶ ποιῶν ἔλεος εἰς χιλιάδας, ἀφαιρῶν ἀνομίας καὶ ἀδικίας καὶ ἁμαρτίας,* **Sir 2,11** *διότι οἰκτίρμων καὶ ἐλεήμων ὁ κύριος*

MT		ALIA
וימלא כבודו את־כל הארץ	**Ps 72,19**	cf et ψ 23,1; 118,64; Ier 23,24 et saepius
מלא כל־הארץ כבודו:	**Is 6,3**	
		vita misera sicut mors: mod dic *κα-ταβαίνειν εἰς λάκκον* ex gr ψ 27,1; 142,7; cf et Gen 2,17; ψ 21,16; 22,4; 142,3 et saepius
כי־יהיה לאיש בן סורר ומורה איננו שמע בקול אביו ובקול אמו	**Dtn 21,18**	
כי עם מרי הוא בנים כחשים בנים לא־אבו שמוע תורת יהוה:	**Is 30,9**	
ויקרא יהוה יהוה אל רחום וחנון ארך אפים ורב־חסד ואמת:	**Ex 34,6**	cf et Sap 16,26 ad *ἀγάπη θεοῦ* cf ad Rom 5,8
נצר חסד לאלפים נשא עון ופשע וחטאה	**34,7**	

NT	LXX
	καὶ ἀφίησιν ἁμαρτίας καὶ σῴζει ἐν καιρῷ θλίψεως.
	Sap 15,1 Σὺ δέ, ὁ θεὸς ἡμῶν, χρηστὸς καὶ ἀληθής, μακρόθυμος καὶ ἐλέει διοικῶν τὰ πάντα.
	Ion 4,2 διότι ἔγνων ὅτι σὺ ἐλεήμων καὶ οἰκτίρμων, μακρόθυμος καὶ πολυέλεος καὶ μετανοῶν ἐπὶ ταῖς κακίαις.
	Dtn 7,8 παρὰ τὸ ἀγαπᾶν κύριον ὑμᾶς
	Os 3,1 καθὼς ἀγαπᾷ ὁ θεὸς τοὺς υἱοὺς Ἰσραήλ
	Os 11,1 Διότι νήπιος Ἰσραήλ, καὶ ἐγὼ ἠγάπησα αὐτὸν καὶ ἐξ Αἰγύπτου μετεκάλεσα τὰ τέκνα αὐτοῦ.
2,5a καὶ ὄντας ἡμᾶς νεκροὺς … συνεζωοποίησεν	**ψ 32,19** ῥύσασθαι ἐκ θανάτου τὰς ψυχὰς αὐτῶν
2,5b χάριτί ἐστε σεσῳσμένοι … **2,8** Τῇ γὰρ χάριτί ἐστε σεσῳσμένοι	
2,9 ἵνα μή τις καυχήσηται.	
2,10 αὐτοῦ γάρ ἐσμεν ποίημα, κτισθέντες	

MT		ALIA
כי ידעתי כי אתה אל־חנון ורחום ארך אפים ורב־חסד ונחם על־הרעה:	**Ion 4,2**	
כי מאהבת יהוה אתכם	**Dtn 7,8**	ad *ἀγάπη θεοῦ* vd ad Eph 1,4s
כאהבת יהוה את־בני ישׂראל	**Os 3,1**	
כי נער ישׂראל ואהבהו וממצרים קראתי לבני:	**Os 11,1**	
להציל ממות נפשם	**Ps 33,19**	cf et ex gr Iob 5,20; Ion 2,6s
		part. perf. pass. *σεσωσμένος* rarissime in Vetere Testamento, ex gr Ier 51,14.28 LXX, sed non notione theologica
		cf ad 1Cor 1,31
		vd ad **Dtn 32,6** *οὐκ αὐτὸς οὗτός σου πατὴρ ἐκτήσατό σε* *καὶ ἐποίησέν σε καὶ ἔκτισέν σε;*

NT	LXX
2,11 ὅτι ποτὲ ὑμεῖς τὰ ἔθνη ἐν σαρκί, οἱ λεγόμενοι ἀκροβυστία ὑπὸ τῆς λεγομένης περιτομῆς ἐν σαρκὶ χειροποιήτου, **2,12** ὅτι ἦτε … ἀπηλλοτριωμένοι τῆς πολιτείας τοῦ Ἰσραὴλ καὶ ξένοι τῶν διαθηκῶν τῆς ἐπαγγελίας, ἐλπίδα μὴ ἔχοντες	**Ier 9,26(25)** ὅτι πάντα τὰ ἔθνη ἀπερίτμητα σαρκί, καὶ πᾶς οἶκος Ἰσραὴλ ἀπερίτμητοι καρδίας αὐτῶν. **Gen 17,11** καὶ περιτμηθήσεσθε τὴν σάρκα τῆς ἀκροβυστίας ὑμῶν, καὶ ἔσται ἐν σημείῳ διαθήκης ἀνὰ μέσον ἐμοῦ καὶ ὑμῶν. **ψ 68,9** ἀπηλλοτριωμένος ἐγενήθην τοῖς ἀδελφοῖς μου καὶ ξένος τοῖς υἱοῖς τῆς μητρός μου,
2,13 νυνὶ δὲ ἐν Χριστῷ Ἰησοῦ ὑμεῖς οἵ ποτε ὄντες μακρὰν ἐγενήθητε ἐγγὺς ἐν τῷ αἵματι τοῦ Χριστοῦ. **2,14** Αὐτὸς γάρ ἐστιν ἡ εἰρήνη ἡμῶν, … **2,17** καὶ ἐλθὼν εὐηγγελίσατο εἰρήνην ὑμῖν τοῖς μακρὰν καὶ εἰρήνην τοῖς ἐγγύς·	**Mi 5,5(4)** καὶ ἔσται αὕτη εἰρήνη· **Is 9,6(5)** ἐγὼ γὰρ ἄξω εἰρήνην ἐπὶ τοὺς ἄρχοντας, εἰρήνην καὶ ὑγίειαν αὐτῷ. **9,7(6)** μεγάλη ἡ ἀρχὴ αὐτοῦ, καὶ τῆς εἰρήνης αὐτοῦ οὐκ ἔστιν ὅριον ἐπὶ τὸν θρόνον Δαυίδ **Is 52,7** ὡς πόδες εὐαγγελιζομένου ἀκοὴν εἰρήνης, ὡς εὐαγγελιζόμενος ἀγαθά, **Is 57,19** εἰρήνην ἐπ᾽ εἰρήνην τοῖς μακρὰν καὶ τοῖς ἐγγὺς οὖσι·
2,18 ὅτι δι᾽ αὐτοῦ ἔχομεν τὴν προσαγωγὴν οἱ ἀμφότεροι ἐν ἑνὶ πνεύματι πρὸς τὸν πατέρα.	

MT		ALIA
כי כל־הגוים ערלים וכל־בית ישראל ערלי־לב	**Icr 9,25**	ad *ἀκροβυστία*, *περιτομή*, *διαθήκη* cf et ad Rom 2,25-29 et Rom 4,11
ונמלתם את בשר ערלתכם והיה לאות ברית ביני וביניכם	**Gen 17,11**	ad *ἐλπίδα μὴ ἔχοντες* vd ad 1Thess 4,13
מוזר הייתי לאחי	**Ps 69,9**	vd et 3Bas 8,41
ונכרי לבני אמי:		
והיה זה שלום	**Mi 5,4**	ad *μακρὰν* - *ἐγγὺς* cf Est 9,20; Dan 9,7*θ*'
למרבה המשרה ולשלום אין־קץ על־כסא דוד	**Is 9,6**	ad *ἐν τῷ αἵματι τοῦ Χριστοῦ* cf ad Col 1,20
רגלי מבשר משמיע שלום מבשר טוב	**Is 52,7**	ad *εὐαγγελίζομαι* cf et ad 2Cor 5,18s et Rom 10,15
שלום שלום לרחוק ולקרוב	**Is 57,19**	
		vd ad Rom 5,2

NT	LXX
2,19 Ἄρα οὖν οὐκέτι ἐστὲ ξένοι καὶ πάροικοι ἀλλὰ ἐστὲ συμπολῖται τῶν ἁγίων καὶ οἰκεῖοι τοῦ θεοῦ,	
2,20 ἐποικοδομηθέντες ἐπὶ τῷ **θεμελίῳ** τῶν ἀποστόλων καὶ προφητῶν, ὄντος **ἀκρογωνιαί**ου αὐτοῦ Χριστοῦ Ἰησοῦ,	**Is 28,16** Ἰδοὺ ἐγὼ ἐμβαλῶ εἰς τὰ **θεμέλια** Σιὼν λίθον πολυτελῆ ἐκλεκτὸν **ἀκρογωνιαῖ**ον ἔντιμον εἰς τὰ **θεμέλια** αὐτῆς, καὶ ὁ πιστεύων ἐπ᾽ αὐτῷ οὐ μὴ καταισχυνθῇ.
2,22 ἐν ᾧ καὶ ὑμεῖς συνοικοδομεῖσθε εἰς **κατοικητήριον τοῦ θεοῦ** ἐν πνεύματι.	**Ex 15,17** εἰσαγαγὼν καταφύτευσον αὐτοὺς εἰς ὄρος κληρονομίας σου, εἰς ἕτοιμον **κατοικητήριόν σου**, ὃ κατειργάσω, κύριε, ἁγίασμα, κύριε, ὃ ἡτοίμασαν αἱ χεῖρές σου.
3,3 [ὅτι] κατὰ ἀποκάλυψιν ἐγνωρίσθη μοι τὸ μυστήριον, καθὼς προέγραψα ἐν ὀλίγῳ,	
3,4 πρὸς ὃ δύνασθε ἀναγινώσκοντες νοῆσαι τὴν σύνεσίν μου ἐν τῷ μυστηρίῳ τοῦ Χριστοῦ, **3,5** ὃ ἑτέραις γενεαῖς οὐκ ἐγνωρίσθη τοῖς υἱοῖς τῶν ἀνθρώπων ὡς νῦν ἀπεκα-	

MT		ALIA
		nonnulli vident parr ex gr in Ex 12,49; Is 56,6s, sed *οἱ ἅγιοι* non sunt Iudaei sed aut membra ecclesiae aut angeli.
הנני יסד בציון אבן אבן בחן <u>פנת</u> יקרת מוסד מוסד המאמין לא יחיש:	**Is 28,16**	cf et Is 8,14; 50,7; ψ 117,22
תבאמו ותטעמו בהר נחלתך מכון <u>לשבתך</u> פעלת יהוה מקדש אדני כוננו ידיך:	**Ex 15,17**	vd **3Bas 8,43** *ἐκ τοῦ οὐρανοῦ ἐξ ἑτοίμου κατοικητηρίου σου*
		cf ad Eph 1,9s
		cf ad 1Cor 2,16

NT	LXX
λύφθη τοῖς ἁγίοις ἀποστόλοις αὐτοῦ καὶ προφήταις ἐν πνεύματι,	
3,6 *εἶναι τὰ ἔθνη συγκληρονόμα καὶ σύσσωμα καὶ συμμέτοχα τῆς ἐπαγγελίας ἐν Χριστῷ Ἰησοῦ διὰ τοῦ εὐαγγελίου,* …	*ψ* **97,2** *ἐγνώρισεν κύριος τὸ σωτήριον αὐτοῦ, ἐναντίον τῶν ἐθνῶν ἀπεκάλυψεν τὴν δικαιοσύνην αὐτοῦ.*
3,9 *καὶ φωτίσαι [πάντας] τίς ἡ οἰκονομία τοῦ μυστηρίου τοῦ ἀποκεκρυμμένου ἀπὸ τῶν αἰώνων ἐν τῷ θεῷ τῷ τὰ πάντα κτίσαντι,*	
3,10 *ἵνα γνωρισθῇ νῦν ταῖς ἀρχαῖς καὶ ταῖς ἐξουσίαις ἐν τοῖς ἐπουρανίοις διὰ τῆς ἐκκλησίας ἡ πολυποίκιλος σοφία τοῦ θεοῦ,*	
3,11 *κατὰ πρόθεσιν τῶν αἰώνων ἣν ἐποίησεν ἐν τῷ Χριστῷ Ἰησοῦ τῷ κυρίου ἡμῶν,*	
3,12 *ἐν ᾧ ἔχομεν τὴν παρρησίαν καὶ προσαγωγὴν ἐν πεποιθήσει διὰ τῆς πίστεως αὐτοῦ.*	**Ex 19,4** *καὶ προσηγαγόμην ὑμᾶς πρὸς ἐμαυτόν.*

MT		ALIA
הודיע יהוה ישועתו	**Ps 98,2**	cf ad Eph 1,9.10.17s et 2,11s
לעיני הגוים		
גלה צדקתו׃		
		ad *σοφία τοῦ θεοῦ* cf ad 1Cor 1,19ss
		ad *ἐν τοῖς ἐπουρανίοις* cf Eph 1,3
		cf ad Eph 1,4s
ואבא אתכם אלי׃	**Ex 19,4**	cf **Sap 5,1** *Τότε στήσεται ἐν παρρησίᾳ πολλῇ ὁ δίκαιος*
		vd **1Mac 4,18** *λάβετε τὰ σκῦλα μετὰ παρρησίας.*
		4Bas 18,19 *Τίς ἡ πεποίθησις αὕτη, ἣν πέποιθας;*

NT	LXX
3,13 διὸ αἰτοῦμαι μὴ ἐγκακεῖν ἐν ταῖς θλίψεσίν μου ὑπὲρ ὑμῶν, ἥτις ἐστὶν δόξα ὑμῶν.	
3,14 Τούτου χάριν κάμπτω τὰ γόνατά μου πρὸς τὸν πατέρα,	**3Bas 8,54** καὶ ἀνέστη ἀπὸ προσώπου τοῦ θυσιαστηρίου κυρίου ὀκλακὼς ἐπὶ **τὰ γόνατα** αὐτοῦ **1Par 29,20** καὶ εὐλόγησεν πᾶσα ἡ ἐκκλησία κύριον τὸν θεὸν τῶν πατέρων αὐτῶν καὶ **κάμψ**αντες **τὰ γόνατα** προσεκύνηαν τῷ κυρίῳ καὶ τῷ βασιλεῖ. **ψ 21,28** καὶ προσκυνήσουσιν ἐνώπιόν σου πᾶσαι αἱ πατριαὶ τῶν ἐθνῶν,
3,15 ἐξ οὗ πᾶσα πατριὰ ἐν οὐρανοῖς καὶ ἐπὶ γῆς ὀνομάζεται,	**ψ 146,4** ὁ ἀριθμῶν πλήθη ἄστρων, καὶ **πᾶσιν** αὐτοῖς **ὀνόμα**τα καλῶν. **Is 40,26** ὁ ἐκφέρων κατὰ ἀριθμὸν τὸν κόσμον αὐτοῦ, **πάντας** ἐπ᾽ **ὀνόμα**τι καλέσει·
3,16 ἵνα δῷ ὑμῖν κατὰ τὸ πλοῦτος τῆς δόξης αὐτοῦ δυνάμει κραταιωθῆναι διὰ τοῦ πνεύματος αὐτοῦ εἰς τὸν ἔσω ἄνθρωπον,	**Gen 31,16** πάντα **τὸν πλοῦτον** καὶ τὴν **δόξ**αν, **3Bas 3,13** καὶ **πλοῦτον** καὶ **δόξ**αν **Esth 1,4** μετὰ τὸ δεῖξαι αὐτοῖς **τὸν πλοῦτον** τῆς βασιλείας αὐτοῦ καὶ τὴν **δόξ**αν τῆς εὐφροσύνης **Sir 24,17** καὶ τὰ ἄνθη μου καρπὸς **δόξης**

MT		ALIA
		ad *θλῖψις* cf ad 2Cor 1,3-7
קם מלפני מזבח יהוה מכרע על־ברכיו	**1Reg 8,54**	Is 45,23 et ad *γόνυ κάμπτειν* cf ad Phil 2,10s
ויברכו כל־הקהל ליהוה אלהי אבתיהם ויקדו וישתחוו ליהוה ולמלך:	**1Par 29,20**	
וישתחוו לפניך כל־משפחות גוים:	**Ps 22,28**	
מונה מספר לכוכבים לכלם שמות יקרא:	**Ps 147,4**	
המוציא במספר צבאם לכלם בשם יקרא	**Is 40,26**	
כי כל־העשר	**Gen 31,16**	
גם־עשר גם־כבוד	**1Reg 3,13**	

NT	LXX
	καὶ ***πλούτου****.* **ψ 30,25** *ἀνδρίζεσθε, καὶ* ***κραταιού****σθω ἡ καρδία ὑμῶν,* *πάντες οἱ ἐλπίζοντες ἐπὶ κύριον.*
3,17 *κατ****οικ****ῆσαι τὸν Χριστὸν διὰ τῆς πίστεως ἐν ταῖς καρδίαις ὑμῶν, ἐν ἀγάπῃ* ***ἐρριζω****μένοι καὶ τε****θεμελιω****μένοι,*	**Is 44,28** *ὁ λέγων Κύρῳ φρονεῖν, καί Πάντα τὰ θελήματά μου ποιήσει· ὁ λέγων Ἰερουσαλὴμ* ***Οἰκ****οδομηθήσῃ, καὶ τὸν* ***οἶκ****ον τὸν ἅγιόν μου* ***θεμελιώ****σω.* **Ier 12,2** *ἐφύτευσας αὐτοὺς καὶ* ***ἐρριζώ****θησαν, ἐτεκνοποίησαν καὶ ἐποίησαν καρπόν·*
3,18 *ἵνα ἐξισχύσητε* ***καταλαβ****έσθαι σὺν πᾶσιν τοῖς ἁγίοις τί τὸ* ***πλάτος*** *καὶ μῆκος καὶ* ***ὕψος*** *καὶ βάθος,*	**Sir 1,3** ***ὕψος*** *οὐρανοῦ καὶ* ***πλάτος*** *γῆς καὶ ἄβυσσον καὶ σοφίαν τίς ἐξιχνιάσει;* **Sir 15,1** *καὶ ὁ ἐγκρατὴς τοῦ νόμου* ***καταλήμψ****εται αὐτήν* (sc *τὴν σοφίαν*)· … **15,7** *οὐ μὴ* ***καταλήμψ****ονται αὐτὴν ἄνθρωποι ἀσύνετοι,*

MT		ALIA
חזקו ויאמץ לבבכם	**Ps 31,25**	
כל־המיחלים ליהוה׃		
האמר לכורשׁ רעי וכל־חפצי ישׁלם ולאמר לירושׁלם תבנה והיכל תוסד׃	**Is 44,28**	cf **Sir 24,12** *καὶ ἐρρίζωσα ἐν λαῷ δεδοξασμένῳ, ἐν μερίδι κυρίου κληρονομία μου.*
נטעתם גם־שׁרשׁו ילכו גם־עשׂו פרי	**Ier 12,2**	
		cf et **Iob 11,7** *ἦ ἴχνος κυρίου εὑρήσεις*
ותופשׂ תורה ידריכנה׃ … לא ידריכוה מתי שׁוא	**Sir 15,1** **15,7**	*ἢ εἰς τὰ ἔσχατα ἀφίκου, ἃ ἐποίησεν ὁ παντοκράτωρ;* **11,8** *ὑψηλὸς ὁ οὐρανός, καὶ τί ποιήσεις;* *βαθύτερα δὲ τῶν ἐν ᾅδου τί οἶδας;* **11,9** *ἢ μακρότερα μέτρου γῆς* *ἢ εὔρους θαλάσσης;* **ψ 138,8** *ἐὰν ἀναβῶ εἰς τὸν οὐρανόν, σὺ εἶ ἐκεῖ·* *ἐὰν καταβῶ εἰς τὸν ᾅδην, πάρει·* **138,9** *ἐὰν ἀναλάβοιμι τὰς πτέρυγάς μου κατ᾽ ὄρθρον*

NT	LXX
3,20 Τῷ δὲ δυναμένῳ ὑπὲρ πάντα ποιῆ- σαι ὑπερεκπερισσοῦ ὧν αἰτούμεθα ἢ νοοῦ- μεν κατὰ τὴν δύναμιν τὴν ἐνεργουμένην ἐν ἡμῖν,	**Is 55,8** οὐ γάρ εἰσιν αἱ βουλαί μου ὥσπερ αἱ βουλαὶ ὑμῶν οὐδὲ ὥσπερ αἱ ὁδοὶ ὑμῶν αἱ ὁδοί μου, λέγει κύριος. **55,9** ἀλλ' ὡς ἀπέχει ὁ οὐρανὸς ἀπὸ τῆς γῆς οὕτως ἀπέχει ἡ ὁδός μου ἀπὸ τῶν ὁδῶν ὑμῶν καὶ τὰ διανοήματα ὑμῶν ἀπὸ τῆς διανοίας μου.
3,21 αὐτῷ ἡ δόξα ἐν τῇ ἐκκλησίᾳ καὶ ἐν Χριστῷ Ἰησοῦ εἰς πάσας τὰς γενεὰς τοῦ αἰῶνος τῶν αἰώνων, ἀμήν.	
4,6 εἷς θεὸς καὶ πατὴρ πάντων,	
4,8 διὸ λέγει· ἀναβὰς εἰς ὕψος ᾐχμαλώτευσεν αἰχμα- λωσίαν, ἔδωκεν δόματα τοῖς ἀνθρώποις. **4,9** τὸ δὲ ἀνέβη τί ἐστιν, εἰ μὴ ὅτι καὶ κατέβη εἰς τὰ κατώτερα [μέρη] τῆς γῆς; **4,10** ὁ καταβὰς αὐτός ἐστιν καὶ ὁ ἀνα- βὰς ὑπεράνω πάντων τῶν οὐρανῶν, ἵνα πληρώσῃ τὰ πάντα.	**ψ 67,19** ἀνέβης εἰς ὕψος, ᾐχμαλώτευ- σας αἰχμαλωσίαν, ἔλαβες δόματα ἐν ἀνθρώπῳ, **ψ 62,10** αὐτοὶ δὲ εἰς μάτην ἐζήτησαν τὴν ψυχήν μου, εἰσελεύσονται εἰς τὰ κατώτατα τῆς γῆς· **ψ 138,8** ἐὰν ἀναβῶ εἰς τὸν οὐρανόν, σὺ εἶ ἐκεῖ· ἐὰν καταβῶ εἰς τὸν ᾅδην, πάρει·

MT		ALIA
		καὶ κατασκηνώσκω εἰς τὰ ἔσχατα τῆς θαλάσσης, vd et **Ez 40,20** *καὶ τὸ πλάτος*
כי לא מחשבותי מחשבותיכם ולא דרכיכם דרכי נאם יהוה:	**Is 55,8**	
כי־גבהו שמים מארץ כן גבהו דרכי מדרכיכם ומחשבתי ממחשבתיכם:	**55,9**	
		vd ad Rom 9,5
		ad *εἷς θεός* cf ad 1Cor 8,4
עלית למרום שבית שבי לקחת מתנות באדם	**Ps 68,19**	cf et ψ **138,15** *οὐκ ἐκρύβη τὸ ὀστοῦν μου ἀπὸ σοῦ, ὃ ἐποίησας ἐν κρυφῇ, καὶ ἡ ὑπόστασίς μου ἐν τοῖς κατωτάτοις τῆς γῆς·*
והמה לשואה יבקשו נפשי יבאו בתחתיות הארץ:	**Ps 63,10**	vd et Ez 26,19sLXX vd et ad Rom 10,6s
אם־אסק שמים שם אתה ואציעה שאול הנך:	**Ps 139,8**	

NT	LXX
	Am 9,2 ἐὰν κατορυγῶσιν εἰς ᾅδου, ἐκεῖθεν ἡ χείρ μου ἀνασπάσει αὐτούς· καὶ ἐὰν ἀναβῶσιν εἰς τὸν οὐρανόν, ἐκεῖθεν κατάξω αὐτούς· **Prov 30,4** τίς ἀνέβη εἰς τὸν οὐρανὸν καὶ κατέβη; τίς συνήγαγεν ἀνέμους ἐν κόλπῳ; τίς συνέστρεψεν ὕδωρ ἐν ἱματίῳ; τίς ἐκράτησεν πάντων τῶν ἄκρων τῆς γῆς; τί ὄνομα αὐτῷ, ἢ τί ὄνομα τοῖς τέκνοις αὐτοῦ, ἵνα γνῷς; **Ier 23,24** μὴ οὐχὶ τὸν οὐρανὸν καὶ τὴν γῆν ἐγὼ πληρῶ; λέγει κύριος. **Sap 1,7** ὅτι πνεῦμα κυρίου πεπλήρωκεν τὴν οἰκουμένην, καὶ τὸ συνέχον τὰ πάντα γνῶσιν ἔχει φωνῆς.
4,11 **Καὶ** αὐτὸς ἔδωκεν τοὺς μὲν ἀποστόλους, τοὺς δὲ **προφήτ**ας, τοὺς δὲ εὐαγγελιστάς, τοὺς δὲ **ποιμέν**ας καὶ διδασκάλους,	**Ier 2,8** καὶ οἱ **ποιμέν**ες ἠσέβουν εἰς ἐμέ, καὶ οἱ **προφῆτ**αι ἐ**προφήτ**ευον τῇ Βάαλ **Ier 3,15** καὶ δώσω ὑμῖν **ποιμέν**ας κατὰ τὴν καρδίαν μου, καὶ **ποιμαν**οῦσιν ὑμᾶς **ποιμαίν**οντες μετ᾽ ἐπιστήμης. **Ier 23,4** **καὶ** ἀναστήσω αὐτοῖς **ποιμέν**ας, οἳ **ποιμαν**οῦσιν αὐτούς,

	MT	ALIA
Am 9,2	אם־יחתרו בשאול משם ידי תקחם ואם־יעלו השמים משם אורידם:	
Prov 30,4	מי עלה־שמים וירד מי אסף־רוח בחפניו מי צרר־מים בשמלה מי הקים כל־אפסי־ארץ מה־שמו ומה־שם־בנו כי תדע:	
Ier 23,24	הלוא את־השמים ואת־הארץ אני מלא נאם־יהוה:	
Ier 2,8	והרעים פשעו בי והנביאים נבאו בבעל	
Ier 3,15	ונתתי לכם רעים כלבי ורעו אתכם דעה והשכיל:	
Ier 23,4	והקמתי עליהם רעים ורעום	

NT	LXX
4,14 κλυδωνιζόμενοι καὶ περιφερόμενοι παντὶ ἀνέμῳ τῆς διδασκαλίας	**Is 57,20** οἱ δὲ ἄδικοι οὕτως κλυδωνισθήσονται καὶ ἀναπαύσασθαι οὐ δυνήσονται. **Sir 5,9** Μὴ λίκμα ἐν παντὶ ἀνέμῳ καὶ μὴ πορεύου ἐν πάσῃ ἀτραπῷ· οὕτως ὁ ἁμαρτωλὸς ὁ δίγλωσσος.
4,17 μηκέτι ὑμᾶς περιπατεῖν, καθὼς καὶ τὰ ἔθνη περιπατεῖ ἐν ματαιότητι τοῦ νοὸς αὐτῶν,	**ψ 93,11** κύριος γινώσκει τοὺς διαλογισμοὺς τῶν ἀνθρώπων ὅτι εἰσὶν μάταιοι.
4,18 ἐσκοτωμένοι τῇ διανοίᾳ ὄντες, ἀπηλλοτριωμένοι τῆς ζωῆς τοῦ θεοῦ διὰ τὴν ἄγνοιαν τὴν οὖσαν ἐν αὐτοῖς, διὰ τὴν πώρωσιν τῆς καρδίας αὐτῶν,	**Sap 13,1** Μάταιοι μὲν γὰρ πάντες ἄνθρωποι φύσει, οἷς παρῆν θεοῦ ἀγνωσία καὶ ἐκ τῶν ὁρωμένων ἀγαθῶν οὐκ ἴσχυσαν εἰδέναι τὸν ὄντα οὔτε τοῖς ἔργοις προσέχοντες ἐπέγνωσαν τὸν τεχνίτην,
4,24 καὶ ἐνδύσασθαι τὸν καινὸν ἄνθρωπον τὸν κατὰ θεὸν κτισθέντα ἐν δικαιοσύνῃ καὶ ὁσιότητι τῆς ἀληθείας.	**Gen 1,27** καὶ ἐποίησεν ὁ θεὸς τὸν ἄνθρωπον, κατ᾽ εἰκόνα θεοῦ ἐποίησεν αὐτόν, **Dtn 32,4** θεός, ἀληθινὰ τὰ ἔργα αὐτοῦ, καὶ πᾶσαι αἱ ὁδοὶ αὐτοῦ κρίσις· θεὸς πιστός, καὶ οὐκ ἔστιν ἀδικία· δίκαιος καὶ ὅσιος κύριος. **2Par 6,41** οἱ ἱερεῖς σου, κύριε ὁ θεός, ἐνδύσαιντο σωτηρίαν, καὶ οἱ υἱοί σου εὐφρανθήτωσαν ἐν ἀγαθοῖς.

MT		ALIA
והרשעים כים נגרש כי השקט לא יוכל	**Is 57,20**	
אל תהיה זורה לכל רוח ופונה דרך שבולת:	**Sir 5,9**	
יהוה ידע מחשבות אדם כי־המה הבל:	**Ps 94,11**	cf et ad Rom 1,21s
ויברא אלהים את־האדם בצלמו בצלם אלהים ברא אתו	**Gen 1,27**	ad *ἄνθρωπος εἰκὼν θεοῦ* vd et ad Rom 8,29, 1Cor 11,7; 2Cor 4,4-6, Col 1,15-17
הצור תמים פעלו כי כל־דרכיו משפט אל אמונה ואין עול צדיק וישר הוא:	**Dtn 32,4**	
כהניך יהוה אלהים ילבשו תשועה וחסידיך ישמחו בטוב:	**2Par 6,41**	

NT	LXX
	Iob 29,14 δικαιοσύνην δὲ ἐνεδεδύκειν, ἠμφιασάμην δὲ κρίμα ἴσα διπλοΐδι· **ψ 144,17** δίκαιος κύριος ἐν πάσαις ταῖς ὁδοῖς αὐτοῦ καὶ ὅσιος ἐν πᾶσιν τοῖς ἔργοις αὐτοῦ. **Sap 9,1** Θεὲ πατέρων καὶ κύριε τοῦ ἐλέους ὁ ποιήσας τὰ πάντα ἐν λόγῳ σου **9,2** καὶ τῇ σοφίᾳ σου κατασκευάσας **ἄνθρωπον**, ἵνα δεσπόζῃ τῶν ὑπὸ σοῦ γενομένων **κτισμάτων** **9,3** καὶ διέπῃ τὸν κόσμον **ἐν** **ὁσιότητι** **καὶ** **δικαιοσύνῃ**
4,25 Διὸ ἀποθέμενοι τὸ ψεῦδος **λαλεῖτε** **ἀλήθειαν** **ἕκαστος** μετὰ τοῦ **πλησίον** **αὐτοῦ**,	**Zach 8,16** **λαλεῖτε** **ἀλήθειαν** **ἕκαστος** πρὸς τὸν **πλησίον** **αὐτοῦ** **ψ 14,2** πορευόμενος ἄμωμος καὶ ἐργαζόμενος δικαιοσύνην, **λαλ**ῶν **ἀλήθειαν** ἐν καρδίᾳ αὐτοῦ, **14,3** ὃς οὐκ ἐδόλωσεν ἐν γλώσσῃ αὐτοῦ οὐδὲ ἐποίησεν τῷ **πλησίον** **αὐτοῦ** κακὸν καὶ ὀνειδισμὸν οὐκ ἔλαβεν ἐπὶ τοὺς ἔγγιστα αὐτοῦ·
4,26 ὀργίζεσθε καὶ μὴ ἁμαρτάνετε· ὁ ἥλιος μὴ ἐπιδυέτω ἐπὶ [τῷ] παροργισμῷ	**ψ 4,4** καὶ γνῶτε ὅτι ἐθαυμάστωσεν κύριος τὸν ὅσιον αὐτοῦ·

	MT	ALIA
Iob 29,14	צדק לבשתי וילבשני כמעיל וצניף משפטי:	
Ps 145,17	צדיק יהוה בכל־דרכיו וחסיד בכל־מעשיו:	
Zach 8,16	דברו אמת איש את־רעהו	
Ps 15,2	הולך תמים ופעל צדק ודבר אמת בלבבו:	
15,3	לא־רגל על־לשנו לא־עשה לרעהו רעה וחרפה לא־נשא על־קרבו:	
Ps 4,4	ודעו כי־הפלה יהוה חסיד לו	cf et **Dtn 24,14** *Οὐκ ἀπαδικήσεις μισθὸν πένητος καὶ ἐνδεοῦς ἐκ τῶν*

NT	LXX
ὑμῶν,	κύριος εἰσακούσεταί μου ἐν τῷ κεκραγέναι με πρὸς αὐτόν.
	4,5 ὀργίζεσθε καὶ μὴ ἁμαρτάνετε·
4,29 πᾶς λόγος σαπρὸς ἐκ τοῦ στόματος ὑμῶν μὴ ἐκπορευέσθω,	
4,30 καὶ μὴ λυπεῖτε **τὸ πνεῦμα τὸ ἅγιον** τοῦ θεοῦ, ἐν ᾧ ἐσφραγίσθητε εἰς **ἡμέραν** ἀπο**λυτρώσεως**.	**Is 63,4** **ἡμέρα** γὰρ ἀνταποδόσεως ἐπῆλθεν αὐτοῖς, καὶ ἐνιαυτὸς **λυτρώσεως** πάρεστι. … **63,10** αὐτοὶ δὲ ἠπείθησαν καὶ παρώξυναν **τὸ πνεῦμα τὸ ἅγιον** αὐτοῦ·
4,31 πᾶσα πικρία καὶ **θυμ**ὸς καὶ **ὀργ**ὴ καὶ κραυγὴ καὶ βλασφημία ἀρθήτω **ἀφ**᾽ ὑμῶν σὺν πάσῃ κακίᾳ.	**ψ 36,8** παῦσαι **ἀπ**ὸ **ὀργ**ῆς καὶ ἐγκατάλιπε **θυμ**όν, μὴ παραζήλου ὥστε πονηρεύεσθαι·
5,2 καὶ ὁ **Χριστὸς** ἠγάπησεν ἡμᾶς καὶ παρέδωκεν ἑαυτὸν ὑπὲρ ἡμῶν **προσφορὰν καὶ θυσίαν τῷ θεῷ** εἰς ὀσμὴν εὐωδίας.	**ψ 39,7** **θυσίαν καὶ προσφορὰν** οὐκ ἠθέλησας, **ψ 49,14** **θῦσ**ον τῷ θεῷ **θυσίαν** αἰνέσεως **Lev 6,21(14)** **θυσίαν** ἐκ κλασμάτων, **θυσίαν** εἰς ὀσμὴν εὐωδίας κυρίῳ.

MT		ALIA
יהוה ישמע בקראי אליו:		*ἀδελφῶν σου ἢ ἐκ τῶν προσηλύτων τῶν ἐν ταῖς πόλεσίν σου·*
רגזו ואל־תחטאו	**4,5**	**24,15** *αὐθημερὸν ἀποδώσεις τὸν μισθὸν αὐτοῦ, οὐκ ἐπιδύσεται ὁ ἥλιος ἐπ᾿ αὐτῷ, ... καὶ οὐ καταβοήσεται κατὰ σοῦ πρὸς κύριον, καὶ ἔσται ἐν σοὶ ἁμαρτία.*
		Dtn 8,3 *ἀλλ᾿ ἐπὶ παντὶ ῥήματι τῷ ἐκπορευομένῳ διὰ στόματος θεοῦ ζήσεται ὁ ἄνθρωπος.*
כי יום נקם בלבי ושנת גאולי באה:	**Is 63,4**	ad *λύτρωσις* cf et ad Rom 3,24
...		
והמה מרו ועצבו את־רוח קדשו	**63,10**	
הרף מאף ועזב חמה אל־תתחר אך־להרע:	**Ps 37,8**	ad *πικρία* et *θυμός* cf Am 6,12; Is 28,21; 37,29
זבח ומנחה לא־חפצת	**Ps 40,7**	cf et Dan 3,38; Is 53,6.12; Sir 31,23(RA: 34,19)
זבח לאלהים תודה	**Ps 50,14**	cf et Gen 4,3; 8,20s
מנחת פתים תקריב ריח־ניחח ליהוה:	**Lev 6,14**	eisd vbs aut sim saepe in Gen, Ex, Lev, Dtn

NT	LXX
	6,22(15) ὁ ἱερεὺς ὁ χριστὸς ἀντ᾽ αὐτοῦ ἐκ τῶν υἱῶν αὐτοῦ ποιήσει αὐτήν·
5,6 Μηδεὶς ὑμᾶς ἀπατάτω κενοῖς λόγοις· διὰ ταῦτα γὰρ ἔρχεται ἡ ὀργὴ τοῦ θεοῦ ἐπὶ τοὺς υἱοὺς τῆς ἀπειθείας.	**Ex 5,9** καὶ μὴ μεριμνάτωσαν ἐν λόγοις κενοῖς. **Dtn 32,47** ὅτι οὐχὶ λόγος κενὸς οὗτος ὑμῖν, ὅτι αὕτη ἡ ζωὴ ὑμῶν,
5,14 διὸ λέγει· ἔγειρε, ὁ καθεύδων, καὶ ἀνάστα ἐκ τῶν νεκρῶν, καὶ ἐπιφαύσει σοι ὁ Χριστός.	**Is 26,19** ἀναστήσονται οἱ νεκροί, καὶ ἐγερθήσονται οἱ ἐν τοῖς μνημείοις, καὶ εὐφρανθήσονται οἱ ἐν τῇ γῇ· **Is 51,17** Ἐξεγείρου ἐξεγείρου ἀνάστηθι, Ἰερουσαλήμ **ψ 43,24** ἐξεγέρθητι· ἵνα τί ὑπνοῖς, κύριε; ἀνάστηθι καὶ μὴ ἀπώσῃ εἰς τέλος.
5,15 Βλέπετε οὖν ἀκριβῶς πῶς περιπατεῖτε μὴ ὡς ἄσοφοι ἀλλ᾽ ὡς σοφοί,	**Dtn 32,6** ταῦτα κυρίῳ ἀνταποδίδοτε οὕτως, λαὸς μωρὸς καὶ οὐχὶ σοφός; **Ier 4,22** διότι οἱ ἡγούμενοι τοῦ λαοῦ μου ἐμὲ οὐκ ᾔδεισαν, υἱοὶ ἄφρονές εἰσι καὶ οὐ

MT		ALIA
והכהן המשיח תחתיו מבניו יעשה אתה	**6,15**	
ואל־ישעו בדברי־שקר	**Ex 5,9**	ad *ὀργὴ θεοῦ* cf ad Rom 1,18
כי לא־דבר רק הוא מכם כי־הוא חייכם	**Dtn 32,47**	
יחיו מתיך נבלתי יקומון הקיצו ורננו שכני עפר	**Is 26,19**	cf et **Is 9,2(1)** *ὁ λαὸς ὁ πορευόμενος ἐν σκότει, ἴδετε φῶς μέγα· οἱ κατοικοῦντες ἐν χώρᾳ καὶ σκιᾷ θανάτου, φῶς λάμψει ἐφ᾽ ὑμᾶς.* **Is 60,1** *Φωτίζου φωτίζου, Ἰερουσαλήμ, ἥκει γάρ σου τὸ φῶς, καὶ ἡ δόξα κυρίου ἐπὶ σὲ ἀνατέταλκεν.* **60,2** *ἰδοὺ σκότος καὶ γνόφος καλύψει γῆν ἐπ᾽ ἔθνη· ἐπὶ δὲ σὲ φανήσεται κύριος, καὶ ἡ δόξα αὐτοῦ ἐπὶ σὲ ὀφθήσεται.* cf ad 1Cor 15,12 et ad Rom 2,7; 6,4; vd et ad Rom 4,17
התעוררי התעוררי קומי ירושלם	**Is 51,17**	
עורה למה תישן אדני הקיצה אל־תזנח לנצח:	**Ps 44,24**	
ה־ליהוה תגמלו־זאת	**Dtn 32,6**	cf et ex gr Prov 1,22; 6,12
עם נבל ולא חכם כי אויל עמי אותי לא ידעו	**Ier 4,22**	

NT	LXX
	__συνετοί__· σοφοί εἰσι τοῦ κακοποιῆσαι, τὸ δὲ καλῶς ποιῆσαι οὐκ ἐπέγνωσαν.
5,18 *καὶ __μὴ μεθύσκεσθε οἴνῳ__, ἐν ᾧ ἐστιν __ἀσωτία__, __ἀλλὰ__ πληροῦσθε ἐν πνεύματι,*	**Prov 23,31** *__μὴ μεθύσκεσθε οἴνῳ__, __ἀλλὰ__* *ὁμιλεῖτε ἀνθρώποις δικαίοις* *καὶ ὁμιλεῖτε ἐν περιπάτοις·* *ἐὰν γὰρ εἰς τὰς φιάλας καὶ τὰ ποτήρια* *δῷς τοὺς ὀφθαλμούς σου,* *ὕστερον περιπατήσεις γυμνότερος ὑπέρου,* **Prov 28,7** *φυλάσσει νόμον υἱὸς συνετός·* *ὃς δὲ ποιμαίνει __ἀσωτίαν__, ἀτιμάζει πατέρα.*
5,19 *__λαλ__οῦντες ἑαυτοῖς [ἐν] ψαλμοῖς καὶ ὕμνοις καὶ __ᾠδ__αις πνευματικαῖς,*	**Idc 5,12B** *ἐξεγείρου ἐξεγείρον, __λάλ__ησον __ᾠδ__ήν·*
5,22 *αἱ γυναῖκες τοῖς ἰδίοις ἀνδράσιν ὡς τῷ κυρίῳ,* **5,23** *ὅτι ἀνήρ ἐστιν κεφαλὴ τῆς γυναικὸς ὡς καὶ ὁ Χριστὸς κεφαλὴ τῆς ἐκκλησίας,*	**Gen 2,18** *Οὐ καλὸν εἶναι τὸν ἄνθρωπον μόνον· ποιήσωμεν αὐτῷ βοηθὸν κατ᾽ αὐτόν.* … **2,22** *καὶ ᾠκοδόμησεν κύριος ὁ θεὸς τὴν πλευράν, ἣν ἔλαβεν ἀπὸ τοῦ Ἀδάμ, εἰς γυναῖκα καὶ ἤγαγεν αὐτὴν πρὸς τὸν Ἀδάμ.*

MT		ALIA
בנים סכלים המה ולא נבונים המה חכמים המה להרע ולהיטיב לא ידעו:		
אל־תרא יין כי יתאדם כי־יתן בכיס עינו יתהלך במישרים:	**Prov 23,31**	
נוצר תורה בן מבין ורעה זוללים יכלים אביו:	**Prov 28,7**	
עורי עורי דברי־שיר	**Idc 5,12**	cf et ex gr Ex 15,1; 2Mac 1,30; ψ 32,3s; 39,4
לא־טוב היות האדם לבדו אעשה־ לו עזר כנגדו:	**Gen 2,18**	cf et ad 1Cor 11,8 et 11,9
...		
ויבן יהוה אלהים את־הצלע אשר־ לקח מן־האדם לאשה ויבאה אל־ האדם:	**2,22**	

NT	LXX
5,26 ἵνα αὐτὴν ἁγιάσῃ **καθαρ**ίσας τῷ **λου**τρῷ τοῦ **ὕδ**ατος ἐν ῥήματι,	**Ez 16,9** καὶ ἔ**λου**σά σε (sc Ἰερουσαλήμ) ἐν ὕδατι καὶ ἀπέπλυνα τὸ αἷμά σου ἀπὸ σοῦ **Ez 36,25** καὶ ῥα**ν**ῶ ἐφ' ὑμᾶς **ὕδ**ωρ **καθαρ**όν, καὶ **καθαρ**ισθήσεσθε ἀπὸ πασῶν τῶν ἀκαθαρσιῶν ὑμῶν καὶ ἀπὸ πάντων τῶν εἰδώλων ὑμῶν, καὶ **καθαρ**ιῶ ὑμᾶς.
5,31 ἀντὶ τούτου καταλείψει ἄνθρωπος [τὸν] πατέρα καὶ [τὴν] μητέρα καὶ προσκολληθήσεται πρὸς τὴν γυναῖκα αὐτοῦ, καὶ ἔσονται οἱ δύο εἰς σάρκα μίαν.	**Gen 2,24** ἕνεκεν τούτου καταλείψει ἄνθρωπος τὸν πατέρα αὐτοῦ καὶ τὴν μητέρα καὶ προσκολληθήσεται πρὸς τὴν γυναῖκα αὐτοῦ, καὶ ἔσονται οἱ δύο εἰς σάρκα μίαν.
5,32 τὸ μυστήριον τοῦτο μέγα ἐστίν· ἐγὼ δὲ λέγω εἰς Χριστὸν καὶ εἰς τὴν ἐκκλησίαν.	**Is 62,1** Διὰ Σιὼν οὐ σιωπήσομαι καὶ διὰ Ἱερουσαλὴμ οὐκ ἀνήσω, ἕως ἂν ἐξέλθῃ ὡς φῶς ἡ δικαιοσύνη μου, τὸ δὲ σωτήριόν μου ὡς λαμπὰς καυθήσεται. **62,2** καὶ ὄψονται ἔθνη τὴν δικαιοσύνην σου καὶ βασιλεῖς τὴν δόξαν σου, καὶ καλέσει σε τὸ ὄνομά σου τὸ καινόν, ὃ ὁ κύριος ὀνομάσει αὐτό. **62,3** καὶ ἔσῃ στέφανος κάλλους ἐν χειρὶ κυρίου καὶ διάδημα βασιλείας ἐν χειρὶ θεοῦ σου. **62,4** καὶ οὐκέτι κληθήσῃ Καταλελειμμένη, καὶ ἡ γῆ σου οὐ κληθήσεται Ἔρημος·

MT		ALIA
וארחצך במים ואשטף דמיך מעליך	**Ez 16,9**	
וזרקתי עליכם מים טהורים וטהרתם מכל טמאותיכם ומכל־גלוליכם אטהר אתכם׃	**Ez 36,25**	
על־כן יעזב־איש את־אביו ואת־אמו ודבק באשתו והיו לבשר אחד׃	**Gen 2,24**	
למען ציון לא אחשה ולמען ירושלם לא אשקוט עד־יצא כנגה צדקה וישועתה כלפיד יבער׃	**Is 62,1**	potestne inveniri in Is 62,1-5 notio *ἱερὸς γάμος*?
וראו גוים צדקך וכל־מלכים כבודך וקרא לך שם חדש אשר פי יהוה יקבנו׃	**62,2**	
והיית עטרת תפארת ביד־יהוה וצנוף מלוכה בכף־אלהיך׃	**62,3**	
לא־יאמר לך עוד עזובה ולארצך לא־יאמר עוד שממה	**62,4**	

NT	LXX
	σοὶ γὰρ κληθήσεται Θέλημα ἐμόν, καὶ τῇ γῇ σου Οἰκουμένη.
	62,5 καὶ ὡς συνοικῶν νεανίσκος παρθένῳ, οὕτως κατοικήσουσιν οἱ υἱοί σου μετὰ σοῦ· καὶ ἔσται ὃν τρόπον εὐφρανθήσεται νυμφίος ἐπὶ νύμφῃ, οὕτως εὐφρανθήσεται κύριος ἐπὶ σοί.
6,1 Τὰ τέκνα, ὑπακούετε τοῦς γονεῦσιν ὑμῶν	
6,2 **τίμα τὸν πατέρα σου καὶ τὴν μητέρα**, ἥτις ἐστὶν ἐντολὴ πρώτη ἐν ἐπαγγελίᾳ, **6,3** **ἵνα εὖ σοι γένηται καὶ** **ἔσῃ** **μακροχρόνιος** **ἐπὶ τῆς γῆς**.	**Ex 20,12** **Τίμα τὸν πατέρα σου καὶ τὴν μητέρα**, **ἵνα εὖ σοι γένηται**, **καὶ** ἵνα **μακροχρόνιος** **γένῃ** **ἐπὶ τῆς γῆς** τῆς ἀγαθῆς, ἧς κύριος ὁ θεός σου δίδωσίν σοι. **Dtn 5,16** **τίμα τὸν πατέρα σου καὶ τὴν μητέρα** σου, ... **ἵνα εὖ σοι γένηται, καὶ** ἵνα **μακροχρόνιος** **γένῃ** **ἐπὶ τῆς γῆς**, ἧς κύριος ὁ θεός σου δίδωσίν σοι.
6,4 Καὶ οἱ πατέρες, μὴ παροργίζετε τὰ τέκνα ὑμῶν ἀλλὰ ἐκτρέφετε αὐτὰ ἐν **παιδείᾳ** καὶ νουθεσίᾳ **κυρίου**.	**Prov 3,11** Υἱέ, μὴ ὀλιγώρει **παιδεία**ς **κυρίου** **Is 50,5** καὶ ἡ **παιδεία** **κυρίου** ἀνοίγει μου τὰ ὦτα,

MT		ALIA
כי לך יקרא חפצי־בה ולארצך בעולה כי־חפץ יהוה בך וארצך תבעל׃		
כי־יבעל בחור בתולה יבעלוך בניך ומשוש חתן על־כלה ישיש עליך אלהיך׃	**62,5**	
		cf ad Col 3,20
כבד את־אביך ואת־אמך למען יארכון ימיך על האדמה אשר־יהוה אלהיך נתן לך׃	**Ex 20,12**	cf et Lev 19,3; Sir 3,3-16 vd et ad Col 3,20
כבד את־אביך ואת־אמך ... למען יאריכן ימיך ולמען ייטב לך על האדמה אשר־יהוה אלהיך נתן לך׃	**Dtn 5,16**	
מוסר יהוה בני אל־תמאס	**Prov 3,11**	cf et Gen 18,19; Dtn 4,9s; 6,7; 11,19; ψ 77,3-8; Prov 2,1ss passim; 19,18; 29,17
אדני יהוה פתח־לי אזן	**Is 50,5**	

NT	LXX
6,5 Οἱ δοῦλοι, ὑπακούετε τοῖς κατὰ σάρκα κυρίοις μετὰ φόβου καὶ τρόμου **ἐν ἁπλότητι** τῆς **καρδίας** ὑμῶν ὡς τῷ Χριστῷ,	**Sap 1,1** καὶ **ἐν ἁπλότητι καρδίας** ζητήσατε αὐτόν. **1Par 29,17** καὶ ἔγνων, κύριε, ὅτι σὺ εἶ ὁ ἐτάζων καρδίας καὶ δικαιοσύνην ἀγαπᾷς· **ἐν ἁπλότητι καρδίας** προεθυμήθην πάντα ταῦτα, καὶ νῦν τὸν λαόν σου τὸν εὑρεθέντα ὧδε εἶδον ἐν εὐφροσύνῃ προθυμηθέντα σοι.
6,9 Καὶ οἱ κύριοι, τὰ αὐτὰ ποιεῖτε πρὸς αὐτούς, ἀνιέντες τὴν ἀπειλήν, εἰδότες ὅτι καὶ αὐτῶν καὶ ὑμῶν **ὁ κύριός ἐστιν ἐν οὐραν**οῖς καὶ προσωποληµψία οὐκ ἔστιν παρ᾽ αὐτῷ.	**2Mac 15,4** **Ἔστιν ὁ κύριος** ζῶν αὐτὸς **ἐν οὐραν**ῷ δυνάστης
6,10 Τοῦ λοιποῦ, ἐνδυναμοῦσθε ἐν κυρίῳ καὶ **ἐν** τῷ **κράτει** τῆς **ἰσχύος** αὐτοῦ.	**Is 40,26** ἀπὸ πολλῆς δόξης καὶ **ἐν κράτει ἰσχύος** οὐδέν σε ἔλαθεν.
6,11 ἐνδύσασθε τὴν **πανοπλίαν τοῦ θεοῦ** πρὸς τὸ δύνασθαι ὑμᾶς στῆναι πρὸς τὰς μεθοδείας τοῦ διαβόλου· **6,12** ὅτι οὐκ ἔστιν ἡμῖν ἡ πάλη πρὸς αἷμα καὶ σάρκα ἀλλὰ πρὸς τὰς ἀρχάς, πρὸς τὰς ἐξουσίας, πρὸς τοὺς κοσμοκράτορας τοῦ σκότους τούτου, πρὸς τὰ πνευματικὰ τῆς πονηρίας ἐν τοῖς ἐπουρανί-	**Sap 5,17(18)** **λήμψ**εται **πανοπλίαν** τὸν ζῆλον **αὐτοῦ** καὶ ὁπλοποιήσει τὴν κτίσιν εἰς ἄμυναν ἐχθρῶν· **Am 5,18** Οὐαὶ οἱ ἐπιθυμοῦντες τὴν **ἡμέραν** κυρίου· ἵνα τί αὕτη ὑμῖν ἡ **ἡμέρ**α τοῦ κυρίου; καὶ αὐτή ἐστι **σκότος** καὶ οὐ φῶς,

MT		ALIA
		mod dic *φόβος καὶ τρόμος* aut sim saepe in LXX, ex gr Gen 9,2; Dtn 2,25; ψ 2,11; Is 19,16
וידעתי אלהי כי אתה בחן לבב ומישרים תרצה אני בישר לבבי התנדבתי כל־אלה ועתה עמך הנמצאו־פה ראיתי בשמחה להתנדב־לך:	**1Par 29,17**	
		ad *προσωποληµψία οὐκ ἔστιν παρ' αὐτῷ* cf ad Gal 2,6
מרב אונים ואמיץ כח איש לא נעדר:	**Is 40,26**	vd et ad Eph 1,19
		cf ad *αἷµα καὶ σάρκα* ad Gal 1,16
הוי המתאוים את־יום יהוה למה־זה לכם יום יהוה הוא־חשך ולא־אור:	**Am 5,18**	

NT	LXX
οις.	…
6,13 διὰ τοῦτο ἀναλάβετε τὴν πανοπλίαν τοῦ θεοῦ, ἵνα δυνηθῆτε ἀντιστῆναι ἐν τῇ ἡμέρᾳ τῇ πονηρᾷ καὶ ἅπαντα κατεργασάμενοι στῆναι.	**5,20** οὐχὶ σκότος ἡ ἡμέρα τοῦ κυρίου καὶ οὐ φῶς; καὶ γνόφος οὐκ ἔχων φέγγος αὐτῇ.
6,14 στῆτε οὖν περιζωσάμενοι τὴν ὀσφὺν ὑμῶν ἐν ἀληθείᾳ καὶ ἐνδυσάμενοι τὸν θώρακα τῆς δικαιοσύνης	**Ex 12,11** οὕτως δὲ φάγεσθε αὐτό· αἱ ὀσφύες ὑμῶν περιεζωσμέναι, καὶ τὰ ὑποδήματα ἐν τοῖς ποσὶν ὑμῶν, καὶ αἱ βακτηρίαι ἐν ταῖς χερσὶν ὑμῶν· **Sap 5,18(19)** ἐνδύσεται θώρακα δικαιοσύνην καὶ περιθήσεται κόρυθα κρίσιν ἀνυπόκριτον· **Is 11,5** καὶ ἔσται δικαιοσύνῃ ἐζωσμένος τὴν ὀσφὺν καὶ ἀληθείᾳ εἰλημένος τὰς πλευράς. **Is 59,17** καὶ ἐνεδύσατο δικαιοσύνην ὡς θώρακα καὶ περιέθετο περικεφαλαίαν σωτηρίου ἐπὶ τῆς κεφαλῆς καὶ περιεβάλετο ἱμάτιον ἐκδικήσεως καὶ τὸ περιβόλαιον **59,18** ὡς ἀνταποδώσων ἀνταπόδοσιν ὄνειδος τοῖς ὑπεναντίοις. **Ier 1,17** καὶ σὺ περίζωσαι τὴν ὀσφύν σου καὶ ἀνάστηθι καὶ εἶπον πάντα, ὅσα ἂν ἐντείλωμαί σοι·

	MT	ALIA
	...	
5,20	הלא־חשך יום יהוה ולא־אור ואפל ולא־נגה לו:	
Ex 12,11	וככה תאכלו אתו מתניכם חגרים נעליכם ברגליכם ומקלכם בידכם	vd et ad 2Cor 6,4-7; Rom 13,12; 1Thess 5,8
Is 11,5	והיה צדק אזור מתניו והאמונה אזור חלציו:	
Is 59,17	וילבש צדקה כשרין וכובע ישועה בראשו וילבש בגדי נקם תלבשת ויעט כמעיל קנאה:	
59,18	כעל גמלות כעל ישלם חמה לצריו גמול לאיביו לאיים גמול ישלם:	
Ier 1,17	ואתה תאזר מתניך וקמת ודברת אליהם את כל־אשר אנכי אצוך	

NT	LXX
6,15 *καὶ ὑποδησάμενοι τοὺς πόδας ἐν ἑτοιμασίᾳ τοῦ εὐαγγελίου τῆς εἰρήνης,*	
6,16 *ἐν πᾶσιν ἀναλαβόντες τὸν θυρεὸν τῆς πίστεως, ἐν ᾧ δυνήσεσθε πάντα* ***τὰ βέλη*** *τοῦ πονηροῦ [τὰ]* *πεπυρωμένα* *σβέσαι·*	*ψ* **7,13** *ἐὰν μὴ ἐπιστραφῆτε, τὴν ῥομφαίαν αὐτοῦ στιλβώσει·* *τὸ τόξον αὐτοῦ ἐνέτεινεν καὶ ἡτοίμασεν αὐτὸ* **7,14** *καὶ ἐν αὐτῷ ἡτοίμασεν σκεύη θανάτου,* ***τὰ βέλη*** *αὐτοῦ* *τοῖς καιομένοις* *ἐξειργάσατο.* **Prov 26,18** *ὥσπερ οἱ ἰώμενοι προβάλλουσιν λόγους εἰς ἀνθρώπους,* *ὁ δὲ ἀπαντήσας τῷ λόγῳ πρῶτος ὑποσκελισθήσεται,* **26,19** *οὕτως πάντες οἱ ἐνεδρεύοντες τοὺς ἑαυτῶν φίλους,* *ὅταν δὲ φωραθῶσιν, λέγουσιν ὅτι Παίζων ἔπραξα.* **Is 49,2** *καὶ ἔθηκε τὸ στόμα μου ὡσεὶ μάχαιραν ὀξεῖαν καὶ ὑπὸ τὴν σκέπην τῆς χειρὸς αὐτοῦ ἔκρυψέ με, ἔθηκέ με ὡς βέλος ἐκλεκτὸν καὶ ἐν τῇ φαρέτρᾳ αὐτοῦ ἐσκέπασέ με.*
6,17 ***καὶ*** *τὴν* ***περικεφαλαίαν*** *τοῦ* ***σωτηρίου*** *δέξασθε καὶ τὴν* ***μάχαιραν*** *τοῦ* ***πνεύ-***	**Is 59,17** ***καὶ*** *περιέθετο* ***περικεφαλαίαν σωτηρίου*** *ἐπὶ τῆς κεφαλῆς*

MT		ALIA
		cf ad Rom 10,15; 2Cor 5,18s et Eph 2,17
אם־לא ישוב חרבו ילטוש	**Ps 7,13**	cf et **Sap 5,21(22)** *πορεύσονται*
קשתו דרך ויכוננה:		*εὔστοχοι βολίδες ἀστραπῶν* *καὶ ὡς ἀπὸ εὐκύκλου τόξου τῶν νεφῶν ἐπὶ σκοπὸν ἁλοῦνται,*
ולו הכין כלי־מות	**7,14**	cf **Is 50,11** הן כלכם קדחי אש מאזרי זיקות
חציו לדלקים יפעל:		לכו באור אשכם ובזיקות בערתם
כמתלהלה הירה	**Prov 26,18**	
זקים חצים ומות:		
כן־איש רמה את־רעהו	**26,19**	
ואמר הלא־משחק אני:		
וישם פי כחרב חדה בצל ידו החביאני וישימני לחץ ברור באשפתו הסתירני:	**Is 49,2**	
וכובע ישועה בראשו	**Is 59,17**	vd et Sap 5,18(19) ad Eph 6,14 cf et ad Phil 4,6

NT	LXX
ματος, ὅ ἐστιν ῥῆμα θεοῦ.	**Os 6,5** Διὰ τοῦτο ἀπεθέρισα τοὺς προφήτας ὑμῶν, ἀπέκτεινα αὐτοὺς ἐν ῥήμασι στόματός μου, **Is 11,4** καὶ πατάξει γῆν τῷ λόγῳ τοῦ στόματος αὐτοῦ καὶ ἐν πνεύματι διὰ χειλέων ἀνελεῖ ἀσεβῆ· **Is 49,2** καὶ ἔθηκε τὸ στόμα μου ὡσεὶ μάχαιραν ὀξεῖαν
6,18 Διὰ πάσης προσευχῆς καὶ δεήσεως προσευχόμενοι ἐν παντὶ καιρῷ ἐν πνεύματι, καὶ εἰς αὐτὸ ἀγρυπνοῦντες ἐν πάσῃ προσκαρτερήσει καὶ δεήσει περὶ πάντων τῶν ἁγίων	**3Bas 8,45** καὶ εἰσακούσει ἐκ τοῦ οὐρανοῦ τῆς δεήσεως αὐτῶν (sc τοῦ λαοῦ) καὶ τῆς προσευχῆς αὐτῶν καὶ ποιήσεις τὸ δικαίωμα αὐτοῖς. **2Par 6,19** καὶ ἐπιβλέψῃ ἐπὶ τὴν προσευχὴν παιδός σου καὶ ἐπὶ τὴν δέησίν μου, κύριε ὁ θεός, τοῦ ἐπακοῦσαι τῆς δεήσεως καὶ τῆς προσευχῆς, ἧς ὁ παῖς σου προσεύχεται ἐναντίον σου σήμερον,
6,19 καὶ ὑπὲρ ἐμοῦ, ἵνα μοι δοθῇ λόγος ἐν ἀνοίξει τοῦ στόματός μου, ἐν παρρησίᾳ γνωρίσαι τὸ μυστήριον τοῦ εὐαγγελίου, **6,20** ὑπὲρ οὗ πρεσβεύω ἐν ἁλύσει, ἵνα ἐν αὐτῷ παρρησιάσωμαι ὡς δεῖ με λαλῆσαι.	**Sap 7,15** Ἐμοὶ δὲ δῴη ὁ θεὸς εἰπεῖν κατὰ γνώμην **Sap 10,21** ὅτι ἡ σοφία ἤνοιξε στόμα κωφῶν καὶ γλώσσας νηπίων ἔθηκεν τρανάς. **Prov 31,8** ἄνοιγε σὸν στόμα λόγῳ θεοῦ καὶ κρῖνε πάντας ὑγιῶς·

MT		ALIA
על־כן חצבתי בנביאים הרגתים באמרי־פי	**Os 6,5**	
והכה־ארץ בשבט פיו וברוח שפתיו ימית רשע:	**Is 11,4**	
וישם פי כחרב חדה	**Is 49,2**	
ושמעת השמים את־תפלתם ואת־ תחנתם ועשית משפטם:	**1Reg 8,45**	cf et Gen 20,7; Ex 32,11-14
ופנית אל־תפלת עבדך ואל־תחנתו יהוה אלהי לשמע אל־הרנה ואל־ התפלה אשר עבדך מתפלל לפניך:	**2Par 6,19**	
פתח־פיך לאלם אל־דין כל־בני חלוף:	**Prov 31,8**	

NT	LXX
	31,9 *ἄνοιγε σὸν στόμα καὶ κρῖνε δικαίως,* *διάκρινε δὲ πένητα καὶ ἀσθενῆ.*
	Sir 15,5 *καὶ ἐν μέσῳ ἐκκλησίας ἀνοίξει* (sc *ἡ σοφία*) *στόμα αὐτοῦ·*
	Sir 22,22 *ἐπὶ φίλον ἐὰν ἀνοίξῃς στόμα,* *μὴ εὐλαβηθῇς, ἔστιν γὰρ διαλλαγή·*
	Sir 24,2 *ἐν ἐκκλησίᾳ ὑψίστου στόμα αὐτῆς ἀνοίξει* *καὶ ἔναντι δυνάμεως αὐτοῦ καυχήσεται*
	Sir 51,25 *ἤνοιξα τὸ στόμα μου καὶ ἐλάλησα*
	Ez 3,27 *καὶ ἐν τῷ λαλεῖν με πρὸς σὲ ἀνοίξω τὸ στόμα σου, καὶ ἐρεῖς πρὸς αὐτούς Τάδε λέγει κύριος Ὁ ἀκούων ἀκουέτω, καὶ ὁ ἀπειθῶν ἀπειθείτω, διότι οἶκος παραπικραίνων ἐστίν.*
	Ez 29,21 *Ἐν τῇ ἡμέρᾳ ἐκείνῃ ἀνατελεῖ κέρας παντὶ τῷ οἴκῳ Ἰσραήλ, καὶ σοὶ* (sc. Ezechiel) *δώσω* (sc. *ὁ θεός*) *στόμα ἀνεῳγμένον ἐν μέσῳ αὐτῶν· καὶ γνώσονται ὅτι ἐγώ εἰμι κύριος.*
	Ez 33,22 *καὶ ἐγενήθη ἐπ᾽ ἐμὲ χεὶρ κυρίου ἑσπέρας πρὶν ἐλθεῖν αὐτὸν καὶ ἤνοιξέ μου τὸ στόμα, ἕως ἦλθε πρός με τὸ πρωί, καὶ ἀνοιχθέν μου τὸ στόμα οὐ συνεσχέθη ἔτι.*

	MT	ALIA
31,9	פתח־פיך שפט־צדק	
	ודין עני ואביון:	
Sir 15,5	ובתוך קהל תפתח פיו:	
Sir 51,25	פי פתחתי ודברתי בה	
Ez 3,27	ובדברי אותך אפתח את־פיך ואמרת אליהם כה אמר אדני יהוה השמע ישמע והחדל יחדל כי בית מרי המה:	
Ez 29,21	ביום ההוא אצמיח קרן לבית ישראל ולך אתן פתחון־פה בתוכם וידעו כי־אני יהוה:	
Ez 33,22	ויד־יהוה היתה אלי בערב לפני בוא הפליט ויפתח את־פי עד־בוא אלי בבקר ויפתח פי ולא נאלמתי עוד:	

NT	LXX
6,24 *ἡ χάρις μετὰ* ***πάντ****ων* *τῶν* ***ἀγαπών-******των*** *τὸν* ***κύρ****ιον ἡμῶν Ἰησοῦν Χριστὸν ἐν ἀφθαρσίᾳ.*	**PsSal 4,25** *γένοιτο,* ***κύρ****ιε, τὸ ἔλεός σου ἐπὶ* ***πάντ****ας* *τοὺς* ***ἀγαπῶντ****άς σε.*

MT	**ALIA**
	vd et ad Rom 8,28

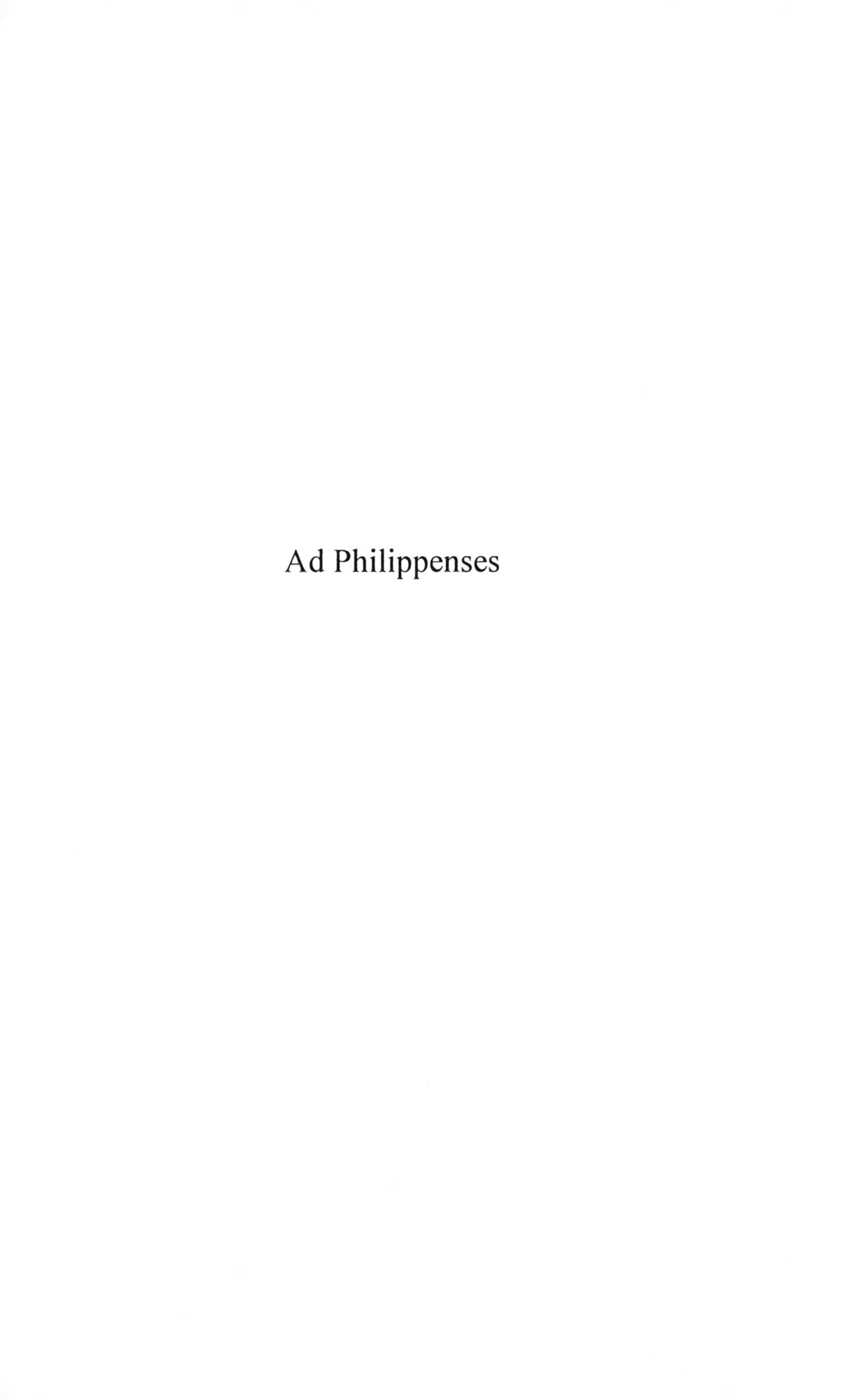

Ad Philippenses

NT	LXX
1,1 *πᾶσιν τοῖς ἁγίοις*	
1,2 *χάρις ὑμῖν καὶ εἰρήνη ἀπὸ θεοῦ πατρὸς ἡμῶν*	
1,3 Εὐχαριστῶ *τῷ θεῷ μου*	
1,5 *ἀπὸ τῆς πρώτης ἡμέρας ἄχρι τοῦ νῦν,*	
1,6 *ὁ ἐναρξάμενος ἐν ὑμῖν ἔργον ἀγαθὸν*	
1,7 *διὰ τὸ ἔχειν με ἐν τῇ καρδίᾳ ὑμᾶς,*	
1,8 ***μάρτυς*** *γάρ μου* ***ὁ θεὸς***	**Gen 31,44** *νῦν οὖν δεῦρο διαθώμεθα διαθήκην ἐγὼ καὶ σύ, καὶ ἔσται εἰς μαρτύριον ἀνὰ μέσον ἐμοῦ καὶ σοῦ. εἶπεν δὲ αὐτῷ Ἰδοὺ οὐθεὶς μεθ' ἡμῶν ἐστιν, ἴδε* ***ὁ θεὸς μάρτυς*** *ἀνὰ μέσον ἐμοῦ καὶ σοῦ.* **Sap 1,6** *τῶν νεφρῶν αὐτοῦ* ***μάρτυς ὁ θεὸς***
1,9 *ἵνα ἡ ἀγάπη ὑμῶν ἔτι μᾶλλον καὶ μᾶλλον περισσεύῃ ἐν ἐπιγνώσει καὶ πάσῃ αἰσθήσει*	

MT		ALIA
		vd ad Rom 1,7
		vd ad Eph 1,2
		vd ad Rom 1,8
		cf **2Esdr 18,18** *ἀπὸ τῆς ἡμέρας τῆς πρώτης ἕως τῆς ἡμέρας τῆς ἐσχάτης·*
		ἔργον ἀγαθόν in LXX tantum Sir 39,33, sed in plur.
		Est A 11 *o*' (Est 1,1 l) Μαρδοχαῖος …, *εἶχεν αὐτὸ ἐν τῇ καρδίᾳ*
ועתה לכה נכרתה ברית אני ואתה והיה לעד ביני ובינך:	**Gen 31,44**	vd et ad 2Cor 1,23
…		
אין איש עמנו ראה <u>אלהים</u> <u>עד</u> ביני ובינך:	**31,50**	
		αἴσθεσις sensu 'virtutis comprehensio' saepius in Prov, ex gr 11,9; 12,1

NT	LXX
1,10 εἰς ἡμέραν Χριστοῦ,	
1,11 πεπληρωμένοι καρπὸν δικαιοσύνης τὸν διὰ Ἰησοῦ Χριστοῦ εἰς δόξαν καὶ ἔπαινον θεοῦ.	**Prov 3,9** τίμα τὸν κύριον ἀπὸ σῶν δικαίων πόνων καὶ ἀπάρχου αὐτῷ ἀπὸ σῶν καρπῶν δικαιοσύνης, **Prov 11,30** ἐκ καρποῦ δικαιοσύνης φύεται δένδρον ζωῆς, **Prov 13,2** ἀπὸ καρπῶν δικαιοσύνης φάγεται ἀγαθός, **Am 6,12** ὅτι ἐξεστρέψατε εἰς θυμὸν κρίμα καὶ καρπὸν δικαιοσύνης εἰς πικρίαν, **1Par 16,27** δόξα καὶ ἔπαινος κατὰ πρόσωπον αὐτοῦ,
1,19 οἶδα γὰρ ὅτι τοῦτό μοι ἀποβήσεται εἰς σωτηρίαν	**Iob 13,16** καὶ τοῦτό μοι ἀποβήσεται εἰς σωτηρίαν,
1,20 κατὰ τὴν ἀποκαραδοκίαν καὶ ἐλπίδα μου, ὅτι ἐν οὐδενὶ αἰσχυνθήσομαι ἀλλ' ἐν πάσῃ παρρησίᾳ ὡς πάντοτε καὶ νῦν μεγαλυνθήσεται Χριστὸς ἐν τῷ σώματί μου, εἴτε διὰ ζωῆς εἴτε διὰ θανάτου.	**ψ 24,3** καὶ γὰρ πάντες οἱ ὑπομένοντές σε οὐ μὴ καταισχυνθῶσιν· **ψ 39,17** μεγαλυνθήτω ὁ κύριος, οἱ ἀγαπῶντες τὸ σωτήριόν σου.

MT		ALIA
		vd ad Rom 2,5
כבד את־יהוה מהונך ומראשית כל־תבואתך:	**Prov 3,9**	
פרי־צדיק עץ חיים	**Prov 11,30**	
מפרי פי־איש יאכל טוב	**Prov 13,2**	fort lg משפט pro פי־איש
כי־הפכתם לראש משפט ופרי צדקה ללענה:	**Am 6,12**	
הוד והדר לפניו	**1Par 16,27**	coniunctio *δόξα* et *ἔπαινος* in LXX tantum hic
גם־הוא־לי לישועה	**Iob 13,16**	
גם כל־קויך לא יבשו	**Ps 25,3**	vd et ψ **118,116** *ἀντιλαβοῦ μου κατὰ τὸ λόγιόν σου, καὶ ζήσομαι, καὶ μὴ καταισχύνῃς με ἀπὸ τῆς προσδοκίας μου.*
יגדל יהוה אהבי תשועתך:	**Ps 40,17**	cf et ψ 68,7 ad *μεγαλυνθήτω ὁ κύριος* aut sim vd et ψ 69,5; Mal 1,5 et saepius, vd et **Sap 5,1** *Τότε στήσεται ἐν παρρησίᾳ πολλῇ ὁ δίκαιος*

NT	LXX
1,22 *εἰ δὲ τὸ ζῆν ἐν σαρκί, τοῦτό μοι καρπὸς ἔργου, καὶ τί αἱρήσομαι οὐ γνωρίζω.*	
1,23 *συνέχομαι δὲ ἐκ τῶν δύο, τὴν ἐπιθυμίαν ἔχων εἰς τὸ ἀναλῦσαι καὶ σὺν Χριστῷ εἶναι, πολλῷ [γὰρ] μᾶλλον κρεῖσσον·*	**Tob 3,6** B A V et al *καὶ νῦν κατὰ τὸ ἀρεστὸν ἐνώπιόν σου ποίησον μετ᾽ ἐμοῦ· ἐπίταξον **ἀναλαβεῖν** τὸ πνεῦμά μου, ὅπως **ἀπολυθῶ** καὶ γένωμαι γῆ· διότι **λυ**σιτελεῖ μοι ἀποθανεῖν ἢ ζῆν,*
1,27 *Μόνον ἀξίως τοῦ εὐαγγελίου τοῦ Χριστοῦ πολιτεύεσθε,*	
1,28 *καὶ μὴ πτυρόμενοι ἐν μηδενὶ ὑπὸ τῶν ἀντικειμένων, ἥτις ἐστὶν αὐτοῖς ἔνδειξις **ἀπωλεί**ας, ὑμῶν δὲ **σωτηρί**ας, καὶ τοῦτο ἀπὸ θεοῦ·*	**Is 33,2** *ἐγενήθη τὸ σπέρμα τῶν ἀπειθούντων εἰς **ἀπώλει**αν, ἡ δὲ **σωτηρί**α ἡμῶν ἐν καιρῷ θλίψεως.* **Iob 11,20** ***σωτηρί**α δὲ αὐτοὺς ἀπολείψει· ἡ γὰρ ἐλπὶς αὐτῶν **ἀπώλει**α, ὀφθαλμοὶ δὲ ἀσεβῶν τακήσονται.* **Sap 18,7** *προσεδέχθη ὑπὸ λαοῦ σου **σωτηρί**α μὲν δικαίων, ἐχθρῶν δὲ **ἀπώλει**α·*

MT		ALIA
		κατὰ πρόσωπον τῶν θλιψάντων αὐτὸν καὶ τῶν ἀθετούντων τοὺς πόνους αὐτοῦ.
		καρποῦ ἔργων in LXX tantum *ψ* 103,13
		sim Tob 3,6 א et al
		cf *τῷ νόμῳ πολιτεύεσθαι* aut sim, ex gr Est E 15*o*' (8,12 p); 2Mac 6,1; 3Mac 3,4
היה זרעם לבקרים אף־ישועתנו בעת צרה:	**Is 33,2**	cf et **Est E 13***o*' (8,12 n) *τόν τε ἡμέτερον σωτῆρα καὶ διὰ παντὸς εὐεργέτην* Μαρδοχαῖον *καὶ τὴν ἄμεμπτον τῆς βασιλείας κοινωνὸν* Ἐσθὴρ *σὺν παντὶ τῷ τούτων ἔθνει πολυπλόκοις μεθόδων παραλογισμοῖς αἰτησάμενος εἰς ἀπώλειαν.*
ועיני רשעים תכלינה ומנוס אבד מנהם ותקותם מפח־נפש:	**Iob 11,20**	

NT	LXX
2,6 *ὃς ἐν μορφῇ θεοῦ ὑπάρχων* *οὐχ ἁρπαγμὸν ἡγήσατο* *τὸ εἶναι ἴσα θεῷ,*	
2,7 *ἀλλὰ ἑαυτὸν ἐκένωσεν* *μορφὴν δούλου λαβών,* *ἐν* ***ὁμοιώμα****τι* ***ἀνθρώπ****ων γενόμενος·* *καὶ σχήματι εὑρεθεὶς ὡς ἄνθρωπος*	**Ez 1,5** *καὶ αὕτη ἡ ὅρασις αὐτῶν* (sc *τεσσάρων ζῴων*)*·* ***ὁμοίωμα ἀνθρώπ****ου ἐπ' αὐτοῖς,*
2,8 *ἐ****ταπείνω****σεν ἑαυτὸν* *γενόμενος ὑπήκοος μέχρι* ***θανάτου****,* ***θανάτου*** *δὲ σταυροῦ.* **2,9** *διὸ καὶ ὁ θεὸς αὐτὸν ὑπερ****ύψω****σεν* *καὶ ἐχαρίσατο αὐτῷ τὸ ὄνομα,* *τὸ ὑπὲρ πᾶν ὄνομα,*	*ψ* **9,14** *ἐλέησόν με, κύριε, ἴδε τὴν* ***ταπείνω****σίν μου ἐκ τῶν ἐχθρῶν μου,* *ὁ* ***ὑψῶ****ν με ἐκ τῶν πυλῶν τοῦ* ***θανάτου****,* *ψ* **148,13** *αἰνεσάτωσαν τὸ ὄνομα κυρίου,* *ὅτι* ***ὑψώ****θη τὸ ὄνομα αὐτοῦ μόνου·* **Iob 5,11** *τὸν ποιοῦντα ταπεινοὺς εἰς* ***ὕψ****ος* *καὶ ἀπολωλότας ἐξεγείροντα·* **Is 52,13** *Ἰδοὺ συνήσει ὁ παῖς μου καὶ* ***ὑψω****θήσεται καὶ δοξασθήσεται σφόδρα.*

MT		ALIA
		vd e contrario **Gen 3,5** *καὶ ἔσεσθε ὡς θεοὶ γινώσκοντες καλὸν καὶ πονηρόν.*
וזה מראיהן דמות אדם להנה:	**Ez 1,5**	estne in Phil 2,7s allusio ad Is 53?
חננני יהוה ראה עניי משׂנאי מרוממי משערי מות:	**Ps 9,14**	cf et **Idt 13,20** *καὶ ποιήσαι σοι αὐτὰ ὁ θεὸς εἰς ὕψος αἰώνιον τοῦ ἐπισκέψασθαί σε ἐν ἀγαθοῖς, ἀνθ' ὧν οὐκ ἐφείσω τῆς ψυχῆς σου διὰ τὴν ταπείνωσιν τοῦ γένους ἡμῶν, ἀλλ' ἐπεξῆλθες τῷ πτώματι ἡμῶν ἐπ' εὐθεῖαν πορευθεῖσα ἐνώπιον τοῦ θεοῦ ἡμῶν.*
יהללו את־שׁם יהוה כי־נשׂגב שׁמו לבדו	**Ps 148,13**	
לשׂום שׁפלים למרום וקדרים שׂגבו ישׁע:	**Iob 5,11**	
הנה ישׂכיל עבדי ירום ונשׂא וגבה מאד:	**Is 52,13**	vd et **Dan 10,12***ο'* *ὅτι ἀπὸ τῆς ἡμέρας τῆς πρώτης, ἧς ἔδωκας τὸ πρόσωπόν σου διανοηθῆναι καὶ ταπεινωθῆναι ἐναντίον κυρίου τοῦ θεοῦ σου, εἰσηκούσθη τὸ ῥῆμά σου, καὶ ἐγὼ εἰσῆλθον ἐν τῷ ῥήματί σου.*
		ad *ψ* 148,13 cf et Phil 2,11: nomen Iesu est *κύριος*

NT	LXX
2,10 *ἵνα ἐν τῷ ὀνόματι Ἰησοῦ* ***πᾶν γόνυ κάμψ**η* *ἐπουρανίων καὶ ἐπιγείων καὶ κατα-χθονίων* **2,11** ***καὶ πᾶσα γλῶσσα ἐξομολογήσ**η**ται*** *ὅτι* *κύριος Ἰησοῦς Χριστὸς* *εἰς **δόξα**ν θεοῦ πατρός.*	**Is 45,23** *ὅτι ἐμοὶ **κάμψ**ει **πᾶν γόνυ καὶ ἐξομολογήσ**ε**ται πᾶσα γλῶσσα** τῷ θεῷ* **45,24** *λέγων Δικαιοσύνη καὶ **δόξα** πρὸς αὐτὸν ἥξουσι,*
2,12 *μετὰ **φόβ**ου καὶ **τρόμ**ου τὴν ἑαυτῶν σωτηρίαν κατεργάζεσθε·*	*ψ* **2,11** *δουλεύσατε τῷ κυρίῳ ἐν **φόβ**ῳ καὶ ἀγαλλιᾶσθε αὐτῷ ἐν **τρόμ**ῳ.*
2,14 *Πάντα ποιεῖτε χωρὶς γογγυσμῶν καὶ διαλογισμῶν,*	
2,15 *ἵνα γένησθε ἄμεμπτοι καὶ ἀκέραιοι, τέκνα θεοῦ ἄμωμα μέσον **γενε**ᾶς **σκολι**ᾶς **καὶ διεστραμμέν**ης, ἐν οἷς **φα**ίνεσθε **ὡς φωστῆρες** ἐν κόσμῳ,*	**Dtn 32,5** *ἡμάρτοσαν οὐκ αὐτῷ τέκνα μωμητά,* ***γενε**ὰ **σκολι**ὰ **καὶ διεστραμμέν**η.* **Dan 12,3**o' *καὶ οἱ συνιέντες **φαν**οῦσιν **ὡς φωστῆρες** τοῦ οὐρανοῦ*
2,16 *λόγον ζωῆς ἐπέχοντες, εἰς καύχημα ἐμοὶ εἰς ἡμέραν Χριστοῦ, ὅτι οὐκ εἰς κενὸν ἔδραμον **οὐ**δὲ **εἰς κενὸν ἐκο**-*	**Is 49,4** *καὶ ἐγὼ εἶπα **Κεν**ῶς **ἐκοπίασα** καὶ εἰς μάταιον καὶ εἰς οὐθὲν ἔδωκα τὴν ἰσχύν μου·*

MT		ALIA
כי־לי תכרע כל־ברך תשבע כל־לשון:	**Is 45,23**	vd et ad Rom 14,11 *ἐν ὀνόματι κυρίου/θεοῦ* saepe in LXX,
אך ביהוה לי אמר צדקות ועז עדיו יבוא	**45,24**	ex gr:Ios 9,9; 3Bas 18,24s; 1Par 21,19; *ψ* 117,26; Sir 47,18; Mi 4,5 ad *γόνυ/γόνατα κάμπτειν* vd et 1Par 29,20; 3Mac 2,1; vd et ad Eph 3,14
עבדו את־יהוה ביראה וגילו ברעדה:	**Ps 2,11**	mod dic *φόβος καὶ τρόμος* ex gr: Gen 9,2; Ex 15,16; Dtn 2,25; *ψ* 54,6; Is 19,16; vd et ad 2Cor 7,15s
		ad *γογγυσμῶν* vd et 1Cor 10,10
שחת לו לא בניו מומם דור עקש ופתלתל:	**Dtn 32,5**	*τέκνον/τέκνα θεοῦ/κυρίου* non est in LXX; ad *παῖς/παῖδες θεοῦ/κυρίου* cf ex gr: 2Par 24,9 (Moyses); 1Esdr 6,12
והמשכלים יזהרו כזהר הרקיע	**Dan 12,3**	(plur); *ψ* 17,1 (David); Sap 2,13 (iustus); 12,7 (homines non peccantes); Is 42,1 (Iacob); Dan 3,93*o*' (socii Danielis in fornace).
ואני אמרתי לריק יגעתי לתהו והבל כחי כליתי	**Is 49,4**	*λόγος ζωῆς* non est in LXX; cf ad *ἡμέραν Χριστοῦ* ad Rom 2,5;

NT	LXX
<u>*πίασα*</u>.	**Is 65,23** *οἱ δὲ ἐκλεκτοί μου* <u>*οὐ κοπιάσ*</u>*ουσιν* <u>*εἰς κενὸν*</u> *οὐδὲ τεκνοποιήσουσιν εἰς κατάραν,*
	Ier 28,58 *καὶ* <u>*οὐ κοπιάσ*</u>*ουσι* λαοὶ <u>*εἰς κενόν*</u>,
	Iob 2,9bα *οὓς* <u>*εἰς*</u> *τὸ* <u>*κενὸν ἐκοπίασα*</u> *μετὰ μόχθων.*
	Iob 20,18 <u>*εἰς κεν*</u>*ὰ καὶ μάταια* <u>*ἐκοπίασ*</u>*εν* πλοῦτον,
	Iob 39,16 <u>*εἰς κενὸν ἐκοπίασ*</u>*εν ἄνευ φόβου·*
2,17 ᾿Αλλὰ *εἰ καὶ σπένδομαι ἐπὶ τῇ θυσίᾳ καὶ* λειτουργίᾳ *τῆς πίστεως ὑμῶν, χαίρω καὶ συγχαίρω πᾶσιν ὑμῖν·*	
2,24 *πέποιθα δὲ ἐν κυρίῳ*	
2,27 *καὶ γὰρ ἠσθένησεν παραπλήσιον θανάτῳ· ἀλλὰ* <u>*ὁ θεὸς*</u> <u>*ἠλέησεν αὐτόν*</u>,	**Tob 11,17** LXX I *ὅτι* <u>*ἠλέησεν αὐτὸν ὁ θεός*</u>.

MT		ALIA
בחירי:	**Is 65,22**	
לא ייגעו לריק ולא ילדו לבהלה	**65,23**	
ויגעו עמים בדי־ריק	**Ier 51,58**	negatio *οὐ* Ier 28,58 LXX non est in Ier 51,58 MT Iob 2,9bα LXX non est in MT
משיב יגע ולא יבלע	**Iob 20,18**	
לריק יגיעה בלי־פחד:	**Iob 39,16**	
		in LXX *θυσία* et *λειτουργία* cultus sunt vocabula, hic et Rom 12,1 Paulus his sensu cultico utitur; cf ad Rom 12,1; *θυσία* et *λειτουργία*/*λειτουργεῖν* ex gr: 1Par 23,28s; 2Par 31,2; Ez 42,13s; 44,11
		in LXX plur mod dic *πείθω*/*πέποιθα ἐπὶ κύριον* aut sim ex gr: *ψ* 10,1; 124,1; *ἐν τῷ κυρίῳ* 4Bas 19,10
		mod dic *ὁ κύριος*/*ὁ θεός ἠλέησεν αὐτόν*/*αὐτούς* aut sim saepius in LXX ex gr: 4Bas 13,23 cf et 4Bas 20,1-7

NT	LXX
2,30 ὅτι διὰ τὸ ἔργον Χριστοῦ μέχρι **θανάτου ἤγγισεν** παραβολευσάμενος τῇ ψυχῇ,	**Iob 33,22** **ἤγγισεν** δὲ εἰς **θάνατ**ον ἡ ψυχὴ αὐτοῦ, **Sir 51,6** **ἤγγισεν** ἕως **θανάτου** ἡ ψυχή μου,
3,1 χαίρετε ἐν **κυρίῳ**	**Is 61,10** καὶ εὐφροσύνῃ εὐφρανθήσονται ἐπὶ **κύριον**. ἀγαλλιάσθω ἡ ψυχή μου ἐπὶ τῷ κυρίῳ·
3,2 Βλέπετε τοὺς **κύν**ας, βλέπετε τοὺς κακοὺς ἐργάτας, βλέπετε τὴν κατατομήν.	**Is 56,10** ἴδετε ὅτι πάντες ἐκτετύφλωνται, οὐκ ἔγνωσαν φρονῆσαι, πάντες **κύν**ες ἐνεοί, οὐ δυνήσονται ὑλακτεῖν, ἐνυπνιαζόμενοι κοίτην, φιλοῦντες νυστάξαι.
3,3 ἡμεῖς γάρ ἐσμεν ἡ περιτομή, οἱ πνεύματι θεοῦ λατρεύοντες καὶ καυχώμενοι ἐν Χριστῷ Ἰησοῦ καὶ οὐκ ἐν σαρκὶ πεποιθότες,	
3,5 **περιτομῇ ὀκταήμερος**,	**Lev 12,3** καὶ τῇ **ἡμέρᾳ** τῇ **ὀγδόῃ περιτεμεῖ** τὴν σάρκα τῆς ἀκροβυστίας αὐτοῦ.

MT		ALIA
ותקרב לשחת נפשו	**Iob 33,22**	Phil 2,30 א A et al: *εργον κυριου*; in LXX *πᾶν τὸ ἔργον κυρίου τὸ μέγα* Idc 2,7;
ותגע למות נפשי	**Sir 51,6**	*ἔργα κυρίου*, opera a Deo facta ex gr Ex 34,10; Dtn 11,7; ψ 27,5; 45,9; Sir 39,16; opera a Deo praescrita ex gr Num 8,11; Ier 31,10
שוש אשיש ביהוה תגל נפשי באלהי	**Is 61,10**	
צפו עורים כלם לא ידעו כלם כלבים אלמים לא יוכלו לנבח הזים שכבים אהבי לנום:	**Is 56,10**	ad **צפו**: k sicut LXX (imp.), q: **צפיו**; cf et cont **Is** 56,10: **56,11** *καὶ οἱ κύνες ἀναιδεῖς τῇ ψυχῇ, οὐκ εἰδότες πλησμονήν· καί εἰσι πονηροὶ οὐκ εἰδότες σύνεσιν, πάντες ἐν ταῖς ὁδοῖς αὐτῶν ἐξηκολούθησαν, ἕκαστος κατὰ τὸ αὐτό.*
		ad *πνεύματι θεοῦ* vd ad Rom 1,4; 2Cor 3,17 et 1Thess 4,8 ad *καύχημα* vd ad 1Cor 1,29-31
וביום השמיני ימול בשר ערלתו:	**Lev 12,3**	cf Gen 17,10-14

NT	LXX
3,6 *κατὰ ζῆλος διώκων τὴν ἐκκλησίαν, κατὰ δικαιοσύνην τὴν ἐν **νόμῳ** γενόμενος **ἄμεμπτος**.*	**Iob 33,9** *διότι λέγεις Καθαρός εἰμι οὐχ ἁμαρτών, **ἄμεμπτος** δέ εἰμι, οὐ γὰρ ἠ**νόμ**ησα·*
3,11 *εἴ πως καταντήσω εἰς τὴν ἐξ**ανά**-**στ**ασιν τὴν ἐκ **νεκρ**ῶν.*	**Dan 12,2**ο' *καὶ πολλοὶ τῶν καθευδόντων ἐν τῷ πλάτει τῆς γῆς **ἀναστ**ήσονται, οἱ μὲν εἰς ζωὴν αἰώνιον, οἱ δὲ εἰς ὀνειδισμόν, οἱ δὲ εἰς διασπορὰν [καὶ αἰσχύνην] αἰώνιον.* **Is 26,19** ***ἀναστ**ήσονται οἱ **νεκρ**οί, καὶ ἐγερθήσονται οἱ ἐν τοῖς μνημείοις, καὶ εὐφρανθήσονται οἱ ἐν τῇ γῇ· ἡ γὰρ δρόσος ἡ παρὰ σοῦ ἴαμα αὐτοῖς ἐστιν, ἡ δὲ γῆ τῶν ἀσεβῶν πεσεῖται.*
3,15 *καὶ τοῦτο ὁ θεὸς ὑμῖν ἀποκαλύψει·*	
3,18 *πολλοὶ γὰρ περιπατοῦσιν οὓς πολλάκις ἔλεγον ὑμῖν, νῦν δὲ καὶ κλαίων λέγω, τοὺς ἐχθροὺς τοῦ σταυροῦ τοῦ Χριστοῦ,*	
3,19 *ὧν τὸ τέλος ἀπώλεια, ὧν ὁ θεὸς ἡ κοιλία καὶ ἡ δόξα ἐν τῇ αἰσχύνῃ αὐτῶν, οἱ τὰ ἐπίγεια φρονοῦντες.*	

MT		ALIA
זך אני בלי פשע חף אנכי ולא עון לי:	**Iob 33,9**	
ורבים מישני אדמת־עפר יקיצו אלה לחיי עולם ואלה לחרפות לדראון עולם:	**Dan 12,2**	cf ad 1Cor 15 et ad Rom 6,4 ad *ζωὴ αἰώνιον* vd et ad Rom 2,7; ad *ζῳοποιοῦντος τοὺς κερούς* vd et ad Rom 4,17
יחיו מתיך נבלתי יקומון הקיצו ורננו שכני עפר כי טל אורת טלך וארץ רפאים תפיל:	**Is 26,19**	
		cf ad Rom 1,17 cf **1Bas 9,15** *καὶ κύριος ἀπεκάλυψεν τὸ ὠτίον Σαμουήλ*
		cf *οἱ ἐχθροὶ [τοῦ] κυρίου*: 1Bas 29,8; 30,26; 2Bas 12,14; ψ 36,20
		cf **Os 4,7** *κατὰ τὸ πλῆθος αὐτῶν οὕτως ἥμαρτόν μοι· τὴν δόξαν αὐτῶν εἰς ἀτιμίαν θήσομαι.*

NT	LXX
4,3 ὧν τὰ ὀνόματα ἐν βίβλῳ ζωῆς.	ψ **68,29** ἐξαλειφθήτωσαν ἐκ βίβλου ζώντων καὶ μετὰ δικαίων μὴ γραφήτωσαν.
4,4 **Χαίρ**ετε **ἐν** **κυρίῳ** πάντοτε· πάλιν ἐρῶ, **χαίρ**ετε.	**Hab 3,18** ἐγὼ δὲ **ἐν** τῷ **κυρίῳ** ἀγαλλιάσομαι, **χαρ**ήσομαι ἐπὶ τῷ θεῷ τῷ σωτῆρί μου. **Zach 10,7** καὶ ἔσονται ὡς μαχηταὶ τοῦ Ἐφραίμ, καὶ **χαρ**ήσεται ἡ καρδία αὐτῶν ὡς ἐν οἴνῳ· καὶ τὰ τέκνα αὐτῶν ὄψονται, καὶ εὐφρανθήσεται καὶ **χαρ**ήσεται ἡ καρδία αὐτῶν ἐπὶ τῷ **κυρίῳ**.
4,5 τὸ **ἐπιεικ**ὲς ὑμῶν **γνω**σθήτω πᾶσιν ἀνθρώποις. ὁ **κύριος** **ἐγγύς**.	**Sap 2,19** ὕβρει καὶ βασάνῳ ἐτάσωμεν αὐτόν, ἵνα **γνῶ**μεν τὴν **ἐπιείκ**ειαν αὐτοῦ ψ **33,19** **ἐγγὺς** **κύριος** τοῖς συντετριμμένοις τὴν καρδίαν καὶ τοὺς ταπεινοὺς τῷ πνεύματι σώσει. ψ **118,151** **ἐγγὺς** εἶ σύ, **κύρι**ε, καὶ πᾶσαι αἱ ἐντολαί σου ἀλήθεια. ψ **144,18** **ἐγγὺς** **κύριος** πᾶσιν τοῖς ἐπικαλουμένοις αὐτόν, πᾶσι τοῖς ἐπικαλουμένοις αὐτὸν ἐν ἀληθείᾳ.

MT		ALIA
ימחו מספר חיים ועם צדיקים אל־יכתבו:	**Ps 69,29**	cf et **Is 4,3** *καὶ ἔσται τὸ ὑπολειφθὲν ἐν Σιὼν καὶ τὸ καταλειφθὲν ἐν Ἰερουσαλὴμ ἅγιοι κληθήσονται, πάντες οἱ γραφέντες εἰς ζωὴν ἐν Ἰερουσαλήμ·*
ואני ביהוה אעלוזה אגילה באלהי ישעי:	**Hab 3,18**	cf et **Bar 4,37** *τῷ ῥήματι τοῦ ἁγίου χαίροντες τῇ τοῦ θεοῦ δόξῃ.* **Bar 5,5** *τῷ ῥήματι τοῦ ἁγίου χαίροντας τῇ τοῦ θεοῦ μνείᾳ.*
והיו כגבור אפרים ושמח לבם כמו־יין ובניהם יראו ושמחו יגל לבם ביהוה:	**Zach 10,7**	
קרוב יהוה לנשברי־לב ואת־דכאי־רוח יושיע:	**Ps 34,19**	
קרוב אתה יהוה וכל־מצותיך אמת:	**Ps 119,151**	
קרוב יהוה לכל־קראיו לכל אשר יקראהו באמת:	**Ps 145,18**	

NT	LXX
4,6 *ἐν παντὶ τῇ* ***προσευχῇ*** ***καὶ τῇ δεή****σει μετὰ εὐχαριστίας τὰ αἰτήματα ὑμῶν γνωριζέσθω πρὸς τὸν θεόν.*	**3Bas 8,38** *πᾶσαν* ***προσευχ****ήν, πᾶσαν* ***δέησ****ιν,* … **8,45** *καὶ εἰσακούσει ἐκ τοῦ οὐρανοῦ* ***τῆ****ς* ***δεήσ****εως αὐτῶν* ***καὶ*** ***τ****ῆς* ***προσευχῆ****ς αὐτῶν καὶ ποιήσεις τὸ δικαίωμα αὐτοῖς.* **2Par 6,29** *καὶ πᾶσα* ***προσευχ****ὴ* ***καὶ*** *πᾶσα* ***δέησ****ις,*
4,7 *καὶ ἡ εἰρήνη τοῦ θεοῦ ἡ ὑπερέχουσα πάντα νοῦν φρουρήσει τὰς καρδίας ὑμῶν καὶ τὰ νοήματα ὑμῶν ἐν Χριστῷ Ἰησοῦ.*	
4,10 *Ἐχάρην δὲ ἐν κυρίῳ μεγάλως*	
4,13 *πάντα ἰσχύω ἐν τῷ ἐνδυναμοῦντί με.*	
4,15 *οὐδεμία μοι ἐκκλησία ἐκοινώνησεν εἰς λόγον δόσεως καὶ λήμψεως εἰ μὴ ὑμεῖς μόνοι,*	
4,18 *ὀσμὴν εὐωδίας,* ***θυσί****αν* ***δεκτ****ήν, εὐάρεστον τῷ θεῷ.*	**Prov 16,7** *ἀρχὴ ὁδοῦ ἀγαθῆς τὸ ποιεῖν τὰ δίκαια,* ***δεκτ****ὰ δὲ παρὰ θεῷ μᾶλλον ἢ θύειν* ***θυ-σί****ας.*

MT		ALIA
כל־תפלה כל־תחנה	**1Reg 8,38**	cf et ad Eph 6,18
…		
ושמעת השמים את־תפלתם ואת תחנתם ועשית משפטם:	**8,45**	
כל־תפלה כל־תחנה	**2Par 6,29**	
		vd **Idc 6,24**A *καὶ ᾠκοδόμησεν ἐκεῖ* Γε*δεὼν θυσιαστήριον τῷ κυρίῳ καὶ ἐκάλεσεν αὐτὸ* (B: *ἐπεκάλεσεν αὐτῷ*) Εἰ*ρήνη κυρίου*
		vd ad Phil 4,4
		vd Sap 7,23 *παντοδύναμον* (sc *πνεῦμα*)
		vd Sir 42,7 *καὶ δόσις καὶ λῆμψις,*
ברצות יהוה דרכי־איש גמ־אויביו ישלם אתו:	**Prov 16,7**	*ὀσμὴ εὐωδίας* saepe in Pentateucho, imprimis in Lev et Num

NT	LXX
	Is 56,7 *τὰ ὁλοκαυτώματα αὐτῶν καὶ αἱ θυσίαι αὐτῶν ἔσονται δεκταὶ ἐπὶ τοῦ θυσιαστηρίου μου·*
	Sir 32,9(35,9) *θυσία ἀνδρὸς δικαίου δεκτή,*
4,20 *ἡ δόξα εἰς τοὺς αἰῶνας τῶν αἰώνων, ἀμήν.*	

MT		ALIA
Is 56,7	**עולתיהם וזבחיהם לרצון על־מזבחי**	
Sir 35,9	**בכל מעשׂיך האר פנים**	

vd ad Gal 1,5

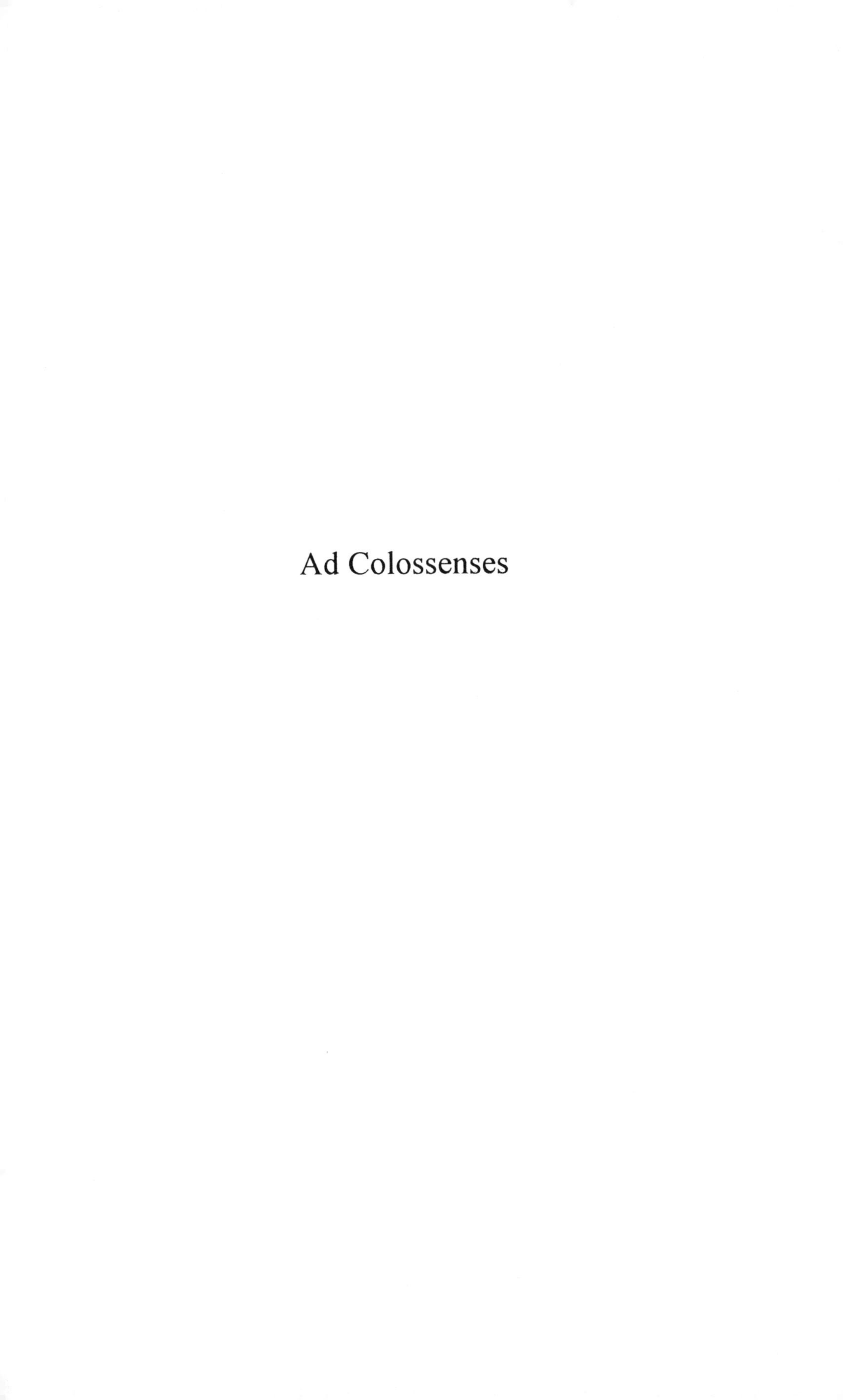

Ad Colossenses

NT	LXX
1,1 Παῦλος ἀπόστολος … καὶ Τιμόθεος ὁ ἀδελφὸς **1,2** τοῖς ἐν Κολοσσαῖς ἁγίοις καὶ πιστοῖς ἀδελφοῖς ἐν Χριστῷ, χάρις ὑμῖν καὶ εἰρήνη ἀπὸ θεοῦ πατρὸς ἡμῶν.	**2Mac 1,1** Τοῖς ἀδελφοῖς τοῖς κατ' Αἴγυπτον Ἰουδαίοις χαίρειν οἱ ἀδελφοὶ οἱ ἐν Ἱεροσολύμοις Ἰουδαῖοι καὶ οἱ ἐν τῇ χώρᾳ τῆς Ἰουδαίας εἰρήνην ἀγαθήν·
1,3 Εὐχαριστοῦμεν τῷ θεῷ πατρὶ τοῦ κυρίου ἡμῶν Ἰησοῦ Χριστοῦ πάντοτε περὶ ὑμῶν προσευχόμενοι,	
1,5 διὰ τὴν **ἐλπί**δα τὴν ἀποκειμένην ὑμῖν ἐν τοῖς οὐρανοῖς, ἣν προηκούσατε ἐν τῷ **λόγ**ῳ τῆς **ἀληθείας** τοῦ εὐαγγελίου	**ψ 118,43** καὶ μὴ περιέλῃς ἐκ τοῦ στόματός μου **λόγ**ον **ἀληθείας** ἕως σφόδρα, ὅτι ἐπὶ τὰ κρίματά σου ἐπ**ήλπι**σα.
1,6 ἐπέγνωτε τὴν χάριν τοῦ θεοῦ ἐν ἀληθείᾳ·	
1,7 καθὼς ἐμάθετε ἀπὸ Ἐπαφρᾶ τοῦ ἀγαπητοῦ συνδούλου ἡμῶν, ὅς **ἐστιν πιστὸς** ὑπὲρ ὑμῶν διάκονος τοῦ Χριστοῦ,	**Num 12,7** οὐχ οὕτως ὁ θεράπων μου Μωϋσῆς· ἐν ὅλῳ τῷ οἴκῳ μου **πιστός ἐστιν**·

MT		ALIA
		vd ad Eph 1,2
		cf ad Rom 1,8 et 1Thess 3,9
		mod dic *προσεύχεσθαι περί* in LXX ex gr Gen 20,7; 1Bas 7,5; ψ 71,15; Ier 36,7
ואל־תצל מפי דבר־אמת עד־מאד כי למשפטך יחלתי:	**Ps 119,43**	
		in LXX vix *χάρις* et *ἀλήθεια*; ex gr ψ 83,12; Sap 3,9, sed non sensu sicut in Col 1,6
לא־כן עבדי משה בכל־ביתי נאמן הוא:	**Num 12,7**	cf et Col 4,7

NT

1,9 *οὐ παυόμεθα ὑπὲρ ὑμῶν* ***προσευχ****όμενοι καὶ αἰτούμενοι, ἵνα* ***πληρωθῆ****τε* *τὴν ἐπίγνωσιν* *τοῦ* ***θελήματος αὐτοῦ ἐν πάσ****ῃ* ***σοφίᾳ καὶ συνέσ****ει* ***πνευματ****ικῇ,*

LXX

Ex 31,3 *καὶ ἐνέ****πλη****σα αὐτὸν* ***πνεῦμα*** *θεῖον* ***σοφί****ας* ***καὶ συνέσ****εως καὶ* *ἐπιστήμης* ***ἐν πα****ντὶ ἔργῳ,*

31,4 *διανοεῖσθαι καὶ ἀρχιτεκτονεῖν, ἐργάζεσθαι τὸ χρυσίον …*

Mi 3,8 *ἐὰν μὴ ἐγὼ ἐμ****πλή****σω ἰσχὺν* ***ἐν πνεύματ****ι κυρίου καὶ κρίματος καὶ δυναστείας τοῦ ἀπαγγεῖλαι τῷ Ἰακὼβ ἀσεβείας αὐτοῦ καὶ τῷ Ἰσραὴλ ἁμαρτίας αὐτοῦ.*

Dtn 4,6 *καὶ φυλάξεσθε καὶ ποιήσετε, ὅτι αὕτη ἡ* ***σοφί****α ὑμῶν* ***καὶ*** *ἡ* ***σύνεσ****ις ἐναντίον πάντων τῶν ἐθνῶν,*

ψ 142,10 *δίδαξόν με τοῦ ποιεῖν τὸ* ***θέλημά*** *σου, ὅτι σὺ εἶ ὁ θεός μου·*
τὸ ***πνεῦμά*** *σου τὸ ἀγαθὸν ὁδηγήσει με ἐν γῇ εὐθείᾳ.*

Is 11,2 *καὶ ἀναπαύσεται ἐπ' αὐτὸν* ***πνεῦμα*** *τοῦ θεοῦ,* ***πνεῦμα σοφί****ας* ***καὶ συνέσ****εως,* ***πνεῦμα βουλῆς*** *καὶ ἰσχύος,* ***πνεῦμα γνώσ****εως καὶ εὐσεβείας·*

Sir 17,7 *ἐπιστήμην* ***συνέσ****εως ἐνέ****πλη****σεν αὐτοὺς*
καὶ ἀγαθὰ καὶ κακὰ ὑπέδειξεν αὐτοῖς.

Sir 39,6 *ἐὰν κύριος ὁ μέγας* ***θελή****σῃ,*
πνεύματ*ι* ***συνέσ****εως ἐμ****πλησθή****σεται·*
αὐτὸς ἀνομβρήσει ῥήματα ***σοφί****ας αὐτοῦ*
καὶ ἐν ***προσευχ****ῇ ἐξομολογήσεται κυρίῳ·*

	MT	ALIA
Ex 31,3	ואמלא אתו רוח אלהים בחכמה ובתבונה ובדעת ובכל־מלאכה:	cf et cont **Ex** 31,3s: **31,6** *καὶ παντὶ συνετῷ καρδίᾳ δέδωκα σύνεσιν, καὶ ποιήσουσιν πάντα, ὅσα σοι συνέταξα,*
31,4	לחשב מחשבת לעשות בזהב ...	Ex 35,31 fere eisd vbs sicut 31,3 vd et Ex 28,3 et saepius
Mi 3,8	ואולם אנכי מלאתי כח את־רוח יהוה ומשפט וגבורה להגיד ליעקב פשעו ולישראל חטאתו:	ad *πνεῦμα κυρίου* cf ad Rom 1,3s; 2Cor 3,17 et 1Thess 4,8
Dtn 4,6	ושמרתם ועשיתם כי הוא חכמתכם ובינתכם לעיני העמים	
Ps 143,10	למדני לעשות רצונך כי־אתה אלוהי רוחך טובה תנחני בארץ מישור:	
Is 11,2	ונחה עליו רוח יהוה רוח חכמה ובינה רוח עצה וגבורה רוח דעת ויראת יהוה:	

NT	LXX
1,10 περιπατῆσαι ἀξίως τοῦ κυρίου εἰς πᾶσαν ἀρεσκείαν, ἐν παντὶ ἔργῳ ἀγαθῷ	**4Bas 20,3** Ὦ δή, κύριε, μνήσθητι δὴ ὅσα περιεπάτησα ἐνώπιόν σου ἐν ἀληθείᾳ καὶ ἐν καρδίᾳ πλήρει καὶ τὸ ἀγαθὸν ἐν ὀφθαλμοῖς σου ἐποίησα. **Prov 8,20** ἐν ὁδοῖς δικαιοσύνης περιπατῶ καὶ ἀνὰ μέσον τρίβων δικαιώματος ἀναστρέφομαι,
1,11 ἐν πάσῃ δυνάμει δυναμούμενοι κατὰ τὸ κράτος τῆς δόξης αὐτοῦ	**Iob 12,16** παρ' αὐτῷ κράτος καὶ ἰσχύς,
Μετὰ χαρᾶς **1,12** εὐχαριστοῦντες τῷ πατρὶ τῷ ἱκανώσαντι ὑμᾶς εἰς τὴν μερίδα τοῦ κλήρου τῶν ἁγίων ἐν τῷ φωτί·	**Num 18,20** Καὶ ἐλάλησεν κύριος πρὸς Ἀαρών Ἐν τῇ γῇ αὐτῶν οὐ κληρονομήσεις, καὶ μερὶς οὐκ ἔσται σοι ἐν αὐτοῖς, ὅτι ἐγὼ μερίς σου καὶ κληρονομία σου ἐν μέσῳ τῶν υἱῶν Ἰσραήλ. **Dtn 10,9** διὰ τοῦτο οὐκ ἔστιν τοῖς Λευίταις μερὶς καὶ κλῆρος ἐν τοῖς ἀδελφοῖς αὐτῶν· κύριος αὐτὸς κλῆρος αὐτοῦ, καθὰ εἶπεν αὐτῷ. **Dtn 12,12** καὶ εὐφρανθήσεσθε ἔναντι κυρίου τοῦ θεοῦ ὑμῶν, ὑμεῖς καὶ οἱ υἱοὶ ὑμῶν καὶ αἱ θυγατέρες ὑμῶν, οἱ παῖδες ὑμῶν καὶ αἱ παιδίσκαι ὑμῶν καὶ ὁ Λευίτης ὁ ἐπὶ τῶν πυλῶν ὑμῶν, ὅτι οὐκ ἔστιν αὐτῷ μερὶς οὐδὲ κλῆρος μεθ' ὑμῶν.

MT		ALIA
אנה יהוה זכר־נא את אשר התהלכתי לפניך באמת ובלבב שלם והטוב בעיניך עשיתי	**2Reg 20,3**	
בארח־צדקה אהלך	**Prov 8,20**	
בתוך נתיבות משפט:		
עמו עז ותושיה	**Iob 12,16**	
ויאמר יהוה אל־אהרן בארצם לא תנחל וחלק לא־יהיה לך בתוכם אני חלקך ונחלתך בתוך בני ישראל:	**Num 18,20**	cf ad Col 1,3 Dtn 9,26: *ἰσχὺς θεοῦ* et *κληρονομία* cf et Dtn 14,26.28; Jos 21,1ss; vd et Gen 31,14; sed vd Sap 2,9! ad *ἐν τῷ φωτί* cf ad Eph 5,8
על־כן לא־היה ללוי חלק ונחלה עם־אחיו יהוה הוא נחלתו כאשר דבר יהוה אלהיך לו:	**Dtn 10,9**	
ושמחתם לפני יהוה אלהיכם אתם ובניכם ובנתיכם ועבדיכם ואמהתיכם והלוי אשר בשעריכם כי אין לו חלק ונחלה אתכם:	**Dtn 12,12**	

NT	LXX
	Dtn 18,1 Οὐκ ἔσται τοῖς ἱερεῦσιν τοῖς Λευίταις, ὅλῃ φυλῇ Λευί, μερὶς οὐδὲ κλῆρος μετὰ Ἰσραήλ· καρπώματα κυρίου ὁ κλῆρος αὐτῶν, φάγονται αὐτά.
	18,2 κλῆρος δὲ οὐκ ἔσται αὐτῷ ἐν τοῖς ἀδελφοῖς αὐτοῦ· κύριος αὐτὸς κλῆρος αὐτοῦ, καθότι εἶπεν αὐτῷ.
	ψ 15,3 τοῖς ἁγίοις τοῖς ἐν τῇ γῇ αὐτοῦ ἐθαυμάστωσεν πάντα τὰ θελήματα αὐτοῦ ἐν αὐτοῖς.
	…
	15,5 κύριος ἡ μερὶς τῆς κληρονομίας μου καὶ τοῦ ποτηρίου μου· σὺ εἶ ὁ ἀποκαθιστῶν τὴν κληρονομίαν μου ἐμοί.
	Sir 45,20 καὶ προσέθηκεν Ἀαρὼν δόξαν καὶ ἔδωκεν αὐτῷ κληρονομίαν· ἀπαρχὰς πρωτογενημάτων ἐμέρισεν αὐτῷ, ἄρτον ἐν πρώτοις ἡτοίμασεν ἐν πλησμονῇ·
	45,21 καὶ γὰρ θυσίας κυρίου φάγονται, ἃς ἔδωκεν αὐτῷ τε καὶ τῷ σπέρματι αὐτοῦ.
	45,22 πλὴν ἐν γῇ λαοῦ οὐ κληρονομήσει, καὶ μερὶς οὐκ ἔστιν αὐτῷ ἐν λαῷ· αὐτὸς γὰρ μερίς σου καὶ κληρονομία.

MT		ALIA
לא־יהיה לכהנים הלוים כל־שבט לוי חלק ונחלה עם־ישראל אשי יהוה ונחלתו יאכלון:	**Dtn 18,1**	
ונחלה לא־יהיה־לו בקרב אחיו יהוה הוא נחלתו כאשר דבר־לו:	**18,2**	
לקדושים אשר־בארץ המה ואדירי כל־חפצי־בם: ...	**Ps 16,3**	vd ad MT app crit!
יהוה מנת־חלקי וכוסי אתה תומיך גורלי:	**16,5**	
[ויוס]ף לאהרן כבודו ויתן לו נחלתו: [תרומות] קדש נתן לו לחם אשי ייי יאכלון:	**Sir 45,20**	cf et **Sir 24,12** *καὶ ἐρρίζωσα* (sc *ἡ σοφία*) *ἐν λαῷ δεδοξασμένῳ,* *ἐν μερίδι κυρίου κληρονομία μου.*
. . . . חלקו ומתנה לו ולזרעו:	**45,21**	
אך [בארצם] לא ינחל ובתוכם לא יחלק נחלה: אשי יי[י ח]ל[קך ונח]ל[תך בתוך בני ישרא]ל:	**45,22**	

NT

1,12 … ἐν τῷ φωτί·

1,13 ὃς ἐρρύσατο ἡμᾶς ἐκ τῆς ἐξουσίας τοῦ σκότους καὶ μετέστησεν εἰς τὴν βασιλείαν τοῦ υἱοῦ τῆς ἀγάπης αὐτοῦ,

LXX

ψ 38,9 ἀπὸ πασῶν τῶν ἀνομιῶν μου ῥῦσαί με,

ψ 71,12 ὅτι ἐρρύσατο πτωχὸν ἐκ χειρὸς δυνάστου
καὶ πένητα, ᾧ οὐχ ὑπῆρχεν βοηθός·

Est 4,8 ῥῦσαι ἡμᾶς ἐκ θανάτου.

ψ 17,3 κύριος … ῥύστης μου,
… καὶ κέρας σωτηρίας μου, …
…
17,5 περιέσχον με ὠδῖνες θανάτου,
καὶ χείμαρροι ἀνομίας ἐξετάραξάν με·
…
17,20 … ῥύσεταί με, ὅτι ἠθέλησέν με.
…
17,29 ὅτι σὺ φωτιεῖς λύχνον μου, κύριε·
ὁ θεός μου, φωτιεῖς τὸ σκότος μου.

Is 9,2(1) ὁ λαὸς ὁ πορευόμενος ἐν σκότει, ἴδετε φῶς μέγα· οἱ κατοικοῦντες ἐν χώρᾳ καὶ σκιᾷ θανάτου, φῶς λάμψει ἐφ' ὑμᾶς.

Is 42,6 ἔδωκά σε εἰς διαθήκην γένους, εἰς φῶς ἐθνῶν,

42,7 ἀνοῖξαι ὀφθαλμοὺς τυφλῶν, ἐξαγαγεῖν ἐκ δεσμῶν δεδεμένους καὶ ἐξ οἴκου φυλακῆς καθημένους ἐν σκότει.

MT

MT	
מכל־פשעי הצילני	**Ps 39,9**
כי־יציל אביון משוע	**Ps 72,12**
ועני ואין־עזר לו׃	
יהוה ... ומפלטי	**Ps 18,3**
... וקרן־ישעי משגבי׃	
...	
אפפוני חבלי־מות	**18,5**
ונחלי בליעל יבעתוני׃	
...	
יחלצני כי חפץ בי׃	**18,20**
...	
כי־אתה תאיר נרי יהוה	**18,29**
אלהי יגיה חשכי׃	
העם ההלכים בחשך	**Is 9,1**
ראו אור גדול	
ישבי בארץ צלמות	
אור נגה עליהם׃	
ואתנך	**Is 42,6**
לברית עם לאור גוים׃	
לפקח עינים עורות	**42,7**
להוציא ממסגר אסיר	
מבית כלא ישבי חשך׃	

ALIA

in ψψ plm est iustus aut pauper, de quo dictum est *ἐρρύσατο ἐκ* … aut sim, ex gr ψ 71,12.

saepe *κύριος ὁ ῥυσάμενός σε* aut sim in Deutero-Is, ex gr Is 48,17; 49,7.

Israel autem noxius fuerat; ergo Deus Israel e peccati captivitate eripuit. Interdum et in ψψ Deum hominem e peccatis eripuisse dictum est, ex gr ψ 38,9.

vd et ad Rom 2,19; 2Cor 4,4-6

cf et **Is 60,2** *ἰδοὺ σκότος καὶ γνόφος καλύψει γῆν ἐπ᾿ ἔθνη· ἐπὶ δὲ σὲ φανήσεται κύριος, καὶ ἡ δόξα αὐτοῦ ἐπὶ σὲ ὀφθήσεται.*

NT

1,15 ὃς ἐστιν εἰκὼν τοῦ θεοῦ τοῦ ἀοράτου,
πρωτότοκος πάσης κτίσεως,
1,16 ὅτι ἐν αὐτῷ ἐκτίσθη τὰ πάντα
ἐν τοῖς οὐρανοῖς καὶ ἐπὶ τῆς γῆς,
τὰ ὁρατὰ καὶ τὰ ἀόρατα,
εἴτε θρόνοι εἴτε κυριότητες
εἴτε ἀρχαὶ εἴτε ἐξουσίαι·
τὰ πάντα δι᾽ αὐτοῦ καὶ εἰς αὐτὸν ἔκτισται·
1,17 καὶ αὐτός ἐστιν πρὸ πάντων
καὶ τὰ πάντα ἐν αὐτῷ συνέστηκεν,

LXX

Gen 1,26 καὶ εἶπεν ὁ θεός Ποιήσωμεν ἄνθρωπον κατ᾽ εἰκόνα ἡμετέραν καὶ καθ᾽ ὁμοίωσιν, καὶ ἀρχέτωσαν τῶν ἰχθύων τῆς θαλάσσης καὶ τῶν πετεινῶν τοῦ οὐρανοῦ καὶ τῶν κτηνῶν καὶ πάσης τῆς γῆς καὶ πάντων τῶν ἑρπετῶν τῶν ἑρπόντων ἐπὶ τῆς γῆς.
1,27 καὶ ἐποίησεν ὁ θεὸς τὸν ἄνθρωπον, κατ᾽ εἰκόνα θεοῦ ἐποίησεν αὐτόν, ἄρσεν καὶ θῆλυ ἐποίησεν αὐτούς.
Sap 2,23 ὅτι ὁ θεὸς ἔκτισεν τὸν ἄνθρωπον ἐπ᾽ ἀφθαρσίᾳ
καὶ εἰκόνα τῆς ἰδίας ἰδιότητος ἐποίησεν αὐτόν·
Sap 7,26 ἀπαύγασμα γάρ ἐστιν φωτὸς ἀιδίου
καὶ ἔσοπτρον ἀκηλίδωτον τῆς τοῦ θεοῦ ἐνεργείας
καὶ εἰκὼν τῆς ἀγαθότητος αὐτοῦ.
Sir 17,1 Κύριος ἔκτισεν ἐκ γῆς ἄνθρωπον
καὶ πάλιν ἀπέστρεψεν αὐτὸν εἰς αὐτήν.
…
17,3 καθ᾽ ἑαυτὸν ἐνέδυσεν αὐτοὺς ἰσχὺν
καὶ κατ᾽ εἰκόνα αὐτοῦ ἐποίησεν αὐτούς.
Ex 4,22 σὺ δὲ ἐρεῖς τῷ Φαραώ Τάδε λέγει κύριος Υἱὸς πρωτότοκός μου Ἰσραήλ·

MT		ALIA
ויאמר אלהים נעשה אדם בצלמנ כדמותנו וירדו בדגת הים ובעו השמים ובבהמה ובכל־הארי ובכל־הרמש הרמש על־הארץ:	**Gen 1,26**	ad *ἰδιότητος* Sap 2,23: OL et alii *ἀϊδιότητος* cf et **Gen 5,1** *ᾗ ἡμέρᾳ ἐποίησεν ὁ θεὸς τὸν Ἀδάμ, κατ᾽ εἰκόνα θεοῦ ἐποίησεν αὐτόν·* **5,2** *ἄρσεν καὶ θῆλυ ἐποίησεν αὐτοὺς καὶ εὐλόγησεν αὐτούς.*
ויברא אלהים את־האדם בצלמ בצלם אלהים ברא אתו זכר ונקב ברא אתם:	**1,27**	**5,3** … *Ἀδὰμ … καὶ ἐγέννησεν κατὰ τὴν ἰδέαν αὐτοῦ καὶ κατὰ τὴν εἰκόνα αὐτοῦ καὶ ἐπωνόμασεν τὸ ὄνομα αὐτοῦ Σήθ.* **Gen 32,30(31)** *καὶ ἐκάλεσεν Ἰακὼβ τὸ ὄνομα τοῦ τόπου ἐκείνου Εἶδος* ***θεοῦ****· εἶδον γὰρ* ***θεὸν*** *πρόσωπον πρὸς πρόσωπον, καὶ ἐσώθη μου ἡ ψυχή.* ad *εἰκὼν θεοῦ* cf Rom 8,29; 2Cor 4,4-6
ואמרת אל־פרעה כה אמר יהו בני בכרי ישראל:	**Ex 4,22**	cf et Gen 49,3; 2Bas 19,44; Sir 36,17 cf et **Sir 36,17(14)** *ἐλέησον λαόν, κύ-*

NT	LXX
	ψ 88,28 *κἀγὼ* ***<u>πρωτότοκ</u>****ον θήσομαι αὐτόν* (sc *τὸν Δαυίδ*), *ὑψηλὸν παρὰ τοῖς βασιλεῦσιν τῆς γῆς.* **Ier 38,9** *ὅτι ἐγενόμην τῷ Ἰσραὴλ εἰς πατέρα, καὶ Ἐφράιμ* ***<u>πρωτότοκός</u>*** *μού* ***<u>ἐστιν</u>****.* **Prov 8,22** *κύριος* ***<u>ἔκτισ</u>****έν με ἀρχὴν ὁδῶν αὐτοῦ εἰς ἔργα αὐτοῦ,* **8,23** *πρὸ τοῦ αἰῶνος ἐθεμελίωσέν με ἐν ἀρχῇ,* **8,24** *πρὸ τοῦ τὴν γῆν <u>ποιῆσαι</u> καὶ πρὸ τοῦ τὰς ἀβύσσους <u>ποιῆσαι</u>,* *πρὸ τοῦ προελθεῖν τὰς πηγὰς τῶν ὑδάτων,* **8,25** *πρὸ τοῦ ὄρη ἑδρασθῆναι,* *πρὸ δὲ πάντων βουνῶν <u>γεννᾷ</u> με.* **Sir 1,4** *προτέρα* ***<u>πάντ</u>****ων* ***<u>ἔκτισ</u>****ται σοφία* *καὶ σύνεσις φρονήσεως ἐξ αἰῶνος.* **Sir 24,9** *πρὸ τοῦ αἰῶνος ἀπ' ἀρχῆς* ***<u>ἔκτισ</u>****έν με,* *καὶ ἕως αἰῶνος οὐ μὴ ἐκλίπω.* **Sap 7,22** *<u>ἡ γὰρ</u>* ***<u>πάντων</u>*** *<u>τεχνῖτις</u> ἐδίδαξέν με σοφία.* **Sap 9,9** *καὶ μετὰ σοῦ ἡ σοφία ἡ εἰδυῖα τὰ ἔργα σου* *καὶ παροῦσα, ὅτε <u>ἐποίεις τὸν κόσμον</u>,*

MT		ALIA
אף־אני בכור אתנהו	**Ps 89,28**	*ριε, κεκλημένον ἐπ' ὀνόματί σου καὶ Ἰσραήλ, ὃν πρωτογόνῳ* (S^{c}: *πρωτοτοκω) ὡμοίωσας.*
עליון למלכי־ארץ:		
כי־הייתי לישׂראל לאב	**Ier 31,9**	
ואפרים בכרי הוא:		
יהוה קנני ראשית דרכו	**Prov 8,22**	cf cont Prov 8,22-24: 8,25-36
קדם מפעליו מאז:		cf et Iob 28,20-28, praesertim MT
מעולם נסכתי	**8,23**	cf Mal 2,10 ad 1Cor 8,6
מראשׁ מקדמי־ארץ:		
באין־תהמות חוללתי	**8,24**	
באין מעינות נכבדי־מים:		
בטרם הרים הטבעו	**8,25**	
לפני גבעות חוללתי:		

NT	LXX
	καὶ ἐπισταμένη τί ἀρεστὸν ἐν ὀφθαλμοῖς σου καὶ τί εὐθὲς ἐν ἐντολαῖς σου. **9,10** ἐξαπόστειλον αὐτὴν ἐξ ἁγίων οὐρανῶν καὶ ἀπὸ θρόνου δόξης σου πέμψον αὐτήν, ἵνα συμπαροῦσά μοι κοπιάσῃ, καὶ γνῶ τί εὐάρεστόν ἐστιν παρὰ σοί. **1Par 29,11** σοὶ, κύριε, ἡ μεγαλωσύνη καὶ ἡ δύναμις καὶ τὸ καύχημα καὶ ἡ νίκη καὶ ἡ ἰσχύς, **ὅτι** σὺ **πάντ**ων τῶν **ἐν τῷ οὐρανῷ καὶ ἐπὶ τῆς γῆς** δεσπόζεις, ἀπὸ προσώπου σου ταράσσεται πᾶς βασιλεὺς καὶ ἔθνος. **29,12** παρὰ σοῦ ὁ πλοῦτος καὶ ἡ δόξα, σὺ **πάντ**ων ἄρχεις, κύριε ὁ ἄρχων πάσης **ἀρχ**ῆς, καὶ ἐν χειρί σου ἰσχὺς καὶ δυναστεία, καὶ ἐν χειρί σου, παντοκράτωρ, μεγαλῦναι καὶ κατισχῦσαι **τὰ πάντα**. **2Esdr 19,6** καὶ εἶπεν Ἔσδρας Σὺ εἶ αὐτὸς κύριος μόνος· σὺ ἐ**ποίησ**ας **τ**ὸν **οὐραν**ὸν καὶ τὸν οὐρανὸν τοῦ οὐρανοῦ καὶ πᾶσαν τὴν στάσιν αὐτῶν, **τ**ὴν **γῆ**ν **καὶ πάντα**, ὅσα ἐστὶν ἐν αὐτῇ, τὰς θαλάσσας καὶ **πάντα** τὰ **ἐν** αὐταῖς, καὶ σὺ **ζωοποιεῖς τὰ πάντα**, καὶ σοὶ προσκυνοῦσιν αἱ στρατιαὶ **τ**ῶν **οὐραν**ῶν.

MT		ALIA
לך יהוה הגדלה והגבור והתפארת והנצח וההוד כי־כ בשמים ובארץ לך יהוה הממלכ והמתנשׂא לכל לראשׁ:	**1Par 29,11**	ad mod dic *ὁ οὐρανὸς καὶ ἡ γῆ* aut sim vd ex gr Is 51,6; 65,17; 66,22
והעשׁר והכבוד מלפניך ואת מושׁל בכל ובידך כח וגבור ובידך לגדל ולחזק לכל:	**29,12**	
אתה־הוא יהוה לבדך את עשׂית את־השׁמים שׁמי השׁמים וכל־צבאם הארץ וכל־אשׁר עליה הימים וכל־אשׁר בהם ואתה מחיה את־כלם וצבא השׁמים לך משׁתחוים:	**Neh 9,6**	ad *ζῳοποιεῖν* cf et ad Rom 2,7; 2Cor 3,6; vd et 1Cor1,21

NT	LXX
	ψ 32,6 τῷ λόγῳ τοῦ κυρίου οἱ οὐρανοὶ ἐστερεώθησαν καὶ τῷ πνεύματι τοῦ στόματος αὐτοῦ πᾶσα ἡ δύναμις αὐτῶν· **Sap 9,1** Θεὲ πατέρων καὶ κύριε τοῦ ἐλέους ὁ ποιήσας τὰ πάντα ἐν λόγῳ σου **Est C 2 (4,17b)** Κύριε, κύριε, βασιλεῦ πάντων κρατῶν, ὅτι ἐν ἐξουσίᾳ σου τὸ πᾶν ἐστιν, … **C 3 (4,17c)** ὅτι σὺ ἐποίησας τὸν οὐρανὸν καὶ τὴν γῆν καὶ πᾶν θαυμαζόμενον ἐν τῇ ὑπ' οὐρανὸν **C 4 (4,17c)** καὶ κύριος εἶ πάντων, καὶ οὐκ ἔστιν ὃς ἀντιτάξεταί σοι τῷ κυρίῳ. **C 5 (4,17d)** σὺ πάντα γινώσκεις· **Sir 1,9** κύριος αὐτὸς ἔκτισεν αὐτὴν καὶ εἶδεν καὶ ἐξηρίθμησεν αὐτὴν καὶ ἐξέχεεν αὐτὴν ἐπὶ πάντα τὰ ἔργα αὐτοῦ, **Sir 43,26** δι' αὐτὸν εὐοδοῖ ἄγγελος αὐτοῦ, καὶ ἐν λόγῳ αὐτοῦ σύγκειται τὰ πάντα. **43,27** Πολλὰ ἐροῦμεν καὶ οὐ μὴ ἀφικώμεθα, καὶ συντέλεια λόγων Τὸ πᾶν ἐστιν αὐτός.

MT		ALIA
בדבר יהוה שמים נעשׂו	**Ps 33,6**	
		στερεοῦν in ψ 32,6 fere notione *κτίζειν*;
וברוח פיו כל־צבאם:		cf et **Is 42,5** *ὁ ποιήσας τὸν οὐρανὸν καὶ πήξας αὐτόν, ὁ στερεώσας τὴν γῆν καὶ τὰ ἐν αὐτῇ*
		vd et ex gr Is 45,12; ψ 92,1; Sir 42,17.
למענו יצלח מלאך	**Sir 43,26**	
ובדבריו יפעל רצון:		
עוד כאלה לא נוסף	**43,27**	
וקץ דבר הוא הכל:		

NT	LXX
	Sap 1,7 ὅτι πνεῦμα κυρίου πεπλήρωκεν τὴν οἰκουμένην, **καὶ** τὸ συνέχον **τὰ πάντα** γνῶσιν ἔχει φωνῆς.
1,18 καὶ αὐτός ἐστιν ἡ κεφαλὴ τοῦ σώματος τῆς ἐκκλησίας· ὅς ἐστιν ἀρχή, πρωτότοκος ἐκ τῶν νεκρῶν, ἵνα γένηται ἐν πᾶσιν αὐτὸς πρωτεύων,	
1,19 ὅτι **ἐν αὐτῷ εὐδόκησεν πᾶν τὸ πλήρωμα κατοικ**ῆσαι	**ψ 23,1** Τοῦ κυρίου ἡ γῆ καὶ **τὸ πλήρωμα** αὐτῆς, ἡ οἰκουμένη καὶ **πάν**τες οἱ **κατοικ**οῦντες **ἐν αὐτ**ῇ· **ψ 67,17** ἵνα τί ὑπολαμβάνετε, ὄρη τετυρωμένα, τὸ ὄρος, ὃ **εὐδόκησεν** ὁ θεὸς **κατοικ**εῖν **ἐν αὐτῷ**; καὶ γὰρ ὁ κύριος κατασκηνώσει εἰς τέλος. **ψ 131,13** ὅτι ἐξελέξατο κύριος τὴν Σιών, ᾑρετίσατο αὐτὴν εἰς **κατοικ**ίαν ἑ**αυτῷ**

MT		ALIA
		cf ad Col 1,15ss *κεφαλή* ut dux populi in LXX, ex gr Idc 10,18A (B: *εἰς ἄρχοντα*); 11,8s(A); 11,11(A et B!); 2Bas 22,44 (David); cf et Is 7,8s: estne supplendum "caput urbis Ierusalem est Iahweh" aut "caput urbis Ierusalem est David" ? vd **Est 5,11**o' *καὶ ὡς ἐποίησεν αὐτὸν πρωτεύειν καὶ ἡγεῖσθαι τῆς βασιλείας.*
ליהוה הארץ ומלואה תבל וישבי בה:	**Ps 24,1**	vd et **Ier 8,16** *καὶ ἥξει καὶ καταφάγεται γῆν καὶ τὸ πλήρωμα αὐτῆς, πόλιν καὶ τοὺς κατοικοῦντας ἐν αὐτῇ.* vd et Ier 29,2LXX
למה תרצדון הרים גבננים ההר חמד אלהים לשבתו אף־יהוה ישכן לנצח:	**Ps 68,17**	cf et ad 1Cor 10,26
כי־בחר יהוה בציון אוה למושיב לו:	**Ps 132,13**	

NT

LXX

131,14 *Αὕτη ἡ κατάπαυσίς μου εἰς αἰῶνα αἰῶνος,*
ὧδε ***κατοικ****ήσω, ὅτι ἡρετισάμην αὐτήν·*
Is 8,18 *ἰδοὺ ἐγὼ καὶ τὰ παιδία, ἅ μοι ἔδωκεν ὁ θεός, καὶ ἔσται εἰς σημεῖα καὶ τέρατα ἐν τῷ Ἰσραὴλ παρὰ κυρίου σαβαώθ, ὃς* ***κατοικ****εῖ* ***ἐν*** *τῷ ὄρει Σιών.*

1,20 *καὶ δι᾽ αὐτοῦ ἀποκαταλλάξαι τὰ πάντα εἰς* ***αὐτ****όν,*
εἰρην*οποιήσας* ***διὰ*** *τοῦ αἵματος τοῦ σταυροῦ αὐτοῦ,*
[δι᾽ αὐτοῦ] εἴτε τὰ ἐπὶ τῆς γῆς
εἴτε τὰ ἐν τοῖς οὐρανοῖς.

Mich 5,2(1) *Καὶ σύ, Βηθλέεμ οἶκος τοῦ Ἐφράθα, ὀλιγοστὸς εἶ τοῦ εἶναι ἐν χιλιάσιν Ἰουδά· ἐκ σοῦ μοι ἐξελεύσεται τοῦ εἶναι εἰς ἄρχοντα ἐν τῷ Ἰσραήλ, καὶ αἱ ἔξοδοι αὐτοῦ ἀπ᾽ ἀρχῆς ἐξ ἡμερῶν αἰῶνος.*

…

5,4(3) *καὶ στήσεται καὶ ὄψεται καὶ ποιμανεῖ τὸ ποίμνιον αὐτοῦ ἐν ἰσχύι κυρίου, καὶ ἐν τῇ δόξῃ τοῦ ὀνόματος κυρίου τοῦ θεοῦ αὐτῶν ὑπάρξουσι· διότι νῦν μεγαλυνθήσεται ἕως ἄκρων τῆς γῆς.*
5,5(4) *καὶ ἔσται αὕτη* ***εἰρήν****η·*
Is 9,6(5) *ὅτι παιδίον ἐγεννήθη ἡμῖν, υἱὸς καὶ ἐδόθη ἡμῖν, οὗ ἡ ἀρχὴ ἐγενήθη ἐπὶ τοῦ ὤμου αὐτοῦ, καὶ καλεῖται τὸ ὄνομα αὐτοῦ Μεγάλης βουλῆς ἄγγελος· ἐγὼ γὰρ ἄξω* ***εἰρήν****ην ἐπὶ τοὺς ἄρχοντας,* ***εἰρήν****ην καὶ ὑγίειαν αὐτῷ.*

MT		ALIA
זאת־מנוחתי עדי־עד	**132,14**	
פה־אשב כי אותיה:		
הנה אנכי והילדים אשר נתן־לי	**Is 8,18**	
יהוה לאתות ולמופתים בישׂראל		
מעם יהוה צבאות		
השׁכן בהר ציון:		
ואתה בית־לחם אפרתה	**Mich 5,1**	cf ad Col 1,16
צעיר להיות באלפי יהודה		
ממך לי יצא		
להיות מושל בישׂראל		
ומוצאתיו מקדם		
מימי עולם:		
...		
ועמד ורעה בעז יהוה	**5,3**	
בגאון שׁם יהוה אלהיו		
וישׁבו כי־עתה יגדל		
עד־אפסי־ארץ:		
והיה זה שׁלום	**5,4**	
כי־ילד ילד־לנו	**Is 9,5**	
בן נתן־לנו		
ותהי המשׂרה		
על־שׁכמו		
ויקרא שׁמו		
פלא יועץ		

NT	LXX
	9,7(6) *μεγάλη ἡ ἀρχὴ αὐτοῦ, καὶ τῆς* ***εἰρήν****ης αὐτοῦ οὐκ ἔστιν ὅριον ἐπὶ τὸν θρόνον Δαυὶδ καὶ τὴν βασιλείαν αὐτοῦ κατορθῶσαι αὐτὴν καὶ ἀντιλαβέσθαι αὐτῆς ἐν δικαιοσύνῃ καὶ ἐν κρίματι ἀπὸ τοῦ νῦν καὶ εἰς τὸν αἰῶνα χρόνον·*
	Is 53,5 ***αὐτ****ὸς δὲ ἐτραυματίσθη* ***διὰ*** *τὰς ἀνομίας ἡμῶν καὶ μεμαλάκισται* ***διὰ*** *τὰς ἁμαρτίας ἡμῶν· παιδεία* ***εἰρήν****ης ἡμῶν ἐπ᾽ αὐτόν, τῷ μώλωπι αὐτοῦ ἡμεῖς ἰάθημεν.*
1,21 Καὶ *ὑμᾶς ποτε ὄντας* ***ἀπηλλοτριωμέν****ους καὶ ἐχθροὺς τῇ* ***διανοί****ᾳ ἐν τοῖς ἔργοις τοῖς πονηροῖς,*	**Ez 14,4** *ἐγὼ κύριος ἀποκριθήσομαι αὐτῷ* (sc *τῷ* λαῷ Ἰσραήλ) *ἐν οἷς ἐνέχεται ἡ* ***διάνοι****α αὐτοῦ,* **14,5** *ὅπως πλαγιάσῃ τὸν οἶκον τοῦ Ἰσραὴλ κατὰ τὰς καρδίας αὐτῶν τὰς* ***ἀπηλλοτριωμέν****ας ἀπ᾽ ἐμοῦ ἐν τοῖς ἐνθυμήμασιν αὐτῶν.*
1,22 *νυνὶ δὲ ἀποκατήλλαξεν* ***ἐν*** *τῷ* ***σώματι*** *τῆς* ***σαρκὸς αὐτοῦ*** *διὰ τοῦ θανάτου*	**Sir 23,16** *ἄνθρωπος πόρνος* ***ἐν σώματι σαρκὸς αὐτοῦ****,*

MT		ALIA
אל גבור		
אביעד		
שר־שלום:		
למרבה המשׂרה	**9,6**	
ולשלום אין־קץ		
על־כסא דוד		
ועל־ממלכתו		
להכין אתה		
ולסעדה		
במשפט ובצדקה		
מעתה ועד־עולם		
והוא מחלל מפשענו	**Is 53,5**	cont Is 53,5: cf ad Gal 1,4
מדכא מעונתינו		
מוסר שלומנו עליו		
ובחברתו נרפא־לנו:		
אני יהוה נעניתי לו בה ברב גלולין:	**Ez 14,4**	
למען תפש את־בית־ישׂראל בלבם אשר נזרו מעלי בגלוליהם כלם:	**14,5**	
		ad *παραστῆσαι ὑμᾶς ἁγίους* cf ad Eph 1,4

NT	LXX
παραστῆσαι ὑμᾶς ἁγίους καὶ ἀμώμους καὶ ἀνεγκλήτους κατενώπιον αὐτοῦ,	οὐ μὴ παύσηται ἕως ἂν ἐκκαύσῃ πῦρ·
1,23 εἴ γε ἐπιμένετε τῇ πίστει τεθεμελιωμένοι καὶ ἑδραῖοι καὶ μὴ μετακινούμενοι ἀπὸ τῆς ἐλπίδος τοῦ εὐαγγελίου οὗ ἠκούσατε, τοῦ κηρυχθέντος ἐν πάσῃ κτίσει τῇ ὑπὸ τὸν οὐρανόν, οὗ ἐγενόμην ἐγὼ Παῦλος διάκονος.	
1,24 Νῦν χαίρω ἐν τοῖς παθήμασιν ὑπὲρ ὑμῶν καὶ ἀνταναπληρῶ τὰ ὑστερήματα τῶν θλίψεων τοῦ Χριστοῦ ἐν τῇ σαρκί μου ὑπὲρ τοῦ σώματος αὐτοῦ, ὅ ἐστιν ἡ ἐκκλησία,	
1,26 **τὸ μυστήριον** τὸ ἀποκεκρυμμένον ἀπὸ τῶν αἰώνων καὶ ἀπὸ τῶν γενεῶν - νῦν δὲ ἐφανερώθη τοῖς ἁγίοις αὐτοῦ, **1,27** οἷς ἠθέλησεν ὁ θεὸς **γνωρίσ**αι τί τὸ πλοῦτος τῆς δόξης τοῦ **μυστηρί**ου τούτου ἐν τοῖς ἔθνεσιν, ὅ ἐστιν Χριστὸς ἐν ὑμῖν, ἡ ἐλπὶς τῆς δόξης·	**Dan 2,19**θ' τότε τῷ Δανιὴλ ἐν ὁράματι τῆς νυκτὸς **τὸ μυστήριον** ἀπεκαλύφθη· … **2,22**θ' αὐτὸς ἀποκαλύπτει βαθέα καὶ ἀπόκρυφα, γινώσκων τὰ ἐν τῷ σκότει, καὶ τὸ φῶς μετ' αὐτοῦ ἐστι· … **2,28**θ' ἀλλ' ἢ ἔστι θεὸς ἐν οὐρανῷ ἀποκαλύπτων **μυστήρι**α καὶ ἐγνώρισε τῷ βα-

MT		ALIA
לא יעבר: עד תבער בו אש:	**Sir 12,14**	
		in VT non homines (in fide) fundati sunt, sed caelum, terra etc. a Deo, cf ex gr **Is 48,13** *καὶ ἡ χείρ μου ἐθεμελίωσε τὴν γῆν, καὶ ἡ δεξιά μου ἐστερέωσε τὸν οὐρανόν·* *ψ* **8,4** *ὅτι ὄψομαι τοὺς οὐρανούς, ἔργα τῶν δακτύλων σου,* *σελήνην καὶ ἀστέρας, ἃ σὺ ἐθεμελίωσας.* ad passiones apostoli cf ad 2Cor 1,4-7; 4,7-12.
ארין לדניאל בחזוא די־ליליא רזה גלי ...	**Dan 2,19**	cf et **Sap 2,22** *καὶ οὐκ ἔγνωσαν μυστήρια θεοῦ* *οὐδὲ μισθὸν ἤλπισαν ὁσιότητος*
הוא גלא עמיקתא ומסתרתא ידע מה בחשוכא ונהירא עמה שרא: ...	2,22	**Gen 31,16** *πάντα τὸν πλοῦτον καὶ τὴν δόξαν, ἣν ἀφείλατο ὁ θεὸς τοῦ πατρὸς ἡμῶν, ἡμῖν ἔσται καὶ τοῖς τέκνοις ἡμῶν.*
ברם איתי אלה בשמיא גלא רזין והודע למלכא נבוכדנצר מה די	2,28	vd et ad Eph 1,9

NT **LXX**

σιλεῖ Ναβουχοδονοσὸρ ἃ δεῖ γενέσθαι ἐπ᾽ ἐσχάτων τῶν ἡμερῶν. τὸ ἐνύπνιόν σου καὶ αἱ ὁράσεις τῆς κεφαλῆς σου ἐπὶ τῆς κοίτης σου τοῦτό ἐστι.

2,29θ᾽ βασιλεῦ, οἱ διαλογισμοί σου ἐπὶ τῆς κοίτης σου ἀνέβησαν τί δεῖ γενέσθαι μετὰ ταῦτα, καὶ ὁ ἀποκαλύπτων μυστήρια ἐγνώρισέ σοι ἃ δεῖ γενέσθαι.

2,30θ᾽ καὶ ἐμοὶ δὲ οὐκ ἐν σοφίᾳ τῇ οὔσῃ ἐν ἐμοὶ παρὰ πάντας τοὺς ζῶντας **τὸ μυστήριον** τοῦτο ἀπεκαλύφθη, ἀλλ᾽ ἕνεκεν τοῦ τὴν σύγκρισιν τῷ βασιλεῖ γνωρίσαι, ἵνα τοὺς διαλογισμοὺς τῆς καρδίας σου γνῷς.

2,2 εἰς ἐπίγνωσιν τοῦ μυστηρίου τοῦ θεοῦ, Χριστοῦ,

2,3 ἐν ᾧ εἰσιν πάντες οἱ θησαυροὶ τῆς σοφίας καὶ γνώσεως ἀπόκρυφοι.

Is 45,3 καὶ δώσω σοι θησαυροὺς σκοτεινούς, ἀποκρύφους ἀοράτους ἀνοίξω σοι, ἵνα γνῷς ὅτι ἐγὼ κύριος ὁ θεὸς ὁ καλῶν τὸ ὄνομά σου, θεὸς Ἰσραήλ.

Prov 2,3 ἐὰν γὰρ τὴν σοφίαν ἐπικαλέσῃ
καὶ τῇ συνέσει δῷς φωνήν σου,
τὴν δὲ αἴσθησιν ζητήσῃς μεγάλῃ τῇ φωνῇ,

ALIA **MT**

להוא באחרית יומיא חלמך וחזוי
ראשך על־משכבך דנה הוא:

2,29 אנתה מלכא רעיונך על־משכבך
סלקו מה די להוא אחרי דנה וגלא
רזיא הודעך מה־די להוא:

2,30 ואנה לא בחכמה די־איתי בי מן־
כל־חייא רזא דנה גלי לי להן על־
דברת די פשרא למלכא יהודעון
ורעיוני לבבך תנדע:

cf Dan 2,29 ad Col 1,26s

Is 45,3 ונתתי לך אוצרות חשך
ומטמני מסתרים
למען תדע
כי־אני יהוה הקורא בשמך
אלהי ישׂראל:

Prov 2,3 כי אם לבינה תקרא

לתבונה תתן קולך:

NT	LXX
	2,4 καὶ ἐὰν ζητήσῃς αὐτὴν ὡς ἀργύριον καὶ ὡς **θησαυρ**οὺς ἐξερευνήσῃς αὐτήν, **2,5** τότε συνήσεις φόβον κυρίου καὶ ἐπί**γνωσ**ιν θεοῦ εὑρήσεις. **2,6** ὅτι κύριος δίδωσιν **σοφί**αν, καὶ ἀπὸ προσώπου αὐτοῦ **γνῶσ**ις καὶ σύνεσις· **Sir 1,24** ἕως καιροῦ **κρύψ**ει τοὺς λόγους αὐτοῦ, καὶ χείλη πολλῶν ἐκδιηγήσεται σύνεσιν αὐτοῦ. **1,25** Ἐν **θησαυρ**οῖς **σοφίας** παραβολὴ **ἐπιστήμης**, βδέλυγμα δὲ ἁμαρτωλῷ θεοσέβεια.
2,8 Βλέπετε μή τις ὑμᾶς ἔσται ὁ συλαγωγῶν διὰ **τῆς** **φιλοσοφίας** καὶ κενῆς ἀπάτης κατὰ τὴν παράδοσιν τῶν ἀνθρώπων, κατὰ τὰ στοιχεῖα τοῦ κόσμου καὶ οὐ κατὰ Χριστόν·	**4Mac 5,11** οὐκ ἐξυπνώσεις ἀπὸ **τῆς** φλυάρου **φιλοσοφίας** ὑμῶν καὶ ἀποσκεδάσεις τῶν λογισμῶν σου τὸν λῆρον καὶ ἄξιον τῆς ἡλικίας ἀναλαβὼν νοῦν **φιλοσοφ**ήσεις τὴν τοῦ συμφέροντος ἀλήθειαν
2,9 ὅτι ἐν αὐτῷ κατοικεῖ πᾶν τὸ πλήρωμα τῆς θεότητος σωματικῶς,	
2,11 Ἐν ᾧ καὶ περιετμήθητε περιτομῇ ἀχειροποιήτῳ ἐν τῇ ἀπεκδύσει τοῦ σώματος τῆς σαρκός, ἐν τῇ περιτομῇ τοῦ Χριστοῦ,	

MT		ALIA
אם־תבקשׁנה ככסף	**2,4**	
וכמטמונים תחפשׂנה:		
אז תבין יראת יהוה	**2,5**	
ודעת אלהים תמצא:		
כי־יהוה יתן חכמה	**2,6**	
מפיו דעת ותבונה:		

vd et Jer 36,8

pauci vident par in Sap 7,17

cf ad Col 1,19

cf ad *περιετμήθετε περιτομῇ ἀχειροποιήτῳ* ad Rom 2,25ss et Rom 9

vd et Sap 10,1

vd et ad Rom 4,17

NT	LXX
2,13 *καὶ ὑμᾶς νεκροὺς ὄντας [ἐν] τοῖς παραπτώμασιν καὶ τῇ ἀκροβυστίᾳ τῆς σαρκὸς ὑμῶν, συνε**ζωοποίησ**εν ὑμᾶς σὺν αὐτῷ, χαρισάμενος ἡμῖν πάντα τὰ παραπτώματα.*	*ψ* **70,19** *ὁ θεός, ἕως ὑψίστων ἃ ἐποίησας μεγαλεῖα·* *ὁ θεός, τίς ὅμοιός σοι;* **70,20** *ὅσας ἔδειξάς μοι θλίψεις πολλὰς καὶ κακάς,* *καὶ ἐπιστρέψας **ἐζωοποίησ**άς με* *καὶ ἐκ τῶν ἀβύσσων τῆς γῆς πάλιν ἀνήγαγές με.*
2,14 *ἐξαλείψας τὸ καθ' ἡμῶν χειρόγραφον τοῖς δόγμασιν ὃ ἦν ὑπεναντίον ἡμῖν, καὶ αὐτὸ ἦρκεν ἐκ τοῦ μέσου προσηλώσας αὐτὸ τῷ σταυρῷ·*	
2,16 Μὴ *οὖν τις ὑμᾶς κρινέτω ἐν βρώσει καὶ ἐν πόσει ἢ **ἐν** μέρει **ἑορτ**ῆς ἢ **νεομηνί**ας ἢ **σαββάτ**ων·*	**Num 10,10** *καὶ ἐν ταῖς ἡμέραις τῆς εὐφροσύνης ὑμῶν καὶ **ἐν** ταῖς **ἑορτ**αῖς ὑμῶν καὶ ἐν ταῖς **νουμηνί**αις ὑμῶν σαλπιεῖτε ταῖς σάλπιγξιν ἐπὶ τοῖς ὁλοκαυτώμασιν καὶ ἐπὶ ταῖς θυσίαις τῶν σωτηρίων ὑμῶν,* **1Par 23,31** *καὶ ἐπὶ πάντων τῶν ἀναφερομένων ὁλοκαυτωμάτων τῷ κυρίῳ **ἐν** τοῖς **σαββάτ**οῖς καὶ **ἐν** ταῖς **νεομηνί**αις καὶ **ἐν** ταῖς **ἑορτ**αῖς κατὰ ἀριθμὸν κατὰ τὴν κρίσιν ἐπ' αὐτοῖς διὰ παντὸς τῷ κυρίῳ.* **Os 2,11(13)** *καὶ ἀποστρέψω πάσας τὰς εὐφροσύνας αὐτῆς, **ἑορτ**ὰς αὐτῆς καὶ*

MT		ALIA
וצדקתך אשר־עשית גדלות אלהים מי כמוך:	**Ps 71,19**	
אשר הראיתנו צרות רבות ורעות תשוב תחיינו ומתהמות הארץ תשוב תעלני:	**71,20**	
		ἐξαλείφω cum acc *τὰς ἀνομίας* aut sim ex gr *ψ* 50,3.11; Is 43,25
וביום שמחתכם ובמועדיכם ובראשי חדשיכם ותקעתם בחצצרת על עלתיכם ועל זבחי שלמיכם	**Num 10,10**	cf et ad Gal 4,10 cf et ex gr 2Par 2,3; 31,3; 2Esdr 3,5; 20,34; Ez 46,6;
ולכל העלות עלות ליהוה לשבתות לחדשים ולמעדים במספר כמשפט עליהם תמיד לפני יהוה:	**1Par 23,31**	
והשבתי כל־משושה חגה חדשה ושבתה	**Os 2,13**	

NT	LXX
	τὰς ***νουμηνί****ας αὐτῆς καὶ τὰ* ***σάββατ****α αὐτῆς καὶ πάσας τὰς* *πανηγύρεις* *αὐτῆς·* **Is 1,13** *θυμίαμα βδέλυγμά μοί ἐστι· τὰς* ***νουμηνί****ας ὑμῶν καὶ τὰ* ***σάββατ****α καὶ ἡμέραν μεγάλην οὐκ ἀνέχομαι· νηστείαν καὶ ἀργίαν* **1,14** *καὶ τὰς* ***νουμηνίας*** *ὑμῶν καὶ τὰς* ***ἑορτ****ὰς ὑμῶν μισεῖ ἡ ψυχή μου·* **Ez 45,17** *καὶ διὰ τοῦ ἀφηγουμένου ἔσται τὰ ὁλοκαυτώματα καὶ αἱ θυσίαι καὶ αἱ σπονδαὶ ἔσονται* ***ἐν*** *ταῖς* ***ἑορτ****αῖς καὶ* ***ἐν*** *ταῖς* ***νουμηνί****αις καὶ* ***ἐν*** *τοῖς* ***σαββάτ****οις καὶ* ***ἐν*** *πάσαις ταῖς* ***ἑορτ****αῖς οἴκου Ἰσραήλ·*
2,22 *ἅ ἐστιν πάντα εἰς φθορὰν τῇ ἀποχρήσει, κατὰ τὰ* ***ἐντάλματα*** ***καὶ διδασκαλίας*** *τῶν* ***ἀνθρώπων****,*	**Is 29,13** *μάτην δὲ σέβονταί με* ***διδάσκ****οντες* ***ἐντάλματα*** ***ἀνθρώπων*** ***καὶ διδασκαλίας****.*
3,1 *Εἰ οὖν συνηγέρθητε τῷ Χριστῷ, τὰ ἄνω ζητεῖτε, οὗ ὁ Χριστός ἐστιν ἐν* ***δεξι****ᾷ τοῦ θεοῦ* ***καθ****ήμενος·*	*ψ* **109,1** *Εἶπεν ὁ κύριος τῷ κυρίῳ μου* **Κάθ***ου ἐκ* ***δεξι****ῶν μου,*

MT		ALIA
וכל מועדה:		
קטרת תועבה היא לי חדש ושבת קרא מקרא לא־אוכל און ועצרה:	**Is 1,13**	
חדשיכם ומועדיכם שנאה נפשי	**1,14**	
ועל־הנשיא יהיה העולות והמנחה והנסך בחגים ובחדשים ובשבתות בכל־מועדי בית ישראל	**Ez 45,17**	
ותהי יראתם אתי מצות אנשים מלמדה:	**Is 29,13**	
נאם יהוה לארני שב לימיני	**Ps 110,1**	cf et ψ 109,5 in LXX saepe mod dic *ζητεῖν/ ἐκζητεῖν τὸν κύριον* aut sim, ex gr **Is 51,1** *οἱ διώκοντες τὸ δίκαιον καὶ ζητοῦντες τὸν κύριον,* ψ **13,2** *ἐκζητῶν τὸν θεόν.*

NT	LXX
3,2 τὰ ἄνω φρονεῖτε, μὴ τὰ **ἐπὶ τῆς γῆς**.	**Ios 2,11** ὅτι κύριος ὁ θεὸς ὑμῶν θεὸς ἐν οὐρανῷ ἄνω καὶ **ἐπὶ τῆς γῆς** κάτω.
3,5 Νεκρώσατε οὖν τὰ μέλη τὰ ἐπὶ τῆς γῆς, **πορνεί**αν ἀκαθαρσίαν πάθος ἐπιθυμίαν **κακ**ήν, καὶ τὴν πλεονεξίαν, ἥτις **ἐστὶν εἰδωλ**ολατρία,	**Ier 3,2** καὶ ἐμίανας τὴν γῆν ἐν ταῖς **πορνεί**αις σου καὶ ἐν ταῖς **κακ**ίαις σου. **Sap 14,12** Ἀρχὴ γὰρ **πορνεί**ας ἐπίνοια **εἰδώλ**ων, … **14,27** ἡ γὰρ τῶν ἀνωνύμων **εἰδώλ**ων θρησκεία παντὸς ἀρχὴ **κακ**οῦ καὶ αἰτία καὶ πέρας **ἐστίν**·
3,6 δι᾽ ἃ ἔρχεται ἡ ὀργὴ τοῦ θεοῦ [ἐπὶ τοὺς υἱοὺς τῆς ἀπειθείας].	
3,8 νυνὶ δὲ ἀπόθεσθε καὶ ὑμεῖς τὰ πάντα, **ὀργήν**, **θυμόν**, κακίαν, βλασφημίαν, αἰσχρολογίαν ἐκ τοῦ στόματος ὑμῶν·	**ψ 36,8** παῦσαι ἀπὸ **ὀργῆ**ς καὶ ἐγκατάλιπε **θυμόν**, μὴ παραζήλου ὥστε πονηρεύεσθαι·
3,11 ὅπου οὐκ ἔνι Ἕλλην καὶ Ἰουδαῖος, περιτομὴ καὶ ἀκροβυστία, βάρβαρος, Σκύθης, δοῦλος, ἐλεύθερος, ἀλλὰ [τὰ] πάντα καὶ ἐν πᾶσιν Χριστός.	

MT		ALIA
כי יהוה אלהיכם הוא אלהים בשמים ממעל ועל־הארץ מתחת:	**Ios 2,11**	
ותחניפי ארץ בזנותיך וברעתך:	**Ier 3,2**	vd et Os 1-3; Ier 3,9; Ez 23,8 ad *πορνείαν* cf Lev 18,5-23, sed ibi *αἰσχημοσύνη* pro *πορνεία* ad *πλεονεξίαν* cf et ex gr **Ier 22,17** *ἰδοὺ οὔκ εἰσιν οἱ ὀφθαλμοί σου οὐδὲ ἡ καρδία σου ἀλλ᾽ ἢ εἰς τὴν πλεονεξίαν σου καὶ εἰς τὸ αἷμα τὸ ἀθῷον τοῦ ἐκχέειν αὐτὸ καὶ εἰς ἀδίκημα καὶ εἰς φόνον τοῦ ποιεῖν;* ad *ἡ ὀργὴ τοῦ θεοῦ* cf ad Rom 1,18
הרף מאף ועזב חמה אל־תתחר אך־להרע:	**Ps 37,8**	*ὀργή* et *θυμός* = ira Dei ex gr *ψ* 2,5; 29,6; 37,2; 68,25; 77,38; 84,4; 89,7. 11; 101,11; = ira hominis ex gr Prov 15,1; 21,14; 27,4 vd 2Mac 4,47

NT	LXX
3,12 Ἐνδύσασθε οὖν, ὡς ἐκλεκτοὶ τοῦ θεοῦ ἅγιοι καὶ ἠγαπημένοι, σπλάγχνα οἰκτιρμοῦ χρηστότητα ταπεινοφροσύνην πραΰτητα μακροθυμίαν,	
3,16 ψαλμοῖς ὕμνοις ᾠδαῖς πνευματικαῖς ἐν [τῇ] χάριτι ᾄδοντες ἐν ταῖς καρδίαις ὑμῶν τῷ θεῷ·	ψ **32,2** ἐξομολογεῖσθε τῷ κυρίῳ ἐν κιθάρᾳ, ἐν ψαλτηρίῳ δεκαχόρδῳ ψάλατε αὐτῷ. **32,3** ᾄσατε αὐτῷ ᾆσμα καινόν, καλῶς ψάλατε ἐν ἀλαλαγμῷ.
3,18 Αἱ γυναῖκες, ὑποτάσσεσθε τοῖς ἀνδράσιν ὡς ἀνῆκεν ἐν κυρίῳ.	**Gen 3,16** καὶ τῇ γυναικὶ εἶπεν Πληθύνων πληθυνῶ τὰς λύπας σου καὶ τὸν στεναγμόν σου, ἐν λύπαις τέξῃ τέκνα· καὶ πρὸς τὸν ἄνδρα σου ἡ ἀποστροφή σου, καὶ αὐτός σου κυριεύσει.
3,20 Τὰ τέκνα, ὑπακούετε τοῖς γονεῦσιν κατὰ πάντα, τοῦτο γὰρ εὐάρεστόν ἐστιν ἐν κυρίῳ.	**Ex 20,12** Τίμα τὸν πατέρα σου καὶ τὴν μητέρα, ἵνα εὖ σοι γένηται, καὶ ἵνα μακροχρόνιος γένῃ ἐπὶ τῆς γῆς τῆς ἀγαθῆς, ἧς κύριος ὁ θεός σου δίδωσίν σοι. **Dtn 5,16** τίμα τὸν πατέρα σου καὶ τὴν μητέρα σου, ὃν τρόπον ἐνετείλατό σοι κύριος ὁ θεός σου, ἵνα εὖ σοι γένηται, καὶ ἵνα μακροχρόνιος γένῃ ἐπὶ τῆς γῆς, ἧς κύριος ὁ θεός σου δίδωσίν σοι.

MT		ALIA
		ἐκλεκτοὶ τοῦ θεοῦ cf ex gr Is 65,9.23; ψ 104,43; Sap 3,9
הודו ליהוה בכנור בנבל עשור זמרו־לו:	**Ps 33,2**	cf et ψ 150
שירו־לו שיר חדש היטיבו נגן בתרועה:	**33,3**	
אל־האשה אמר הרבה ארבה עצבונך והרנך בעצב תלדי בנים ואל־אישך תשוקתך והוא ימשל־בך:	**Gen 3,16**	cf et Gen 2,18 *βοηθὴν κατ᾽ αὐτόν* et Gen 2,22 vd et ad 1Cor 11,3
כבד את־אביך ואת־אמך למען יארכון ימיך על האדמה אשר־יהוה אלהיך נתן לך:	**Ex 20,12**	cf et Sir 30,1-13 vd et Eph 6,2s
כבד את־אביך ואת־אמך כאשר צוך יהוה אלהיך למען יאריכן ימיך ולמען ייטב לך על האדמה אשר־יהוה אלהיך נתן לך:	**Dtn 5,16**	

NT	LXX
	Prov 1,8 <u>ἄκουε</u>, <u>υἱέ</u>, παιδείαν <u>πατρός</u> σου <u>καὶ</u> μὴ ἀπώσῃ θεσμοὺς <u>μητρός</u> σου· **Prov 6,20** <u>Υἱέ</u>, <u>φύλασσε</u> νόμους <u>πατρός</u> σου <u>καὶ</u> μὴ ἀπώσῃ θεσμοὺς <u>μητρός</u> σου· **Prov 23,22** <u>ἄκουε</u>, <u>υἱέ</u>, <u>πατρὸς</u> τοῦ γεννήσαντός σε <u>καὶ</u> μὴ καταφρόνει ὅτι γεγήρακέν σου ἡ <u>μήτηρ</u>.
3,22 Οἱ δοῦλοι, ὑπακούετε κατὰ πάντα τοῖς κατὰ σάρκα κυρίοις, μὴ ἐν ὀφθαλμοδουλίᾳ ὡς ἀνθρωπάρεσκοι, ἀλλ᾽ ἐν ἁπλότητι καρδίας φοβούμενοι τὸν κύριον.	
3,23 ὃ ἐὰν ποιῆτε, ἐκ ψυχῆς ἐργάζεσθε ὡς τῷ κυρίῳ καὶ οὐκ ἀνθρώποις,	
3,24 εἰδότες ὅτι ἀπὸ κυρίου ἀπολήμψεσθε τὴν ἀνταπόδοσιν τῆς κληρονομίας. τῷ κυρίῳ Χριστῷ δουλεύετε·	
3,25 ὁ γὰρ ἀδικῶν κομίσεται ὃ ἠδίκησεν, καὶ οὐκ ἔστιν προσωπολημψία.	

MT		ALIA
שמע בני מוסר אביך	**Prov 1,8**	
ואל־תפש תורת אמך:		
נצר בני מצות אביך	**Prov 6,20**	
ואל־תפש תורת אמך:		
שמע לאביך זה ילדך	**Prov 23,22**	
ואל־תבוז כי־זקנה אמך:		
		vd *ψ* **32,18** *ἰδοὺ οἱ ὀφθαλμοὶ κυρίου ἐπὶ τοὺς φοβουμένους αὐτόν*
		cf **Dtn 6,5** *καὶ ἀγαπήσεις κύριον τὸν θεόν σου ἐξ ὅλης τῆς διανοίας σου καὶ ἐξ ὅλης τῆς ψυχῆς σου καὶ ἐξ ὅλης τῆς δυνάμεώς σου.*
		ad *τῆς κληρονομίας* cf ad Gal 3,18
		cf ad Gal 2,6

NT	LXX
4,5 Ἐν σοφίᾳ περιπατεῖτε πρὸς τοὺς ἔξω τὸν καιρὸν ἐξαγοραζόμενοι.	
4,6 ὁ λόγος ὑμῶν πάντοτε ἐν χάριτι, ἅλατι ἠρτυμένος, εἰδέναι πῶς δεῖ ὑμᾶς ἑνὶ ἑκάστῳ ἀποκρίνεσθαι.	
4,7 Τὰ κατ' ἐμὲ πάντα γνωρίσει ὑμῖν Τύχικος ὁ ἀγαπητὸς ἀδελφὸς καὶ πιστὸς διάκονος καὶ σύνδουλος ἐν κυρίῳ,	**Num 12,7** οὐχ οὕτως ὁ θεράπων μου Μωϋσῆς· ἐν ὅλῳ τῷ οἴκῳ μου πιστός ἐστιν·

MT		ALIA
		vd **Dan 2,8**ο' Ἐπ' ἀληθείας οἶδα ὅτι καιρὸν ὑμεῖς ἐξαγοράζετε, καθάπερ ἑοράκατε ὅτι ἀπέστη ἀπ' ἐμοῦ τὸ πρᾶγμα·
		vd **Prov 10,32** χείλη ἀνδρῶν δικαίων ἀποστάζει χάριτας, **Eccl 10,12** λόγοι στόματος σοφοῦ χάρις, **Sir 21,16** ἐπὶ δὲ χείλους συνετοῦ εὑρεθήσεται χάρις.
לא־כן עבדי משה בכל־ביתי נאמן הוא:	**Num 12,7**	cf et Col 1,7

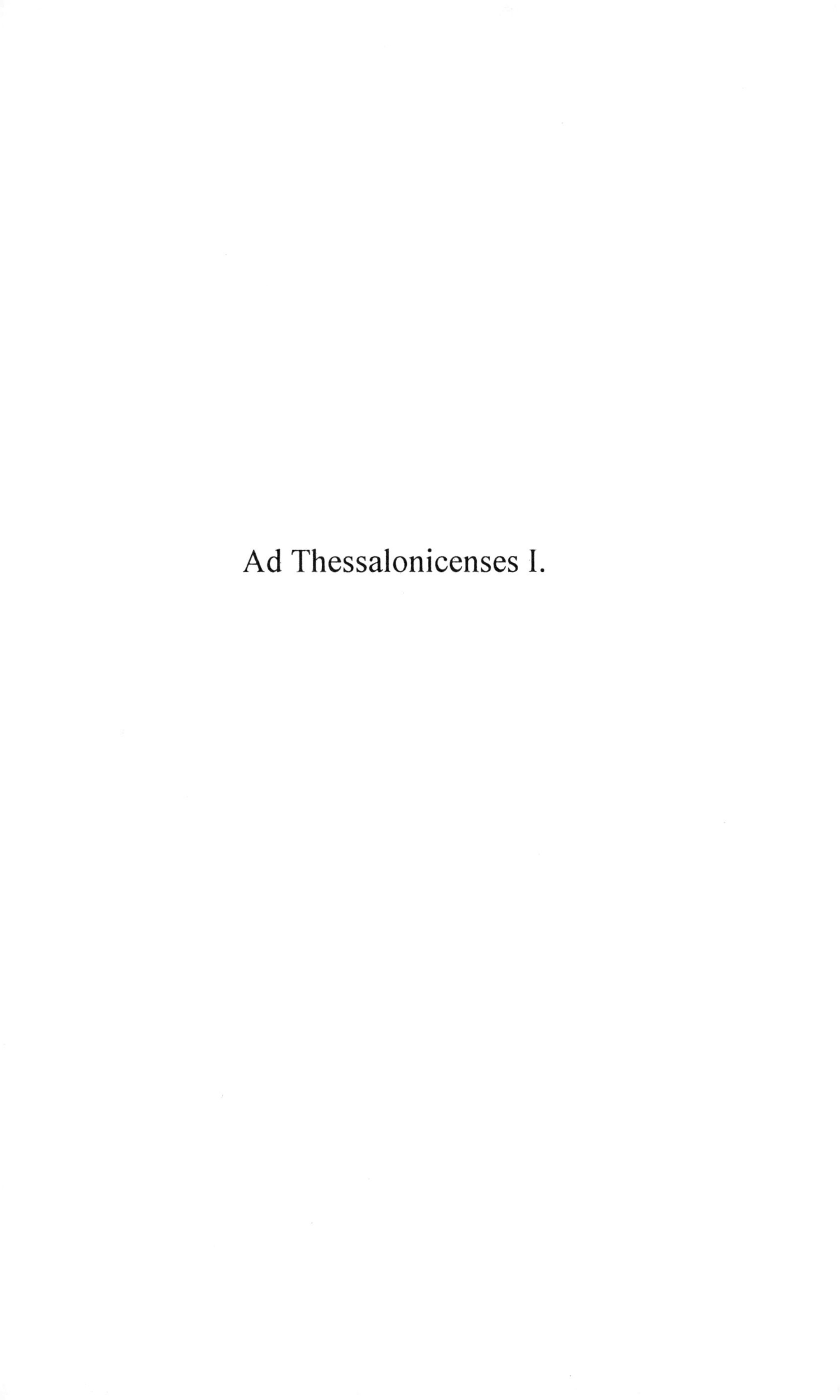

Ad Thessalonicenses I.

NT	LXX
1,1 *χάρις ὑμῖν καὶ εἰρήνη*	
1,2 *μνείαν ποιούμενοι*	
1,3 *ἔμπροσθεν τοῦ θεοῦ καὶ πατρὸς ἡμῶν*	
1,5 *ἐν πνεύματι ἁγίῳ*	
1,9 *πῶς* ***ἐπ****ε****στρέ****ψατε* ***πρὸς*** *τὸν θεὸν ἀπὸ τῶν εἰδώλων* ***δουλεύ****ειν* ***θε****ῷ ζῶντι καὶ* ***ἀληθιν****ῷ*	**1Bas 7,3** *Εἰ ἐν ὅλῃ καρδίᾳ ὑμῶν ὑμεῖς* ***ἐπ****ι****στρέ****φετε* ***πρὸς*** *κύριον, περιέλετε τοὺς θεοὺς τοὺς ἀλλοτρίους ἐκ μέσου ὑμῶν καὶ τὰ ἄλση καὶ ἑτοιμάσατε τὰς καρδίας ὑμῶν* ***πρὸς*** *κύριον καὶ* ***δουλεύ****σατε αὐτῷ μόνῳ, καὶ ἐξελεῖται ὑμᾶς ἐκ χειρὸς ἀλλοφύλων.* **Ex 34,6** *Κύριος κύριος ὁ* ***θε****ὸς οἰκτίρμων καὶ ἐλεήμων, μακρόθυμος καὶ πολυέλεος καὶ* ***ἀληθιν****ός,* **Num 14,18** *Κύριος μακρόθυμος καὶ πολυέλεος καὶ* ***ἀληθιν****ός, ἀφαιρῶν ἀνομίας καὶ ἀδικίας καὶ ἁμαρτίας,*

MT		ALIA
		cf ad Eph 1,2
		vd Iob 14,13; ψ 110,4; Is 32,10
		לפני יהוה, *ἐναντίον τοῦ θεοῦ*, *ἔναντι κυρίου*, *ἔμπροσθέν μου* aut sim ex gr Ex 16,33; Lev 16,13; 1Bas 2,29; maximam partem sensu cultico; sed et sensu forensi sicut 1Thess 1,3; 2,19; 3,9.13 ex gr Lev 16,30; Dtn 24,4; cf et Gen 7,1
		cf ad Rom 8,4ss
אם־בכל־לבבכם אתם שבים אל־יהוה הסירו את־אלהי הנכר מתוככם והעשתרות והכינו לבבכם אל־יהוה ועבדהו לבדו ויצל אתכם מיד פלשתים׃	**1Sam 7,3**	mod dic *ἐπιστρέψειν πρὸς κύριον* aut sim saepius in VT, ex gr et Dtn 30,2. 10; 2Par 15,4; Ier 3,12; 24,7 mod dic *δουλεύειν* (*τῷ*) *κυρίῳ* (*θεῷ Ἰσραήλ/ὑμῶν*) aut sim saepe in VT, ex gr Idc 2,7; 2Par 30,8; ψ 2,11; Is 56,6
יהוה יהוה אל רחום וחנון ארך אפים ורב־חסד ואמת׃	**Ex 34,6**	*θεὸς ζῶν* aut *ζῶ ἐγώ* et ex gr et Ios 3,10; 4Bas 19,4.16; Tob 13,1; Esth 6,13*o*'; cf et Num 14,21.28; Dtn 32,39s; Sir 18,1; Soph 2,9; Is 49,18; Ier 22,24; Ez 5,11
יהוה ארך אפים ורב־חסד נשא עון ופשע	**Num 14,18**	cf et mod dic *ὁ θεὸς τῆς ἀληθείας* aut sim, ex gr ψ 30,6; 1Esdr 4,40

NT	LXX
	1Esdr 8,86 *κύριε τοῦ Ἰσραήλ, ἀληθινὸς εἶ·*
	ψ 85,15 *καὶ σύ, κύριε ὁ θεός, οἰκτίρμων καὶ ἐλεήμων,* *μακρόθυμος καὶ πολυέλεος καὶ ἀληθινός.*
	Is 65,16 *εὐλογήσουσι γὰρ τὸν θεὸν τὸν ἀληθινόν, καὶ οἱ ὀμνύοντες ἐπὶ τῆς γῆς ὀμνοῦνται τὸν θεὸν τὸν ἀληθινόν·*
	3Mac 2,11 *καὶ δὴ πιστὸς εἶ καὶ ἀληθινός.*
	3Mac 6,18 *τότε ὁ μεγαλόδοξος παντοκράτωρ καὶ ἀληθινὸς θεὸς ἐπιφάνας τὸ ἅγιον αὐτοῦ πρόσωπον ἠνέῳξε τὰς οὐρανίους πύλας,*
	Sap 12,27 *ἰδόντες, ὃν πάλαι ἠρνοῦντο εἰδέναι, θεὸν ἐπέγνωσαν αληθῆ·*
	Sap 15,1 *Σὺ δέ, ὁ θεὸς ἡμῶν, χρηστὸς καὶ ἀληθής,*
	Dan 2,47o' *Ἐπ' ἀληθείας ἐστὶν ὁ θεὸς ὑμῶν θεὸς τῶν θεῶν καὶ κύριος τῶν βασιλέων*
	ψ 41,3 *ἐδίψησεν ἡ ψυχή μου πρὸς τὸν θεὸν τὸν ζῶντα·*
	Os 1,10(2,1) *κληθήσονται καὶ αὐτοὶ υἱοὶ θεοῦ ζῶντος.*

MT		ALIA
		Num 14,18: 20 MSS post חסד inserunt ואמת
ואתה אדני אל־רחים וחנון ארך אפים ורב־חסד ואמת:	**Ps 86,15**	
יתברך באלהי אמן והנשׂבע בארץ ישׂבע באלהי אמן	**Is 65,16**	
מן־קשׁט די אלהכון הוא אל אלהין ומרא מלכין	**Dan 2,47**	sim Dan 2,47 *θ’*
צמאה נפשׁי לאלהים לאל חי	**Ps 42,3**	
יאמר להם בני אל־חי:	**Os 2,1**	

NT	LXX
1,10 *καὶ ἀναμένειν τὸν* ***υἱ****ὸν αὐτοῦ ἐκ* ***τ****ῶν* ***οὐραν****ῶν,*	**Dan 7,13**ο' *ἐπὶ τῶν νεφελῶν* ***τ****οῦ* ***οὐραν****οῦ ὡς* ***υἱ****ὸς ἀνθρώπου ἤρχετο,*
2,4 *οὐχ ὡς ἀνθρώποις ἀρέσκοντες ἀλλὰ* ***θε****ῷ τῷ* ***δοκιμάζ****οντι τὰς* ***καρδίας*** *ἡμῶν.*	**Ier 11,20** *κύριε κρίνων δίκαια* ***δοκιμάζ****ων νεφροὺς καὶ* ***καρδίας,*** **ψ 7,10** *ἐτάζων* ***καρδίας*** *καὶ νεφροὺς ὁ* ***θε****ός.*
2,10 *ὑμεῖς μάρτυρες καὶ ὁ θεός, ὡς ὁσίως καὶ* ***δικαί****ως καὶ* ***ἀμέμπτ****ως ὑμῖν τοῖς πιστεύουσιν ἐγενήθημεν,*	**Iob 1,1** *καὶ ἦν ὁ ἄνθρωπος ἐκεῖνος ἀληθινός,* ***ἄμεμπτ****ος,* ***δίκαι****ος, θεοσεβής,*
2,12 *εἰς τὸ περιπατεῖν ὑμᾶς ἀξίως τοῦ θεοῦ*	
2,14 *τῶν Ἰουδαίων,* **2,15** *τῶν καὶ τὸν κύριον* ***ἀπ****ο****κτειν****άντων Ἰησοῦν καὶ* ***τοὺς προφήτας***	**3Bas 19,10** *ὅτι ἐγκατέλιπόν σε οἱ υἱοὶ Ἰσραήλ· τὰ θυσιαστήριά σου κατέσκαψαν καὶ* ***τοὺς προφήτας*** *σου* ***ἀπ****έ****κτειν****αν ἐν ῥομφαίᾳ,*
2,16 *εἰς τὸ ἀναπληρῶσαι αὐτῶν τὰς ἁμαρτίας … ἔφθασεν δὲ ἐπ' αὐτοὺς ἡ ὀργὴ εἰς τέλος.*	

MT		ALIA
וארו עם־ענני שמיא כבר אנש אתה הוה	**Dan 7,13**	
ויהוה צבאות שפט צדק בחן כליות ולב	**Ier 11,20**	
ובחן לבות וכליות אלהים צדיק	**Ps 7,10**	
והיה האיש ההוא תם וישר ויר אלהים	**Iob 1,1**	
		cf **Eccl 11,9** B *καὶ περιπάτει ἐν ὁδοῖς ἀμώμος*
כי־עזבו בריתך בני ישראל את מזבחתיך הרסו ואת־נביאיך הרגי בחרב	**1Reg 19,10**	cf et 2Par 36,16; 3Bas 18,4.13 vd et ad Rom 11,2b.3
		vd **Gen 15,16** *οὔπω γὰρ ἀναπεπλήρωνται αἱ ἁμαρτίαι τῶν Ἀμορραίων ἕως τοῦ νῦν.* *ᾠὲῢ* **12,27** *διὸ καὶ τὸ τέρμα τῆς καταδίκης ἐπ' αὐτοὺς ἐπῆλθεν.*

NT	LXX
3,3 *τὸ μηδένα σαίνεσθαι ἐν ταῖς θλίψεσιν ταύταις.*	
3,5 *μή πως ἐπείρασεν ὑμᾶς ὁ πειράζων καὶ **εἰς κενὸν** γένηται ὁ **κόπ**ος ἡμῶν.*	**Is 65,23** *οἱ δὲ ἐκλεκτοί μου οὐ **κοπι**άσουσιν **εἰς κενὸν***
3,7 *διὰ τοῦτο **παρ**ε**κλήθ**ημεν, ἀδελφοί, ἐφ' ὑμῖν ἐπὶ πάσῃ τῇ **ἀνάγκ**ῃ **καὶ θλίψ**ει ἡμῶν διὰ τῆς ὑμῶν πίστεως,* **3,8** *ὅτι νῦν **ζ**ῶμεν*	**Iob 15,24** ***ἀνάγκ**η δὲ **καὶ θλῖψ**ις αὐτὸν καθέξει* *ψ* **118,143** ***θλῖψ**ις **καὶ ἀνάγκ**η εὗροσάν με·* **Is 38,16** *καὶ **παρ**α**κληθ**εὶς ἔ**ζ**ησα.*
3,9 *τίνα γὰρ εὐχαριστίαν δυνάμεθα τῷ θεῷ ἀναποδοῦναι … ἔμπροσθεν τοῦ θεοῦ ἡμῶν,*	
3,11 Αὐτὸς *δὲ ὁ **θε**ὸς καὶ πατὴρ ἡμῶν καὶ ὁ κύριος ἡμῶν Ἰησοῦς **κατευθύναι τὴν ὁδὸν** ἡμῶν πρὸς ὑμᾶς·*	**Idt 12,8** *ἐδέετο τοῦ κυρίου **θε**οῦ Ἰσραὴλ **κατευθῦναι τὴν ὁδὸν** αὐτῆς εἰς ἀνάστημα τῶν υἱῶν τοῦ λαοῦ αὐτῆς·*
3,13 *εἰς τὸ **στηρί**ξαι ὑμῶν τὰς **καρδί**ας ἀμέμπτους ἐν ἁγιωσύνῃ ἔμπροσθεν τοῦ **θε**οῦ καὶ πατρὸς ἡμῶν ἐν τῇ παρουσίᾳ τοῦ **κυρί**ου ἡμῶν Ἰησοῦ μετὰ **πάντ**ων τῶν **ἁγί**ων **αὐτοῦ**,*	*ψ* **111,8** *ἐ**στήρι**κται ἡ **καρδί**α αὐτοῦ,* **Zach 14,5** *καὶ ἥξει **κύρι**ος ὁ **θε**ός μου καὶ **πάντ**ες οἱ **ἅγι**οι μετ' **αὐτοῦ**.*

MT		ALIA
		cf ad Rom 5,3s
... בחירי:	**Is 65,22**	cf Gen 3,1ss; Iob 1,9ss; 2,4ss
לא ייגעו לריק	**65,23**	cf et Is 49,4; Ier 28,58 (LXX); Iob 39,16
		cf et ad Gal 2,2 et Phil 2,16
יבעתהו צר ומצוקה	**Iob 15,24**	cf et **Soph 1,15** *ἡμέρα ὀργῆς ἡ ἡμέρα ἐκείννη, ἡμέρα θλίψεως καὶ ανάγκης,*
צר־ומצוק מצאוני	**Ps 119,143**	cf et ψ **137,7** *ἐὰν πορευθῶ ἐν μέσῳ θλίψεως, ζήσεις με·*
ותחלימני והחיני:	**Is 38,16**	vd et ad 2Cor 6,4-7
		cf ad Rom 1,8
		ad *ἔμπροσθεν τοῦ θεοῦ ἡμῶν* vd ad 1Thess 1,3
סמוך לבו	**Ps 112,8**	cf **Dan 7,28** ο' *καὶ τὸ ῥῆμα ἐν καρδίᾳ μου ἐτήρησα.*
ובא יהוה אלהי כל־קדשים עמך:	**Zach 14,5**	ad notionem *παρουσία* cf et ad 1Cor 15,23
		pro כל fort lg וכל
		pro עמך lg עמו

NT	LXX
4,1 *πῶς δεῖ ὑμᾶς <u>περιπατ</u>εῖν καὶ ἀρέσκειν θεῷ,*	**ψ 85,11** *ὁδήγησόν με, κύριε, τῇ ὁδῷ σου, καὶ <u>πορεύσ</u>ομαι ἐν τῇ ἀληθείᾳ σου·* **Ez 36,27** *καὶ τὸ πνεῦμά μου δώσω ἐν ὑμῖν καὶ ποιήσω ἵνα ἐν τοῖς δικαιώμασί μου <u>πορεύ</u>ησθε καὶ τὰ κρίματά μου φυλάξησθε καὶ ποιήσητε.*
4,3 Τοῦτο *γάρ ἐστιν θέλημα τοῦ θεοῦ, … ἀπέχεσθαι ὑμᾶς ἀπὸ τῆς πορνείας,*	
4,5 *μὴ ἐν πάθει ἐπιθυμίας καθάπερ καὶ τὰ <u>**ἔθνη τὰ μὴ εἰδότα τὸν θεόν**</u>,*	**Ier 10,25** *ἔκχεον τὸν θυμόν σου ἐπὶ <u>**ἔθνη τὰ μὴ εἰδότα σε**</u>* **ψ 78,6** *ἔκχεον τὴν ὀργήν σου ἐπὶ <u>**ἔθνη τὰ μὴ**</u> <u>γινώσκοντά σε</u>*
4,6 *διότι <u>**ἔκδικ**</u>ος <u>**κύριος**</u> <u>περὶ πάντων τούτων</u>, καθὼς καὶ προείπαμεν ὑμῖν καὶ διεμαρτυράμεθα*	**ψ 93,1** Ὁ *θεὸς <u>**ἐκδικ**</u>ήσεων <u>**κύριος**</u>, ὁ θεὸς <u>**ἐκδικ**</u>ήσεων ἐπαρρησιάσατο.* **93,2** *ὑψώθητι, <u>ὁ κρίνων τὴν γῆν</u>, ἀπόδος ἀνταπόδοσιν τοῖς ὑπερηφάνοις.* **Sir 5,3** *ὁ γὰρ κύριος <u>**ἐκδικ**</u>ῶν <u>**ἐκδικ**</u>ήσει.*

MT		ALIA
		ad *ἔμπροσθεν τοῦ θεοῦ* vd ad 1Thess 1,3
הורני יהוה דרכך אהלך באמתך	**Ps 86,11**	mod dic *ἀρέσκειν τῷ θεῷ/τῷ κυρίῳ/ἐνώπιον κυρίου* ex gr Num 23,27; 3Bas 3,10; *ψ* 68,32
ואת־רוחי אתן בקרבכם ועשׂיתי את אשר־בחקי תלכו ומשפטי תשמרו ועשׂיתם:	**Ez 36,27**	
		ad notionem *θέλημα τοῦ θεοῦ* cf ex gr Esth 1,8; *ψ* 1,2; 39,9 cf Lev 18 et 20, ubi eadem res agitur, sed notio *πορνεία* non est; cf et Ex 20,13.17; Dtn 5,17.21. vd et Sir 5,2
שפך חמתך על־הגוים אשר לא־ידעוך	**Ier 10,25**	vd et Sap 14,22ss cf et ad Gal 4,8
שפך חמתך אל־הגוים אשר לא־ידעוך	**Ps 79,6**	
אל־נקמות יהוה אל נקמות הופיע:	**Ps 94,1**	
הנשׂא שפט הארץ השב גמול על־גאים:	**94,2**	
כי יי׳ מבקש נרדפים:	**Sir 5,3**	

NT	LXX
4,8 *ἀθετεῖ... τὸν θεὸν τὸν [καὶ] διδόντα τὸ* ***πνεῦμα*** *αὐτοῦ τὸ ἅγιον εἰς ὑμᾶς.*	**Ez 11,19** *καὶ δώσω αὐτοῖς καρδίαν ἑτέραν καὶ* ***πνεῦμα*** *καινὸν δώσω ἐν αὐτοῖς* **Ez 36,26** *καὶ δώσω ὑμῖν καρδίαν καινὴν καὶ* ***πνεῦμα*** *καινὸν δώσω ἐν* ***ὑμῖν*** *καὶ ἀφελῶ τὴν καρδίαν τὴν λιθίνην ἐκ τῆς σαρκὸς ὑμῶν καὶ δώσω ὑμῖν καρδίαν σαρκίνην.* **36,27** *καὶ* ***τὸ πνεῦμά*** *μου δώσω ἐν ὑμῖν καὶ ποιήσω ἵνα ἐν τοῖς δικαιώμασί μου πορεύησθε καὶ τὰ κρίματά μου φυλάξησθε καὶ ποιήσητε.* **Ez 37,5** *Ἰδοὺ ἐγὼ φέρω εἰς* ***ὑμᾶς πνεῦμα*** *ζωῆς* … **37,14** *καὶ δώσω* ***πνεῦμά*** *μου εἰς* ***ὑμᾶς****, καὶ ζήσεσθε, καὶ θήσομαι ὑμᾶς ἐπὶ τὴν γῆν ὑμῶν, καὶ γνώσεσθε ὅτι ἐγὼ κύριος λελάληκα καὶ ποιήσω, λέγει κύριος.* **ψ 142,10** *δίδαξόν με τοῦ ποιεῖν τὸ θέλημά σου, ὅτι σὺ εἶ ὁ θεός μου·* ***τὸ πνεῦμά*** *σου τὸ ἀγαθὸν ὁδηγήσει με ἐν γῇ εὐθείᾳ.*
4,9 *αὐτοὶ γὰρ ὑμεῖς θεοδίδακτοί ἐστε εἰς τὸ ἀγαπᾶν ἀλλήλους,*	

MT		ALIA
ונתתי להם לב אחד ורוח חדשה אתן בקרבים	**Ez 11,19**	cf et **Is 11,2** *καὶ ἀναπαύσεται ἐπ᾽ αὐτὸν πνεῦμα τοῦ θεοῦ, πνεῦμα σοφίας καὶ συνέσεως, πνεῦμα βουλῆς καὶ ἰσχύος, πνεῦμα γνώσεως καὶ εὐσεβείας·*
ונתתי לכם לב חדש ורוח חדשה אתן בקרבכם והסרתי את־לב האבן מבשרכם ונתתי לכם לב בשר:	**Ez 36,26**	**ψ 50,13** *καὶ τὸ πνεῦμα τὸ ἅγιόν σου μὴ ἀντανέλῃς ἀπ᾽ ἐμοῦ.* vd et Sap 9,17
ואת־רוחי אתן בקרבכם ועשיתי את אשר־בחקי תלכו ומשפטי תשמרו ועשיתם:	**36,27**	vd et ad Rom 8,4ss et 2Cor 3,2s.17
הנה אני מביא בכם רוח וחייתם:	**Ez 37,5**	
... ונתתי רוחי בכם וחייתם והנחתי אתכם על־אדמתכם וידעתם כי־אני יהוה דברתי ועשיתי נאם־יהוה:	**37,14**	
למדני לעשות רצונך כי־אתה אלוהי רוחך טובה תנחני בארץ מישור:	**Ps 143,10**	ad *θέλημά σου* cf ad 1Thess 4,3
		ad *θεοδίδακτοι* cf Ez 36,26s et ψ 142,10 ad 1Thess 4,8

NT	LXX
4,13 *οἱ λοιποὶ οἱ μὴ ἔχοντες* ***ἐλπίδα***.	**Iob 8,13** ***ἐλπὶς*** *γὰρ ἀσεβοῦς ἀπολεῖται.* **Prov 10,28** ***ἐλπὶς*** *δὲ ἀσεβῶν ὄλλυται.* **Sap 3,11** *καὶ κενὴ ἡ* ***ἐλπὶς*** *αὐτῶν* (sc *τῶν ἀσεβῶν*), … **3,18** *ἐάν τε ὀξέως τελευτήσωσιν, οὐχ ἕξουσιν* ***ἐλπίδα***
4,15 *ὅτι* ***ἡμεῖς οἱ ζῶντες*** *οἱ περιλειπόμενοι*	*ψ* **113,26** *ἀλλ᾽* ***ἡμεῖς οἱ ζῶντες*** *εὐλογήσομεν τὸν κύριον* *ἀπὸ τοῦ νῦν καὶ ἕως τοῦ αἰῶνος.*
4,16 *ὅτι αὐτὸς ὁ* ***κύριος*** *ἐν κελεύσματι,* ***ἐν φωνῇ*** *ἀρχαγγέλου καὶ* ***ἐν σάλπιγγι*** *θεοῦ, καταβήσεται ἀπ᾽* ***οὐρανοῦ*** *καὶ οἱ νεκροὶ ἐν Χριστῷ ἀναστήσονται πρῶτον,*	**Dan 7,13***ο᾽ καὶ ἰδοὺ ἐπὶ τῶν νεφελῶν τοῦ* ***οὐρανοῦ*** *ὡς υἱὸς ἀνθρώπου ἤρχετο, καὶ ἕως παλαιοῦ ἡμερῶν παρῆν, καὶ οἱ παρεστηκότες προσήγαγον αὐτόν.* **Zach 9,14** *καὶ* ***κύριος*** *ἔσται ἐπ᾽ αὐτοὺς καὶ ἐξελεύσεται ὡς ἀστραπὴ βολίς, καὶ κύριος παντοκράτωρ* ***ἐν σάλπιγγι*** *σαλπιεῖ καὶ πορεύσεται ἐν σάλῳ ἀπειλῆς αὐτοῦ.* **Is 27,13** *καὶ ἔσται ἐν τῇ ἡμέρᾳ ἐκείνῃ σαλπιοῦσι τῇ* ***σάλπιγγι*** *τῇ μεγάλῃ,* *ψ* **46,6** *ἀνέβη ὁ θεὸς ἐν ἀλαλαγμῷ,* ***κύριος ἐν φωνῇ σάλπιγγος.***
4,17 *ἡμεῖς οἱ ζῶντες*	

MT		ALIA
ותקות חנף תאבד:	**Iob 8,13**	cf et Iob 27,8; Is 28,18; Ez 29,16;
ותקות רשעים תאבד:	**Prov 10,28**	37,11
ואנחנו נברך יה	**Ps 115,18**	
מעתה ועד־עולם		
וארו עם־ענני שמיא	**Dan 7,13**	ad *οἱ νεκροὶ … ἀναστήσονται* cf ad
כבר אנש אתה הוה		1Cor 15,12: Is 26,19 et Dan 12,2*o*’
ועד־עתיק יומיא מטה		vd et Ex 19,16.19; 20,18
וקדמוהי הקרבוהי:		
ויהוה עליהם יראה	**Zach 9,14**	
ויצא כברק חצו		
ואדני יהוה בשופר יתקע		
והלך בסערות תימן:		
והיה ביום ההוא	**Is 27,13**	
יתקע בשופר גדול		
עלה אלהים בתרועה	**Ps 47,6**	
יהוה בקול שופר:		
		vd ad 1Thess 4,15

NT	LXX
5,1 Περὶ δὲ τῶν χρόνων καὶ τῶν καιρῶν, ἀδελφοί, οὐ χρείαν ἔχετε ὑμῖν γράφεσθαι,	
5,2 αὐτοὶ γὰρ ἀκριβῶς οἴδατε ὅτι ἡμέρα κυρίου ὡς κλέπτης ἐν **νυκτὶ** οὕτως ἔρχεται.	**Sap 18,14** ἡσύχου γὰρ σιγῆς περιεχούσης τὰ πάντα καὶ **νυκτ**ὸς ἐν ἰδίῳ τάχει μεσαζούσης **18,15** ὁ παντοδύναμός σου λόγος ἀπ᾽ οὐρανῶν ἐκ θρόνων βασιλείων ἀπότομος πολεμιστὴς εἰς μέσον τῆς ὀλεθρίας ἥλατο γῆς
5,3 ὅταν **λέγ**ωσιν· **εἰρήνη** καὶ ἀσφάλεια, τότε αἰφνίδιος αὐτοῖς ἐφίσταται ὄλεθρος ὥσπερ ἡ ὠδὶν τῇ ἐν γαστρὶ ἐχούσῃ, **καὶ οὐ** μὴ ἐκφύγωσιν.	**Ier 6,14** καὶ ἰῶντο τὸ σύντριμμα τοῦ λαοῦ μου ἐξουθενοῦντες καὶ **λέγ**οντες **Εἰρήνη** εἰρήνη· καὶ ποῦ ἐστιν εἰρήνη; **Ez 13,10** ἀνθ᾽ ὧν τὸν λαόν μου ἐπλάνησαν **λέγ**οντες **Εἰρήνη** εἰρήνη, **καὶ οὐκ** ἦν εἰρήνη,
5,8 ἡμεῖς δὲ ἡμέρας ὄντες νήφωμεν **ἐνδυσά**μενοι **θώρακα** πίστεως καὶ ἀγάπης καὶ **περικεφαλαίαν** ἐλπίδα **σωτηρί**ας·	**Is 59,17** καὶ **ἐν**ε**δύσα**το δικαιοσύνην ὡς **θώρακα** καὶ περιέθετο **περικεφαλαίαν σωτηρί**ου ἐπὶ τῆς κεφαλῆς καὶ περιεβάλετο ἱμάτιον ἐκδικήσεως καὶ τὸ περιβόλαιον **Sap 5,17(18)** λήμψεται πανοπλίαν τὸν ζῆλον αὐτοῦ καὶ ὁπλοποιήσει τὴν κτίσιν εἰς ἄμυναν

MT		ALIA
		vd et Sap 8,8
		ad mod dic *κλέπτης ἐν νυκτί* cf et Ier 29,10 LXX; Abd 1,5; Iob 24,14 ad *ἡμέρα κυρίου* cf ad 1Cor 1,8
וירפאו את־שבר עמי על־נקלה לאמר שלום שלום ואין שלום:	**Ier 6,14**	cf et Ier 8,11; 14,13; Mi 3,5 vd et Is 13,8
יען וביען הטעו את־עמי לאמר שלום ואין שלום	**Ez 13,10**	
וילבש צדקה כשרין וכובע ישועה בראשו וילבש בגדי נקם תלבשת ויעט כמעיל קנאה:	**Is 59,17**	vd et ad Eph 6,14

NT	LXX
	ἐχθρῶν· **5,18(19)** ***ἐνδύ**σεται **θώρακα** δικαιοσύνην καὶ περιθήσεται κόρυθα κρίσιν ἀνυπόκριτον·*
5,14 *νουθετεῖτε τοὺς ἀτάκτους, παραμυθεῖσθε τοὺς ὀλιγοψύχους, ἀντέχεσθε τῶν ἀσθενῶν, μακροθυμεῖτε πρὸς πάντας.*	
5,15 *ὁρᾶτε μή τις κακὸν ἀντὶ κακοῦ τινι ἀποδῷ, ἀλλὰ πάντοτε τὸ ἀγαθὸν διώκετε [καὶ] εἰς ἀλλήλους καὶ εἰς πάντας.*	
5,19 *τὸ πνεῦμα μὴ σβέννυτε,*	
5,22 ***ἀπὸ παντὸς** εἴδους **πονηροῦ ἀπέχ**εσθε.*	**Iob 1,1** ***ἀπεχ**όμενος **ἀπὸ παντὸς πονηροῦ** πράγματος.*

MT		ALIA
		cf et Is 57,15; Prov 14,21; ψ 40,2
		cf ad Rom 12,17
		cf Num 11,26-29
וסר מרע:	**Iob 1,1,**	eisd vbs ut Iob 1,1 et Iob 1,8; cf et **Iob 2,3** *ἀπεχόμενος ἀπὸ παντὸς κακοῦ*;

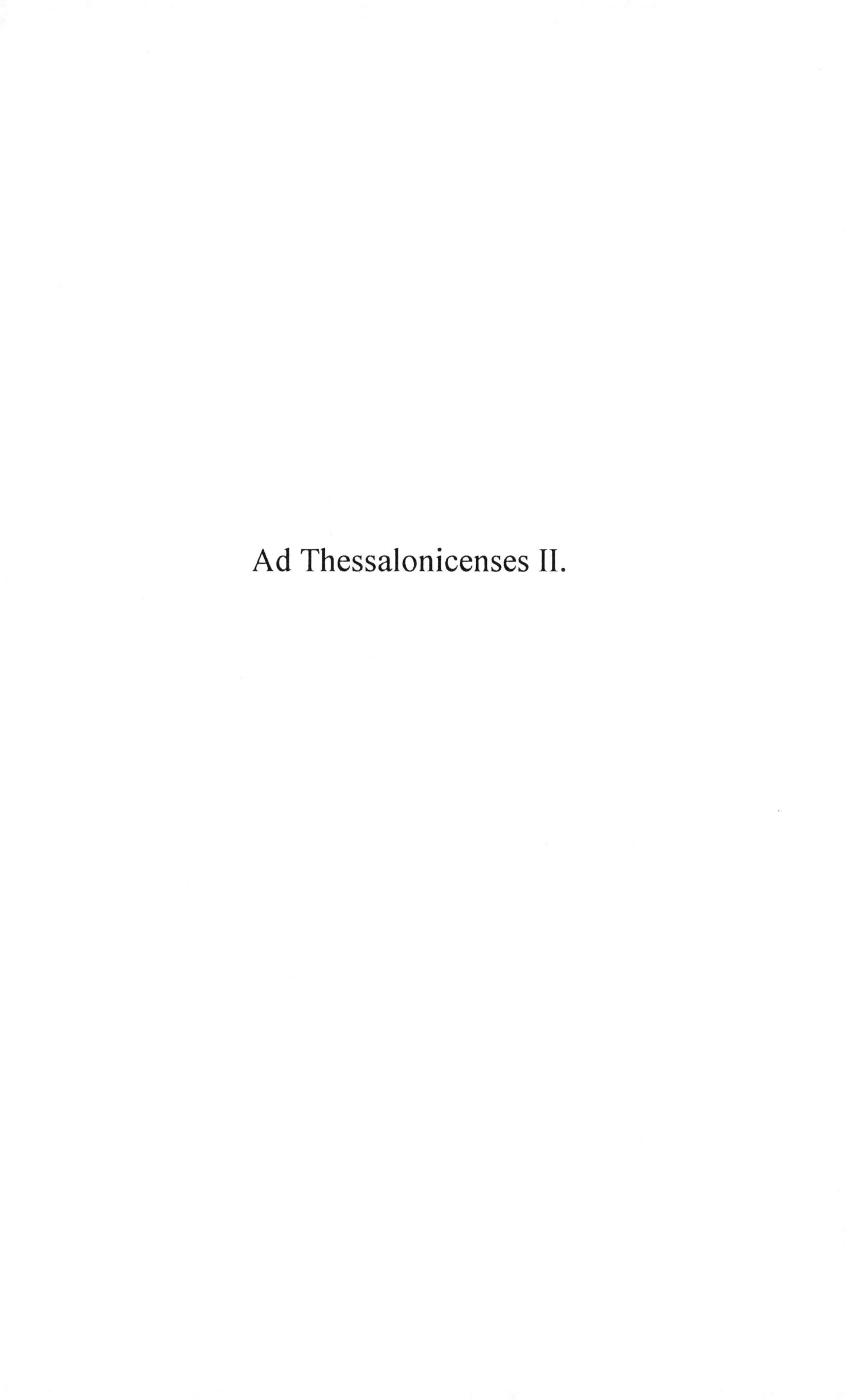

Ad Thessalonicenses II.

NT	LXX
1,2 *χάρις ὑμῖν καὶ εἰρήνη ἀπὸ θεοῦ*	
1,6 *εἴπερ **δίκαι**ον παρὰ θεῷ **ἀνταποδο**ῦναι τοῖς **θλίβ**ουσιν ὑμᾶς θλῖψιν* **1,7** *καὶ ὑμῖν τοῖς **θλιβ**ομένοις ἄνεσιν μεθ' ἡμῶν, ἐν τῇ ἀποκαλύψει τοῦ κυρίου Ἰησοῦ ἀπ' οὐρανοῦ μετ' ἀγγέλων δυνάμεως αὐτοῦ*	**Is 63,4** *ἡμέρα γὰρ **ἀνταποδ**όσεως ἐπῆλθεν αὐτοῖς,* … **63,6** *καὶ κατεπάτησα αὐτοὺς τῇ ὀργῇ μου καὶ κατήγαγον τὸ αἷμα αὐτῶν είς γῆν.* **Sap 5,1** *Τότε στήσεται ἐν παρρησίᾳ πολλῇ ὁ **δίκαι**ος* *κατὰ πρόσωπον τῶν **θλιψ**άντων αὐτὸν* *καὶ τῶν ἀθετούντων τοὺς πόνους αὐτοῦ.* **5,2** *ἰδόντες ταραχθήσονται φόβῳ δεινῷ καὶ ἐκστήσονται ἐπὶ τῷ παραδόξῳ τῆς σωτηρίας·*
1,8 *ἐν **πυρ**ὶ **φλογ**ός, διδόντος ἐκδίκησιν τοῖς μὴ εἰδόσιν θεὸν καὶ τοῖς μὴ ὑπακούουσιν τῷ εὐαγγελίῳ τοῦ κυρίου ἡμῶν Ἰησοῦ,*	**Is 66,15** *ἰδοὺ γὰρ κύριος ὡς **πῦρ** ἥρει καὶ ὡς καταιγὶς τὰ ἅρματα αὐτοῦ ἀπο**δο**ῦναι ἐν θυμῷ **ἐκδίκησιν** καὶ ἀποσκορακισμὸν ἐν **φλογ**ὶ **πυρ**ός.*

MT		ALIA
		cf ad Eph 1,2
כי יום נקם בלבי	**Is 63,4**	cf et cont Is 63,4.6: Is 63,1-6; cf et ex gr Is 61,2s; 66,6; Ier 28,6LXX
…		
ואבוס עמים באפי	**63,6**	
ואשכרם בחמתי		pro ואשכרם lg ואשברם
ואוריד לארץ נצחם:		
		Sap 5,1s exemplum est multorum ditorum de cohaerentia faciendi patiendique ad *θλιβομένοις* cf ad 2Cor 1,3-7 ad *ἐν τῇ ἀποκαλύψει τοῦ κυρίου Ἰησοῦ ἀπ᾽ οὐρανοῦ* cf ad 1Cor 15,23ss
כי־הנה יהוה באש יבוא וכסופה מרכבתיו להשיב בחמה אפו וגערתו בלהבי־אש:	**Is 66,15**	cf et Dtn 32,22; 2Bas 22,9; Is 29,6; 30,30; 66,4; Dan 7,9s; ψ 17,9.48; 49,3; 96,3 ad *τοῖς μὴ εἰδόσιν θεόν* cf Ier 10,25 et ψ 78,6 ad 1Thess 4,5

NT	LXX
1,9 *οἵτινες δίκην τίσουσιν ὄλεθρον αἰώνιον* ***ἀπὸ προσώπου*** *τοῦ* ***κυρίου καὶ ἀπὸ τῆς δόξης τῆς ἰσχύος αὐτοῦ****,*	**Is 2,10** *καὶ νῦν εἰσέλθατε εἰς τὰς πέτρας καὶ κρύπτεσθε εἰς τὴν γῆν* ***ἀπὸ προσώπου*** *τοῦ φόβου* ***κυρίου καὶ ἀπὸ τῆς δόξης τῆς ἰσχύος αὐτοῦ****, ὅταν ἀναστῇ θραῦσαι τὴν γῆν.*
1,10 *ὅταν ἔλθῃ* ***ἐνδοξα****σθῆναι* ***ἐν τοῖς ἁγίοις αὐτοῦ*** *καὶ* ***θαυμασ****θῆναι ἐν πᾶσιν τοῖς πιστεύσασιν, ὅτι ἐπιστεύθη τὸ μαρτύριον ἡμῶν ἐφ' ὑμᾶς, ἐν τῇ ἡμέρᾳ ἐκείνῃ.*	**ψ 67,36** ***θαυμασ****τὸς ὁ θεὸς* ***ἐν τοῖς ἁγίοις αὐτοῦ****·* *ὁ θεὸς Ἰσραὴλ αὐτὸς δώσει δύναμιν καὶ κραταίωσιν τῷ λαῷ αὐτοῦ.* **ψ 88,8** *ὁ θεὸς* ***ἐνδοξα****ζόμενος ἐν βουλῇ* ***ἁγί****ων,* *μέγας καὶ φοβερὸς ἐπὶ πάντας τοὺς περικύκλῳ αὐτοῦ.*
1,12 *ὅπως* ***ἐνδοξασθ****ῇ* ***τὸ ὄνομα*** *τοῦ* ***κυρίου*** *ἡμῶν Ἰησοῦ* ***ἐν*** *ὑμῖν, καὶ ὑμεῖς ἐν αὐτῷ, κατὰ τὴν χάριν τοῦ θεοῦ ἡμῶν καὶ κυρίου Ἰησοῦ Χριστοῦ.*	**Is 24,15** ***τὸ ὄνομα κυρίου ἔνδοξ****ον ἔσται.* **Is 49,3** *καὶ εἶπέ μοι Δοῦλός μου εἶ σύ, Ἰσραήλ, καὶ* ***ἐν*** *σοὶ* ***δοξασθ****ήσομαι.* **Mal 1,11** *διότι ἀπὸ ἀνατολῶν ἡλίου ἕως δυσμῶν* ***τὸ ὄνομά*** ***μου*** *δε****δόξασ****ται* ***ἐν*** *τοῖς ἔθνεσι,*
2,2 *ὡς ὅτι ἐνέστηκεν ἡ* ***ἡμέρα τοῦ κυρίου****·*	**Ioel 1,15** *ὅτι ἐγγὺς* ***ἡμέρα*** ***κυρίου*** … **2,1** *διότι πάρεστιν* ***ἡμέρα*** ***κυρίου****, ὅτι ἐγγύς,*

MT		ALIA
בוא בצור	**Is 2,10**	cont Is 2,10: Is 2,19.21LXX, cf et Is 2,6-12 ad 2Tim 3,2ss
והטמן בעפר		
מפני פחד יהוה		
ומהדר גאנו:		
נורא אלהים ממקדשׁיך	**Ps 68,36**	
אל ישׂראל הוא נתן		
עז ותעצמות לעם		
אל נערץ בסוד־קדשׁים	**Ps 89,8**	
רבה ונורא על־כל־סביביו :		
כבדו יהוה	**Is 24,15**	vd et Is 66,5
שׁם יהוה		
אלהי ישׂראל:		
ויאמר לי עבדי־אתה	**Is 49,3**	
ישׂראל אשׁר־בך אתפאר:		
כי ממזרח־שׁמשׁ ועד־מבואו	**Mal 1,11**	
גדול שׁמי בגוים		
כי קרוב יום יהוה	**Ioel 1,15**	cf et Is 13,6; Abd 15 et saepius; cf et ad 1Thess 5,2; vd et Mich 3,5
...		
כי־בא יום יהוה	**2,1**	ad *ἡμέρα κυρίου* cf ad 1Cor 1,8

NT	LXX
2,3 <u>Μή</u> *τις* <u>*ὑμᾶς*</u> *ἐξαπατήσῃ κατὰ μηδένα τρόπον.*	**Ier 36,8** <u>Μὴ</u> *ἀναπειθέτωσαν* <u>*ὑμᾶς*</u> *οἱ ψευδοπροφῆται οἱ ἐν ὑμῖν, καὶ* <u>*μὴ*</u> *ἀναπειθέτωσαν* <u>*ὑμᾶς*</u> *οἱ μάντεις ὑμῶν, καὶ μὴ ἀκούετε εἰς τὰ ἐνύπνια ὑμῶν, ἃ ὑμεῖς ἐνυπνιάζεσθε,*
2,3 *ὅτι ἐὰν μὴ* <u>*ἔλθῃ*</u> *ἡ* <u>*ἀποστασία*</u> *πρῶτον καὶ ἀποκαλυφθῇ* <u>*ὁ ἄνθρωπος τῆς ἀνομίας*</u>, *ὁ* <u>*υἱὸς*</u> *τῆς ἀπωλείας,* **2,4** *ὁ ἀντικείμενος καὶ ὑπεραιρόμενος ἐπὶ πάντα λεγόμενον θεὸν ἢ σέβασμα, ὥστε αὐτὸν εἰς τὸν ναὸν τοῦ θεοῦ καθίσαι ἀποδεικνύντα ἑαυτὸν ὅτι ἐστὶν θεός.*	**1Mac 2,15** Καὶ <u>*ἦλθον*</u> *οἱ παρὰ* <u>*τοῦ βασιλέως*</u> *οἱ καταναγκάζοντες τὴν* <u>*ἀποστασίαν*</u> *εἰς* Μωδεϊν *τὴν πόλιν, ἵνα θυσιάσωσι.* **ψ 88,23** *καὶ* <u>*υἱὸς ἀνομίας*</u> *οὐ προσθήσει τοῦ κακῶσαι αὐτόν·* **Is 14,13** *σὺ* (sc *ὁ τοῦ* Βαβυλῶνος *βασιλεύς*) *δὲ εἶπας ἐν τῇ διανοίᾳ σου* Εἰς *τὸν οὐρανὸν ἀναβήσομαι, ἐπάνω τῶν ἄστρων τοῦ θεοῦ θήσω τὸν θρόνον μου, καθιῶ ἐν ὄρει ὑψηλῷ ἐπὶ τὰ ὄρη τὰ ὑψηλὰ τὰ πρὸς βορρᾶν,* **14,14** *ἀναβήσομαι ἐπάνω τῶν νεφελῶν, ἔσομαι ὅμοιος τῷ ὑψίστῳ.*
2,6 *καὶ νῦν τὸ κατέχον οἴδατε εἰς τὸ ἀποκαλυφθῆναι αὐτὸν ἐν τῷ ἑαυτοῦ καιρῷ.*	
2,8 *καὶ τότε ἀποκαλυφθήσεται ὁ ἄνομος, ὃν ὁ κύριος* ['Ιησοῦς] <u>*ἀνελεῖ*</u> *τῷ* <u>*πνεύματι τοῦ στόματος αὐτοῦ*</u> *καὶ καταργήσει τῇ ἐπιφανείᾳ τῆς παρουσίας αὐτοῦ,*	**Is 11,4** *καὶ πατάξει γῆν τῷ λόγῳ* <u>*τοῦ στόματος αὐτοῦ*</u> *καὶ ἐν* <u>*πνεύματι*</u> *διὰ χειλέων* <u>*ἀνελεῖ*</u> *ἀσεβῆ·*

MT		ALIA
אל־ישיאו לכם נביאיכם אשר־ בקרבכם וקסמיכם ואל־תשמעו אל־חלמתיכם אשר אתם מחלמים	**Ier 29,8**	
ובן־עולה לא יעננו:	**Ps 89,23**	rex Antiochus Epiphanes IV. videtur inimicus legis Dei vd 1Mac 1,10ss cf et 1Mac 3,6: Iudas pugnavit contra inimicos legis: *οἱ ἄνομοι, πάντες οἱ ἐργάται τῆς ἀνομίας*
ואתה אמרת בלבבך השמים אעלה ממעל לכוכבי־אל ארים כסאי ואשב בהר־מועד בירכתי צפון:	**Is 14,13**	cf et Dan 9,26; 11,31-39 vd ex gr et ψ 5,6 *τοὺς ἐργαζομένους τὴν ἀνομίαν*, sim ψ 6,9; Is 57,3; cf et **Ez 28,2** *καὶ εἶπας* (sc *ὁ ἄρχων Τύρου*) *Θεός εἰμι ἐγώ, κατοικίαν θεοῦ κατῴκηκα ἐν καρδίᾳ θαλάσσης, σὺ δὲ εἶ ἄνθρωπος καὶ οὐ θεὸς καὶ ἔδωκας τὴν καρδίαν σου ὡς καρδίαν θεοῦ,*
אעלה על־במתי עב ארמה לעליון:	**14,14**	
		cf Hab 2,3; Is 13,22; Ez 12,23
והכה־ארץ בשבט פיו וברוח שפתיו ימית רשע:	**Is 11,4**	cf et Iob 4,9; Os 6,5

NT	LXX
2,11 *καὶ διὰ τοῦτο πέμπει αὐτοῖς ὁ θεὸς ἐνέργειαν πλάνης εἰς τὸ πιστεῦσαι αὐτοὺς τῷ ψεύδει,*	**3Bas 22,23** *καὶ νῦν ἰδοὺ ἔδωκεν κύριος πνεῦμα ψευδὲς ἐν στόματι πάντων τῶν προφητῶν σου τούτων, καὶ κύριος ἐλάλησεν ἐπὶ σὲ κακά.*
2,12 *ἵνα κριθῶσιν πάντες οἱ μὴ πιστεύσαντες τῇ ἀληθείᾳ ἀλλὰ εὐδοκήσαντες τῇ ἀδικίᾳ.*	*ψ* **5,10** *ὅτι οὐκ ἔστιν ἐν τῷ στόματι αὐτῶν ἀλήθεια,* … **5,11** *κρῖνον αὐτούς, ὁ θεός·* … *κατὰ τὸ πλῆθος τῶν ἀσεβειῶν αὐτῶν ἔξωσον αὐτούς,* *ψ* **25,1** *Κρῖνόν με, κύριε, ὅτι ἐγὼ ἐν ἀκακίᾳ μου ἐπορεύθην* … **25,3** … *καὶ εὐηρέστησα ἐν τῇ ἀληθείᾳ σου.* *ψ* **53,7** *ἐν τῇ ἀληθείᾳ σου ἐξολέθρευσον αὐτούς.* *ψ* **95,13** *κρινεῖ τὴν οἰκουμένην ἐν δικαιοσύνῃ* *καὶ λαοὺς ἐν τῇ ἀληθείᾳ αὐτοῦ.*

MT		ALIA
ועתה הנה נתן יהוה רוח שקר בפי כל־נביאיך אלה ויהוה דבר עליך רעה:	**1Reg 22,23**	cf et Ez 14,9
כי אין בפיהו נכונה	**Ps 5,10**	cf et ψ **42,1** Κ*ρῖνόν με, ὁ θεός,*
...		...
		42,3 *ἐξαπόστειλον τὸ φῶς σου καὶ τὴν*
האשמם אלהים ...	**5,11**	*ἀλήθειάν σου·*
ברב פשעיהם הדיחמו		vd et Zach 8,16; Dan 3,27ss*θ*'
שפטני יהוה	**Ps 26,1**	
כי־אני בתמי הלכתי		
...		
...	**26,3**	
והתהלכתי באמתך:		
באמתך הצמיתם:	**Ps 54,7**	
ישפט־תבל בצדק	**Ps 96,13**	
ועמים באמונתו:		

NT	LXX
2,13 ἀδελφοὶ **ἠγαπημέν**οι **ὑπὸ κυρίου**, ὅτι **εἵλατο** ὑμᾶς ὁ θεὸς ἀπαρχὴν εἰς σωτηρίαν ἐν ἁγιασμῷ πνεύματος καὶ πίστει ἀληθείας,	**Dtn 26,18** καὶ **κύρι**ος **εἵλατό** σε σήμερον γενέσθαι αὐτῷ λαὸν περιούσιον, **Dtn 33,12** Καὶ τῷ Βενιαμὶν εἶπεν **Ἠγαπημέν**ος **ὑπὸ κυρίου** κατασκηνώσει πεποιθώς, καὶ ὁ θεὸς σκιάζει ἐπ᾽ αὐτῷ πάσας τὰς ἡμέρας,
3,1 Τὸ λοιπὸν προσεύχεσθε, ἀδελφοί, περὶ ἡμῶν, ἵνα **ὁ λόγος** τοῦ κυρίου **τρ**έχῃ καὶ δοξάζηται καθὼς καὶ πρὸς ὑμᾶς,	**ψ 147,4** ὁ ἀποστέλλων τὸ λόγιον αὐτοῦ τῇ γῇ, ἕως τάχους **δρ**αμεῖται **ὁ λόγος** αυτοῦ
3,2 καὶ ἵνα **ῥυσ**θῶμεν **ἀπὸ** τῶν ἀτόπων καὶ **πονηρῶν ἀνθρώπων**·	**ψ 139,2** Ἐξελοῦ με, κύριε, ἐξ **ἀνθρώπ**ου **πονηρ**οῦ, **ἀπὸ** ἀνδρὸς ἀδίκου **ῥῦσ**αί με, **Is 25,4** **ἀπὸ** **ἀνθρώπων** **πονηρῶν** **ῥύσ**ῃ αὐτούς,
3,3 **Πιστὸς** δὲ ἐστιν ὁ **κύριος**, ὃς στηρίξει ὑμᾶς καὶ **φυλάξ**ει ἀπὸ τοῦ πονηροῦ.	**Dtn 7,9** καὶ γνώσῃ ὅτι **κύριος** ὁ θεός σου, οὗτος θεός, ὁ θεός ὁ **πιστός**, ὁ **φυλά**σσων τὴν διαθήκην καὶ τὸ ἔλεος τοῖς ἀγαπῶσιν αὐτὸν καὶ τοῖς φυλάσσουσιν τὰς ἐντολὰς αὐτοῦ εἰς χιλίας γενεάς, **Is 49,7** Οὕτως λέγει **κύριος** ὁ ῥυσάμενός σε ὁ θεὸς Ἰσραήλ … **πιστός** ἐστιν ὁ ἅγιος Ἰσραήλ, καὶ ἐξελεξάμην σε.

MT		ALIA
ויהוה האמירך היום להיות לו לעם סגלה	**Dtn 26,18**	
לבנימן אמר ידיד יהוה ישכן לבטח עליו חפף עליו כל־היום	**Dtn 33,12**	
השלח אמרתו ארץ עד־מהרה ירוץ דברו:	**Ps 147,15**	coniunctio *τρέχω* et *λόγος* in LXX tantum hic cf et Is 55,11; *ψ* 18,5
חלצני יהוה מאדם רע מאיש חמסים תנצרני:	**Ps 140,2**	*ῥύεσθαι ἐκ χειρὸς ἁμαρτωλοῦ* aut sim persaepe in LXX, imprimis in psalmis, ex gr *ψ* 30,16; 70,4; Ier 15,21 hae verba in MT non sunt.
וידעת כי־יהוה אלהיך הוא האלהים האל הנאמן שמר הברית והחסד לאהביו ולשמרי מצותו לאלף דור:	**Dtn 7,9**	ad *ῥυσάμενος* in Is 49,7 cf 3,2 vd et ad 1Cor 1,9 et 2Cor 1,18
כה אמר־יהוה גאל ישׂראל קדושו ... יהוה אשר נאמן קדשׁ ישׂראל ויבחרך:	**Is 49,7**	

NT	LXX
3,5 Ὁ δὲ *κύρι*ος *κατευθύν*αι ὑμῶν *τὰς καρδίας εἰς τὴν ἀγάπην τοῦ θεοῦ* καὶ εἰς τὴν ὑπομονὴν τοῦ Χριστοῦ.	**1Par 29,18** *κύρι*ε ὁ θεὸς Ἀβραὰμ καὶ Ἰσαὰκ καὶ Ἰσραὴλ τῶν πατέρων ἡμῶν, φύλαξον ταῦτα ἐν διανοίᾳ **καρδίας** λαοῦ σου εἰς τὸν αἰῶνα καὶ **κατεύθυν**ον **τὰς καρδίας** αὐτῶν *πρὸς σέ*.
3,8 ἐν κόπῳ καὶ μόχθῳ	
3,10 εἴ τις οὐ θέλει ἐργάζεσθαι μηδὲ ἐσθιέτω.	
3,16 Αὐτὸς δὲ ὁ **κύριος** τῆς εἰρήνης **δῴη** ὑμῖν τὴν **εἰρήνην** διὰ παντὸς ἐν παντὶ τρόπῳ. ὁ **κύριος μετὰ** πάντων **ὑμῶν**.	**Num 6,27(26)** ἐπάραι **κύριος** τὸ πρόσωπον αὐτοῦ ἐπὶ σὲ καὶ **δῴη** σοι **εἰρήνην**. **Ruth 2,4** **Κύριος μεθ' ὑμῶν**·

MT		ALIA
יהוה אלהי אברהם יצחק וישׂראל אבתינו שׁמרה־זאת לעולם ליצר מחשבות לבב עמך והכן לבבם אליך:	**1Par 29,18**	vd et 2Par 12,14; 19,3; Sir 49,3
		vd Ier 20,18 LXX
		cf Gen 3,19
ישׂא יהוה פניו אליך וישׂם לך שׁלום:	**Num 6,26**	cf et **Is 26,12** *κύριε ὁ θεὸς ἡμῶν, εἰρήνην δὸς ἡμῖν,*
יהוה עמכם	**Ruth 2,4**	vd et Rom 15,33

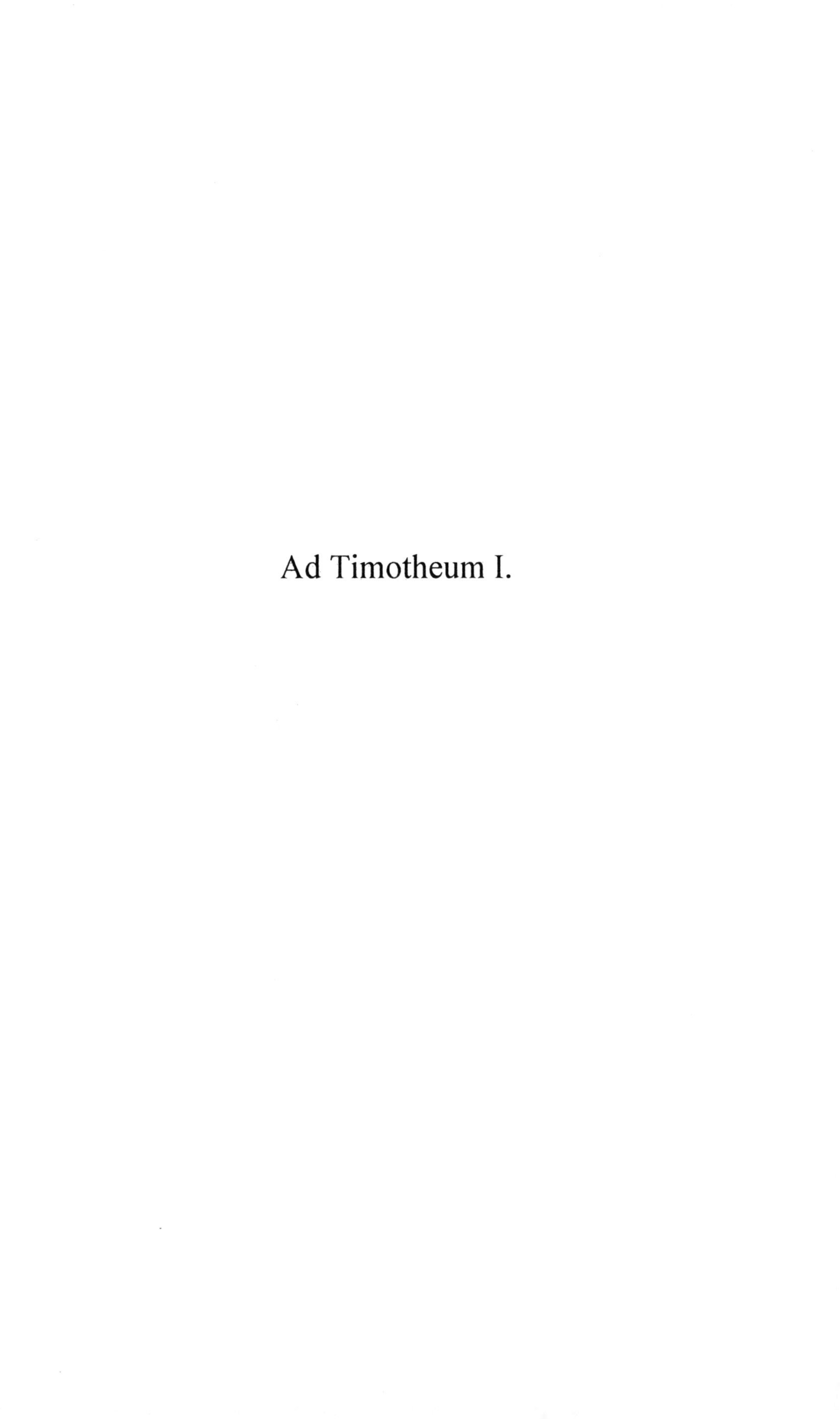

Ad Timotheum I.

NT	LXX
1,1 θεοῦ σωτῆρος ἡμῶν	**Ex 15,2** βοηθὸς καὶ σκεπαστὴς ἐγένετό μοι εἰς σωτηρίαν· οὗτός μου θεός,
	1Bas 10,19 τὸν θεόν, ὃς αὐτός ἐστιν ὑμῶν σωτὴρ ἐκ πάντων τῶν κακῶν ὑμῶν καὶ θλίψεων ὑμῶν,
	1Par 16,35 Σῶσον ἡμᾶς, ὁ θεὸς τῆς σωτηρίας ἡμῶν, καὶ ἐξελοῦ ἡμᾶς ἐκ τῶν ἐθνῶν
	ψ 17,47 καὶ ὑψωθήτω ὁ θεὸς τῆς σωτηρίας μου,
	ψ 23,5 οὗτος λήμψεται εὐλογίαν παρὰ κυρίου καὶ ἐλεημοσύνην παρὰ θεοῦ σωτῆρος αὐτοῦ.
	ψ 24,5 καὶ δίδαξόν με, ὅτι σὺ εἶ ὁ θεὸς ὁ σωτήρ μου,
	Sir 51,1 καὶ αἰνέσω σε θεὸν τὸν σωτῆρά μου,
	PsSal 17,3 ἡμεῖς δὲ ἐλπιοῦμεν ἐπὶ τὸν θεὸν σωτῆρα ἡμῶν·
	Mi 7,7 Ἐγὼ δὲ ἐπὶ τὸν κύριον ἐπιβλέψομαι, ὑπομενῶ ἐπὶ τῷ θεῷ τῷ σωτῆρί μου, εἰσακούσεταί μου ὁ θεός μου.
	Is 12,2 ἰδοὺ ὁ θεός μου σωτήρ μου κύριος, πεποιθὼς ἔσομαι ἐπ᾽ αὐτῷ καὶ οὐ φο-

MT		ALIA
עזי וזמרת יה ויהי־לי לישועה זה אלי	**Ex 15,2**	*θεὸς σωτήρ* aut sim saepe in LXX
את־אלהיכם אשר־הוא מושיע לכם מכל־רעותיכם וצרתיכם	**1Sam 10,19**	
הושיענו אלהי ישענו וקבצנו והצילנו מן־הגוים	**1Par 16,35**	
וירום אלוהי ישעי:	**Ps 18,47**	
ישא ברכה מאת יהוה וצדקה מאלהי ישעו:	**Ps 24,5**	
ולמדני כי־אתה אלהי ישעי	**Ps 25,5**	
אהללך אלהי ישעי	**Sir 51,1**	
ואני ביהוה אצפה אוחילה לאלהי ישעי ישמעני אלהי:	**Mi 7,7**	
הנה אל ישועתי אבטח ולא אפחד	**Is 12,2**	

NT	LXX
	βηθήσομαι, διότι ἡ δόξα μου καὶ ἡ αἴνεσίς μου κύριος καὶ ἐγένετό μοι εἰς σωτηρίαν. **Is 45,15** *σὺ γὰρ εἶ θεός, καὶ οὐκ ᾔδειμεν, ὁ θεὸς τοῦ Ἰσραὴλ σωτήρ.* … **45,21** *Ἐγὼ ὁ θεός, καὶ οὐκ ἔστιν ἄλλος πλὴν ἐμοῦ· δίκαιος καὶ σωτὴρ οὐκ ἔστι πάρεξ ἐμοῦ.*
1,2 *χάρις ἔλεος εἰρήνη ἀπὸ θεοῦ πατρὸς καὶ Χριστοῦ Ἰησοῦ τοῦ κυρίου ἡμῶν.*	**Tob 7,11א(7,12)** *ὁ κύριος τοῦ οὐρανοῦ εὐοδώσει ὑμᾶς, παιδίον, τὴν νύκτα ταύτην καὶ ποιήσαι ἐφ᾽ ὑμᾶς ἔλεος καὶ εἰρήνην.* **Sap 3,9** *καὶ οἱ πιστοὶ ἐν ἀγάπῃ προσμενοῦσιν αὐτῷ·* *ὅτι χάρις καὶ ἔλεος ἐν τοῖς ὁσίοις αὐτοῦ* *καὶ ἐπισκοπὴ ἐν τοῖς ἐκλεκτοῖς αὐτοῦ.* **Is 54,10** *οὕτως οὐδὲ τὸ παρ᾽ ἐμοῦ σοι ἔλεος ἐκλείψει οὐδὲ ἡ διαθήκη τῆς εἰρήνης σου οὐ μὴ μεταστῇ·*
1,5 *τὸ δὲ τέλος τῆς παραγγελίας ἐστὶν ἀγάπη ἐκ καθαρᾶς καρδίας καὶ συνειδήσεως ἀγαθῆς καὶ πίστεως ἀνυποκρίτου,*	**Gen 20,5** *ἐν καθαρᾷ καρδίᾳ καὶ ἐν δικαιοσύνῃ χειρῶν ἐποίησα τοῦτο.* **ψ 23,3** *τίς ἀναβήσεται εἰς τὸ ὄρος τοῦ κυρίου*

	MT	ALIA
	כי־עזי וזמרת יה יהוה ויהי־לי לישועה:	
Is 45,15	אכן אתה אל מסתתר אלהי ישראל מושיע: ...	
45,21	הלוא אני יהוה ואין־עוד אלהים מבלעדי אל־צדיק ומושיע אין זולתי:	
		cf et ψ 83,12; 84,10s
Is 54,10	וחסדי מאתך לא־ימוש וברית שלומי לא תמוט	
Gen 20,5	בתם־לבבי ובנקין כפי עשיתי זאת:	eisd vbs Gen 20,6
Ps 24,3	מי־יעלה בהר־יהוה	**ψ 72,1** *Ὡς ἀγαθὸς τῷ Ἰσραὴλ ὁ θεός, τοῖς εὐθέσι τῇ καρδίᾳ.*

NT | **LXX**

καὶ τίς στήσεται ἐν τόπῳ ἁγίῳ αὐτοῦ;

23,4 ἀθῷος χερσὶν καὶ **καθαρ**ὸς τῇ **καρ-**
δίᾳ,

ψ **50,12** **καρδί**αν **καθαρ**ὰν κτίσον ἐν ἐμοί, ὁ θεός,

καὶ πνεῦμα εὐθὲς ἐγκαίνισον ἐν τοῖς ἐγκάτοις μου.

Iob 11,13 εἰ γὰρ σὺ **καθαρ**ὰν ἔθου τὴν **καρδί**αν σου,

ὑπτιάζεις δὲ χεῖρας πρὸς αὐτόν,

Iob 33,3 **καθαρ**ά μου ἡ **καρδί**α ῥήμασιν,

σύνεσις δὲ χειλέων μου καθαρὰ νοήσει.

1,8 καλὸς ὁ νόμος,

1,9 ὅτι δικαίῳ νόμος οὐ κεῖται, ἀνόμοις δὲ καὶ ἀνυποτάκτοις, ἀσεβέσι καὶ ἁμαρτωλοῖς, ἀνοσίοις καὶ βεβήλοις, **πατρ**ολῴαις καὶ **μητρ**ολῴαις, ἀνδροφόνοις

1,10 πόρνοις ἀρσενοκοίταις ἀνδραποδισταῖς **ψεύσ**ταις ἐπιόρκοις,

Ex 20,12 Τίμα τὸν **πατ**έ**ρ**α σου καὶ τὴν **μητ**έ**ρ**α, ἵνα εὖ σοι γένηται, καὶ ἵνα μακροχρόνιος γένῃ ἐπὶ τῆς γῆς τῆς ἀγαθῆς, ἧς κύριος ὁ θεός σου δίδωσίν σοι.

...

20,15 οὐ φονεύσεις.

Ex 21,15 Ὃς τύπτει **πατ**έ**ρ**α αὐτοῦ ἢ **μητ**έ**ρ**α αὐτοῦ, θανάτῳ θανατούσθω.

21,16 ὁ κακολογῶν **πατ**έ**ρ**α αὐτοῦ ἢ **μη-**
τέ**ρ**α αὐτοῦ θανάτῳ τελευτάτω.

21,17 Ὃς ἂν κλέψῃ τίς τινα τῶν υἱῶν Ἰσραήλ, καὶ καταδυναστεύσας αὐτὸν

MT		ALIA
ומי־יקום במקום קדשו:		
נקי כפים ובר־לבב	**24,4**	
לב טהור ברא־לי אלהים	**Ps 51,12**	
ורוח נכון חדש בקרבי:		
אם־אתה הכינות לבך	**Iob 11,13**	
ופרשׂת אליו כפך:		
ישׁר־לבי אמרי	**Iob 33,3**	
ודעת שׂפתי ברור מללו:		
		cf ad Rom 7,12
כבד את־אביך ואת־אמך למען יארכון ימיך על האדמה אשר־יהוה אלהיך נתן לך:	**Ex 20,12**	ad Ex 20,12.15: cf Dtn 5,16.18 cf et ad Rom 1,29-31; 13,9 et Gal 5,19-21
לא תגנב:	**20,15**	
ומכה אביו ואמו מות יומת:	**Ex 21,15**	
...		
ומקלל אביו ואמו מות יומת:	**21,17**	
וגנב איש ומכרו ונמצא בידו מות יומת:	**21,16**	sim Dtn 24,7

NT | **LXX**

ἀποδῶται, καὶ εὑρεθῇ ἐν αὐτῷ, θανάτῳ τελευτάτω.

Lev 6,3(5,22) (Ψυχὴ ἐὰν ...) ἢ εὗρεν ἀπώλειαν καὶ ψεύσηται περὶ αὐτῆς καὶ ὀμόσῃ ἀδίκως περὶ ἑνὸς ἀπὸ πάντων, ὧν ἂν ποιήσῃ ὁ ἄνθρωπος ὥστε ἁμαρτεῖν ἐν τούτοις,

Lev 19,12 καὶ οὐκ ὀμεῖσθε τῷ ὀνόματί μου ἐπ᾽ ἀδίκῳ,

Dtn 5,11 οὐ λήμψῃ τὸ ὄνομα κυρίου τοῦ θεοῦ σου ἐπὶ ματαίῳ· οὐ γὰρ μὴ καθαρίσῃ κύριος τὸν λαμβάνοντα τὸ ὄνομα αὐτοῦ ἐπὶ ματαίῳ.

1,13 ἀλλὰ ἠλεήθην, ὅτι ἀγνοῶν ἐποίησα ἐν ἀπιστίᾳ·

Num 15,25 καὶ ἐξιλάσεται ὁ ἱερεὺς περὶ πάσης συναγωγῆς υἱῶν Ἰσραήλ, καὶ ἀφεθήσεται αὐτοῖς· ὅτι ἀκούσιόν ἐστιν, καὶ αὐτοὶ ἤνεγκαν τὸ δῶρον αὐτῶν κάρπωμα κυρίῳ περὶ τῆς ἁμαρτίας αὐτῶν ἔναντι κυρίου περὶ τῶν ἀκουσίων αὐτῶν.

1,15 πιστὸς ὁ λόγος καὶ πάσης ἀποδοχῆς ἄξιος, ὅτι Χριστὸς Ἰησοῦς ἦλθεν εἰς τὸν κόσμον ἁμαρτωλοὺς σῶσαι, ὧν πρῶτός εἰμι ἐγώ.

1,16 ἀλλὰ διὰ τοῦτο ἠλεήθην, ἵνα ἐν ἐμοὶ πρώτῳ ἐνδείξηται Χριστὸς Ἰησοῦς

Gen 21,33 καὶ ἐπεκαλέσατο ἐκεῖ τὸ ὄνομα κυρίου Θεὸς αἰώνιος.

Ex 15,18 κύριος βασιλεύων τὸν αἰῶνα καὶ ἐπ᾽ αἰῶνα καὶ ἔτι.

Ex 33,19 καὶ ἐλεήσω ὃν ἂν ἐλεῶ, καὶ οἰκτιρήσω ὃν ἂν οἰκτίρω.

MT		ALIA
או־מצא אבדה וכחש בה ונשבע על־שקר על־אחת מכל אשר־יעשה האדם לחטא בהנה:	**Lev 5,22**	
ולא־תשבעו בשמי לשקר	**Lev 19,12**	
לא תשא את־שם־יהוה אלהיך לשוא כי לא ינקה יהוה את אשר־ישא את־שמו לשוא:	**Dtn 5,11**	
וכפר הכהן על־כל־עדת בני ישראל ונסלח להם כי־שגגה הוא והם הביאו את־קרבנם אשה ליהוה וחטאתם לפני יהוה על־שגגתם:	**Num 15,25**	cf et Lev 4,1ss
ויקרא־שם בשם יהוה אל עולם:	**Gen 21,33**	cf et **Sap 15,1** *Σὺ δέ, ὁ θεὸς ἡμῶν, χρηστὸς καὶ ἀληθής, μακρόθυμος καὶ ἐλέει διοικῶν τὰ πάντα.*
יהוה ימלך לעלם ועד:	**Ex 15,18**	
וחנתי את־אשר אחן ורחמתי את־אשר ארחם:	**Ex 33,19**	**Ioel 2,13** *ἐπιστράφητε πρὸς κύριον τὸν θεὸν ὑμῶν, ὅτι ἐλεήμων καὶ οἰκτίρμων*

NT	LXX
τὴν ἅπασαν **μακροθυμ**ίαν πρὸς ὑποτύπωσιν τῶν μελλόντων πιστεύειν ἐπ᾽ αὐτῷ εἰς ζωὴν αἰώνιον.	**Ex 34,6** Κύριος κύριος ὁ θεὸς οἰκτίρμων καὶ **ἐλεή**μων, **μακρόθυμ**ος καὶ πολυέλεος καὶ ἀληθινός,
1,17 Τῷ δὲ βασιλεῖ **τῶν αἰώνων**, **ἀφθάρτῳ** ἀοράτῳ **μόνῳ** θεῷ, **τιμὴ καὶ δόξα εἰς τοὺς αἰῶνας τῶν αἰώνων**, ἀμήν.	**Num 14,18** Κύριος **μακρόθυμ**ος καὶ πολυέλεος καὶ ἀληθινός,
	Tob 13,1 (BA al 13,2) Εὐλογητὸς ὁ θεὸς ὁ ζῶν **εἰς τοὺς αἰῶνας** καὶ ἡ βασιλεία αὐτοῦ,
	…
	13,6(7) καὶ ὑψώσατε τὸν βασιλέα **τῶν αἰώνων**.
	…
	τίς γινώσκει εἰ θελήσει ὑμᾶς καὶ ποιήσει ἐλεημοσύνην ὑμῖν;
	13,7(9) τὸν θεόν μου ὑψῶ
	καὶ ἡ ψυχή μου τὸν βασιλέα τοῦ οὐρανοῦ
	2Mac 1,24 Κύριε κύριε ὁ θεός, ὁ πάντων κτίστης, ὁ φοβερὸς καὶ ἰσχυρὸς καὶ δίκαιος καὶ ἐλεήμων, ὁ **μόν**ος βασιλεὺς καὶ χρηστός,
	1,25 ὁ **μόν**ος χορηγός, ὁ **μόν**ος δίκαιος καὶ παντοκράτωρ καὶ **αἰών**ιος, ὁ διασῴζων τὸν Ἰσραὴλ ἐκ παντὸς κακοῦ,
	ψ 71,19 καὶ εὐλογητὸν τὸ ὄνομα τῆς **δό**ξης αὐτοῦ εἰς τὸν **αἰῶν**α καὶ εἰς τὸν **αἰῶν**α τοῦ **αἰῶν**ος,
	καὶ πληρωθήσεται τῆς **δόξ**ης αὐτοῦ πᾶσα

MT		ALIA
יהוה יהוה אל רחום וחנון ארך אפים ורב־חסד ואמת:	**Ex 34,6**	*ἐστί, μακρόθυμος καὶ πολυέλεος* **Sir 2,11** *διότι οἰκτίρμων καὶ ἐλεήμων ὁ κύριος*
יהוה ארך אפים ורב־חסד	**Num 14,18**	*καὶ ἀφίησιν ἁμαρτίας καὶ σῴζει ἐν καιρῷ θλίψεως.* ad *ὁ θεὸς ὁ αἰώνιος* cf et Bar 4,8; Sus 35a ad Tob 13,1 LXX I cf et Tob 13,1 LXX II ad *μόνος θεός* cf et ex gr 2Mac 7,37; 4Mac 5,24; 4Bas 19,15 ad *εἰς τὸν αἰῶνα τοῦ αἰῶνος* aut sim cf et *ψ* 144,1s.21; 145,10; Dan 3,52-90 LXX et *θ*'; Sir 36,22(19) *πιστεύειν ἐπ' αὐτῷ* in LXX tantum in Is 28,16 cf et ad Rom 16,26
וברוך שם כבודו לעולם	**Ps 72,19**	
וימלא כבודו את־כל הארץ		

NT	LXX
	ἡ γῆ. ψ **85,10** ὅτι μέγας εἶ σὺ καὶ ποιῶν θαυμάσια, σὺ εἶ ὁ θεὸς μόνος ὁ μέγας. … **85,12** ἐξομολογήσομαί σοι, κύριε ὁ θεός μου, ἐν ὅλῃ καρδίᾳ μου καὶ δοξάσω τὸ ὄνομά σου εἰς τὸν αἰῶνα, **85,13** ὅτι τὸ ἔλεός σου μέγα ἐπ᾽ ἐμὲ καὶ ἐρρύσω τὴν ψυχήν μου ἐξ ᾅδου κατωτάτου. … **85,15** καὶ σύ, κύριε ὁ θεός, οἰκτίρμων καὶ ἐλεήμων, μακρόθυμος καὶ πολυέλεος καὶ ἀληθινός. **85,16** ἐπίβλεψον ἐπ᾽ ἐμὲ καὶ ἐλέησόν με, δὸς τὸ κράτος σου τῷ παιδί σου καὶ σῶσον τὸν υἱὸν τῆς παιδίσκης σου. **Is 37,20** σὺ δέ, κύριε ὁ θεὸς ἡμῶν, σῶσον ἡμᾶς ἐκ χειρὸς αὐτῶν, ἵνα γνῷ πᾶσα βασιλεία τῆς γῆς ὅτι σὺ εἶ ὁ θεὸς μόνος. **Iob 37,22** ἀπὸ βορρᾶ νέφη χρυσαυγοῦντα· ἐπὶ τούτοις μεγάλη ἡ δόξα καὶ τιμὴ παντοκράτορος. **Sap 12,1** τὸ γὰρ ἄφθαρτόν σου πνεῦμά ἐστιν ἐν πᾶσιν.

MT		ALIA
כי־גדול אתה ועשׂה נפלאות	**Ps 86,10**	
אתה אלהים לבדך:		
...		
אודך אדני אלהי בכל־לבבי	**86,12**	
ואכבדה שמך לעולם:		
כי־חסדך גדול עלי	**86,13**	
והצלת נפשי משאול תחתיה:		
...		
ואתה אדני אל־רחום וחנון	**86,15**	
ארך אפים ורב־חסד ואמת:		
פנה אלי וחנני	**86,16**	
תנה־עזך לעבדך		
והושׂיעה לבן־אמתך:		
ועתה יהוה אלהינו הושׂיענו מידו	**Is 37,20**	
וידעו כל־ממלכות הארץ כי־אתה		
יהוה לבדך:		
מצפון זהב יאתה	**Iob 37,22**	
על־אלוה נורא הוד:		

NT	LXX
1,18 ἵνα στρατεύῃ ἐν αὐταῖς τὴν καλὴν στρατείαν	**4Mac 9,24** ἱερὰν καὶ εὐγενῆ στρατείαν στρατεύσασθε περὶ τῆς εὐσεβείας,
2,2 ὑπὲρ βασιλέων καὶ πάντων τῶν ἐν ὑπεροχῇ ὄντων, ἵνα ἤρεμον καὶ ἡσύχιον βίον διάγωμεν ἐν πάσῃ εὐσεβείᾳ καὶ σεμνότητι.	**2Esdr 6,10** ἵνα ὦσιν προσφέροντες εὐωδίας τῷ θεῷ τοῦ οὐρανοῦ καὶ προσεύχωνται εἰς ζωὴν τοῦ βασιλέως καὶ τῶν υἱῶν αὐτοῦ. **Bar 1,11** καὶ προσεύξασθε περὶ τῆς ζωῆς Ναβουχοδονοσὸρ βασιλέως Βαβυλῶνος καὶ εἰς ζωὴν Βαλτασὰρ υἱοῦ αὐτοῦ, ἵνα ὦσιν αἱ ἡμέραι αὐτῶν ὡς αἱ ἡμέραι τοῦ οὐρανοῦ ἐπὶ τῆς γῆς. **1,12** καὶ δώσει κύριος ἰσχὺν ἡμῖν καὶ φωτίσει τοὺς ὀφθαλμοὺς ἡμῶν, καὶ ζησόμεθα ὑπὸ τὴν σκιὰν Ναβουχοδονοσὸρ βασιλέως Βαβυλῶνος καὶ ὑπὸ τὴν σκιὰν Βαλτασὰρ υἱοῦ αὐτοῦ καὶ δουλεύσομεν αὐτοῖς ἡμέρας πολλὰς καὶ εὑρήσομεν χάριν ἐναντίον αὐτῶν.
2,3 τοῦτο καλὸν καὶ ἀπόδεκτον ἐνώπιον τοῦ σωτῆρος ἡμῶν θεοῦ,	**Dtn 12,28** φυλάσσου καὶ ἄκουε καὶ ποιήσεις πάντας τοὺς λόγους, οὓς ἐγὼ ἐντέλλομαί σοι, ἵνα εὖ σοι γένηται καὶ τοῖς υἱοῖς σου δι᾽ αἰῶνος, ἐὰν ποιήσῃς τὸ καλὸν καὶ τὸ ἀρεστὸν ἔναντι κυρίου τοῦ θεοῦ σου.

MT		ALIA
די־להון מהקרבין ניחוחין לאלה שׁמיא ומצלין לחיי מלכא ובנוהי׃	**Esr 6,10**	ad *ἐν πάσῃ εὐσεβείᾳ* cf ad 1Tim 4,8 cf et **1Mac 7,33** *Καὶ μετὰ τοὺς λόγους τούτους ἀνέβη* Νικάνωρ *εἰς τὸ ὄρος Σιών, καὶ ἐξῆλθον ἀπὸ τῶν ἱερέων ἐκ τῶν ἁγίων καὶ ἀπὸ τῶν πρεσβυτέρων τοῦ* λαοῦ *ἀσπάσασθαι αὐτὸν εἰρηνικῶς καὶ δεῖξαι αὐτῷ τὴν ὁλοκαύτωσιν τὴν προσφερομένην ὑπὲρ τοῦ βασιλέως.* **7,34** *καὶ ἐμυκτήρισεν αὐτοὺς καὶ κατεγέλασεν αὐτῶν καὶ ἐμίανεν αὐτοὺς καὶ ἐλάλησεν ὑπερηφάνως·*
שמר ושמעת את כל־הדברים האלה אשר אנכי מצוך למען ייטב לך ולבניך אחריך עד־עולם כי תעשה הטוב והישר בעיני יהוה אלהיך׃	**Dtn 12,28**	cf et Dtn 13,18(19); 21,9

NT	LXX
2,4 ὃς ***πάντας ἀνθρώπους*** θέλει ***σω***θῆναι καὶ εἰς ἐπίγνωσιν ἀληθείας ἐλθεῖν.	**Sap 1,12** *μὴ ζηλοῦτε θάνατον ἐν πλάνῃ* *ζωῆς ὑμῶν* *μηδὲ ἐπισπᾶσθε ὄλεθρον ἐν ἔργοις χει-* *ρῶν ὑμῶν·* **1,13** *ὅτι ὁ θεὸς θάνατον οὐκ ἐποίησεν* *οὐδὲ τέρπεται ἐπ' ἀπωλείᾳ ζώντων.* **1,14** *ἔκτισεν γὰρ εἰς τὸ εἶναι* ***τὰ πάντα***, *καὶ* ***σω****τήριοι αἱ γενέσεις τοῦ κόσμου,* *καὶ οὐκ ἔστιν ἐν αὐταῖς φάρμακον ὀλέ-* *θρου* *οὔτε ᾄδου βασίλειον ἐπὶ γῆς.* **1,15** *δικαιοσύνη γὰρ ἀθάνατός ἐστιν.* **Sap 16,7** *ὁ γὰρ ἐπιστραφεὶς οὐ διὰ τὸ* *θεωρούμενον ἐ****σῴ****ζετο,* *ἀλλὰ διὰ σὲ* ***τὸν πάντων σω****τῆρα.* **Is 66,18** *ἔρχομαι συναγαγεῖν* ***πάντα*** *τὰ* *ἔθνη καὶ τὰς γλώσσας, καὶ ἥξουσι καὶ* *ὄψονται τὴν δόξαν μου.*
2,5 Εἷς γὰρ θεός, *εἷς καὶ μεσίτης θεοῦ καὶ ἀνθρώπων,* *ἄνθρωπος* Χριστὸς Ἰησοῦς,	

MT	ALIA
	cf et Is 2,2-4
Is 66,18 באה לקבץ את־כל־הגוים והלשנות ובאו וראו את־כבודי:	
	ad *εἷς θεός* cf ad 1Cor 8,4

NT	LXX
2,6 *ὁ δοὺς ἑαυτὸν* ***ἀντίλυτρον*** *ὑπὲρ πάντων,*	**4Mac 6,29** *καθάρσιον αὐτῶν ποίησον τὸ ἐμὸν αἷμα καὶ* ***ἀντίψυχον*** *αὐτῶν λαβὲ τὴν ἐμὴν ψυχήν.* **4Mac 17,22** *καὶ διὰ τοῦ αἵματος τῶν εὐσεβῶν ἐκείνων καὶ τοῦ ἱλαστηρίου τοῦ θανάτου αὐτῶν ἡ θεία πρόνοια τὸν Ἰσραὴλ προκακωθέντα διέσωσεν.*
2,8 *Βούλομαι οὖν προσεύχεσθαι τοὺς ἄνδρας ἐν παντὶ τόπῳ ἐπαίροντας ὁσίους χεῖρας χωρὶς ὀργῆς καὶ διαλογισμοῦ.*	
2,11 *Γυνὴ ἐν ἡσυχίᾳ μανθανέτω ἐν πάσῃ ὑποταγῇ·*	
2,13 *Ἀδὰμ γὰρ πρῶτος* ***ἐπλάσθη****, εἶτα Εὕα.*	**Gen 2,7** *καὶ* ***ἔπλασεν*** *ὁ θεὸς τὸν ἄνθρωπον χοῦν ἀπὸ τῆς γῆς* **Gen 2,22** *καὶ ᾠκοδόμησεν κύριος ὁ θεὸς τὴν πλευράν, ἣν ἔλαβεν ἀπὸ τοῦ Ἀδάμ, εἰς γυναῖκα,*
2,14 *ἡ δὲ γυνὴ ἐξ****απατη****θεῖσα ἐν παραβάσει γέγονεν·*	**Gen 3,13** *καὶ εἶπεν ἡ γυνή Ὁ ὄφις* ***ἠπάτη****σέν με,* **Sir 25,24** *ἀπὸ γυναικὸς ἀρχὴ ἁμαρτίας, καὶ δι᾽ αὐτὴν ἀποθνῄσκομεν πάντες.*

MT		ALIA
		ad *ὁ δοὺς ἑαυτόν* cf ad Gal 1,4, ubi Is 53 citatur, et ad Rom 3,24s cf autem ψ **48,8** *ἀδελφὸς οὐ λυτροῦται· λυτρώσεται ἄνθρωπος;* *οὐ δώσει τῷ θεῷ ἐξίλασμα αὐτοῦ* **48,9** *καὶ τὴν τιμὴν τῆς λυτρώσεως τῆς ψυχῆς αὐτοῦ.*
		(*ἐπ*)*αίρειν τὰς χεῖρας* praesertim in ψψ, ex gr ψ 133,2; vd et Sir 50,20; vd autem et Is 1,15
		vd **Gen 3,16** *καὶ πρὸς τὸν ἄνδρα σου ἡ ἀποστροφή σου, καὶ αὐτός σου κυριεύσει.* vd et ad 1Cor 11,3 et Col 3,18
וייצר יהוה אלהים את־האדם עפר מן־האדמה ויבן יהוה אלהים את־הצלע אשר־לקח מן־האדם לאשה	**Gen 2,7** **Gen 2,22**	vd autem **Gen 1,27** *καὶ ἐποίησεν ὁ θεὸς τὸν ἄνθρωπον, κατ' εἰκόνα θεοῦ ἐποίησεν αὐτόν, ἄρσεν καὶ θῆλυ ἐποίησεν αὐτούς.*
ותאמר האשה הנחש השיאני	**Gen 3,13**	cf et Num 31,15s; cont Gen 3,13 cf ad 2Cor 11,3
מאשה תחלת עון ובגללה גוענו יחד:	**Sir 25,23**	

NT	LXX
2,15 *σωθήσεται δὲ διὰ τῆς τεκνογονίας,*	
3,3 *μὴ πάροινον μὴ πλήκτην,*	
3,4 *τέκνα ἔχοντα ἐν ὑποταγῇ, μετὰ πάσης σεμνότητος*	
3,7 *δεῖ δὲ καὶ μαρτυρίαν καλὴν ἔχειν ἀπὸ τῶν ἔξωθεν, ἵνα μὴ εἰς ὀνειδισμὸν ἐμπέσῃ καὶ παγίδα τοῦ διαβόλου.*	
3,8 *μὴ διλόγους, μὴ οἴνῳ πολλῷ προσέχοντας,*	**Sir 5,14** **Μὴ** *κληθῇς ψίθυρος* *καὶ τῇ γλώσσῃ σου μὴ ἐνέδρευε·* *ἐπὶ γὰρ τῷ κλέπτῃ ἐστὶν αἰσχύνη* *καὶ κατάγνωσις πονηρὰ ἐπὶ διγλώσσου.* **Sir 28,13** *Ψίθυρον καὶ δίγλωσσον καταράσασθε·* *πολλοὺς γὰρ εἰρηνεύοντας ἀπώλεσεν.*
3,15 *πῶς δεῖ ἐν οἴκῳ θεοῦ ἀναστρέφεσθαι, ἥτις ἐστὶν ἐκκλησία θεοῦ ζῶντος,*	*ψ* **41,3** *ἐδίψησεν ἡ ψυχή μου πρὸς τὸν θεὸν τὸν ζῶντα·*

MT		ALIA
		vd autem **Gen 3,16** Πληθύνων πληθυνῶ *τὰς λύπας σου καὶ τὸν στεναγμόν σου,* *ἐν λύπαις τέξῃ τέκνα·*
		cf Prov 23,20.30-35; Sir 34,30(31,25)
		cf Prov 29,15.17; Sir 30,1-13
		cf ψ **123,7** *ἡ ψυχὴ ἡμῶν ὡς στρουθίον* *ἐρρύσθη* *ἐκ τῆς παγίδος τῶν θηρευόντων·* *ἡ παγὶς συνετρίβη, καὶ ἡμεῖς ἐρρύ-* *σθημεν.* *παγὶς τοῦ θανάτου* ex gr ψ 17,6; Prov 14,27; 21,6
אל תקרא בעל שתים ובלשונך אל תרגל רע: כי על גנב נבראה בשת חרפה רעהו בעל שתים:	**Sir 5,14**	cf et Prov 11,13 ad *οἴνῳ προσέχοντας* vd et ad 2Tim 3,3
		cont Sir 28,13: 28,14-26
צמאה נפשי לאלהים לאל חי	**Ps 42,3**	cf et ad Rom 9,26

NT	LXX
3,16 *καὶ ὁμολογουμένως μέγα ἐστὶν τὸ τῆς εὐσεβείας μυστήριον·* *ὃς ἐφανερώθη ἐν σαρκί,* *ἐδικαιώθη ἐν πνεύματι,* *ὤφθη ἀγγέλοις,* *ἐκηρύχθη ἐν ἔθνεσιν,* *ἐπιστεύθη ἐν κόσμῳ,* ***ἀνελήμφθη** ἐν δόξῃ.*	**Gen 5,24** *καὶ εὐηρέστησεν Ἑνὼχ τῷ θεῷ καὶ οὐχ ηὑρίσκετο, ὅτι μετέθηκεν αὐτὸν ὁ θεός.* **4Bas 2,11** *καὶ ἀνελήμφθη Ἠλίου ἐν συσσεισμῷ ὡς εἰς τὸν οὐρανόν.* **1Mac 2,58** *Ἠλίας ἐν τῷ ζηλῶσαι ζῆλον νόμου **ἀνελήμφθη** ὡς εἰς τὸν οὐρανόν.* **4Mac 6,31** *Ὁμολογουμένως οὖν δεσπότης τῶν παθῶν ἐστιν ὁ εὐσεβὴς λογισμός,*
4,1 *ἐν ὑστέροις καιροῖς **ἀπ**ο**στή**σονταί τινες τῆς πίστεως προσέχοντες **πνεύμα**σιν **πλάν**οις*	**1Mac 1,15** *καὶ ἐποίησαν ἑαυτοῖς ἀκροβυστίας καὶ **ἀπ**έ**στη**σαν ἀπὸ διαθήκης ἁγίας* **Is 19,14** *κύριος γὰρ ἐκέρασεν αὐτοῖς **πνεῦμα** **πλανή**σεως, καὶ ἐ**πλάν**ησαν Αἴγυπτον ἐν πᾶσι τοῖς ἔργοις αὐτῶν, ὡς **πλαν**ᾶται ὁ μεθύων καὶ ὁ ἐμῶν ἅμα.* **PsSal 8,14** *Διὰ τοῦτο ἐκέρασεν αὐτοῖς ὁ θεὸς **πνεῦμα** **πλανή**σεως,* *ἐπότισεν αὐτοὺς ποτήριον οἴνου ἀκράτου εἰς μέθην.* **Dan 9,9***θ’* *ὅτι **ἀπ**έ**στη**μεν* **9,10***θ’* *καὶ οὐκ εἰσηκούσαμεν τῆς φωνῆς κυρίου τοῦ θεοῦ ἡμῶν πορεύεσθαι ἐν τοῖς νόμοις αὐτοῦ,*

MT		ALIA
ויתהלך חנוך את־האלהים ואיננו כי־לקח אתו אלהים:	**Gen 5,24**	ad *ὤφθη* cf ad 1Cor 15,5
ויעל אליהו בסערה השמים:	**2Reg 2,11**	
		1Mac 6,31: sim 4Mac 7,16; 16,1
		cf et **3Bas 22,22** Ἐξελεύσομαι *καὶ ἔσομαι πνεῦμα ψευδὲς ἐν στόματι πάντων τῶν προφητῶν αὐτοῦ.*
יהוה מסך בקרבה רוח עועים והתעו את־מצרים בכל־מעשׂהו כהתעות שׁכור בקיאו:	**Is 19,14**	**Sap 3,10** Οἱ *δὲ ἀσεβεῖς καθὰ ἐλογίσαντο ἕξουσιν ἐπιτιμίαν* *οἱ ἀμελήσαντες τοῦ δικαίου καὶ τοῦ κυρίου ἀποστάντες·* cf et ad Rom 11,8
כי מרדנו בו:	**Dan 9,9**	
ולא שׁמענו בקול יהוה אלהינו ללכת בתורתיו	**9,10**	

NT

4,3 *κωλυόντων γαμεῖν, ἀπέχεσθαι βρωμάτων, ἃ ὁ θεὸς ἔκτισεν εἰς μετάλημψιν μετὰ εὐχαριστίας τοῖς πιστοῖς καὶ ἐπεγνωκόσι τὴν ἀλήθειαν.*

4,4 *ὅτι πᾶν κτίσμα θεοῦ καλὸν καὶ οὐδὲν ἀπόβλητον μετὰ εὐχαριστίας λαμβανόμενον·*

4,5 *ἁγιάζεται γὰρ διὰ λόγου θεοῦ καὶ ἐντεύξεως.*

LXX

Gen 1,29 *καὶ εἶπεν ὁ θεός Ἰδοὺ δέδωκα ὑμῖν πᾶν χόρτον σπόριμον σπεῖρον σπέρμα, ὅ ἐστιν ἐπάνω πάσης τῆς γῆς, καὶ πᾶν ξύλον, ὃ ἔχει ἐν ἑαυτῷ καρπὸν σπέρματος σπορίμου - ὑμῖν ἔσται εἰς βρῶσιν -*

Gen 9,3 *καὶ πᾶν ἑρπετόν, ὅ ἐστιν ζῶν, ὑμῖν ἔσται εἰς βρῶσιν· ὡς λάχανα χόρτου δέδωκα ὑμῖν τὰ πάντα.*

9,4 *πλὴν κρέας ἐν αἵματι ψυχῆς οὐ φάγεσθε·*

Gen 1,10 *καὶ εἶδεν ὁ θεὸς ὅτι καλόν.*

Gen 1,31 *καὶ εἶδεν ὁ θεὸς τὰ πάντα, ὅσα ἐποίησεν, καὶ ἰδοὺ καλὰ λίαν.*

Sir 39,16 *Τὰ ἔργα κυρίου πάντα ὅτι καλὰ σφόδρα,*
καὶ πᾶν πρόσταγμα ἐν καιρῷ αὐτοῦ ἔσται·

Sir 39,33 *Τὰ ἔργα κυρίου πάντα ἀγαθὰ*
καὶ πᾶσαν χρείαν ἐν ὥρᾳ αὐτῆς χορηγήσει,

39,34 *καὶ οὐκ ἔστιν εἰπεῖν Τοῦτο τούτου πονηρότερον,*
πάντα γὰρ ἐν καιρῷ εὐδοκιμηθήσεται.

NT

4,6 *ἐντρεφόμενος τοῖς λόγοις τῆς πίστεως καὶ τῆς καλῆς διδασκαλίας ᾗ παρηκολούθηκας·*

LXX

Dtn 8,3 *ἵνα ἀναγγείλῃ σοι ὅτι οὐκ ἐπ' ἄρτῳ μόνῳ ζήσεται ὁ ἄνθρωπος, ἀλλ' ἐπὶ παντὶ ῥήματι τῷ ἐκπορευομένῳ διὰ στόματος θεοῦ ζήσεται ὁ ἄνθρωπος.*

MT		ALIA
ויאמר אלהים הנה נתתי לכם את־כל־עשׂב זרע זרע אשר על־פני כל־הארץ ואת־כל־העץ אשר־בו פרי־עץ זרע זרע לכם יהיה לאכלה׃	**Gen 1,29**	cf autem Lev 11,1-47; Dtn 14,3-21
כל־רמשׂ אשר הוא־חי לכם יהיה לאכלה כירק עשׂב נתתי לכם את־כל׃	**Gen 9,3**	
אך־בשׂר בנפשו דמו לא תאכלו׃	**9,4**	
וירא אלהים כי־טוב׃	**Gen 1,10**	eisd vbs Gen 1,4.12.18.21.25
וירא אלהים את־כל־אשר עשׂה והנה־טוב מאד	**Gen 1,31**	
[מעשׂי] אל כלם טובים וכל צורך בעתו יספיק׃	**Sir 39,16**	
מעשה אל כלם טובים לכל צורך בעתו יספוק׃	**Sir 39,33**	
אל לאמר זה רע מה זה כי הכל בעתו יגביר׃	**39,34**	
כי לא על־הלחם לבדו יחיה האדם כי על־כל־מוצא פי־יהוה יחיה האדם׃	**Dtn 8,3**	

NT	LXX
4,7 **Γύμναζ**ε δὲ σεαυτὸν πρὸς **εὐσέβειαν**·	**4Mac 11,20** Ὦ ἱεροπρεποῦς ἀγῶνος, ἔλεγεν, ἐφ᾽ ὃν διὰ τὴν **εὐσέβειαν** εἰς **γυμνασ**ίαν πόνων ἀδελφοὶ τοσοῦτοι κληθέντες οὐκ ἐνικήθημεν.
4,8 ἡ δὲ **εὐσέβει**α πρὸς πάντα ὠφέλιμός ἐστιν ἐπαγγελίαν ἔχουσα ζωῆς τῆς νῦν καὶ τῆς μελλούσης.	**4Mac 13,27** ἀνέσχοντο διὰ τὴν **εὐσέβει**αν τοὺς ἀδελφοὺς οἱ ὑπολειπόμενοι, … **14,6** οὕτως οἱ ἱεροὶ μείρακες ἐκεῖνοι ὡς ὑπὸ ψυχῆς ἀθανάτου τῆς **εὐσεβεί**ας πρὸς τὸν ὑπὲρ αὐτῆς συνεφώνησαν θάνατον. **4Mac 15,3** τὴν **εὐσέβει**αν μᾶλλον ἠγάπησεν τὴν σῴζουσαν εἰς αἰωνίαν ζωὴν κατὰ θεόν.
4,10 ὅτι ἠλπίκαμεν ἐπὶ θεῷ ζῶντι, ὅς ἐστιν **σωτὴρ** **πάντων** ἀνθρώπων μάλιστα πιστῶν·	**Sap 16,7** ὁ γὰρ ἐπιστραφεὶς οὐ διὰ τὸ θεωρούμενον ἐσῴζετο, ἀλλὰ διὰ σὲ τὸν **πάντων** **σωτῆρ**α.
4,12 Μηδείς σου τῆς νεότητος καταφρονείτο, ἀλλὰ τύπος γίνου τῶν πιστῶν … ἐν ἁγνείᾳ.	
4,14 μετὰ **ἐπιθέσ**εως τῶν **χειρ**ῶν τοῦ πρεσβυτερίου.	**Num 8,10** καὶ προσάξεις τοὺς Λευίτας ἔναντι κυρίου, καὶ **ἐπιθήσ**ουσιν οἱ υἱοὶ Ἰσραὴλ τὰς **χεῖρ**ας αὐτῶν ἐπὶ τοὺς Λευίτας,

MT		ALIA
		εὐσέβεια persaepe in 4Mac
		vd et **Sap 10,12** *ἵνα γνῷ ὅτι παντὸς δυνατωτέρα ἐστὶν εὐσέβεια.*
		ad *σωτήρ* cf ad 1Tim 1,1 et 2,4; ad *θεὸς ζῶν* cf ad Rom 9,26
		vd **Ier 1,6** *καὶ εἶπα Ὁ Ὢν δέσποτα κύριε, ἰδοὺ οὐκ ἐπίσταμαι λαλεῖν, ὅτι νεώτερος ἐγώ εἰμι.*
והקרבת את־הלוים לפני יהוה וסמכו בני־ישׂראל את־ידיהם על־הלוים:	**Num 8,10**	vd et Gen 48,14ss ad Num 8,12 cf Ex 29,10; Lev 1,4; 4,15; 16,21

NT	LXX
	8,11 καὶ ἀφοριεῖ Ἀαρὼν τοὺς Λευίτας ἀπόδομα ἔναντι κυρίου παρὰ τῶν υἱῶν Ἰσραήλ, καὶ ἔσονται ὥστε ἐργάζεσθαι τὰ ἔργα κυρίου.
	8,12 οἱ δὲ Λευῖται **ἐπιθήσ**ουσιν τὰς **χεῖ-ρ**ας ἐπὶ τὰς κεφαλὰς τῶν μόσχων, καὶ ποιήσει τὸν ἕνα περὶ ἁμαρτίας καὶ τὸν ἕνα εἰς ὁλοκαύτωμα κυρίῳ ἐξιλάσασθαι περὶ αὐτῶν.
	Num 27,18 καὶ ἐλάλησεν κύριος πρὸς Μωϋσῆν λέγων Λάβε πρὸς σεαυτὸν τὸν Ἰησοῦν υἱὸν Ναυή, ἄνθρωπον, ὃς ἔχει πνεῦμα ἐν ἑαυτῷ, καὶ **ἐπιθήσ**εις τὰς **χεῖ-ρ**άς σου ἐπ᾽ αὐτόν,
	27,19 καὶ στήσεις αὐτὸν ἔναντι Ἐλεαζὰρ τοῦ ἱερέως, καὶ ἐντελῇ αὐτῷ ἔναντι πάσης συναγωγῆς, καὶ ἐντελῇ περὶ αὐτοῦ ἐναντίον αὐτῶν,
	27,20 καὶ δώσεις τῆς δόξης σου ἐπ᾽ αὐτόν, ὅπως ἂν εἰσακούσωσιν αὐτοῦ οἱ υἱοὶ Ἰσραήλ.
	27,21 καὶ ἔναντι Ἐλεαζὰρ τοῦ ἱερέως στήσεται, καὶ ἐπερωτήσουσιν αὐτὸν τὴν κρίσιν τῶν δήλων ἔναντι κυρίου· ἐπὶ τῷ στόματι αὐτοῦ ἐξελεύσονται καὶ ἐπὶ τῷ στόματι αὐτοῦ εἰσελεύσονται, αὐτὸς καὶ οἱ υἱοὶ Ἰσραὴλ ὁμοθυμαδὸν καὶ πᾶσα ἡ συναγωγή.

MT		ALIA
והניף אהרן את־הלוים תנופה לפני יהוה מאת בני ישׂראל והיו לעבד את־עבדת יהוה:	**8,11**	
והלוים יסמכו את־ידיהם על ראשׁ הפרים ועשׂה את־האחד חטאת ואת־האחד עלה ליהוה לכפר על־הלוים:	**8,12**	
ויאמר יהוה אל־משׁה קח־לך את־יהושׁע בן־נון אישׁ אשׁר־רוח בו וסמכת את־ידך עליו:	**Num 27,18**	
והעמדת אתו לפני אלעזר הכהן ולפני כל־העדה וצויתה אתו לעיניהם:	**27,19**	
ונתתה מהודך עליו למען ישׁמעו כל־עדת בני ישׂראל:	**27,20**	
ולפני אלעזר הכהן יעמד ושׁאל לו במשׁפט האורים לפני יהוה על־פיו יצאו ועל־פיו יבאו הוא וכל־בני־ישׂראל אתו וכל־העדה:	**27,21**	

NT	LXX
	27,22 *καὶ ἐποίησεν* Μωϋσῆς *καθὰ ἐνετείλατο αὐτῷ κύριος, καὶ λαβὼν τὸν* Ἰησοῦν *ἔστησεν αὐτὸν ἐναντίον* Ἐλεαζὰρ *τοῦ ἱερέως καὶ ἐναντίον πάσης συναγωγῆς,* **27,23** *καὶ* ***ἐπέθ****ηκεν τὰς* ***χεῖρ****ας αὐτοῦ ἐπ᾽ αὐτόν, καὶ συνέστησεν αὐτόν, καθάπερ συνέταξεν κύριος τῷ* Μωϋσῇ. **Dtn 34,9** *καὶ* Ἰησοῦς *υἱὸς* Ναυὴ *ἐνεπλήσθη πνεύματος συνέσεως,* ***ἐπέθ****ηκεν γὰρ* Μωϋσῆς *τὰς* ***χεῖρ****ας αὐτοῦ ἐπ᾽ αὐτόν· καὶ εἰσήκουσαν αὐτοῦ οἱ υἱοὶ* Ἰσραὴλ *καὶ ἐποίησαν καθότι ἐνετείλατο κύριος τῷ* Μωϋσῇ.
5,1 ***Πρεσβυτέρ****ῳ μὴ ἐπιπλήξῃς ἀλλὰ παρακάλει ὡς πατέρα,*	**Lev 19,32** *ἀπὸ προσώπου πολιοῦ ἐξαναστήσῃ, καὶ τιμήσεις πρόσωπον* ***πρεσβυτέρ****ου· καὶ φοβηθήσῃ τὸν θεόν σου·* **Sir 8,6** *μὴ ἀτιμάσῃς ἄνθρωπον ἐν γήρᾳ αὐτοῦ·* *καὶ γὰρ ἐξ ἡμῶν γηράσκουσιν.*
5,8 *εἰ δέ τις τῶν ἰδίων καὶ μάλιστα οἰκείων οὐ προνοεῖ, τὴν πίστιν ἤρνηται καὶ ἔστιν ἀπίστου χείρων.*	

	MT	ALIA
27,22	ויעשׂ משה כאשר צוה יהוה אתו ויקח את־יהושע ויעמדהו לפני אלעזר הכהן ולפני כל־העדה:	
27,23	ויסמך את־ידיו עליו ויצוהו כאשר דבר יהוה ביד־משה:	
Dtn 34,9	ויהושע בן־נון מלא רוח חכמה כי־ סמך משה את־ידיו עליו וישמעו אליו בני־ישׂראל ויעשׂו כאשר צוה יהוה את־משה:	
Lev 19,32	מפני שׂיבה תקום והדרת פני זקן ויראת מאלהיך	
Sir 8,6	אל תבייש אנו[ש י]שׂישׂ כי נמנה מזקנים:	
		cf Ex 20,12; Dtn 5,16

NT	LXX
5,10 *ἐν ἔργοις καλοῖς μαρτυρουμένη* (sc *χήρα*), *εἰ ἐτεκνοτρόφησεν, εἰ ἐξενοδόχησεν, εἰ ἁγίων* ***πόδας*** *ἔ**νιψ**εν, εἰ θλιβομένοις ἐπήρκεσεν, εἰ παντὶ ἔργῳ ἀγαθῷ ἐπηκολούθησεν.*	**1Bas 25,41** *καὶ ἀνέστη καὶ προσεκύνησεν ἐπὶ τὴν γῆν ἐπὶ πρόσωπον καὶ εἶπεν Ἰδοὺ ἡ δούλη σου εἰς παιδίσκην* ***νίψ****αι* ***πόδας*** *τῶν παίδων σου.* **Prov 31,20** *χεῖρας δὲ αὐτῆς διήνοιξεν πένητι,* *καρπὸν δὲ ἐξέτεινεν πτωχῷ.*
5,14 Βούλομαι *οὖν νεωτέρας γαμεῖν, τεκνογονεῖν, οἰκοδεσποτεῖν, μηδεμίαν ἀφορμὴν διδόναι τῷ ἀντικειμένῳ* λοιδορίας *χάριν·*	
5,18 λέγει *γὰρ ἡ γραφή·* ***βοῦν ἀλοῶντα οὐ φιμώσεις***, *καί·* *ἄξιος ὁ ἐργάτης τοῦ* ***μισθ****οῦ* ***αὐτοῦ***.	**Dtn 25,4** ***Οὐ φιμώσεις βοῦν ἀλοῶντα***. **Dtn 24,15** *αὐθημερὸν ἀποδώσεις τὸν* ***μισθ****ὸν* ***αὐτοῦ***, *οὐκ ἐπιδύσεται ὁ ἥλιος ἐπ' αὐτῷ, ὅτι πένης ἐστὶν καὶ ἐν αὐτῷ ἔχει τὴν ἐλπίδα· καὶ οὐ καταβοήσεται κατὰ σοῦ πρὸς κύριον, καὶ ἔσται ἐν σοὶ ἁμαρτία.* **24,16** Οὐκ *ἀποθανοῦνται πατέρες ὑπὲρ τέκνων, καὶ υἱοὶ οὐκ ἀποθανοῦνται ὑπὲρ πατέρων· ἕκαστος ἐν τῇ ἑαυτοῦ ἁμαρτίᾳ ἀποθανεῖται.* **Lev 19,13** *οὐκ ἀδικήσεις τὸν πλησίον καὶ οὐχ ἁρπάσεις, καὶ οὐ κοιμηθήσεται ὁ* ***μισθ****ὸς τοῦ μισθωτοῦ παρὰ σοὶ ἕως πρωί.*

	MT	ALIA
1Sam 25,41	ותקם ותשתחו אפים ארצה ותאמר הנה אמתך לשפחה לרחץ רגלי עבדי ארני:	
Prov 31,20	כפה פרשה לעני	
	וידיה שלחה לאביון:	
		cf **Zach 3,1** *καὶ ὁ διάβολος εἱστήκει ἐκ δεξιῶν αὐτοῦ τοῦ ἀντικεῖσθαι αὐτῷ.*
Dtn 25,4	לא־תחסם שור בדישו:	
Dtn 24,15	ביומו תתן שכרו ולא־תבוא עליו השמש כי עני הוא ואליו הוא נשא את־נפשו ולא־יקרא עליך אל־יהוה והיה בך חטא:	
24,16	לא־יומתו אבות על־בנים ובנים לא־יומתו על־אבות איש בחטאו יומתו:	
Lev 19,13	לא־תלין פעלת שכיר אתך עד־בקר:	

NT	LXX
5,19 *ἐκτὸς εἰ μὴ **ἐπὶ δύο ἢ τριῶν μαρτύρων**.*	**Dtn 17,6** *ἐπὶ **δυ**σὶν **μάρτυ**σιν **ἢ ἐπὶ τρι**σὶν **μάρτυ**σιν ἀποθανεῖται ὁ ἀποθνῄσκων· οὐκ ἀποθανεῖται ἐφ᾽ ἑνὶ μάρτυρι.* **Dtn 19,15** *Οὐκ ἐμμενεῖ μάρτυς εἷς κατὰ ἀνθρώπου κατὰ πᾶσαν ἀδικίαν καὶ κατὰ πᾶν ἁμάρτημα καὶ κατὰ πᾶσαν ἁμαρτίαν, ἣν ἂν ἁμάρτῃ· **ἐπὶ** στόματος **δύο μαρτύρων** καὶ **ἐπὶ** στόματος **τριῶν μαρτύρων** σταθήσεται πᾶν ῥῆμα.*
5,22 *χεῖρας ταχέως μηδενὶ ἐπιτίθει μηδὲ κοινώνει ἁμαρτίαις ἀλλοτρίαις· σεαυτὸν ἁγνὸν τήρει.*	
5,24 *Τινῶν ἀνθρώπων αἱ ἁμαρτίαι πρόδηλοί εἰσιν προάγουσαι εἰς κρίσιν, τισὶν δὲ καὶ ἐπακολουθοῦσιν·*	
6,1 *ἵνα μὴ **τὸ ὄνομα τοῦ θεοῦ** καὶ ἡ διδασκαλία **βλασφημ**ῆ**ται**.*	**Is 52,5** *δι᾽ ὑμᾶς διὰ παντὸς **τὸ ὄνομά μου βλασφημ**εῖ**ται** ἐν τοῖς ἔθνεσι.*

MT		ALIA
על־פי שנים עדים או שלשה עדים יומת המת לא יומת על־פי עד אחד:	**Dtn 17,6**	
לא־יקום עד אחד באיש לכל־עון ולכל־חטאת בכל־חטא אשר יחטא על־פי שני עדים או על־פי שלשה־עדים יקום דבר:	**Dtn 19,15**	
		ad *χεῖρας … ἐπιτίθει* cf ad 1Tim 4,14
		cf ex gr Gen 4,10
ותמיד כל־היום שמי מנאץ:	**Is 52,5**	cf et **Ez 36,20** *καὶ εἰσήλθοσαν εἰς τὰ ἔθνη, οὗ εἰσήλθοσαν ἐκεῖ, καὶ ἐβεβήλωσαν τὸ ὄνομά μου τὸ ἅγιον ἐν τῷ λέγεσθαι αὐτούς Λαὸς κυρίου οὗτοι καὶ ἐκ τῆς γῆς αὐτοῦ ἐξεληλύθασιν.* **36,21** *καὶ ἐφεισάμην αὐτῶν διὰ τὸ ὄνομά μου τὸ ἅγιον, ὃ ἐβεβήλωσαν οἶκος Ἰσραὴλ ἐν τοῖς ἔθνεσιν, οὗ εἰσήλθοσαν ἐκεῖ.*

NT	LXX
6,4 *μηδὲν ἐπιστάμενος, ἀλλὰ νοσῶν περὶ ζητήσεις καὶ λογομαχίας, ἐξ ὧν γίνεται φθόνος ἔρις βλασφημίαι,* ***<u>ὑπόνοιαι πονηραί</u>****,*	**Sir 3,24** *πολλοὺς γὰρ ἐπλάνησεν ἡ ὑπόλημψις αὐτῶν,* *καὶ* ***<u>ὑπόνοια πονηρὰ</u>*** *ὠλίσθησεν διανοίας αὐτῶν.*
6,7 *οὐδὲν γὰρ εἰσηνέγκαμεν εἰς τὸν κόσμον,* *ὅτι οὐδὲ ἐξενεγκεῖν τι δυνάμεθα·*	*ψ* **48,11** *ἐπὶ τὸ αὐτὸ ἄφρων καὶ ἄνους ἀπολοῦνται* *καὶ καταλείψουσιν ἀλλοτρίοις τὸν πλοῦτον αὐτῶν,* **48,12** *καὶ οἱ τάφοι αὐτῶν οἰκίαι αὐτῶν εἰς τὸν αἰῶνα,* *σκηνώματα αὐτῶν εἰς γενεὰν καὶ γενεάν.* … **48,17** *μὴ φοβοῦ, ὅταν πλουτήσῃ ἄνθρωπος,* *καὶ ὅταν πληθυνθῇ ἡ δόξα τοῦ οἴκου αὐτοῦ·* **48,18** *ὅτι οὐκ ἐν τῷ ἀποθνῄσκειν αὐτὸν λήμψεται τὰ πάντα,* *οὐδὲ συγκαταβήσεται αὐτῷ ἡ δόξα αὐτοῦ.*

MT		ALIA
		36,22 *διὰ τοῦτο εἶπον τῷ οἴκῳ Ἰσραήλ Τάδε λέγει κύριος Οὐχ ὑμῖν ἐγὼ ποιῶ, οἶκος Ἰσραήλ, ἀλλ᾽ ἢ διὰ τὸ ὄνομά μου τὸ ἅγιον, ὃ ἐβεβηλώσατε ἐν τοῖς ἔθνεσιν, οὗ εἰσήλθετε ἐκεῖ.* cf et ad Rom 2,24
Sir 3,24	כי רבים עשתוני בני אדם	
	ודמיונות רעות מתעות:	
Ps 49,11	כי יראה חכמים ימותו יחד כסיל ובער יאבדו ועזבו לאחרים חילם:	
49,12	קרבם בתימו לעולם	
	משכנתם לדור ודר …	
49,17	אל־תירא כי־יעשר איש	
	כי־ירבה כבוד ביתו:	
49,18	כי לא במותו יקח הכל	
	לא־ירד אחריו כבודו:	

NT	LXX
	Eccl 5,14 *καθὼς ἐξῆλθεν ἀπὸ γαστρὸς μητρὸς αὐτοῦ γυμνός,* *ἐπιστρέψει τοῦ πορευθῆναι ὡς ἥκει* *καὶ οὐδὲν οὐ λήμψεται ἐν μόχθῳ αὐτοῦ,* *ἵνα πορευθῇ ἐν χειρὶ αὐτοῦ.* **Iob 1,21** *Αὐτὸς γυμνὸς ἐξῆλθον ἐκ κοιλίας μητρός μου,* *γυμνὸς καὶ ἀπελεύσομαι ἐκεῖ·* *ὁ κύριος ἔδωκεν, ὁ κύριος ἀφείλατο·*
6,8 *ἔχοντες δὲ διατροφὰς καὶ σκεπάσματα,* *τούτοις ἀρκεσθησόμεθα.*	**Prov 30,8** *πλοῦτον δὲ καὶ πενίαν μή μοι δῷς,* *σύνταξον δέ μοι τὰ δέοντα καὶ τὰ αὐτάρκη,* **Sir 29,21** *᾿Αρχὴ ζωῆς ὕδωρ καὶ ἄρτος καὶ ἱμάτιον* *καὶ οἶκος καλύπτων ἀσχημοσύνην.*
6,9 *οἱ δὲ βουλόμενοι πλουτεῖν ἐμπίπτουσιν εἰς πειρασμὸν καὶ παγίδα καὶ ἐπιθυμίας πολλὰς ἀνοήτους καὶ βλαβεράς,*	

MT		ALIA
כאשר יצא מבטן אמו	**Eccl 5,14**	
ערום ישוב ללכת כשבא ומאומה לא־ישא בעמלו שילך בידו:		
ערם יצתי מבטן אמי	**Iob 1,21**	
וערם אשוב שמה יהוה נתן ויהוה לקח		
ראש ועשר אל־תתן־לי	**Prov 30,8**	cf et Gen 28,20-22 mod dic *ἄρτος καὶ ἱμάτιον* saepe in LXX describens res ad vivendum maxime necessarias ex gr Dtn 10,18; Is 3,7
הטריפני לחם חקי:		
		cf **Prov 23,4** *μὴ παρεκτείνου πένης ὢν πλουσίῳ,* *τῇ δὲ σῇ ἐννοίᾳ ἀπόσχου·* **Prov 28,22** *σπεύδει πλουτεῖν ἀνὴρ βάσκανος* *καὶ οὐκ οἶδεν ὅτι ἐλεήμων κρατήσει αὐτοῦ.*

NT	LXX
6,10 *ῥίζα γὰρ πάντων τῶν κακῶν ἐστιν ἡ φιλαργυρία,*	**Sir 27,1** *χάριν διαφόρου πολλοὶ ἥμαρτον,* *καὶ ὁ ζητῶν πληθῦναι ἀποστρέψει ὀφθαλμόν.*
6,11 *Σὺ δέ, ὦ ἄνθρωπε θεοῦ, ταῦτα φεῦγε·* *δίωκε δὲ δικαιοσύνην εὐσέβειαν πίστιν,* *ἀγάπην ὑπομονὴν πραϋπαθίαν.*	**Sir 21,2** *ὡς ἀπὸ προσώπου ὄφεως* **φεῦγε** *ἀπὸ ἁμαρτίας·*
6,12 *ἀγωνίζου τὸν καλὸν ἀγῶνα τῆς πίστεως,*	**4Mac 9,24** *ἱερὰν καὶ εὐγενῆ στρατείαν στρατεύσασθε περὶ τῆς εὐσεβείας,*
6,13 *παραγγέλλω [σοι] ἐνώπιον τοῦ θεοῦ τοῦ ζῳογονοῦντος* **τὰ πάντα**	**Dtn 32,39** *ἐγὼ ἀποκτενῶ καὶ ζῆν ποιήσω,* **1Bas 2,6** *κύριος θανατοῖ καὶ ζῳογονεῖ,* *κατάγει εἰς ᾅδου καὶ ἀνάγει·* **4Bas 5,7** *Μὴ θεὸς ἐγὼ τοῦ θανατῶσαι καὶ ζωοποιῆσαι,* **2Esdr 19,6** *καὶ σὺ ζωοποιεῖς* **τὰ πάντα,**
6,14 *τηρῆσαί σε τὴν ἐντολὴν ἄσπιλον ἀνεπίλημπτον μέχρι τῆς ἐπιφανείας τοῦ κυρίου ἡμῶν Ἰησοῦ Χριστοῦ,*	

MT		ALIA
		ad *ἄνθρωπος θεοῦ* vd ex gr Moyses: Dtn 33,1; Ios 14,6; ψ 89,1; propheta ignotus: 1Bas 2,27; Samuel: 1Bas 9,6; David: 2Par 8,14; 2Esdr 22,24 ad *δίωκε δικαιοσύνην* cf ad Rom 9,30s
אני אמית ואחיה	**Dtn 32,39**	cf et ad Rom 4,17 et Col 1,15-17
יהוה ממית ומחיה מוריד שאול ויעל:	**1Sam 2,6**	
האלהים אני להמית ולהחיות	**2Reg 5,7**	
ואתה מחיה את־כלם	**Neh 9,6**	
		ad *τηρῆσαι τὴν ἐντολήν* cf ad Rom 2,26 *τὰ δικαιώματα τοῦ νόμου φυλάσσῃ*

NT	LXX
6,15 *ὁ μακάριος καὶ μόνος δυνάστης,* *ὁ* ***βασιλεὺς τῶν βασιλ****ευόντ****ων*** ***καὶ κύριος τῶν κυρι****ευόντ****ων****,*	**Dtn 10,17** *ὁ γὰρ κύριος ὁ θεὸς ὑμῶν, οὗ-τος θεὸς τῶν θεῶν καὶ* ***κύριος τῶν κυρίων****, ὁ θεὸς ὁ μέγας ὁ ἰσχυρὸς καὶ ὁ φοβερός,* **2Mac 13,4** *ὁ δὲ* ***βασιλεὺς τῶν βασιλ****έ****ων*** *ἐξήγειρε τὸν θυμὸν τοῦ Ἀντιόχου* **3Mac 5,35** *οἵ τε Ἰουδαῖοι τὰ παρὰ τοῦ βασιλέως ἀκούσαντες τὸν ἐπιφανῆ θεὸν κύριον* ***βασιλ****έα* ***τῶν βασιλ****έ****ων*** *ἤνουν* **ψ 135,3** *ἐξομολογεῖσθε τῷ* ***κυρίῳ τῶν κυρίων****,* **Dan 2,47***θ'* *Ἐπ' ἀληθείας ὁ θεὸς ὑμῶν αὐτός ἐστι θεὸς θεῶν καὶ* ***κύριος τῶν βασιλ****έ****ων*** **Dan 4,34***ο'* (4,37LXX) *ἐξομολογοῦμαι καὶ αἰνῶ, ὅτι αὐτός ἐστι θεὸς τῶν θεῶν καὶ* ***κύριος τῶν κυρίων καὶ βασιλεὺς τῶν βασιλ****έ****ων****,*
6,16 *ὁ μόνος ἔχων ἀθανασίαν,* *φῶς οἰκῶν ἀπρόσιτον,* ***ὃν εἶδεν*** *οὐδεὶς* ***ἀνθρώπ****ων* ***οὐ****δὲ* ***ἰδεῖν δύνα****-ται·* *ᾧ τιμὴ καὶ κράτος αἰώνιον, ἀμήν.*	**Ex 33,20** ***Οὐ δυνή****σῃ* ***ἰδεῖν*** *μου τὸ πρόσω-πον·* ***οὐ*** *γὰρ* ***μὴ ἴδῃ ἄνθρωπ****ος τὸ πρόσω-πόν* *μου καὶ ζήσεται.*

MT		ALIA
כִּי יהוה אלהיכם הוא אלהי האלהים ואדני האדנים האל הגדל הגבר והנורא	**Dtn 10,17**	cf et ex gr **2Mac 15,4** *Ἔστιν ὁ κύριος ζῶν αὐτὸς ἐν οὐρανῷ δυνάστης* **2Mac 15,23** *καὶ νῦν, δυνάστα τῶν οὐρανῶν, ἀπόστειλον ἄγγελον ἀγαθὸν ἔμπροσθεν ἡμῶν εἰς δέος καὶ τρόμον·* **3Mac 5,51** *ἀνεβόησαν φωνῇ μεγάλῃ σφόδρα τὸν τῆς ἁπάσης δυνάμεως δυνάστην*
הודו לאדני האדנים	**Ps 136,3**	**Sir 46,5** *ἐπεκαλέσατο τὸν ὕψιστον δυνάστην ἐν τῷ θλῖψαι αὐτὸν ἐχθροὺς κυκλόθεν,*
מן־קשט די אלהכון הוא אלה אלהין ומרא מלכין	**Dan 2,47**	cf et 2Esdr 7,12: ʼΑρθασασθὰ *βασιλεὺς βασιλέων*, Ez 26,7: *τὸν* Ναβουχοδονοσὸρ *…, βασιλεὺς βασιλέων ἐστί*, Dan 2,37*θ*' et *ο*': *σύ* (sc Ναβουχοδονοσόρ), *βασιλεῦ βασιλεὺς βασιλέων*,
לא תוכל לראת את־פני כי לא־יראני האדם וחי:	**Ex 33,20**	cf et Ez 1,26-28
		vd ad 1Cor 9,1

NT	LXX
6,17 Τοῖς **πλου**σίοις ἐν τῷ νῦν αἰῶνι παράγγελλε μὴ ὑψηλοφρονεῖν μηδὲ **ἠλπι**κέναι **ἐπὶ πλούτου** ἀδηλότητι ἀλλ' ἐπὶ **θε**ῷ τῷ παρέχοντι ἡμῖν **πάντα** πλουσίως εἰς ἀπόλαυσιν,	**ψ 51,9** Ἰδοὺ ἄνθρωπος, ὃς οὐκ ἔθετο τὸν **θε**ὸν βοηθὸν αὐτοῦ, ἀλλ' ἐπ**ήλπι**σεν **ἐπὶ** τὸ πλῆθος τοῦ **πλούτου** αὐτοῦ, καὶ ἐδυναμώθη ἐπὶ τῇ ματαιότητι αὐτοῦ. **Prov 11,28** ὁ πεποιθὼς **ἐπὶ πλούτ**ῳ, οὗτος πεσεῖται· ὁ δὲ ἀντιλαμβανόμενος δικαίων, οὗτος ἀνατελεῖ. **Ier 9,23(22)** καὶ μὴ καυχάσθω ὁ **πλού**σιος ἐν τῷ **πλούτ**ῳ αὐτοῦ, **9,24(23)** ἀλλ' ἢ ἐν τούτῳ καυχάσθω ὁ καυχώμενος, συνίειν καὶ γινώσκειν ὅτι ἐγώ εἰμι κύριος ποιῶν ἔλεος καὶ κρίμα καὶ δικαιοσύνην ἐπὶ τῆς γῆς, **ψ 103,27** πάντα πρὸς σὲ προσδοκῶσιν δοῦναι τὴν τροφὴν αὐτοῖς εὔκαιρον. **103,28** δόντος σου αὐτοῖς συλλέξουσιν, ἀνοίξαντος δέ σου τὴν χεῖρα τὰ σύμ**παντα** πλησθήσονται χρηστότητος. **ψ 144,15** οἱ ὀφθαλμοὶ πάντων εἰς σὲ **ἐλπί**ζουσιν, καὶ σὺ δίδως τὴν τροφὴν αὐτῶν ἐν εὐκαιρίᾳ. **144,16** ἀνοίγεις σὺ τὴν χεῖρά σου καὶ ἐμπιπλᾷς πᾶν ζῷον εὐδοκίας.

MT		ALIA
הנה הגבר לא ישׂים	**Ps 52,9**	cf et Iob 31,24-28
אלהים מעוזו		
ויבטח ברב עשׁרו		
יעז בהותו:		
בוטח בעשׁרו הוא יפל	**Prov 11,28**	
וכעלה צדיקים יפרחו:		
אל־יתהלל עשׁיר בעשׁרו:	**Ier 9,22**	
כי אם־בזאת יתהלל המתהלל	**9,23**	
השׂכל וידע אותי		
כי אני יהוה עשׂה חסד		
משפט וצדקה בארץ		
כלם אליך ישׂברון	**Ps 104,27**	
לתת אכלם בעתו:		
תתן להם ילקטון	**104,28**	
תפתח ידך ישׂבעון טוב:		
עיני־כל אליך ישׂברו	**Ps 145,15**	
ואתה נותן־להם את־אכלם בעתו:		
פותח את־ידך	**145,16**	
ומשׂביע לכל־חי רצון:		

NT	LXX
6,18 ἀγαθοεργεῖν, πλουτεῖν ἐν ἔργοις καλοῖς, εὐμεταδότους εἶναι, κοινωνικούς, **6,19** ἀποθησαυρίζοντας ἑαυτοῖς θεμέλιον καλὸν εἰς τὸ μέλλον, ἵνα ἐπιλάβωνται τῆς ὄντως ζωῆς.	

MT	ALIA
	Tob 4,7 LXX I (= 4,7 BA) *ἐκ τῶν ὑπαρχόντων σοι ποίει ἐλεημοσύνην, καὶ μὴ φθονεσάτω σου ὁ ὀφθαλμὸς ἐν τῷ ποιεῖν σε ἐλεημοσύνην· μὴ ἀποστρέψῃς τὸ πρόσωπόν σου ἀπὸ παντὸς πτωχοῦ, καὶ ἀπὸ σοῦ οὐ μὴ ἀποστραφῇ τὸ πρόσωπον τοῦ θεοῦ.* **4,8** *ὡς σοὶ ὑπάρχει, κατὰ τὸ πλῆθος ποίησον ἐξ αὐτῶν ἐλεημοσύνην· ἐὰν ὀλίγον σοι ὑπάρχῃ, κατὰ τὸ ὀλίγον μὴ φοβοῦ ποιεῖν ἐλεημοσύνην·* **4,9** *θέμα γὰρ ἀγαθὸν θησαυρίζεις σεαυτῷ εἰς ἡμέραν ἀνάγκης·* **4,10** *διότι ἐλεημοσύνη ἐκ θανάτου ῥύεται καὶ οὐκ ἐᾷ εἰσελθεῖν εἰς τὸ σκότος·* **Sir 29,11** *θὲς τὸν θησαυρόν σου κατ' ἐντολὰς ὑψίστου,* *καὶ λυσιτελήσει σοι μᾶλλον ἢ τὸ χρυσίον.* **29,12** *σύγκλεισον ἐλεημοσύνην ἐν τοῖς ταμιείοις σου,* *καὶ αὕτη ἐξελεῖταί σε ἐκ πάσης κακώσεως·*

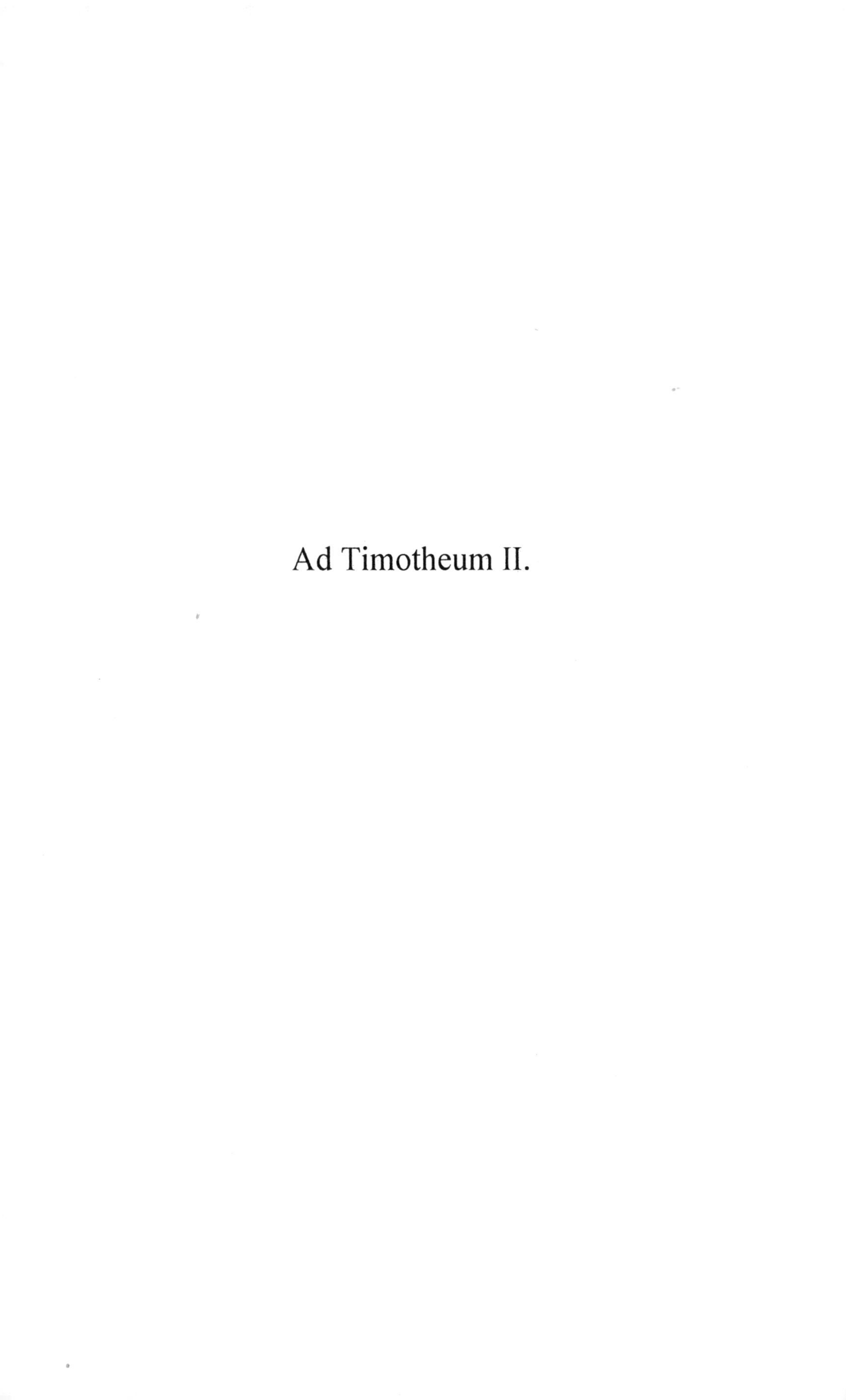

Ad Timotheum II.

NT	LXX
1,6 Δι᾽ ἣν αἰτίαν ἀναμιμνῄσκω σε ἀναζωπυρεῖν τὸ χάρισμα τοῦ θεοῦ, ὅ ἐστιν ἐν σοὶ διὰ τῆς ἐπιθέσεως τῶν χειρῶν μου.	
1,9 τοῦ σώσαντος ἡμᾶς καὶ καλέσαντος κλήσει ἁγίᾳ, οὐ κατὰ τὰ ἔργα ἡμῶν ἀλλὰ κατὰ ἰδίαν πρόθεσιν καὶ χάριν,	
1,10 φανερωθεῖσαν δὲ νῦν διὰ τῆς ἐπιφανείας τοῦ σωτῆρος ἡμῶν Χριστοῦ Ἰησοῦ, καταργήσαντος μὲν τὸν θάνατον	
1,14 τὴν καλὴν παραθήκην φύλαξον διὰ πνεύματος ἁγίου τοῦ ἐνοικοῦντος ἐν ἡμῖν.	
1,18 δῴη αὐτῷ ὁ κύριος εὑρεῖν ἔλεος παρὰ κυρίου ἐν ἐκείνῃ τῇ ἡμέρᾳ.	
2,4 οὐδεὶς στρατευόμενος ἐμπλέκεται ταῖς τοῦ βίου πραγματείαις, ἵνα τῷ στρατολογήσαντι ἀρέσῃ.	

MT **ALIA**

ad *διὰ τῆς ἐπιθέσεως τῶν χειρῶν μου* cf ad 1Tim 4,14

ad *καλέσαντος κλήσει ἁγίᾳ* cf ad Gal 1,15; Rom 9,7ss

vd Est D2 *o*' (5,1a)

vd ad Rom 8,9-11

mod dic *εὑρεῖν ἔλεος* ex gr Gen 19,19; Num 11,15; Idc 6,17; Dan 9,38

vd Dtn 20,5

NT	LXX
2,7 δώσει γάρ σοι ὁ **κύριος** **σύνεσ**ιν ἐν πᾶσιν.	**Prov 2,6** ὅτι **κύριος** δίδωσιν σοφίαν, καὶ ἀπὸ προσώπου αὐτοῦ γνῶσις καὶ **σύνεσ**ις·
2,8 Μνημόνευε Ἰησοῦν Χριστὸν ἐγηγερμένον ἐκ νεκρῶν, ἐκ σπέρματος Δαυίδ, κατὰ τὸ εὐαγγέλιόν μου,	
2,10 διὰ τοῦτο πάντα ὑπομένω διὰ τοὺς ἐκλεκτούς, ἵνα καὶ αὐτοὶ σωτηρίας τύχωσιν τῆς ἐν Χριστῷ Ἰησοῦ μετὰ δόξης αἰωνίου.	
2,13 εἰ ἀπιστοῦμεν, ἐκεῖνος **πιστὸς** μένει, ἀρνήσασθαι γὰρ ἑαυτὸν οὐ δύναται.	**Dtn 7,9** καὶ γνώσῃ ὅτι κύριος ὁ θεός σου, οὗτος θεός, ὁ θεὸς ὁ **πιστός**, ὁ φυλάσσων τὴν διαθήκην καὶ τὸ ἔλεος τοῖς ἀγαπῶσιν αὐτὸν καὶ τοῖς φυλάσσουσιν τὰς ἐντολὰς αὐτοῦ εἰς χιλίας γενεάς, **Dtn 32,4** θεός, ἀληθινὰ τὰ ἔργα αὐτοῦ, καὶ πᾶσαι αἱ ὁδοὶ αὐτοῦ κρίσις· θεὸς **πιστός**, καὶ οὐκ ἔστιν ἀδικία· δίκαιος καὶ ὅσιος κύριος.

MT		ALIA
כי־יהוה יתן חכמה מפיו דעת ותבונה:	**Prov 2,6**	
		cf ad Rom 1,3
		cf Sap 3,1-9; 4,15
וידעת כי־יהוה אלהיך הוא האלהים האל הנאמן שמר הברית והחסד לאהביו ולשמרי מצותו לאלף דור:	**Dtn 7,9**	cf et **Is 49,7** *βασιλεῖς ὄψονται αὐτόν, καὶ ἀναστήσονται ἄρχοντες καὶ προσκυνήσουσιν αὐτῷ ἕνεκεν κυρίου· ὅτι πιστός ἐστιν ὁ ἅγιος Ἰσραήλ, καὶ ἐξελεξάμην σε.*
הצור תמים פעלו כי כל־דרכיו משפט אל אמונה ואין עול צדיק וישר הוא:	**Dtn 32,4**	vd et ad 1Cor 1,9 et 2Cor 1,18

NT	LXX
2,15 *σπούδασον σεαυτὸν δόκιμον παραστῆσαι τῷ θεῷ, ἐργάτην ἀνεπαίσχυντον, ὀρθοτομοῦντα τὸν λόγον τῆς ἀληθείας.*	
2,19 *ὁ μέντοι στερεὸς θεμέλιος τοῦ θεοῦ ἕστηκεν, ἔχων τὴν σφραγῖδα ταύτην· ἔγνω κύριος τοὺς ὄντας αυτοῦ, καί· ἀποστήτω ἀπὸ ἀδικίας πᾶς ὁ ὀνομάζων τὸ ὄνομα κυρίου.*	**Num 16,5** *καὶ ἐλάλησεν πρὸς Κόρε καὶ πρὸς πᾶσαν αὐτοῦ τὴν συναγωγὴν λέγων Ἐπέσκεπται καὶ ἔγνω ὁ θεὸς τοὺς ὄντας αὐτοῦ καὶ τοὺς ἁγίους, καὶ προσηγάγετο πρὸς ἑαυτόν, καὶ οὓς ἐξελέξατο ἑαυτῷ προσηγάγετο πρὸς ἑαυτόν.* **Lev 24,16** *ὀνομάζων δὲ τὸ ὄνομα κυρίου θανάτῳ θανατούσθω· λίθοις λιθοβολείτω αὐτὸν πᾶσα συναγωγὴ Ἰσραήλ· ἐάν τε προσήλυτος ἐάν τε αὐτόχθων, ἐν τῷ ὀνομάσαι αὐτὸν τὸ ὄνομα κυρίου τελευτάτω.* **Is 26,13** *κύριε ὁ θεὸς ἡμῶν, κτῆσαι ἡμᾶς· κύριε, ἐκτὸς σοῦ ἄλλον οὐκ οἴδαμεν, τὸ ὄνομά σου ὀνομάζομεν.* **Sir 17,26** *ἐπάναγε ἐπὶ ὕψιστον καὶ ἀπόστρεφε ἀπὸ ἀδικίας·* *αὐτὸς γὰρ ὁδηγήσει ἐκ σκότους εἰς φωτισμὸν ὑγείας,* *καὶ σφόδρα μίσησον βδέλυγμα.* **Sir 32,5(35,5)** *εὐδοκία κυρίου ἀποστῆναι ἀπὸ πονηρίας,* *καὶ ἐξιλασμὸς ἀποστῆναι ἀπὸ ἀδικίας.*

	MT	ALIA
		vd Prov 3,6; 11,5
Num 16,5	וידבר אל־קרח ואל־כל־עדתו לאמר בקר וידע יהוה את־אשר־לו ואת־הקדוש והקריב אליו ואת אשר יבחר־בו יקריב אליו:	
Lev 24,16	ונקב שם־יהוה מות יומת רגום ירגמו־בו כל־העדה כגר כאזרח בנקבו־שם יומת:	
Is 26,13	יהוה אלהינו בעלונו אדנים זולתך לבד־בך נזכיר שמך:	
Sir 32,5	כומז אודם על ניב זהב משפט שיר על משתה היין:	

NT	LXX
2,20 Ἐν μεγάλῃ δὲ οἰκίᾳ οὐκ ἔστιν μόνον σκεύη χρυσᾶ καὶ ἀργυρᾶ ἀλλὰ καὶ ξύλινα καὶ ὀστράκινα, καὶ ἃ μὲν εἰς τιμὴν ἃ δὲ εἰς ἀτιμίαν·	
2,21 ἐὰν οὖν τις ἐκκαθάρῃ ἑαυτὸν ἀπὸ τούτων, ἔσται σκεῦος εἰς τιμήν, ἡγιασμένον, εὔχρηστον τῷ δεσπότῃ, εἰς πᾶν ἔργον ἀγαθὸν ἡτοιμασμένον.	
2,22 Τὰς δὲ νεωτερικὰς ἐπιθυμίας φεῦγε, **δίω**κε δὲ δικαιοσύνην πίστιν ἀγάπην **εἰρήνην** μετὰ τῶν ἐπικαλουμένων τὸν κύριον ἐκ καθαρᾶς καρδίας.	ψ **33,15** ἔκκλινον ἀπὸ κακοῦ καὶ ποίησον ἀγαθόν, ζήτησον **εἰρήνην** καὶ **δίω**ξον αὐτήν.
2,24 δοῦλον δὲ κυρίου οὐ δεῖ μάχεσθαι ἀλλὰ ἤπιον εἶναι πρὸς πάντας, διδακτικόν, ἀνεξίκακον,	
2,26 καὶ ἀνανήψωσιν ἐκ τῆς τοῦ διαβόλου παγίδος, ἐζωγρημένοι ὑπ᾽ αὐτοῦ εἰς τὸ ἐκείνου θέλημα.	
3,1 Τοῦτο δὲ γίνωσκε, ὅτι **ἐν ἐσχάταις ἡμέραις** ἐνστήσονται καιροὶ χαλεποί·	**Is 2,2** Ὅτι ἔσται **ἐν** ταῖς **ἐσχάταις ἡμέραις** ἐμφανὲς τὸ ὄρος τοῦ κυρίου καὶ ὁ οἶκος τοῦ θεοῦ ἐπ᾽ ἄκρων τῶν ὀρέων καὶ ὑψωθήσεται ὑπεράνω τῶν βουνῶν· καὶ ἥξουσιν ἐπ᾽ αὐτὸ πάντα τὰ ἔθνη,

MT		ALIA
		cf ad Rom 9,21s
סור מרע ועשה־טוב בקש <u>שלום</u> ו<u>רדפ</u>הו:	**Ps 34,15**	ad *δίωκε δικαιοσύνην* cf ad Rom 9,30s
		cf Is 53, praesertim v 7, sed et Is 42,3; 50,4
		cf ad 1Tim 3,7
והיה <u>באחרית הימים</u> נכון יהיה הר בית־יהוה בראש ההרים ונשא מגבעות ונהרו אליו כל־הגוים:	**Is 2,2**	in LXX mod dic *ἐν ἐσχάταις ἡμέραις* tantum in Prov 31,26 (non sensu eschatologico!) et Is 2,2; aliis in locis mod dic *ἐπ' ἐσχάτων τῶν ἡμερῶν* aut sim, ex gr Ier 23,20; Ez 38,16; Dan 2,28. 45LXX

NT

3,2 *ἔσονται γὰρ οἱ ἄνθρωποι φίλαυτοι φιλάργυροι ἀλαζόνες ὑπερήφανοι βλάσφημοι, γονεῦσιν ἀπειθεῖς, ἀχάριστοι ἀνόσιοι*

3,3 *ἄστοργοι ἄσπονδοι διάβολοι ἀκρατεῖς ἀνήμεροι ἀφιλάγαθοι*

3,4 *προδόται προπετεῖς τετυφωμένοι, φιλήδονοι μᾶλλον ἢ φιλόθεοι,*

3,5 *ἔχοντες μόρφωσιν εὐσεβείας τὴν δὲ δύναμιν αὐτῆς ἠρνημένοι· καὶ τούτους ἀποτρέπου.*

LXX

Is 2,6 *ἀνῆκε γὰρ τὸν λαὸν αὐτοῦ τὸν οἶκον τοῦ Ἰσραήλ, ὅτι ἐνεπλήσθη ὡς τὸ ἀπ᾽ ἀρχῆς ἡ χώρα αὐτῶν κληδονισμῶν ὡς ἡ τῶν ἀλλοφύλων, καὶ τέκνα πολλὰ ἀλλόφυλα ἐγενήθη αὐτοῖς.*

2,7 *ἐνεπλήσθη γὰρ ἡ χώρα αὐτῶν ἀργυρίου καὶ χρυσίου, καὶ οὐκ ἦν ἀριθμὸς τῶν θησαυρῶν αὐτῶν· καὶ ἐνεπλήσθη ἡ γῆ ἵππων, καὶ οὐκ ἦν ἀριθμὸς τῶν ἁρμάτων αὐτῶν·*

2,8 *καὶ ἐνεπλήσθη ἡ γῆ βδελυγμάτων τῶν ἔργων τῶν χειρῶν αὐτῶν, καὶ προσεκύνησαν οἷς ἐποίησαν οἱ δάκτυλοι αὐτῶν·*

2,9 *καὶ ἔκυψεν ἄνθρωπος, καὶ ἐταπεινώθη ἀνήρ, καὶ οὐ μὴ ἀνήσω αὐτούς.*

2,10 *καὶ νῦν εἰσέλθατε εἰς τὰς πέτρας καὶ κρύπτεσθε εἰς τὴν γῆν ἀπὸ προσώπου τοῦ φόβου κυρίου καὶ ἀπὸ τῆς δόξης τῆς ἰσχύος αὐτοῦ, ὅταν ἀναστῇ θραῦσαι τὴν γῆν.*

2,11 *οἱ γὰρ ὀφθαλμοὶ κυρίου ὑψηλοί, ὁ δὲ ἄνθρωπος ταπεινός· καὶ ταπεινωθήσεται τὸ ὕψος τῶν ἀνθρώπων, καὶ ὑψωθήσεται κύριος μόνος ἐν τῇ ἡμέρᾳ ἐκείνῃ.*

2,12 *ἡμέρα γὰρ κυρίου σαβαὼθ ἐπὶ πάντα ὑβριστὴν καὶ ὑπερήφανον καὶ ἐπὶ*

ALIA		MT
cf et Mi 7,5s; Is 3,5; Ier 3,3-5;12,6	**Is 2,6**	כי נטשתה עמך בית יעקב כי מלאו מקדם ועננים כפלשתים ובילדי נכרים ישׂפיקו:
	2,7	ותמלא ארצו כסף וזהב ואין קצה לאצרתיו ותמלא ארצו סוסים ואין קצה למרכבתיו:
	2,8	ותמלא ארצו אלילים למעשׂה ידיו ישתחוו לאשׁר עשׂו אצבעתיו:
	2,9	וישח אדם וישפל־איש ואל־תשׂא להם:
	2,10	בוא בצור והטמן בעפר מפני פחד יהוה ומהדר גאנו:
	2,11	עיני גבהות אדם שׁפל ושח רום אנשׁים ונשׂגב יהוה לבדו ביום ההוא:
	2,12	כי יום ליהוה צבאות על כל־גאה ורם

NT	LXX
	πάντα ὑψηλὸν καὶ μετέωρον, καὶ ταπεινωθήσονται,
3,8 *ὃν τρόπον δὲ Ἰάννης καὶ Ἰαμβρῆς ἀντέστησαν Μωϋσεῖ, οὕτως καὶ οὗτοι ἀνθίστανται τῇ ἀληθείᾳ, ἄνθρωποι κατεφθαρμένοι τὸν νοῦν, ἀδόκιμοι περὶ τὴν πίστιν.*	
3,10 *Σὺ δὲ* ***παρ****η****κολούθ****ησάς μου τῇ διδασκαλίᾳ, τῇ ἀγωγῇ,* ***τῇ προθέσει****, τῇ πίστει, τῇ μακροθυμίᾳ, τῇ ἀγάπῃ, τῇ ὑπομονῇ,*	**2Mac 9,27** *πέπεισμαι γὰρ αὐτὸν ἐπιεικῶς καὶ φιλανθρώπως* ***παρ****α****κολουθ****οῦντα* ***τῇ*** *ἐμῇ* ***προαιρέσει*** *συμπεριενεχθήσεσθαι ὑμῖν.*
3,11 *τοῖς διωγμοῖς, τοῖς παθήμασιν, οἷά μοι ἐγένετο ἐν Ἀντιοχείᾳ, ἐν Ἰκονίῳ, ἐν Λύστροις, οἵους διωγμοὺς ὑπήνεγκα καὶ ἐκ πάντων με ἐρρύσατο ὁ κύριος.*	
3,15 *καὶ ὅτι ἀπὸ βρέφους [τὰ] ἱερὰ γράμματα οἶδας, τὰ δυνάμενά σε* ***σοφί****σαι εἰς σωτηρίαν διὰ πίστεως τῆς ἐν Χριστῷ Ἰησοῦ.*	*ψ* **18,8** *ὁ νόμος τοῦ κυρίου ἄμωμος, ἐπιστρέφων ψυχάς·* *ἡ μαρτυρία κυρίου πιστή,* ***σοφί****ζουσα νήπια·*

MT		ALIA
ועל כל־נשׂא ושפל:		
		par non in VT, sed vd CD V,18s
		cf ad 2Cor 1,10
תורת יהוה תמימה משיבת נפש עדות יהוה נאמנה מחכימת פתי:	**Ps 19,8**	

NT	LXX
4,7 ***τὸν καλὸν ἀγῶνα*** *ἠγώνισμαι, τὸν δρόμον τετέλεκα, τὴν πίστιν τετήρηκα·* **4,8** *λοιπὸν ἀπόκειταί μοι ὁ τῆς δικαιοσύνης* ***στέφαν****ος, ὃν ἀποδώσει μοι ὁ κύριος ἐν ἐκείνῃ τῇ ἡμέρᾳ, ὁ δίκαιος κριτής, οὐ μόνον δὲ ἐμοὶ ἀλλὰ καὶ πᾶσι τοῖς ἠγαπηκόσι τὴν ἐπιφάνειαν αὐτοῦ.*	**4Mac 17,15** *θεοσέβεια δὲ ἐνίκα τοὺς ἑαυτῆς ἀθλητὰς* ***στεφαν****οῦσα.* **Sap 4,2** *παροῦσάν τε μιμοῦνται αὐτὴν καὶ ποθοῦσιν ἀπελθοῦσαν·* *καὶ ἐν τῷ αἰῶνι* ***στεφαν****ηφοροῦσα πομπεύει* ***τὸν τῶν ἀμιάντων ἄθλων ἀγῶνα*** *νικήσασα.*
4,14 *Ἀλέξανδρος ὁ χαλκεὺς πολλά μοι κακὰ ἐνεδείξατο·* ***ἀποδώσ****ει αὐτῷ ὁ κύριος* ***κατὰ τὰ ἔργα αὐτοῦ****·*	**ψ 61,13** *ὅτι σὺ* ***ἀποδώσ****εις ἑκάστῳ* ***κατὰ τὰ ἔργα αὐτοῦ****.*
4,17 *ὁ δὲ κύριός μοι παρέστη καὶ ἐνεδυνάμωσέν με, ἵνα δι' ἐμοῦ τὸ κήρυγμα πληροφορηθῇ καὶ ἀκούσωσιν πάντα τὰ ἔθνη, καὶ* ***ἐρρύσθ****ην* ***ἐκ στόματος λέοντος****.* **4,18** ***ῥύσ****εταί με ὁ κύριος ἀπὸ παντὸς ἔργου πονηροῦ καὶ* ***σώσ****ει εἰς τὴν βασιλείαν αὐτοῦ τὴν ἐπουράνιον·* ***ᾧ ἡ δόξα εἰς τοὺς αἰῶνας τῶν αἰώνων, ἀμήν****·*	**1Mac 2,60** *Δανιὴλ ἐν τῇ ἁπλότητι αὐτοῦ* ***ἐρρύσθη ἐκ στόματος λέοντ****ων.* **1Bas 17,37** *κύριος, ὃς* ***ἐξείλατό*** *με* ***ἐκ χειρὸς*** *τοῦ* ***λέοντος*** *καὶ ἐκ χειρὸς τῆς ἄρκου, αὐτὸς ἐξελεῖταί με ἐκ χειρὸς τοῦ ἀλλοφύλου τοῦ ἀπεριτμήτου τούτου.* **ψ 21,9** *Ἤλπισεν ἐπὶ κύριον,* ***ῥυσ****άσθω αὐτόν·* ***σωσ****άτω αὐτόν, ὅτι θέλει αὐτόν.* … **21,14** *ἤνοιξαν ἐπ' ἐμὲ τὸ* ***στόμα*** *αὐτῶν ὡς* ***λέ****ων ὁ ἁρπάζων καὶ ὠρυόμενος.* … **21,22** ***σῶσόν*** *με* ***ἐκ στόματος λέοντος***

MT		ALIA
כי־אתה תשלם לאיש כמעשהו׃	**Ps 62,13**	cf et ad Rom 2,6
		vd et ψ 34,17
יהוה אשר הצלני מיד הארי ומיד הדב הוא יצילני מיד הפלשתי הזה	**1Sam 17,37**	ad mod dic *ῥύσεσθαι ἐκ χειρός* aut *ἐκ θανάτου* aut sim saepe in VT, ex gr **ψ 96,10** *ἐκ χειρὸς ἁμαρτωλῶν ῥύσεται αὐτούς.*
גל אל־יהוה יפלטהו יצילהו כי חפץ בו׃ ...	**Ps 22,9**	Deus sicut [*ὁ*] *ῥυσάμενος* saepe in **Is**, ex gr **47,4**: *εἶπεν ὁ ῥυσάμενός σε, κύριος σαβαὼθ ὄνομα αὐτῷ,* vd et ad Col 1,13
פצו עלי פיהם אריה טרף ושאג׃ ...	**22,14**	
הושיעני מפי אריה	**22,22**	

NT	LXX
	καὶ ἀπὸ κεράτων μονοκερώτων τὴν ταπείνωσίν μου.
	Dan 6,20(21)θ' *καὶ ἐν τῷ ἐγγίζειν αὐτὸν τῷ λάκκῳ ἐβόησε φωνῇ ἰσχυρᾷ Δανιὴλ ὁ δοῦλος τοῦ θεοῦ τοῦ ζῶντος, ὁ θεός σου, ᾧ σὺ λατρεύεις ἐνδελεχῶς, εἰ ἠδυνήθη ἐξελέσθαι σε* ***ἐκ στόματος*** *τῶν* ***λεόντων****;*
	4Mac 18,24 *ᾧ ἡ δόξα εἰς τοὺς αἰῶνας τῶν αἰώνων· ἀμήν.*

MT		ALIA
ומקרני רמים עניתני:		
וכמקרבה לגבא לדניאל בקל עציב זעק ענה מלכא ואמר לדניאל דניאל עבד אלהא חיא אלהך די אנתה פלח־לה בתדירא היכל לשיזבותך מן־אריותא:	**Dan 6,21**	

vd et ad Gal 1,5

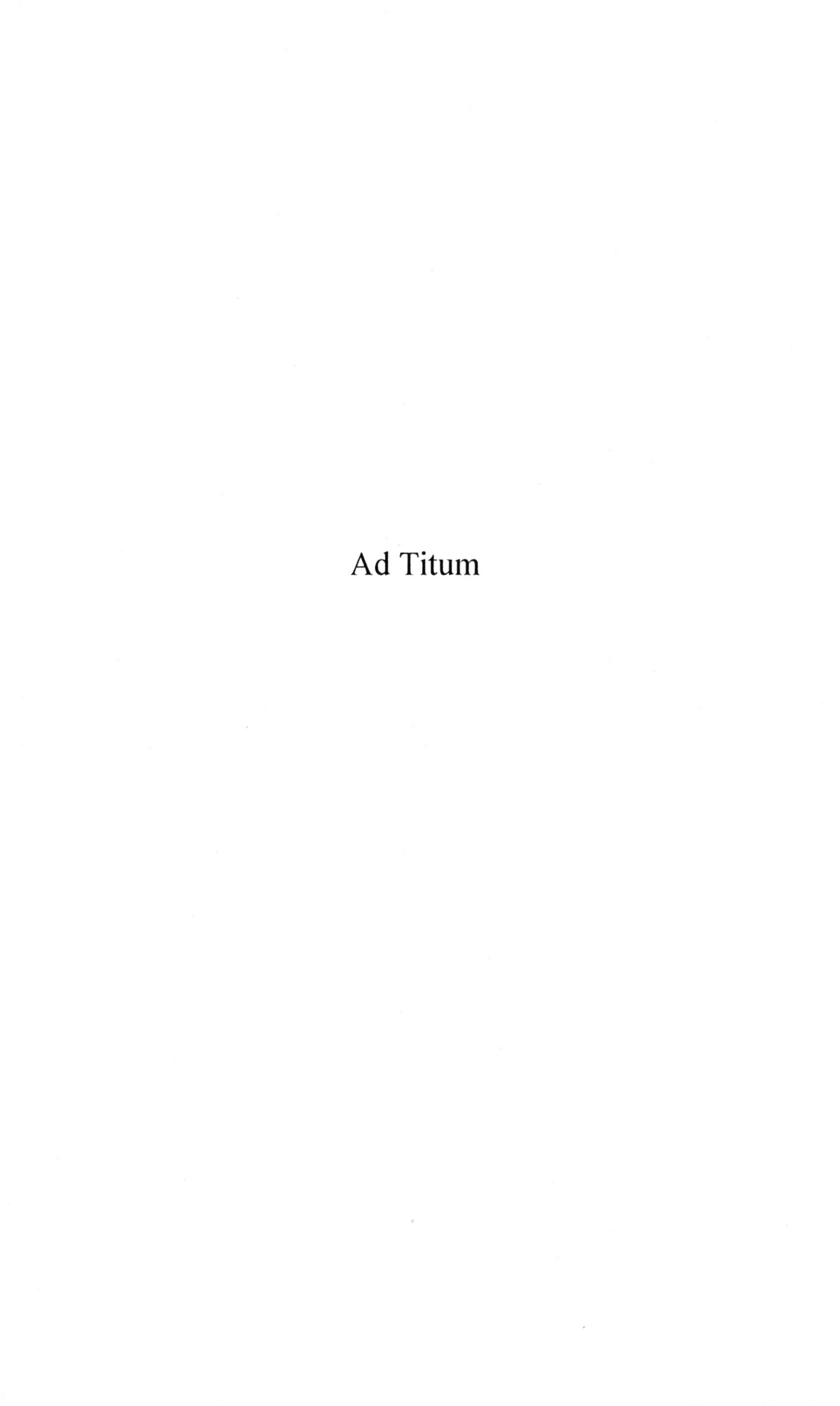

Ad Titum

NT	LXX
1,2 *ἐπ' ἐλπίδι ζωῆς αἰωνίου, ἣν ἐπηγγείλατο ὁ ἀψευδὴς θεὸς πρὸ χρόνων αἰωνίων,*	**Num 23,19** *οὐχ ὡς ἄνθρωπος ὁ θεὸς διαρτηθῆναι,* *οὐδὲ ὡς υἱὸς ἀνθρώπου ἀπειληθῆναι·* *αὐτὸς εἴπας οὐχὶ ποιήσει;* *λαλήσει, καὶ οὐχὶ ἐμμενεῖ;* **1Bas 15,28** *καὶ εἶπεν πρὸς αὐτὸν Σαμουὴλ Διέρρηξεν κύριος τὴν βασιλείαν Ἰσραὴλ ἐκ χειρός σου σήμερον καὶ δώσει αὐτὴν τῷ πλησίον σου τῷ ἀγαθῷ ὑπὲρ σέ·* **15,29** *καὶ διαιρεθήσεται Ἰσραὴλ εἰς δύο, καὶ οὐκ ἀποστρέψει οὐδὲ μετανοήσει, ὅτι οὐχ ὡς ἄνθρωπός ἐστιν τοῦ μετανοῆσαι αὐτός.* **Mal 3,6** *Διότι ἐγὼ κύριος ὁ θεὸς ὑμῶν, καὶ οὐκ ἠλλοίωμαι·*
1,3 *ἐφανέρωσεν δὲ καιροῖς ἰδίοις τὸν λόγον αὐτοῦ ἐν κηρύγματι, ὃ ἐπιστεύθην ἐγὼ κατ' ἐπιταγὴν τοῦ σωτῆρος ἡμῶν θεοῦ,* **1,4** *Τίτῳ γνησίῳ τέκνῳ κατὰ κοινὴν πίστιν, χάρις καὶ εἰρήνη ἀπὸ θεοῦ πατρὸς καὶ Χριστοῦ Ἰησοῦ τοῦ σωτῆρος ἡμῶν.*	

	MT	ALIA
Num 23,19	לא איש אל ויכזב ובן־אדם ויתנחם ההוא אמר ולא יעשה ודבר ולא יקימנה:	
1Sam 15,28	ויאמר אליו שמואל קרע יהוה את־ ממלכות ישראל מעליך היום ונתנה לרעך הטוב ממך:	
15,29	וגם נצח ישראל לא ישקר ולא ינחם כי לא אדם הוא להנחם:	
Mal 3,6	כי אני יהוה לא שניתי	
		cf ad 1Tim 1,1 et Gal 1,15s cf et **Num 6,26(25)** *ἐπιφάναι κύριος τὸ πρόσωπον αὐτοῦ ἐπὶ σὲ καὶ ἐλεήσαι σε,* **6,27(26)** *ἐπάραι κύριος τὸ πρόσωπον αὐτοῦ ἐπὶ σὲ καὶ δῴη σοι εἰρήνην.*

NT	LXX
2,5 *σώφρονας ἁγνὰς οἰκουργοὺς ἀγαθάς, ὑποτασσομένας τοῖς ἰδίοις **ἀνδρ**άσιν, ἵνα μὴ ὁ λόγος τοῦ θεοῦ βλασφημῆται.*	**Gen 3,16** *καὶ τῇ γυναικὶ εἶπεν Πληθύνων πληθυνῶ τὰς λύπας σου καὶ τὸν στεναγμόν σου, ἐν λύπαις τέξῃ τέκνα· καὶ πρὸς τὸν **ἄνδρ**α σου ἡ ἀποστροφή σου, καὶ αὐτός σου κυριεύσει.*
2,11 *Ἐπεφάνη γὰρ ἡ χάρις τοῦ θεοῦ σωτήριος πᾶσιν ἀνθρώποις*	
2,13 ***προσδεχόμεν**οι **τὴν** μακαρίαν **ἐλπίδα** καὶ ἐπιφάνειαν τῆς δόξης τοῦ μεγάλου θεοῦ καὶ **σωτῆρ**ος ἡμῶν, Ἰησοῦ Χριστοῦ,*	**Iob 2,9aα** *Ἰδοὺ ἀναμένω χρόνον ἔτι μικρὸν **προσδεχόμεν**ος **τὴν** **ἐλπίδα** τῆς **σωτηρ**ίας μου;*
2,14 *ὃς ἔδωκεν ἑαυτὸν ὑπὲρ ἡμῶν, ἵνα **λυτρώσηται** ἡμᾶς **ἀπὸ πάσ**ης **ἀνομίας** καὶ **καθαρί**σῃ ἑαυτῷ **λαὸν περιούσι**ον, ζηλωτὴν καλῶν ἔργων.*	**Ex 15,13** *ὡδήγησας τῇ δικαιοσύνῃ σου τὸν **λαόν** σου τοῦτον, ὃν ἐ**λυτρώσ**ω, παρεκάλεσας τῇ ἰσχύι σου εἰς κατάλυμα ἅγιόν σου.* **Ex 19,5** *καὶ νῦν ἐὰν ἀκοῇ ἀκούσητε τῆς ἐμῆς φωνῆς καὶ φυλάξητε τὴν διαθήκην μου, ἔσεσθέ μοι **λα**ὸς **περιούσι**ος ἀπὸ πάντων τῶν ἐθνῶν· ἐμὴ γάρ ἐστιν πᾶσα ἡ γῆ·* **2Bas 7,23** *καὶ τίς ὡς ὁ λαός σου Ἰσραὴλ ἔθνος ἄλλο ἐν τῇ γῇ; ὡς ὡδήγησεν αὐτὸν ὁ θεὸς τοῦ **λυτρώσ**ασθαι αὐτῷ **λαὸν***

MT		ALIA
אל־האישה אמר הרבה ארבה עצבונך והרנך בעצב תלדי בנים ואל־אישך תשוקתך והוא ימשל־ בך:	**Gen 3,16**	cf et Prov 31,10-31
		vd **Gen 35,7** *ἐκεῖ γὰρ ἐπεφάνη αὐτῷ ὁ θεὸς*
		θεὸς μέγας: ex gr Dtn 7,21; 10,17
נחית בחסדך עם־זו גאלת נהלת בעזך אל־נוה קדשך:	**Ex 15,13**	
ועתה אם־שמוע תשמעו בקלי ושמרתם את־בריתי והייתם לי סגלה מכל־העמים כי־לי כל־הארץ:	**Ex 19,5**	sim verbis in Dtn 7,6; 14,2
ומי כעמך כישראל גוי אחד בארץ אשר הלכו־אלהים לפדות־לו לעם ולשום לו שם ולעשות לכם	**2Sam 7,23**	

NT	LXX
	τοῦ θέσθαι σε ὄνομα τοῦ ποιῆσαι μεγαλωσύνην καὶ ἐπιφάνειαν τοῦ ἐκβαλεῖν σε ἐκ προσώπου τοῦ **λα**οῦ σου, οὗ ἐ**λυτρώσ**ω σεαυτῷ ἐξ Αἰγύπτου, ἔθνη καὶ σκηνώματα.
	ψ 129,8 καὶ αὐτὸς **λυτρώσεται** τὸν Ἰσραήλ ἐκ **πασ**ῶν τῶν **ἀνομι**ῶν αὐτοῦ.
	Is 44,22 ἰδοὺ γὰρ ἀπήλειψα ὡς νεφέλην τὰς **ἀνομίας** σου καὶ ὡς γνόφον τὰς ἁμαρτίας σου· ἐπιστράφητι πρός με, καὶ **λυτρώσ**ομαί σε.
	Is 62,12 καὶ καλέσει αὐτὸν **λαὸν** ἅγιον λε**λυτρω**μένον ὑπὸ κυρίου, σὺ δὲ κληθήσῃ ἐπιζητουμένη πόλις καὶ οὐκ ἐγκαταλελειμμένη.
	Ez 37,23 ἵνα μὴ μιαίνωνται ἔτι ἐν τοῖς εἰδώλοις αὐτῶν. καὶ ῥυσομαι αὐτοὺς ἀπὸ **πασ**ῶν τῶν **ἀνομι**ῶν αὐτῶν, ὧν ἡμάρτοσαν ἐν αὐταῖς, καὶ **καθαρι**ῶ αὐτούς, καὶ ἔσονταί μοι εἰς λαόν, καὶ ἐγὼ κύριος ἔσομαι αὐτοῖς εἰς θεόν.
3,4 ὅτε δὲ ἡ χρηστότης καὶ ἡ φιλανθρωπία ἐπεφάνη τοῦ σωτῆρος ἡμῶν θεοῦ,	

MT		ALIA
הגדולה ונראות לארצך מפני עמך אשר פדית לך ממצרים גוים ואלהיו:		
והוא יפדה את־ישראל מכל עונתיו:	**Ps 130,8**	
מחיתי כעב פשעיך וכענן חטאותיך שׁובה אלי כי גאלתיך:	**Is 44,22**	
וקראו להם עם־הקדש גאולי יהוה ולך יקרא דרושה עיר לא נעזבה:	**Is 62,12**	
ולא יטמאו עוד בגלוליהם ובשקוציהם ובכל פשעיהם והושעתי אתם מכל מושבתיהם אשר חטאו בהם וטהרתי אותם והיו־לי לעם ואני אהיה להם לאלהים:	**Ez 37,23**	
		cf ad Tit 1,3s

NT

3,5 *οὐκ ἐξ ἔργων τῶν ἐν δικαιοσύνῃ*
ἃ ἐποιήσαμεν ἡμεῖς
ἀλλὰ κατὰ τὸ αυτοῦ ἔλεος
ἔσωσεν ἡμᾶς διὰ λουτροῦ παλιγγενεσίας
*καὶ ἀνακαινώσεως **πνεύματος** ἁγίου,*
3,6 *οὗ ἐξέχεεν ἐφ᾽ ἡμᾶς πλουσίως*
διὰ Ἰησοῦ Χριστοῦ τοῦ σωτῆρος ἡμῶν,

LXX

Ez 36,25 *καὶ ῥανῶ ἐφ᾽ ὑμᾶς ὕδωρ καθαρόν, καὶ καθαρισθήσεσθε ἀπὸ πασῶν τῶν ἀκαθαρσιῶν ὑμῶν καὶ ἀπὸ πάντων τῶν εἰδώλων ὑμῶν, καὶ καθαριῶ ὑμᾶς.*

36,26 *καὶ δώσω ὑμῖν καρδίαν καινὴν καὶ **πνεῦμα** καινὸν δώσω ἐν ὑμῖν καὶ ἀφελῶ τὴν καρδίαν τὴν λιθίνην ἐκ τῆς σαρκὸς ὑμῶν καὶ δώσω ὑμῖν καρδίαν σαρκίνην.*

Ioel 2,28(3,1) *Καὶ ἔσται μετὰ ταῦτα ἐκχεῶ ἀπὸ τοῦ **πνεύματός** μου ἐπὶ πᾶσαν σάρκα, καὶ προφητεύσουσιν οἱ υἱοὶ ὑμῶν καὶ αἱ θυγατέρες ὑμῶν, καὶ οἱ πρεσβύτεροι ὑμῶν ἐνύπνια ἐνυπνιασθήσονται, καὶ οἱ νεανίσκοι ὑμῶν ὁράσεις ὄψονται·*

Zach 12,10 *καὶ ἐκχεῶ ἐπὶ τὸν οἶκον Δαυὶδ καὶ ἐπὶ τοὺς κατοικοῦντας Ἰερουσαλὴμ **πνεῦμα** χάριτος καὶ οἰκτιρμοῦ, καὶ ἐπιβλέψονται πρός με ἀνθ᾽ ὧν κατωρχήσαντο, καὶ κόψονται ἐπ᾽ αὐτὸν κοπετὸν ὡς ἐπ᾽ ἀγαπητὸν καὶ ὀδυνηθήσονται ὀδύνην ὡς ἐπὶ πρωτοτόκῳ.*

MT		ALIA
וזרקתי עליכם מים טהורים וטהרתם מכל טמאותיכם ומכל־גלוליכם אטהר אתכם:	**Ez 36,25**	vd Dtn 9,5
ונתתי לכם לב חדש ורוח חדשה אתן בקרבכם והסרתי את־לב האבן מבשׂרכם ונתתי לכם לב בשׂר:	**36,26**	ad *πνεῦμα κυρίου* cf ad Rom 8,4-11
והיה אחרי־כן אשפוך את־רוחי על־כל־בשׂר ונבאו בניכם ובנותיכם זקניכם חלמות יחלמון בחוריכם חזינות יראו:	**Ioel 3,1**	
ושפכתי על־בית דויד ועל יושב ירושלם רוח חן ותחנונים והביטו אלי את אשר־דקרו וספדו עליו כמספד על־היחיד והמר עליו כהמר על־הבכור:	**Zach 12,10**	

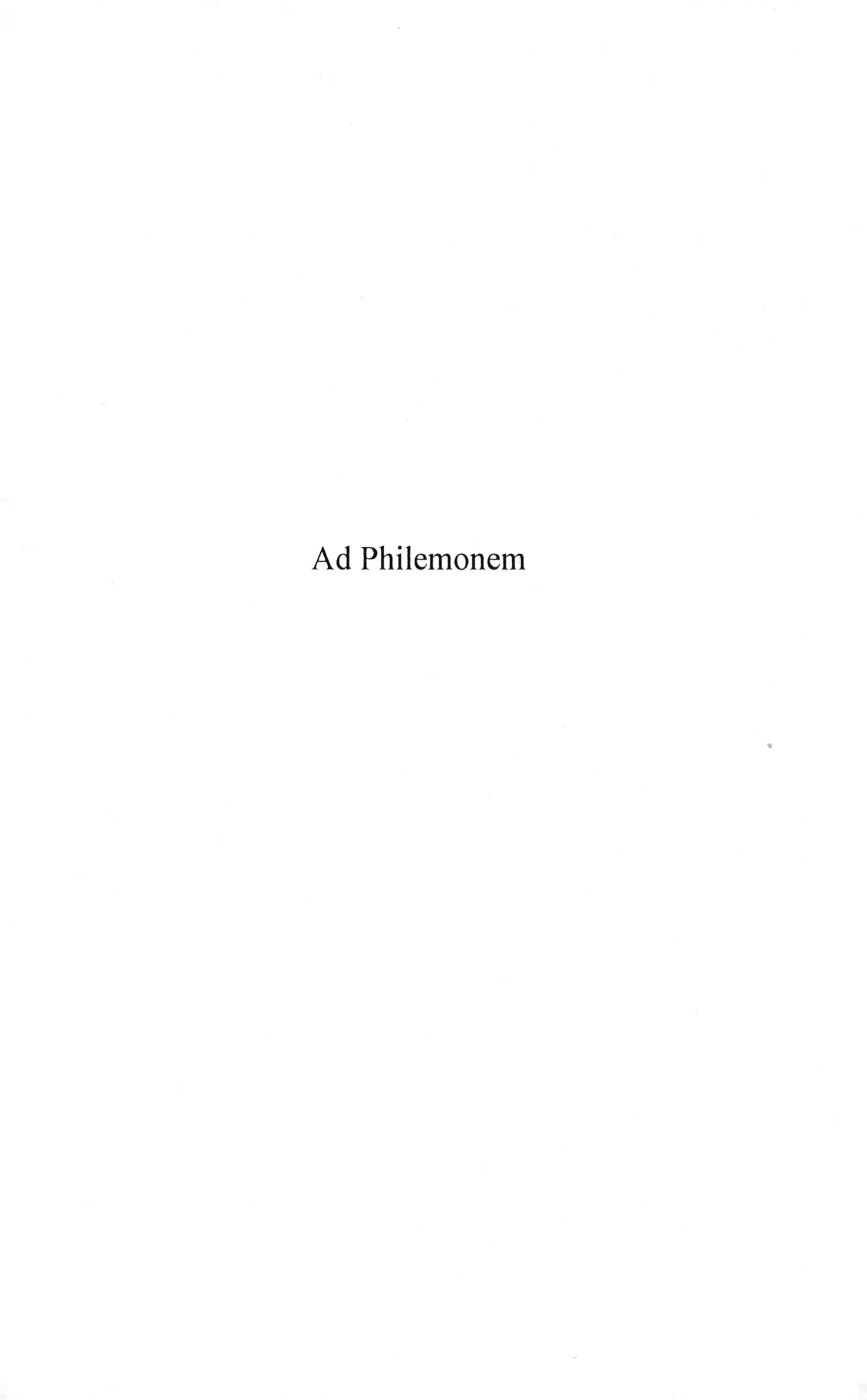

Ad Philemonem

NT	LXX
3 *χάρις ὑμῖν καὶ εἰρήνη ἀπὸ θεοῦ πατρὸς ἡμῶν καὶ κυρίου Ἰησοῦ Χριστοῦ.*	
4 *Εὐχαριστῶ τῷ θεῷ μου*	
5 ***τὴν πίστιν***, *ἣν* ***ἔχ****εις* ***πρὸς τὸν κύριον*** *Ἰησοῦν καὶ εἰς πάντας τοὺς ἁγίους,*	**4Mac 15,24** *ἁπάσας ἡ γενναία μήτηρ ἐξέλυσεν διὰ* ***τὴν πρὸς θεὸν πίστιν****.* **4Mac 16,22** *καὶ ὑμεῖς οὖν* ***τὴν*** *αὐτὴν* ***πίστιν πρὸς τὸν θεὸν ἔχ****οντες μὴ χαλεπαίνετε.*
6 *ἐν ἐπιγνώσει παντὸς* ***ἀγαθ****οῦ τοῦ ἐν ἡμῖν*	**ψ 36,27** *ἔκκλινον ἀπὸ κακοῦ καὶ ποίησον* ***ἀγαθ****ὸν*
7 ***χαρ****ὰν γὰρ πολλὴν ἔσχον καὶ* ***παράκλησ****ιν ἐπὶ τῇ ἀγάπῃ σου, ὅτι τὰ σπλάγχνα τῶν ἁγίων ἀναπέπαυται διὰ σοῦ, ἀδελφέ.*	**Is 66,10** *χάρητε* ***χαρ****ᾷ, πάντες ὅσοι πενθεῖτε ἐπ' αὐτῆς* (sc *Σιών*), **66,11** *ἵνα θηλάσητε καὶ ἐμπλησθῆτε ἀπὸ μαστοῦ* ***παρακλήσ****εως αὐτῆς,*
9 *τοιοῦτος ὢν ὡς Παῦλος* ***πρεσβύτ****ης νυνὶ δὲ καὶ δέσμιος Χριστοῦ Ἰησοῦ·*	**Lev 19,32** *ἀπὸ προσώπου πολιοῦ ἐξαναστήσῃ, καὶ τιμήσεις πρόσωπον* ***πρεσβυτ****έρου·*

MT		ALIA
		cf ad Eph 1,2
		cf ad Rom 1,8
		ad εἰς πάντας τοὺς ἁγίους cf ad Rom 1,7
סור מרע ועשה־<u>טוב</u>	**Ps 37,27**	cf et ex gr ψ 52,2; Sir 17,7
שׂישׂו אתה משׂושׂ כל־המתאבלים עליה:	**Is 66,10**	
למען תינקו ושׂבעתם משׁד ת<u>נחמ</u>יה	**66,11**	
מפני שׂיבה תקום והדרת פני <u>זקן</u>	**Lev 19,32**	

NT	LXX
12 ὃν ἀνέπεμψά σοι, αὐτόν, τοῦτ᾽ ἔστιν τὰ ἐμὰ σπλάγχνα·	**Dtn 23,15(16)** Οὐ παραδώσεις παῖδα τῷ κυρίῳ, ὃς προστέθειταί σοι παρὰ τοῦ κυρίου αὐτοῦ· **23,16(17)** μετὰ σοῦ κατοικήσει, ἐν ὑμῖν κατοικήσει ἐν παντὶ τόπῳ, οὗ ἂν ἀρέσῃ αὐτῷ, οὐ θλίψεις αὐτόν.
15 ἵνα αἰώνιον αὐτὸν ἀπέχῃς, **16** οὐκέτι ὡς δοῦλον ἀλλ᾽ ὑπὲρ δοῦλον, ἀδελφὸν ἀγαπητόν, μάλιστα ἐμοί, πόσῳ δὲ μᾶλλον σοὶ καὶ ἐν σαρκὶ καὶ ἐν κυρίῳ.	**Lev 25,39** Ἐὰν δὲ ταπεινωθῇ ὁ ἀδελφός σου παρὰ σοὶ καὶ πραθῇ σοι, οὐ δουλεύσει σοι δουλείαν οἰκέτου· **25,40** ὡς μισθωτὸς ἢ πάροικος ἔσται σοι, ἕως τοῦ ἔτους τῆς ἀφέσεως ἐργᾶται παρὰ σοί.

MT		ALIA
לא־תסגיר עבד אל־אדניו אשׁר־ינצל אליך מעם אדניו:	**Dtn 23,16**	
עמך ישׁב בקרבך במקום אשׁר־יבחר באחד שׁעריך בטוב לו לא תוננו:	**23,17**	
וכי־ימוך אחיך עמך ונמכר־לך לא־תעבד בו עבדת עבד:	**Lev 25,39**	cf et **Dtn 15,12** *Ἐὰν δὲ πραθῇ σοι ὁ ἀδελφός σου ὁ Ἑβραῖος ἢ ἡ Ἑβραία, δουλεύσει σοι ἓξ ἔτη, καὶ τῷ ἑβδόμῳ ἐξαποστελεῖς αὐτὸν ἐλεύθερον ἀπὸ σοῦ.* **15,13** *ὅταν δὲ ἐξαποστέλλῃς αὐτὸν ἐλεύθερον ἀπὸ σοῦ, οὐκ ἐξαποστελεῖς αὐτὸν κενόν·*
כשׂכיר כתושׁב יהיה עמך עד־שׁנת היבל יעבד עמך:	**25,40**	

Weitere Literatur zur biblischen Theologie von Hans Hübner

Vetus Testamentum in Novo

ed. Hans Hübner

Band 1: **Evangelien und Apostelgeschichte**
(in Vorbereitung)

Band 3: **Katholische Briefe und Apokalypse**
(in Vorbereitung)

Biblische Theologie als Hermeneutik

Gesammelte Aufsätze.
Zum 65. Geburtstag herausgegeben von Antje Labahn und Michael Labahn. 1995.
311 Seiten, kartoniert
ISBN 3-525-53635-6

Die Beiträge des Aufsatzbandes bieten eine Auswahl aus dem Werk Hans Hübners. Die Arbeiten, die aus den letzten zwanzig Jahren stammen, wissen sich in ihrer je eigenen Fragestellung dem Thema »Biblische Theologie als Hermeneutik« verpflichtet. Das Bemühen, die neutestamentlichen Schriften zu verstehen, nötigt zur hermeneutischen Aufgabe, ihr Verständnis in der Kirche zu vermitteln. So sucht der Verfasser die Biblische Theologie, die er anhand der Verwendung der alttestamentlichen Schriften durch die neutestamentlichen Autoren entwickelt, in ihrer Gegenwartsrelevanz mit Hilfe der existentialen Interpretation zur Sprache zu bringen. Diesem Anliegen sowie der theologisch verantworteten Reflektion seiner Voraussetzungen dienen die Einzelbeiträge dieses Bandes.

Biblische Theologie des Neuen Testaments

Band 1: **Prolegomena.**
1990. 307 Seiten, gebunden
ISBN 3-525-53586-4

Band 2: **Die Theologie des Paulus und ihre neutestamentliche Wirkungsgeschichte.**
1993. 451 Seiten, gebunden
ISBN 3-525-53587-2

Band 3: **Hebräerbrief, Evangelien und Offenbarung. Epilegomena.**
1995. 322 Seiten, gebunden
ISBN 3-525-53598-8

Der dritte und letzte Band der Biblischen Theologie enthält die Theologie des Hebräerbriefes, der Evangelien (einschließlich der Apostelgeschichte) und der Offenbarung des Johannes. Bei den behandelten Schriften zeigt sich erneut, daß der Bezug auf das Alte Testament konstitutiv für ihre theologische Aussage ist.